格致
人文

陈恒 主编

［英］

迈克尔·
托马斯·克兰奇
M.T. Clanchy

著

吴莉苇

译

从记忆到书面记录

From Memory to Written Record

1066—1307 年的英格兰（第三版）

Engl and 1066—1307, 3rd Edition

WILEY

格致出版社　上海人民出版社

总　序

　　人类精神经验越是丰富,越是熟练地掌握精神表达模式,人类的创造力就越强大,思想就越深邃,受惠的群体也会越来越大,因此,学习人文既是个体发展所必需,也是人类整体发展的重要组成部分。人文教导我们如何理解传统,如何在当下有效地言说。

　　古老且智慧的中国曾经创造了辉煌绚烂的文化,先秦诸子百家异彩纷呈的思想学说,基本奠定了此后中国文化发展的脉络,并且衍生为内在的精神价值,在漫长的历史时期规约着这片土地上亿万斯民的心灵世界。

　　自明清之际以来,中国就注意到域外文化的丰富与多彩。徐光启、利玛窦翻译欧几里得《几何原本》,对那个时代的中国而言,是开启对世界认知的里程碑式事件,徐光启可谓真正意义上睁眼看世界的第一人。晚清的落后,更使得先进知识分子苦苦思索、探求"如何救中国"的问题。从魏源、林则徐、徐继畬以降,开明士大夫以各种方式了解天下万国的历史,做出中国正经历"数千年未有之大变局"的判断,这种大变局使传统的中国天下观念发生了变化,从此理解中国离不开世界,看待世界更要有中国的视角。

　　时至今日,中国致力于经济现代化的努力和全球趋于一体化并肩而行。尽管历史的情境迥异于往昔,但中国寻求精神补益和国家富强的基调鸣响依旧。在此种情形下,一方面是世界各国思想文化彼此交织,相互影响;另一方面是中国仍然渴盼汲取外来文化之精华,以图将之融入我们深邃的传统,为我们的文化智慧添加新的因子，进而萌发生长为深蕴人文气息、批判却宽容、自由与创造的思维方式。唯如此，中国的学术文化才会不断提升，中国的精神品格才会历久弥新，中国的现代化才有最为坚实长久的支撑。

此等情形，实际上是中国知识界百余年来一以贯之的超越梦想的潜在表达——"不忘本来、吸收外来、面向未来"，即吸纳外来文化之精粹，实现自我之超越，进而达至民强而国富的梦想。在构建自身文化时，我们需要保持清醒的态度，了解西方文化和文明的逻辑，以积极心态汲取域外优秀文化，以期"激活"中国自身文化发展，既不要妄自菲薄，也不要目空一切。每个民族、每个国家、每种文明都有自己理解历史、解释世界的方法，都有其内在的目标追求，都有其内在的合理性，我们需要的是学会鉴赏、识别，剔除其不合理的部分，吸收其精华。一如《礼记·大学》所言："欲诚其意者，先致其知；致知在格物。物格而后知至，知至而后意诚。"格致出版社倾力推出"格致人文"，其宗旨亦在于此。

我们期待能以"格致人文"作为一个小小的平台，加入到当下中国方兴未艾的学术体系、学科体系、话语体系建设潮流中，为我们时代的知识积累和文化精神建设添砖加瓦。热切地期盼能够得到学术界同仁的关注和支持，让我们联手组构为共同体，以一种从容的心态，不图急切的事功，不事抽象的宏论，更不奢望一夜之间即能塑造出什么全新的美好物事。我们只需埋首做自己应做的事，尽自己应尽的责，相信必有和风化雨之日。

陈　恒

译者前言

如作者第二版前言暗示的,书的目标读者倾向于在校大学生,既是参考书,也是入门书,因此对欧洲历史有一般兴趣的中国读者想必也可以把它当作一部增广益闻的读物。此书内容对大多数人而言当属于"有趣而无用"的东西,而怎么对待这种"有趣而无用"的东西,是个见仁见智且因选择不同而收获不同的深刻问题。

对中国人来说,基本读写能力和书面记录几乎是刻在骨子里的东西,倒不是因为现代政府的推广,而是因为中国的读写和记录传统长得让人意识不到还曾有过口述时代或无读写时代。秉持此种文化背景,发现英格兰从11世纪中叶、相当于宋代的时期才能看到(实用)读写能力的明显成长,有的人可能会优越感爆棚,但有的人会觉得别有洞天,因为能完整地看到一个社会从读写不普及到实用读写能力开始普及的转变时期,还能清楚看到集中化政府的管理需求如何构成此转变的直接动力,这将促使人对与读写能力发展史相关的许多议题都产生思考与洞见。

比如,19世纪以来现代政府主导的基础教育同合格公民培养间的关系问题。又如,除了应付政府事务的动力,特许状、书面协议、印章这些原是贵族生活范畴里的东西也有着阶层下行和普及的自然动力,亦即下层阶级有着模仿上层阶级生活模式的天然爱好。这便让人想起18世纪的英格兰,下层人民因为有意模仿贵族的行为举止而推动了号称"文明礼貌"的东西的普及,就连决斗这种形式和相关礼仪都能被引入两个无赖的打架活动。而在当今的消费社会,通过消费物品的模仿来满足对身份和地位的期待,这种现象更比比皆是。

作者附带提及,历史、文学、艺术和科学在中世纪书籍和学者那里并非彼此分隔的知识领域,形形色色的内容在编纂人或委托制作人自身的经验和需求中有统一性,而非在事物的任何外部框架中有统一性。虽说这根本就是老生常谈且常常被用来证明前现代知识的不精确,但换个不同于进步观的感知角度,这就会触动人心。无论是对待何为"读写能力"还是对待怎么制作书籍或怎么判定规则的有效性(普遍规则与特殊个案的关系、普遍规则的由来),古今都不一样,因此现代的标准和经验能否适用于中世纪往昔,需要具体分析。学习有关中世纪的东西,带给现代人的最具普遍意义的收获就是,中世纪与现代大不相同的思考方式有助于启发我们多多反思"理所当然"之物,多多共情和同理看似与我们不同的东西,对看似相同和不同的东西都多一些谦虚探究之心。

作者想努力传达的意思是,对于在读写模式中获得的东西和失去的东西都多一点反省。以读写知识为知识的唯一标准和社会合格/成功的标准,这只是近两百年来西方文化形成的标准,但已经变成了世界通则,很多人恐怕还以为这是人类历史的通则。这正是因为书写具有重构意识的能力,书写的过程能改变一个东西,也在某种程度上审改了它,现代人的心灵可谓被比较晚近的书写全面重塑过。这则信息其实有非常普遍和通俗的意义。远的不说,如果能对读写能力的普及历史多一点了解,"鸡娃"焦虑症患者和潜在患者或能因此反躬自问:读写能力的高度发展能代替人格的发展吗? 读写既然不是文化的全部,那还是学习的全部吗? 需要逼孩子过早和过于激烈地进入读写模式吗?

作者的本行是研究法律史,所以他采用的视角和材料也多与法庭实用有关;倾向于关注基督教史的译者则是个与英格兰法律史打八杆子也许能打到的人。站在这种"旁人"的角度观看与每个人相关的"读写能力",也能看到许多有趣的东西。比如书中显示出一个虽非主旨但令我产生联想的现象,即英格兰的高级神职人员(主教和大主教)常常从政府要员中提拔。英格兰的主教和大臣其实是双向流动的,除了大臣去当主教,也有主教来当大臣,但不管怎样都与同时期欧陆通行的反向单向流动——神职人员因为有学识而被纳入政府——有鲜明差异。此种局面无疑令英格兰的教会同政府过从甚密,密于欧洲其他地方;此种局面想必也是亨利八世能够顺利率领英格兰教会脱离罗马教会的重要背景。从英格兰实用读写能力的发展脉络中瞥见天主教会史和宗教改革史上的重要一幕,着实有趣。所以,希望更多的人愿意看无用的书,想有趣的问题。至于专业的欧洲中世纪史或英格兰中世纪史研习者如何在此书中找到自己的位置,自然不消译者提示。

一些简单的阅读提示或许有助于在面对一本厚书时减轻畏难之情。若要了解作者的成书历程、此书前世今生、在学术史中的位置,参看第一版序言和作者后记。本书作者于2021年1月29日去世,正是译者接手此书前数月,伦敦大学学院的戴维·狄弗瑞(David d'Avray)和约翰·萨巴派西(John Sabapathy)撰写了一篇内容翔实的追思文,倘有意了解作者的生平和学术经历,可参看此文(网址:https://www.ucl.ac.uk/history/news/2021/feb/professor-michael-clanchy-fba-1936-2021)。若需快速了解全书内容,参看第十章。想以更专业的态度了解此书的学术蓝图,请认真阅读导论和下卷导言。在看过以上这些之后,仍有兴趣者,请按各章顺序仔细阅读。

下面是一些与翻译体例有关的实用说明,权当译者的自我辩解。

原书有一份缩写表,对应注释中的常用条目,翻译时在注释部分全部还原,因此不再有缩写表。

原书注释有诸多瑕疵:(1)同一作者名字在不同章节有出入;(2)作品名字写得不全,或一些文章只提到作者名字和所属书籍/刊物名称,未提作品名称;(3)刊物卷号和系列出版物编号有时用罗马数字,有时用阿拉伯数字;(4)所有书籍都没有出版社信息;(5)同一书有不同版本的,在有些地方出现时未注明具体版本;(6)同一作品在不同章节出现时,重复著录全面信息。

对于以上问题的处理方法如下:关于(1)和(2),可通过本书前后参照订正或另外查阅到作品和作者详细信息的,都加以订正,包括索引中的人名缩写部分也尽量查找全名加以替换,但仍有一些论文篇目因年深日久而难以查到,望读者雅谅。关于(3),这两类数字统一使用大写罗马数字。关于(4),保持原样,不再补充出版社信息,若读者对某本书感兴趣,当能自行查到。关于(5),只能遵从原样,虽是重大缺陷,但着实无法修订。关于(6),遵从通行规则,只在一篇作品首次出现时提供最全面信息,其后出现时省略次要信息,详见下文对译著注释体例的说明。

经过以上修改,译著注释与原书注释的面貌有不容小觑的变化,因此不惮烦,对译著注释体例略加说明。

一篇作品首次出现时注明作者/编者,书名/篇名,所属刊物/书籍或系列出版物,出版年;当一篇作品在同一章多次出现时,后面几次只注明作者和书名/篇名,编者姓名因通常写在书名后面,便略去;当在前面章节出现过的一篇作品在后面一章又出现时,本章首次出现的注明作者+书名/篇名,或书名+编者,后面几次从上一条。例外的是《作者后记》中作者本人的文章和书,因为不是引用具体内容,而是为了强调作者的研究历程，所以虽然前文出现过，却仍然保留完整发表信息。

分卷书籍的卷号若用罗马数字则是大写，页号和图号若用罗马数字则是小写。

原文注释中有一些原文引用的拉丁文（及个别法语）短语或句子，因正文已译为英文，故译著将之略去，仅在文中有对特定词语加以辨析处保留。

原书注释中出现论文集时，书名在编者姓名之前，但在《深入阅读书目选录》这部分，编者姓名都在文集名称之前，对此译文遵照原有格式，不再做统一化。

另需注意，原书未编制参考文献目录，因此译者也不画蛇添足。"深入阅读书目选录"是针对各章内容提供的、供深入学习的参考书/文，数量不多，但有些篇目是正文未引用过的。

除了注释体例，还需指出以下几条：(1)书中但凡出现交叉引用本书页码，都是指原书页码。(2)人名拼写若正文与索引有出入，已依据索引中的加以修正。(3)尽量少加译注，除了个别对作者所写存疑之处加译注，便只在需通过了解相关历史事件来理解翻译用词的选择时，才加译注。(4)全书将"Latin"译为"拉丁文"（除了个别几处强调活语言或口语运用时译为"拉丁语"），将"English"和"French"分别译为"英语"和"法语"（但《作者后记》中涉及当代书面作品时译为"英文"），这是为了配合原书中"Latin"是书面语言而"English"和"French"只被视为本地语言亦即某地区口头俗语的意思。汉语中的"文"和"语"本就有分别侧重书面和口语的区别，虽然在今天的口语中很少加以区分而倾向于混用。文中有一个阶段出现了"盎格鲁-撒克逊语"，该词指古英语的标准化形式，虽然它也主要是一种文本语言，但作为古英语的一种形态仍译为"语"。

吴莉苇

2022 年 1 月 6 日

第一版序言

本书的标题和主题在我 1970 年发表于《历史》(*History*，vol.LV)的论文《记住 ix
过去与旧日善法》(Remembering the Past and the Good Old Law)中已经暗示出来。
自那以后,我受益于同格拉斯哥大学(University of Glasgow)中世纪学会及历史学
家讨论组的同僚们探讨这个题目,也受益于我在阿伯丁(Aberdeen)、都柏林
(Dublin,都柏林大学)、爱丁堡(Edinburgh)、伦敦[London,历史研究所(Institute of
Historical Research)]、曼彻斯特(Manchester)、谢菲尔德(Sheffield)和斯特灵
(Stirling)的诸所大学进行的其他会谈。我很感激所有那些组织这些会谈或为会谈
做出贡献的人,也感谢格拉斯哥大学为我提供旅费补助,感谢那里的中世纪史同事
们在学术休假制度中的合作,使我能够写作。早年我曾受到两位学者鼓舞,马克
斯·格卢克曼(Max Gluckman)在人类学上帮助我,乔治·德里克·戈登·豪尔
(George Derek Gordon Hall)在法律史上帮助我,但他们未能在有生之年看到这部
书。由于约翰·戴维(John Davey)先生——他从前任职于爱德华·阿诺德出版有
限公司(Edward Arnold Ltd.)——的信任,我的想法才能变成可出版形式。

在本书的撰写过程中,我受益于彼得·戴维斯(Peter Davies)博士、杰克·古迪
(Jack Goody)教授、迈克尔·里克特(Michael Richter)博士、费莉西蒂·瑞迪
(Felicity Riddy)夫人、J. A. F.汤姆森(J. A. F. Thomson)博士、拉尔夫·V.特纳
(Ralph V. Turner)教授以及 C. P.沃莫尔德(C. P. Wormald)先生的评论,他们都阅
读了特定章节的草稿。《不列颠来源的中世纪拉丁语词典》(*Dictionary of Medieval*

Latin from British Sources）的凯瑟琳·汤姆森（Katherine Thomson）夫人就特定词语的历史向我提建议，特别是"rotulus"一词。C. H. 诺尔斯（C. H. Knowles）博士和S. E. 索恩（S. E. Thorne）教授通读了书稿定本的打印稿。上述这些学者都帮忙消除错误并加以积极改进，任何我犯的错误都与他们无关。

在收集书中图片的相片时，我得到黛博拉·比弗尔（Deborah Beevor）小姐、罗杰·卡斯坦斯（Roger Custance）先生、埃莉诺·M. 加维（Eleanor M. Garvey）小姐、伊迪丝·亨德森（Edith Henderson）博士与特雷弗·凯耶（Trevor Kaye）先生的特别帮助。在获取图片的复制许可方面，我很感激温彻斯特公学学监和学者委员会（Warden and Scholars of Winchester College）（图 1）、大英图书馆董事会（British Library Board）（图 2、图 3、图 4、图 11、图 15）、哈佛大学法学院（Law School of Harvard University）（图 5、图 6、图 7、图 16、图 18、图 19）、皇家文书出版署（Her Majesty's Stationery Office）负责人（图 8）、伯克郡（Berkshire）档案管理员（图 9、图 10）、哈佛大学霍顿图书馆（Houghton Library of Harvard University）（图 12、图 13）以及剑桥大学三一学院院长与教师委员会（the Master and Fellows of Trinity College Cambridge）（图 14）。

最后，我要感谢玛丽·布罗迪（Mary Brodie）小姐打字和格伦娜·M. 萨特思韦特（Glenna M. Satterthwaite）夫人校对，还要感谢菲·沙曼（Fay Sharman）小姐和诸位出版人员。

迈克尔·托马斯·克兰奇

格拉斯哥大学

第二版序言

　　第一版的文本尽可能保留,但脚注参考已被全面更新。书中以下部分大体为 xi
新作:导论靠后的部分;第二章的《公文与官僚机构》一节;第三章的《礼仪书》一节;
第四章的《蜡、羊皮纸与木头》一节;第五章的《记忆的方法》《编索引的方法》两节;
作为下卷导言的《阅读意味着什么?》一节;第六章的《写下来的法语》一节;第八章
的《词语和图像》一节;第九章的《印章与十字的象征意义》一节。新的《关于读写能
力史的深入阅读》①指南表明了自第一版问世以来有关该主题的出版物的数量,尤
其是关于艺术史和中世纪英格兰文学的。

　　感谢所有为我提出修正意见和建议的人,尤其感谢历史研究所"中世纪早期"
研讨班、瓦堡研究所(Warburg Institute)"学习、读写能力和教育"研讨班以及医学
研究委员会(Medical Research Council)下属认知发展部(Cognitive Development
Unit)"理解读写能力"研讨班上那些伦敦的同僚。彼得·丹利(Peter Denley)和尤
塔·弗里思(Uta Frith)两位博士读了导论各节,我的观点与他们无关。与第一版一
样,我最感谢布莱克维尔出版社(Blackwell Publishers)的约翰·戴维先生,感谢他
从头至尾的鼓励。

　　在图片出版许可方面,我依然感激第一版序言中鸣谢的各位,还要为新增的图

---

① 中译采用第三版,第三版的书目部分不是这个标题。——译者注

20 感谢大英图书馆。

迈克尔·托马斯·克兰奇

伦敦大学学院历史系

重印使我能改进索引，更新书目，并做出改正。

迈克尔·托马斯·克兰奇

1993 年 9 月

第三版序言

我为这一版彻底重写了第一章,尽管标题不变,仍是"关于诺曼征服的记忆与　xii 神话"。此次修改的意图是为纳入诺曼人到来之前盎格鲁-撒克逊人读写能力的重要性。在与本章有关之想法的形成中,我最感激与斯蒂芬·巴克斯特(Stephen Baxter)、安德烈·卡萨托夫(Andrey Kasatov)、西蒙·凯恩斯(Simon Keynes)、凯瑟琳·A.洛(Kathryn A. Lowe)、布鲁斯·R.奥布莱恩(Bruce R. O'Brien)以及特丽莎·韦伯(Teresa Webber)的讨论。我在本书结尾处加了一篇《作者后记》,概述本书的缘起以及它在过去30多年间的接受史。也有一份新的《深入阅读书目选录》,列出50部左右作品,围绕书中各章标题编排。乌特勒支大学(Utrecht University)的马尔科·莫斯泰特(Marco Mostert)和安娜·阿德姆斯卡(Anna Adamska)促进了本书的国际讨论,尤其是他们自1998年利兹大学(University of Leeds)国际中世纪大会系列会议以来组织的各期会议,对此我感激不尽。

我更换了两幅插图:图5现在展示来自达勒姆(Durham)大教堂的一把象征小刀,图19展示"书写王子"埃德温的肖像。我非常感激理查德·夏普(Richard Sharpe)对图2和图3中亨利一世令状的建议。书中其余部分我只做了微小改动,针对正文中的措辞或注释中的参考已经过时的部分。在处理图像和全书整体制作方面,我非常感激威利-布莱克维尔出版社(Wiley-Blackwell publishers)的伊索贝尔·班顿(Isobel Bainton)。

为了图片版权许可的更新,我要大力感谢温彻斯特公学学监和学者委员会(图

1)、大英图书馆董事会(图 2、图 3、图 4、图 11、图 15、图 20)、达勒姆大教堂分堂(Chapter of Durham Cathedral)(图 5)、哈佛大学法学院图书馆历史藏品与特殊藏品部(图 6、图 7、图 16、图 17、图 18)、国家档案馆(National Archives)(图 8)、伯克郡档案管理员(图 9、图 10)、哈佛大学霍顿图书馆(图 12、图 13)以及剑桥大学三一学院院长与教师委员会(图 14、图 19),尤其感谢哈佛大学法学院图书馆的凯伦·S.贝克(Karen S. Beck)。

迈克尔·托马斯·克兰奇
伦敦大学历史研究所

目　录

导　论

　　本书谈论中世纪读写能力之运用。它集中关注 1066 年到 1307 年这两个半世　1
纪［从诺曼征服（Norman Conquest）到爱德华一世（Edward I）驾崩］的英格兰，因为
在以读写方式思考和处理业务的发展方面，这些年构成一个特征鲜明的时期。与
中世纪后期印刷术的发明相比，读写能力史的这个发轫期受学者们关注较少，虽说
它的重要性并不逊色。印刷术能继起，是因为早已存在一群会读写的公众，而这个
公众群体发源于 12 世纪和 13 世纪。书写在 1066 年时当然不是新鲜事物，无论是
在英格兰还是在别处。一如欧洲其他地方，原始的读写文化在盎格鲁-撒克逊
（Anglo-Saxon）英格兰的王家①修道院里已经创立，尤以装饰华丽的羊皮纸手写本
为鲜明特征。在王室和修道院的这些根基上，书写的新应用和新形式于 12 世纪和
13 世纪激增并确立了将持续数代的形式。

　　本书的特别论证是，读写能力之运用的这番成长以规模史无前例（指在英格兰
史无前例）的制作和保留记录这一活动为指征，且可能是此活动的后果。盎格鲁-撒
克逊英格兰和 13 世纪英格兰在这方面有显著差异。现今存世的盎格鲁-撒克逊英
格兰的特许状和令状（包括原始文本、副本和数量不明确的伪造本）约有 2 000
份。[1] 另一方面，存世的 13 世纪英格兰的此类特许状和令状数以万计；此估算毫不
精确，因为这些公文②从未被系统清点。盎格鲁-撒克逊时期或 13 世纪曾经存在过　2

---

①　Royal，在本书中根据情况译为"王室"或"王家"，不译为"皇室"或"皇家"，因为此时的英格兰只是个
　　小王国，不是多个领地构成的联合王国，更非帝国。——译者注
②　本书一般把"document/documents"译为"公文"而非"文件"，因为该词在书中主要指行政语境、法律
　　语境和商务语境下的书写品，并且区别于具明显私人意图的书写品。——译者注

多少公文（区别于现存多少），这只能推测，因此难免有不同意见。本书中一个深入估算值暗示，在13世纪，仅是为小农和农奴书写的特许状就可能有800万份。

增长的不仅是羊皮纸的数量，还有读写模式的地域传播量和社会传播量。到爱德华一世当政时，王室令状或领主令状传达到英格兰的每位执行官和每个乡村，使书写在整个乡村成为普遍事物。类似，把特许状当作财产契据，这一做法开始阶层下行，从王室宫廷和修道院（在11世纪及更早）下行到教区神职人员和骑士（在12世纪），到爱德华一世当政时已触及一般平信徒。这不是说到1307年时每个人都能读会写，而是到此时，就连农奴也熟悉读写模式，他们使用特许状来互相转让财产，他们的权利和义务也开始被常规性地记录在采邑卷册上。那些使用书写品的人分享了读写能力，哪怕他们还没有掌握一个文员的技能。此变化的一个衡器是拥有令人有资格签名的印章或"符号"。在忏悔者爱德华（Edward the Confessor）当政时，人们知道只有国王才拥有一枚印章，用于认证公文，而在爱德华一世当政时，依照法规，就连农奴也被要求拥有印章。

本书分为两部分。上卷描述各类记录的制作，由于它们逐渐汇集为档案以及它们分布到全国而为读写能力准备了萌生的地基，也令这地基肥沃。随着制作记录之举扩散，在日常业务中使用书写这一实践（区别于为了庄严的宗教目的或王室目的而例外使用）先是为人熟知，而后确立为习惯。在平信徒当中，或者更确切地说，首先是在骑士和乡村上流人士当中，对书面记录的信任既非立刻产生，亦非自动产生。信任书写并理解书写能做什么和不能做什么，这随着对公文熟悉度的增长才发展起来。

因此，本书下卷描述有读写能力者的心态的成长。此卷追踪了神职界和平信徒的统治者们对读写模式犹豫不决的接受。在12世纪和更早时期，（除了王室赞助的主要修道院）许多修士差不多与骑士和平信徒一样不熟悉将书写运用于业务目的。需要在书信上写日期这类基本商业规则是费力学会的，因为它们引出了关于书写者在时间秩序中之位置的新奇问题。伪造也相应流行起来。尽管公文（既有真实的也有伪造的）的使用日渐增长，但传统的口头程序——比如偏爱大声朗读而非默不作声地用眼睛扫视一篇文本——在整个中世纪及以降都坚持保留。英格兰还有特殊难题要克服，例如诺曼征服之后所使用之语言的多样性与各语言的地位差异。

在国王宫廷和主要修道院之外，财产权和关于过去的所有其他知识，传统上及习惯上都保留在活人的记忆中。当需要历史信息时，地方社区不是诉诸书籍和特许状,而是诉诸他们的长者和忆往师的口传智慧。即使在有书籍和特许状的地方,这些东西也罕被率先咨询,显然是因为咨询书面的习惯需要有时间培养。在 11 世纪及更早的英格兰,不成文的习俗法①和非书面知识是常态,一如在所有读写能力有限或不懂读写的社群里。然而两个世纪后爱德华一世当政时,这位国王的检察官们在许多针对要人显贵们的权利开示令状检控中力主,一项特权的唯一充分依据是一份书面依据,并且要采用特许状这一特定的声明格式。记忆,无论个人的还是集体的,倘若未获清晰书面证据支持,就被排除在法庭之外。由于书面契据直到相当近的时间才开始普遍使用,也由于很少有特许状写得足够确切,因此权利开示令状检控对几乎所有要人显贵的特权都构成剥夺威胁。虽说权利开示令状案件在 13 世纪 90 年代迅速被搁置,且国王的政府不得不让步,承认"自古以来"的保有期是个合法宣言,但已经为未来确立了财产所有权一般依据书写品而不依据耆宿们的口头回忆这条原则。因此,本书的标题"从记忆到书面记录"即指这场发生在思想中和行动中的转变,书的界标设于诺曼征服和爱德华一世当政之间。

该标题是亨利·约翰·查特(Henry John Chaytor)的经典之作《从手迹到印刷字》(*From Script to Print*,1945 年首版)的一个变体。查特的书描述了中世纪的手写本文化和文艺复兴的印刷文化之间的差异。《从记忆到书面记录:1066—1307 年的英格兰》一书声明了自己受惠于查特,同时从查特描述的环境后退一步,迈入一个即使重要信息通常也只靠记忆保存而不以任何种类的字迹形式保存的时代。从习惯于记忆事物到把它们写下来并保存记录,这一转变必然先于从手迹到印刷字的转变,而且两场转变对个体智力和对社会的影响一样深刻。这里的读写能力也从与查特不同的视角来触及。他首先考虑本地语言作品和文学作品,本书则主要依据拉丁文的业务公文和法律记录(尽管不排除文学)。《从记忆到书面记录》的主题是,读写能力的发展源自日常业务的实用目的也服务于该目的,而非源于或服务于创造性文学。

像记录的数量日益增长这么明显的变化,历史学家们并非没注意到。维维安·亨特·加尔布雷斯(Vivian Hunter Galbraith)尤其以多种形式发布了总体论证,例如:

> 早期社会被口述传统所规定和支配……然后有一段漫长的过渡微光期,

---

① 本书出现的"习俗法"指 customary law,"习惯法"指 common law。两者区别在于,习惯法有法令,多依据判例,习俗法则指在一个地区被当作法律要求和规章接受的行为模式(或习俗)。——译者注

这期间书面记录日益蚕食习俗领域。可获得的书面证据体量以此种方式稳步增长，直到我们来到一个时间——**我不认为早于 13 世纪**——这时社会主要活动的多数都找得到某种类型的书面记录。不过，还有比单单证据体量更为利害攸关的。随着公文变得更加丰富充足，它们的整体含义也变了。[2]

虽然本书对特定公文的阐释不同于加尔布雷斯，但它的总体目标是依托他的著作并将之从"公共"记录（即国王政府的公文）扩展到所有书写类型，并从书写品本身扩展到它们影响到的人。由于记录如此庞大与复杂，研究中世纪英格兰的现代学者倾向于成为特定书写类型的专家，然而在公共与私人、王室与教会或历史与文学的截然区分下，中世纪那些公文的制作者和使用者就显得不那么重要。这些区分本质上被用于专门研究，但它们会模糊中世纪经验的广度和统一性。

为此，本书有必要全程汲取其他学者的专长，并持续运用一种筛选方法，该方法需要加以解说，可能还要证明其有理。首先，1066—1307 年间公文数量显著增长，这是不证自明的论点，所以没有哪个学者能声称已经把它们全部或大部分仔细研究过。为了能阐明一系列命题，本书通过引用数量有限的例子而前行，且经常详细引用。这些引证之例（其中许多都已得到从前的作者在其他语境下的注意）自体量巨大的材料中拣选出来，旨在具有典型性或具备格外重要性。

额外要解说的一条呈现原则是，尽管本书单只关注手写本的制作，但引用的一般是文本的印刷版本，而非原始手写本。即使提到手写本之处，读者通常也会被指引到一份复制件而非公文原件。之所以采用该程序，乃因论证多有新奇之处，有些读者会希望尽可能容易地追索或验证所翻译好的引文或参考。虽然每个作者都仰慕手写本文化并力图向读者传达其特殊品质，但他们也必须承认印刷术因为能让人获得内容一致且副本众多的文本而带给学者的益处。此外，直接从中世纪手写本中得出概括往往是不可能的，因为每份手写本在能得到足够理解之前，通常要求被仔细研究并由一位编辑来呈现（确立最佳文本，评估日期，确定人员身份，诸如此类）。编辑文本与在像本书这样的书中对文本加以概括是不同的努力。

尽管本书很少对特定手写本进行第一手观察，但它打算做的是为它所关注之时期内英格兰的中世纪公文提供一份新的总体调查。例如，第三章《记录的类型》或第六章《用于记录的语言》旨在全面描述它们的主题，虽然远非巨细无遗。本书位居主导的主题是遍布多种书写活动类型的读写能力随时间的发展，所以有必要这样大手笔处理。这种处理手法还增加了一个附带好处：让通常彼此分离的多个学术研究领域走到一起。于是，第六章讨论这时期英格兰使用的所有书面语言（按大致的频繁度顺序依次是拉丁文、法语、英语和希伯来文），而学者们常常只专于一种语言。类似地，第三章既包括学术文本和文学作品，也包括特许状和卷册。这种路径不可避免的肤浅性至少在理论上通过所能达到的讨论范围而被抵消。

集中在英格兰这一个地方和1066—1307年这个界限明确的时期，是为了令主题易于控制。对读写能力更综合的研究，尤其是人类学家所做的研究，都既强调读写能力可采取之形式的多样性，也强调令一切读写文化同非读写文化明确区别的反复出现的共同特征。[3]另一方面，对特定地方和特定时期读写能力之发展的描述（如本书所为）为各类读者提供了足够详细的信息，足以得出符合他们自己目标的可靠结论。12世纪和13世纪发生在英格兰的从记忆到书面记录的转变并不仅限于英格兰，尽管在那里最明显。这是西欧范围的现象，如统计图2.1所示，图中比较了约1066年至约1200年间英格兰、法兰西和教宗的档案室存世书信①的数量。也可以就西班牙和西西里这样的中世纪王国或日耳曼和意大利各城邦的文献记录的增长画出比较图，哪怕这些地方的信息资料更加支离破碎。不仅如此，自教宗格里高利七世（Gregory VII，任职期1073—1085年）以降，教宗撰写书信的热情为文献记录设立了产量和质量的新标准，迫使世俗政府效尤。

1066—1307年间的英格兰对来自欧洲大陆的影响格外开放，因为这个君主国先被诺曼人控制，继而被安茹家族（Angevins）控制，随后在13世纪被普瓦图人（Poitevin）和其他偏爱南方的国王约翰王（King John）及亨利三世（Henry III）控制。爱德华一世同样是个享有欧洲声望并怀有欧洲兴趣的统治者。尽管如此，12世纪和13世纪各种影响的结合在英格兰创造出的是盎格鲁-撒克逊、法兰西及拉丁文化的混成体，它是一个特征鲜明的实体，而非仅是各部分的堆砌。虽然英格兰的读写经验远非独一无二的或自足的，但它在1066—1307年间作为一个相对连贯的整体呈现出来，因为这个国家被一个集中化的王室官僚体系支配着。就算王家政府的日常权力和重要性被以"公共"记录为导向的史家夸大了，它仍在如今保存于英国国家档案馆的成千上万羊皮纸上留下了关于其多种活动的令人生畏的提醒。这个时期开始时征服者威廉（William the Conqueror）的末日审判调查②和结尾时爱德华一世的权利开示令状检控都是全国范围的系统调查，目的是将国王及其封臣最重要的权利以书面方式记录下来。这般规模的调查在所有其他欧洲国家都未留存下

6

---

① "书信"（letter）在本书中的主要含义不是通信载体，第三章有详细介绍。——译者注

② 关于征服者威廉辖境内土地、人口、物产的大调查，这次调查结果汇总为《末日审判书》。详见后文。——译者注

来。腓特烈二世（Frederick II）皇帝于 13 世纪 20 年代在西西里王国开展了一次可相媲美的调查，但具体内容现已遗失。

没有哪个中世纪政府的系统调查在规模和详细度上曾超过爱德华一世 1279 年启动的调查，这调查就在权利开示令状检控之前展开。每个郡的行政官员被指示将所有乡村和小村庄以及各种类型的无论什么样的佃户——无论富有还是贫穷、王室佃户或是其他佃户——都按姓名罗列并且写在书册上。[4] 这场调查声称的目标是一劳永逸地解决所有权问题。存世的反馈结果只有来自南米德兰（south Midlands）几个郡［多数来自牛津郡（Oxfordshire）、亨廷顿郡（Huntingdonshire）和剑桥郡（Cambridgeshire），部分来自贝德福德郡（Bedfordshire）和白金汉郡（Buckinghamshire）］的原始形态，且它们对细节的关注各异。[5] 有一些超出了行政官员的指示，按名字列出每个农奴，其他一些则非常简洁。出产了存世反馈结果的地区位于牛津和剑桥这两座大学城之间沿线，这可能不只是巧合。[6] 恐怕只有那个区域才能找到足够数量的文员从事调查。已经学会将导师的演说记录下来的学生们可以将此项专长运用于国王的事务中。如果该假设正确，则 1279 年的调查看来即使是对爱德华一世而言也似乎野心过大。只有在牛津和剑桥这种文员区域，读写能力的传播广度才足以胜任他的目标。[7] 不比两个世纪前的末日审判调查，1279 年的调查在编年纪作者当中没激发多少评论。那时他们可能已对这个君主国全神贯注于搞调查和列目录习以为常，甚至感到厌倦，尤其是当"此举徒劳"时［按照邓斯特布尔（Dunstable）的编年纪作者的意见］。[8] 爱德华一世当政时大量的调查暗示出，官僚机构对信息的胃口超出了它消化信息的能力。列目录由于正在变成行动的替代品而岌岌可危。

英格兰人对记录变得格外自觉，这有可能是诺曼征服的一个直接后果。制作记录最初是不信任的产物，而非社会进步的产物。按照《盎格鲁-撒克逊编年纪》（Anglo-Saxon Chronicle）的意见，征服者威廉通过制作《末日审判书》（Domesday Book）而将他的耻辱标记烙刻在受辱人民的身上，甚至烙刻在他们的牲口身上。[9] 带着令状和派普卷册（pipe rolls）①的诺曼官僚与安茹官僚严格的精确度导致教会人士保留自己的记录，最终甚至导致平信徒保留记录。因此有人计算过，12 世纪 971 封目的地已知的传达教宗教令的书信中，434 封寄往英格兰。[10] 这个统计数据并不意味着教廷将接近半数的能量消耗在英格兰事务中，而是意味着英格兰的收

7

---

① 英格兰财政部的财政记录合辑，得名于羊皮纸卷起来以后像管子般的形状。——译者注

信人比其他欧洲国家的神职人员更为仔细地保管教宗书信。类似地,在整个欧洲的教会法专家编辑的 27 部教宗教令早期汇编中,15 部是英格兰的。[11]只要明白中世纪英格兰是欧洲的一部分而非一个文化孤岛,英格兰的记录制作与读写能力史就值得单独研究。

造成偏爱读写的成见

本书与早前历史学家们一些关于记录的研究的一个区别是,它力图避免造成偏爱读写的成见。书写为历史学家提供了材料,因此可以理解,历史学家倾向于将书写视为进步的衡器。不仅如此,读写技能对现代西方社会如此必要,对读写的教育构成现代个体经验中如此基本的组成,因此很难避免将读写能力假定为文明的本质标记。作为对照,对第三世界无文字社会的人类学研究和对西方城市穷苦无产阶级的社会学研究都暗示,读写能力本身主要是一项技艺。虽然在国民最低平均读写能力和掌握现代工业技术之间有关系,但读写能力的影响力随环境而不同,自身并非一股文明化的力量。[12]杰克·古迪爵士在将读写能力定义为"智力的技艺"时举例表明,"书写不是铁板一块的实体,不是一项无差别的技能;它的潜力取决于任何特定社会中可获之体制的种类"[13]。

只有一小群能上学的人可以被证明因为获得读写能力而既在经济上也在文化上受益。哈维·J.格拉夫(Harvey J. Graff)问:"读写能力和学校教育对职业成功和经济成功曾经有多重要?传统智慧、现代社会学、现代化的修辞和 19 世纪的学校振兴全都颂扬教育在决定成功时的角色。然而并非所有过去的或现在的证据都为此观点提供凭信。"[14]格拉夫表明,工业化国家在学校教读写主要是为了"在被训练的过程中接受训练"[15]。意义重大的是学校教育的进程,读写能力则不这么重要。19 世纪欧洲、美洲和日本的教育改革者们都展示出,学校教育可以制造出一个讲秩序、守纪律并惯于顺从的劳动力;这种形式的教室训练可以转移到工人工作的场所。

读写能力变成现代各社会的独有准则,乃因个体通过它证明自己接受了工业化的学校教育进程并且成功通过。"读写能力"一词今天的用法"指示着个体融入了社会;它是成功儿童的衡器,是一个符合雇佣要求的成年人的标准"[16]。相应地,一个不能签自己名字的人现在就是个社会反常人物,而在中世纪,即使教育程度最高的人也不常常写自己的名字（他们熟稔拉丁文口述艺术），且他们也不给个人签名赋予价值：公文都用十字来批准，因为十字是体现基督教真理的最庄严符号。只有到宗教改革之后西方社会开始世俗化，用十字签名才变成目不识丁者的标志。现代社会通过学校教育而令那些不能书写的人变成具有潜在破坏性的少数派，但在过去的文化里，他们是常态。"无论我们关于读写能力在我们这个世界的行为与含义的假定可能是什么，我们对于把它们运用于早前文化的环境中都必须谨慎。"[17]

　　20 世纪 50 年代的匈牙利史学家（及马克思主义进步观的反对者）伊斯特万·豪伊瑙尔（Istvan Hajnal）为研习中世纪的人发出了一则警告。在他关于书写和经院哲学的基础性研究中，他发问："我们希望不计一切代价将担当文明媒介的口语和书面语加以强烈对立，认为前者是进步的障碍，而后者是进步的积极促进者，这么做对吗？"[18]20 世纪 70 年代的一部英国教育史著作中有一个例子，正表现出豪伊瑙尔警告要反对的东西。是书对 1066—1307 年间的总结在其他方面都很出色，但它声称：

> 在过去那两个世纪里，读写能力和教育肯定在程度上增长了，也变得更加世俗化：作为结果，英格兰变得更加文明。然而广大乡村的多数人仍旧在脑力限制中讨生活，将他们自身的经验局限在一个被乡村习俗和大众化宗教所主宰的受限制的小世界里。[19]

第一个命题将读写能力与教育等量齐观，也将读写能力的增长与文明和世俗化的扩展等量齐观。第二个命题假定读写能力是有教育意义的思想进行沟通的唯一媒介，且读写能力在城市中而非在乡村环境中蓬勃发展。

　　这些假定的不准确度一如对 19 世纪之前英格兰文化或欧洲文化之发展的概括。至少从 13 世纪开始（根据本地语言手写本的数量判断），中世纪欧洲读写能力最强的区域是冰岛，而那里没有城镇。18 世纪仍然如此，因为冰岛"在总人口中几乎实现了阅读和书写技能的全面传播（它还能声称自己的书店数量与公民数量比为世界之最）"[20]。读写能力并不必然令中世纪的冰岛人更幸福或更富裕，正如读报纸和签名字的能力不必然令今天的人生活更优裕。媒介不是信息。在只有人口的少数有读写能力的地方，那些没有读写能力的人不必然在"脑力限制"中讨生活。非是农民，倒是一些现代的专业学者在自身专业领域那"受限制的小世界"里可能冒着"脑力限制"的风险。所有社会都通过劳动分工而将社会成员的心灵限制在专门领域。中世纪"广大乡村的多数人"为了生存而不得不知晓他们生活环境的许多方面——植物和动物、季节轮回、人和物的等级。他们与现代劳动者相比是过得更好还是更糟,这是个观点问题,不是历史事实问题。学校教育以及阅读和书写当然能给个人和社会带来巨大益处,但它们不是自动带来益处的。每样东西都取决于环境。在这所学校或那所学校学会了什么,由谁来学? 写下的是什么,读的是什么;由谁来写和读,又有什么后果?

　　主要的也最明显的是,塑造心态的是语言本身,而非读写能力。书写是被编码的语言用于交流的方式之一,它绝不可能超过这个地位。由于中世纪农民没留下什么记录,比不得考古学的物质劫余,因此对他们的文化价值观和心智体验的细节所知不多。本书第七章着力论证,就算以懂拉丁文这个狭义标准来判定中世纪的读写能力,13 世纪英格兰也有数量可观的村民未受过正规学校教育但具备一些读写经验。在理解和掌控一个人的生活环境这种广阔意义上,一点点拉丁文是否令他们或其他任何人更有教养,这就见仁见智。在道德上和在心理上,读写能力都既可以解放人也可以局限人,取决于环境罢了。20 世纪的政治独裁者和报业老板们展现出,他们比从事教育的教授们更理解读写能力之成长的潜能。"意识形态假定萦绕在'读写能力'一词的用法上。在该词简单的辞典定义——可以读写的才能——背后是乱成一团的各种文化假定和价值裁断。"[21]

　　过去一百年间在世界上的工业化国家里,国家以普及读写能力为指导方向的　　10
学校教育已经在有竞争关系的全体居民中巩固了意识形态成见和文化成见,并把他们置于有冲突的轨迹中。这在 20 世纪欧洲各国的历史中最为明显。仇外、种族主义和军国主义都被全民学校教育混合进占优势地位的本国语言——英语、法语、德语等——的读写能力中。这些居民中的许多个体在学校被禁止讲母语或被国家的教师们描述为方言的语言。对"读写能力"的大众学校教育——意味着阅读和书写一种标准化的国族语言——是每个国家优势群体借以强制推行其意识形态的工具。对一种统一化和普遍化的读写能力的要求令欧洲的少数民族语言[巴斯克语(Basque)、布列塔尼语(Breton)、加泰罗尼亚语(Catalan),诸如此类]变成一个社会难题和一种政治威胁。现代国家里,每个人不得不达到国家要求的读写能力标准,他们也由此被分级划等。"知道如何读和写还不够;国家坚持人们要知道如何按照统一标准下的正确格式来读和写,对不达标者的惩罚是,此人被排除在国家的慷慨给予之外,在国家是首席雇主的地方,这是项严厉处罚。"[22]

　　对读写能力的义务教育令立法者注意到所有那些不能读和写的人。1913 年的

《大英心智缺陷法案》(British Mental Deficiency Act)将"低能儿"定义为"不能在普通学校的教导中获得恰当益处"的人。[23]这些儿童加上"道德力低下"的那些，要在尽可能早的年龄就从学校教育中分离，并被限制在号称"殖民地"的机构中。由于相信遗传性退化，英国（与其他工业化国家）那些不能读也不能写的儿童与成人都被剥夺了自由。20 世纪 30 年代后期的德国，科学家和医生首先是为了这类人而设计并操作毒气室与焚化炉。由于学校的读写能力教育随着儿童日复一日长大而在他们身上加强从众性，它成为现代世界最强大的社会工具，可以行善，亦可作恶。像罗马天主教宗教裁判所的神父及各个新教徒改革宗的长老们一样，20 世纪的教授和国家官员们也相信他们那些出于好意而约束一切事物的裁决程序与评估程序。读写能力被视为现代欧洲社会的救恩，没人能抵挡它那些泰然行事的信徒。

通过对读写能力进行学校教育，统一的民族国家中的劣势群体或异议群体被归为异类。美国因强制投票人进行读写能力测试而使其宣告脱离英国统治之《独立宣言》(Declaration of Independence)的意义受到了限制。引 1892 年《密西西比州宪法》(Mississippi State Constitution)之言，奴隶的后代及其他劣势地位种族的移民被要求大声朗读并理解"这个国家宪法的任何章节"[24]。像一位学校教师或一位教授那样，能够从宪法中选任何章节的密西西比州的官员非常可能为难应试者。在爱尔兰，继 20 世纪 20 年代反对英国统治的革命之后，爱尔兰共和国对公共职务的所有任职者强制进行爱尔兰语言的读写能力测试。义务学校教育和读写能力测试已被证明是标出少数派加以区别的有效方法。仅考虑 1930—1980 年这半个世纪里工业化国家的例子，则在德国、以色列、日本、南非、英国、美国和苏联，潜在的异议群体都已被各自实行的义务教育标记出来了。

20 世纪的大屠杀是世界史上受学校教育最多的人民实行的，这可能是大众读写能力的一个相应后果，而非偶然。征兵制和义务学校教育会师了。"征兵制"(Con-scription①)一词暗示它是关于读写能力的进程：中学毕业生被"记录在册"(en-listed)，新兵"注册"(sign up)，伤亡人员被"注销"(written off)。传统上的男教师及其接待员的技能——列名单、做标记、安排时间表及训练——长期以来都是恫吓个别学生的工具，它们被 20 世纪的民族国家用来恐吓全民。中世纪具有原型意义的教师习惯上被画成语法夫人(Lady Grammar)的样子，挥舞着一根桦木钓竿并坐在一张学者派头的椅子上，位于她那些畏畏缩缩且半裸的学生上方。用里尔的

---

① 这个词分解词根和词尾后的字面意思是"共同描述"。——译者注

艾伦(Alan of Lille)的话(写于 12 世纪 80 年代)说,"在同一幕中,她既是父亲又是母亲;她因为大打出手而成为父亲,因为她的乳汁而履行母亲角色"[25]。学校教育提供的压迫模式不少于启蒙模式。[26]在 20 世纪的先进国家,语法夫人及她那些从教室毕业的学生们去了操练厅和战俘集中营。

中世纪、文艺复兴与宗教改革时期的读写能力

过去一百年的公立学校教育歪曲了我们关于读写能力在过去十个世纪或更长时间里的发展图景。在最常见的视野中,视线被缩短,色彩被模糊,以便突出当下。中世纪的往昔被看成一段无知(与目不识丁同义)与野蛮的时期;那是等待文艺复兴、宗教改革以及 19 世纪的进步革新来启蒙的"黑暗时代"。印刷术发明之前、宗教学说自由之前以及民主国家指导学校教育之前,读写能力怎么可能广泛传播呢?中世纪史家无法简短回答这些问题。他们没有能据以衡量识读率的以统计学格式涵盖了庞大人口或漫长时期的社会学数据。他们大体依赖无法证明具有典型性的个案,也依赖总是具有争议性的推论和估算。这就是为何关于中世纪的通史不就读写能力的发展提出任何细节,哪怕这个省略给人以读写能力无关紧要或没有广泛传播的印象。

福西耶(R. Fossier)编的《剑桥插图中世纪史,1250—1520》(*The Cambridge Illustrated History of the Middle Ages，1250—1520*)只在印刷术发明的语境下提及读写能力;圣经的印刷意味着"中世纪的'文盲'自此以往将能在知识的真正源泉中饮水"[27]。印刷所肯定为文本制造出了更多副本。但体量的增长是否激发 16 世纪没有读写能力的人吸收知识?这倒未必。在现代受过学校教育的社会里都无法证明,可获得的阅读材料的体量与有读写能力者的数量之间有关系。霍姆斯(G. Holmes)编的《牛津插图欧洲中世纪史》(*The Oxford Illustrated History of Medieval Europe*)在关于读写能力的少量指涉中展示出估算数量的困难。布朗(T. Brown)暗示,中世纪早期意大利平信徒读写能力的水平"远超过西方其他地区:9 世纪 90 年代卢卡(Lucca)特许状中出现的见证人有 70% 能签自己的名字"[28]。清点签名确实至少能衡量某种一贯性的东西,但它不是中世纪社会读写能力的充分衡器,因为更多人(恐怕多得多)都学会了阅读而非书写。像卢卡那种早期意大利城市的纸草和羊皮纸特许状的确是令人瞩目的关于拉丁文法律书写的

12

记录。[29] 意大利的读写能力水平是否超过西方其他地区？这更加可疑。中世纪早期的阅读和书写在墨洛温王朝的高卢（Merovingian Gaul）和西哥特王国的西班牙（Visigothic Spain）可能已经普及，在异教文明时期和基督教时期的英格兰与爱尔兰也是同样情况。在上述这些地方，本地语言和原始本地语言的读写能力与拉丁文以共栖状态发展着，正如罗莎蒙德·麦基特里克（Rosamond McKitterick）的《中世纪早期欧洲读写能力的使用》（*The Uses of Literacy in Early Medieval Europe*）的各位撰稿人所证明的。[30] 尽管语言可能不及意大利的古典，且有些书写材料（尤其是用于制作消息棒的软木）也不及羊皮纸经久，但它们在当时可能已经敷用。如 6 世纪受过意大利教育的诗人[兼普瓦捷（Poitiers）主教]贝南迪乌斯·福图内图斯（Venantius Fortunatus）声明的：

13　　　　粗俗的如尼文（rune）可以画在白蜡木的木片上：纸草能做的，一根光滑的棍子也能做得一样好。[31]

估算数量在中世纪末期也一样成问题。韦尔（M. Vale）在为《牛津插图欧洲中世纪史》做总结时估计，"截至 1500 年，有读写能力的人在北欧总人口中的比例可能低于意大利的相应比例"[32]，但他没给出数字。韦尔的"可能"表明他知道，意大利比北欧读写能力更高的这种刻板印象也许是错的。德里克·布鲁尔（Derek Brewer）在《英国文学新派利肯指南》（*The New Pelican Guide to English Literature*）中暗示，英格兰"截至 1500 年可能超过半数人口能阅读，虽说未必都会书写"[33]。会阅读的人比会书写的人更多。尽管如此，在很少男孩被送去学校且上学的女孩更稀少的时候，怎么会有半数人口学会阅读呢？答案取决于在阅读中看重的是什么。中世纪关于功能性读写能力的设想不同于现代的。有读写能力的人被期望主要作为对基督教神圣经文的信仰者而发挥功能。因此，对阅读（以及书写）的强调没有被加上国家和工业家对于大规模学校教育的目标，而是加上祷告的目标：在教堂的礼拜仪式中集体祷告，以及在家中拿着一本日课书个别祷告。对阅读的教导主要是居家进行：由一个人教给另一个人，最典型的是母亲教给孩子。

在 15 世纪的西欧文化中，母亲教自己的小男孩阅读的典范铭刻于反复出现的圣母携着圣婴和一本日课书的图像中；对于女孩则有一个平行图像——圣安妮（St Anne，圣母的母亲）教圣母阅读。[34] 截至 1500 年，为了祷告而晨读是每个人的理想。假如阅读意味着能够辨认流传最广的祈祷文的书面词语，那么在中世纪英格兰和整个拉丁基督教世界，可能有半数人口能够阅读。真正值得注意的要点不是能够阅读的人(无论什么意义上的)占总人口的比例,而是读写能力的动力是宗教性的这一事实。直到 19 世纪引入义务基础教育时,(不管天主教徒还是新教徒的)个人祷告依旧是欧洲读写能力的基础。这就是为何在 17 世纪和 18 世纪,教育程度最高的社会是处于乡村和偏远地区却又是严格新教徒的社会——冰岛(上文已经提到)、丹麦、苏格兰和瑞典。[35]美洲殖民地也类似,读写能力在北方的新教徒乡村传播最广,"这种新教主义背后的动机——无论它是否把学校(因此还有书写)加入计划中——是男人(经常也有女人)应该学会阅读上帝的话语"[36]。与此同时,在南美洲和亚洲部分地区,耶稣会士与其他天主教传教士正在开拓以非派生自拉丁语的本地语言阅读圣经的读写能力。

14

　　20 世纪之前,在欧洲及其遍布世界的殖民地,于大众当中拓荒式扩散读写能力的是牧师和神父们(而非学校教师)。传教士们不得不教导阅读和书写,因为中世纪已经不可逆转地将基督教确立为关于一本书——圣经和从中衍生出的大量解说性书写品——的宗教。在中世纪拉丁文里,"书写"(scriptura)和神圣"令状"(scriptura)是同义词,政府机关的"文员"(clerici)和教会的"神职人员"(clerici)也是同义词。后一条规则的例外情况是意大利城邦共和国的公证员。他们是一群专业书写者组成的精英,确立了一种与神职人员和平信徒都截然不同的特殊地位。他们发展成各种意义上的"作家":代笔人、书记员、法律文员、书法家、美文作家、文人学士、作家和记者。当书面拉丁文与意大利本地语言在 13 世纪和 14 世纪分道扬镳时,最聪明的公证员在他们的保留节目中加上了教授珍稀书籍中的古典学与专门知识。最具影响力的群体是 14 世纪后期在佛罗伦萨围绕公证员科鲁乔·萨鲁塔蒂(Coluccio Salutati)形成的圈子。这位公证员在神职人员和平信徒之间应对得宜,他的古典文学研究计划于 15 世纪作为"人文主义"而知名,而这个圈子的人则成为了"人文主义者"。他们被证明是他们那古典学课程的出色宣传家,以至于他们关于意大利文艺复兴的理念已经变成老生常谈。这些人文主义者宣称要成为真正的文人学士,是把欧洲从千年的中世纪野蛮带入古典知识与文明之光的人。

　　正如常常被指出的,文艺复兴时期的人文主义研究计划被刻意塑造为精英主义的,并且是回顾过去的。他们身为文员和中间阶级——身处意大利城邦共和国的贵族和民众之间——的出身使他们担任侍臣并寻求赞助人。他们以支配教育课程为目标,不以给大众带去读写能力为目标。人文主义者在他们狭窄且定义明确的教育他们主人的目标上获得成功。他们的拉丁文和希腊文专长在西欧上流阶级的学校教育中占优势达五个世纪,从大约 1450 年持续到 1950 年。他们宣称中世纪是一个可耻的野蛮时期，这论调通过"中世纪"一词的贬义而持续至今。尽管人文主义者只着眼于精英阶层，但他们改变了每个人对读写能力的认识。这在活版印刷术上最明显，人文主义者的字迹依旧是全世界印刷和文字信息处理的模板。用斜体字（italic）①和其他古典字体替换中世纪的书本体（"哥特体"是人文主义者称书本体的粗野术语），这一点最能阐明意大利文艺复兴达成了什么。这种新的字迹由佛罗伦萨萨鲁塔蒂圈子中的专业书写者创建，尤其通过公证员波焦·布拉乔里尼（Poggio Bracciolini）的精致书法，并且在一个世纪以后借助印刷书籍扩散到整个欧洲。[37] 一如在读写文化的其他领域，人文主义者在书写文字方面也通过反复并挑衅性地挑战中世纪的长期实践而达成根本性的风格转变。

从读写能力史考虑，人文主义者作为宣传家大获全胜，因为受过教育的公众（包括许多历史学家）都根据他们的表面价值来接纳他们。一位就中世纪日课书的社会史撰文的作者于 1988 年把中世纪欧洲描述为"一个大体目不识丁的社会；即使到 1500 年，能够阅读的人在多数国家也只是一小部分（文艺复兴早期较先进的意大利城镇可能是唯一的例外）"[38]。这句话展示的是人文主义宣传家们想让他们的赞助人相信的关于他们竞争对手——神职人员（被指控垄断读写能力）和平信徒贵族（被当作文盲轻视）——的基本推论。科鲁乔·萨鲁塔蒂和波焦·布拉乔里尼肯定会赞同，与阿尔卑斯山以北的文盲国家对照，他们的佛罗伦萨城跻身于"文艺复兴早期较先进的意大利城镇"组成的文化先锋之列。人文主义者战胜了矛盾和荒谬，以后退的方式向着他们的文艺复兴前进，[用彼特拉克（Petrarch）的话来说] 展望着这样一个时代——"黑暗中止，且一代代人开始设法找到道路返回古代往昔的清明辉煌"[39]。大众关于进步和心灵跋涉的信念源于人文主义者让自身与黑暗中世纪保持距离的需要。

人文主义的男教师们宣传并巩固关于读写能力的各种迷思和可疑理念，比如读写能力由学校教育培养而非在家中习得，它是男教师们而非母亲们的禁猎区，它的启发是世俗性的而非宗教性的，它是精英主义的而非包罗所有人的，它是整齐划一的而非多元文化的，它是城镇中心的而非乡村的。所有这些假定都被塞入 19 世纪改革家（他们本就是在古典课程中受的教育）的公立学校规划中，由此注入了今天受过学校教育的人口的信念中。人文主义者在其作为宣传家和赞助寻求人的职责范围内绝对是正确的，他们关于古代希腊文和拉丁文的特殊课程确实要求一种

---

① 原意是"仿意大利古书写体"。——译者注

特别且排他的学校教育,这种教育最终由维多利亚时代英国公立学校的古典六科和其他欧洲国家的对等课程概括。

另一方面,在上流社会以外,主要通过阅读圣经和用本地语言书写而扩散的读写能力无需完全满足文艺复兴男教师们所要求的条件。在 19 世纪实行义务学校教育之前,欧洲和美洲的读写能力在偏僻的新教徒乡村地区传播最广,(正如早已指出的)像冰岛和马萨诸塞州。换而言之,读写能力在受意大利人文主义课程影响最少的地方传播最广。19 世纪的学校改革家们确实是就读写能力进行广泛教导的促进者们,尽管只是在基本的和最低的层次上;文艺复兴时期的人文主义者们则不是。构成现代欧洲大众读写能力基础的是教授本地语言,而非人文主义者们的死语言课程。这并不是说拉丁文和希腊文是徒劳无益的课程,只是它们绝不能构成大众基础学校教育的基石。人文主义者们没有就它们提出此类宣言,他们瞄准的是有影响力的人而非大众。文艺复兴时期的男教师正像他的中世纪先驱"语法夫人",挥舞着一根大棒子让他的学生们爱他。

被人文主义者成功发扬的关于读写能力传播的另一个假定是,相信罗马(及其扩展地带文艺复兴的意大利)是世界的顶点,文化向下和向外从都城扩散到各省。古典建筑或印刷书籍中的斜体字在 16 世纪从文艺复兴的意大利远远扩散到奥克尼群岛(Orkney Island)和拉丁美洲,这看似肯定了人文主义者的信念。然而更深入的审视就暗示出,相反的命题——革新常常源自边缘地区并向中心推进,在中心被垄断和重新定向——同样能自我标榜成关于文化扩散的概括之论。从这个角度看,最早的人文主义者本身就能被看成外省人,在精神上(有时也肉身亲力,比如教廷秘书波焦・布拉乔里尼的例子)开辟出从他们的佛罗伦萨殖民地走向古典的、教廷所在地罗马的道路。

英格兰的读写能力在中世纪的地位

在本书中,由于英格兰是注意力的焦点,所以边缘地区扮演当面抗衡中心地区的角色,这是个重要问题。观念上,英格兰站在以耶路撒冷为中心的中世纪世界的边缘,盎格鲁-撒克逊人埃尔弗里克(Aelfric)曾宣称,英格兰位于"地球圆周的外缘"[40]。革新在一种文化的边缘地区可以更容易,那里的文化交互影响令适应更为必要,也令中心的支配较没把握。就英格兰内部而言,12 世纪可以在其边境地带观察到多个成长点，特别是在威尔士边境的赫里福德一带和苏格兰边境的达勒姆。从威尔士边境走出最早也最有影响的出于娱乐而书写拉丁文的作者——蒙默斯的杰弗里(Geoffrey of Monmouth)、沃尔特·马普(Walter Map)和威尔士的杰拉尔德(Gerald of Wales)，而赫里福德这座主教座堂城市是中世纪课程中的计算科学的一个国际中心。[41]中世纪教会建筑最伟大的革新(肋式拱顶)于 12 世纪初在达勒姆的大教堂成形，一如《末日审判书》在这里成形[假如皮埃尔·查普莱斯(Pierre Chaplais)的假设正确]，英格兰 12 世纪的文艺复兴也可以被视为源于此地。[42]达勒姆的修士们接管了比德(Bede)在贾罗(Jarrow)和卡斯伯特(Cuthbert)在林迪斯法恩(Lindisfarne)的诺森布里亚(Northumbrian)遗产，很像佛罗伦萨的人文主义者们宣称古典罗马是他们城市的往昔一样；在这两个例子中，艺术家、作家和宣传家(包括造伪者)都为一个神话赋予了令人难忘的形式。

赫里福德和达勒姆例证了 12 世纪英格兰的边缘革新。若考虑 1066—1307 年间的读写能力，则作为一个整体的英格兰扮演着可相媲美的当面抗衡中世纪欧洲的革新角色。1066 年的英格兰以其盎格鲁-撒克逊和日耳曼文明而站在不同语言和文化的交汇点上。跨越英吉利海峡向南，是用拉丁文书写的罗曼语系诸国。北上最西可达冰岛、最东可达俄罗斯①的海上航道则由书写如尼文的斯堪的纳维亚人(Scandinavians)控制。英格兰西面是用欧甘文字(ogams)和盖尔语(Gaelic)书写的凯尔特(Celtic)诸岛——威尔士、爱尔兰和苏格兰的高地与岛屿。这个地区大部分从未被罗马人征服，只是通过教会才经历了拉丁化。教宗格里高利七世期望诺曼征服者们——由担任首领的兰弗朗克(Lanfranc)大主教率领——能在不列颠群岛(British Isles)全境维护拉丁文的统一。征服爱尔兰被宗座视为将野蛮人带入罗马行列的正当进程。威尔士的杰拉尔德称赞亨利二世(Henry II)是西方的亚历山大大帝(Alexander the Great)，他 1171 年入侵爱尔兰之举显示出可与那些东方奇迹比肩的西方奇迹。[43]不列颠群岛在 12 世纪的欧洲文献中变成一个迷人和神秘的地方，时间和空间上都很遥远，是亚瑟王(King Arthur)、摩根勒菲(Morgan la Fey)和魔法师兼书写之主梅林(Merlin)的土地。[44]前往大洋中的群岛不列颠的旅程就相当于 20 世纪科幻小说中的赴外太空之旅。克雷蒂安·德·特鲁瓦(Chrétien de Troyes)在(12 世纪 70 年代创作的)《克里热斯》(Cligés)中，让其主人公从希腊去英

---

① 作者在这里应是指属于当代俄罗斯的波罗的海沿海地方。准确来讲，11 世纪控制该区域的政权叫罗斯或基辅罗斯，13 世纪中叶罗斯灭亡，分化出的国家之一莫斯科公国才是俄罗斯的直接前身。此外，波罗的海东岸主要不属于罗斯，而是分属构成罗斯附庸的多个小国。——译者注

格兰,"那里当时叫做不列颠",因为他希望赢得有勇气的名声。"不列颠"之名据信来自一位被击败的特洛伊人(Trojan)布鲁图斯(Brutus),他被许诺,在日落以外的西方土地上有一座新特洛伊城。威廉·菲兹斯蒂芬(William Fitz Stephen)①在托马斯·贝克特(Thomas Becket)的传记中将这块许诺之地鉴定为伦敦,他宣称该地比罗马古老,还是康斯坦丁(Constantine)②皇帝及贝克特的诞生地。[45]

由于英格兰位处拉丁文化的边缘,因此英格兰对拉丁文化的态度模棱两可。　18英格兰的作家们要么很擅长掌握拉丁学识并对罗马的事物很热心,如比德在8世纪或索尔兹伯里的约翰(John of Salisbury)在12世纪所为,要么就避开拉丁文,像古英语的诗人们和散文作家们以及1066年之后法语和中古英语的作家们那样。以某种形式——可能以如尼文字——写下英语的语言,这种实践在奥古斯丁(Augustine)597年带传教团前来的时期已经得到足够认可,以致确保肯特的艾塞尔伯特王(King Aethelberht of Kent)的法律是用古英语而非拉丁文写下来的。这是关于罗马教会传教士容忍一种蛮族语言被书写下来的一个不同寻常的例子。到诺曼征服时期,用本地语言书写法律已经变得如此巩固,以致它可能构成先例,促使号称"征服者威廉法律"的法律在12世纪被用新的本地语言法语写了下来。[46]

法语不是首先在法兰西发展成一种书面语言,而是在诺曼征服之后那个世纪里的英格兰。[47]当法语在英格兰离群索居时,它才首度被看作一种独特的语言,而在11世纪的法兰西,它只不过是多种不成文的本地俗语之一。法兰西的作家们被教导,拉丁文是唯一恰当的书写方式,然而在英格兰,一代又一代修士和平信徒已经获悉,英语有一种与拉丁文并肩的文学地位。法兰西在1050—1150年间有伟大的作家[彼得·阿伯拉尔(Peter Abelard)、明谷的伯纳德(Bernard of Clairvaux)、拉瓦尔丹的希尔德伯特(Hildebert of Lavardin)以及其他许多人],但是除了南部的行吟诗人,他们都用拉丁文写作。在黑斯廷斯(Hastings)之战中唱着《罗兰之歌》(Chanson de Roland)的诺曼"法兰西"骑士们的骄傲之心在英格兰可能变成了识文

---

① Fitz是盎格鲁-诺曼英格兰用于指示父名的词语,放在名字中的意思是"××之子"。英格兰采用姓氏后,这个词被吸收到父系姓氏中变成姓氏一部分。在本书涉及的年代,英格兰人大体不用姓氏,书中出现Fitz的名字都是"××之子",正如另外一些名字都缀以地名。但是为了方便,遵照后世习惯,直接将Fitz与后面的父名合并音译。——译者注

② 这里也许指历史上的康斯坦丁三世,原是罗马帝国一位将军,407年在罗马统治的不列颠自立为西罗马皇帝,409年得到时任罗马皇帝承认,为共治皇帝,至411年。但注释中提到菲兹斯蒂芬参考了蒙默斯的杰弗里的作品,所以也很可能只是说杰弗里作品中那位统治不列颠的康斯坦丁王。——译者注

断字的自觉心，因为需要同以英语写下来的国民史诗如《马尔登之战》（*The Battle of Maldon*）竞争。（关于写下来的法语的这些及其他要点将在第六章讨论。）在 1066 年之后的那个世纪里，用英语书写遭到诺曼征服者压制和贬低，虽说盎格鲁-撒克逊传统在主要教堂里依然得到维系。无论如何，在作为整体的欧洲书写史上，12 世纪的英格兰是一段辉煌时期，因以拉丁文书写的作者（索尔兹伯里的约翰、蒙默斯的杰弗里和其他许多人）和最早的法语作家[盖马尔（Gaimar）、休·德·罗特兰德（Hue de Rotelande）、乔丹·范塔斯密（Jordan Fantosme）和其他许多人]而杰出。

诺曼征服者们不只促进了法语的书写。英格兰特殊的环境也导致他们通过打造出一个自罗马帝国灭亡以来空前庞大的官僚机构来促进拉丁文的读写能力（第二章讨论）。正如理查德·威廉·萨瑟恩爵士（Sir Richard William Southern）指出的，索尔兹伯里的约翰的《政治家之书》（*Policraticus*）、《财政部对话录》（*Dialogue of the Exchequer*）以及被称为《格兰维尔》（*Glanvill*）的法律书都是"亨利二世时期政府工作所提供的智力激励"下的产物。"这些书不仅仅是像同时代的罗马教宗教令汇编那样供政府机关使用的手册或教科书，它们在某种程度上志在用一种智力普遍性覆盖政府的规章。"[48]它们的作者们对自己使用有学问的拉丁文讨论尘世事务及法庭规则的原创性有自觉意识。理查德·菲兹尼尔（Richard Fitz Neal）在《财政部对话录》的结语部分写道："在没有教师或范本的情况下我竭尽全力了。我把我的斧头放在原木上并砍成王室建筑用的木材，一位更熟练的建造者可以用他的扁斧加以打磨。"[49]这是一种委婉说辞，说他已经为财政部设立了未来几个世纪要遵从的规则。类似，《格兰维尔》中描述的法律规则直到 19 世纪都依然在理论上有效。

本书的主要论点是，平信徒的读写能力从官僚机构中，而非从任何指向教育或文学的抽象愿望中生长出来。王室的财政部和法庭的要求迫使郡里的骑士们和城镇里的市民们创建出他们自己的较小型的官僚机构。沃林福德（Wallingford）自治市的商人卷册（见图 9 和图 10）与理查德·侯陶特（Richard Hotot）的地产书（见图 15）很好地阐明了该进程，一如克罗兰（Crowland）的施主们的形象，他们奋力把自己的特许状递到该修道院面前（见图 20）。不过，强调官僚机构的成长时不该模糊掉中世纪读写能力史的另一个平行发展，这就是神职人员的习惯与价值观被吸收进平信徒家中，更多地通过为了私人用途获取祈祷书的家中的淑女们，而不怎么通过响应税务要求和王室令状的骑士和市民们。从现存日课书判断，这是 13 世纪的发展，英格兰位于潮头，但也受到法兰西和佛兰芒（Flemish）艺术影响的刺激（见第三章对礼仪书的讨论)。

全书以英格兰而非以整个中世纪欧洲为中心,这导致第一版的一些评论者希望拓宽它的范围,或至少要将英格兰和其他地方做更多比较。12 世纪和 13 世纪从记忆到书面记录的转变并非英格兰独有的现象,正如早已指出的,它至少是个西欧级的现象。不过对英格兰和其他西欧地方——比如意大利的北部城市、伊比利亚半岛(Iberian peninsula)各君主国或日耳曼各主教辖区——的明确比较在本书中难得进行,因为目前可获得的证据太分散亦不均匀。经过多年被忽略之后,中世纪读写能力终于被更广泛地研究了。然而证据还没充分到能在整个西欧进行连贯比较,尤其是以统计数据的形式。兹举一例,现存 12 世纪英格兰的特许状仍需被著录和清点,更别提法兰西和意大利那些。这里涉及数以万计的文件,其中一些存于难以接近的档案馆。为了克服撰写一部关于欧洲范围内中世纪读写能力之可靠历史的困难,本书作为替代而提供了来自单一时间和地点的详细信息;在适当的时候,　20
这些可以被安置在一幅更大的图景中。集中在英格兰不是打算暗示,威尔士、波兰或西西里在中世纪读写能力史上不重要,而仅仅是因为无法由一位作者对它们都进行详细研究。

这本书选了一个地方——1066—1307 年间的英格兰——来调查,很像考古学家挖出一条探沟。为了估计相关主题的价值和意义,这条探沟出来的每件东西无论多么细小和模糊,都必须被调查,同时考古学家们也认识到,探沟的内容只是一个任意横截面。在哪里开挖探沟是判断加运气的问题,历史学家和考古学家都依据经验工作。英格兰不是一个时代错乱的要挑拣的研究单元,它的王国到 11 世纪时已然是个鲜明的政治和文化实体。英格兰的君主制和制度的连续性使得中世纪以来的印刷与手写本资源相对丰富和易接近,哪怕王室及其官员也有可能动用权力以利己方式歪曲记录。研究者可以相对很满意于他已经看到了证据富有代表性的横截面。本书将时间限定在 1066—1307 年,这就相当于考古学家测量他那条探沟的长宽各 1 英寸的微小部分。限定定义了任务。1066 年和 1307 年固然分别指明了黑斯廷斯之战和爱德华一世驾崩这两个政治事件,但它们在记录制作史上也具有象征意义。诺曼征服用《末日审判书》标志了一个新开端,爱德华驾崩终结了最有记录意识的国王的统治(如第一章所力陈的)。

本书提出了一项要求做个解释的考古学事实——与之前的盎格鲁-撒克逊及罗马时代相比,12 世纪和 13 世纪的英格兰幸存了大量书写品。这可能是因为制作了更多公文,也可能是因为更多公文被保管。本书力主,公文的这种累积和它们在官僚机构的用途令更多人有读写能力。中世纪公文的数量在某种程度上可以衡量,但识文断字人士的数量却不能。本书不打算写成关于交流模式的综论之著,虽说它像所有历史作品一样,是它自己时代和当时兴趣的产物。书写和交流的新形式的激增,尤为明显的是借助个人电脑和网络而激增,可以教给历史学家正确看待他的书籍和文件的价值。基于希腊和罗马拼音文字的技术——已经用其古典形式(纸草)、中世纪形式(羊皮纸)和现代形式(印刷纸张)支配欧洲文化超过 2 000年——可能正走入它最后的世纪。中世纪英格兰或其他地方书面记录的发展不是进步和文明的某场跋涉中一次简单的或不可逆转的前进,而是一场具有深刻历史重要性的变化。本书旨在揭示出随着读写能力成长而丧失的一点点东西,也指明这过程中获得的一点点东西。

【注释】

[1] 这个估算值基于 P. H. Sawyer, *Anglo-Saxon Charters:An Annotated List* (1968)。

[2] V. H. Galbraith, *Studies in the Public Records* (1948), p.26(着重标记是笔者所加)。加尔布雷斯首先在 1935 年提出这番论证,见 V. H. Galbraith, "The Literacy of the Medieval English Kings", *Proceedings of the British Academy* XXI(1935), pp.204—206,最后又在 1962 年提出,"就在 13 世纪开始之际,以保存于公共记录署(国家档案馆)的官方档案为开端,我们从一种习惯的且大体口传的社会进入了一个记录的时代", V. H. Galbraith, *The Historian at Work* (1962), p.3。

[3] Jack Goody ed., *Literacy in Traditional Societies* (1968); Jack Goody, *The Domestication of the Savage Mind* (1977).也见 S. Scribner and M. Cole, *The Psychology of Literacy* (1981),以及 Roy Harris, *The Origin of Writing* (1986), pp.159—163 引述的作品。

[4] *Patent Rolls*, 1272—81, p.343 的委任状; *Foedera etc. or T. Rymer's Foedera*, ed. A. Clark et al., Record Commissioners' publications I—III (1816—30), I, part II, p. 567; *Rotuli undredorum*, Record Commissioners' publications(1805—48), II, p.ix。

[5] S. Raban, *A Second Domesday? The Hundred Rolls of 1279—1280* (2004)。

[6] W. Urry, *Canterbury under the Angevin Kings* (1967), p.3。

[7] M. T. Clanchy, "Power and Knowledge", in *England in the Thirteenth Century*, ed. W. M. Ormrod(1985), p.12。

[8] *Annales Monastici*, ed. H. R. Luard, Rolls Series: *Rerum Britannicarum Medii Aevi Scriptores* (1858—97) XXXVI(1864—69), III, p.263; S. Raban, *A Second Domesday?* p.24。

[9] *The Anglo-Saxon Chronicle:A Revised Translation*, ed. D. Whitelock(1961), pp.161—162。

[10] *Royal Writs in England from the Conquest to Glanvill*, ed. R. C. Van Caenegem, Selden Society Series LXXVII(1959), p.366, n.5。

[11] C. Duggan, *Twelfth-Century Decretals Collections and their Importance in English History*, University of London Historical Studies XII(1963), pp.66, 124。

[12] 关于现代大众读写能力史的一部导论见 C. M. Cipolla, *Literacy and Development in the West* (1969)。

［13］Jack Goody ed., *Literacy in Traditional Societies*, pp.3, 4, 11.

［14］H. J. Graff, *The Literacy Myth*(1979), p.196,重印于 H. J. Graff ed., *Literacy and Social Development in the West*: *A Reader*(1981), p.233。

［15］H. J. Graff, *Literacy and Social Development in the West*, pp.258, 260.也见 E. Verne, "Literacy and Industrialization", in *ibid*., pp.286—303。

［16］K. O'B. O'Keeffe, *Visible Song*: *Transitional Literacy in Old English Verse*(1990), p.10.

［17］*Ibid*., p.10.

［18］*L'Enseignement de l'écriture aux universités médiévales*, ed. L. Mezey, 2nd edn(1959), p.20.引文为笔者翻译。

［19］J. Lawson and H. Silver, *A Social History of Education in England*(1973), p.39. S. Scribner and M. Cole, *Psychology of Literacy*, pp.113—133 讨论读写能力和学校教育。

［20］R. Pattison, *On Literacy*(1982), p.122.也见 H. J. Graff, *The Legacies of Literacy*(1987), p.230; R. F. Tomasson, "The Literacy of the Icelanders", *Scandinavian Studies* XLVII (1975), pp.66—93。

［21］K. O'B. O'Keeffe, *Visible Song*: *Transitional Literacy in Old English Verse*, p.10.

［22］R. Pattison, *On Literacy*, p.65.

［23］*Statutes of Realm*, ed. A. Luders et al., Record Commissioners' publications I(1810): 3 & 4 George V, ch.28, article 1(c).也见"Report of the Royal Commission on the Care and Control of the Feeble-Minded", Her Majesty's Stationery Office, Cd4202(1908); R. Fido and M. Potts, "It's Not True What Was Written Down", *Oral History* XVII(1989), pp.31—34。

［24］R. Pattison, *On Literacy*, p.174.

［25］*Anticlaudianus*, Bk. II, lines 401—403, trans. J. J. Sheridan(1973), p.85.里尔的艾伦的描述同沙特尔皇家大门(Portail Royal of Chartres)大教堂的语法夫人雕像同时代,图示见 A. Prache, *Lumières de Chartres*(1989), p.54。

［26］对学校教育有潜在害处的讨论(带参考资料)见 D. R. Olson, *The World on Paper*: *the Conceptual and Cognitive Implications of Writing and Reading*(1994), pp.9—11。

［27］R. Fossier ed., *The Cambridge Illustrated History of the Middle Ages*, *1250—1520*(1986), p.496.

［28］G. Holmes ed., *The Oxford Illustrated History of Medieval Europe*(1988), p.39.

［29］卢卡最早的一批特许状以复制件形式发表于 *Chartae Latinae Antiquiores*, ed. A. Bruckner and R. Marichal, XXX—XXXVII(1988—91)。

［30］I. Wood, "Administration, Law, and Culture in Merovingian Gaul"; R. Collins, "Literacy and the Laity in Early Medieval Spain"; S. Kelly, "Anglo-Saxon Lay Society and the Written Word"; J. Stevenson, "Literacy in Ireland: The Evidence of the St Patrick Dossier".也见 R. Wright ed., *Latin and the Romance Languages in the Early Middle Ages*(1990)中的文章。

［31］Venantius Fortunatus, *Miscellaneorum libri undecim*, Bk. VIII, ch.18, in *Patrologiae*: *Cursus Completus Series Latina* LXXXVIII, ed. J. P. Migne(1844—73), col.256, 引自 R. I. Page, *An Introduction to English Runes*(1973), p.100. 对如尼文的讨论见 T. Spurkland and J. P. Holck, in *Literacy in Medieval and Early Modern Scandinavian Culture*, ed. P. Hermann(2005), pp.136—163。

［32］G. Holmes ed., *The Oxford Illustrated History of Medieval Europe*, p.346.

［33］B. Ford ed., *Medieval Literature*: *Chaucer and the Alliterative Tradition*(1982), p.23.

［34］M. T. Clanchy, "Did Mothers Teach Their Children to Read?", in *Motherhood*, *Religion*, *and Society in Medieval Europe*, *400—1400*: *Essays Presented to Henrietta Leyser*, ed. C. Leyser and L. Smith(2011), pp.129—153; K. Schreiner, "Marienverehrung, Lesekultur, Schriftlichkeit", *Frühmittelalterliche Studien* XXIV(1990), pp.314—368; S. G. Bell, "Medieval Women Book

Owners", in *Women and Power*, ed. E. Erler and M. Kowaleski(1988)，pp.149—187.

［35］H. J. Graff, *The Legacies of Literacy*, pp.223—230.对 E. Johansson, *History of Literacy in Swe-den*(1977)的一份摘要见 H. J. Graff, *Literacy and Social Development*, pp.151—182。苏格兰见 T. C. Smout, "Born Again at Cambuslang", *Past and Present* XCVII(1982), pp.115—127。

［36］H. J. Graff, *Literacy and Social Development*, p.187 引的洛克里奇(K. A. Lockridge)的话。

［37］A. C. de la Mare, *The Handwriting of Italian Humanists*, vol.I, fascicule I(1973)；M. Lowry, *The World of Aldus Manutius*(1979).

［38］L. R. Poos, "Social History and Books of Hours", in *Time Sanctified*：*The Book of Hours in Medieval Art and Life*, ed. R. S. Wieck(1988), p.33.

［39］Petrarch, *Africa*, Bk. IX, line 553.对彼得拉克拉丁文韵文的谨慎通俗翻译出自希尔(J. Shiel)，引自 P. Burke, *The Renaissance*(1964), p.2。

［40］引自 M. T. Clanchy, *England and Its Rulers 1066—1272*(1983), p.22。

［41］*Ibid.*, pp.177—178.概述见 *Medieval Art and Architecture at Hereford*, British Archaeological Association Conference Transactions(1990)。

［42］E. Fernie, *The Architecture of Norman England*(2002), pp.34—36；查普莱斯的意见见 *Domesday Studies*, ed. J. C. Holt(1987), pp.65—77。概述见 G. Bonner, D. Rollason and C. Stancliffe eds., *St Cuthbert*：*His Cult and his Community to A.D. 1200*(1989)。

［43］*Giraldi Cambrensis Opera*, ed. J. S. Brewer et al., Rolls Series XXI(1861—91), V, pp.189—193；R. Bartlett, *Gerald of Wales*(1982), p.59.

［44］R. H. Bloch, *Etymologies and Genealogies*(1983), pp.1—2.

［45］*Materials for the History of Thomas Becket*, ed. J. C. Robertson and J. B. Sheppard, Rolls Series LXXVII(1875—85), III, p.6.特洛伊人布鲁图斯的神话来自 Geoffrey of Monmouth, *History of the Kings of Britain*, Bk. I。

［46］见本书第六章注释［84］。

［47］我这个结论借鉴自 Ian Short, "Patrons and Polyglots：French Literature in Twelfth-Century Eng-land", *Anglo-Norman Studies* XIV：*Proceedings of the Battle Conference 1991*, ed. M. Chibnall (1992), pp.229—249。

［48］R. W. Southern, *Medieval Humanism and Other Studies*(1970), p.176.

［49］*Dialogus de Scaccario*, ed. C. Johnson(1950), p.127.

上卷　记录的制作

第一章　关于诺曼征服的记忆与神话

23　　中世纪的人生活在前罗马帝国的阴影下,因此在从 500 年到 1500 年的中世纪千年里,拉丁文虽然早已不再是任何人的母语,却依旧是主要记录语言。"有读写能力的"("文学界")意味着懂拉丁文。它是中世纪圣经的语言,因此是西方的教会与神职人员的语言,一如它依旧是法律和政府的主要语言。英格兰例外地发展出盎格鲁-撒克逊本地语言的书面语,与拉丁文并肩行事或独立于拉丁文发挥作用。现存写以古英语的最早文本是肯特的艾塞尔伯特王的法律,写于 597 年至他 616 年驾崩之间。与法律一起的还有可能是拉丁文和英语相结合的所有权契据——让与条款写以拉丁文,关于财产边界的细节写以英语,因此在法庭上它们可以被直接照着公文大声朗读,并被见证人当场跟读。到阿尔弗雷德大帝(Alfred the Great)当政时(871—899 年),"出于功利或实用目的而使用书面词语,此举得到广泛传播;且本地语言公文这方面有着特别有力的例子"[1]。截至此时,通过英语和拉丁文并行使用,"书面词语已经适应了世俗社会"[2]。由此书写不再被神职界垄断。150 年后的诺曼征服时期,书面古英语已被作为政府语言例行使用。

24　　1066 年在黑斯廷斯之战中杀死哈罗德王(King Harold)已令诺曼底的威廉的王位如囊中之物,但他还要花很多年才在英格兰全境确立诺曼人的统治。起初,诺曼人统治甚至不能说必定是威廉政府的特征,因为他以忏悔者爱德华王的合法继承人身份而对英格兰提出统治要求;黑斯廷斯之战只不过清除了一个篡位者。威廉被加冕为"英格兰人的王",而且假如他已学会讲英语并坚持让他的追随者们也学会,他可能就用符合英格兰人的方式来统治了。他也许曾希望这么做,编年纪作者奥德里克·维塔利斯(Orderic Vitalis)说,威廉开始也拼命学了些英语,因为他想无需译员就理解法庭审理程序并做出公正判决。[3]但是此起彼伏的叛乱和用英格兰的土地奖赏追随者的需要双双挫败了他。诺曼人为此推行如下规则:以任何方式支持哈罗德的所有人都是叛乱分子,他们的财产就此被没收。早在 1067 年,《盎格鲁-撒克逊编年纪》就抱怨说,威廉"把每个人的土地都送了出去"[4]。到了 12 世纪,公认有大量英格兰佃户已被剥夺财产并且从未获得赔偿[5]。这解释了为何截至 1087 年征服者威廉驾崩时,英格兰的大地主实质上都是诺曼人(或是诺曼人的同伙,包括布列塔尼人和佛兰芒人),纵使王室官员的较低等级中依旧有很多盎格鲁-撒克逊人。[6]若没有他们,则租金收不起来,地方政府也不能运转。

"诺曼征服所强加的最大变化恐怕是语言上的。诺曼人和英格兰人有多久或多深地被他们的本地语言所分割,我们依旧知之甚少",或者地位如此稳固的拉丁文如何在讲法语的入侵者和本地英格兰人之间提供了一条交流生命线,我们也知之甚少。[7]大约从 1070 年起,威廉王停止像他的前任们那样例行用古英语颁发指示(法律术语叫"令状"),尽管晚至 11 世纪 80 年代还有一两个用英语写王室令状的例子。[8]在 1069—1070 年间击败各次大型英格兰人叛乱后,象征着对盎格鲁-撒克逊人的亲近与信任的古英语法律公文,现在看起来尤其可能代表着对诺曼权威的挑战。郡和区①的法庭里(各乡村被编组到"各区")的整个诉讼程序都以英语进行,这在诺曼人眼里必定显得异质,尽管他们不得不接受它。阿宾顿(Abingdon)的首位诺曼人修道院长在 1071 年被任命后不久,就从"没有哪个明智的人敢反对的英格兰人中"招募"辩护人"。[9]新的地主们或毋宁说他们的本地代理们[因为诺曼要人显贵们如威廉·德·瓦伦内(William de Warenne)或蒙哥马利的罗杰(Roger of Montgomery)不亲自周游全国寻访他们的土地]需要当场澄清和确保他们的财产所有权。否则他们可能彼此陷入争端,也会同敌对的村民陷入争端,因为大批提出土地要求的诺曼人可能被授予同一个郡乃至同一个区的土地。

总体上,诺曼人通过(拉丁文)王室令状的权威确立他们在英格兰的财产所有权,并通过动用本地陪审团来巩固他们的要求。陪审员的证词超过所有其他形式的无论拉丁文还是英语的、书面的还是口头的证据,因为它是公开发布的,并且集体按着福音书或圣徒遗骸宣过誓。后来将把这个称为"裁定"(拉丁文的意思是"真

---

① 这个行政单位叫"hundred",界定非常模糊,早期盎格鲁-撒克逊指能支持 100 户农户耕作的土地范围,到了 11 世纪,在很多地方指支持四户农户耕作的土地范围。另一种衡量标准是,一块可安置 100 名战士的土地,或能供养 100 名战士的土地。——译者注

话"①)。一份陪审员裁定涉及对神圣权威的公开诉求,因此它可与刑事审判中用水刑(包括威胁淹死)和热烙铁引出的"神判"相比拟。此类处罚威逼人们吐露出对什么信以为真。信誉良好的本地人既不希望作伪证,也无意因为做出有异议的裁断而离间他们的邻人,但是他们被诺曼主人们逼迫参加陪审团。例如,作为觉醒者赫利沃德(Hereward the Wake)叛乱的余波,伊里(Ely)的所有权于 1071 年陷入争议,征服者威廉颁发一道令状,指示兰弗朗克大主教找出"谁让(伊里的)圣埃塞德丽达(St Etheldreda)的土地被写下来并被宣誓,怎么宣誓的,谁为之宣誓,谁听到了陪审团的意见(或'誓言'②)"[10]。于是有许多人被仔细盘诘:有指导陪审团的地方官员及他们的抄写员,有陪审员本人,还有听过陪审员裁定的法庭上的证人。

一个陪审团可能使用公文(诸如写以拉丁文或英语的较早的特许状)来了解一个案件的方方面面;但诉讼程序本质上是口头的,因为陪审员(至少在理论上)用他们自己的方言讲发自内心的真话。陪审团流程因此优待口头证词,无论是讲英语、法语还是任何其他方言。不过,裁定一旦经过口头宣布,它的证词可以被译写为拉丁文的书面记录,只要那里有一位在语言上胜任此事的文员。在 1086 年引出《末日审判书》之编订的调查中,确立财产所有权的此种程序被应用于英格兰大多数地方。该调查在英语中被称为"末日审判",因为它那可怕的严格度看起来同世界末日的最后审判不相上下。[11](任何进入一间中世纪教堂的人都熟悉手持一本书像个法官似的坐在宝座上的基督形象,它或者雕刻在教堂入口上方,或者绘在教堂内墙上。)《末日审判书》由数千陪审团的裁定组成,详细列举回溯到忏悔者爱德华当政时的每个乡村的人民和财产。"总计可能有超过 6 万名证人在末日审判调查期间作证。"[12](按照当时一个人的描述)"这块土地上几乎所有居民"都宣了誓。[13]

诺曼人面对着地方法庭的英语法律公文和他们无法控制甚至也不懂的谈话,最终无意中找到一个解决方法。完全用拉丁文书写的《末日审判书》为他们所有人在英格兰创造出一个庄严的法律及权利源泉。它被放置在位于政府中心的王家国库中,在那里作为"审判书"而知名。[14]形容词 judiciarius(审判的)让人想起罗马法的权威,因为这是西塞罗(Cicero)和罗马法官盖乌斯(Gaius)使用的术语。(通过去意大利法律学校游学的学生,也通过教会法和罗马法的重叠,关于罗马法的知识在

---

① 拉丁文 veredictum,衍生出英语的 verdict(裁定)。——译者注
② "誓言"的拉丁文是"juratio/iuratio",英语的 jury 衍生自拉丁文 iuro, iuro 是名词 iurotio 的动词第一人称单数形式。——译者注

后征服时代的英格兰开始流行。)《末日审判书》既通过其罗马权威也通过其英语名称而证明并概括了英格兰从记忆到书面记录的诺曼人章节。陪审员的本地语言裁定是口头的和瞬时的,但它们通过王室抄写员的技能而被转化进一个经久且可查找的拉丁文文本中。本地语言询问加拉丁文记录制作,这个制造出《末日审判书》的双重程序将在后征服时代的英格兰以多种形式被重复使用。

诺曼官方记忆的形成

1066 年之后一个世纪左右,王家财务主管理查德·菲兹尼尔描述了他在伦敦坐在一扇俯瞰泰晤士河的窗户边,遵照可回溯至柏拉图和苏格拉底的悠久的虚构对话传统,开始了一场想象中的同一位新人的对话。[15] 理查德的对谈人敦促他不要谈论哲学的精微之处,而是就他在国库的工作写一些有用的东西,他在国库负责号称"财政部"的财务部门["财政部"(Exchequer)一词来自当算盘用的大型格子板(chequer board)]。因此,理查德这本用拉丁文写的书以《财政部对话录》知名。此书通过问答描述了令亨利二世(当政期 1154—1189 年)成为欧洲最富国王的关于造币和税收的复杂体制。诺曼征服具有根本性的影响,此信念渗透了《财政部对话录》。按照书中观点,威廉一世的权威并非来自任何可敬的英格兰王权根基——通过被封圣的忏悔者爱德华及其盎格鲁-撒克逊先人们,而是来自他是"独具一格的英格兰征服者",他"用杀一儆百的作风彻底驯服了叛乱分子的心灵"。[16]

征服是合法的统治形式,这种思想依赖通过战斗执行神判的信念,此信念被诺曼人作为一种法律程序引入英格兰。黑斯廷斯之战证明,上帝要他赢,此战中威廉打着一面展示出十字符的教宗的旗帜。既然通过征服而成王,那么在神圣法律框架之内,威廉就有资格对臣民做任何他乐意的事。于是"他决定把被征服的人民带入成文法的统治之下"。《财政部对话录》中表达"成文法的统治"的拉丁措辞是 iuri scripto lgibusque。[17] 这让人想起罗马法理学中的 ius(权利)和 lex(法律)。换而言之,征服者威廉在此被比拟为一位正将法律统治强加到一群野蛮人身上的罗马皇帝。(《财政部对话录》解释说)他让人把英格兰法律拿给他看,有些他否定了,另一些他赞同,他也引入了一些诺曼法律(尤其是通过战斗来判决)。英格兰法律被认为不健全,因为它们写以本地语言,而在罗马人观念中,只有拉丁文才能给法律赋予书面记录的经久权威。

27

《财政部对话录》继续说，"最终，给他所有的深谋远虑加上画龙点睛的一笔"，威廉在全国进行了一场调查。[18]表示"调查"的拉丁词语 descriptio 再次强调了书写的重要性，因为该词的字面意思描述了"写下来"这个程序。英格兰的树林、牧场、草甸以及可耕种土地都被记下来并汇总成一本书，"以致每个人都应对自己的权利感到安心，也不致侵占他人权益却不受惩罚"[19]。当然这就是《末日审判书》。它是关于征服者威廉令英格兰人民臣服于成文法统治的可见证据，因为他们的个人权利永远铭刻在这里面。或者毋宁说，这是《财政部对话录》以及国王那些国库官员们的核心信念，《末日审判书》就存放在国库。事实上，当然没有单独一本书就能令每个人的权利最终确定并防止发生变化。

为了解释财政部如何形成且为何国库拥有《末日审判书》，《财政部对话录》诉诸一个关于诺曼征服者如何标志着法律和记录制作之新开端的神话（集体记忆意义上的神话）。该书作者坚持，他在传递一项来自布洛瓦的亨利（Henry of Blois）的口述传统，后者从 1129 年到 1171 年任温彻斯特主教 40 多年。他补充说，亨利是征服者威廉的一位血亲，因此该信息出自一个是征服者孙辈的内部人士。诺曼时代早期，国库位于温彻斯特（而不在伦敦），因此该传统看似来源可靠。《财政部对话录》诉诸口述传统，因为作者清楚，国库的记录对于历史目的而言多么不完备。这反过来肯定了他对于诺曼征服之创伤性后果的信念。他解释说："我们从祖先那里得到该传统，他们生活在王国被征服后的原始状态中。"[20]（他宣称）那时期，王室土地的租金不是用货币支付，而是用食物供给的形式；相关人员凭记忆知道每个庄园该付多少。《财政部对话录》的作者甚至不知道财政部本身源于诺曼人还是盎格鲁—撒克逊人。他又得求助口述传统。一方面，"据说它始于威廉王对这个王国的征服"，但另有人相信它在英格兰诸王时期已经存在。[21]他们根据"有着古老记忆的老迈之人"的话就王室庄园提出争辩，那些老人们因为他们祖先的教导而很清楚每个庄园欠多少。

1066 年之前收租收税仅仅依赖口述传统，这是常态，抑或《财政部对话录》描述了诺曼征服造成的例外情况？盎格鲁-撒克逊的税收体系如此精细，很难相信国库不留账目。有一篇文本——不当地起名为"北安普敦郡支付款卷册"（Northamptonshire Geld Roll）——尤其暗示出以前有记录，哪怕该文本不是实际上的国库公文，也不是郡中卷册，而是一份为彼得伯勒（Peterborough）修道院制作的关于其在北安普敦郡之土地的备忘录。[22]这篇文本是英语的，列出哪些地区已经缴了名为"支付款"（geld）的税而哪些还没有（有些地区免税，若非因为专享特权，就是因为太

穷交不起)。不过,《北安普敦郡支付款卷册》从未详细说明实际支付额。因此它不
是王家国库制作的收据记录,也不是正规的财务账目。它似乎是针对豁免税务的
某种特别调查,于诺曼征服之后进行,并因彼得伯勒修道院的利益而被促成。无论
如何,《北安普敦郡支付款卷册》以其有关债务细节的精确性而透露出较早的税务
实践。如果供它复制的文件蓝本也类似地写以本地语言而非拉丁文,则它的意义
就格外重大,因为那将暗示,1066 年之前英语是国库的记录语言。盎格鲁-撒克逊 29
王家秘书处用英语颁发令状和指示,因此国库也用英语理当合宜。

假如盎格鲁-撒克逊国库拥有账目记录,则《财政部对话录》看似对它们一无所
知。这份无知恐怕千真万确,因为一个世纪前的记录(尤其若它们写以英语)到了
《财政部对话录》的时代可能早被认为是过时的。亨利二世当政时,国库的许多功
能都从温彻斯特转移到伦敦,在此过程中,一些旧记录可能被忽略了。看起来国库
没有把据以编纂《末日审判书》的调查回馈表带去伦敦,它们可能就是征服者的儿
子红脸威廉(William Rufus)称为“我那些位于温彻斯特我的国库的令状”[23]的记
录。于 1180 年左右安坐伦敦的《财政部对话录》作者很可能对留在温彻斯特的国库
旧文件毫不知情,当时伦敦城和威斯敏斯特宫(palace of Westminster)正在快速变
成盎格鲁-诺曼英格兰的都城。令他难忘的历史记录是《末日审判书》,他认为它本
身独一无二且绰绰有余地证明了诺曼征服的正义性与终局。

另有一本与《财政部对话录》同时代的书,也出自亨利二世行政部门的一位官
员,这就是以《格兰维尔》知名的法律论著,被归于 1179—1189 年间任主法官的拉努
夫·德·格兰维尔(Ranulf de Glanvill)大法官名下。无论他是否为此书的实际作
者,该书肯定都享有高度权威性。它的序言让人想起罗马原则“令君王愉快的东西
具有法律效力”,且它与《财政部对话录》一样提到了罗马法理学的“权利”与“法
律”。这位作者发出令人意外的声明——“尽管英格兰法律不是成文法,但称它们
为法律看似并不荒谬”[24]。事实上亨利二世当政时,被称为“忏悔者爱德华法律”
和“亨利一世法律”的拉丁文文本都在流通,而可回溯至 7 世纪肯特王艾塞尔伯特的
早前盎格鲁—撒克逊诸王的古英语法典也有新版本。[25]

《格兰维尔》的作者像《财政部对话录》一样声称,对是否存在盎格鲁-撒克逊公
文毫无头绪。他肯定知道早前论著的存在,但他何苦声明英格兰法律不是成文法?
一种解释是,他可能认为盎格鲁-撒克逊法律无论是拉丁文写的还是英语写的,都
太过混乱和粗野,难以符合罗马意义上的“成文法”的尊严;不过随这个解释而来
的困难是,他给了它们“法律”的名衔。这位作者或许如此全神贯注于创作一部时

30 新并对实践者有用的论著,于是可能只是认为盎格鲁-撒克逊法典因被遗忘所以无关。他眼中唯一流通的英格兰法律就是亨利二世的立法法案,这些采用了拉丁文王室令状形式的法案启动着诉讼程序,而《格兰维尔》的作者对这些诉讼有详细讨论。

布鲁斯·R.奥布莱恩为《格兰维尔》对盎格鲁-撒克逊往昔的选择性失明提出了一个更深刻的理由。古英语法律常常支持着神职人员的特权,其实这就是它们被写下来的一个主要原因。《格兰维尔》的作者在一个极富争议的时期写作,也就是亨利二世同大主教托马斯·贝克特就神职人员特权发生争执的余波期,这场争执以贝克特 1170 年在坎特伯雷(Canterbury)大教堂被谋杀为顶峰。尽管贝克特现在是个殉道士,通过从他的圣髑龛行奇迹而证明他的事业的正确性,但亨利二世决心坚持他的王家意愿高于一切的原则。因此他的官员们——如《格兰维尔》的作者——的反应方式是,心照不宣地压制盎格鲁-撒克逊法典的相关性乃至存在。“《格兰维尔》的这一举动保留了口述法供君王未来使用的极大模棱两可性,同时抹杀了在他这部论著之前的书面文本。”[26]

《财政部对话录》和《格兰维尔》的作者们共享对古英语公文的无知和对盎格鲁-撒克逊法律与政府之历史的选择性失明。作为替代,他们强调诺曼诸王不同凡响的权威。这些记忆缩短了视距并被歪曲,(如记忆那般行事)允许它们的作者令自己的处境言之成理,也令他们用来对同僚解释往昔的结构言之成理。他们的观点或许只有执掌王室行政部门的官僚和侍臣圈子分享。然而它们影响深远,因为关于诺曼征服和《末日审判书》标志着书面记录之新开端的假定本身就是英格兰法律的一条基本原则。截至 1200 年,诺曼人关于征服的意识形态已经将盎格鲁-撒克逊的往昔和英语这种语言安排到威斯敏斯特国王法庭的诉讼程序中一个非常次要的位置上。

盎格鲁-撒克逊的读写遗产

实际上,接触往昔的通道绝不可能被伦敦的法律专家和官员们垄断,因为它散布于全国各类人的记忆中,而且长远来看,它以书籍和公文的形式供奉在主要教堂里。“供奉”不是比喻意义上的,因为手稿经常归档收藏在位于教堂圣所之内的木匣里,且挨着圣徒的遗骸。尽管诺曼征服已经让一些盎格鲁-撒克逊所有权契据的

有效性存疑,但修士和神职人员不急着丢弃它们,因为它们就他们的财产提供了本 31
地细节,它们也是对那些值得永远为之祈祷的施主的纪念。例如,达勒姆大教堂的
主祭台上存放着《生命书》(Liber Vitae),日期始于 9 世纪(比达勒姆早得多)且将一
些施主的名字用金色和银色的墨水写在微染紫色的上等皮纸上。[27] 达勒姆(在大
量其他宝藏之中)也拥有一部装饰得富丽堂皇的手稿,现在以《林迪斯法恩福音书》
(The Lindisfarne Gospels)知名。[28] 林迪斯法恩岛的圣卡斯伯特修道院遭维京人袭
击后,这部(写于 8 世纪早期的)书被从那里带来。装饰华丽的福音书和礼仪手写本
是盎格鲁-撒克逊抄写员和艺术家的一项壮观成就,他们在超过三个半世纪的时期
里工作于众多地方。[29]

　　中世纪书写品在流逝的时光中遭受了偷窃、磨损和撕扯,以及故意或意外的毁
坏,因此不可能说出 1066 年时盎格鲁-撒克逊书籍和公文的总数有多大。如果我们
以所有权契据和财产交易记录(迥异于古英语或拉丁文的文学作品及用于礼仪的
盛饰手写本)为例,现存 1066 年之前的令状和特许状的文本不到 2 000 份。其中有
些是单页的原始公文,但多数是契据册形式的复制件。[30](一本“契据册”是一本为
了更安全而制作的书册,收纳多份“特许状”及所有权证明的复制件。)诺曼征服令
财产所有权产生疑问,从而导致伪造肆虐,尤其是在较大的教堂,这种教堂会有从事
伪造的手段和知识。(“伪造”有些用词不当,因为修士们可能视之为,为了准确呈
现他们相信自己被赋予的东西而将公文当代化或加以更正。)打着忏悔者爱德华王
名义颁布的公文中,伪造品比例最高,因为征服者威廉宣称自己是他的合法继承
人。现存有爱德华名号的 164 份公文中,多数都是某种形式的伪造品。[31]

　　在现存的总计 2 000 份或不到 2 000 份盎格鲁-撒克逊特许状中,超过半数是国
王们授予的。这可能意味着国王们一贯在公文生产中居于主导地位,但它也可能
只是暗示出,只有王室公文才最可能被后人当作所有权契据加以保管。相应地,由
非王室人物(包括主教、修道院院长、平信徒贵族和官员)颁发的公文可能已大量遗 32
失。总体而言,公文只有在那些制度性存在和实体性存在都安全无虞的大教堂里
才能保管几个世纪。特许状的幸存模式也一样,倾向于靠后的时期,且尤其倾向于
教会的制造中心。所有现存盎格鲁-撒克逊特许状中大约半数声称的日期是紧邻诺
曼征服的前一个世纪,同样,这批特许状中更可能存在伪造品。英格兰南部和西部
比北部和东部幸存的公文多很多,北部和东部遭受维京人和斯堪的纳维亚人入侵
更严重,因此会因大火和盗窃而损失。芒克威尔茅斯(Monkwearmouth)和贾罗的
诺森布里亚修道院 716 年时有大约 600 位修士在塞奥弗里斯(Ceolfrith)修道院长

领导下,然而下个世纪这两所修道院都被废弃了。约克(York)大主教辖区的公文数量稀少,这可以部分地解释为,征服者威廉为了报复叛乱分子而给北方带去灭顶之灾。在南方,除了伦敦和(挨着伦敦的)圣奥尔本斯(St Albans)修道院,公文主要来自(肯特的)坎特伯雷和罗契斯特(Rochester),[韦塞克斯(Wessex)的]温彻斯特、巴思(Bath)、格拉斯顿伯里(Glastonbury)、马姆斯伯里(Malmesbury)和舍伯恩(Sherborne),(中部地区的)伊夫舍姆(Evesham)和伍斯特(Worcester)。在东安格利亚(East Anglia),圣埃德蒙兹(St Edmunds)①修道院例外地拥有多达 50 份盎格鲁-撒克逊特许状。

后世书籍装帧所用的书皮底纸和背衬材料中偶尔有中世纪公文的新发现。就(剑桥附近的)伊里而言,11 世纪早期以来记录鲱鱼和鳗鱼销售额及给农用牲口、农具和船只估价的英语记录已被重构。[32]20 世纪的这一发现包括令 1600 年左右的书籍装帧使用的三条羊皮纸团聚。诸如此类的发现强调了有多少日常文献记录已经遗失,因为它们只具备短期价值。即使古英语的读写能力比拉丁文更容易渗透到乡村,并且自耕农在日常业务中熟悉古英语,就像伊里的务农备忘录所暗示的,那么关于这点也不大可能存有广泛证据。司空见惯且用途短暂的公文随着诺曼人的到来被丢弃了,尤其是当它们的语言和格式让新地主们无法理解时。

令盎格鲁-撒克逊人的读写能力如此与众不同的正是用英语书写这一实践,且它似乎源于肯特王国皈依基督教时。比德在其《英吉利教会史》(*Ecclesiatical History of English People*)中讲述了这些开端。比德是位于诺森布里亚的芒克威尔茅斯和贾罗两所姐妹修道院处于最繁荣时期的修士,他于 731 年用拉丁文写完了这部权威著作。他描述了肯特的艾塞尔伯特王（616 年驾崩）被教宗大格里高利(Gregory the Great)自罗马派出的传教团改宗时,如何"遵循罗马人的榜样"确立了法律,"这些法律用英格兰人的语言写了下来,直到今天都被保留和遵守"。[33]比德强调法律被用英格兰人的语言或曰"英格兰人的口语"写了下来,这暗示,自属于肯特的东南区域直到他本人所在的诺森布里亚存在一种共同国族语言。通常,当蛮族人[例如法兰克人(Franks)]皈依基督教时,他们的法律就用拉丁文写下来,以便将之整合进罗马教会和前罗马帝国的实践中。

比德的描述自相矛盾:艾塞尔伯特遵循"罗马人的榜样",但肯特法律却写以英语。可能比德是在强调说,书写用的文字是罗马字母,不是日耳曼人的如尼文。

---

① 圣埃德蒙兹修道院与后文常出现的伯里圣埃德蒙兹修道院是一个地方。——译者注

（如尼文是另一种书写系统，源自古代希腊人和罗马人的书写文字，但使用有棱角的线形字母，因为这种字母更适合在木头上刻写。）不过，艾塞尔伯特时期的肯特并没有使用如尼文的证据，尽管它们在盎格鲁-撒克逊英格兰为人所知。[34]另一方面，如果肯特人早已熟悉如尼文，那么用罗马书写字拼写他们自己的语言来记录他们的法律，这就构成一个折中之举，比德可能会接受这是对"罗马人的榜样"的让步。艾塞尔伯特法律最早被写下来的确切形式不可能被重新找到了，因为现存最早文本的日期被定为诺曼征服之后。这个文本的真实性和古老性并无疑问，但作为在五个世纪里被反复复制的后果之一，它的确含有不连贯性。它幸存于一部古英语法律汇编中，此汇编在罗契斯特主教厄瑙夫（Ernulf，任职期为1115—1124年）的授意下制作。[35]厄瑙夫是一位专擅教会法的诺曼修士，他汇编盎格鲁-撒克逊法律以及古英语和拉丁文特许状，目的是要将他辖区内神职人员的古代特权且尤其是罗契斯特大教堂修士的权利记录下来。艾塞尔伯特的法律对这些目的格外有意义，因为正是他在肯特王国建立了罗契斯特主教辖区。罗契斯特这份文本是关于盎格鲁-撒克逊公文在诺曼征服之后继续有意义的许多例子之一。尽管《格兰维尔》的作者声称英格兰人的法律没被写下来，但诺曼地主们为了在法律诉讼中捍卫自己而反对邻人（比如罗契斯特在同坎特伯雷竞争），就需要知道与它们有关的所有东西。

不能过度强调盎格鲁-撒克逊人同时用拉丁文和英语撰写及创作文学。比德在整个使用拉丁文的西方都被认可为他那个时代最有学问的学者，虽说他确实也用英语写点东西。装饰华丽的重要礼仪书和很多其他教会作品都用拉丁文书写。关于如何教男孩子读写拉丁文的最详细描述出自坎特伯雷一位修士埃尔弗里克·巴塔（Aelfric Bata），写于1000年左右（以想象中的教师和学生之间的拉丁文对话录形式）。[36]盎格鲁-撒克逊神职人员从未挑战拉丁文作为学术基础和体现罗马教会权威性之普遍语言的地位。尽管如此，与艾塞尔伯特的肯特法律一起，基于一些给文本以更强直接性和更个人化真实性的特殊意图，英语从一开始就被偏爱。法律铭刻了每个人在社会中的地位，这看起来就是它们用人民熟悉的语言而不是用拉丁文写下来的原因。类似的标准也适用于写遗嘱和其他个人化的有意声明。因此，国王和领主们给属下的指示用第一人称表达并用英语写下来，没有拉丁文修辞所期望的踵事增华和巧比曲喻；"我通知你""我吩咐你"和"我不会允许"是这些本地语言公文的典型措辞。[37]地方官员被期望在法庭进行诉讼时依照写在一本"法律书"（古英语写作"domboc"）上的法规。[38]如詹姆斯·坎贝尔（James Campbell）所

34

力主的，"若说后期盎格鲁-撒克逊国家运转得老练又周到，那么与此关系重大的是许多平信徒有能力阅读"（古英语）[39]。

阿尔弗雷德大帝（当政期 871—899 年）在将圣奥古斯丁的作品译为英语时增加了一段有启迪意义的解说："现在考虑一下，如果你的领主的书信和印章到了你面前，你是否还能说，你这里哪里不明白他或者识别不出他的意思？"[40]收信人能够明白他的领主的书信[古英语的"书信"（aerendgewrit）字面意思是"写下来的信息"]，因为它是用英语写的，他也能通过语言的熟悉度认出是谁给他写信。收信人要么让人给他朗读文本，要么他有能力自己阅读，并且在此种验证形式上增加印章这个证据。阿尔弗雷德声明"许多人"能读英语，纵使拉丁文知识已经衰落。[41]他解释说，他本人的译文旨在鼓励所有享有自由地位的年轻人阅读英语；在此基础上，那些被拣选进入神职界的人就能学会拉丁文。

优先让英语成为被更大范围读写的语言，这是一个革命思想。阿尔弗雷德将他认为是拉丁基督教遗产中最重要的书籍翻译并发表，此范例在 10 世纪和 11 世纪被其他改革者们效仿，尤其是恩舍姆的埃尔弗里克修道院长（Aelfric abbot of Eynsham，约 1010 年卒）。他把自己可观的拉丁文学识投入用英语发表对圣经和圣徒传的解释性注解与叙述中。其中一些受平信徒贵族委托而做，他们是力行改革的修士和神职人员的赞助人及近亲，且这些文本旨在供神职人员和平信徒双方的私下及公开阅读。用英语散文书写，最初是一种在法律和行政语境下表达真实性和直接性的方法。阿尔弗雷德大帝以降的译者们将英语散文写作的范围扩展，涵盖了对拉丁文学识和基督教道德教导的传递。除了所有这些，写以英语的诗歌文学和英雄文学的体量也令人瞩目，它们通过《埃克塞特书》（Exeter Book）和 1000 年前后撰写的其他文集来到我们面前。[42]因此，"到了 1066 年诺曼征服时，有书面话语的地方无不以古英语写的作品为代表，无论是译作还是原创作品"[43]。书面英语同拉丁文并肩，为盎格鲁-撒克逊人所熟悉，更是盎格鲁-撒克逊人的非凡遗产。

拉丁文与《末日审判书》的语言

用英语而非拉丁文书写，这与早在 7 世纪时肯特的艾塞尔伯特的法律被记录以来的王室权威联系在一起。这位国王通过此过程与他的人民建立起一条额外的身份认同纽带。阿尔弗雷德大帝亲自翻译拉丁文的榜样和他认为全体年轻自由民应当学会阅读英语的愿望则在整个英格兰巩固了此种实践;他的策略例证了"王室书面语的力量"[44]。这些构成英语将自己确立为日常法律语言及行政管理语言的基础。首先,1066 年之后,国王的书写员们轻易把威廉拉入盎格鲁-撒克逊体系中,"威廉王在约克郡用法语和英语友好地问候了我所有的家臣",或者更简单的,"威廉王充分问候了我所有忠实的朋友"。[45]诺曼骑士们就这样转化成盎格鲁-撒克逊的"thegns",意为"忠实的家臣",哪怕"法兰西人"和英格兰人的分隔被公开承认。(在公文中,诺曼人几乎一成不变地被称为"法兰西人"或"法兰克人",拉丁文写作"Franci",因为他们宣称自己被整合进比诺曼底更大、更古老的法兰克王国的基督教战士文化中。)

　　威廉的政府从未明确宣布它正在抛弃用英语写公文,它只是在大约 1070 年以后停止以任何有意义的数量颁发英语公文。坎特伯雷新任大主教兰弗朗克(任职期为 1070—1089 年)可能在这方面起了决定性作用,因为他是意大利帕维亚(Pavia)的宫廷法律专家出身,理应期望英格兰遵从罗马的拉丁文使用规范与法理学准则。拉丁文变成地方法庭法律记录的语言,此过程必定复杂,因为在一段时间里,英语依旧至少作为口语被承认;这就是为何阿宾顿的诺曼人修道院长招募英格兰"辩护人"代表他开展案件。[46]但凡诺曼人同本地官员打交道时必定要求有口译员,然而诉讼记录只非常偶然地提及口译员。[47]很多诺曼骑士理应不懂拉丁文,虽说要用拉丁文拼写标准化且相对简单的王室令状的措辞;不过对他们而言,拉丁文听起来可能不像英语那样陌生。诺曼人在英格兰的新的财产所有权凭证为何不用法语写给他们呢?那样英格兰人和"法兰西人"就将各有自己的法律辩护人。现存最早的法语文本是《威廉法律》(*Leis Willelme*),它声称是征服者威廉给英格兰的法律。[48]它不怎么算得上是法律,但就法语散文作品而言,它堪称早熟,哪怕给它定的日期不是威廉当政时而是 12 世纪早期(大概就是这日期)。不过,《威廉法律》也同样用拉丁文写下来了,因为法语版本不被认为有足够权威性。

　　1066 年之后更新财产所有权凭证并用拉丁文记录下来,这项工作的动力来自国王的政府。忏悔者爱德华的书写处例证了英语书写的直率,征服者威廉的文员们则用拉丁文表达了同等的急迫性。一份给兰弗朗克的令状命令他检查伊里的各份特许状,结尾说:"即刻办理,让我尽快从你的信中得知此事真相。"[49]在这件事上,兰弗朗克不得不为国王把每样东西都"明确记录并写下",而他的文员一定制作了一份类似于《末日审判书》中各条目的拉丁文公文,亦即,里面应该满是名字和数字。《末日审判书》包含超过 13 000 个(大大小小的)地名和大约 45 000 个人名。[50]不过

36

人名有相当多是重复的，因为同一个诺曼直属封臣在一个郡又一个郡和一个村又一个村反复出现。人名都拉丁化了，哪怕它们是英格兰起源而非诺曼-法兰西起源，不过就算拼写发生变异，它们仍保留约略可辨认的形式。于是，忏悔者爱德华的王后伊迪丝（Edith）的名字以古英语一般写作"Eadgyth"，但在《末日审判书》中它被呈现为多种拉丁化形式：Eadita，Eddid，Edgida，Edid，Edie，Ediet，以及其他。现代的古英语专家们曾下结论说，《末日审判书》"盛产对地名和人名的篡改"[51]。尽管如此，这些混淆还不至于令其权威性无效，而英语名字以粗糙但可用的形式拉丁化，这做法也逐渐站稳脚跟。

《末日审判书》使用拉丁文的形式和结构，但在一切需要保留技术含义或法律含义的地方都吸收了各类古英语单词。例如，对于扼守泰晤士河位于牛津南部一处分岔口的沃林福德城，《末日审判书》记录彼处在忏悔者爱德华时期有 276 个"hage"。[52]名词 haga（复数 hage）不是拉丁词，而是古英语词，意思是一段"树篱"。该词引申为有树篱的围场，因此表示一个定居场所。使用 haga 一词的好处是，让《末日审判书》能定义该城的税收义务：在 276 个单元中，有 13 个于 1066 年之后有争议（8 个因建造诺曼人的城堡而被吞并，其他 5 个被指定的人把持）。《末日审判书》关于沃林福德的记录也记下，忏悔者爱德华"有 15 英亩地过去常常由侍卫们居住"。"英亩"是英格兰的土地丈量单位，在《末日审判书》中比比皆是，而表示"侍卫"的词语（huscarles，对应古英语词 housecarls）很不寻常。侍卫起源于约 50 年前的盎格鲁-丹麦王克努特（Cnut）。[53]沃林福德的那些侍卫大约是 1066 年随哈罗德王战死的精英部队，若非在对抗挪威人的斯坦福德布里奇（Stamford Bridge）之战中，就是在黑斯廷斯之战中。法兰西用于指这类人的拉丁术语是 milites，意为"骑士"，但《末日审判书》在这里称他们为 housecarls，想必是为了强调，他们曾经是一支自身有纳税义务的盎格鲁-撒克逊特别武装力量。

有别于《末日审判书》的末日审判调查肯定首先是个多语言又喧闹的口头过程，发生在数量众多的本地聚会点，因为在裁定被用拉丁文写下来之前，陪审员们先要用英语或法语说出裁定。[54]与此同时，无论拉丁文的还是英语的较早的公文都要被检查和盘问。《末日审判书》的抄写员编辑们（有别于开展初步调查的地方行政官员）从所有这些东西中制造出一个特殊的拉丁文格式，该格式顾及大量英语和法语的独特用法。"这种新的记录保存传统将不得不持续吸收关于地理、盎格鲁-撒克逊习俗和诺曼封建占用制的一套本地语言词汇表，拉丁文没有词汇表达这些。"[55]这份特殊词汇表很必要，因为必须要考虑到个别诺曼人在英格兰获得的一切复杂的财务方面的权利和义务。《末日审判书》以其语言为 12 世纪于法庭和财政部确立的拉丁文王室记录新系列(前者含陈情状卷册,后者含派普卷册)奠定基础。这种新拉丁文改编了一些来自英语和法语的本地语言词汇,因此它保留了流行说话方式的一些即时性。如《财政部对话录》指出的,《末日审判书》写以"普通词语"[56]。事实上,财政部的许多"普通"词语都是技术性和法律性的,但它们的确不同于被西塞罗理想化的充满古典修辞的语言。

征服者威廉的象征小刀

虽说诺曼人依赖《末日审判书》,但他们(还有英格兰人)可能觉得程序的彻底性不够且让人不安,因为在让赠品令人难忘方面,他们有自己的传统方式。1069年,征服者威廉在温彻斯特将一块英格兰土地赠予一所诺曼人修道院时,亲自为这些旧俗背书。描述了该交易的公文解释说:"这份赠品由一把小刀完成,前述国王以开玩笑的方式将此小刀交给修道院长,仿佛在威胁要刺入他的手掌,同时说:'土地就该这样给。'"[57]该公文继续说:"通过该明显标志,此份赠品在侍立国王身侧的诸多贵族的见证下赠出。"国王令人生畏的玩笑强调了他这份赠品的个人化性质,并确保它不会被见证这一幕的一大群人忘记。然而这场交易的参与者并不自信于国王的举动将被记得,因为九个见证人(以国王和王后为首)也在这份公文上画了十字符以保证它的真实性。

这场交易的时间和地点意义重大。1069 年,威廉王仍用英语颁发令状。由于温彻斯特是盎格鲁—诺曼王国的行政中心,所以王家书写处的英格兰文员们可能也厕身这场交易的见证人之列。这群文员以曾任忏悔者爱德华掌玺大臣①的雷根巴尔德(Regenbald)为首,他们处于正要被诺曼人取代的程序中;威廉的候选掌玺大臣赫尔法斯特(Herfast)是在这份公文上签名的九位见证人之一。威廉坚持通过移交一把小刀而非通过一份公文来给予土地,这便让诺曼习俗与他自己在温彻斯特的书写处相比享有特权,书写处公文的真实性由英格兰国玺赋予。这些英格兰文员可能觉得他们正在目睹向野蛮的一次回归。

39

① 雷根巴尔德属于较早被称为"chancellor"的人,这个职位自威廉征服之后才变成常规,职能也得到扩充,详见第二章针对 chancellor 的译注。——译者注

不过实际上，威廉用小刀的姿态可能不像听起来那么粗鲁和原始，因为于财产让与时使用小刀，这背后已有两个世纪的历史，见于法兰西王国和它之前的加洛林法兰克帝国(Carolingian Frankish empire)。10 世纪和 11 世纪时，加洛林王朝的影响"几乎在诺曼底生活的方方面面"都宛然可见。[58]诺曼人和法兰克人共享大致一样的意识形态，因为他们相信自己是上帝的选民，他们的优越性已经得到战争证明。为把自己同前罗马帝国的其他"野蛮"人民区分开来，9 世纪和 10 世纪的法兰克人就他们的特殊法律特权提出要求，亦即当他们给修道院赠送东西时，他们移交的不应是一份公文，而应是象征着让与人的意愿并能保存此人记忆的一把小刀或一根棒子(甚至一根树枝)。[59]威廉无需知晓这些古代法兰克人的先例，因为使用物品来象征让与行为在他那时的诺曼底是普遍做法，并且除了用小刀和棒子，还扩展到更多物品：烛台、硬币、衣物或教士法衣、指环，"恐怕还有给予人捕获的一只鹿的鹿角"[60]。

作为对照，盎格鲁-撒克逊英格兰没有在让与中使用象征小刀的例子。偶尔有例子在让与程序中使用在议土地的一块泥土或一片草皮，但这些是孤例。[61]盎格鲁-撒克逊人使用象征物品的一个例外例子是埃德加王(King Edgar，当政期为 959—975 年)给格拉斯顿伯里修道院的象牙号角。[62]这看似可信，因为保留号角作为狩猎权证据还有其他例子。[63]不过总体上，盎格鲁-撒克逊人通过特许状来让与土地，特许状被所有者作为所有权契据保留。如英格兰法律史家弗里德里克·威廉·梅特兰(Frederick William Maitland)一个多世纪前指出的，"移交原始契据已足够完成专有权利从一个人向另一个人的转让"[64]。茱莉娅·巴罗(Julia Barrow)重新评估证据后总结说，在盎格鲁-撒克逊英格兰，移交特许状"似乎本身就是象征行为"[65]。

40　　威廉王 1069 年在温彻斯特拿着小刀的姿态似乎标志着改变英格兰让与实践的第一步。归于布莱克顿(Bracton)名下的法律书(日期定为 13 世纪前半叶)坚称，起草特许状和其他法律文件本身并不能令一份赠品生效。[66]必须有一件象征物品从一方向另一方的实际移交，因为该物品代表给予人心里想什么。例如，(布莱克顿继续说)假如没有门的配件来代表一所房屋和它的土地，那么财产应当"以通常称为'由手杖和由棒子'的方式"来移交。[67]这个公式看上去仿佛来自诺曼人和法兰克人的习俗法，而非来自任何盎格鲁-撒克逊的东西。克罗兰修道院编年纪本身是事实与后期伪造交织的复杂结构，它宣称诺曼征服者引入了凭口信移交财产的实践，"没有任何书写品或特许状，只有领主的剑，或者头盔、号角或杯子；许多佃户带来马刺、马镫或一把弓,有些还带着箭"[68]。在这份象征物品目录上明显省略了小刀,虽说诺曼人在英格兰使用小刀有确凿证据。

继征服者威廉之后登上英格兰宝座的红脸威廉于 1096 年批准给塔维斯托克(Tavistock)修道院一份赠品时效仿父亲的实践,"用一柄他握在手中并递给修道院长的象牙小刀"[69]。这所修道院恐怕此前还没碰到过这种程序,因为它小心翼翼地以非常确切的方式记录下过程,也记下刀柄上刻的一句拉丁文铭文,(翻译过来)说的是,"我,威廉王已将韦灵顿(Werrington)的土地给予上帝和塔维斯托克的圣母"。就算这么警惕,这把小刀还是遗失了。不过,剑桥大学三一学院有一把来自这个时期的刀刃破损的小刀。系在上面的标签(标签肯定是替代品,因为它的日期定为不早于 1300 年)声明,奥布里·德·维尔一代(Aubrey I de Vere)于 1135 年用此小刀为哈特菲尔德瑞吉斯(Hatfield Regis)的教堂赐地。[70]奥布里是侍奉亨利一世王(King Henry I)的非常成功的诺曼官员,一如他的儿子奥布里·德·维尔二代,而后者可能是此处的相关人物。[71]

1213 年王家法庭上有一位诉讼当事人就达勒姆修道院副院长出示一份对他不利的特许状一事提出反对,因为该特许状"没有按照王国的惯例制作,上面也无印章,却有一把可以挂上或摘下的小刀"[72]。这份 1148 年制作的公文依旧保存在达勒姆大教堂档案馆,公文上挂着一把小刀,打磨光滑的角质把手上紧固着一小节破损的生锈刀刃。[73]这把小刀的确能轻易"挂上或摘下",因为一小张羊皮纸穿过把手上的小孔附着它。达勒姆的副院长被迫制作一份新协议,避免对小刀有任何提及。于是王家法庭 1213 年禁止了出示小刀的行为,哪怕征服者威廉曾在 1069 年推荐这种实践。

在所有关于小刀作为象征物品的证据中都有个未决难题,即为何小刀被用在这些特殊例子中。不像 1069 年的征服者威廉,这些给予人都未加解释。比如,他们没说因为自己是诺曼人而这么做,也没解释为何他们选小刀而非号角或杯子等其他物品。三一学院的小刀看上去从来不是有某种私人价值或物质价值的东西,1213 年达勒姆的副院长出示的小刀也是如此。由于使用象征物品本质上是一种无涉读写能力的风俗,因此大概只能认为,此风俗背后的信念现在无法被完整解说。需注意的重要一般结论是,在让与行为中使用象征物品,此举无法追溯到盎格鲁-撒克逊英格兰古老的口传文化。相反,它是诺曼人的革新,采用了一种似是而非的故意输入拟古主义的形式。[74]

瓦伦内伯爵的锈剑

诺曼征服后两个多世纪，到了爱德华一世当政时，成文法和口述传统各自的权利要求间的争执依旧在辩论中，国王的法律专家们要求要人显贵们说明他们保有特权管区是"通过什么委任状"（权利开示令状）。13 世纪 80 年代一位编年纪作者报告称，瓦伦内伯爵（Earl Warenne）曾在国王的法官们面前出示"一把古老的锈剑"。伯爵抗议道："这儿呢，我的大人们，这是我的委任状！因为我的祖先随私生子威廉①前来并且用剑征服了他们的土地，我也要用剑保卫那些土地不被任何人夺取。"[75]此故事只出现在该编年纪的一个版本中，有些历史学家质疑它的真实性。

42　故事的核心是古老的证明方法（出示锈剑同征服者威廉 1069 年用小刀做的威胁性姿态好有一比）和一段据称回溯至诺曼征服的记忆；威廉·德·瓦伦内一代可能是征服者威廉 1066 年的同伴之一。瓦伦内 13 世纪 80 年代的权利要求重新肯定了口述传统比之书本学来的法律的优越性，以及象征物品证据比之法律公文的优越性。

瓦伦内出示的剑是征服事件的一个遗迹，它也是他与国王之特殊关系的一个象征，因为伯爵们（拉丁文写作"comites"）是国王的特殊"同伴们"（comites）。他为他们佩上佩剑腰带，由此授予他们"极大的荣誉、力量和名义"，（布莱克顿的法律书解释说）"因为剑意味着捍卫王国与国土"。[76]瓦伦内与国王的亲密关系在事实上同在法律上一样真实，因为从 1258—1265 年第二次男爵战争的冲突中两个年轻人并肩作战开始，瓦伦内就一直是爱德华一世的同伴。[77]瓦伦内是在用一把剑，哪怕是把古董剑威胁国王的法官们吗？很可能如此，因为 1270 年他和他的扈从曾在法庭所在地威斯敏斯特大厅杀死一位王家法官艾伦·德拉·苏施（Alan de la Zouche）。[78]这一死亡事件被认为是个意外，瓦伦内交了罚金而逃脱。虽说他是爱德华一世的密友，但他在妨碍王室官员方面臭名昭著。1276 年，林肯郡（Lincolnshire）的郡治安官报告称，若他想进入瓦伦内的斯坦福德（Stamford）城，他需要一支 5 000 人的部队。[79]

政治现实是，即使爱德华一世已经在第二次男爵战争中打败了西蒙·德·蒙特福特（Simon de Montfort），伯爵和男爵们作为一个阶层仍占优势。瓦伦内声明了

---

① 征服者威廉的另一个称号，他是诺曼底公爵的私生子。——译者注

此局面的政治理由和理论依据，"国王不是自己征服这块土地并令之臣服，我们的祖先是他的共同收受人及合伙人"[80]。作为征服者威廉同伴们的伯爵们因征服的历史权利而享有特权，此权利要求亦被记录于权利开示令状诉讼程序的他处。[81]类似地，瓦伦内故事中固有的更大理念——诺曼征服者们的后人是那场征服的活记录，不管他们是否有文件证明它——肯定有 100 岁了。大约 1175 年，首席大法官理查德·德·鲁西（Richard de Lucy）劝告亨利二世批准战役修道院（Battle abbey）的那些特许状（它们其实是近期伪造的），"鉴于我们是因发生在战役修道院的征服而得以分封土地，因此即使特许状销毁了，我们也依然都是它的特许状"[82]。国王的男爵们是战役修道院权利的鲜活标志，因为该修道院建在黑斯廷斯之战的战场上。就算理查德·德·鲁西没说过这些话，战役修道院的编年纪也表明，男爵们是诺曼征服这段记忆的承载者和保证人，这是个通行的理念。

瓦伦内声称拥有的那把来自 1066 年的剑已经不存，而假如编年纪的故事是虚构的，则它可能从来就不存在。然而可以表明有其他象征刀剑在类似的情况下被使用。达勒姆大教堂仍拥有科尼尔斯（Conyers）大弯刀，这是一把弯曲的腰刀，日期定为 13 世纪。[83]当前这把刀大概是早前一把刀的替代品，因为据称科尼尔斯家族的最早成员在 1066 年之前某个时间用先前那把杀死了一条龙。到 1860 年，科尼尔斯的家族领袖通过向达勒姆主教展示这把作为权利证据的刀而从主教那里保住了索科伯恩（Sockburn）采邑。达勒姆大教堂还曾拥有另一把剑。当托马斯·德·玛斯沙姆普斯（Thomas de Muschamps）变成达勒姆的一位修士时（可能在他约 1130 年去世前不久），凭剑将黑瑟尔斯劳（Hetherslaw）庄园授予众修士，剑被他供在大教堂的祭台上。[84]但是 20 年之后这把剑找不到了，达勒姆的副院长阿布瑟勒姆（Absalom）给郡治安官写了一封公开信，坚称他和另一位修士见证了用剑进行的授权仪式，因此达勒姆享有那块地产的权利。

爱德华一世本人在有利于他的时候就使用武器和盔甲的象征意义，虽说他的法律专家们在权利开示令状诉讼程序中通常坚持书面所有权凭证。他在 1301 年为征服苏格兰一事写给教宗的辩护信中引了盎格鲁-撒克逊国王艾瑟尔斯坦（Aethelstan）的先例，这位国王在苏格兰用剑劈砍一块岩石并砍出一条大裂缝，"这裂缝仍可被视为此事件的一个明显征兆"[85]。他也引了苏格兰国王狮子威廉（King William the Lion）的头盔、长矛和马鞍当证据，他在 1174 年投降时交出了这些。他把它们供在约克修道院附属教堂的祭台上，"作为他臣服的标志……它们至今仍在并保留在那间教堂里"[86]。这是可信的，尽管盔甲现已遗失。征服苏格兰时，爱德华一世小心翼翼地把那些象征着苏格兰独立的物品移到伦敦，包括王冠和圣徒遗骸，还有最著名的命运之石，他在威斯敏斯特修道院为命运之石安排了一把特别座椅（现在是加冕宝座）。[87] 让这一大块砂岩跨越 500 英里从斯昆（Scone）移到伦敦，这就是象征物品依旧有其力量的生动证据。（这块石头 1996 年回归苏格兰）。

44 　　通过与征服者威廉当政时期（1066—1087 年）比较，书写品在行政管理中的地位到爱德华一世当政期（1272—1307 年）得到了保证，尽管书面记录仍无法被用作约束瓦伦内伯爵这类对自身权利和力量都信心十足的要人显贵们的手段。1290年，权利开示令状诉讼程序在未解决各抗辩（诸如那些针对瓦伦内的）的情况下就闭会。据信这位国王在后续的法律案件中已经让步，自此以后不再要求任何日期早于 1189 年理查一世（Richard I）登基时的文件证明。[88] 这个时间是"法律记忆"的界线，意味着现在有一种依赖文件证明（最好是王室特许状）而非口头证词的官方记忆，哪怕口头证词被展示小刀、剑或其他纪念品之举支持。这不意味着瓦伦内伯爵的权利要求或其他任何回溯至诺曼征服时的权利要求无效；相反，它被心照不宣地许可，因为 1066 年发生的事现在已经超出了国王法庭的职权范围。口述传统及关于征服之记忆的位置现在与历史相伴而非与合法性相伴。

　　本书集中于 1066—1307 年间的两个半世纪，因为就在这些年里，在政府事务和财产所有权凭证方面不可逆地确立了书写品的使用。爱德华一世当政期的存世公文比此前任何时期都多得多，多到还没人试图清点它们。"从苏格兰到波兰，从斯堪的纳维亚到意大利，欧洲各处在 13 世纪后半叶似乎都突然有比从前多得多的特许状被写下来。"[89] 1066 年和 1307 年使用书写品的差异已在本章中通过比较诺曼征服的神话而加以介绍，因为神话可以传递书面传统出现前的信念。12 世纪①，当特许状依旧不普及且官僚机构几乎尚未开始运转时，征服者威廉被誉为做出了一件不可能的英雄壮举——制作了一本决定性的审判书，以此统治被征服的人民。一个世纪或更久以后的爱德华一世当政期间，将人民带入成文法之下这一理念距离实现更近一步，与此相伴的是王室和领主的书写处扩张，且就连一些农民也使用特许状。然后（无论真假的）传说随着瓦伦内伯爵的故事进行反弹，瓦伦内伯爵被托付了同样英勇的事业——凭他的一把锈剑拦截了权利开示令状诉讼程序。

　　诺曼征服事件在 12 世纪被等同于强加成文法，但到 1307 年却在讲述瓦伦内事

---

① 这里指的是 12 世纪对征服者威廉举动的评价，不是指事发时间。——译者注

件的故事中变成依赖简单又强有力之记忆的美好旧时光的一个象征。像瓦伦内这样的要人显贵们的确可以削减国王的政治权力,而且自《大宪章》(Magna Carta)①出台以来他们确实反复这样做,但他们不能阻挡书写品进入越来越多的日常生活领域,因为那是公文在档案馆聚集和读写能力在全国传播造成的。这个进程是集体性和制度性的而非个人化的。尼古拉斯·奥姆(Nicholas Orme)在关于中世纪教育的研究中解释说:

> 我们认为读写能力是一项个人技能,因为我们生活的社会把人的个体性放在重点位置。在中世纪,亲缘家庭(families)、大家庭(households)、城镇、采邑和乡村这些社群同等重要,它们都包括了有读写能力的人。到 13 世纪时,也可能更早一些,英格兰社会在集体意义上有读写能力。每个人都认得某个能阅读的人,每个人的生活都在某种程度上依赖阅读和书写。[90]

每个人的生活如何开始依赖阅读和书写,这就是本书的主题。

45

【注释】

[1] S. Keynes, "The Power of the Written Word", in *Alfred the Great*, ed. T. Reuter(2003), p.289.

[2] S. Kelly, "Anglo-Saxon Lay Society and the Written Word", in *The Uses of Literacy in Early Medieval Europe*, ed. R. McKitterick(1990), p.61, 及 S. Keynes, "Royal government and the written word in late Anglo-Saxon England", in *ibid.*, pp.226—257。

[3] Orderic Vitalis, *Historia Ecclesiastica*, ed. M. Chibnall(1969—80), Bk III, vol.II, pp.256—257.

[4] D. C. Douglas and G. W. Greenaway eds., *English Historical Documents*, *1042—1189*, 2nd edition(1981), p.151, text E.

[5] *Dialogus de Scaccario*(1950), p.54; *Dialogus de Scaccario*, ed. E. Amt(2007), p.83.来自此书的译文皆出自笔者。

[6] H. M. Thomas, *The English and the Normans*(2003), p.107. A. Williams, *The English and the Norman Conquest*(1995), ch.5, pp.98—125.

[7] C. Baswell, "Latinitas", in *The Cambridge History of Medieval English Literature*, ed. D. Wallace(1999), p.122.

[8] *Regesta Regum Anglo-Normannorum*: *The Acta of William I*, ed. D. Bates(1998), p.50, p.868, no.288, pp.956—957, no.325.

[9] *Historia Ecclesie Abbendonensis*, II, ed. J. Hudson(2003), pp.4—6. *English Lawsuits from William I to Richard I*, ed. R. C. van Caenegem, Seldon Society Series CVI(1990), I, pp.6—7, no.4.

[10] *Regesta Regum Anglo-Normannorum*: *The Acta of William I*, p.439, no.127. J. Fairweather

_____

① 1215 年颁发。——译者注

trans.，*Liber Eliensis*(2005)，p.244，no.125.

[11] *Dialogus de Scaccario*(1950)，p.64. *Dialogus de Scaccario*(2007)，pp.96—97.

[12] D. Roffe，*Domesday*：*the Inquest and the Book*(2000)，p.123.关于末日审判的陪审员们，见 C. P. Lewis，"The Domesday Jurors"，*The Haskins Society Journal* V（1993），pp. 17—44，及 R. Fleming，"Oral Testimony and the Domesday Inquest"，*Anglo-Norman Studies* XVII（1995），pp.101—122。

[13] *Feudal Documents from the Abbey of Bury St Edmunds*，ed. D. C. Douglas(1932)，p.3，引自 S. Baxter，"The Representation of Lordship and Land Tenure in Domesday Book"，in *Domesday Book*，ed. E. Hallam and D. Bates(2001)，p.93，p.208，n.123。

[14] *Dialogus de Scaccario*(1950)，p.64；*Dialogus de Scaccario*(2007)，p.98.短语"liber iudiciarius"也出现在上引书1950版第4、14、54、61、62页，2007版第6、20、84、94、96页。该短语意为"审判书"，不是2007版第99页翻译的"判决书"。

[15] *Ibid.*(1950)，p.5. *Ibid.*(2007)，p.6.

[16] *Ibid.*(1950)，p.63. *Ibid.*(2007)，p.96.

[17] *Ibid.*(1950)，p.63. *Ibid.*(2007)，p.96.

[18]《小末日审判书》(Little Domesday Book)的末页称其为"那场调查"(ista descriptio)，并声明时间是1086年，图示见 M. Gullick，"The Great and Little Domesday Manuscripts"，in *Domesday Book Studies*，ed. R. W. H. Erskine and A. Williams(1987)，p.171。

[19] *Dialogus de Scaccario*(1950)，p.63. *Dialogus de Scaccario*(2007)，p.96.

[20] *Ibid.*(1950)，p.40. *Ibid.*(2007)，p.62.

[21] *Ibid.*(1950)，p.14. *Ibid.*(2007)，p.20.该书2007版编者阿姆特(E. Amt)讨论了1066年之前是否有相当于财政部的机构(p. xxvi)。

[22] A. J. Robertson ed.，*Anglo-Saxon Charters*(1939)，pp.231—236.图示见 J. Campbell, E. John, and P. Wormald，*The Anglo-Saxons*（1982），p. 243。讨论见 J. Campbell，*Essays in Anglo-Saxon History*(1986)，p.174。

[23] *Regesta Regum Anglo-Normannorum 1066—1154*，ed. H. W. C. Davis, J. Johnson, H. A. Cronne and R. H. C. Davis(4 vols, 1913—69)，I，no.468.

[24] *The Treatise on the Law and Customs of the Realm of England Commonly Called Glanvill*，ed. G. D. G. Hall(1965)，p.2.

[25] B. R. O'Brien，*God's Peace and King's Peace*，*the Laws of Edward the Confessor*（1999）. P. Wormald，*The Making of English Law*：*King Alfred to the Twelfth Century*(1999).

[26] B. R. O'Brien，"The Becket Conflict and the Invention of the Myth of *Lex Non Scripta*"，in *Learning the Law*：*Teaching and the Transmission of Law in England*，ed. J. A. Bush and A. Wijffels（1999），p.13.

[27] *The Making of England*：*Anglo-Saxon Art and Culture A.D. 600—900*，ed. L. Webster and J. Backhouse(1991)，p.132，no.97.达勒姆的《生命书》由派珀(A. J. Piper)、D.罗勒森(D. Rollason)和 L.罗勒森(L. Rollason)编辑，2007 年出版，三卷本。

[28] M. P. Brown，*The Lindisfarne Gospels and the Early Medieval World*(2011).

[29]关于这些手稿见两部展览目录：*The Making of England*：*Anglo-Saxon Art and Culture A.D. 600—900*，及 *The Golden Age of Anglo-Saxon Art*，*900—1066*，ed. J. Backhouse, D. H. Turner, and L. Webster(1984)，也见 M. P. Brown，*The Book and the Transformation of Britain c550—1050*：*A Study in Literacy*(2011)。

[30] P. H. Sawyer，*Anglo-Saxon Charters* 中计有1 875件。在此之上可加上其他备忘录，这些备忘录的数量因定义"特许状"的标准不同而不等。

[31]见本书第九章《信任书写》的表9.1和注释[94]。

[32]"伊里务农备忘录"的图示见 *The Golden Age of Anglo-Saxon Art*，*900—1066*，pp.147—148，

no.150,对它们的讨论见 S. Keynes,"Ely Abbey 672—1109",in *A History of Ely Cathedral*,ed. P. Meadows and N. Ramsay(2003),pp.5—6。

[33] *Bede's Ecclesiastical History of the English People*,ed. B. Colgrave and R. A. B. Mynors(1969),Bk 2,ch.5,p.150. P. Wormald,*The Making of English Law*,p.29. S. Kelly,"Anglo-Saxon Lay Society and the Written Word",pp.57—58.关于这些法律的一个新编辑版本见 L. Oliver,*The Beginnings of English Law*(2002)。

[34] R. I. Page,*Runes and Runic Inscriptions:Collected Essays on Anglo-Saxon and Viking Runes*(1995).

[35] R. Gameson,*The Manuscripts of Early Norman England*(1999),p.147,nos 815—816. P. Wormald,*The Making of English Law*,pp.244—253.

[36] S. Gwara and D. W. Porter eds.,*Anglo-Saxon Conversations:the Colloquies of Aelfric Bata*(1997).

[37] 好的例子见 F. E. Harmer,*Anglo-Saxon Writs*(1952),pp.277—286,nos 64—72。

[38] C. Cubitt,"As the Lawbook Teaches:Reeves,Lawbooks and Urban Life in the Anonymous Old English Legend of the Seven Sleepers",*English Historical Review* CXXIV(2009),pp.1023—1049.

[39] J. Campbell,*Essays in Anglo-Saxon History*,p.158,引自 C. Cubitt,ibid.,p.1021。

[40] F. E. Harmer,*Anglo-Saxon Writs*,p.10. S. Keynes,"Royal Government and the Written Word in Late Anglo-Saxon England",p.244.

[41] F. E. Harmer,*Anglo-Saxon Writs*,p.7. "Prose Preface to Gregory's Pastoral Care",in *Alfred the Great:Asser's Life and Other Contemporary Sources*,ed. S. Keynes and M. Lapidge(1983),p.126.

[42] R. D. Fulk and C. M. Cain,*A History of Old English Literature*(2003). K. O'B. O'Keefe,*Visible Song:Transitional Literacy in Old English Verse*.

[43] R. Marsden,*The Cambridge Old English Reader*(2004),p.1.

[44] D. Pratt,*The Political Thought of King Alfred the Great*(2007),p.178.

[45] *Regesta Regum Anglo-Normannorum:The Acta of William I*,p.192,no.31;p.711,no.224.

[46] 见本章注释[9]。

[47] H. Tsurushima,"Domesday Interpreters",*Anglo-Norman Studies* XVIII(1995),pp.201—222.

[48] F. Pollock & F. W. Maitland,*The History of English Law before the Time of Edward I*,2nd edition(1898),I,pp.102—103. B. R. O'Brien,*God's Peace and King's Peace,the Laws of Edward the Confessor*,pp.28—29,218,nn. 113—116.

[49] *Regesta Regum Anglo-Normannorum:The Acta of William I*,p.439,no.127,也见本书第 25 页。

[50] H. C. Darby,*Domesday England*(1977),p.336(总体统计摘要). K. S. B. Keats—Rohan,"Portrait of a People:Norman Barons Revisited",in *Domesday Book*,ed. Hallam and Bates,p.123.

[51] J. McN. Dodgson,"Domesday Book:Place-Names and Personal Names",in *Domesday Studies*,ed. J. C. Holt,p.122.

[52] *Domesday Book*(Phillimore edition),*Berkshire*,ed. P. Morgan(1979),p.56 b.

[53] M. K. Lawson,*Cnut*(1993),p.180. A. Williams,*The English and the Norman Conquest*,p.101,n.13. N. Hooper,"The Housecarls in England in the Eleventh Century",*Anglo-Norman Studies* VII(1985),pp.161—176.

[54] "末日审判调查是英格兰国家史上最值得注意的多语事件",S. Baxter,"The Making of Domesday Book and the Languages of Lordship in Conquered England",in *Conceptualising Multilingualism in England*,*c800—c1250*,ed. E. M. Tyler(2011),p.271。

[55] C. Baswell,"Latinitas",pp.123—124.《末日审判书》的编辑制作过程见 F. and C. Thorn,"The Writing of Great Domesday Book",in *Domesday Book*,ed. Hallam and Bates,pp.37—72,也见他们在第 200—203 页引的作品。

[56] *Dialogus de Scaccario*(1950),pp.63—64. *Dialogus de Scaccario*(2007),pp.96—99. R. Sharpe,

"Latin in Everyday Life", in *Medieval Latin： An Introduction and Bibliographical Guide*, ed. F. A. C. Mantello and A. G. Rigg(1996)，pp.315—341.

[57] *Regesta Regum Anglo-Normannorum： The Acta of William I*, p.725，no.232. B. M. Bedos-Rezak，"Medieval Identity： A Sign and a Concept", *The American Historical Review* CV(2000)，p.1510，n.58.也见本书第八章注释[9]。

[58] E. Z. Tabuteau, *Transfers of Property in Eleventh-Century Norman Law*(1988)，p.5.

[59] *Diplomi di Berengario I*(Rome, 1903)，no.37. Jacques Le Goff, *Time, Work and Culture in the Middle Ages*(1980)，pp.244—248，354—360 讨论了 C. du Cange, *Glossarium*，5th edn，ed. L. Favre(1883—87)中汇集的法兰克人对"cultellus"（一把小刀）和"festuca"（一根棒子）的指称。

[60] E. Z. Tabuteau, *Transfers of Property in Eleventh-Century Norman Law*，p.128.

[61] S. Kelly, "Anglo-Saxon Lay Society and the Written Word"，p.44.

[62] William of Malmesbury, *De Antiquitate Glastonie Ecclesie*，ed. J. Scott(1981)，pp.122—123. M. K. Lawson, *Cnut*，p.68.

[63] J. Cherry, "Symbolism and Survival： Medieval Horns of Tenure", *The Antiquaries Journal* LXXIX (1989)，pp.111—118.

[64] F. Pollock &. F. W. Maitland, *The History of English Law before the Time of Edward I*，II，p.87.

[65] J. Barrow, "Demonstrative Behaviour and Political Communication in Later Anglo-Saxon England"，*Anglo-Saxon England* XXXVI(2007)，p.146.

[66] Henry de Bracton, *De Legibus et Consuetudinibus Angliae*，ed. G. E. Woodbine(1915)，reissued with translation and revisions by S. E. Thorne(1968—77)，II，p.124,也见本书第八章注释[24]。

[67] *Ibid.*，II，p.125.

[68] 笔者对引自 Sir Henry Ellis, "Observations on Some Ancient Methods of Conveyance in England"，*Archaeologia* XVII(1814)，p.311 的文本的翻译。对这部编年纪之可靠性的讨论见 D. R. Roffe，"The *Historia Croylandensis*： a Plea for Reassessment", *English Historical Review* CX(1995)，pp.93—108。

[69] *English Lawsuits from William I to Richard I*，I，p.118，no.144.也见本书第五章注释[43]。

[70] 剑桥大学三一学院档案馆，ref. Ia4 Hatfield Broad Oak。William Dugdale, *Monasticon anglicanum* (1655—73)，IV，p.432 描述一根硬弦将这把小刀与附着的羊皮纸标签连在一起（日期定为 19 世纪？）。很感谢特丽莎·韦伯士指出，标签上有意仿古的字体的日期定为 14 世纪或 15 世纪。

[71] 尽管标签上把奥布里描述为"第一"，但 1135 年时奥布里·德·维尔一代恐怕已经死了，因此奥布里二代更有可能。关于奥布里一代和二代，见 J. A. Green, *The Government of England under Henry I*(1986)，p.276，以及 R. C. De Aragon, "Vere, Aubrey de", in the *Oxford Dictionary of National Biography*(2004)，LVI，pp.278—279。

[72] *Curia Regis Rolls*(1922—　)，VII，p.39.

[73] K. Major ed., "Blyborough Charters", in *A Medieval Miscellany for Doris Mary Stenton*，ed. P. M. Barnes and C. F. Slade, Pipe Roll Society new series XXXVI(1960)，pp.203—205，plate XV. M. T. Clanchy, "Medieval Mentalities", in *Law, Laity and Solidarities： Essays in Honour of Susan Reynolds*，ed. P. Stafford, J. L. Nelson, and J. Martindale(2001)，pp.89—94.

[74] 也见本书第八章注释[20]—[22]对象征小刀的讨论。

[75] *The Chronicle of Walter of Guisborough*，ed. H. Rothwell, Camden Society 3rd series LXXXIX (1957)，p.216.

[76] Henry de Bracton, *De Legibus et Consuetudinibus Angliae*，II，p.32.

[77] S. L. Waugh, "Warenne, John de", in *Oxford Dictionary of National Biography*，LVII，pp.395—399.

[78] R. R. Davies, "Zouche, Alan de la", in *Oxford Dictionary of National Biography*，LX，p.1007.

[79] R. C. Palmer, *The County Courts of Medieval England*(1982)，pp.265—266.

［80］见本章注释［75］。

［81］D. W. Sutherland, *Quo Warranto Proceedings in the Reign of Edward I*(1963)，pp.82—83।

［82］*The Chronicle of Battle Abbey*，ed. E. Searle(1980)，p.310। N. Vincent, "King Henry II and the Monks of Battle: the Battle Chronicle Unmasked", in *Belief and Culture in the Middle Ages*，ed. R. Gameson and H. Leyser(2001)，pp.264—286।

［83］图示见 *Age of Chivalry: Art in Plantagenet England 1200—1400*，ed. J. Alexander and P. Binski，p.259，no.165,以及 J. Cherry, "Symbolism and Survival: Medieval Horns of Tenure", p. 112，plate XVII。

［84］J. Raine, *History and Antiquities of North Durham*(1852)，appendix，p.141। *Regesta Regum Anglo-Normannorum*，III(1968)，p.92，no.257।

［85］*Anglo-Scottish Relations: Some Selected Documents*，ed. E. L. G. Stones，reprint(1970)，p.99।

［86］*Ibid.*，p.102।

［87］P. Binski, *Westminster Abbey and the Plantagenets*(1995)，p.138। N. Aitchison, *Scotland's Stone of Destiny*(2000)।

［88］D. W. Sutherland, *Quo Warranto Proceedings in the Reign of Edward I*，pp.91—110，226—228।

［89］M. Mostert, "Reading, Writing and Literacy: Communication and the History of Medieval Societies", in *Literacy in Medieval and Early Modern Scandinavia*，ed. P. Hermann(2005)，p.276।

［90］N. Orme, *Medieval Children*(2001)，p.240।

第二章 公文激增

　　1170 年,伦敦的大卫大师(Master David of London)从法兰西给英格兰一位不具名的代理人写信,指示他如何妥善保管他的通信。[1]上一年,大卫成为亨利二世和伦敦主教吉尔伯特·福利奥特(Gilbert Foliot)的驻教廷代表,与托马斯·贝克特针锋相对。由此他赢得一笔 20 英镑的年金(部分由国王支付,部分由福利奥特支付)以及贝克特的敌意。贝克特生命的最后几个月里,争议已经激烈到大卫开始采取步骤来保护这笔新的年金。他对自己在英格兰的代理人解释说,他从亨利二世那里获得了两份特许状,一份肯定了国王的支付份额,另一份肯定了福利奥特的义务。由于亨利二世的长子幼王亨利(Henry the Young King)刚刚被加冕①,所以大卫也在相近的时间收到一封来自亨利二世的封印私信(letter close)②,信中称要命令幼王为他颁发类似的特许状。

　　这两份特许状和许诺再发两份特许状的封印私信只是从原则上保护了大卫的年金。此外他还需获取详述如何支付的令状。因此,另一封王室封印私信命令国王在戈德尔明(Godalming)的执行官拉努夫·德·布罗克(Ranulf de Broc),每年在指定的时间间隔里给大卫付 15 英镑。大卫解释说,这封信旨在让他不必每次要求付款时都申请一份新的王室令状给这位执行官。伦敦主教收到一封类似的信,谈论年金剩余的 5 英镑。为了保证这位主教不被双重收费,还得给米德尔塞克斯

---

① 幼王亨利是亨利二世存活的孩子中最大的一个,在亨利二世当政时就被加冕成为名义国王,但亨利二世从未给过他实权。——译者注

② letter close 是一种旧式法律文件,以一封封印的书信授予某人或某个团体一项权利或地位,性质属于私人信件,用封印表示只有收信人可以阅读。——译者注

(Middlesex)的郡治安官颁发一份王室令状,令其未来不要向主教课收 5 英镑。同样,(与郡治安官对账的)财政部被指示,允许从拉努夫·德·布罗克那里减免 15 英镑,从主教那里减免 5 英镑,这样拉努夫和主教就无需每次都为免除这笔钱而申请令状。于是,安排如何支付大卫的年金就必须给国王的官僚科层制中的各级官僚写信,下至拉努夫这位执行官,上至财政部的男爵们。通过这些手段,大卫获得了一系列"长期适用的议事规程",使他的应得款项未来能自动获批。

　　但大卫还不满足。他写道:"保险起见,为了让他们无法诽谤我,我还让那个(给财政部的令状)的一份抄本和要发给拉努夫的那个的一份抄本(拿给档案室)盖印。"大卫让他的代理人"把这些与我的特许状一并保管";他显然正在快速获得他自己的一份档案。尽管如此,无论国王的书信还是副本,都仍然不能彻底缓和他的焦虑。作为一项额外的预防措施,他让受国王信任的两位大臣伊尔切斯特的理查德(Richard of Ilchester)和杰弗里·里德尔(Geoffrey Ridel)代表他给威廉·圣约翰(William St John)和盖印人托马斯(Thomas the Sealer)(他们可能是英格兰首席大法官的下属官员)写信,"好让事情可以迅速运转"。在所有这些信件之后,大卫对代理人总结指示时轻率地告诉他说,他没能搞到代理人自己想要的令状,因为正值亨利对贝克特忧心忡忡时,他不希望用琐事麻烦国王。

　　概而言之,大卫需要用来保护他的年金的公文包括来自亨利二世的两份特许状、来自幼王亨利的两份特许状、一封给幼王的封印私信,给拉努夫·德·布罗克、伦敦主教、米德尔塞克斯的郡治安官以及财政部男爵们的各份令状,其中两份令状的官方抄本,两封大臣们写给英格兰官员的书信。总共制作了 11 份王室公文和两封出自大臣的书信。这些书信转而产生了其他通信。大卫当然还有写给他的代理人的书信并留存其副本,它被保存在他的登记簿中,因此留给后人。

　　大卫大师的书信能比许多概括论述更好地解说记录如何激增,且它暗示出在贝克特去世这个时间即诺曼征服一个世纪以后,此进程达到的程度。英格兰的君主集权程度不同凡响,因此公文的主要制作人是国王的政府。所制作的书信中有许多(可能大多)都是在组织体系内写给其他王室官员。大卫大师的事件中,写给执行官、郡治安官和财政部的书信以及出自伊尔切斯特的理查德和杰弗里·里德尔的书信都阐明了这一点。在存世的任何郑重王室令状背后,曾经还存在大量辅助公文——诉状、草稿、抄本、给官员的令状、给其他利益相关方的书信以及"好让事情可以迅速运转"的官员之间的通信。由于国王在英格兰境内持续变换地方,还经常穿越海峡(尤其是亨利二世),因此国王通过书信同他的诸多官员沟通。几乎所有王室命令都要求给伦敦的财政部发出令状或由财政部发出某种令状；大卫大师获取"长期适用的议事规程"，目的就是要减少这类令状的重复颁发。

48 不仅如此，所有这些官员都会被献纳与规费引诱着和鼓励着制作这些必需的公文。王室文员享有的一个好处是，他们不被指望互相提供这类献纳，因此能免费得到需要的公文，这就进一步增加了公文的制作数量。国王的总管瑟斯坦（Thurstan）有一次在亨利二世宫中对亨利抱怨说，盖印人雅茅斯的亚当（Adam of Yarmouth）拒绝无偿给他的一份令状盖印。事实表明，因为瑟斯坦在招待客人时没让亚当拿到两个蛋糕，亚当感到愤愤不平，于是拒绝给令状盖印以为报复。国王解决此争端的方式是，让亚当拿着令状和印章坐着，而瑟斯坦单膝跪地给他奉上两个蛋糕。这则出自沃尔特·马普《侍臣琐事》（*Courtiers' Trifles*）的小道传闻[2]阐明，国王本人如何也能被卷入他宫中最鸡毛蒜皮的争执，且他的官僚们必须运用谨慎判断力或者克制偏爱之情。公文激增意味着，政府变得更依赖识文断字的人，但这没让政府少一点专制或任性。

沃尔特·马普的故事中和大卫大师的书信中，获取令状的动议显然都来自受益人而非来自官僚机构本身。大卫急于预防每个能想到的不测，故而他不辞劳苦地为自己获取抄本，也获取给其他官员的令状以及有影响力人士的书信，以让他的事情畅通。一旦官僚机器成形，那些过度焦虑的使用者们就鼓励它逐渐成长得更复杂和更庞大。另一方面，国王总管瑟斯坦和大卫的态度都还不够完全典型，因为他俩都与王家法庭有关系，因此对文件证明的形式有专门知识，也对之有兴趣。大卫还上过巴黎和博洛尼亚（Bologna）的学校，这使他在"literate"一词的各个意义上都是个literate（受过教育的、识字的、精通文学的、学者）。到了1170年，国王的政府对公文的依赖比一个世纪前深得多，但这政府依然相对粗糙。若假定整个英格兰在亨利二世当政时都受官僚机构控制，那就错了。

乡村层次的公文

然而再过一个世纪到爱德华一世当政时，公文的使用已扩展至乡村层次。英语的《农夫之歌》（*Song of the Husbandman*，日期或能定为14世纪早期）刻画了小吏们凭着财政部令状的权威而从农夫——"土里的人"——那里收税。小吏们说："你很清楚，你被写在我的清单上。"[3]小吏们可能没有夸口。1285年的埃克塞特法令要求地方执行官将特许权范围内和整个王国境内的每个乡村、半乡村和小村庄的名字都写在一份卷册上提交给国王的行政官员们。[4]更进一步,至晚从 13 世纪 70 年代起,领主的总管们和执行官们都不得不把 12 岁以上的所有男性(神职人员除外)的名字写在卷册上;在郡治安官或特许权持有人访问十户联保所在地时,这些清单每年宣读两次。[5]由此,爱德华一世的政府至少在理论上接触到了写有每个居住地(无论多小)和每个人(无论地位多低)的清单。

到了 1300 年,小吏和像他们这类人都习惯于制作清单,毋宁说,那是爱德华一世当政时就地产管理撰写专著的作者们所推荐的实践。名叫"农夫之歌"的那本书推荐执行官在秋季将采邑所有剩余物资列入清单,比如工具和马蹄铁、大大小小的东西,这样他就知道来年要买什么。同一本书(仿佛因为此举司空见惯而)顺带提及奶牛的产奶量记录。[6]这种记录可能是一个有凹槽的木制计数签,而非一张羊皮纸。尽管如此,它也表现出一些采邑执行官和地方行政官在日常管理中使用记录而非自己的记忆。这些论著的编辑多萝西娅·奥斯钦斯基(Dorothea Oschinsky)力主"在他们能力范围内有可能写下象征符号和数字",但她不认为一位地方行政官或其代理人能阅读或书写拉丁文。[7]保罗·D. A. 哈维(Paul D. A. Harvey)类似地拒绝了"通常会变成地方行政官的自耕农能够阅读,不用说还能写他们自己的年度账目"这种提议。[8]然而其中一份论著《总管职责》(Seneschaucy)假定执行官或地方行政官能阅读(即使读不了拉丁文也能读法语),因为文中警告他,"没有令状授权令的情况下"不接纳任何人,且对任何人都不得移交采邑的东西,如若违反则自掏腰包赔偿损失。[9]若此类授权令送达时执行官或地方行政官不能阅读,那他很快就要赔钱了。我们不可能知晓 1300 年时英格兰有多少农场处于法规书规定的官僚效率水平管理之下,但至少爱德华一世当政时的村庄领导者们必定把木制计数签视为寻常物品,并熟悉写下来的授权令。

13 世纪英格兰有许多人(可能多数人)都时不时要阅读,这一事实并不意味着他们也能书写。在手写本文化中,阅读和书写是分开的技能。书写公文需要文员训练和特殊装备;羊皮纸、墨水和羽毛笔不在乡村商店里出售。地方行政官和执行官雇佣文员起草账目并给他们的上级寄信。在许多村庄,除了神父之外,还应有其他农人(有男有女)在年少时接受过一些文员训练,不是通过在堂区教堂服务,就是通过在一位领主的专职神父那里服务。但对书写的要求不像对阅读那样常见。在一个乡村,搞到墨水和羊皮纸可能比找到一个文员使用它们更困难。就像买缎带和针一样,把什么东西写下来可能意味着要等,等到一位巡回的书写专家出现在邻

49

50

51

里左近。这类那类的公文在乡村可能不比缎带和针更罕见，但它们都是瞬时物品。只有非常特别的才能留存。

即使社会上地位最低的阶层——流浪汉——也被期望带着关于品格良好的证明书。1248 年在埃塞克斯，五位从巴纳德堡（Barnard Castle）和坎特伯雷那么远的地方来的人在洗脱了盗窃罪名之后，被禁止再来这个郡，除非他们带着"他们的诚信证明书"[10]。1261—1262 年间苏塞克斯（Sussex）的两件案子暗示出，这里提到的是一份书面公文而非口头证据。在一件案子里，战役修道院的罗伯特·德·帕里斯（Robert de Parys）作为一个盗马贼被抓起来，从东格林斯泰德（East Grinstead）的执行官那里得到许可离开并去拿一份关于他诚信度的证明书，结果他一去不回。[11]

另一件来自苏塞克斯的案子更明白地说了证明是写下来的。巴奇沃思的威廉（William of Badgeworth）[在格洛斯特郡（Gloucestershire）]起诉（苏塞克斯）布兰博荣誉领地（the honour of Bramber）的执行官彼得·德·特维尔（Peter de Turvill），因为后者错误地关押了他并造成严重人身伤害。威廉的故事得到一支特别陪审团的支持。故事如下：他去苏塞克斯拜访一位亲戚时被彼得以盗窃嫌疑抓捕，他请求彼得允许他返回巴奇沃思，从他领主的法庭获取"证明他的诚信度的书信"[12]。威廉适时从他所在采邑的法庭获颁一封证明信，证明他是个值得信任的人，证书由巴奇沃思的执行官和案件审理人盖印。然后他返回苏塞克斯并在布兰博的荣誉法庭将信呈给彼得，但彼得的反应是把他关在地牢里，直到他一脚踏入鬼门关时才放了他。尽管这件案子表现出威廉的信没能保护他（至少一开始没能），但它也暗示出，在领主们的法庭之间寄送这类书信是例行程序。负责写这类书信的执行官们、负责给书信盖印的案件审理人或法庭成员以及从书信受益的收信人，他们肯定都对书写品足够熟悉，能理解一封信的含义。威廉确实对他的证明信有这种信心（到头来是错误的信心），认为当他返回苏塞克斯时，它会使他免遭地牢之苦。

与诚信证明书可相比较的是与家畜售卖相伴的合法购买凭单。1241 年在肯特，约翰·勒·凯奇（John le Keche）和其他人洗脱了偷公牛的罪名，但陪审团评论说，他们"没有他们本应有的凭单"就愚蠢地买下了动物。[13] 1258 年牛津的一件案子中清楚地解释了必要要有一份书面凭单，此案中提到一份购买一匹马的收据（以专利证书的形式）。[14] 类似地，1292 年一位起诉人告诉国王的法官们，他被剥夺了一份以赫里福德市政当局名义颁发的证书，声称他因一匹被盗的马而被调查。[15] 从此类证据中得出的结论是，到了 13 世纪后半叶，任何人没带某种书面形式的身份

51

证明就远离自己的乡村漫游，这是鲁莽之举，对自己鲁莽，对他拥有的任何东西也鲁莽。中世纪社会针对陌生人和流浪汉的野蛮法律必定成为读写能力在乡村居民中普及的强有力的促进剂。

考虑到这些事实，则发现到了 1300 年农奴和佃农都使用公文，这就不足为奇了。如果他们希望自我发展或供养年幼的儿子或女儿，就不得不效仿比他们强的人并利用书面程序。约于 1276 年写就的一首拉丁文诗歌从一种敌视角度描述了斯托顿（Stoughton）的人民起诉他们的领主、莱斯特（Leicester）的修道院院长的努力。一个乡巴佬说："我要去国王那里，我要向国王鞠躬，我要把写下来的案子递给他。"[16] 但是这些希望当家作主（拉丁文 magistri，在学院意义和社会意义上都相当于英语的 master）的可怜虫在国王的法庭上很快就被一位流利的辩护人震慑住，哭哭啼啼地空手而归。在这件案子里，农奴们从他们的公文中一无所获，并且几乎被当作一个叛乱团伙对待。不过个人偶尔也能较为成功。20 年后王座法院有一场诉讼，关于某位埃斯特盖特的罗伯特（Robert of Estgate）之子约翰，约翰的祖母是罗伯特·德·莫蒂默（Robert de Mortimer）的农奴。[17]（根据陈情状卷册）埃斯特盖特的罗伯特"财产随后增加并凭借搞贸易大大改善了自己"，于是他通过莫蒂默家颁发的特许状而获得了土地。因此罗伯特是关于奴隶出身的农民通过从事贸易而改善了自己那种老套说法的一个真实例子。莫蒂默家颁的特许状旨在用书面证据强化他的杰出地位。

农奴通过特许状来获得或转让财产的合法性很复杂。在上述案子中，罗伯特已经被迫向他的领主威廉·德·莫蒂默（William de Mortimer）交出他的特许状，这位莫蒂默力争的理由是，罗伯特是他的佃农；但罗伯特的儿子约翰声称自己是自由民，并且被判决是自由民。类似地，彼得伯勒修道院那份题名"本地人特许状"（*Cartae Nativorum*）的房地产契据册可以在相反的两种意义上阐释。[18]"本地人"或"农奴"特许状可能意味着这些是非法公文，因此上交给领主，即彼得伯勒的修道院院长，正如罗伯特把他的特许状上交给威廉·德·莫蒂默；倘若如此，则彼得伯勒修道院做了一份关于特许状的记录，因为它们涉及修道院的财产。反过来看，"本地人特许状"这个名称可能暗示那些由农奴们制作的特许状在法律上习以为常；它们被记录在房地产契据册上以巩固它们的效力，正如较重要人物的私人特许状有时也为了更安全而著录于王室档案中。更为可信的是前一个假设，即这些公文是被上交给彼得伯勒的，因为农奴们没有经特许状授予的权利证书。

无论制作这些特许状的农奴们是否有合法权利这么做，彼得伯勒公文的存在

52

（哪怕是以副本形式存于房地产契据册中）都证明了，13 世纪后半叶农民用书写来转让小额财产。无论相关的人员和财产在严格法律意义上自由与否，这些特许状都是书面记录发展中的一个里程碑。例如，拉特兰（Rutland）廷韦尔（Tinwell）的村庄有 15 份"本地人特许状"，其中七份处理半英亩的土地，另有五份各自处理 1 英亩的土地，剩余三份处理一些房屋的租售事宜。[19]假如到 1300 年时，在英格兰许多地方（这是可能的）而不仅仅是在彼得伯勒修道院的地产上，1 英亩和半英亩都是通过特许状转让的，那么农民的特许状的产出量总计可达数十万乃至数百万份。假定 13 世纪时，通常制作一张特许状只针对 1 英亩可耕种土地，那么所制作的特许状数量总计至少 800 万份。[20]当然不太可能给每英亩土地都制作一份特许状，哪怕是每英亩可耕种土地。另一方面，《本地人特许状》表明大量公文处理的土地少于 1 英亩，而且同一块土地在这个世纪里可以多次出租或转让。意图分割和短期让与必定常见，因为人口和由此而来的土地压力到 1300 年达到顶点。至少有数十万、可能有数百万农民特许状被制作出来，得出这个结论似乎合情合理，尽管制作特许状的人是那些更富裕的小农且在此意义上不是典型的农奴［见图 6 威廉·本尼迪克特（William Benedict）的特许状］。

农民的特许状不同于为了主要修道院的房屋而制作的教宗证书或王室证书，它们过期后就不会被保存，因为这种特许状的法律地位可疑，农民也不制作房地产契据册，而且这种既小且破碎的公文无论如何都难于保存。不过已经找到了少量实际特许状（有别于"本地人特许状"收录的那些副本），无疑是处理不自由占有期的，而且可能会有更多这类公文将为人所知。罗德尼·霍华德·希尔顿（Rodney Howard Hilton）描述了格洛斯特（Gloucester）修道院和一位叫艾玛（Emma）的寡妇间的一份租约（日期定为约 1230 年），艾玛除了付一笔货币租金，还要从事耕作和尽其他职责。[21]纵然她本人并非奴隶身份，所规定的一些劳役却都是不自由佃户的劳役。她的特许状是一式两份正式签字文件的形式，这暗示出合约缔结双方艾玛和修道院院长在理论上的平等。修道院院长那份正式签字文件（两份中现存的那份）按照要求有艾玛的印章加以认证，印章上有她的名字和作为核心设计的十字。

一枚印章的拥有者必然是一个熟悉公文并有资格参与公文之使用的人。印出艾玛印章的那种金属印模不可能只是为了使用一次而制作。哪怕它是通过铸造而批量生产并且在出售时已经沿着边线预留了空白位置（可能正是这样），所有者的名字仍需手工雕刻。名字令印章独一无二并因此具有法律效力。因此，拥有一枚

53

印章意味着它的主人可以识读自己的名字,正如此人准备好了要印上他的"签名"来认证公文。因此艾玛的正式签字文件证明,早在1230年,不自由土地的一位持有人,哪怕是个女人(虽说是寡妇),也可以在一份公文上"签字"。现存另一份这一年的或稍早的正式签字文件,是切斯特(Chester)兼林肯伯爵同林肯郡弗莱斯敦(Freiston)和巴特威克(Butterwick)的一群人制作的,上面有至少50个人的印章。[22]这些人中大多可能不是严格法律意义上的农奴,但他们肯定是小农。

亨利二世当政时,他的首席大法官理查德·德·鲁西在吉尔伯特·德·贝列尔(Gilbert de Balliol)提及一枚印章时轻蔑地微笑着说:"每个小骑士都有一枚印章可不是从前的风俗,印章只适合国王和重要人物。"[23]然而一个世纪以后,不仅骑士,连一些最小的业主也有印章。1285年的埃克塞特法令远远没有与这种发展对立,实际上它要求,当自由民不够而要"男性奴隶"在聆讯中担任职务时,"男性奴隶"也要有印章来认证他们的书面证据。[24]当政府发现区分自由民和农奴多有不便时,它准备忽视这种区别。另一方面,正如上交农奴的特许状一事所示,一些领主试图严格加强那种区别。1295年,威尔特郡(Wiltshire)布朗厄姆(Bromham)的惯例佃户(customary tenants)①被罚款100先令,"因为他们制作了一枚公共印章来藐视领主",即战役修道院的院长。[25]个人印章可能更易于被容忍,一枚公共印章则暗示着一个反对领主的协会组织。也可能战役修道院贯彻着反对印章的一贯政策,因为一个世纪之前,吉尔伯特·德·贝列尔所反对的正是战役修道院的一位院长,也是理查德·德·鲁西的兄弟。尽管有一些领主持反对意见,但印章就像特许状,到1300年时可能已被多数土地所有人拥有,无论他们的土地有多小。拥有任何类型的印章意味着,它的主人认为自己有使用和理解公文的足够地位,哪怕这更是一项渴求而非现实。

特许状制作编年史

到13世纪后半叶,特许状和公文显然在英格兰是寻常物品。虽然在法理上,令 54
一次财产让与生效并不必然要求一份特许状,但布莱克顿展示出,占有转移的仪式

---

① 这个词指根据采邑的惯例/习俗占用一块土地的租户,经常是地位低的佃户。中文的法律术语翻译为"根据领地习惯保有土地者",太长,所以译为"惯例佃户"。——译者注

（它在传统上令让与具有合法性）本身已经变成书面证明的附庸。他解释说，给予人可以通过一位代理人进行转移，只要这位代理人有一份代理人证书或给予人的令状，再加上给予人的特许状，可以说要求这位代理人"既有令状又有特许状"。布莱克顿用英语记录了"他既有令状又有特许状"这个措辞。[26]此举在这么早的时间（可能早至1230年）是个例外；它暗示书面证明已经足够为人熟悉，都进入了日常用语中。类似地，盎格鲁-诺曼的 fet 一词或拉丁文的 factum 一词（译为"契据"）从13世纪后期开始具有了指"所有权证书"或特许状的现代意义。[27]一份"契据"不再是让与的实际行为——由来自占有转移标的土地的草皮象征，而是一份给予人制作的盖了印的公文。

　　若概括说，公文在爱德华一世当政时的英格兰被普遍使用，那么自1279年起担任约翰·裴彻姆（John Pecham）大主教职员之一的公证员、博洛尼亚的乔万尼（Giovanni di Bologna）不会赞同。他写道："意大利人像谨慎的人那样，对他们参与的实际上每份契约都想有一份法律票据；但英格兰人正好相反，要求一种票据的做法非常罕见，除非是必不可少的。"[28]与意大利，尤其与博洛尼亚这个大学里专事法律和商业训练的地方相比，说英格兰出产很少公文无疑是真实的。但乔万尼对意大利实践和英格兰实践的差异夸大其辞了。在1285年《商人法》的规定下，英格兰每个重要城镇都不得不有一位文员来登记债务具结书并开具有王室印章认证的债券单据。[29]制定这部法令可能暗示，书面契约还不是迄今为止的实践，但事实上这部法规是在修正既有条例，而非引入某种全新的东西。即使"英格兰人的话就是他的约定"这种观念由来已久，但在乔万尼写那段话的时间，习惯法的成规也认为，唯一有强制执行力的契约类型是那种在一份盖印公文上表达的契约；给羊皮纸盖印并递送羊皮纸成就了契约。早在1235年，一份陈情状被判决无效，因为起诉人既没出示一份令状，也没出示一份正式签字文件；不仅如此，最早记录这份陈情状的文员写道，这份契约本身就无效，虽说他随即就把"契约"（convencio）一词改成"陈情状"（loquela）。[30]身为公证员的乔万尼可能不认为一份盖了印的习惯法契约是一份有效的法律票据，因为它不要求公证员认证。私利或无知可能导致他不考虑特许状和正式签字文件在英格兰的重要性，在英格兰，任何拥有印章的人都被认为有能力认证他自己的书面记录。

　　无论如何，与意大利和后来几个世纪相比，1300年的英格兰的确不是普遍存在公文思维。然而已经能认为，到那时英格兰的特许状和文据渗透到了每个乡村。

博洛尼亚的乔万尼是在概括意大利北部的大城市并将那里的商人同英格兰的商人作比。如果比较意大利乡村和英格兰乡村的公文使用，那么英格兰的农民，尤其在制作了"本地人特许状"的空旷沼泽地区域，对书写的熟悉度可能与他们在伦巴底（Lombardy）平原的同行们不相上下。此外，不仅需要在整个欧洲进行比较，还需要按照时间进行比较。从年代来看，1300 年的英格兰与 1100 年的英格兰相比有显著的公文思维。在 12 世纪和 13 世纪，尤其涉及平信徒当中的财产所有权问题时，英格兰的天平从记忆偏移到书面记录。

概而言之，11 世纪各个阶层的平信徒和许多修士都经常在没有任何书面证明的情况下发出租约和接受租约。[31] 12 世纪的要人显贵们偶尔使用公文，且他们和上流人士通过特许状给修道院发赠品，因为修士们要特许状。13 世纪，平信徒开始通过特许状互相转让财产；13 世纪后半叶，这种实践从上流阶层向下拓展至一些农民。平信徒当中习惯性地使用公文，这只能当他们对读写模式熟悉到足以信任公文时才会发生。到了 1300 年，连农奴都熟悉公文，至少是较富裕的农奴。这些概括并不必然意味着到 1300 年时每个人都能阅读，更谈不上每个人都能书写。整个中世纪，书写都是文员的工作；许多阅读工作也类似地由他们承担，因为习俗是大声朗读。通过这些方式，各个阶层的平信徒——他们在严格意义上仍是文盲——都能参与公文的使用，并被鼓励在业务中使用特许状（见图 1 和图 6）。

益格鲁-撒克逊往昔的经君主特准授予私人的公地是不符合这些概括的最明显例外。经君主特准授予私人的公地从定义上就体现例外性，因为它通过被授予一份"田契"或特许状而创造出土地的一种特权地位。很难判断经君主特准授予私人的公地分布有多广泛，也很难评估它对平信徒读写能力成长的影响。一如关于诺曼征服之前使用书写的其他问题（在第一章讨论过），这里有推测的余地，因此就有争议的空间。对梅特兰而言，经君主特准授予私人的公地是"一种异类的教会制度，从中得不出多少推论"，而弗兰克·梅里·斯丹顿（Frank Merry Stenton）力主，授予王室家臣的经君主特准授予私人之公地表明"在 9 世纪末之前，非教会中人的特许土地拥有人这种概念就已经牢固确立"[32]。尽管经君主特准授予私人的公地理论上有潜力创造出一个既有神职人员也有平信徒的特许佃户阶层，但它的重要性似乎没有增长，却在诺曼征服前的一个世纪里业已衰落。这可能是因为，田契本身构不成一种真正的公文形式，不能作为有读写要求之业务的足够基础发挥作用。[33] 无论经君主特准授予私人的公地衰落的原因为何，财产所有权的书面凭证以亲笔签名的公文和盖了印章的令状（见图 1）为基础，在诺曼征服之后形成一个新起点。

与 11 世纪平信徒在没有任何书面证明的情况下发出租约这一概括不符的另一个例外是，一份以杰弗里·德·曼德维尔（Geoffrey de Mandeville）名义制作的令状，该令状声称的时间为征服者威廉或红脸威廉当政时。在此令状中，杰弗里命令他的地方行政官埃德里克（Edric）及伯克郡沃尔瑟姆（Waltham）的人们在未获赫尔利（Hurley）小修道院之"公文"（documentum）的情况下，不得从该小修道院拿走任何东西。[34]（赫尔利是威斯敏斯特修道院的子修道院，由杰弗里捐赠。）乍一看，这道命令暗示着书面权威在诺曼男爵们的地产中很普遍，这些男爵的官员们如埃德里克已经习惯于收到书信。但这种阐释几乎肯定是错的。首先，documentum 一词最可能指一道口头指示，而非一份书面指示。①此外，该令状本身可能是 12 世纪中期的伪造品，因为威斯敏斯特修道院在这个时期为杰弗里给赫尔利的初始特许状制作了一份修订版（还制作了其他一些大胆的伪造品）。[35]无论是否伪造，杰弗里给埃德里克的令状不是表面看上去那样，由征服者威廉的一位男爵给他的地方行政官写的一封书信，因为几乎能肯定它由威斯敏斯特修道院所写且体现修道院的利益。这样一份公文的真实目的不是用于给埃德里克传达信息，而是用作赫尔利在沃尔瑟姆当局享有免税权的证据。

要调查 12 世纪初期公文的使用有多广泛，一个方法是审视存世的亨利一世当政期要人显贵们的特许状汇编。这个社会中即使地位尊贵的阶层也很少制作特许状（包括令状和不那么正式的书信），且已有特许状的多数都出自修道院。尽管数量少到无法具有统计学上的重要意义，但它们表明了一种共同模式。表 2.1 列出了关于四位要人显贵的信息，他们的特许状和其他书信已被现代编者们收集起来，因此能被信任。[36]格洛斯特伯爵罗伯特（Robert, earl of Gloucester）是亨利一世的私生子，他"在人文艺术中受哲学教育"[37]。其他三位要人显贵属于亨利"从底层提拔起来的"新贵[38]：迈尔斯（Miles）是治安官，奈杰尔·多比尼（Nigel d'Aubigny）接管了北方的莫布雷荣誉领地（Mowbray honour），"穷光蛋"罗杰（Roger "le Poer"）先是档案室大臣，后任首席大法官。因此，上述四人都是亨利一世那个有教养的宫廷的产物，对公文有着不一般的熟悉度。不过表 2.1 显示，若以存世公文为标准，他们每年以自己的名义颁发的特许状不到一份。

---

① 拉丁词 documentum 的第一义项是说教的行为，第二义项是指与所有权有关的证据。——译者注

表 2.1　亨利一世的要人显贵们颁发的特许状

	成年时间	卒年	活跃期年数	特许状数量	每年特许状数量
赫里福德伯爵迈尔斯	约 1121 年	1143 年	22	10	0.45
奈杰尔·多比尼	约 1107 年	1129 年	22	17	0.77
格洛斯特伯爵罗伯特	约 1113 年	1147 年	34	17	0.50
"穷光蛋"罗杰	1101 年	1139 年	38	31	0.82

　　显然曾经有过更多特许状,例如已发现关于格洛斯特伯爵罗伯特制作了另外 26 份授权书的记载。[39]假如把这些加入他的 17 份存世特许状,则罗杰平均每年颁发 1.27 份特许状。存世或遗失的特许状只构成所颁发公文总数的一个小份额。伦敦的大卫大师的通信表明,一份王室特许状可以伴随多少辅助公文。基于亨利一世抄写员们产出量的数字(下文会更全面讨论)暗示出,存世特许状的数量可能要乘以 100,才能估算公文产出总量。假定要人显贵们有类似模式(这样假定可能会高估他们的产出量),则上表中的四人每年颁发的公文数量就是,迈尔斯 45 份,奈杰尔 77 份,罗伯特 50 份,罗杰 82 份。基于该假定得出的结论是,这类人每周写一到两封书信。

　　初看之下很难相信这些要人显贵写信这么少。当然,罗杰被纽伯格的威廉 (William of Newburgh)描述为"几乎目不识丁"[40],但他至少比罗伯特制作了更多公文,而罗伯特被马姆斯伯里的威廉(William of Malmesbury)说成喝了"一整桶盛满文字的知识",竟至能轻松理解一份教宗诏书。[41]读写能力关心的是有拉丁文学识,因此同颁发特许状的兴趣无直接关联。罗杰的所谓缺少学识或罗伯特的学富五车都不必然令表中的数字失效。从中能得出的最合理推论是,那些数字大体是准确的,因为存世特许状每年颁发的平均值 0.63 在这四位要人显贵中有很好的相关性。　58

　　12 世纪特许状的一些编者力主,要人显贵们拥有制度化的书写处或档案室。但存世特许状中五花八门的笔迹和起草风格暗示,那些公文通常由受益人自己书写——假如受益人是修道院,或者由能碰到的不管哪个专职神父或抄写员书写。如果平均每周只写一两封信,则方法的随机性就可以理解。就连英格兰的主教们也是到了约 1200 年才发展出制度化的书写处。一代①或两代以前,主教们的书信

_____

① 英语里用 generation(一代)表达时间长度时指 30 年左右,不指 10 年。如指 10 年,会用 decade。——译者注

就像那四位要人显贵的一样，也显示出五花八门的抄写实践。[42] 重要人物在家中雇佣神职人员肯定是常态，但这么做已经几个世纪了；家庭神职人员履行多种宗教职能和学术职能，书写一贯是其中之一，但在 12 世纪最后十年，这项职能才开始专门化和常态化。特丽莎·韦伯审视了直至 1237 年的诸位切斯特伯爵的特许状的笔迹，这是此时期以原始形式存在的平信徒领主的公文系列中最大的一个（由超过 100 份特许状组成）。她的结论是，"即使在 13 世纪早期，也很难说有任何堪称正式书写处的机构，档案室就更别提了"[43]。［韦伯用"档案室"（chancery）区别"书写处"（writing office），她的"档案室"指一个秘书处，由一位档案室大臣（chancellor）牵头，使用规定的条例来避免弄虚作假。］她图示了 12 世纪 90 年代切斯特伯爵的文员托马斯的可靠草书体，托马斯在他担任见证人的特许状中两次被描述为 chancellor。[44] 但是在王室行政管理中，使用 chancellor① 这个头衔比起将书写员组织成一个叫 chancery 的部门要早几十年。要人显贵们无论主教还是伯爵，在书写程序上都遵从国王政府的引领，这么说总体是对的。这毋庸诧异，因为诺曼征服者们通过《末日审判书》和财政部已将君主政体树立为英格兰最大的书写用户。休伯特·沃尔特（Hubert Walter）的行政改革（1200 年前后）则带来王室记录制作的另一次激增，要人显贵们比如切斯特伯爵拉努夫三代（Ranulf III earl of Chester，1181—1232 年）对此加以唱和。

王室公文的产量

在 12 世纪的英格兰，仅国王拥有永久性组织化的书写设施，在档案室大臣的终极督导之下，而即使这些也有点临时凑合，且最近才产生。只有亨利一世创建的财政部才一直稳定存在。威尔士的杰拉尔德问："什么是财政部？""它是英格兰公库的所在，在伦敦的一种方桌，王室的税捐在那里被收集和记账。"[45] 它的收款记录题写在木制计数签上，而审计账目题写在羊皮纸大卷册上，政府制作记录的绝大多数精力都消耗在派普卷册上，因为它们要求大量辅助公文，就像伦敦的大卫大师为

59

---

① 与制作记录的档案室相关的 chancellor 或译为"档案室大臣"（王室级别），或译为"档案室负责人"（其他级别）。威廉征服之后，chancellor 除了变成常规职位，也在掌玺之外担任王室专职神父及灵俗两界事务的顾问，所以几乎总由教会人士担任此职。负责书写的机构，从 writing office 到 chancery，也由 chancellor 负责。——译者注

确保他的年金能被支付而不得不获取的那些令状。也如大卫的通信人所阐明的，书写处实际上不止一个，因为财政部静止不动，国王却巡视四方。一位掌管缮写室（scriptorium）的文员坐在财政部的桌子前，负责找到抄写员并指导他们写下档案室大臣的卷册、令状和传票。菲兹尼尔在《财政部对话录》中评论说："这些职责几句话就能解释明白，但要求几乎没完没了的劳动，正如那些凭经验学会的人知道的那样。"[46]

有多少抄写员以这种方式劳作，他们又写了多少公文，这些问题只能推测。若考虑全体人员，则难题在于有些抄写员或文员既在王室履行专职神父职责，又在当书写员。此外，文员有不同等级；有些只管书写和誊写，另一些（是档案室事务官的前身）则起草和口述书信。国王的书信并不都出自他的缮写室，王室特许状就像领主特许状一样，可能由受益人的文员书写（见图3），或由一位偶然雇佣的文员书写。特伦斯·艾伦·马丁·毕夏普（Terence Alan Martyn Bishop）已经证明，亨利二世给林肯的四份特许状写以曾经被古文书学者称为"独特档案室风格"的专业草书体，但实际上它们是林肯主教的一位抄写员所写。[47]存世的12世纪以来的750份左右王室特许状原件中，只有450份能显示出由可识别为王室抄写员的人书写。[48]

相应地，对后来演变为名叫"档案室"的那个机构的书写设施的规模与性质的估量也各异。贝克特的一位传记作者威廉·菲兹斯蒂芬描述了贝克特1158年任档案室大臣时手下有52名文员。[49]另一方面，毕夏普确定了1155—1158年间的16位王室抄写员的笔迹，但其中只有四人可以说是常规受雇。[50]这些估值之间的龃龉没有看起来那么大。菲兹斯蒂芬说的52这个数字包括了贝克特随从中的文员和那些处理空缺圣俸及其他教会事务的人。另一方面，毕夏普的数字限定于抄写员（因此不包括所有文员）和那些笔迹依然存世的人。如毕夏普指出的，幸存的王室特许状无法给档案室的产量提供可靠估值，因为"亨利二世维持一群档案室书写职员，不仅仅是为了分配王家的土地与权利"[51]。

给执行官、郡治安官和诸如此类人员的涉及日常行政管理的行政命令被写下来的数量日益增长。仅财政部生成令状的量就很可观。1130年的那份最早的派普卷册提到了授权支出近300份简报的议题。[52]这些简报只构成书信的一类，要估算亨利一世当政期内各类王室书信（特许状、训令、授权令、信息请求和诸如此类）的年均总产量，恐怕要给300这个数字乘以10或20。假设把乘数定为15（取10和20的中间值），则每年生产的书信为300×15＝4 500。毕夏普估算亨利一世在约1130年雇佣了至少四位抄写员。则每位抄写员每年平均写信1 125封，或者每天平均三封。[珍·埃莉诺·塞耶斯(Jane Eleanor Sayers)为教廷档案室的产量得出同样的估值：比率为每位抄写员每天三封书信。][53]每天三封信可能看起来不是菲兹尼尔在这个世纪后期所描述的"几乎没完没了的劳动"，但三封是一年中每天的平均值，且每封信都必须没有错误。存世的亨利一世当政期特许状（原件或副本）的年平均值是 41。[54]因此该数字需要乘以 100 或更多，才能领会每年王室书信的总产量。换而言之，原始产量中大约 1% 被留存下来。重要的一点是，这位国王的公文产量是他手下任何要人显贵的 10 倍乃至 20 倍。

必须强调，上面这段中的估值大体是推测，目的是为考虑王室公文产量时提供一个有明确数字的语境，可见统计图 2.1 和表 2.2。统计图 2.1 比较了诺曼征服至亨利二世当政期间，英格兰国王、法兰西国王和教宗所颁书信在每个当政年的存世数量（原件或副本，但尽量排除伪造品）。表 2.2 表明 1226 年到 1271 年这近半个世纪里，亨利二世的档案室平均每周的印蜡消耗量；下文将力陈，蜡的数量与盖印书信数量相关。因此统计图 2.1 和表 2.2 都显示出，多年以来所颁发公文的数量有显著且相对稳步的增长。数量增长遵循"某种几何级数"[55]，每 20 年或 30 年翻一番：红脸威廉当政时的存世公文年均 15 份，亨利一世时 41 份，亨利二世时约 115 份。13 世纪，档案室的蜡消耗量增长更快，如表 2.2 中的数字所示（这里的数字是第 80—82 页附录中数字的平均值和概括值）。尽管统计图 2.1 和表 2.2 中的数字都包含反常值和不确定值，不能作为真正的统计数字接受，但在对几十年和几个世纪进行概括的水平上，它们证明了公文的量如何增长。不能指望来自 12 世纪和 13 世纪的统计数字在表明总体趋势以外还能更有作为。

统计图 2.1 不使用迄今为止未被注意的信息，它立足于已出版的表单和汇总。[56]可获得的数字分散又不精确，因为这时期的王室公文不经常明确其制作年份。因此每位统治者每年颁发的公文数量是在他的整个当政期取年平均值；教宗这方面，只收录担任教宗的八年或更久的时间。存世公文数量当然与出产的总数不一样；上文已经提出，可以将英格兰的存世公文数量乘以 100 来估算曾经存在过的公文数量。同理也可知，教宗亚历山大三世(Alexander III)颁发的书信必定远多于幸存的。[57]统计图 2.1 收入教宗和法兰西国王以供比较，且旨在表明公文使用的增长在西欧是普遍趋势。1060—1180 年间的另外两个增长量也必须考虑：西欧人口可能翻倍了，修道院的数量至少翻了 10 倍。由于王室和教宗书信中有许多（可能大多数）都涉及修道院并被修道院保存，因此修道院扩张可能是截至约 1200 年时公文数量增长的最大单项原因。

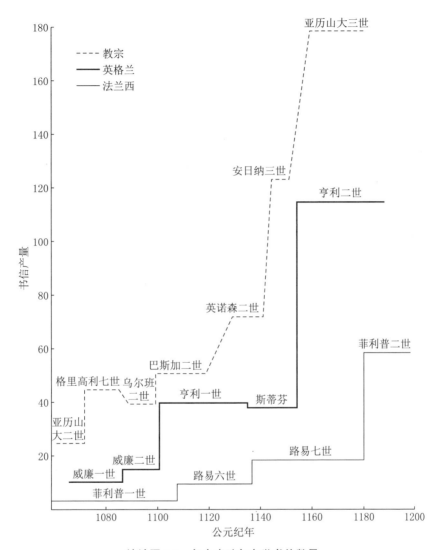

统计图 2.1　每个当政年存世书信数量

表 2.2　档案室消耗的蜡

约五年间隔期	每周蜡消耗量（磅）	约五年间隔期	每周蜡消耗量（磅）
1226—1230 年	3.63	1250—1254 年	7.86
1230—1233 年	4.03	1255—1260 年	13.02
1237—1240 年	4.78	1260—1265 年	20.31
1242—1245 年	7.58	1265—1271 年	31.90
1245—1246 年	8.56		

13 世纪,欧洲的公文数量也持续快速增长。英诺森三世(Innocent III)担任教宗期间(1198—1215 年),年均存世书信量是 303 份,到了英诺森四世任职期(1243—1254 年),这个数字是 730 份。到了该世纪末期,波尼法爵八世(Boniface VIII)任教宗时,估计一年颁发了 50 000 份书信。[58]类似,与菲利普二世·奥古斯都(Philip II Augustus)当政时(1180—1223 年)的 2 000 份书信相比,法兰西的美男子菲利普(Philip the Fair)当政时(1285—1314 年)已知颁发超过 15 000 份书信。[59]不过,登记簿并非一个办公室总产量的衡器,因为只有被选中的书信才登记在册。就 13 世纪的教宗而言,塞耶斯估计所有书信中只有约 1/4 登记在册。[60]登记的主要目的是保留前例供未来引用,不是给历史学家保留一份关于所有发出书信的记录。

表 2.2(和第 80—82 页的附录)显示亨利三世的档案室消耗的印蜡数量,与清点存世书信相比,此表旨在成为衡量 13 世纪公文产量的更可靠方法。尽管自约翰当政以降,许多书信都登记在档案室卷册上,但大量例行公文(习惯法令状就是最好的例子)并未登记在册。因此,与档案室卷册或现存令状及特许状相比,消耗的蜡的重量更好地指示出公文总量。不过必须强调,这些数字只考虑档案室;财政部使用的蜡单独计算,且只记录了其成本而非重量。由于档案室必须要给财政部报账,所以它的记录既说明了使用的重量,也说明了成本。这份精细的账目给历史学家留下一个可适用于许多年的连贯衡器,而单看成本无甚意义,因为价格有波动。给不同类型公文盖印时使用的蜡的数量确实不同(例如,特许状由国玺认证,而一些封印私信只盖私人印章),但没有理由认为 13 世纪 20 年代与 60 年代相比,平均每份公文上蜡的用量会多一点或少一点。

不过,不可能计算出每磅蜡能给多少公文盖印,主要因为不能确定,习惯法令状是盖一整个国玺还是只盖国玺的一角。虽说重量不能转化为明确的羊皮纸数量,但假定蜡的重量增加表明颁发公文的总量有相应增加,这是合理的。虽然无法给羊皮纸的数量定量,但这些数字有优于其他数字之处,因为它们是在当时由一位官员——文件箱保管员——编排的。对这位相关官员的诚实或效率难免要打些折扣,但至少历史学家不用被迫给遗失的或未记录的公文估算一个不确定的数字。

这些数字出自记录对国库支付加以授权的自由卷册,在这个例子里是"因为给国王的令状盖印"而支付给盖印人或王家小教堂当差。因此,通过将卷册中的印蜡重量除以涉及的所有周数,便能从头到尾算出每周用蜡的平均重量。挑选 1226—1271 年,乃因这些年的自由卷册已出版,能够核实数据。数字中的一些异常情况暗示它们总体是准确的。1253 年 6 月到 1254 年 2 月和 1262 年 7 月到 1262 年 11 月 64 相对少的重量或可归因于亨利三世这期间在法兰西。相反,1261 年 10 月到 1262 年 1 月用蜡量格外多,多达每周 31.69 磅,这期间正是亨利三世在同西蒙·德·蒙特福特的斗争中对自己高于男爵的权力加以重新肯定的顶点。可能需要更多的蜡来传唤国王的追随者、颁发安全通行证和赦免书、确认财产所有权凭证以及诸如此类。不过有一个异常数字不容易解释,就是 1259 年前半年每周用蜡 8.15 磅这个低数字,这期间男爵们正在厉行立法活动和改革活动;也许日常政府活动因改革而缩减,抑或此情形下记录不完整。

总体而言,存世书信曲线图和蜡消耗量表格都暗示出公文数量日益增长,只是暂时会被政治危机影响。在曲线图中,斯蒂芬当政期的内战显示出一点衰退,但书信数量仍是红脸威廉时期的两倍以上。类似地,亨利三世档案室的蜡使用量并不总与这些年频仍的政治危机挂钩。在刘易斯(Lewes)之战(1264 年 5 月)和伊夫舍姆之战(1265 年 8 月)之间德·蒙特福特统治的这些月里,蜡的消耗量是每周 17.1 磅,与在牛津召开议会的 1258 年 6 月之前亨利亲政的最后几个月里每周用蜡 16.87 磅相近。国王和男爵们为了声张他们的权威,都要依赖公文。

公文与官僚机构

王室公文增长的规模倾向于让出产公文的官僚机构扩大和分层。上个世纪大量研究宪法和行政的历史学家已经描述过英格兰政府部门的起源与早期发展,此处也不要求全面重复。公文数量的增长同制作公文的职员数量的增长明显有密切关联。菲兹尼尔《财政部对话录》中有个故事能最好地阐明此点,此故事可被视为典型。菲兹尼尔描述了亨利二世如何雇佣托马斯·布朗大师(Master Thomas Brown)代表国王的利益对行政管理部门进行监督观察,布朗曾是西西里的罗杰二世(Roger II)的秘书。布朗在这个职位上制作了一份"关于王国法律和国王秘密的"卷册。[61]为了制作这份卷册,布朗需要一位抄写员坐在财政部的桌子前。但他的抄写员没法被安置在财政部的书写员长凳上,因为那里早就(从右到左)被财务主管、财务主管的抄写员(负责写派普卷册)、档案室大臣的抄写员(负责誊写财务主管抄写员的公文并制作档案室大臣的卷册)、档案室大臣的文员(督导档案室大臣的抄写员)以及警官队的文员占满了。[62]因此布朗的抄写员被安排在一个更高的 65

位置，在那里可以越过财务主管抄写员的肩头制作他的副本。就像《财政部对话录》里的学生评论的，这位抄写员必须有"锐利的目光以避免出错"。

这个故事加上统计图 2.1 和表 2.2 所引的数字，都给人留下了公文激增且职员们不为所动、几乎臣服于某种数学法则的印象。不过，在公文稳步倍增的定则之下还有一些显著例外。就连菲兹尼尔关于托马斯·布朗的抄写员的故事也可以从相反的意义予以阐释。约 1180 年布朗去世或退休后，他保管的派普卷册副本便告中断，但他的抄写员可能依然作为"最早那位国王"①的忆往师留在财政部。

关于官僚机构首先膨胀然后缩减的一个更清晰例子见于菲兹尼尔对亨利二世另一位密友的评论，这就是普瓦捷总执事——伊尔切斯特的理查德，他坐在财政部桌子的另一侧。理查德的职责是督导卷册的制作并制止财务主管打瞌睡。[63]如我们已见，伦敦的大卫大师曾希望通过寄给理查德一封信而令他的事务运行顺畅。理查德引入了一套系统，为每份发给郡治安官的传唤令留一个副本，以避免郡治安官更改传唤令，"这样，当郡治安官守着他的账目而档案室大臣的文员正在朗读传唤令时，这位总执事的文员注视着他，同时一只眼睛盯着副本，注意让他别出错"[64]。通过这种方式便对档案室大臣的文员和郡治安官同时进行检查。菲兹尼尔接着说："但是，随着时间推演以及债务人数量剧增，整张羊皮纸都几乎不够写一份传唤令，名字的数量和所牵涉的劳动量被证明令人无法招架。"因此传唤令卷册被废除了。如菲兹尼尔指出的，它首先就并不真正必要，因为所有债务传唤令早已记录在派普卷册上。这则轶事阐明了记录制作的增长速度：债务人的名单在差不多十年之内已经变成庞然大物；但它也表现出，官僚机构的增长可能停顿，至少偶尔会停顿。因此，王室官僚机构的形成是个尝试而为且是走一步看一步的复杂进程；尽管对几十年的情况进行平均后，最终结果是公文出产持续增长。

官僚机构之形成的一个重要节点是亨利二世 1170 年的《聆讯郡治安官》。这么叫是因为该公文的第一个条款就是系统调查郡治安官在财务上侵吞公款。不过，聆讯范围超出了这些王室官员：

66　　　　关于他们从他们全部土地上的每个区、每个村庄和每个人那里收到什么和收了多少，是通过司法程序收取，还是未经审判就收取，也要对涉事的大主教、主教、修道院长、伯爵、男爵、封臣、骑士、公民、市民以及他们的总管和辅理

---

① 参照语境，这里所说的 earliest king 若是对布朗的比喻会更恰当，因为这位 12 世纪末期的抄写员无论如何也不可能对百多年前征服者威廉的时代有真切记忆。因此译文加上引号。——译者注

展开类似调查,且他们要分别写下所有这些苛捐杂税以及收它们的理由和场合。[65]

就所要求的详细度而言,这次聆讯同 1086 年的末日审判调查是规模相当的事业。当向着官僚政治迈进时,有两项要求凸显出来。首先,每位责任人(从两位大主教向下延伸至骑士、公民和市民)要对"他们手下的每个人"负责。其次,所有这些有责任的人都要"分别"写下他们的发现。用书写来呈现细节这一要求在《聆讯郡治安官》的大量条款中被重复,"他们关于此查明了什么,就要仔细写下来"(条款八);"这也类似要被写下来"(条款六);"整件事情都要写下来"(条款十二)。[66]

《聆讯郡治安官》的起草人高估了"骑士、公民、市民以及他们的总管和辅理"的书写能力吗?"他们全部土地上"都能搞到墨水和羊皮纸,更别提抄写员吗? 要人显贵们愿意把他们收到的合法与不合法的每样东西都记录下来吗? 这次聆讯在托马斯·贝克特被杀前九个月展开,贝克特 1163 年拒绝让一份应付肯特郡治安官的报酬被题写在国王的记录上。[67]那么贝克特的官员 1170 年遵行聆讯了吗? 与《末日审判书》的书册不同,这次聆讯的回馈没有以写在书册或卷册上的清楚书面副本形式留存下来。不过,已经有少量回馈从国家档案馆显山露水,它们暗示着曾经肯定存在更多回馈。例如,诺福克(Norfolk)的赖辛堡(Castle Rising)有 39 位著录名字的市民以及他们每个人交给领主——阿伦德尔(Arundel)伯爵的金额,"他们出于自己的善意给伯爵所有这些金额,以从犹太人那里赎回他的土地;他们把钱给了总管尼古拉斯"[68]。从萨福克(Suffolk)的法肯汉姆(Fakenham)得到的回答是,执行官萨皮斯顿的沃尔特(Walter of Sapiston)因为疏于照顾领主的干草作物而给他的领主罗伯特·德·瓦洛涅(Robert de Valognes)付了 40 先令赔偿金;猪倌休·佩因特(Hugh Painter)类似地因为管理不当而付了 5 先令,与养蜂人吉尔伯特·奈普(Gilbert Nep)一样。[69]

这些回馈写以笔迹五花八门的拉丁文,写在一片片单独的小片羊皮纸上。它们大约是阿伦德尔伯爵和罗伯特·德·瓦洛涅的官员们送来的个人书写品中碰巧幸存的部分。有一份回馈被发现以法语书写,这是英格兰留存的最早的商务法语纸片。[70]聆讯的指示是用拉丁文颁发的,因此拉丁文大概是恰当的回馈语言;这份法语公文可能是为了当草稿,但因为疏忽而被送来。没有回馈写以英语,这不奇怪,因为当时英语不是法律记录用语。本地人大概用英语口头答复,然后答复被文员们转化为拉丁文公文,有时可能还是经由法语转化为拉丁文。现存的回馈不能暗示胜任此事的书写员是否有短缺。阿伦德尔伯爵在法肯汉姆有一位叫戈弗雷

67

(Godfrey)的文员担任他的"辅理"。类似地，伊里主教的米尔福德(Milford)区有"执行官阿查德(Achard)和神父佩恩(Payn)，当主教生病时就把租金提高到 8 英镑以上，以致人们负担沉重，除非有所修正，否则大家都变成乞丐"[71]。神父佩恩大概是在这里为阿查德做书写工作，尽管他不像是这份抱怨他本人的书写品的作者。

中世纪乡村有文员，这不致让人惊奇；假定乡下人口与读写文化相隔离，这才是错的。11 世纪早期用古英语写的伊里的务农备忘录暗示出，地产管理人普遍制作清单和非正式笔记，他们这么做可能已经有几个世纪了。[72]亨利二世在 1170 年的聆讯中可能就像征服者威廉在末日审判调查中那样，正试图把这些由来已久的领主的记录制作习惯引导到有益于王室的方向。上文已经相当详细地引用了对《聆讯郡治安官》的回馈，以便展示出亨利二世的政府所要求的和收到的有关个人的详细信息。威尔弗雷德·路易斯·沃伦(Wilfred Lewis Warren)提过，诺曼征服者们发展出通过记录制作而下达至本地社会中大批有名有姓之个体的实践，因为他们既不懂也不信任盎格鲁-撒克逊的委任司法体制。

> 连续性的断裂不发生在征服的时刻，也不发生在紧随征服之后的时期，而发生在征服之后 50 年内。发生断裂不是因为诺曼人不希望保留盎格鲁—撒克逊的遗产，而是因为他们不懂如何保留。那可能是一次非自觉的破坏，然而具有根本性意义，因为后果是从复杂的非现代国家形式——通过社会机制来管理——转变成粗疏的现代国家形式——通过行政管理机构来组织化。[73]

就是这个断裂带来了亨利一世的财政部体制。通过派普卷册和其他财政部的记录，"王家政府获悉，有可能与个体打交道而非只是(像盎格鲁-撒克逊人曾经那样)与群体打交道"[74]。债务人的名字进入卷册并且年复一年结转。沃伦关于一个"通过行政管理机构来组织化的国家"的描述恰好就是菲兹尼尔在《财政部对话录》中描述的有着复杂规则和官员科层制的东西。

财政部的结构也符合马克斯·韦伯(Max Weber)对官僚化国家之"纯粹类型"的特性描述，在这种国家，"行政性的行为、决议和规则都在书写中明确表达和记录下来，哪怕在口头讨论是规则甚至是命令的情况下。书面文件和对官员职能的持续组织安排相结合就构成了办事处，办事处是所有类型现代协作行动的核心焦点"[75]。依照韦伯的条件，则沃伦正确地将诺曼人的政府形式描述为"现代的"但粗疏的，与"非现代的"但自有其复杂性的盎格鲁-撒克逊形式形成对照。[76]沃伦这里的假设是，盎格鲁-撒克逊王国通过复杂的习俗机制来管理，不依赖大量的记录保管。在韦伯的条件下,盎格鲁-撒克逊政府是"传统"形式:"根据传统的传送规则指定行使权威的一个人或几个人……在最简单的情况下,行使权威的组织化群体也主要依据通过共同的教育进程培养出来的个人忠诚关系。"[77]在盎格鲁-撒克逊英格兰,阿尔弗雷德王成为这些"传统"价值观的缩影。

当阿尔弗雷德王以非正式的个人谈判作为解决争端的典型手段时[比如常被引用的海姆斯坦(Helmstan)案,当时国王站在他的"凉亭"内洗手时给出裁决][78],亨利二世使用一套标准化的令状体制让诉讼程序自动操作且不具个人色彩。"亨利在不知不觉中达成了韦伯所描述的'领袖魅力的常规化'。国王的庄严权力——由表现他坐在宝座上的印章所象征——在数千份包含了他的命令的王室令状中被散布到王国全境。"[79]亨利的帝王威仪(用韦伯的话就是他的"领袖魅力")凭借档案室文员和国玺按压器的操作员(国王的"盖印人")而被去除人格色彩("常规化"),他们大批量制作格式统一的王室令状,卖给申诉人。至少自阿尔弗雷德以来的较早的英格兰国王熟悉印章和令状,或许也以可观的数量颁发它们。但亨利二世当政期的区别在于档案室生产的规模和精确度。令状的格式标准化了,因此文员们可以不用更多授权或打草稿就能复制它们。国王对每份令状的签署完全通过印章按压器而自动操作,印章按压器看着就像印刷机,也正是印刷机的先驱。通过使用雕刻图版让每份令状格式统一,按压器就有可能令书写进程和盖印进程自动操作;但直到18世纪才这么做。尽管如此,亨利二世的档案室凭着增加文员的数量就能每周手工制作数百份令状。

根本且基本的思想是,格式统一的令状的内核或语体风格是能够根据需要而重复的。亨利二世当政期最成功的那些令状是"新占有"令状和"死去先人占有权"令状,它们被自动安排作为陪审团裁定呈交到所在地的国王法官面前。归到大法官格兰维尔名下的那部法律书(12世纪80年代编纂)围绕这些新令状的统一格式来安排结构,并解说它们中的每一种如何使用。[80]格兰维尔书的结构突出了韦伯的评论,"官僚化行政管理在根本上意味着在知识的基础上行使控制。一方面这构成专业知识,此种专业知识自身就足以确保它有着非凡权力的地位。但除此之外,官僚化组织或曰运用权力的权力持有人们,有着凭借因从政经验而增长的知识进一步扩充权力的倾向"[81]。格兰维尔的书就像同时代的《财政部对话录》,供王室官僚机构作内部手册之用。

亨利二世不可能知道,他的宫廷正在设计将于六个半世纪里保持运转的官僚化程序;通过"新占有"和"死去先人占有权"而进行的程序在1832年与未受宗教改革影响的下议院一起被废除。不可能精确确定亨利二世在多大程度上为这些以他的名义进行的革新负责。十有八九他的确对此有部分亲自参与，因为沃尔特·马普（他是个王家法官）描述他是"非惯常和隐藏性司法程序的精巧发明家"，他的文化素养偏重"实用性"。[82]《财政部对话录》也类似地声称要解决实用性问题。它的
70 序言说："你不要写精微事物，而要写有用的东西。"[83]此处的精微事物指柏拉图和亚里士多德的学术著作。另一方面，亨利二世（至少在沃尔特·马普的描述中）关注管理上的精微事物——那些非惯常和隐藏的策略，它们被证明直到 19 世纪在英格兰习惯法中都是官僚机构的基础。

休伯特·沃尔特的工作

从后世角度看去，也就是观看幸存的公文，则公文生产最具决定性的增长发生在 1200 年前后的十年左右。存世的最早案件审理记录、土地转让协议档案副本以及档案室发出信件登记簿都始于这个时间。这些年是休伯特·沃尔特大主教在政府任职的时期，先是担任理查一世的首席大法官（1193—1198 年），后又担任约翰王的档案室大臣（1199—1205 年）。所有这些记录类型是休伯特发明的，抑或有些类型更早就已存在但现已不存？这些只能推测。关于休伯特有意制作记录的一个明晰例子是一份落款 1195 年 7 月 15 日的最早的三方最终协议。这份公文有背书：

> 这是国王的宫廷制作的第一份一式三份形式的正式签字文件，按照坎特伯雷阁下（休伯特·沃尔特）和国王其他男爵的命令，最终通过这种形式，可以制作出一份记录交给财务主管存于国库。[84]

关于休伯特对这项革新负责的指涉被他的兄弟西奥波尔德（Theobald）所巩固，西奥波尔德正是这份正式签字文件的相关申诉人。制作第三份副本（这是革新之处）或称"土地转让协议档案副本"的目的被明确声明，是"最终通过这种形式（可以制作出）一份记录"能够存放在国库中。不过，保留第三份副本并不完全是新鲜事，因为这种实践有盎格鲁-撒克逊先例，而且在活人的记忆中，亨利二世本人 1164 年曾坚持，记录有争议的《克拉伦登宪法》（Constitutions of Clarendon）的正式签字文件的第三份副本应当被放在"王室档案中"[85]。

虽说休伯特·沃尔特的行为有先例，但不能低估土地转让协议档案副本的重

要性。因为这是首次出于档案保管目的而有意开启了一种作为持续系列的记录形式。此外,土地转让协议档案副本让私人有机会在王室国库中保留契约的永久记录。以前是例外实践的东西现在变成规则,这正是休伯特诸多官僚机构改革措施中的支撑原则。尽管国王的政府早就为了自身目的而制作常规记录,但它通常不把自己的档案设施扩展到私人。1195 年之前有少量非王室的财产让与被登记在派 71 普卷册和《旧特许状》(*Cartae Antiquae*)中,但不比土地转让协议档案副本,此种实践既不系统化也非常规。[86] 土地转让协议档案副本的使用当然限于较富裕的土地所有人,他们才能支付费用并担得起在国王法庭打官司的风险。休伯特·沃尔特不能,恐怕也不打算惠及所有人。尽管如此,一份 1198 年 10 月 29 日在威斯敏斯特制作的协议指示出,这种公文于数年之间在土地所有者当中普及开来,该协议是安南戴尔(Annandale)的威廉·德·布鲁斯(William de Bruce)和卡莱尔的亚当(Adam of Carlisle)之间就洛克比(Lockerbie)的八犁门(ploughgate)①土地订的协议。[87] 虽说这份协议档案副本与来自诺森伯兰郡(Northumberland)的副本一起存档,但洛克比当时可属于苏格兰(现在也是)。

土地转让协议档案副本成功建档,这可能是休伯特·沃尔特的档案室大臣任期内政府受鼓舞登记王室证书副本的理由。这些卷册形成三大系列——特许状卷册、封印私信卷册和专利书卷册,现存的分别来自约翰当政的第一年、第二年和第三年。[88] 与土地转让协议档案副本一样,档案室卷册也惠及私人,他们付费把他们的王室授予书登记在这些卷册上。[89] 假如亨利二世时期也有这种卷册,那么举例而言,伦敦的大卫大师就能让他获得的各种王室证书被记录于此。这些卷册也作为一份官方登记簿而服务于政府。1201 年(现存特许状卷册中的第二年),布雷克隆德的约瑟林(Jocelin of Brakelond)记载说,约翰王下令要调查"他的整个登记簿,查何种特许状"曾被他颁给伊里的修士们,因为伯里(Bury)的修士们对特许状的条款有争议。[90] 有争议的段落被及时找到了,因为现在仍能在特许状卷册上找到,于是颁发了保护伯里的证书。然而此举的直接后果却是伯里对伊里持械抢劫,而非和平安置。[91] 类似地,多年以后的 1272 年,亨利三世致信教宗格里高利十世(Gregory X)向他保证,一些专利证书——坎特伯雷基督会(Christ Church Canterbury)②的会

---

① 苏格兰的土地丈量单位,据推测是指一头公牛一年内能犁的土地面积,但因为苏格兰土地品质参差,实际数值因地区而异。——译者注
② 英国宗教改革之前的坎特伯雷大教堂是一个本笃会修道院团体的一部分,这个团体叫做坎特伯雷基督会。——译者注

长在罗马法庭的一桩诉讼中展示的那些——是伪造的，因为"我们的宫廷不会颁发这种证书，除非它们首先被登记（且）我们已经最仔细也最勤勉地在我们的登记簿上找过这个案子，结果没在里面找到任何与前述证书有关的东西"[92]。事实上国王弄错了，因为这些证书登记在 1265 年 11 月的专利书卷册上。[93]制作记录比有效地使用它们更容易。

12 世纪是制作公文的重大时期，13 世纪则是保管公文的重大时期。从今天历史学家的角度看去，一旦产出公文，无论数量多少，形成档案都是明显且必要的一步。然而对中世纪政府来说，档案的迫切性或有用性都未显得不可抗拒。将发出的信件复制在卷册上是繁重的劳动，正如菲兹尼尔关于伊尔切斯特的理查德试图登记财政部传唤令的轶事所阐明的。休伯特·沃尔特不必然是在长条皮子上登记发出特许状或归档接收公文（返回的令状、土地转让协议档案副本和诸如此类）这一原则的发明人，但他的确创立了令王室档案可能连贯的组织原则。法兰西王室关于接收书信的档案始于 1194 年，源于保留菲利普·奥古斯都和未来成为英格兰国王的约翰签订的一份条约。[94]英格兰和法兰西的王室档案在同一个十年期发展，这可能不只是巧合，因为这两个王国由于安茹王室和卡佩（Capetian）王室的斗争而几乎每天都有接触。

若假定这种档案给政府带来的信息反馈能抵消因制作它们而产生的焦灼与花费，那就太唐突了。就像《末日审判书》，档案室卷册、司法卷册和令状档案令遥远的后人受益，而非令同时代人受益，因为它们提供了国王政府眼中关于英格兰乡村和人民的精准细节信息。制作此类记录是政府的效率指示器，而非导致政府更有效率。它们之所以是从记忆向书面记录转变过程中的显著一步，乃因公文制造出更多同样面目的公文，非因它们本身有助于让政府更有效。上文引的关于约翰王于 1201 年、亨利三世于 1272 年查阅他们的"登记簿"的两个例子暗示出，所提供的信息哪怕是正确的，也无助于维系和平。王室档案构成信息的巨大潜在资源，而这份资源在中世纪时无法被全面查阅。今天的历史学家有比 13 世纪国王的文员们更好的装备来检索这些卷册。

休伯特·沃尔特任职期间这些核心政府档案（仍存于国家档案馆）的创建已经被频频描述过，因此这里可加以概略处理。与休伯特当时对公文激增之重要影响力同样重要的是休伯特对地方政府的影响力，虽说来自这么早时期的地方记录罕有留存。休伯特担任首席大法官的第一年，在 1194 年 9 月发出的法官巡查指示中要求每个郡设置检验官，包括一位文员；从这道命令中衍生出检验官卷册。[95]检验官卷册被用于在郡法庭上核查口头证词的最早证据出自 1202 年和 1203 年。1202
年林肯郡的法官巡查中，该郡被罚款 200 英镑，因为他们的口头"记录"同检验官卷
册的记录不同。[96]类似地，1203 年在斯塔福德郡（Staffordshire），郡法庭和检验官　73
"记录下"西蒙·普林（Simon Pring）没有被宣布为犯法，然而检验官的卷册（有别于
他们本人）和郡治安官的卷册表明他犯法了。在面对郡法庭和检验官做判断时，优
先权被给予了书面记录。[97]

　　休伯特·沃尔特 1194 年 9 月对法官巡查的指示也提供了第一批地方公共档案
和第一批官方书写员。这条法规的目的是规范犹太人的放贷。[98]放贷人的债券或
王室干涉犹太人业务本身都不新鲜，但新颖的是把建立档案和督导书写设施变为
常规基础。所有关于犹太人的债务和抵押品都被规定要写下来：贷款只能用于指
定的地方，提供两位（收费的）抄写员并受由国王的行政官员——圣梅里艾格里瑟
的威廉（William of Sainte-Mère-Eglise）和奇迈勒的威廉（William of Chimillé）——
任命的一位文员督导。记录贷款的公文要以一式两份的正式签字文件形式书写：
一份由犹太人保管，另一份存放于公共档案馆或公共金库，上三道锁，钥匙由犹太
人、基督徒和王室行政官员分别保管。仿佛这样还不够可靠，行政官员的文员也要
保管一份卷册，上面是最新的存于金库的所有正式签字文件的抄本；此外，记录犹
太人入款收据的一份卷册也要一式三份保管。这些规定不是立刻强制实施的，但
是 20 年内有 17 个城镇（主要是郡治）都有了这类档案。[99]

　　通过这些方式，制作已认证公文、在档案中留存它们并在卷册上抄写副本等原
则从王室的档案室和财政部传播到各省的中心。存世的最早自治城镇记录——
1196 年的莱斯特行会卷册——便是这个时期的，这可能不是巧合，虽说莱斯特本身
不是犹太人聚居区。[100]国王的政府的第一考量主要不是如此这般促进记录制作，
而是尽可能全面地对犹太人和他们的交易课税。税收是国王制作记录的主要动
机，肯定自 12 世纪伊始财政部建立时便如此，可能还是从《末日审判书》开始。

　　同样的原则——出于税收目的在当地制作多份记录——在 1198 年的犁头税计
划中得到最大范围延伸，该计划是为了给理查一世在诺曼底与菲利普·奥古斯都
开战提供财政支持。要针对每个犁头组（plough team）①课税，就必须要针对每个乡
村有多少犁头组开展调查。此种调查并不新奇，一如在末日审判聆讯中，"所有这
些东西都要变成书面的"[101]。革新之处在于要求制作一式四份的卷册。每个郡　74

---

① 指八头公牛在一年一度的耕作季里能耕作的土地数量。——译者注

都有一位文员和一位骑士充当收集人。这两人每人都要有一份犁头税卷册副本;第三份副本由郡治安官保管;第四份由土地被卷入其中的那位男爵的总管保管。因此这四份卷册中,只有一份由一位文员保管;另外三份在平信徒手中。①

如果这些规定被强制实行,那么每位男爵的总管都拥有一份关于其领主的犁头组的清单,它构成了关于人员和牲口的基本信息来源。熟悉公文(若非读写能力本身)这个要求必将通过立法扩展至骑士和男爵以及他们的官员。然而存疑的是,是否所有这些卷册都被制作出来了,因为休伯特·沃尔特在1198年夏季(按理查一世所说)力辞首席大法官之职,由于"无法承受的工作负担和他自己能力不足"[102]。让英格兰变成一个更加文件化的王国所遭遇的困难恐怕已经暂时压倒了他。不过一年之内他就作为约翰王的档案室大臣重拾记录制作事业。

本章很大篇幅都强调国王的政府在公文的生产和激增中的作用。如此强调的主要原因是,王室行政管理是中世纪英格兰记录生产中文件化程度最高的例子,因此最易衡量。此外也有充足理由认为当时的国王是截至那时最大的公文制造者,国王同样有着最好的档案可将这些公文传之后世。从征服者威廉的《末日审判书》和亨利一世的财政部开始,英格兰文献记录习惯的主要促进者便不是教会或教会人士,而是国王的文员,这些文员通常把国王的利益置于作为一个机构之教会的利益前面。既是档案室大臣又是大主教的托马斯·贝克特是这一规则的最显著例子。更典型的例子则是休伯特·沃尔特。威尔士的杰拉尔德1199年在教宗法庭谴责休伯特时发问:"这位大主教从哪里来的? 从财政部……他早就在这个学院和这个学校里变老,然后再从这里被召唤到各个等级的(教会)高位上,就像差不多所有英格兰主教们那样。"[103]

休伯特不是神学家,可能连教会法学家都不是;没有真实证据表明他是博洛尼亚的毕业生。[104]他是"文盲界"的(按一位不友好的编年纪作者的意见),或者用一句较仁慈的评价,"对书本学习只是敷衍了事"[105],他是在他的亲戚——变成首席大法官的拉努夫·德·格兰维尔家被养大的。休伯特和拉努夫都被认为对归于格兰维尔名下的法律书有著作权,此书序言对于因抄写员的无知和资源的混淆而不可能把英格兰的法律完全归纳为书写品感到痛惜。[106]假如休伯特或拉努夫两人之一被承认是此书作者,那就有可能看到,休伯特从哪里得到一种抱负,想把这么

---

① 此处将 clerk 与 laymen 并置,显然是说这里充当文员的是位神职人员。这时期的政府文员基本也都是神职人员,但书中显然要强调他们作为政府雇员的职能,所以都翻译为"文员"。——译者注

多东西纳入公文格式。就此而言,1194 年的犹太人档案、1195 年的土地转让协议档案副本、1198 年的犁头组卷册以及 1200 年的档案室卷册,都是休伯特整个任职生涯里制作记录这个一以贯之的目标的产物。

　　财政部很可能是休伯特的学校,正如威尔士的杰拉尔德所指控的,虽说他或许在成年以后才来到这里。身为首席大法官大家庭的一员,休伯特可能从那些公认的专家——伊尔切斯特的理查德和理查德·菲兹尼尔——身上学到了有关制作记录的事务。对于休伯特"姓沃尔特"的已知最早指涉见于约 1181 年的一份特许状,他是这份特许状的证人,他的名字与两位理查德及格兰维尔的名字一起出现。[107]伊尔切斯特的理查德在记录制作方面的革新早已被提过。[108]理查德·菲兹尼尔身为《财政部对话录》的作者,表现出以问答体进行指导的天资和对公文技术性细节的热忱。他的学生问:"老师,你为何不给其他人教导财政部的那种知识并且把它写下来,以防这种知识随你而死去?你在这方面是有名的。"[109]就连在这个提问中,把尽可能多的东西写下来的关切也是显而易见的。制作记录是一桩困难又要求专门技术的事,不那么要求书本学识或学院训练,却要求由那些有实践经验的人来指导。菲兹尼尔宣称要教导"有用的东西",不是经院哲学大师们那种"巧妙的东西"。[110]休伯特成为所有这类专长的遗产受赠人,并以更大的抱负心来使用它。公文激增是整个欧洲都有的现象,也是个持续现象,但假如在英格兰要将之与某个人联系起来,那此人就是休伯特·沃尔特。

王室对其他记录的影响

　　先是主教们,然后是其他要人显贵们,通过国王的政府学会了如何制作记录。温彻斯特主教们是最早在他们的派普卷册中保留系统化账目的男爵们(现存的起自 1208 年),他们模仿财政部使用的方法。[111]这毋庸诧异,因为 1174—1238 年间的主教依次是伊尔切斯特的理查德(亨利二世在财政部的监察员)、戈弗雷·德·鲁西(Godfrey de Lucy,一位王家法官,也是一位首席大法官的儿子)和彼得·德·罗什(Peter des Roches,约翰王和亨利三世的财政专家)。戈弗雷·德·鲁西是归到格兰维尔名下那部法律书的另一位候选著作人,他也是第一位系统化地给自己的信件署日期的主教;这念头来自王家档案室,尽管日期的著录式样依循教宗的式样。[112]

76

相反，主教们保管自己的登记簿的念头来自教会——可能始于 1215 年拉特兰公会议(Lateran Council)之后，不过最初的英格兰教会登记簿的式样是王室式样。最早的那些出自林肯(1217 年之前开始)和约克(1225 年开始)。[113]尽管最早的登记簿的结构是实验性的、不连贯的，但公文主要按照王家档案室卷册的格式来安排，亦即羊皮纸头尾相接地缝起来，制作出一个长卷。另一方面，欧洲大陆的主教辖区登记簿和教廷登记簿通常是书籍式样，英格兰 13 世纪后半叶的主教登记簿也是书籍式样。换而言之，英格兰主教们一开始模仿国王的档案室，直到 50 年后或更迟才让自己的登记簿与别处的教会实践接轨。

林肯和约克采用卷册格式登记簿的两位发起人都是前王家档案室官员，他们在约翰当政的早期曾见过档案室的登记系统，可能还曾襄助其开创。林肯主教威尔斯的休(Hugh of Wells，任职期为 1209—1235 年)描述自己是"约翰王的前档案室大臣"。[114]约克大主教沃尔特·德·格雷(Walter de Gray，任职期为 1214—1255 年)1205 年确保他被任命为档案室大臣一事被记录在一份王室特许状上，此举开档案室大臣之先河。[115]曾经受雇于王家档案室这件事本身不会保证一位主教想制作一份登记簿。休的兄弟——巴思和威尔斯的主教约瑟林(Joselin，任职期为 1206—1242 年)也曾是一位档案室官员，但似乎没有制作登记簿。[116]无论如何，这个反例并不影响一般命题的有效性，即主教的记录追随王室的财政部和档案室的指引。

没有制作登记簿的威尔斯的约瑟林的例子暗示，值得注意一下保存登记簿的实践在主教教区传播得多么慢。1250 年之前，林肯和约克之外并无其他主教保存登记簿，可能温彻斯特主教威廉·德·拉雷(William de Ralegh)要除外，他也类似地出自国王的宫廷，在那里担任首席王家法官。[117]从已知的登记簿判断，林肯和约克这样的重要主教教区提供的榜样并未立刻被追随。可能较小的主教教区没有 77 通过一份登记簿来控制神职人员任命的需求。表 2.3 显示出各个主教教区最早的登记簿[依然存世的(E)或在中世纪资料中提及的(M)]的日期。[118]

表 2.3 除了表明花了一个世纪才让每个英格兰主教教区都设立一份登记簿，还肯定了支撑本章的一般性结论——直到 13 世纪后半叶，文件记录在国王的宫廷之外都还不常用，而爱德华一世当政期是记录制作真正变得广泛的时期。

从文件记录的形式被发展出来到它被普遍接受，这两者之间有一代或更久的间隔期。就连男爵群体中受教育程度最高的、与国王宫廷有密切关联的且对大学和教廷的实践有一般性认知的主教们，也不急于制作记录。有可能他们是有意克制制作登记簿，因为他们比国王的文员们更清楚，这种类型的记录带不来丰厚的信

表 2.3　最早的主教登记簿

1217 年之前	林肯	E	1271—1284 年	索尔兹伯里	M
1225 年	约克	E	1275—1282 年	赫里福德	E
1251—1274 年	罗契斯特	M	1279—1292 年	坎特伯雷	E
1257—1280 年	埃克塞特	E	1283—1311 年	达勒姆	M
1258—1295 年	考文垂(Coventry)和利奇菲尔德(Lichfield)	M	1288—1305 年	奇切斯特(Chichester)	M
1264—1266 年	巴思和威尔斯	E	1292—1324 年	卡莱尔	E
1266—1280 年	温彻斯特	M	1299—1325 年	诺威奇(Norwich)	E
1268—1302 年	伍斯特	E	1304—1313 年	伦敦	E
			1316—1337 年	伊里	M

息反馈。有些主教早就保管着一份写在"登记表"或"调查表"上的主教教区教堂清单,显示出各教堂的价值、施主姓名和在任者姓名,这种表比登记簿更易查阅,尽管不及后者详细。[119]不过没有证据表明主教们对记录制作那般漠不关心。13 世纪最有学术气、最认真尽责也最有效率的主教——林肯主教罗伯特·格罗斯泰斯特(Robert Grosseteste,任职期为 1235—1253 年)是率先保管登记簿的主教之一。[120]　78
登记簿无论如何不是主教们制作和保管的唯一记录类型。然而它们是主教辖区记录制作率的最佳衡器,因为它们是特地制作以供未来参考的其他公文的汇总。

　　若说与国王的政府相比,主教们在制作记录方面进展缓慢,那么平信徒男爵和骑士们就是呆滞。不过他们也模仿王室的方法并发现自己日益卷入国王的事务中,这就意味着要使用公文。男爵模仿王室令状的最早例子是克莱尔的理查德·菲兹吉尔伯特(Richard Fitz Gilbert of Clare)约 1130 年给他的一位佃户发出的信,命令他恢复给萨福克的斯托克(Stoke)小修道院缴纳十一税。[121]信的结尾是一条警告:"如果你不这么做,我的总管亚当就立刻去做,那样的话,想要权利的诉苦我一概不听。"这番措辞呼应着王室权利令状的措辞,正如亨利一世为保护拉姆塞(Ramsey)修道院而发出的一封信[122]:"如果你不这么做,拉尔夫·巴西特(Ralf Basset)就去做,那样的话,对关于需要或权利的诉苦我一概不听。"

　　如果把这两段的拉丁文原文加以比较,则相似处和差异性都更加明显。理查德·菲兹吉尔伯特的文员写"Et si tu non facis, Adam dapifer meus faciat cito, ut non audiam clamorem penuria recti";亨利一世的文员则写"Et nisi feceris, Radulphus Basset faciat fieri, ne audium inde clamorem pro penuria recti"。两个段落的语感和主要用词都一样。菲兹吉尔伯特的文员做了微小变动,或者因为无知(他的拉丁文不够整洁利索),或者因为他想避免直接模仿。这不是暗示他抄了亨利一世的这份特定令状，但有些东西非常相似。像菲兹吉尔伯特这样的一位男爵本人就可能收到过此类令状，劝诫他正确对待他的佃户。当他给封建等级中更下面的层级发出类似警告时，通过模仿来致敬国王，这是可以理解的。

使用公文为国王首创，并逐渐下行至整个社会等级体系，到 1200 年多数男爵使用，到 1250 年骑士们使用，到 1300 年农民们也使用。公文的激增受到这种时间序列的约束。用梅特兰的话说："特许状、书面协议、印章，这些是贵族的形式；渐渐地，它们一路下行并弥漫到整个社区；但它们始于顶部。"[123]公文开始被广泛使用之后，仍要经过更久的拖延才被系统化地保存在档案中和登记下来供以后参考。国王的政府生产记录的步伐开始不断加快，快得就连较高阶的神职人员也被远远甩在后面，而他们传统上曾是书写专家。

关于王室公文激增如何散布读写模式的最后一个例证见于"记录"一词含义的
79 变化。12 世纪，"记录"某东西意味着具备口头证据，不是制作一份公文。于是，斯蒂芬当政时的内战期间，格洛斯特和赫里福德的伯爵们制作了一份盖印证书形式的条约，但是双方也都指定了见证人，见证人"在必要的时候为这份协议上法庭做法律记录"[124]。口头语言是具有法律效力的记录且优于任何公文。类似地，亨利二世当政时，格兰维尔的论著提供了一份令状的文本，该令状命令一位郡治安官在他的郡法庭上"记录下"一份陈情状，然后他要派四位骑士去国王法庭传达这份"记录"。[125]显然骑士们是口头传达这份记录，因为陈情状的当事各方都被命令来"听这份记录"。我们已经见过 1202—1203 年间这种口头记录被发现与书面记录龃龉的例子，最早的陈情状卷册中关于郡治安官和骑士们不得不以此种（口头）方式在国王法庭做一份记录的内容中也出现了这种例子。[126]

然而 50 年后，到了布莱克顿的法律论著最终成书的时间，制作这种（口头）类型记录的程序要求有郡治安官和检验官的印章，印章显然要附着在一份证书上。[127]不再要求四位骑士，只要两位，因为现在他们的话是第二位的。从口头程序向书面占主导的程序转变，这现象看来发生在约翰当政期。1214 年的一件案子里，康沃尔（Cornwall）的郡治安官被命令"派四位在记录现场的骑士加上他的盖印证书"，将他的郡法庭的一份记录送到威斯敏斯特。换而言之，这一指示将格兰维尔程序和布莱克顿程序结合起来了；实际上只有两位骑士而非四位出现在威斯敏斯特，差不多预示着布莱克顿程序。[128]关于"记录"现在意味着一份公文的最清楚的例子出现在 1227 年的一件类似案子中。[129]四位来自埃塞克斯郡法庭的骑士出现在威斯敏斯特，并"带着记录和判决，见诸明文，以此形式"。接下来就是案件详情，这些内容显然是编辑陈情状卷册的文员从骑士们交给法庭的公文上誊录下来的,因为他什么注解都没有,只说其余内容"详赡含于该份记录"。

携带记录——12 世纪是口头记录而 13 世纪是证书——去威斯敏斯特的骑士们开始熟悉读写模式并学会了国王法庭的方法。国王日益从这类人中选拔地方官员——郡治安官、检验官、管理充公产业的官员,等等。公文激增最重要的后果是为上流人士——守着乡土的骑士们——的读写能力做了准备。公文一定优先于读写能力的扩大。在对公文的理解于各郡变得普及之前,公文必须先要通过汇集为中央档案并广泛散布于全国而增长。直到公文可以接触也必须接触时,上流人士 80 才开始学习阅读。必要性与可获得性也令人能轻松熟悉书写品,从熟悉中又衍生出以读写方式经营业务的信心。传统上,读写模式是神职人员和统治者的禁猎区。改变传统习惯要花时间,还要配合公文数量的大规模增长。本章描绘出公文数量的增长,目的不是就此打住,而是因为公文数量的增长是读写能力进行任何永久性拓展的立足基础。

附录

给档案室令状盖印的蜡消耗量,1126—1271 年

卷号和页数	涵盖时期	蜡消耗量（磅）	周数	每周蜡消耗量（磅）
I：16、38、44、52、65	1226 年 12 月 18 日—1228 年 1 月 29 日	183	58	3.15
I：69、78、86、100、111、115	1228 年 1 月 29 日—1229 年 1 月 20 日	158	51	3.09
I：120、127、132、138、140、145、155、162	1229 年 1 月 20 日—1230 年 1 月 24 日	242.5	52	4.66
I：166、175、184	1230 年 1 月 24 日—1230 年 7 月 12 日	89.5	24	3.72
I：204、215、222、226、234、239	1233 年 1 月 23 日—1233 年 10 月 20 日	169.5	39	4.35
I：260、274、285、297、308、314	1237 年 1 月 22 日—1238 年 2 月 20 日	245	55	4.45
I：375、391、395、421、445	1239 年 1 月 8 日—1240 年 2 月 1 日	281	55	5.11

卷号和页数	涵盖时期	蜡消耗量（磅）	周数	每周蜡消耗量（磅）
II：120、137、149、171、177	1242 年 3 月 8 日—1243 年 4 月 27 日	425	59	7.2
II：232、241、265、285	1244 年 2 月 3 日—1245 年 1 月 17 日	398	50	7.96
II：312，III：16	1245 年 1 月 17 日—1245 年 12 月 16 日	428	48	8.91
III：59、89	1245 年 12 月 16 日—1246 年 10 月 25 日	362	44	8.22
III：385	1250 年 5 月 22 日—1251 年 10 月 26 日	510	74	6.89
IV：105	1251 年 10 月 26 日—1253 年 2 月 2 日	606	66	9.18
IV：143	1253 年 2 月 2 日—1253 年 6 月 29 日	181	21	8.62
IV：159	1253 年 6 月 29 日—1254 年 2 月 24 日	142	33	4.3
IV：256	1255 年 1 月 6 日—1255 年 11 月 20 日	464	45	10.31
IV：353	1255 年 11 月 20 日—1257 年 1 月 13 日	700	60	11.67
IV：400	1257 年 1 月 13 日—1257 年 10 月 25 日	570	39	14.61
VI：269	1257 年 10 月 25 日—1258 年 6 月 9 日	540	32	16.87
IV：448	1258 年 6 月 9 日—1259 年 1 月 22 日	520	33	15.75
IV：469	1259 年 1 月 22 日—1259 年 7 月 27 日	220	27	8.15
IV：486	1259 年 7 月 27 日—1259 年 11 月 3 日	170	14	12.14
IV：532	1259 年 11 月 3 日—1260 年 10 月 15 日	584	49	11.92
V：33	1260 年 10 月 13 日（原文如此）—1261 年 5 月 15 日	455	31	14.67
V：59	1261 年 5 月 15 日—1261 年 10 月 13 日	450	22	20.96

续表

卷号和页数	涵盖时期	蜡消耗量（磅）	周数	每周蜡消耗量（磅）
V：73	1261 年 10 月 13 日—1262 年 1 月 14 日	412	13	31.69
V：96	1262 年 1 月 14 日—1262 年 6 月 9 日	457	22	20.77
V：116	1262 年 7 月 13 日—1262 年 11 月 2 日	196	16	12.25
VI：277	1263 年 1 月 19 日—1263 年 5 月 29 日	412	19	21.69
V：130	1263 年 6 月 5 日—1264 年 1 月 30 日	793	34	23.32
V：155	1264 年 5 月 29 日—1265 年 1 月 5 日	530	31	17.09
V：182	1265 年 1 月 5 日—1265 年 10 月 20 日	791	41	19.29
V：295	1265 年 9 月 29 日—1267 年 10 月 18 日	1 611	107	15.06
VI：50	1267 年 10 月 18 日—1268 年 10 月 18 日	1 831	52	35.21
VI：131	1268 年 10 月 18 日—1269 年 5 月 6 日	1 786	28	63.78
VI：160	1270 年 5 月 6 日—1271 年 2 月 2 日	995	38	26.18

资料来源：*Calender of Liberate Rolls*：*Henry III*(1917—64)，I—VI。直到 1250 年 5 月 22 日，都是每隔 3—4 个月进行一次登记，但它们未详细说明所涵盖的时期；上表中根据前面登记的日期加以估计。从 1250 年 5 月 22 日起说明了所涵盖的日期，但是用国王当政年和圣徒日来表达；表中的日期已经现代化了。表中省略的年份里，登记缺失或不完整。

【注释】

［1］Z. N. Brooke, "The Register of Master David of London", in *Essays in History Presented to R. L. Poole*, ed. H. W. C. Davis(1927), p.240. R. Mortimer, "The Charters of Henry II", *Anglo-Norman Studies* XII(1989), ed. M. Chibnall, pp.129—130 重复了该故事。

［2］Walter Map, *De Nugis Curialium*, ed. M. R. James, C. N. L. Brook and R. A. B. Mynors(1983), Bk. V, ch.VI, p.486.

［3］*The Political Songs of England*, ed. T. Wright, Camden Society 1st series VI(1839), p.151.

［4］*Statutes of the Realm*, ed. A. Luders et al., p.210.

［5］*The Court Baron*, ed. F. W. Maitland and W. P. Baildon, Selden Society Series IV(1890), pp.68—69.

[6] *Walter of Henley and Other Treatises on Estate Management and Accounting*，ed. D. Oschinsky (1971)，pp.436，430.

[7] *Ibid*，p.223.

[8] *Manorial Rolls of Cuxham*，Oxfordshire Record Society Series L(1976)，p.42.

[9] *Walter of Henley and Other Treatises on Estate Management and Accounting*，p. 292. M. B. Parkes，"The Literacy of the Laity"，in *The Medieval World*，ed. D. Daiches and A. Thorlby (1973)[重印于 M. B. Parkes，*Scribes*，*Scripts and Readers*(1991)，pp.275—297]，pp.559—560 力主，地方行政官能够阅读和书写。

[10] The National Archives/PRO JUST/1/232，m.3.非常感谢萨默森(H. R. T. Summerson)博士提供本条及随后几条注释中的参考信息，他对亨利三世抄本中王室陈情状的知识无人能匹敌。

[11] The National Archives/PRO JUST/1/912A，m. 40.

[12] The National Archives/PRO JUST/1/911，m. 8.

[13] The National Archives/PRO JUST/1/359，m. 29(Dartford).

[14] The National Archives/PRO KB/26/148，m. 8(*Coram Rege*).

[15] *Select Bills in Eyre*，ed. W. C. Bolland，Selden Society Series XXX(1914)，p.35，no.55.

[16] R. H. Hilton，"A Thirteenth-Century Poem on Disputed Villein Services"，*English Historical Review* LVI(1941)，p.95.

[17] *Select Cases in the Court of King's Bench under Edward I*，ed. G. O. Sayles，Selden Society Series LV(1936)；LVII(1938)；LVIII(1939)，III，pp.47—49.

[18] *Cartae Nativorum*，ed. C. N. L. Brooke and M. M. Postan，Northamptonshire Record Society Series XX(1960).比较 E. King，*Peterborough Abbey*(1973)，ch.6。

[19] *Ibid*.，pp.131—136，nos 397—411.

[20] 据 R. Lennard，*Rural England*，*1086—1135*(1959)，p.393 估计，1086 年(除北部各郡和米德尔塞克斯以外)可耕种土地面积至少 720 万英亩。自那以后，人口和土地利用情况无疑都增长了。

[21] R. H. Hilton，*The English Peasantry in the Later Middle Ages*(1975)，p.153.

[22] 这些以及其他农民印章的图示见 T. A. Heslop，"Peasant Seals"，in *Medieval England 1066—1485*，ed. E. King(1988)，pp.214—215。也见 P. D. A. Harvey，"Personal Seals in Thirteenth-Century England"，in *Church and Chronicle：Essays Presented to John Taylor*，ed. I. Wood and G. A. Loud(1991)，pp.117—127。

[23] *The Chronical of Battle Abbey*，p.214. R. Mortimer，"The Charters of Henry II"，p.122.

[24] *Statutes of the Realm*，p.210，比较本书第七章注释[39]。

[25] G. C. Homans，*English Villagers of the Thirteenth Century*(1941)，p.332.

[26] Henry de Bracton，*De Legibus et Consuetudinibus Angliae*，fo. 40，vol.II，p.125.无论转移是由给予人进行还是通过他的代理人进行，仍要求举行让与一件象征该份赠品之物品的仪式，见本书第八章注释[24]。

[27] F. Pollock & F. W. Maitland，*The History of English Law before the Time of Edward I*，II，p.220，n.1.

[28] *Summa*，ed. L. Rockinger(1863)，p.604，trans. Cheney，*Notaries*，p.135.

[29] *Statutes of the Realm*，p.99；T. F. T. Plucknett，*Legislation of Edward I*(1949)，pp.138—144.

[30] *Curia Regis Rolls*，XV，p.345，no.1365；F. Pollock & F. W. Maitland，*The History of English Law before the Time of Edward I*，II，pp.219—220.

[31] J. C. Holt，"Politics and Property in Early Medieval England"，*Past and Present* LVII(1972)，p.38.

[32] F. Pollock & F. W. Maitland，*The History of English Law before the Time of Edward I*，II，p.87，并比较该书 p.60；F. M. Stenton，*The Latin Charters of the Anglo-Saxon Period*(1955)，p.63.

［33］如 V. H. Galbraith, "The Literacy of the Medieval English Kings", p.217 及其 *Studies in the Public Records*, p.32 所力主的。

［34］J. Armitage Robinson, *Gilbert Crispin*, *Abbot of Westminster*(1911), p.135, no.7.

［35］P. Chaplais, "The Original Charters of Herbert and Gervase Abbots of Westminster", in *A Medieval Miscellany for Doris Mary Stenton*, ed. P. M. Barnes and C. F. Slade, Pipe Roll Society new series XXXVI(1960), pp.97—98, 105—108.

［36］D. Walker ed., "Earldom of Hereford Charters", *Camden Miscellany* XXII, Camden Society 4th series I(1964), pp.13—16; *Charters of the Honour of Mowbray*, ed. D. E. Greenway(1972), pp.5—19; *Earldom of Gloucester Charters*, ed. R. B. Patterson(1973); E. J. Kealey, *Roger of Salisbury*(1972), pp.228—271.统计数字是本人辑纂,与上引诸位编者无关。

［37］*The Historia Regum Britanniae of Geoffrey of Monmouth*, ed. A. Griscom(1929), pp.219—220.

［38］R. W. Southern, *Medieval Humanism and Other Studies*, pp.212ff.

［39］*Earldom of Gloucester Charters*, pp.169—175.

［40］*Chronicles of the Reigns of Stephen*, *Henry II.*, *and Richard I*, ed. R. Howlett, Rolls Series LXXXII, I(1884), p.36.关于"illitteratus"(文盲界/目不识丁者)的含义,见本书第七章第229—232 页。

［41］*Historia Novella*, ed. K. R. Potter(1955), p.23.

［42］C. R. Cheney, *English Bishops' Chanceries*, *1100—1250*(1950), pp.55—56.

［43］Teresa Webber, "The Scribes and Handwriting of the Original Charters", in *The Earldom of Chester and its Charters*, ed. A. T. Thacker(1991), p.147.

［44］Ibid, plate 2, pp.143—144; *The Charters of the Anglo-Norman Earls of Chester c.1071—1237*, ed. G. Barraclough, Record Series of Lancashire and Cheshire CXXVI(1988), nos 247, 289.

［45］*Giraldi Cambrensis Opera*, ed. J. S. Brewer et al., III, p.28.

［46］*Dialogus de Scaccario*(1950), p.26.

［47］T. A. M. Bishop, *Scriptores Regis*(1961), pp.9, 14.

［48］*Ibid.*, pp.3, 11.

［49］*Materials for the History of Thomas Becket*, ed. J. C. Robertson and J. B. Sheppard, III, p.29.

［50］T. A. M. Bishop, *Scriptores Regis*, p.30.

［51］*Ibid.*, p.32.

［52］*Ibid.*, p.32.

［53］J. E. Sayers, *Papal Government and England during the Pontificate of Honorius III*(1984), p.51.

［54］数字基于 *Regesta Regum Anglo-Normannorum 1066—1154*,计算结果来自 A. Murray, "Pope Gregory VII and his Letters", *Traditio* XXII(1966), p.166, n.46。

［55］V. H. Galbraith, *Studies in the Public Records*, p.57.

［56］关于英格兰从威廉一世到斯蒂芬时期的数字,取默里(A. Murray)的计算值(见本章注释［54］);亨利二世当政期估计总计有 3 500—4 500 份原件和副本,取中间值 4 000 得出年均115;这个估算值来自 T. A. M. Bishop, *Scriptores Regis*, p.3 和 R. Mortimer, "The Charters of Henry II", pp.119—120. 关于法兰西的总数(包括 *acta* 提及的和现存副本)来自 R. Fawtier, *The Capetian Kings of France*, trans. L. Butler and R. J. Adam(1962), p.8. 关于已遗失的法语 *acta*,见 M. Nortier in *La France de Philippe Auguste*, ed. R. H. Bautier(1982), pp.430—433. 教廷的数字基于 P. Jaffé, *Regesta Pontificum Romanorum*(1882);比较 R. W. Southern, *Western Society and the Church in the Middle Ages*(1970), p.109 及 A. Murray(本章注释［54］所引文章)。

［57］C. Duggan, *Twelfth-Century Decretals Collections and their Importance in English History*, pp.120—121, 144—145.

［58］福捷(R. Fawtier)的估算,引自 C. H. Lawrence in *History* LVIII(1973), p.429 对 W. Ullmann, *A Short History of the Papacy* 的书评。

［59］R. Fawtier，*The Capetian Kings*，p.9，n.2；J. W. Baldwin，*The Government of Philip Augustus* (1986)，p.403，table 13.

［60］J. E. Sayers，*Papal Government and England during the Pontificate of Honorius III*，p.67.

［61］*Dialogus de Scaccario*(1950)，p.35.

［62］*Ibid.*，p.18 及 p.xlii 关于座位安排的图解。也见 *Dialogus de Scaccario*(2007)，p.xxi。

［63］*Dialogus de Scaccario*(1950)，p.27.

［64］*Ibid.*，pp.74—75.

［65］W. Stubbs ed.，*Select Charters*，9th edition，ed. H. W. C. Davis(1913)，p.176，clause 3.

［66］*Ibid.*，pp.176—177.

［67］*Materials for the History of Thomas Becket*，II，p.374.

［68］*The Red Book of the Exchequer*，Rolls Series(1858—97)，vol.II(1896)，Appendix A，p.cclxviii，no.2；D. C. Douglas and G. W. Greenaway eds.，*English Historical Documents 1042—1189*，no.49，pp.473—474.

［69］*The Red Book of the Exchequer*，no.46；D. C. Douglas and G. W. Greenaway eds.，*English Historical Documents 1042—1189*，p.478.

［70］H. Suggett(旧姓 Richardson)，"An Anglo-Norman Return to the Inquest of Sheriffs"，*Bulletin of the John Rylands Library* XXVII(1942)，pp.179—181。比较本书第六章注释［86］。

［71］*The Red Book of the Exchequer*，no.50；D. C. Douglas and G. W. Greenaway eds.，*English Historical Documents 1042—1189*，p.479.

［72］*The Golden Age of Anglo-Saxon Art*，*900—1066*，ed. J. Backhouse et al.，pp.147—148，exhibit no.150.

［73］W. L. Warren，"The Myth of Norman Administrative Efficiency"，*Transactions of the Royal Historical Society* 5th series XXXIV(1984)，p.132.

［74］Ibid.，p.131.

［75］Max Weber，*The Theory of Social and Economic Organization*，ed. A. M. Henderson and T. Parsons(1947)，Bk. III，ch.II，section 3，p.332.

［76］对晚期盎格鲁-撒克逊政府的分析见 J. Campbell，"Some Agents and Agencies of the Late Anglo-Saxon State"，in *Domesday Studies*，ed. J. C. Holt(1987)，pp.201—218，及其"Was it Infancy in England?"，in *England and her Neighbours：Essays in Honours of P. Chaplais*，ed. M. Jones and M. Vale(1989)，pp.1—17。也见 S. Keynes，"Royal Government and the Written Word in Late Anglo-Saxon England"，in *The Uses of Literacy in Early Medieval Europe*，pp.226—257；H. R. Loyn，*The Governance of Anglo-Saxon England*(1984)；P. Stafford，*Unification and Conquest：A Political and Social History of England in the Tenth and Eleventh Centuries*(1989)。

［77］Max Weber，*The Theory of Social and Economic Organization*，Bk. III，ch.III，section 6，p.341.

［78］D. Whitelock，*English Historical Documents 500—1042*，2nd edn(1979)，no.102，p.545.概论见 S. Keynes and M. Lapidge，*Alfred the Great*(1983)。

［79］M. T. Clanchy，*England and its Rulers 1066—1272*，p.156；Max Weber，*The Theory of Social and Economic Organization*，Bk. III，ch.V，pp.363—373.

［80］*The Treatise on the Laws and Customs of the Realm of England Commonly Called Glanvill*，ed. G. D. G. Hall；J. Biancalana，"For Want of Justice：Legal Reforms of Henry II"，*Columbia Law Review* LXVII(1988)，pp.433—536.

［81］Max Weber，*The Theory of Social and Economic Organization*，Bk. III，ch.I，section 5，p.339.

［82］Walter Map，*De Nugis Curialium*，Bk. V，ch.6，p.475.概论见 P. Brand，"Henry II and the Creation of the English Common Law"，in *Henry II：New Interpretations*，ed. C. Harper-Bill and N. Vincent(2007)，pp.21—41。

［83］*Dialogus de Scaccario*(1950)，p.5；见本书第 75 页。

［84］*Feet of Fines*：*Henry II and Richard I*，Pipe Role Society Series XVII(1894)，p.21；F. Pollock &. F. W. Maitland，*The History of English Law before the Time of Edward I*，II，pp.97—100；C. R. Cheney，*Hubert Walter*(1967)，p.96.

［85］*Materials for the History of Thomas Becket*，III，p.288(Herbert of Bosham，Bk. III，ch.29).

［86］*Cartae Antiquae*，ed. L. Landon，Pipe Role Society new series XVII(1939)，p.xv.

［87］*Feet of Fines 10 Richard I*，Pipe Role Society Series XXIV(1900)，pp.53—54；G. W. S. Barrow，*The Kingdom of the Scots*(1973)，p.114.

［88］P. Chaplais，*English Royal Documents*：*King John-Henry VI*(1971)，p.4，n.1.

［89］H. G. Richardson，*Memoranda Roll 1 John*，Pipe Role Society Series XXI(1943)，pp.xxxv—li 力主，将登记制度化的唯一目的是收取规费。

［90］*The Chronicle of Jocelin of Brakelond*，ed. H. E. Butler(1949)，p.133，并比较 pp.157—160。

［91］*Rotuli Chartarum*，Record Commissioners' publications(1837)，p.91；*The Chronicle of Jocelin of Brakelond*，pp.133—134.

［92］*Diplomatic Documents*，ed. P. Chaplais(1964)，p.304，no.434.

［93］*Calendar of Patent Rolls*(1891—　)，1258—66，pp.496—497.

［94］J. W. Baldwin，*The Government of Philip Augustus*，p.410.

［95］W. Stubbs ed.，*Select Charters*，p.254，no.20.有些王室陈情状的书面记录是 1194 年之前写的，见 R. F. Hunnisett，"The Origins of the Office of Coroner"，*Transactions of the Royal Historical Society* 5th series VIII(1958)，p.97，n.4.。

［96］*Select Pleas of the Crown*，ed. F. W. Maitland，Selden Society Series I(1887)，p.16，no.38.

［97］*Ibid.*，p.28，no.62.

［98］W. Stubbs ed.，*Select Charters*，p.256.

［99］H. G. Richardson，*The English Jewry under Angevin Kings*(1960)，pp.14—19.

［100］最早的一批自治城镇记录列于 G. H. Martin，"The English Borough in the Thirteenth Century"，*Transactions of the Royal Historical Society* 5th series XIII(1963)，p.129。

［101］豪顿的罗杰(Roger of Howden)的话，引自 W. Stubbs ed.，*Select Charters*，p.249。

［102］*Foedera etc. or T. Rymer's Foedera*，ed. A. Clark et al.，I，part 1，p.71.

［103］*Giraldi Cambrensis Opera*，III，p.28；C. R. Cheney，*Hubert Walter*，p.4.

［104］C. R. Cheney，"Hubert Walter and Bologna"，*Bulletin of Medieval Canon Law*，new series II (1972)，pp.81—84.

［105］C. R. Cheney，*Hubert Walter*，p.181，n.2，p. 164，n.2.

［106］*The Treatise on the Laws and Customs of the Realm of England Commonly Called Glanvill*，p.3. 对著作权归属问题的讨论见 R. V. Turner，"Who Was the Author of *Glanvill*?"，*Law and History Review* VIII(1990)，pp.97—127。

［107］*Cartae Antiquae*，ed. J. Conway Davies，Pipe Role Society new series XXXIII(1957)，p.56；C. R. Cheney，*Hubert Walter*，p.19.

［108］见本章注释［63］—［64］。

［109］*Dialogus de Scaccario*(1950)，p.5.

［110］M. T. Clanchy，"*Moderni* in Medieval Education and Government in England"，*Speculum* L (1975)，p.678.也见本章注释［83］。

［111］*Walter of Henley and Other Treatises on Estate Management and Accounting*，p.224.

［112］C. R. Cheney，*English Bishops' Chanceries*，p.87.

［113］*Ibid.*，pp.104—105. David M. Smith，"The Rolls of Hugh of Wells"，*Bulletin of the Institute of Historical Research* XLV(1972)，pp.168—170 力主，林肯的登记簿始于 1214 年。

［114］C. R. Cheney，*English Bishops' Chanceries*，p.107，n.1.

［115］*Foedera etc. or T. Rymer's Foedera*，I，part 1，p.93.

[116] S. Painter, *The Reign of King John*(1949),pp.79—80.

[117] C. R. Cheney, *English Bishops' Chanceries*,p.149 力主,拉雷不大可能保留一份登记簿。

[118] 基于 C. R. Cheney, *English Bishops' Chanceries*,pp.147—149 及 David M. Smith, *Guide to Bishops' Registers*(1981)。

[119] C. R. Cheney, *English Bishops' Chanceries*,pp.110—119.

[120] *Rotuli Roberti Grosseteste*, ed. F. N. Davis, Canterbury and York Society Series X(1913) or Lincoln Record Society Series XI(1914).

[121] F. M. Stenton, *The First Century of English Feudalism 1066—1166*,2nd edition(1961),pp.75,269.

[122] *Royal Writs in England from the Conquest to Glanvill*, ed. R. C. van Caenegem, p.418, no.12.

[123] *The Court Baron*, p.116.

[124] *Earldom of Gloucester Charters*, pp.95—96, no.95.

[125] *The Treatise on the Laws and Customs of the Realm of England Commonly Called Glanvill*, Bk. VIII, ch.10, p.102.比较 *Dialogus de Scaccario*(1950),p.116,在类似语境下使用了"集会记忆"(recordatio comitiatus)一词。①

[126] 见本章注释[96]—[97];*Curia Regis Rolls*, I, pp.44, 66; II, pp.260, 296。

[127] Henry de Bracton, *De Legibus et Consuetudinibus Angliae*, fo. 149b, vol.II, p.423.

[128] *Curia Regis Rolls*,VII, p.169.

[129] *Bracton's Note Book*, ed. F. W. Maitland(1887),II, pp.195—198, no.243.比较 *Curia Regis Rolls*,XIII, pp.16—17, no.77 中的平行文本(有变异)。

---

① 原书将后一词写作 comtiatus,应是笔误或印刷错误,因为没有这个词,comitiatus 指在选举集会或法庭集会中聚集的人群。——译者注

第三章 记录的类型

若想对 12 世纪和 13 世纪记录制作之巨大增长的重要意义有些整体性认识，就
需谨记，要把公文归为不同类型。本章提出的基本框架仅着眼于，通过纵览这整个
区域的书写活动，为此时期英格兰的中世纪公文提供一份介绍。[1] 所提出的公文的
不同种类并非全然互相排斥，所提供的例子亦未穷尽现存公文的种类。公文数量
大规模增长的一个后果是，今天没有哪一个历史学家能声称看尽了所有证据甚至
大多数证据。现代学者倾向于成为公文特定范畴的专家，比如修道院特许状、王室
令状或装饰华丽的圣经。由于公文如此大量又如此多样，故而在这些范畴之内还
有进一步的专门化，例如研究来自特定时期或特定区域的修道院特许状。专业学
术研究必然建立在亚当·斯密（Adam Smith）的劳动分工原则上。

书写品的多样性

作为对照，一位 13 世纪受过教育的英格兰人应当熟悉他生活时代里的各种书
写品——特许状用于保护他的土地所有权，王室令状用于诉讼，布道书用于宗教投
入，小说用于消遣，诸如此类。1306 年沃里克（Warwick）伯爵居伊·德·博尚（Guy
de Beauchamp）通过特许状赠予博德斯利修道院 40 本左右的书籍中有圣经、沉思录
和圣徒传、传奇故事和历史书、一本医学书、一本关于外科手术的书、一本儿童识字
读本，一本百科全书以及"一本包含许多不同事务的小红书"。[2] 所有这些书籍都被
描述为"罗曼语的"，意味着它们是法语的而非拉丁文的。在社会等级体系里向下

一层，北安普敦郡的绅士、哈里斯通（Harlestone）的亨利·德·布雷（Henry de Bray）在52岁那年（1322年）亲手用拉丁文抄写了一本文汇作为给继承人的指示，它包含对世界的一份总体描述、对英格兰的一份更详细描述（它的郡、主教辖区、历任国王和五港同盟）、《末日审判书》的摘要及其他王室记录、关于北安普敦郡领地及地方政府的信息、他本人的佃户的名单、哈里斯通共同耕地和村庄的面积、一张测量表、他的开支记录、大量涉及他的财产的公文的副本。[3]居伊列举书籍的特许状和亨利的地产书都是例外的幸存品。大多数贵族和上流人士对他们的公文都不这么仔细，不过他们平生应该都碰到过多样性不相上下的书面记录，哪怕他们不拥有这些记录。

中世纪记录的书写员和制作人的经验打断了今天学者们画出的知识分割线。尽管随着公文需求增长，书写员逐渐变得更专门化，但在12世纪和更早时期，他们倾向于履行多种多样的职能。托马斯·贝克特的传记作者之一威廉·菲兹斯蒂芬描述过自己怎么在档案室当起草员，在小教堂当副执事，在法庭里当朗读者，偶尔还当法官。[4]他在档案室应该熟悉书信和文学风格，在小教堂应该熟悉礼仪书，在法庭应该熟悉陈情状记录。贝克特本人的职业生涯始于给一位伦敦商人当会计，也被描述成伦敦郡治安官们的一位"文员兼会计"[5]，因此在他先后为大主教西奥波尔德和国王效力之前，他就有了制作财务记录和民事记录的经验。13世纪，马修·帕里斯（Matthew Paris）用拉丁文散文写了令他出名的编年纪，他是他自己大多数作品的抄写员和插画师。他也同为贵族淑女们用法语韵文制作英格兰圣徒传一事有关。[6]此外他还有非常完备的特许状和王室令状知识（他能一字不差地从中引用）、拉丁韵文知识、纹章学知识和地图制作知识，并对自然科学感兴趣。他格外多样的活动突出了给中世纪书写品过于严格归类的难度。

就连马修的单部作品都在挑衅排他性的归类。他最有名的书《大编年》（Chronica Majora），一部分是从其他资料中抄来的历史书（马修在此担任编辑和抄写员角色），另一部分是他自己编纂的当代修道院编年纪。它也是一本由生动的漫画组成的插图书，可能旨在供人消遣，它还是一本公文副本汇编［在《附录》（Liber Additamentorum）部分］、一本地图册（每卷起初都以地图和旅行路线图开篇）以及一本纹章学参考书。此外，马修还在此书中收入了他著名的大象写生图（外加对大象的一篇论述）——这头大象是圣路易（St Louis，法王路易九世）1255年给亨利三世的——以及美丽的圣母圣婴图，图中他本人跪在圣母脚边，此图是这部编年纪最后部分的开篇内容。[7]在马修的心中，历史、文学、艺术和科学并非彼此分隔的知识领域。

马修·帕里斯的作品是体现中世纪书写品典型特征的一个不寻常例子。手写本形态的公文和书籍倾向于背离标准形式并包含多种多样的主题,因为没有印刷机自动强加一致性。书写员和抄写员在他们作品的布局和内容上以雅致为目标,雅致是规范性和连贯性的产物,但个人的癖好和兴趣不可避免地在纯粹手工制作的书写品中有显著保留。不仅如此,像现代图书管理员那样给一部书一个足够的单项归类,这对中世纪书籍来说也常常是不可能的,因为装订在一套封面和封底之间的经常是各类作品。居伊·德·博尚包含许多各异事物的"小红书"就是难题的一个例子。此种类型的杂纂经常反应出这本书的编纂人或拥有人的兴趣。形形色色的内容在他自己的经验和需求中有统一性,而不是在事物的任何外部框架中有统一性。奥斯钦斯基对包含了会计学论著和地产管理的手写本的描述性列举是关于 13 世纪多种作品被装订成一本书这个问题的出色导论。[8] 例如,写本 17 包括议会法令、烹饪配方、一篇关于宝石的论述、一套测量术语以及关于管理的几篇论述(还有其他项目)。类似地,写本 68 包含亨利镇的沃尔特(Walter of Henley)一篇关于牧业的论述,毕斯沃思的沃尔特(Walter of Bibbesworth)一首帮助学习法语的诗歌、一首道德诗歌、箴言录、一部名叫"世界形象"(*L'image du monde*)的简明百科全书,以及其他作品。这些主题在一个现代学者眼中如此驳杂,但它们可以是一个如亨利·德·布雷这样的乡绅统统感兴趣或都会用到的主题。

就连装饰华丽的手写本也可以用别的方式看待,虽然它们仿佛只是为了那些华丽的图画而制作。当亨利二世于 12 世纪 80 年代武断地把《温彻斯特圣经》给了苦修的阿瓦隆的圣休(St Hugh of Avalon)所在的威瑟姆(Witham)的卡尔特修道院(Charterhouse)时,加尔都西会士们(Carthusians)兴高采烈,因为"文本的正确性格外令他们愉快,比那精致的书法和书本整体的美丽更令他们愉快"[9]。类似的还有舍伯恩修道院手写本的醒目例子,该手写本部分是关于 1145 年一桩讼案的公文副本汇编,部分是一本在圣周(Holy Week)的祭台上使用的装饰华丽的弥撒书。[10] 在表明中世纪公文的多样性一事上已经说得够多了。上文描述的那些特殊例子使我们更有必要明确一下归类的总体规则。

最基本的区别是区分原生记录和次生记录。以原始形式——单一一张羊皮纸形式(最好是仍附有印章)——存世的一份特许状是一份原生记录,而这份特许状的副本——在一份修道院房地产契据册中或在一份王室令状卷册中——是一份次生记录。通过这样归类,则原始的特许状、令状、正式签字文件、遗嘱、法庭卷册、辅

86

理人的报告以及诸如此类都是原生记录；而编年纪、房地产契据册/公文副本汇编、档案室卷册、《末日审判书》及类似的调查表都是次生记录，因为它们是从其他资料中编辑成的。在此意义上，自圣经副本以下的绝大多数中世纪书籍都是次生记录，因为它们是照着范例制作的。区分原生和次生并不能轻易适用于所有情况。马修·帕里斯的编年纪中他自己编纂和撰写的部分基本上是原生记录，而其中许多原始特许状和法庭卷册可能是根据草稿编辑的，这些草稿已经被扔掉了，在此意义上，它们也是次生记录。但是，如果普遍适用后面这个假定，那么所有存世中世纪公文都变成次生记录，这就荒唐了。

　　总体考虑，在原生和次生之间做区分是可行且有用的，因为它强调了原始形式的公文和它们的无论中世纪还是现代的副本或编辑本之间的差异。原生记录和次生记录通常在版式上也不同。原生记录最常见的是单张羊皮纸或一小本缝合册，而次生记录都做成卷册或装订书籍。记录的版式影响到它们历经多个世纪幸存的机会。绝大多数原生公文都已丢失，因为它们由单张羊皮纸构成，而幸存下来的登记簿和书籍相对富足。中世纪将公文复制进登记簿的一个目的就是确保它们的文本能幸存下来。为使归类简单化，本章只讨论羊皮纸制作的记录。纸张、木板、纤维、金属和诸如此类介质上的书写品在第四章讨论；英格兰最常见的非羊皮纸记录是木制计数签（见图 8），像财政部使用的那种。

个人发布的声明

87　　最常碰到的原生记录是这类或那类书信。由于泛指型术语"书信"很模糊也会误导人，因此它们被集体描述为"个人发布的声明"。中世纪对此类书面声明有各种各样的描述，比如 breve（简报）、carta（纸）、chirographum（亲笔文件）或 litterae（书信）。使用这些术语时并无严格连贯性或一致性，它们也非互相排斥。不管怎样，它们可以被用来创建有相当准确度的、以功能相区分的公文的定义。

特许状

　　按照这条原则，一份特许状就是由一位给予人发布的录着一项财产所有权的一封公开信（见图 1 和图 6）。因此，特许状频频对一般公众致辞——致"当前这份书写品将送达的那些人"或致"所有应当听到和看到此特许状的人"。由于一般公众就是基督徒社区,因此给予人有时致"神圣教会的所有儿子们"或"在基督里的所有忠信者"或"神职人员和平信徒"。给予人还会额外或作为替代而详细说明对象,致"约克郡他的治安官、总管、男爵们以及他所有的法兰西人和英格兰人的人民和朋友"。以上这些例子都出自 1188 年去世的罗杰·德·莫布雷(Roger de Mowbray)。[11]给予人不会在特许状中做的是只针对受益人致辞,因为特许状本身要交给受益人(有时还是受益人所写)并充当一种公开证明。致辞有这么多种形式,主要因为标准化措辞到 13 世纪才变成常规,那时颁发的特许状数以万计。特许状这种形式比诺曼征服要古老;诺曼征服后发生的重大变化是,主要由于特许状数量增长,它们的文本和格式最终变成了固定版式。[12]

尽管关于土地的权利在一个农业为主的社区是迄今为止最常见的让与,但实际上一份特许状可以涉及任何形式的财产。关于其他赠品,我们已经看到居伊·德·博尚在 1306 年的一份特许状中列了书籍。早几年还有约翰·德·凯莫伊斯(John de Camoys)用一纸特许状将他的妻子玛格丽特(Margaret)连同她的私人财物让与威廉·佩内尔爵士(Sir William Paynel),坚称他是出于自己的自由意愿这么做的。这份特许状使用了让与土地的常用公式,"我已给出并同意,放手并放弃权利"。这些细节被保存下来是因为玛格丽特和威廉试图从约翰的土地上要求遗产并且这案子在 1300—1302 年间被递到了议会。[13]1267 年或更早,裴彻姆的彼得(Peter of Pecham)(用法语韵文)写了一篇关于同魔鬼订契约的诙谐改编诗文,采用了特许状形式:"告我现在和未来所有的仆人周知,我,贪婪、骄傲和嫉妒之王,对于那些是我的首席扈从的富人们已经给出并同意,他们可以做一切想做之事:用武力和虚伪的贪婪,用所有错误和勒索,用掠夺和用虚假的借口,用爪牙也用地租,用特权也用暴怒,或用任何他们能想到的其他东西去摧毁普通人民。"[14]

描述一次让与的大量细节因财产的性质、让与的日期以及当事各方的互相信任度而各异。晚出的一份描述同一件财产的特许状可能会更加明确。例如,1209 年或更早,威廉·布兰奇(William Blanch)授予了敦富尔朗(Dunfurlong)的半英亩土地[以及在埃普索姆(Epsom)附近的尤厄尔(Ewell)的其他土地]。当奥斯伯特(Osbert)之子吉尔伯特于 13 世纪 30 年代从威廉·布兰奇的继承人约翰那里得到对此项授予的肯定时,新的特许状更确切地界定了敦富尔朗的半英亩土地是位于"约翰·斯金纳(John Skinner)和威廉·卡平(William Cupping)之间"的那块地。[15]在这份更确切的描述中可以看到吉尔伯特的姐夫或妹夫、莫顿的沃尔特(Walter of Merton)的影响,后者是未来的档案室大臣,现在已经是王室文员。有一

88

些界定土地的尝试就业余得多。12 世纪后半叶一份由奇德尔的乔丹（Jordan of Cheadle）颁发的潦草令状描述他正给出的土地"从某棵橡树，该橡树朝向赫蒂利斯勒斯（Hedilisleth），那是它被连根拔起的地方"伸展"一段距离"到另一个点。[16] 这个村子里的乔丹同时代人应该知道哪里能看到这棵橡树的残骸，但作为这份特许状受话人的当下和未来的一般公众可不知道是哪里。一份特许状里的详细说明偶尔会调用整个地形，就如一些盎格鲁-撒克逊特许状的醒目作为。下文是约 1210 年湖区（Lake District）莱梅格［Lambrigg，在肯德尔（Kendal）附近］的土地授权书的摘要，描述边界：

> 挨着斯蒂科尔曼（Sti Coleman）一直到最近的石头堆，这个石头堆在朗斯卡奇（Langescaghe）顶部下方朝北，然后升起来超过朗斯卡奇一直到紧挨着利克盖尔（Lickegile）顶部上方的小山谷，然后靠着荒野中部跨过利克盖尔的顶部……（以及诸如此类）。[17]

颁发者们的高贵及他们令人惊讶的语言同他们所关心事务的琐细经常在特许状里形成强烈反差。1219 年，多尔修道院（Abbey Dore）的修士们在罗马获得一份确认书，确认他们对一块位于他们水车用水流顶部、仅宽 20 英尺的土地的所有权。教宗和诺理三世（Honorius III）警告说："违反此页将招致万能的上帝和真福使徒彼得与保罗的愤怒。"[18]

89　　这很好地阐明了马克斯·韦伯用"领袖魅力的常规化"所指的东西：通过官僚机构，教宗作为上帝在地球上代言人的声音被扩增为数以万计的琐碎声明。

正式签字文件

正式签字文件的功能与特许状颇为类似，但格式不同。一份正式签字文件记录了当事双方的一项协议。这份协议可以涉及差不多所有事情——国家事务、土地让与、婚姻安置或者向一位犹太人偿还一笔借款。与特许状不同的是，当事各方都收到一份协议副本，通常有对方的印章加以认证（见图 7）。约 1215 年拉菲尔德修道院（Luffield）副院长和托斯特（Towcester）代牧约翰当着教廷法官代表团的面签的一份协议中详细描述了这种方法，可能因为当时它仍相对不熟悉：

> 这份作品被压缩成亲笔签名文件形式的双联书写品，在这种书写品中，拉菲尔德的副院长持有一份有法官和约翰印章的公文，而约翰持有的另一份公文有法官和副院长的印章。[19]

因此公文写出来就是双联,然后一分为二。在切割之前,切割线的位置上用大写字母写着一句惯用语,比如 JUSTUS DOMINUS ET JUSTICIAS(公正的主人和正义,出自《诗篇》10∶8的一条摘录),或者单词 CHIROGRAPHUM(亲笔文件,见图7)。[20]其中一份是否伪造就可以通过与另一份校准被切割的惯用语来核查。作为进一步的预防措施,切割线经常弄成波浪线或锯齿线而非直线。此种实践在中世纪后期如此普及,以致正式签字文件变成众所周知的"双联契约"。

正式签字文件的文本可能以致所有人的书信形式起草(像一份特许状),也可能是一种备忘录形式,记下这是一份契约或最终协议,于某某法庭或地方、在某些列出姓名的人在场的情况下制作。之所以制作正式签字文件,可能是因为当事各方有一场实际争端,或还有一种情况是,正式签字文件经常用于友好的让与,因为与普通特许状相比,它的好处是给予人和受益人都能收到一份副本,且这些副本可以互相对照核查。以原件形式存世的国王法庭最早的官方诉讼记录是 1176 年和1182 年制作的记录协议的正式签字文件的一联汇编[21],1176 年的都是直线切割线,1182 年的是锯齿切割线。此外,有些正式签字文件是一式三份:当事双方各收一份副本,第三份副本被存放在档案中以妥善保管。这原是盎格鲁-撒克逊实践,当休伯特·沃尔特 1195 年引入王室土地转让协议档案副本时被他(以不同的格式)复活。最不一般的是,1232 年和 1272 年在王家法官面前制作的那些正式签字文件的三联全都幸存下来。[22]通过 1215 年第四次拉特兰公会议法典第 38 条的阐释,该实践扩展到教会记录。[23]

像其他文件形式一样,正式签字文件也在整个社会等级体系里一路下行。它的顶端形式是用于国际条约的标准式样,这个类型存世的最早范例是 12 世纪制作的四份盎格鲁-佛兰芒同盟条约。[24]内战期间要人显贵们也类似地使用正式签字文件来记录同盟协定。存世例子是斯蒂芬当政期制作的两份条约,一份是切斯特伯爵与莱斯特伯爵所订,另一份是格洛斯特伯爵与赫里福德伯爵所订。[25]约翰王与男爵们的战争也类似地由一份正式签字文件终结,该文件起始写:"这是英格兰国王约翰君主为一方,上帝和神圣教会在英格兰的军队的统帅罗伯特·菲兹沃尔特(及其他提及姓名的男爵们)为另一方订立的盟约。"[26]这份条约就在《大宪章》颁发前夕签订,《大宪章》本身以一份普通特许状的形式颁行,大概为了强调它是国王的一份自由赠品,不是一份妥协后的协议。无论如何,至少按照韦弗利(Waverley)修道院编年纪的说法,当《大宪章》1217 年由摄政威廉·马歇尔(William Marshal)重新颁发时,它也是以正式签字文件形式起草的。[27]在政治与社会等级

90

体系的另一端，我们早已讨论过约1230年寡妇艾玛与格洛斯特修道院长制作的关于犁地和其他劳役的正式签字文件。[28]正式签字文件是一种最万能因此也非常普通的公文类型，但不寻常的是，不止一份原始联幸存到今天。

证书

除了特许状和正式签字文件，出自个人的公共声明也以保证书、证明信、通告、遗嘱、盖印备忘录和类似记录的形式发出。出于便利，这些杂项公文在此统称为证书。它们在形式上经常与特许状类似，但它们涉及的内容不单是财产赠品。下面这段摘自赫里福德伯爵迈尔斯（Miles earl of Hereford）的一份证明信，所涉主题是例外，但形式很典型，该证明信可能在他1143年去世前不久发出：

> 赫里福德伯爵迈尔斯向他在英格兰和威尔士的所有法兰西人和英格兰人朋友致以问候。你们要知道，这位福勒巴尔巴（Folebarba）是我的小丑也是我的人。因此我恳求我所有的朋友，让他们照顾他，免得他遭受伤害。如果任何人因为爱我而善待他，我会知道要如何感谢他。[29]

福勒巴尔巴［可能是滑稽胡子（Funny Beard）?］可能对于要同他的主人分开感到忧惧，因此希望这份体现了伯爵友情的证明书能帮助他；起没起作用无从知晓，因为小丑难免招致敌人。

迄今为止最普通的证书形式是涉及偿付货币债务的保证书。存世的英格兰最早的放债人契约是来自金融家威廉·凯德（William Cade）的金库的八份公文，凯德的档案在他约1166年去世后被王室占有。这些公文简明扼要，采取的形式是具名的个人承诺为其他人或他们自己做保证人，保证在指定的日期给凯德或他的儿子厄瑙夫还债。[30]这里归入证书的公文如此多样，不可能对所有类型尽数描述。有时候对为何要制作或保存一份特定记录也没有令人信服的解释。安斯蒂的理查德（Richard of Anstey）关于他在1158年和1163年间经历的、他起诉的讼案被长时间拖延的报告已经被关于这时期的大量通史描述过了。[31]但是理查德为何制作这份备忘录则不清楚。它开篇就向圣三一祈求，像一份郑重的特许状或祈祷文，但它不对任何人致辞，也没请求任何事或给出任何东西；它只是记录了他的花费，以及它们如何及何时发生。证明信是爱德华一世当政时必定常见的另一种证书形式，当人们在这个国家四处走动时充当确认个人身份的证明或他们货物的凭单。[32]

91

书信

截至目前所考虑的公文都不是现代信函意义上的"书信"。特许状、正式签字文件和证书通常不是由撰写人寄给那位地址被写在公文上的收信人；相反，它们对公众致辞并在它们被书写的时刻交到受益人手中。它们主要是为了成为记录而非成为通信。寄送信函——传达关于日常事务的瞬时信息——的习惯发展缓慢，因为用拉丁文书写太过于正式，无法成为媒介。"书信"（letters，litterae）适合当作传递给后人的"文献"（literature）；信使的口头语言则足够传达当时的日常事务。最好的书信是作为风格范例而创作和保存，不必然是要寄送给它们的收信人。撰写这种既精致又亲密的书信的艺术于 12 世纪前半叶在圣伯纳德（St Bernard）、可敬的比德、阿伯拉尔和海洛薇兹（Heloise）的文集中达到顶峰。12 世纪后半叶英格兰的此类通信范例见于索尔兹伯里的约翰和吉尔伯特·福利奥特的书信集。最佳单例是约翰约 1159 年写给策勒（Celle）的彼得修道院长叙二人友谊的书信。[33] 此类在文选中的书信是否为真实的信函，这经常无法确定；它们可能是文学散文或宣传作品，还可能是伪作，正如阿伯拉尔和海洛薇兹之间的通信被断为伪作。

13 世纪开始有更多世俗书信留存下来，它们是真实的信函但不那么亲密。一个例子是奇切斯特主教拉尔夫·内维尔（Ralf Nevill，任职期为 1224—1244 年）在苏塞克斯的总管——桑利斯的西蒙（Simon of Senlis）写给他的一批书信。这些书信涉及农场管理、本地神职人员的作为、安排视察、请求眷顾，诸如此类。它们让人不费劲就想出一幅乡村生活的图景，而修辞学家在此没有用武之地，这些书信之所以幸存，乃因拉尔夫是档案室大臣且西蒙的书信同王室档案混在一起了。[34]

令状

书信在英格兰普及的最初形式不是个人之间的通信，而是作为"令状"。令状具有简明和直接的风格，与私人书信的精确阐述形成反差；其结果是它们有时能透露更多个人态度。约翰王 1203 年为谴责伦敦人攻击犹太人而对伦敦人写道："就算我们把和平给了一条狗，它也应被不受侵犯地维护。"[35] 在这个归类中使用的"令状"术语仅仅指由一个人给另一个人的一条书面命令。令状最常见的颁发人是国王，如亨利一世的例子，"英格兰人的王亨利对拉姆塞的修道院长致以问候。我禁止你对休·奥伊拉德（Hugh Oilard）做任何不正确的事，无论可能出示什么令状。证人：档案室大臣。于格洛斯特"[36]。

此种形式的令状是否能算由发信人指定给收信人的真实信函，这是有争议的。现存的亨利一世令状都是专利证书（见图 2、图 3）；这意味着它们是公开文件，在被制作的当时交给受益人，与特许状一样。在上面引用的令状中，将公文展示给拉姆塞的修道院院长作为国王介入此案的证据，此举取决于受益人休·奥伊拉德。国王没采取更多步骤确保这份到了修道院长那里的令状未加改动，他也没要求修道院院长直接回复他。措辞"无论可能出示什么令状"证明，已经颁发了一定数量的令状，但也暗示，国王对于这些令状是什么情况一无所知。假如派发令状不是他的日常职责，那他的无知可以理解。

真实信函以封印私信的形式寄送。出于机密目的而将书信封口，这肯定是几个世纪里的常见行为，但是实际例子很罕见，因为收信人一般会打开信的封口也就毁了封口。在哈德良城墙（Hadrian's Wall）①发现了日期为公元 100 年的写在几乎薄如纸张的木片上并封了口的书信。[37]英格兰封印私信的下一个例子出自公元 700 年，这是伦敦主教写给坎特伯雷大主教的机密书信。[38]到亨利二世当政期，封印私信表现为盖了印章并且寄送时绑扎起来保持卷住的状态，虽说未找到早于亨利八世当政期的未开封的此类书信。[39]印章和绑扎带都已割断的已开启的封印私信从亨利二世当政时开始加以保留，因为他制作了一些种类的"可归还"令状。[40]这意味着收信人，通常是郡治安官，被指示要在随后的时间和地点——最常见的是在一位王家法官面前——出示这份令状。因此就设计出一种方法，用于以书面形式寄送机密指示并核查这些令状是否被遵守。也是在亨利二世当政时，用于行政管理（例如财政部使用的传唤令状）和用于诉讼的令状都开始采取通用形式。通用形式的令状可以买到，它们是亨利二世法律改革的框架，依据的原则是，在没有一份王室令状的情况下，没人需要对他的不动产所有权作答。[41]亨利二世由此创建了一种系统，有潜能依据一些固定版式进行大规模生产（见本书第 69 页）。

94　　这里的讨论集中于王室令状，因为它们确立了模式且迄今最常见。王室实践被要人显贵和各郡的官员模仿，我们已经见过一个例子，即一位男爵理查德·菲兹吉尔伯特约 1130 年寄送给他的总管的一份令状；[42]类似地，大约一个世纪之后由郡治安官寄送给他们的执行官的令状也有存世。[43]令状在适当的时候会生成其他书信和备忘录，形式是对令状之要求的答复和向国王要求救济的书面诉苦与恳

---

① 在罗马皇帝哈德良命令下于英格兰北部建的一道东西向要塞城墙，用于抵御不列颠岛北部的游牧部族。——译者注

求;存世的对王室令状的答复(调查回馈)原件始于亨利三世当政期,存世的诉状则始于爱德华一世当政期。[44]

机构保存的备忘录

目前为止描述的大多数公文,尤其是特许状和正式签字文件,都能充当备忘录,并被它们所惠及的个人保管。不过,此类公文与作为类型的备忘录不同,备忘录通常由各机构系统编纂,作为以往实践的记录以指导它们自己未来的行动。法庭卷册、财务账目、房地产契据册以及编年纪不能被归类为单一的"由个人发布的声明",因为它们通常形成由一个权威编纂的连续系列记录的一部分。尽管依后见之明,一旦为后世书写特许状的思想变得常见,编纂备忘录似乎就是明显的步骤,但是这两个举动之间有一个世纪或更久的时间间隔。盎格鲁—撒克逊人广泛使用的唯一累加书面记录类型有可能就是编年纪。诺曼征服之后一个世纪,王室保管的一种连续的系列备忘录是财政部的派普卷册;而财政部记录的大量额外类型在亨利二世当政期才创建,比如收入卷册[45]以及伊尔切斯特的理查德和托马斯·布朗制作的那些卷册。[46]依存世公文判断,王室对累加式非财务记录的保管始于休伯特·沃尔特1193—1205年间在政府任职期间;王家法庭的陈情状卷册、各郡检验官和郡治安官的卷册、土地转让协议档案副本、档案室发出书信卷册,这些都在这个时期开始或首次被明确提及。[47]

财务账目

在国王的宫廷以外,制作累加备忘录于13世纪开始进行。领主的账目对财政部之引领的追随姗姗来迟,存世的最早系列是1208年开始的温彻斯特主教们的派普卷册。[48]这些卷册详细记录了主教采邑的收入(货币的、谷物的和家畜的)和开支。它们秩序井然,肯定是依据每位执行官提交的书面草稿和初步账目。尽管最早的温彻斯特卷册列出了收支平衡,但它们没打算照样显示盈利和亏损,而是作为一份核账,防止主教被他的执事们欺骗。国王的财政部提供的是收取税收的模式而非运营商业的模式。计算采邑盈利的最早记录是坎特伯雷基督会1224—1225年的账目。[49]任何类型的采邑账目在13世纪后半叶之前都依然非常罕见,存世的大多数都是较大的修道院制作的。平信徒领主们无疑也拥有辅理人的账目,当地产

95

被王室罚没时，有些账目偶然幸存在国家档案馆；一个例子是斯特拉顿的亚当（Adam of Stratton）的记录，他是一位财政部官员兼金融家，1289 年因贪腐被审判。[50]除了采邑账目，还有隐修院执事账目——主要修道院那些独立部门负责人的账目——自 13 世纪 60 年代开始存世，其中有最早的非王室家务账目。[51]类似地，牛津大学莫顿学院（Merton College）有 1277 年开始的行政人员账目。[52]城镇账目遵循与采邑类似的模式；最早的连续系列是 1256 年什鲁斯伯里（Shrewsbury）的账目卷册，一周记录一次。[53]

最值得注意的早期账目是 1265 年为莱斯特伯爵夫人埃莉诺（Eleanor）——亨利三世的妹妹兼西蒙·德·蒙特福特的妻子——制作的家务卷册（见图 11）。这些卷册记录了她的开支，主要用于食物和饮料的供应，按不同的部门列标题，诸如厨房和马房司马官。各条目写以形形色色的草书，暗示出它们是每一周或每两周编纂一次。此外它们还详细说明每天的单独开支，由此构成一种开支日记。这些卷册覆盖的时期为 2 月 19 日至 8 月 29 日，后一个日期差不多是西蒙在伊夫舍姆之战中死去一个月后。账目写以规范格式，所以这些卷册显然不是这一类中的第一批，虽说它们是最早的存世品。埃莉诺保留这些账目或许是因为它们关系到西蒙生命的最后几周。它们的偶然幸存暗示出，到了 13 世纪中叶，许多神职要人和平信徒显贵的大家庭都保留写在羊皮纸上的每日开支账目。但因为这类记录只关注琐细开支，它们必定通常被当作瞬时记录来对待且被丢弃。最司空见惯的记录幸存可能性最小。

1293 年，爱德华一世的财务主管威廉·马驰（William March）在财政部引入了"日志"卷册。这些是日记（用现代会计术语叫"日记账"），显示出在每天业务开始那一刻国库的现金量和这一天里发生的支付额。就如埃莉诺·德·蒙特福特的家务卷册，逐日记录的目的是做到周复一周收支平衡。但是在一个复杂度如王家政府这般的组织里，"这仅仅创造出一种虚假的安全感，因为日志卷册不考虑流转中的内阁①账单总额，也不考虑 1298 年之后在郡级农场和税收中原地支出的可观数额"[54]。与爱德华一世 13 世纪 90 年代通过文档加倍来增加王室控制权的其他尝试类似，日志卷册在实际层面是失败的，尽管它们为后世提供了一份引人入胜的记录。

调查表和租金表

存世的 13 世纪财务账目提出了先于它们的是什么类型的记录这一问题。主要

① Wardrobe，中世纪英格兰的内阁相当于国王的内务府，该词本意指国王储存衣服、盔甲、宝藏的房间，后来同时指负责该部门的文员。——译者注

修道院的庄园显然在 1200 年之前制作了一些财务记录。支付款(包括支出和收入)可能从 12 世纪早期就开始记在计数签上,哪怕当时还没有保留连续的系列财务备忘录的这种概念指导一所庄园的总管。12 世纪的地主对他的不动产获得总体概念不是通过账目卷册,而是通过调查。典型的调查不是连续系列记录的组成部分,因为它是由即将到来的领主从头开始进行的。布雷克隆德的约瑟林描述了修道院院长萨姆森(Samson)如何开展这样一场调查:

> 在他的命令下制作了一份总体描述,以每一百个民事法庭辖区和每一百件诉讼、每一百英亩的土地税和应交谷物、每一百只母鸡的回报为单位,加上其他关税、租金和流出,这些一贯被农夫们大量隐瞒;他把所有这些压缩到书面,因此在这位修道院院长当任(1182 年当选)的四年之内,想从他的岁入中骗走 1 便士都不可能,而他从前任们的书写品中没得到任何有关修道院管理的东西,除了一张包含圣埃德蒙(St Edmund)各位骑士的名字、采邑的名字和各个农场应缴租金额的小表格。(萨姆森院长)称这本书为"日历",因为他已经结清的个人债务也题写在里面。他几乎每天都查阅这本书,仿佛他把它当作镜子,在里面沉思他自己廉洁正直的面貌。[55]

萨姆森把他的调查表称为"日历",因为在古典拉丁文中,"日历"一词也意味着一份在每月某天应偿的债务清单。此种类型的调查表和租金表用书面形式总结了对一位领主的应缴岁入,它变得日益普及。约瑟林在上引那段内容中提到,于伯里圣埃德蒙兹(Bury St Edmunds)制作的一份较早的清单依然存世,即鲍德温(Baldwin)修道院院长的《自由保有之不动产的所有权授予之书》(*Book of Feoffments*,日期定为 12 世纪早期),约瑟林低估了它的规格。

所有这些大大小小的调查表的先例就是《末日审判书》,它也同样曾被称为一份"调查"。[56] 从已知调查表来判断,1180—1190 年这十年间,亦即萨姆森制作他的"日历"期间,是最高产的时期:这些年里有王室的《武备条例》(*Assize of Arms*)和《适婚淑女名录》(*rotuli de dominabus*),有达勒姆和圣保罗的大教堂、格拉斯顿伯里修道院和圣殿骑士团(Knights Templar)开展的系统调查;同样,已知最早的主教的"登记表"或"调查表",即伍斯特主教鲍德温的此种记录的日期也始于这十年间。[57] 一份详细度令人瞩目的调查表是由基督会小修道院约 1200 年在坎特伯雷所制。它设为四列,分别列出每位佃户、他的年租数额、应缴日期、所租土地的位置和面积。例如,第一个条目描述了哈梅尔(Hamel)之子罗杰的姐妹的土地位于"我

97

们施赈所外墙的后面；向北宽 26 英尺；从这条街道向西长 110 英尺"[58]。这所小修道院在记录下个人所租土地的面积时，或许希望能通过诉诸精确的书面证据而非邻人的偏颇记忆来平息边界争端。

13 世纪，制作书面调查表的实践超出了王家政府和主要修道院，扩展到一般意义上的地主们。在 13 世纪 30 年代或 40 年代为林肯伯爵夫人编纂的地产管理条例中，罗伯特·格罗斯泰斯特推荐一位即将前来的地主为他的岁入制作一份三联调查表；正如修道院院长萨姆森几乎每天都查阅他的"日历"，格罗斯泰斯特也推荐公爵夫人"将这份卷册留在你身边并常常看它"[59]。这类调查表除了充当地产租金
98 表，还是系统课税的基础：显著的早期例子是 1225 年的王室补助金评估、1227 年和 1230 年的沃林福德商人卷册（见图 9、图 10）以及记录充分的 1254 年英国教会（逐个主教辖区）对教廷十一税的估算。[60]尽管调查表作为书面记录的先驱和作为历史文件都令人印象深刻，但它们对地主们的用途不及年度账目，因为它们很快就过期了。所有调查表都与《末日审判书》共享一种特征——作为效率和权威的符号，而非有多少实际用处。

法律记录

在法庭上，关于法规的清单和书籍通常早于针对特定案件的系统化备忘录，正如调查表和租金表先于财务账目。因此在自治城镇，除了授予它们合法自治地位的特许状，最古老的记录就是组建社团的行会人员名录和总结市政章程的惯例汇编。莱斯特的行会卷册始于 1196 年[61]，它们是现存最早的国王宫廷或修道院之外制作的系列备忘录。北安普敦有一份日期相近的惯例汇编，虽说这不是它的原始形式。[62]最值得注意的早期惯例汇编是一份为埃克塞特制作的法语卷册，可能在 13 世纪 30 年代由该城的文员约翰·鲍比（John Baubi）编纂。[63]自治城镇法庭的陈情状卷册通常日期较晚，"当行会开始把它的人员、罚款和桶装啤酒的清单托付给羊皮纸时，法庭的官方记忆还躺在它的责任人的头脑中"[64]；沃林福德法庭记录卷册例外地早，始于 1231—1232 年。

国王法庭的记录遵循同等模式，在著录实际诉讼之前先列举法规目录和法规书。关于金钱处罚（献纳、充当罚款的上等香槟①和罚金）的票据自亨利一世当政时

---

① 现代表示罚款的一个词 fine 以前有一个义项指上等香槟。上等香槟和法国白兰地可以作为处罚违法时征收的项目。——译者注

就列在派普卷册上,且亨利二世当政时保留单独的罚金卷册。类似地,在亨利二世当政后期出现了格兰维尔"关于英格兰法律和习俗"的论著,正如作者在前言中解释的,它本质上是一部给国王法庭用的惯例汇编,以书面形式总结了最常见的法规。[65]另一方面,直到1194年才有陈情状卷册存世;这恐怕要归功于休伯特·沃尔特,他1193年被任命为首席大法官。制作此类卷册可以回溯到亨利二世于大约20年前任命巡查法官时。1219年林肯郡的一位诉讼当事人诉请亨利二世当政时该地"巡查法官的记录卷册"[66]。但是没有关于这些卷册被制作的记载,被诉人也否认该陈情状曾经出现在亨利二世的法庭上。关于诉讼的法庭记录在任何现代司法体系里都有根本意义,因此很难理解亨利二世的法官们在没有它们的情况下如何能有效操作。不过,法官们在这方面可能不是"现代的",而是传统主义者,一如许多法律专家。一代又一代,王家法庭都在不保留官方诉讼记录的情况下听取陈情状,因为理想情况下,每个案子都按照事情本身的是非曲直来审理,不受制于写下来的先例。

在保管记录方面,或许预期教会法庭要比他们的王室同行更先进,因为神职人员的职务要求就是读写专家。然而这里的发展模式和发展纪年与国王法庭的大致一样。格兰西(Gratian)的经典教会法教科书编纂于1140年前后。但"关于一个英国教会法庭的最早记录(与由案件当事一方保管的关于教会诉讼的记录完全不同)"直到1200年才出现。[67]这方面的发展又是由休伯特·沃尔特推动的,此次是以坎特伯雷大主教资格。在他1205年去世后,教会法庭记录开始间歇性出现,直到14世纪诉讼卷册和判决书汇编才常规性出现。不过在这个例子上,存世记录起了误导作用,因为教会案件通常记录在一式三份的正式签字文件上(法官和当事双方各执一份),而非登记在册,相应地,这些文件不像卷册那么容易幸存。[68]

自治城镇以外的地方法庭——比如区法庭和采邑法庭——的备忘录制作模式更不明朗。它们的记录更分散,存世的相对稀少,因为地方贵族的统治与自治城镇或国王政府相比,不具有如此连贯的制度化生命。至于其他法庭,保管姓名清单似乎先于制作诉讼记录。因此,布雷克隆德的约瑟林描述了早在1200年,伯里圣埃德蒙兹的教堂看守人和葡萄酒窖管理人这类执行官便每年登记十户联保下的人员,但第一批区法庭卷册的日期却始于13世纪60年代,而且1300年之前有这类卷册幸存的地方不超过12个。[69]类似地,最早的采邑法庭卷册来自13世纪40年代,且不大可能还能找到任何更早的。[70]甚至奇怪的是,郡法庭的陈情状卷册也很罕见,要知道郡法庭作为每个郡的主要法庭和定期集会的场所可是重要机构。13世

99

纪郡法庭卷册唯一存世的是来自柴郡（Cheshire）的一些（始于 1259 年），这些不管
100 怎样都是例外，因为切斯特伯爵领地享有司法管辖特权。[71]与国王法庭的发展一
样，一开始郡法庭的罚款清单比陈情状记录更常见。[72]

　　进入 13 世纪尾声时，地方法庭卷册变得更加常见，但与爱德华一世当政时以大
量副本形式存在的国王法庭的陈情状卷册相比依旧稀少。在各座城市和自治城镇
也类似，只有 11 座城市拥有早于爱德华一世登基时的不管什么类型的存世记录，虽
说在爱德华一世驾崩时这个数字翻了一番。[73]另一方面，13 世纪 60 年代和 70 年
代为男爵的总管们写的论著假定，法庭卷册有所保存，《法庭男爵》(*The Court
Baron*)里的执行官对总管说："我担保，看这儿，你要求的所有东西都写在这个卷册
上。"牛津的约翰(John of Oxford)的论著劝告执行官的文员"照原样记录下在法庭
上发生的所有事情"[74]。就算每个文员都制作一份卷册，他也肯定不能记下每件
事。地方法庭卷册通常是简明的。它们的主要目的是记录诉讼当事人和参加该法
庭的审理人的名字，以及被罚款的人的名字；偶尔有个人项目确实被详细记录，但
这是当文员不知道如何省略它们的时候。这种卷册的形式源自清单，通常它们也
只不过是清单。

年鉴

　　与极尽概括的地方法庭卷册形成反差的是年鉴，它们值得一提，因为它们是中
世纪制作的最大型也最详细的对话集。它们是关于法庭案件的报告，始于爱德华
一世当政期，据说是为了有益于法律的学生和从业者而记录了诉讼当事人、他们的
辩护律师以及法官的实际言辞（译为法语或拉丁文）。[75]年鉴这种记录对话的实践
似乎发源于伦敦的法律通信员们，而非源于国王的文员们。此类报告的最早例子
发生在 1244 年的伦敦，是对王家法官视察伦敦市的拉丁文记录。某些案子被记录
两次，第一次以间接报告的语气，就像陈情状卷册通常那样，然后再用第一人称的
对话形式记录。例如，阿尔弗雷德·德·品治贝克(Alfred de Pinchbeck)诉一位前
郡治安官约翰·德·库德尔(John de Coudres)错误地关押了他。陈情状卷册记录
101 以正式的和一般化的术语记述了阿尔弗雷德的抱怨和约翰的辩解，即阿尔弗雷德
当初拒捕并拒绝找一份证明其行为良好的抵押品。[76]而该案件的另一个版本就给
出了更体现环境因素的细节，解释了阿尔弗雷德的家人曾被关押在纽盖特监狱
(Newgate)，因为一个犹太人控告他杀死了该犹太人的妻子；当阿尔弗雷德从金斯
林(King's Lynn)集市返回后，郡治安官约翰因为这项指控而要求他提供一份抵押

品。然后这个替代版本用直白的语言记录了法官们对约翰的反复讯问：

> 法官们说："当犹太女人据传被杀死时，阿尔弗雷德并不在伦敦城里，那你基于什么理由从阿尔弗雷德那里索要抵押品？"
>
> 约翰说："我向他要抵押品，然后他就拔出小刀，我抓住他握刀的手，因为这个理由我关押他。"
>
> 法官们说："你没有理由向阿尔弗雷德索要抵押品。"[77]

因此这个版本通过记录法官们的问题和评论而解释了案件的事实和相关的法律要点，而官方陈情状卷册只关心以应有的形式记录案件的各个程序阶段。对同一案件之两个可选版本的比较阐明了历史学家所熟悉的悖论，即非官方记录经常比专业文员制作的正式文本提供了更多信息和事实内容。尽管存世中世纪公文中最大的群组就是正式法律记录，但它们不像它们秩序井然的外表所暗示的那般可靠。

对备忘录制作的这番描述主要通过提及各类记录中最早的存世例子而进行，且它导出的一般结论是，在国王法庭以外，主要的系列备忘录始于 13 世纪。尽管主要修道院在 12 世纪已经开始制作调查表和租金表，且王家财政部从亨利一世当政时就保留派普卷册，但小行政区和领主采邑的法庭卷册与财务账目都是 13 世纪的产物，几乎可以肯定 12 世纪 90 年代之前没有制作它们。不过对于这样概括存在两个明显异议。首先，存世的最早记录不必然是最早制作的记录。例如 1228 年柴郡的一份正式签字文件提到"我们（切斯特）的伯爵领主的权威卷册"保存了记忆和记录，然而柴郡存世的不计类型的记录是一份 1259 年的陈情状卷册。[78]1228 年提到的这个卷册，也就是登记了各份契约的"末日审判"卷册至晚保存到 16 世纪 80 年代，那时有从中复制的摘要。不过它可能是此种类型中的第一份，因为它开篇就用一首诗歌解释说，它的"神圣页面"将确保著录于它的协议都得以保存。[79]其次，反过来看，一份从较早时期幸存下来的记录可能总是独一无二的，不必然构成连续系列备忘录的一部分，比如像修道院院长萨姆森的"日历"那种 12 世纪的地产调查表就志在独此一份。

总而言之，同时考虑对那些现已遗失之公文的引述和那些幸存的公文，则从证据得出的总体印象是，以连续系列形式制作和保管程序记录的习惯于 12 世纪末起源于国王的宫廷，并又花了一个世纪扩散到整个国家。斗胆猜一下，一般而言，那些既不属于国王也不属于教会要人的采邑，可能直到爱德华一世当政期才开始持有财务账目和法庭卷册。

102

编年纪

编年纪这种类型的连续备忘录起源古老得多。并非所有编年纪作者都是修士，拉尔夫·德·迪塞特(Ralf de Diceto)和豪顿的罗杰就是教区神职人员，阿诺德·菲兹泰德玛(Arnold Fitz Thedmar)这位伦敦编年纪的可能作者则是平信徒。[80]无论如何，典型的编年纪是修道院产物，且其源头在于本笃会士(Benedictine)对仔细规划时间的全神贯注。典型的修道院编年纪作者的职责不同于历史学家，坎特伯雷的杰维斯(Gervase of Canterbury)约 1188 年解释说："历史学家撰文散漫且优雅，而编年纪作者撰文质朴、循序渐进并简洁。"[81]"编年纪作者计算主历纪年和月、日，并简要描述国王和王侯们在那些时间的行动；他也纪念事件、前兆与奇观。不过也有很多撰写编年纪或年表的人超出了他们的工作范围。"[82]因为杰维斯打算继续当一个卑微的编年纪作者，所以他坚称他想"编辑而非撰写"，并解释说，他不为公共文库书写，而为他在坎特伯雷基督会的修道院家庭书写。[83]因此典型的编年纪就是有日期的事件系列，记录下来作为一所修道院的指南；它不是历史学家呈现给公众的对往昔的阐释。吊诡但也可以理解的是，最伟大的修道院编年纪作者都超出了这些狭隘的限制，比如马修·帕里斯或者杰维斯本人。

因此，编年纪是一种不讲风格的产品，关心事物而非关心呈现方式，并且"年复一年增加，因此由形形色色的人编纂"[84]。上面这句说明的作者是 13 世纪一位匿名修道院年表作者，与温彻斯特有关联，他劝他一部编年纪的编纂者要看到，这本书总是附加一页，只要收到消息，这页上面就会用铅笔注明辉煌人物的死亡和其他103备忘事项。到了每年年底，那位修士，"被任命从事该任务的——不仅仅是希望从事该任务的——就得简明扼要地在书的主体上写出他认为是最真实也最应该传递下去供后人注意的东西"[85]。这种笔记通常会被保管，这一点在大约 60 年前索尔兹伯里的约翰的声明中有所提及，他说他在教会档案中见过"关于值得纪念之事的笔记"，它们将帮助未来的作者，即使在得不到编年纪的地方。[86]

现代历史学家经常在编年纪资料和官方记录（比如档案室卷册）之间做区分，他们认为前者有偏见也不可靠，而更偏爱后者。然而最好的编年纪就是制作该编年纪的修道院的官方记录，也时不时被王家政府当作官方记录对待。当马修·帕里斯 1247 年参加忏悔者爱德华日的庆典时，亨利三世从位于威斯敏斯特的宝座上命令他"就所有这些事情写一份准确且完整的报告，并用书籍这种显赫书写品的形式让它们不可磨灭，这样后人无论如何不会遗失对它们的记忆"[87]。国王显然知道马修正在撰写一部编年纪,并邀请他用餐。类似地,当爱德华一世 1291 年寻找历史先例来支持他对苏格兰的权力要求时,他首先求助修道院编年纪而非王室档案。与此同时,他将体现他权力要求的信息送给各修道院,并命令他们"记在你们的编年纪里作为关于此事的永久纪念"[88]。在爱德华时代,修道院编年纪是世上最古老却依然最安全也最富有成效的记录形式。

房地产契据册

房地产契据册与编年纪一样,都起源于修道院。伍斯特的一位修士海明(Hemming)编纂了存世最早的房地产契据册中的多数,他描述自己的目的是:

> 我,海明,修士兼神父编纂了这本关于我们修道院财产的小书,这样我们的后人就能清楚这所修道院用以维持修士们亦即上帝的仆人们生计的土地财产有哪些和有多少得自捐赠;或者不妨说哪些(财产)从法律上讲应是(我们的),尽管它们已被不公正地通过暴力和诡计从我们这里剥夺。[89]

因此,一本房地产契据册是为了更加保险而复制到一本登记簿中的所有权契据汇编。不同于编年纪,房地产契据册在英格兰没有古老起源。它们是诺曼征服、斯蒂芬当政期的内战以及各修道院之间为获取和保留土地而进行的更加激烈的竞争——在 12 世纪和 13 世纪随着修道院数量增长而产生——带来的不安全的产物。于是,拉姆塞修道院约 1170 年的《施主书》(*Book of Benefactors*)解释说,这所修道院在斯蒂芬王"黑暗又阴郁的日子里"几乎丧失了一切,既由于敌人的攻击,也由于内部争端,"因此我们把我们的正式签字文件和体现我们特权的特许状都收集起来变成一本书……作为对未来岁月的警示,并指导我们的读者们"[90]。这位编者也将前征服时代的修道院公文从英语翻译成拉丁文,以让它们更具接受度。除了便利和更保险,将复制记录编成一本房地产契据册还有一个好处,即它们可以被现代化和改进,甚或被伪造。

海明房地产契据册的第一部分不是他编辑的,其日期起于诺曼征服前的一代;海明编辑的部分直到 11 世纪结束。11 世纪房地产契据册中唯一还存世的另一本——奥斯瓦德(Oswald)契据册也出自伍斯特。因此有可能英格兰的房地产契据册形式在诺曼征服之前创建于伍斯特,并且作为征服的后果而在海明手上修成正果。本笃会主要修道院的英格兰修士们旨在对他们的诺曼主人解释他们的遗产并证明其合法。[91]海明的房地产契据册或许还与诺曼人有一种直接关联,如加尔布

104

雷斯提出的,海明时代的伍斯特主教巴约的萨姆森(Samson of Bayeux)曾任《末日审判书》的编者。[92]存世第二古老的房地产契据册是《罗契斯特书》(*Textus Rof-fensis*),日期始于约 1125 年,也是来自一所古老的修道院。早于 1150 年的房地产契据册不超过 6 本,早于 1200 年的不到 30 本。[93]与(除了编年纪和王家财政部记录的)其他系列备忘录一样,房地产契据册的制作不是在 12 世纪开始稳固确立,而是在 13 世纪。该实践在这个世纪里从修道院扩散到平信徒,尽管 13 世纪平信徒的房地产契据册十分罕见。[94]它们似乎在北安普敦郡格外流行,那里有理查德·侯陶特的地产书(见图 15)、拉尔夫·巴西特的卷册以及布雷布鲁克(Braybrooke)的房地产契据册。[95]理查德·侯陶特是彼得伯勒的修道院院长威廉·侯陶特(William Hotot,任职期为 1246—1249 年)的弟弟,因此他可以从这位修道院院长那里获悉保

105 存公文的重要性,或者他也可以从他的父亲托马斯·侯陶特(Thomas Hotot)那里获悉。如我们已经看到的,1322 年,另一位北安普敦郡绅士亨利·德·布雷实际上书写了他自己的房地产契据册。[96]

登记簿

中世纪称呼房地产契据册的最常见术语是"登记簿"。档案室的卷册也类似地被描述为"登记簿"[97],《末日审判书》有一次也是。[98]"登记簿"的宽泛定义很有用,因为所有这些记录都有一个共同特征——是编辑过的书籍或卷册形式的汇编,根据来自各独立的羊皮纸的原始资料编辑。此外,前文段落中当作房地产契据册描述的一些作品并不只关注特许状,理查德·侯陶特和亨利·德·布雷的地产书旨在充当家族的一般参考书,并非严密地墨守法规。将公文复制成书籍获得更大的安全性和便利性这种思想一旦变得常见,此实践就会采取多种形式。例如,王家财政部像一所修道院那样将登记簿做成书,为它的记录提供清楚的副本和指南,并记下杂录。这些财政部记忆之书中(《末日审判书》除外)最古老的是 13 世纪 30 年代编纂的《红皮书》和《黑皮书》。[99]当今学者最常使用的是《供养骑士土地书》(*The Book of Fees*),包含 1198 年到 1293 年间封地占有期调查表。它的扉页中有一条可能写于 1302 年编纂此书之时的笔记,提醒使用者说,该书是一本登记簿,不是原始资料,"记得,该书根据一些官方聆讯而编纂和编辑……因此该书的内容是在财政部用作证据,不是用于记录"[100]。像这样的登记簿是指南,它们没有原始公文本身那种权威性,原始公文是真实的官方记录。

另一方面,另一类登记簿被当作官方记录对待。它们是记录下已发出公文之

副本的登记簿,有别于记录了编者所拥有之公文的修道院房地产契据册和财政部记忆之书。最大的已发出公文的系列登记簿是档案室的王室证书卷册,始于约翰当政的头三年;特许状卷册早在 1201 年就被描述为一本登记簿。[101]另一个众所周知的系列是主教登记簿(始于 1217 年或稍早),它取范于档案室卷册。[102]比档案室卷册还早一些的是休伯特·沃尔特 1194 年制定的条款,要将犹太人关于贷款和收款的正式签字文件登记于整个英格兰一些指定中心的卷册上。[103]不过,存世 106 最早的关于债务保证书的地方登记簿是始于 1276 年的伦敦《A 书》(Liber A)。[104]伦敦也有早期的遗嘱登记卷册(始于 1258 年),还有一些所有权契据登记在集议庭①卷册上(始于 1252 年)。[105]

各城镇登记所有权契据的实践可能跟随档案室卷册的引领,尽管该实践本来源于修道院实践。切斯特伯爵"保存了记忆和记录"的末日审判卷册是已知最早的此类登记簿,但现在已经遗失。[106]存世的最古老市政登记簿是来自沃林福德的一份 1231—1232 年间制作的卷册。[107]该卷册格外有意义,因为它看起来是小份财产(房屋、租金、市场摊位以及诸如此类)的让与记录,这些让与在没有特许状的情况下于该自治市法庭口头完成。第二古老的沃林福德登记簿于 1252—1253 年间制作,相反,它似乎是特许状摘要。[108]仿佛在 1232—1252 年的 20 年间,以书面形式让与财产的习惯在沃林福德市民当中变成了定则。

知识作品和文学作品

12 世纪和 13 世纪公文的颁发数量与备忘录的编辑数量不断增长,这与"书籍"产出的实质性高涨相匹配,这个"书籍"指现代一般意义上的知识作品和文学作品。不过中世纪的书籍本质上与现代书籍不同,因为它们是手写本。因此,以现代标准衡量,书籍总量很小,且清点它们虽有用却价值有限,因为个体的手写本卷帙不是印刷书籍那样的标准化物品。根据当时的目录进行大致估算,则 12 世纪达勒姆大教堂图书室有大约 490 册书籍,1201 年罗契斯特大教堂有大约 241 册,伊斯特里的约翰(Henry of Eastry)副院长(任职期为 1285—1311 年)编的书目中记录坎特伯雷

---

① Court of Husting,特指伦敦城的一种法庭集会,地点原是郡法庭,在市长、郡治安官和市议员面前召集,听取土地陈情状、普通陈情状和郡治安官陈情状,有遗嘱检验司法权和登记遗嘱的能力。在 17 世纪之前,其他城市可能没有这种名号的法庭。——译者注

107 的基督会有大约 1 300 册。[109]这些估算要受制于各种各样的条件，因为中世纪图书目录的编制者们主要不关心清点他们的库存。最早的达勒姆目录（从中估算出约 490 册）阐明了清点的困难，因为有形形色色的项目都被描述为存在于某数量的"书籍"中、"套装"中、"部分"中或"书叠"中。不仅如此，书籍的尺寸和每页的布局各不相同，以致关于卷帙的数量不能就手边正在阅读之材料的数量提供什么指点。但是总体上，图书目录展示出在 12 世纪和 13 世纪人们要求更多的书籍，因为它们经常列出从特定个人处新获的书籍。

以现代标准衡量，个人也类似地只拥有很少的书籍。英格兰 13 世纪最伟大的学者和主教罗伯特·格罗斯泰斯特也许有约 90 册；福克斯顿的约翰（John of Foxton）约 1240 年将他关于圣经的书籍都给了林肯大教堂图书室，他拥有约 34 册该主题的书籍；佩卡姆的彼得大师（Master Peter of Peckham）是位法律专家，他1293 年去世时，保险箱里有 18 册书；沃里克伯爵居伊·德·博尚 1306 年赠送了大约 40 册书。[110]这些支离破碎的信息的局限性一望而知。个人和机构都没有很多书籍，这条规则有一个令人费解的例外，那就是 1221 年伍斯特郡（Worcestershire）的一个法庭案件，该案件中，威奇博德（Wychbold）的过路费收费员被控扣押了"两辆二轮货运马车，车上装着伍斯特大教堂分堂主管神父理查德的书籍"[111]。两辆二轮货运马车暗示着很大数量的书籍，但没详细说明它们是否都属于理查德且它们正被运往哪里。

图书目录对所保管书籍的类型有着比数量更多的信息；但这里也有难题，因为有些目录只列出藏书的一部分（比如那些保管在特别地方的），且指定的项目可能难于确认，因为许多书籍并无统一标题。伯里圣埃德蒙兹的图书室指明书籍的主要种类，让我们可以满怀信心地重构这间图书室 12 世纪的情况。[112]它大体是由一位修道院院长安瑟伦（Anselm）在 1121—1148 年间打造，书籍来源包括馈赠、购买和在缮写室抄写。到 12 世纪末期，伯里拥有了圣经和礼仪书、主要教父的文本（大体由安瑟伦院长增添）、异教徒的拉丁文经典、英格兰人和欧洲人写的历史书[前者如比德及《盎格鲁-撒克逊编年纪》，后者如保罗执事（Paul the Deacon）及《法兰克人事迹》(Gesta Francorum)]、"现代的"（即 12 世纪的）关于神学和法律的经院哲学教科书以及一些"现代的"拉丁文学如沙蒂永的沃尔特（Walter of Châtillon）的诗歌。

108 于此更详细地罗列 1066—1307 年间在英格兰使用和制作的各式书籍原本无益，因为那就需要写一篇关于中世纪拉丁文、希伯来文、法语和英语之知识与文学的长文。[113]作为替代，我会简要提及一些主要类型。与本章早已讨论过的公文及备忘录的一些形式不同,书籍在诺曼征服时代并非新奇东西,书籍的版式也并非现代读者不熟悉的样貌。书籍虽然不新奇,但在盎格鲁-撒克逊英格兰晚期确乎是珍稀物品。或至少由诺曼人任命的高位教士们认为他们所发现的图书室是如此匮乏,以致他们以前所未有的规模补充书籍。[114]修道院院长安瑟伦在伯里的工作是关于主要大教堂和修道院都做了什么的一个例子。在诺曼征服之后那个世纪里获得的主要文本并不是新书,它们是圣经、教父的作品以及异教徒的拉丁文经典,所有这些都因为古老而被尊为神圣。抄写员和彩饰员写下更准确的文本,也用新方法装饰了它们,但这些改变不了它们的本质。这些经典继续构成所有中世纪图书室的基础。

在这些相对少量的、由古代圣贤(无论犹太人、基督徒还是异教徒)栽培出的长青作品旁边,大量出自较不重要人物的近期书籍正在成长。这些晚出作品地位较低,但篇幅不必然逊色;《奥姆书》(*Ormulum*)是约 1170 年编纂的关于弥撒书中出现之福音的系列训诫,它的存世形式是写以中世纪英语的 20 512 个短行,但这可能只是原始作品的 1/8 篇幅。[115]此外,如索尔兹伯里的约翰约 1150 年评论的[引自沙特尔的伯纳德(Bernard of Chartres)],"现代的"作者是侏儒,但他们站在古代巨人圣贤的肩上,因此比前人看得更多和更远。[116]这种自信的态度加上 12 世纪由各类公文的散播引出的读写能力的扩大化,制造出数量不断增长的新近编纂作品,同样也有异教徒和基督徒经典作品的更多副本。这些新作品有两大类。首先是学者的作品,这一类旨在应付日益增长的大量书面材料,通过(用拉丁文写的)逻辑严密的论著而对此提供指导,托马斯·阿奎那(Thomas Aquinas)的《神学大全》(*Summa Theologiae*,约 1260 年编纂)是这类文本中最出名的。其次是为读书或使用书的神职界公众或平信徒公众制作的各不相同的作品,有拉丁文的、法语的和英语的,内容有诗歌、歌谣、历史书、传奇故事、圣徒传、布道词,等等。

知识作品

首先来考虑学者的作品,经院书籍的典型形式是"词汇表"或"大全",这两类在 12 世纪都有明确形式,以应付文献数量的日益增长为目标。"词汇表"即围绕一篇文本的"词语注解"将在第四章提及页面布局时讨论。"大全"现在就解释。英格兰人出身且是赫里福德大主教的梅伦的罗伯特(Robert of Melun,任职期 1163—1167 年)将"大全"定义为既是"一部有实例的简明百科全书",又是"一部简洁的实例汇编"。[117]其原型是阿伯拉尔的《是与否》(*Sic et Non*,12 世纪 30 年代编纂),该

109

书旨在通过把挑选出的看似矛盾的引语按大标题和小标题排列在一起，而让神学学生在面对"大量词语"时能快速把握。[118] 尽管许多"大全"都用这种方式将矛盾的文本并置，但这个体裁的本质在于，它由按照一个逻辑框架组织起来的挑选出的文本组成。同样，尽管许多"大全"包含解释性评注，但"大全"形式的根基是引自权威的引语；阿伯拉尔的《是与否》在前言之外并无评注。

早在 12 世纪之前，修辞学家们就把引语收集成号称"集锦"的文集，尤其从古典作家那里收集，此种实践继续进行。威尔士的杰拉尔德自己使用这种文集，他也奉上他自己（约撰于 1197 年）的《教会撷珍》（Gemma Ecclesiastica）作为选自"大量词语"之"集锦"的一个类型，"我就像一个不辞劳苦从海边无尽沙粒中提炼贵重宝石的人，也正如一个人，走过无边无际的花园时，从无用又无果的植物当中采摘有用且有效的植物，将百合与玫瑰从荨麻和荆棘中分离"[119]。这样的一部文集在功能上异于"大全"，"集锦"提供装饰一篇作品的言辞修饰，"大全"则邀请读者批评性地审视引语。"集锦"源自古代的语法和修辞艺术，"大全"源自"现代的"逻辑和辩证。

在"大全"这个总类下还有大量品种，其中神学和法学教科书最常见。布莱克顿把他关于英格兰法律的论著作为一部"大全"呈现，它与阿奎那的《神学大全》同时代：

> 我，亨利·德·布莱克顿，为了指导较低的法官们（如果指导不了其他任何人），将我的心灵转向从前那些公正之人的审判，勤勉地审视他们的决议……并将我从中找到的一切值得注意的东西编辑成一部"大全"，按照标题和段落组织，对任何他人的意见不存偏见，通过书写的帮助而永远托付给记忆。[120]

布莱克顿的描述概括了一部"大全"的主要因素：编辑它是为了提供指导；它是权威声明的拣选；它被系统化组织。

110　　与其他教科书作者一样，布莱克顿可以被指责为剽窃，因为他冠以自己名字的这部论著早在一代人以前就被他自己的英格兰法律老师们汇集好了。[121] 在手写本文化中并无手迹和印刷副本之间的区别，因此让一位作者区分他自己的文本和他对各类资料的笔记就更加困难。布雷克顿身为一个有良知的编辑者和出版人，可能从不觉得有偷窃知识产权的罪疚。又过了一代，他的论著反过来被弗雷塔（Fleta）的取代，弗雷塔也类似地大胆声称：

> 对许多行色匆匆的人和许多没有学识的人，一本简明的法官审判概略是

非常必要之物,这样一位查阅者便无需翻阅大量书籍和特许状,不费气力就发现,自己正在寻找的东西已在此被汇集于一个简短的篇幅里。[122]

一部"大全"是一种高度组织化和选择性的登记簿,目标是指导更大范围的公众,而非像一本房地产契据册指导一所修道院,亦非像一本财政部的记忆之书指导一个政府部门。如果一部"大全"被如这般广泛地定义,那么这个体裁就包括各式各样的公式和论著,通过引用例子指导人们如何在法庭行事、如何起草特许状、如何计算财务账目、如何管理地产,等等。[123]在一种意义上,法律专家们使用的教宗教令汇编和议会法令汇编(见图17、图18)也是"大全"。编辑"大全"是对12世纪和13世纪公文和书籍激增的一种反应;它们打算成为通过迷宫的指南,虽说有时它们增加了混乱。

文学作品

这时期为一般读者撰写的或他们使用的各不相同的作品不能像"大全"那样用某个单一主导类型来描述特征。旧的作品继续被阅读,尤其是异教徒的拉丁文经典,新的作品被创作,用拉丁文和希伯来文的韵文及散文,也用法语和英语这些本地语言。从制作和使用文献的角度看,理想状况是英格兰的所有可获得作品,无论其语言为何及其源出哪里,都具有相关性。但是由于强调现代学术性,概括什么东西被阅读就有困难,因为现代学术通常只集中于一种语言并主要关注语言学发展或对新创作文学的批评性评估。作为对照,一位像亨利·德·布雷那样的1300年的受过教育的平信徒,可能熟悉三种文学语言(拉丁文、法语和英语)的一些作品, 111 不必然关心他听的或读的布道词、歌谣和故事是新的还是旧的。

英格兰学术研究中对中世纪文学作品的集中度倾向于同这些作品的出现频率成反比。拉丁文是1066—1307年间最常见的文学语言,但直到20世纪90年代才有对英格兰之拉丁文使用的调查综述。另一方面,英语是(除了希伯来文)使用最少的文学语言,却已被密集研究过。[124]法语的结果比拉丁文好得多,但不像英语那么好。[125]结果,拉丁文作品在中世纪英格兰的使用是一个过于庞大又未被研究的主题,以致不能用几页纸来总结,而总结英语和法语的作品又不必要,因为关于它们早已有优秀介绍。不过,A.乔治·里格(A. George Rigg)关于作者(宗教作者和世俗作者皆有,散文和韵文作品皆包)的百科全书式编年综述及托尼·亨特(Tony Hunt)提供的权威文本,尤其是关于说教类作品的,已为英格兰拉丁文作品的重新研究打下基础。[126]最重要的是，关于什么作品被阅读的基本材料已经被科尔（N. R. Ker）列在《中世纪大不列颠图书室：幸存书籍目录》（*Medieval Libraries of Great Britain：A List of Surviving Books*）中。[127]

礼仪书

乍看之下，为了教会礼仪性的歌咏和阅读而制作的书籍对于有关记录的调查而言是类奇怪的文本。但对中世纪基督徒而言，这些书籍是最重要的记录，因为它们把上帝的独特话语铭记在手写本中。"书写/书写品"（scriptura）一词本质上意味着神圣"经文"（Scripture）。在整个中世纪，四位福音书作者都被以抄写员的形象绘在每部福音书的开篇处，坐在他们的桌前，笔和空白羊皮纸准备就绪，作势要记录圣灵吩咐给他们的一切东西。写下或读出圣经的词语本身就是一项敬拜行为，因为它重复并更新了福音书作者据信所为之事。因此，制作"神圣页面"无论花费多大气力和多么珍贵的材料都不为过。结果，装饰华丽的福音书和礼仪手写本是所有中世纪记录中最令人印象深刻的东西。它们的典型形式是巨大的卷帙，设计来摆放在与视线平齐的诵经台上，并用被奢华的装饰所强化的黑体字母来展示文本（在恰当的位置还有乐谱）。

112　　这类书籍在中世纪物品清单中有五花八门的名字，分别反映出它们的内容或功能："赞美诗"（《诗篇》中的文本）、"弥撒书"（弥撒仪式用的文本）和其他许多。[128]因为礼仪书构成祭台仪式的一部分，因此它们不得不竞相壮丽，金、银、珠宝和丝绢都堆叠其上。由于礼仪书将拉丁基督教世界最古老也最受尊敬的文本具象化，因此人们可能预期它们历经数世纪而无甚变化。然而事实并非如此。非常古老的书籍的确在祭台上作为遗迹保存着，比如坎特伯雷直接与圣奥古斯丁有关联的书，或达勒姆直接与卡斯伯特有关联的书，但它们在日常教会礼仪中并不被使用。礼仪手写本像其他教科书那样，必须通过制作大量新版本把规则频繁的微小变化纳入考量。不仅如此，由于礼仪书跻身那类被最有文化的人——修士和神职人员——给予最高评价的文本之列，因此它们必须示范出书籍制作的最新风尚。每个主教和修道院院长都想要最出众和最先进的礼仪书范本，正如今天每个有抱负心的主管都想要最豪华的轿车。

　　这些需求有助于解释为何诺曼征服后圣奥尔本斯修道院的第一位新修道院长

卡昂的保罗(Paul of Caen)置换了修道院那么多的书。按马修·帕里斯所说,他把"28 本重要书籍"给了这所修道院,外加"八本赞美诗,一本短祷书,一本书信,一本包含全年福音书阅读文本的书,两个有金、银和宝石装饰的文本(即福音书);还有其他的礼仪规程书、惯例书、弥撒书、弥撒附加段集和短祷书"。[129]这些书在 13 世纪前半叶马修·帕里斯写这段描述时被存放在"小橱柜里"。不过此时它们已大体被遗忘,因为 12 世纪中叶的修道院院长杰弗里和拉尔夫已经用更时新的、吸收了礼仪革新(比如圣母无玷始胎日的礼仪)的书籍替换了它们,且是大手笔地替换。[130]与其他中世纪教堂一样,圣奥尔本斯修道院也证明它在更新书籍方面活力十足。

礼仪手写本是使用和拥有书籍的习惯自 13 世纪以降达致平信徒的基本形式。每个人,无论能否阅读都需要一本祈祷书,亦即他们自己的关于圣经的互动式记录。无论如何,礼仪书对阅读能力也没高要求,它们的文本因为不断重复而已被熟悉,它们又用最大号的字母书写。尽管礼仪书最初是为了神职人员和教堂的使用而制作,但它们也对平信徒有吸引力。有近亲在神职界的男男女女必定曾自问,这么令人羡慕的物品——如林赛的罗伯特(Robert of Lindsey,1214—1222 年任彼得伯勒的修道院长)的赞美诗或为奇切斯特的亨利(Henry of Chichester)制作的弥撒书(日期定为 1250 年)——为何非得被他们的神职界同胞所垄断。[131]任何人——神职人员或平信徒、男性或女性、富有或贫穷、圣徒或罪人——只要看到亨利在他的弥撒书中的全页肖像,表现他身着他最好的法衣对宝座上的圣母和圣婴致一段祈祷,就可能渴望有这样一本书或这样一幅表现他或她自己的肖像。[132]

为英格兰一位可确定身份的平信徒制作一本礼仪书的例子是一本号称"格雷-菲兹佩恩日课书"(Grey-FitzPayn Hours)的书籍,它可能是理查德·德·格雷(Richard de Grey)1301 年作为一件行贿礼物送给琼·菲兹佩恩(Joan FitzPayn)的。[133]夫妇二人都被画在书上,画在他们的盾徽里,跪在圣母领报图下面。[134]在正文中的另一页上画了琼,正在亲自领受宝座上的基督赐福;几行之下是一位可能是她丈夫的年轻男子从 Venite exultemus(来啊我们要欢呼,《诗篇》94①)的起首字母"V"看出去。[135]有肖像的这一页可能是为了庆祝和祝福他们的婚姻。像这样为贵族设计、让他们握在手中并珍藏在私人房间中的祈祷书,保留了教会手写本的富丽堂皇,

113

---

① 在《诗篇》中的这个编号和这句英译的具体措辞似乎出自正教会的《旧约》。现代英文天主教会版本和新教版本的编号都是 95 章,措辞亦有别。——译者注

同时用诙谐的图画和自然的色彩使传统配方发生渐变。这些书有许多都为年轻淑女制作，因此，从书页边缘画着好玩的毛茸动物和慵懒少女的细密画中看出一种女性化和居家化的品位，这并非空想出来的。在菲兹佩恩结婚肖像的例子中，页面边缘的松鼠和狂暴山羊，以及黄莺的鸟喙和鸟尾贯穿了文本主体，这是潜在的性象征。

从 13 世纪的贵族祈祷书衍生出中世纪晚期的日课书。如克里斯托弗·德·哈梅尔（Christopher de Hamel）对它们的特征描述，它们有着成为"每个人的书"的潜能。"对中世纪欧洲人口的绝大多数而言，他们知道的第一本书——常常也是唯一一本——肯定是日课书。"[136]此种形式的手写本形成于英格兰，作为平信徒的便携式祈祷手册，尤其供淑女们在私人房间使用。它似乎在约 1240 年发明，可能由牛津彩饰员威廉·德·布雷勒（William de Brailes）发明，他制作了存世的第一本此类书籍（大英图书馆 Additional Manuscript 49999），为一位画在书上的淑女制作。克莱尔·多诺万（Claire Donovan）已鉴定了此类便携书籍中的六本，大多具有牛津起源并在约 1240—约 1270 年间制作（日期只能是大致的，因为是对艺术作品的风格加以比较而推定）。[137]这些书籍都是为女子制作，它们的主人有时以虔诚祈祷的

114　形象被画在装饰华丽的起首字母里。这些书籍的尺寸同现代小型平装本一样。

淑女们借助日课书在自己家中对她们的家人和孩子介绍祈祷文，进而就引入读写能力。礼仪书的居家化是中世纪晚后时期成长中的读写能力得以构造的基础，但这是另一个故事了。[138]中世纪平信徒通过祈祷文而具备了功能性的读写能力，因为神职人员在几个世纪里都坚持认为，祈祷是每个人最重要的职能。祈祷文在礼仪书中显而易见，先是为了上帝和神职人员，继而为了淑女和她们的家，最终为了每个人。

尽管本章不是制定规则，而是旨在描述 1066—1307 年间制作之记录的主要类型，但关于英格兰文件形式的发展还是可以得出一些一般结论。许多形式都是古老的。特许状、正式签字文件和修辞学家的书信是盎格鲁-撒克逊人就使用的，并衍生自罗马帝国后期的传统。类似地，书写和装饰书籍的技能以及确保后代有关于往昔之记录的技能在诺曼征服之前 500 年里就是修士们的主要考虑。1066 年之后的新事物是公文制作的数量增长，以及读写模式逐渐延伸到更多人和更多样的活动。由此产生的一个结果是，像特许状和正式签字文件这类旧形式在 13 世纪变得模式化了，因为数量强加了标准化。迄今为止大多是作为公开声明或一种文学策略而使用的书信这一形式，随着亨利二世的封印私信而变成了从一个人寄给另一

个人的实际信函。

流通中的公文数量的增长鼓励各机构将那些它们最关切的公文以房地产契据册和登记簿的形式组织和记录起来,既针对收到的公文,也针对发出的公文。以编年纪为先驱的年复一年制作连续的系列备忘录的习惯首先延伸到财务账目,然后延伸到法庭诉讼,再从法庭向下延伸。此类备忘录不是新东西,新奇之处在于年度累加系列这种形式。

同样,书籍本身也非新东西,圣经、教父著作和异教徒经典是古代遗产,一直被修士们保存着并钟爱地加以装饰。革新来自 12 世纪的学者,他们在"大全"中提供了一条促进书面词语量的捷径。与学者试图给文献强加一致性和秩序形成鲜明对照的,是拉丁文文学作品(尤其在 12 世纪文艺复兴期间创作的)及 13 世纪后半叶以降法语和英语文学作品的多姿多彩。11 世纪及更早,制作公文在英格兰主要是修士的特权。12 世纪和 13 世纪,学者和教区神职人员成功地挑战了此项传统。修士和学者共同努力,创造并书写了近乎本章描述之全部类型的公文。但自此以往,首 115 创性既不在于修士也不在于学者(他们都用拉丁文书写),而在于那些以本地语言为逐渐扩大的公众书写的人。尽管如此,旧传统仍被证明具有复原力,所有手写本中最被珍爱和最受欢迎的是那些铭刻着拉丁祈祷文的日课书手写本。西欧未来的读写能力主要由这类书籍支撑。

【注释】

[1] 对记录的最简洁概论见 G. R. Elton, *The Sources of History*: *England 1200—1640*(1969)。R. C. van Caenegem, *Guide to the Sources of Medieval History*(1978) 是作为整体的中世纪资料的最佳指南,此书有最新法文版 *Introduction aux sources de l'histoire médiéval*(1997)。

[2] M. Blaess, "L'abbaye de Bordesley et les livres de Guy de Beauchamp", *Romania* LXXVIII(1957), pp.511—518; M. D. Legge, *Anglo-Norman Literature and its Background*(1963), p.6.

[3] *The Estate Book of Henry de Bray*, ed. D. Willis, Camden Society 3rd series XXVII(1916).比较本章注释[94]—[95]中的平信徒房地产契据册。

[4] *Materials for the History of Thomas Becket*, ed. J. C. Robertson and J. B. Sheppard, III, p.1.

[5] *Ibid*, p.14.

[6] R. Vaughan, *Matthew Paris*(1958), pp.168—181; *Age of Chivalry*: *Art in Plantagenet England 1200—1400*, ed. J. Alexander and P. Binski, pp. 216—217, nos 38, 39; P. Binski, "Abbot Berkyng's Tapestries and Matthew Paris's Life of St Edward the Confessor", *Archaeologia* CIX(1991), pp.85—100.

[7] S. Lewis, *The Art of Matthew Paris In the "Chronica Majora"*(1987), pp.213, 217; R. Vaughan,

Matthew Paris，扉画和各插图；N. J. Morgan, *Early Gothic Manuscripts I：1190—1250*(1982)，no.92 及对着第 28 页的插图；*Age of Chivalry：Art in Plantagenet England 1200—1400*，no.437. D. K. Connolly, *The Maps of Matthew Paris*(2009)。

［8］*Walter of Henley and Other Treatises on Estate Management and Accounting*，ed. D. Oschinsky, pp.11—50.比较 M. B. Parkes, "The Literacy of the Laity", p.562。

［9］*The Life of St Hugh of Lincoln*，ed. D. L. Douie and H. Farmer(1985)，p.86；W. Oakeshott, "St Albans and Winchester Contributions to St Hugh's Bible", in *Manuscripts at Oxford：An Exhibition in Memory of R. W. Hunt*，ed. A. C. de la Mare and B. C. Barker-Benfield(Bodleian Library, 1980)，pp.32—36；也见 T. A. Heslop in *Art History* V(1982)，pp.124—128，是对 Oakeshott, *The Two Winchester Bibles* 的书评。

［10］*English Romanesque Art 1066—1200*，ed. G. Zarnecki, J. Holt, and T. Holland, Exhibition Catalogue(1984)，no.46.也见本书第五章注释［35］。

［11］*Charters of the Honour of Mowbray*，nos 31，347，20，167，166，380.比较本书第八章注释［2］。

［12］C. R. Cheney, *English Bishops' Chanceries*，ch.3 描述了 1100—1250 年间特许状形式的标准化发展。一份带导论的优良文本汇编（有英译）见 *Transcripts of Charters Relating to Gilbertine Houses*，ed. F. M. Stenton, Lincoln Record Society Series XVIII(1922)。比较本书第八章注释［6］和第九章注释［1］—［2］。

［13］*Rotuli Parliamentorum*(1783)，I，p.146；F. Pollock & F. W. Maitland, *The History of English Law before the Time of Edward I*，II，pp.395—396。

［14］D. L. Jeffrey and B. J. Levy, *Anglo-Norman Lyric*(1990)，p.137（笔者翻译）。

［15］*Fitznell's Cartulary*，ed. C. A. F. Meekings, Surrey Record Society Series XXXVI(1968)，nos 57，62，并比较 p. lxii。

［16］*Facsimiles of Early Cheshire Charters*，ed. G. Barraclough, Lancashire and Cheshire Record Society (1957)，no.14.

［17］*Facsimiles of Early Charters from Northamptonshire Collections*，ed. F. M. Stenton, Northamptonshire Record Society Series IV(1930)，no.liii.

［18］J. E. Sayers, *Papal Government and England during the Pontificate of Honorius III*，pp.220—221.

［19］*Luffield Priory Charters*，ed. G. R. Elvey, part I, Buckinghamshire Record Society Series XV (1968) or Northamptonshire Record Society Series XXII(1968)，p.71，no.68.新奇之处不是正式签字文件这种格式——它始于 9 世纪或更早，而是盖印这个方法，B. Bischoff, *Mittelalterliche Studien*(1966)，I，p.118。（日期定为 1173 年的）一份正式签字文件的两联的图示见 M. G. Cheney, *Roger Bishop of Worcester*(1980)，对着第 228 页的插图。

［20］L. C. Hector, *The Handwriting of English Documents*(1958)，plate iii.

［21］*Facsimile of Royal and Other Charters in the British Museum*，ed. G. F. Warner and H. G. Ellis, I (1903)，nos 55，63.

［22］图示见 D. Crook, *Records of the General Eyre*(1982)，扉画，及 C. Johnson and H. Jenkinson, *English Court Hand*(1915)，II，plate xviib。也见本书第二章注释［84］。

［23］C. R. Cheney, *English Bishops' Chanceries*，p.132.

［24］P. Chaplais, "English Diplomatic Documents", in *Study of Medieval Records*，p.23，n.6.

［25］F. M. Stenton, *The First Century of English Feudalism 1066—1166*，pp.25ff，286—288；*Earldom of Gloucester Charters*，ed. R. B. Patterson, plate xiv；R. H. C. Davis ed., in *A Medieval Miscellany for Doris Mary Stenton*，ed. P. M. Barnes and C. F. Slade, Pipe Roll Society new series XXXVI(1960)，plate xi.

［26］J. C. Holt, *Magna Carta*(1965)，p.342，plate v.

［27］*Annales Monastici*，ed. H. R. Luard, II，p.290；V. H. Galbraith, *Studies in the Public Records*， p.13.这份再发行品的唯一存世副本看起来并不像一份正式签字文件,上面有教廷使臣瓜拉(Guala)和威廉·马歇尔的印章,见 D. A. Carpenter, *The Minority of Henry III* (1990), plate 8(对着第121页)。

[28] 见本书第二章注释[21]。

[29] D. Walker ed., "Earldom of Hereford Charters", p.15, no.7.这份公文也肯定了给福勒巴尔巴一份土地赠品。

[30] 见本书第九章注释[23]。犹太放债人的债券见本书第六章注释[17]—[21]。

[31] P. M. Barnes, "The Anstey Case", in *A Medieval Miscellany for Doris Mary Stenton*, pp.1—23.

[32] 见本书第二章注释[9]—[15]。

[33] *The Letters of John of Salisbury*, ed. W. J. Millor et al. (1955), I, pp.183—184; J. McLoughlin, "John of Salisbury and his Circle", *Fifth Harlaxton Symposium* (1988), pp.165—181.概述见 A. Morey and C. N. L. Brooke, *Gilbert Foliot and his Letters* (1965), ch.2, 及 G. Constable, *Letters and Letter Collections* (1976)。

[34] J. and L. Stones, "Bishop Neville and his Correspondence", *Archives* XVI (1984), pp.227—257.

[35] *Rotuli Litterarum Patentium 1201—16*, ed. T. D. Hardy (1835), p.33.

[36] *Royal Writs in England from the Conquest to Glanvill*, ed. R. C. van Caenegem, p.420, no.17.比较 R. C. van Caenegem, *The Birth of the English Common Law* (1973), p.37。

[37] A. K. Bowman and J. D. Thomas, *Vindolanda: The Latin Writing Tablets* (1983).

[38] P. Chaplais, in *Essays Presented to N. R. Ker*, ed. M. B. Parkes and A. G. Watson (1978), pp.3—24. S. Keynes, *Facsimiles of Anglo-Saxon Charters* (1991), p.7, no.20 力主,忏悔者爱德华的令状(Sawyer no.1105)是一封封印私信。

[39] P. Chaplais, *English Royal Documents: King John-Henry VI*, plate 25d.印章见本书第九章注释[56]。

[40] F. M. Stenton, *English Justice between the Norman Conquest and the Great Charter* (1965), pp.32—33. P. Chaplais, *English Royal Documents*, pp.9—10.对最早的令状文档的罗列见 *The Roll and Writ File of the Berkshire Eyre of 1248*, ed. M. T. Clanchy, Selden Society Series XC (1973), pp.xci—xcii。

[41] *The Treatise on the Law and Customs of the Realm of England Commonly Called Glanvill*, ed. G. D. G. Hall, Bk. XII, ch.25, p.148.

[42] 见本书第二章注释[121]。

[43] 列于 *The Roll and Writ File of the Berkshire Eyre of 1248*, pp.cv—cvii。见本书第八章注释[91]。

[44] *Guide to the Contents of the Public Record Office*, Her Majesty's Stationery Office (1963), I, pp.27—28(审讯), 190(古代诉状)。

[45] 1185 年秋季收入卷册的一份复印本已经由豪尔(H. Hall, 1899)出版。对最早的收入卷册的描述和罗列见 H. Jenkinson, "Medieval Tallies, Public and Private", *Archaeologia* LXXIV (1925), pp.298, 327—328。①

[46] 见本书第二章注释[64], [61]。

[47] 见本书第二章注释[84]—[110]。

[48] 最早的两份温彻斯特卷册分别由豪尔(Hall, 1903)和霍尔特(N. R. Holt, 1964)编辑。对采邑公文的最佳介绍见 J. Z. Titow, *English Rural Society, 1200—1350* (1969); P. D. A. Harvey, *Manorial Records*, British Records Association: Archives and the User V (1984). N. Vincent, "The Origins of the Winchester Pipe Rolls", *Archives* XXI (1994), pp.25—42。

---

① 财政部记账年度的秋季用"Michaelmas term"表示,字面意思是米迦勒节期,该节日时间为 9 月 29 日,正是秋季,该术语也是对学校秋季学期的描述,因此对财政部的这个账期也译为"秋季/秋季账期"。后文同。——译者注

[49] E. Stone，"Profit and Loss Accountancy at Norwich Cathedral Priory"，*Transactions of the Royal Historical Society* 5th series XII(1962)，p.27.

[50] *Accounts and Surveys of the Wiltshire Lands of Adam de Stratton*，ed. M. W. Farr，Wiltshire Record Society(前 Wiltshire Archaeological and Natural History Society) Series XIV(1959)。对国家档案馆保存的 13 世纪早期卷册的片段的讨论见 C. M. Woolgar, *Household Accounts from Medieval England*，I(1992)，pp.10—17。

[51] 对早期卷册的讨论见*Compotus Rolls of the Priory of Worcester*，ed. J. M. Wilson and C. Gordon，Worcestershire Historical Society(1908)，p.ix，及 H. W. Saunders，*An Introduction to the Obedientary and Manor Rolls of Norwich Cathedral Priory*(1930)，p.21。

[52] *The Early Rolls of Merton College Oxford*，ed. J. R. L. Highfield(1964).

[53] G. H. Martin，"The English Borough in the Thirteenth Century"，pp.136—137.

[54] W. M. Ormrod，"State Building and State Finance under Edward I"，in *England in the Thirteenth Century*，ed. W. M. Ormrod(Harlaxton, 1991)，p.24；M. Prestwich，*Edward I*(1988)，p.536.

[55] *The Chronicle of Jocelin of Brakeland*，ed. H. E. Butler，p.29(笔者翻译)。萨姆森"日历"的一份副本(日期定为约 1230 年)仍存，ed. R. H. C. Davis, Camden Society 3rd series LXXXIV(1954)。该文本暗示，约瑟林夸大了萨姆森调查的范围，因为调查到 1190 年还未完成。也见 D. Greenway and J. Sayers, *Jocelin of Brakelond*(1989)，p.131，n.27。

[56] V. H. Galbraith，*Domesday Book*(1974)，ch.5 讨论了鲍德温修道院长的《自由保有之不动产的所有权授予之书》和其他早期调查。

[57] 对这些调查的列举见 B. A. Lees，*Records of the Templars in England：The Inquest of 1185*(1935)，p.xxix.鲍德温主教的"登记表"见 C. R. Cheney，*English Bishops' Chanceries*，pp.115—116。一位主教的"登记表"(matricula)不同于他的"登记簿"(registrum)；见本书第二章注释[119]。

[58] W. Urry，*Canterbury under the Angevin Kings*，p.249，map 2b, sheet 3,这份手写本的布局见该书扉画。

[59] *Walter of Henley and Other Treatises on Estate Management and Accounting*，p.388.

[60] C. Johnson and H. Jenkinson，*English Court Hand*，plates xiia, xiib(补助金评估)。1254 年教会对十一税的估算编入 W. E. Lunt，*The Valuation of Norwich*(1926)。

[61] G. H. Martin，"The English Borough in the Thirteenth Century"，pp.129，132—133.比较本书第二章注释[100]及第九章注释[30]。

[62] G. H. Martin，"The Origins of Borough Records"，*Journal of the Society of Archivists* II(1960—4)，p.152.

[63] *The Anglo-Norman Custumal of Exeter*，ed. J. W. Schopp(1925).该辑本含原卷册的完整复制件。

[64] Martin，"The Origins of Borough Records"，pp.153，149.

[65] *The Treatise on the Law and Customs of the Realm of England Commonly Called Glanvill*，p.3；也见本书第 69 页。

[66] *Rolls of the Justices in Eyre for Lincolnshire and Worcestershire*，ed. D. M. Stenton, Selden Society Series LIII(1934)，p. 411；R. V. Turner，*The English Judiciary in the Age of Glanvill and Bracton*(1985)，p. 13，n.45；P. Brand，"Henry II and the Creation of the English Common Law"，*Haskins Society Journal* II(1990)，pp.215—216.

[67] *Select Canterbury Cases*，ed. N. Adams and C. Donahue, Selden Society Series XCV(1979)，p.3.

[68] 见本章注释[19]、[23]；J. E. Sayers，*Papal Judge Delegates in the Province of Canterbury*(1971)，pp.243—251.

[69] *The Chronicle of Jocelin of Brakelond*，p.102；H. M. Cam，*The Hundred and the Hundred Rolls*(1930)，p.286.

[70] *Select Pleas in Manorial Courts*，ed. F. W. Maitland, Selden Society Series II(1888)，pp.xii—xiii. P. D. A. Harvey，*Manorial Records*，p.42.

[71] *Calendar of County Court*, *City Court*, *and Eyre Rolls of Chester*, ed. R. Stewart-Brown, Chetham Society new series LXXXIV(1925), pp.1—34. R. C. Palmer in *English Historical Review* XCI (1976), p.777 讨论了早期郡法庭记录。

[72] W. A. Morris, *The Early English County Court*(1926), pp.197—230 刊载了日期定为1258—1264 年间的此种类型杂项记录。

[73] G. H. Martin, "The English Borough in the Thirtheeth Century", p.128.

[74] *The Court Baron*, ed. F. W. Maitland and W. P. Baildon, pp.58, 72. J. S. Beckerman in *Law and History Review* X(1992), pp.197—252 讨论了采邑法庭程序。

[75] P. A. Brand ed., *The Earliest English Law Reports*, Selden Society Series CXI(1995), CXII (1996), CXXII(2005), CXXIII(2006).

[76] *The London Eyre of 1244*, London Record Society Series VI(1970), p.77, no.190.

[77] *Ibid*, p.134, no.345.

[78] *Facsimiles of Early Cheshire Charters*, p.48.比较本章注释[71]。

[79] R. Stewart-Brown, "The Domesday Roll of Chester", *English Historical Review* XXXVII(1922), p.496.

[80] A. Gransden, *Historical Writing in England c.550—1307*(1974), pp.509ff.

[81] *The Historical Works of Gervase of Canterbury*, ed. W. Stubbs, Rolls Series LXXIII(1879—80), I, p.87. D. Hay, *Annalists and Historians*(1977), pp.58—59.

[82] *The Historical Works of Gervase of Canterbury*, I, pp.87—88.

[83] *Ibid*., p.89.

[84] *Annales Monastici*, IV, p.355.

[85] *Ibid*., p.355.比较C. R. Cheney, *Medieval Texts and Studies*(1973), p.224; A. Gransden, *Historical Writing in England c.550—1307*, pp.319—320。

[86] *Historia Pontificalis*, ed. M. Chibnall(1956), p.2.

[87] *Matthaei Parisiensis Chronica Majora*, ed. H. R. Luard, Rolls Series LVII(1872—84), IV, pp.644—645; R. Vaughan, *Matthew Paris*, pp.3—4.

[88] Bartholomew de Cotton, *Historia Anglicana*, ed. H. R. Luard, Rolls Series XVI(1859), p.182; E. L. G. Stones, "The Appeal to History in Anglo-Scottish Relations", *Archives* IX(1969), pp.12ff.

[89] N. R. Ker, *Books*, *Collectors and Libraries*(1983), p.47.

[90] *Chronicon Abbatiae Rameseiensis*, ed. W. D. Macray, Rolls Series LXXXIII(1886), p.4; A. Gransden, *Historical Writing in England c.550—1307*, pp.279—280.

[91] R. W. Southern, "The Sense of the Past", *Transactions of the Royal Historical Society* 5th series XXIII(1973), pp.247—250.

[92] V. H. Galbraith, *Domesday Book*, pp.50—51.不过参见P. Chaplais, "William of St Calais and the Domesday Survey", in *Domesday Studies*, ed. J. C. Holt, pp.65—77。

[93] N. R. Ker, *English Manuscripts in the Century after the Norman Conquest*(1960), p.20; G. R. C. Davis, *Medieval Cartularies of Great Britain*(1958), p.xi.

[94] 最早的是弗兰伯勒(Flamborough)的康斯特布尔(Constable)家的房地产契据册(日期定为13世纪头十年), G. R. C. Davis, *Medieval Cartularies of Great Britain*, no.1224。

[95] *Ibid*., nos 1256, 1188A, 1206.

[96] 见本章注释[3]。

[97] 见本书第二章注释[90]、[92]。

[98] V. H. Galbraith, *Domesday Book*, p.105, n.2.

[99] 相关描述见 *Dialogus de Scaccario*(1950), pp.xi—xii。

[100] *The Book of Fees Commonly called Testa de Nevill*(1921—31), I, p.xx.

[101] 见本书第二章注释[88]、[90]。

[102] 见本书第二章注释[113]—[120]。

[103] 见本书第二章注释[98]。

[104] *Liber A*，ed. R. L. Sharpe(1899)。

[105] *Calendar of Wills Proved and Enrolled in the Court of Husting*，ed. R. L. Sharpe(1889)，I，p.xxiv.

[106] 见本章注释[78]—[79]。

[107] G. H. Martin, "The Registration of Deeds of Title in the Medieval Borough", in *Study of Medieval Records*，pp.155—156.

[108] Ibid.，pp.156—157.

[109] *Catalogi Veteres Librorum Ecclesiae Cathedralis Dunelm*，Surtees Society Series VII(1838)，pp.1—10.来自罗契斯特的署日期的目录由赖伊(W. B. Rye)编辑，刊载于 *Archaeologia Cantiana* III(1860)，pp.54ff.对基督会图书室藏书规模的估算见 F. Wormald, "The Monastic Library", in *The English Library before* 1700，ed. F. Wormald and C. E. Wright(1958)，p.22,并比较 plate 10.图书室目录也参见本书第五章注释[53]—[55]。

[110] R. W. Hunt, "The Library of Robert Grosseteste", in *Robert Grosseteste*，ed. D. A. Callus(1955)，pp.127—129;福克斯顿见 R. M. Thomson, *Catalogue of the Manuscripts in Lincoln Cathedral Library*(1989)，p.xvi, plate 6;佩卡姆见 *Select Cases in the Court of King's Bench under Edward I*，I，p.clxiv.博尚见本章注释[2]。

[111] *Rolls of the Justices in Eyre for Lincolnshire and Worcestershire*，p.574，no.1167.约翰王也类似有一个大到能用几辆二轮货运马车运输的图书室，见本书第五章注释[63]。

[112] R. M. Thomson, "The Library of Bury St Edmunds in the Eleventh and Twelfth Centuries", *Speculum* XLVII(1972)，pp.617—645.

[113] N. J. Morgan and R. M. Thomson eds.，*The Cambridge History of the Book in Britain*，Volume Two，*1100—1400*(2008)。

[114] N. R. Ker，*English Manuscripts in the Century after the Norman Conquest*，p.1.

[115] Ormin，*Ormulum*，ed. R. M. White and R. Holt(1878);也见本书第 133 页。

[116] John of Salisbury，*Metalogicon*，Bk. III，ch.4，ed. C. C. J. Webb(1929)，p.136；M. T. Clanchy, "*Moderni* in Medieval Education and Government in England", p.676.

[117] M. D. Chenu，*Nature*，*Man and Society in the Twelfth Century*，trans. J. Taylor and L. K. Little(1968)，p.298.对梅伦的罗伯特的讨论见 C. J. Mews, "Orality, Literacy and Authority in the Twelfth-Century Schools", in *Exemplaria* II(1990)，pp.486—490，498—499。

[118] "Prologue", in Peter Abelard，*Sic et Non*，ed. B. B. Boyer and R. McKeon(1976)，p.89.

[119] *Giraldi Cambrensis Opera*，ed. J. S. Brewer et al.，II，p.6.比较 A. A. Goddu and R. H. Rouse, "Gerald of Wales and the *Florilegium Angelicum*", *Speculum* LII(1977)，pp. 489—490，及 N. Hathaway, "Compilatio", *Viator* XXII(1989)，pp.19—44。

[120] Henry de Bracton，*De Legibus et Consuetudinibus Angliae*，vol.II，p.19.

[121] 见索恩对上引布莱克顿书卷三(1977)的导论。

[122] *Fleta*，Selden Society Series LXXII(1953)，p.3.弗雷塔的声明呼应了沙特尔的伊沃(Ivo of Chartres)的《判决》(*Decretum*)及彼得·隆巴德(Peter Lombard)的《判决书》(*Libri Sententiarum*)，见 U. T. Holmes, "Transitions in European Education", in *Twelfth-Century Europe and the Foundations of Modern Society*，ed. M. Clagett et al.(1966)，pp.26—27。

[123] 奥斯钦斯基讨论了这些论著，见 *Walter of Henley and Other Treatises on Estate Management and Accounting*，pp.3—74，225—257。

[124] R. M. Wilson，*Early Middle English Literature*，3rd edn(1968).也见 W. R. J. Barron，*English Medieval Romance*(1987)，及 N. F. Blake ed.，*The Cambridge History of the English Language*

II，*1066—1476*（1992）。

［125］Ian Short，"Patrons and Polyglots：French Literature in Twelfth-Century England"，*Anglo-Norman Studies* XIV：*Proceedings of the Battle Conference 1991*，ed. M. Chibnal（1992）是对 M. D. Legge，*Anglo-Norman Literature and its Background* 的升级，也做出了自己的根本性贡献。

［126］A. G. Rigg，*A History of Anglo-Latin Literature 1066—1422*（1992）. T. Hunt，*Teaching and Learning Latin in Thirteenth-Century England*，3 vols（1991）.

［127］N. R. Ker，*Medieval Libraries of Great Britain：A List of Surviving Books*，2nd edn（1964）；A. G. Watson，*Supplement to the 2nd edition*（1987）.

［128］C. de Hamel，*A History of Illuminated Manuscripts*（1986），ch.7；R. W. Pfaff，*Medieval Latin Liturgy：A Select Bibliography*（1982）；M. Huglo，*Les Livres de chant liturgique*（1988）.

［129］Thomas Walsingham，*Gesta Abbatum Monasterii Sancti Albani*，ed. H. T. Riley，Rolls Series XXVIII（1867），I，p.58；R. M. Thomson，*Manuscripts from St Albans Abbey 1066—1235*（1982），I，p.13.

［130］R. M. Thomson，*Manuscripts from St Albans Abbey 1066—1235*，I，pp.21—23，28，38—39，来自这时期的一份带乐谱的"弥撒附加段"的图示见该书 II，plate 89，也见 C. de Hamel，*A History of Illuminated Manuscripts*，p.80，plate 76。

［131］R. Marks and N. Morgan，*The Golden Age of English Manuscript Painting*（1981），plates 3，8；N. J. Morgan，*Early Gothic Manuscripts I：1190—1250*，catalogue no.47；N. J. Morgan，*Early Gothic Manuscripts II：1250—1285*（1987），catalogue no.100.

［132］亨利彩色肖像的图示见 *Age of Chivalry：Art in Plantagenet England 1200—1400*，p.235。

［133］L. F. Sandler，*Gothic Manuscripts 1285—1385*（1986），catalogue no.31.彩色图示见 J. Harthan，*Books of Hours and their Owners*（1977），pp.43，45—47。

［134］L. F. Sandler，*Gothic Manuscripts 1285—1385*，plate 77.

［135］J. Harthan，*Books of Hours and their Owners*，p.43.

［136］C. de Hamel，*A History of Illuminated Manuscripts*，p.164.

［137］C. Donovan，*The de Brailes Hours*（1991），p.183，MSS nos 1—5. N. J. Morgan，*The Lambeth Apocalypse*（1990），p.96，n.31 展示出这些手写本同样是为女性制作。

［138］M. T. Clanchy，"Parchment and Paper：Manuscript Culture 1100—1500"，in S. Eliot and J. Rose eds.，*A Companion to the History of the Book*（2007），pp.203—205.

第四章　书写的技艺

116　　　制作记录的材料以及将词语转化成适合这些材料的符号的方法，都相当多样。[1]印加帝国(Inca empire)那些名叫"吉布"(quipu)的有着不同颜色和长度的打了结的绳子能让人回想起数字和编年，甚至据说还有以往统治者的名字和品质。古代美索不达米亚(Mesopotamia)的信息被刻写在黏土上，然后烧成砖块，形成一份经久的档案。羊皮纸是中世纪欧洲的主要书写材料。装饰华丽的手写本——如12世纪英格兰伯里和温彻斯特的圣经——与石头建造的大教堂一样成为中世纪成就的缩影。羊皮纸与石头都是经久耐用的材料，它们要求其使用者具有形式意识和传之后世的觉悟。中世纪也使用寿命较短暂且不那么了不起的书写表面——诺夫哥罗德罗斯(Novgorodan Russia①)的桦树皮、前诺曼西西里和意大利的纸草、英格兰财政部制作计数签的榛木以及最常见的用于写笔记或草稿的蜡版。

　　中世纪欧洲制造这些五花八门的用于书面记录的人工制品要求范围广阔的各项技能，从制革专家和计数签裁割人延伸到书籍彩饰员和学校老师，它们结合起来构成一门技艺。一种特定的书写技艺规定和定义了一个区域或一种文化中读写能力的使用，一如布匹或金属制品等其他产品的形式取决于它们的制造工艺。例如，由于用羽毛笔在羊皮纸上写字比现代用圆珠笔在纸上写字困难得多，所以书写在

117 中世纪被认为是一项特殊技能，并不自动与阅读能力相伴随。因此，将现代的读写能力标准运用于中世纪是因不能领会技术差异而产生的年代误植。一位中世纪史家必须知道手写本的技艺，正如一位研究19世纪欧洲的历史学家必须知道工业化

---

① 准确些应当是 Novgorod Republic，或俗称 Novgorodian Rus。——译者注

进程。

不过 12 世纪和 13 世纪在书写品生产方式方面，并不存在与罗马帝国后期引入古抄本（或书籍）版式或引入羊皮纸可相媲美的技术革新，也不存在能与文艺复兴时期发明印刷术可相媲美的技术革新。12 世纪和 13 世纪最接近这种技术革新的是印章的使用日益增加，因为印章是印刷的先驱，也是官僚机构的加速器（见第九章的论证）；不过印章本身并非中世纪发明。相反，传统材料与方法的适用性经受住了对公文日益增长之需求的测试，并相应地被改进和调适。于是在 12 世纪创造出一种字迹新风格——草书，令抄写员可以写快些；也设计了新布局，以大大增加清晰度，如有词语注解的经院文本，或增加更大便利性，如 13 世纪制作的袖珍本圣经。为解决保存记录这一难题，国王的政府试验了不同的卷册版式。尽管这些变化是工艺上的和局部的，但它们对于理解书面记录的使用量日增有着根本意义，因为读写能力的拓展取决于对可获得之书写技巧的掌握。

中世纪的书写方法在古文书学和古文献学（diplomatics[①]，对"证书"或特许状的技术研究）的语境下已经被非常频繁地讨论过，特别是在那些指导学生如何阅读手写本并确定其出处和真实性的作品中。本章难免要对这个领域有所覆盖，但重点不同，因为它主要把公文当作制造品来考虑，并集中于它们的英格兰制作人如何回应以前所未有之规模来生产记录这一需求。由于既有的方法都被调适而非被彻底改变，因此我们的讨论从抄写员的传统姿势开始。

抄写员和他的材料

大量手写本都刻画了抄写员坐在桌旁的形象，伪装成作者在写书的模样，而这书是他正在抄写的。12 世纪的一些抄写员和彩饰员用自己取代了受尊敬的作者——最常见的就是四位福音书作者中的一位，用刻画作者的方式画自己。此种实践最醒目的例子就是坎特伯雷基督会修士埃德温（Eadwine）的全页肖像，他的画像围着一个框饰，框饰里的题记宣称他是赞誉和美名不会褪色的"书写王子"。[2] 埃德温以传统姿势（除了面朝左而非朝右）坐在一张有精美雕刻的靠背椅上，右手握 118

[①] 虽然中文将此术语译为"古文献学"，但正如作者的解释，该学科的主要焦点是王室和教廷颁发的特许状和证书以及协定、协议，不过它的方法后来被延伸运用于其他文献。它与古文书学的基本区别在于，它更接近现代的文本批评学科和历史批评学科。——译者注

一管羽毛笔，左手持一把削笔小刀，向着一张铺着桌布的高高的写字台前倾，写字台上是一本打开在空白页处的书（见图 19）。在另一幅不寻常的全页肖像中，达勒姆修道院的副院长劳伦斯（Laurence，任职期为 1149—1154 年）坐在一张桌台前，这桌台被表现为是椅子的可折叠延伸部分，从椅子扶手处突出。这幅肖像与埃德温的同时代，但这回表现的是作者。[3]

对抄写员的文字描绘都显示出大同小异的特征。这些描绘可见于辞书，比如亚历山大·奈克海姆（Alexander Neckham）描述日常事物的《名词用法》（De Nominibus Utensilium，12 世纪末编纂）。一部出自奈克海姆的作品描述抄写员时这样开篇："通常被称为抄写员的一位书籍书写人，应当有一把带突出扶手以安置木板的椅子，木板上要摆好一叠羊皮纸。"[4] 这部作品接着描述了制备羊皮纸所需的工具——用于刮擦羊皮纸的小刀或剃刀、用于清洁和压平羊皮纸的浮石以及抛光表面阻止墨水流溢的野猪牙或山羊牙。然后是画线的工具——尖笔、铅笔、直尺、铅垂线以及为了用扎洞标记字行起点而需要的锥子。最后还有书写设备——羽毛笔和削笔小刀、墨水瓶和各色墨水。这番描述也包括足够的热度和良好光线对书写的重要性，虽说推荐热炭的理由似乎主要是为了在潮湿天气里烘干墨水，而非让抄写员本人保持温暖。有些迹象表明，修道院里的书写是一种季节性活动。诺曼时代的英格兰历史学家奥德里克·维塔利斯在他的一部书（他亲自用笔写的）的结尾处说，他被冬天的寒冷冻僵了，他就要在此刻结束该书，并将在春天回归时再叙述他省略的东西。[5]

书写肯定被看作一种讲求耐力的活动，书写时"全身都在劳动"[6]。照此，它在修道院里就是布道和训诫的合适主题。被抄写到一部达勒姆手写本中的一份 12 世纪布道词劝诫它的听者们，考虑一下他们可以怎么担任上帝的抄写员，用记忆之笔在纯粹良知构成的羊皮纸上书写，这羊皮纸已被神圣敬畏之心做的小刀刮擦，被对天国的渴望做的浮石压平，并被神圣思想做的白垩漂白（白垩是奈克海姆的辞书省略的细节）。隐喻将该主题拓展得更远：尺子是上帝的意愿，羽毛笔分叉的笔尖是上帝之爱与邻人之爱的接合点，各色墨水是天国的恩典，被抄的范本就是我们救主的生命。[7] 虽说达勒姆布道词颂扬担任抄写员的修士，但我们不应得出结论说，所有修士都是抄写员，或所有修道院书籍都是修士们自己写下来的。当圣奥尔本斯的保罗修道院长（任职期为 1077—1093 年）为他的教堂制作书籍时，他"从远方"搜罗到最优秀的抄写员，并定期提供给他们烧好的餐食，使他们不必停止工作。[8] 要特别拨款支付他们、他们的材料和他们工作的新缮写室。阿宾顿的法里西乌斯

(Faricius of Abingdon,任职期为 1100—1117 年)修道院长也类似地"在修道院修士之外设立了抄写员"书写弥撒书和其他精美礼仪书。[9]

显然,对抄写员的视觉刻画和文字描绘都不直接勾勒他们生平的所有细节,因为他们构成一种传统保留节目的一部分。像《名词用法》这种辞书的功能之一是扩大读者的词汇,因此它倾向于夸大抄写员所需装备的数量,以便尽可能多地呈现不熟悉的词语。普通抄写员大概不会挨着一张优雅地铺着桌布的桌台,坐在一把精美的椅子上;他一般也不会像埃德温的肖像那样(见图 19)在一本已装订书籍的空白页上书写,而是写在折起来的一叠羊皮纸上。此外,关于抄写员的经典肖像都出自修道院。它们描绘了根据一个范本速度平稳地书写美丽礼仪书的传统誊录员。但在 12 世纪,一种新型抄写员崭露头角,他们与一幅尊贵的肖像不怎么般配。这种抄写员是世俗文员,根据口述快速写下书信和官方记录。13 世纪在国王的档案室里谨小慎微的那些"糊涂乱写的人"(scriptitor)和"小文员"(clericulus)(亨利三世的描述)[10]同"书写王子"埃德温鲜有共性。

中世纪书籍是由汇集起来的羊皮纸制成的,根据所要求的页面尺寸折叠成双开页(两大张,构成四个页面)、一叠(尺寸减半的四张,构成八个页面),诸如此类。[11]因此,一本中世纪书籍所汇集的东西可以有多种特征和多种出处,经过装订绑扎而形成独特的"小册子"。[12]在手写本文化中,装订书籍的连贯性不是由出版商着眼销售而对同样单位的批量生产来确立,而是由每位所有人或制作人的个人要求来确立,因此每本中世纪书籍都是独一无二的。1935 年在达勒姆大教堂图书室的一个抽屉里发现一本 12 世纪的手写本,还保留着未装订的汇集体形式。[13]中世纪书籍的绝大多数都在后来几个世纪里被重新装订。不过 12 世纪的一些装订本还是或完整或部分地幸存下来了。温彻斯特"末日审判"书的硬衬上还保留着用金属冲压做成的精美皮革装潢。至于圣殿骑士团 12 世纪 80 年代针对他们的财产做的调查表,装订书籍的针脚、书眉线、钉子和卡扣都大体还在,做装饰的皮革装潢也在。[14]带装饰的装订很贵。更典型的恐怕是塞伦赛斯特(Cirencester)修道院 12 世纪书籍的空白硬衬和书脊,现在保存于牛津大学耶稣学院(Jesus College, Oxford)。[15]

把书写品汇集成书籍,而不是像古代世界那样汇集成卷册,这与圣经和君士坦丁(Constantine)时代的罗马帝国正式接受基督教有关。[16]与卷册相比,书籍可以在其硬衬之间更有效也更可视地守护、保存和珍藏它们的内容。抄写员—福音布道人在一册装订好的书籍上书写,这形象成为一个中世纪刻板印象,因为他将神圣

120

经文持久耐用这一理想具象化；此形象的目标不是刻画在尘世工作间里的普通书写人。在中世纪基督教世界里，一切与书写有关的东西都有潜在的超越性意义，因此现代历史学家若要提实用性的问题和在中世纪形象中寻找实际日常生活的代表，就有困难了。

蜡、羊皮纸与木头

12 世纪那些为自己编纂或根据口述而写的书写人（有别于誊录员）最重要的装备不是传统的抄写员肖像中刻画的羊皮纸书籍，而是供他记草稿的书写板。书写板通常为木制，上面覆盖着色的蜡，经常折成能佩在皮带上的双折。当需要把什么东西记下来时，就把双折记事板展开，露出涂蜡的一面，用尖笔在上面写。波伊提乌（Boethius）《哲学的抚慰》（*Consolation of Philosophy*）有两份日期定为 12 世纪 40 年代的手写本，他在其中被画成以膝盖支着打开的书写板，一幅画中是一块平板，另一幅画中则是双折记事板。[17] 两幅画都清晰地画出环绕着涂蜡表面的木框。在一幅画中，波伊提乌用一支比他的手长出许多的尖笔写字，尖笔逐渐变窄，直至在书写端变成一个点，尖笔的顶部有一段横档或把手。画中画的究竟是 12 世纪使用的尖笔，还是画家意图表现出异教徒风格或古风尖笔（因此就适合于波伊提乌），这有待考古学家调查。[18] 奥德里克·维塔利斯的一则故事阐明了对蜡版的使用。温彻斯特的一位修士安东尼（Anthony）拜访他，并向他展示了圣威廉（St William）传记的一个副本。奥德里克也想有个副本，"但说实话，带着副本的人急着离开，冬天的寒冷也阻止我书写，因此我在板子上制作了一个完整且准确的缩写本，现在我将致力于将它立刻托付于羊皮纸"。这则故事再度附带阐明，与用尖笔在蜡上做笔记截然不同，用笔在羊皮纸上书写对奥德里克而言是一项季节性活动。

修道院的作者们在蜡上书写，然后在羊皮纸上制作一个清楚的抄本，这似乎是常见行为。厄德麦（Eadmer）描述了圣安瑟伦（St Anselm）在写《论说篇》（*Proslogion*）时的困难，因为写着文稿的板子先是丢失，继而粉碎，可能是恶魔作祟的结果。[19] 其他圣徒传记也表明，蜡是 12 世纪的标准书写媒介。马克耶特的克里斯蒂娜（Christina of Markyate）的传记作者评论说，他不能污染"蜡而写下"那个曾被约克大主教瑟斯坦推荐来当克里斯蒂娜同伴的神职人员的行为举止多么令人愤慨。[20] 圣休在 1200 年临终之际梦到他位于林肯的花园里的大梨树倒在地上，他对梨树木材的浪费感到忧虑,"用它可以削那么多双折记事板,多到整个英格兰和法兰西的学术研究都用不完"[21]。上帝在其上写了"十诫"的摩西的石板也类似被设想为双折板,在 1270 年财政部一份备忘录卷册中一宗涉及一位犹太人的案子里,它们被画成表面涂蜡并加框的一对版。[22]

13 世纪,小片羊皮纸被用来做笔记,也许是蜡版的替代品,也许是补充品。这种笔记在王室陈情状卷册中偶有提及。[23]在羊皮纸上做笔记也是罗伯特·格罗斯泰斯特的一种实践。此点为人所知,乃因围绕他的哪部作品是真实的起了争议。方济各会士(Franciscans)①的院务长声称,格罗斯泰斯特在手稿上做了一些旁注,因为"一些有价值的思想涌现时,他就写下来,于是不会忘记,正如他也写了许多压根不权威的羊皮纸小片"[24]。虽说不能假装理所当然地过度倚重这则声明,但这则声明暗示,格罗斯泰斯特不习惯用蜡版做笔记和写草稿。制作备忘录的实践,无 122 论在蜡上还是羊皮纸上,都与常见假定相冲突,常见假定认为中世纪的人记忆非常好,不需要笔记。一旦他们有读写能力,他们就有了同现代写作者一样的需求。在蜡或小片羊皮纸上的草稿是现代作者原始手稿的等价物,而羊皮纸文本则可媲美文字处理软件制作的一个清晰副本。

在讨论羊皮纸之前,先要对纸张说几句。英格兰中世纪档案中现存的最早纸张公文是从意大利寄给爱德华一世的银行家里卡尔迪(Riccardi)的书信,日期定为1296—1303 年。[25]英格兰最早的纸张记录,最恰当地说来自主要海港:一本 1307年来自金斯林的登记簿,也有一本 1309 年来自莱姆里吉斯(Lyme Regis)的登记簿。[26]伦敦在 1300 年(可能早至 1275 年)描述它的学徒登记簿、公民登记簿和债务登记簿是市政厅会议室的单数或复数的"纸张",但伦敦此期的存世记录实际上都写于羊皮纸上。[27]纸张首先出现于海港,乃因它是进口物品。在很长时期里,纸张比之羊皮纸的主要优势在于,它易于书写也有更便宜的潜力。在截至 1307 年的时期里,关于英格兰纸张的最重要的事实是,它鲜为人知。相应地,羊皮纸之所以在即将到来的几个世纪里都被确立为所有最正式记录的适当材料,乃因这类记录在 12 世纪和 13 世纪成形。

称羊皮纸的最常见词语是"膜"(membrana),仅仅指动物皮的意思。北欧最常用的动物皮是牛皮和绵羊皮,也用山羊皮、兔子皮和松鼠皮。最好的羊皮纸是小牛

① 格罗斯泰斯特当林肯主教前在牛津大学培训方济各会士,也是牛津方济各会士学派的一员,但他不是方济各会士。——译者注

皮做的上等皮纸。因此，在安瑟伦修道院长时期(1121—1148 年)，为了制作伟大的《伯里圣埃德蒙兹圣经》，教堂看守人哈维(Harvey)从苏格兰(可能是指爱尔兰)弄来了羊皮纸，因为他找不到适合彩饰员休大师(Master Hugh)的本地小牛皮。[28]至于同样壮丽的《温彻斯特圣经》，人们估计肯定要用约 250 张小牛皮。[29]这 250 张皮肯定要从十倍于此数量的牛皮里挑选，要找到出自健康年轻动物的没有污点的皮。绵羊皮是王室记录的例行材料，既因为它便宜，也因为(按照《财政部对话录》所言)在绵羊皮上不容易不留明显痕迹地擦除记录。[30]一旦羊皮纸被刮擦过、准备好被书写，就不可能说出正在使用的是哪种动物皮。[31]

123

人们动辄假定，羊皮纸稀罕又昂贵，且它的高成本妨碍了读写能力的传播。这种假定没能区分最好的羊皮纸——如《伯里圣埃德蒙兹圣经》那种装饰华丽的手写本所要求的羊皮纸——和较便宜的品类。也有必要考虑其他项目的比较成本，诸如抄写员的时间、墨水和装订材料的成本以及(在写信的情况下)印蜡和递送的成本。这些成本转而需要联系到一般生活成本。由于没有沿着这些线索的详细研究，因此这里只能引述一些有指示意义的事实。当亨利二世问圣休，为威瑟姆的新卡尔特修道院建一间图书室需要多少钱时，圣休回答说，一个银马克就够用很久了。[32]国王闻之微笑，说"你给我们提了多大的要求啊"，然后给了他 10 马克。因为休的传记作者恩舍姆的亚当(Adam of Eynsham)希望强调这位圣徒的谦逊，所以他可能将休的要求压到最小；即使如此，亚当讲的故事也假定 10 马克(6 英镑 13 先令 4 便士)可以买大量羊皮纸。

就在亚当写这部传记的时间，财政部也在保留它的运行成本账目。尽管这些记录没有以完整系列的形式幸存下来，且有些数额是可以回溯到亨利二世或更早时代的固定支出，但它们确实提供了充分信息来体验 13 世纪 20 年代和 30 年代公文生产不同阶段的比较成本。[33]每年有 10 先令的固定费用支给羊皮纸。当菲兹尼尔写《财政部对话录》时，这个数额已经是惯例，因此它不表示实际成本；但书中记录了在某些时期要支出数额不等的追加费用，在一年 20 先令到 40 先令之间浮动，这些数额大概确实显示出羊皮纸的实际花费。与这些数额相比，1222 年一位抄写员巴辛伯恩的罗伯特(Robert of Bassingbourn)为了十天"撰写传唤令"的工作而得到 3 先令 2 便士报酬，而惯常给抄写员的费用是每人每天 5 便士。[34]类似地，同一年复活节期间，守夜人和照明的惯常成本是 12 先令(每夜 1.5 便士)。墨水也是一项显著开支，它以固定比率随着羊皮纸的花费而增加。在菲兹尼尔时代，一年拨付 2 先令给墨水，亦即羊皮纸成本的 1/5；到了 13 世纪 20 年代每年拨付 3 先令，到

了 30 年代半年拨付 40 便士。[35]给令状盖印的成本也同样高(平均每 30 份令状 12
便士),虽说这个数额可能同时包含了盖印人的收费额和蜡的成本(约每磅 7 便士)。 124
更大的一项开支是将令状递送到目的地(13 世纪 20 年代每份令状超过 2 便士);
1226 年 7 月 11 日,携带 6 份令状给不同郡的郡治安官的费用是 3 先令 6 便士。[36]

这些数字不是作为真实花费的统计数字来呈现,而是作为比较成本时的参照
值。仅考虑材料,则羊皮纸似乎相当便宜。墨水和印蜡出人意料地昂贵,尽管与无
技能(如守夜人)或有技能(如熟练的抄写员)的劳动力每天 5 便士的惯常费用相比,
所有材料都相对便宜。假如 13 世纪 20 年代和 30 年代羊皮纸在财政部的成本最高
一年约 50 先令,那就相当于四个银马克,考虑到国王法庭一笔单项罚款或献纳的标
准价格是 0.5 马克,这就是个微不足道的数额。与亨利二世一样,亨利三世可能对
买羊皮纸的几个马克是他岁入的沉重负担这一暗示一笑置之。

从上面的命题不能随之得出,既然羊皮纸相对便宜,那么成品即手写本也相应
要便宜。手写本的高成本主要源于它们是手工制作,而不在于动物皮构成的初始
成本。13 世纪最后几十年,一些隐修院执事的账目已足够详细到将书写材料成本
和劳动力成本区别开。与财政部记录一样,这些账目表明,即使最好的羊皮纸也比
抄写员的时间便宜。例如,1288 年的诺威奇大教堂小修道院,12 打制作上等皮纸的
皮子值 17 先令 5 便士,而抄写员的报酬是 20 先令 5 便士;类似地,1296 年,12 打小
牛皮值 2 英镑 1 先令 6 便士,而书写指定那本书的抄写员的报酬是 3 英镑 6 先令 10
便士。[37]这些成本比该世纪初财政部的羊皮纸花费要高得多,但它们是制作上等
皮纸的皮子,不是绵羊皮,而且牛(因此也有它们的皮)的平均价格自 13 世纪 20 年
代以来上涨了约 1/3。

羊皮纸的初始成本取决于动物皮的可获得性。关于它们稀缺的假定可以通过
将羊皮纸需求同动物总量关联起来加以审视。虽然没有充足数据对全国范围进行
估算,但下面有个样本,将 13 世纪不同时间里两个地方的动物数量同国王的法官们
在巡查这些地方时所使用羊皮纸的估计数量关联起来。波斯坦(M. M. Postan)基
于捐税收入估算,1225 年在威尔特郡南部 23 个乡村组成的群体里有 14 988 只绵
羊、2 645 头母牛及小牛,1283 年在萨福克布莱克伯恩区(Blackbourne hundred)的
33 个乡村里有 17 059 只绵羊、4 298 头母牛及小牛。[38]与此同时,国王的法官们和
他们的诉讼当事人恐怕是羊皮纸最大的单类消费者。当法官们为了一次郑重其事
的巡查而造访如威尔特或萨福克这样大小的郡时,根据一个大手笔的平均估算,他 125
们和诉讼当事人理当使用 300 张羊皮纸写卷册,再用 200 张羊皮纸写辅助公文。乍

看之下，500 张羊皮纸似乎是个巨大数值，然而 500 张绵羊皮在 1225 年的威尔特郡是 32 户应纳税家庭的羊群数量，在 1283 年的布莱克伯恩则是 38 户应纳税家庭的羊群数量。上引威尔特郡的家庭数量是一个村庄家庭总数的约 3/4，萨福克的家庭数量则比一个村庄的家庭总数略少。

给出这些数字并不是暗示，不管国王的法官们何时出现，就要杀死 500 只绵羊，虽说他们的随员在这些巡查活动中要消费数量巨大的肉和谷物。这些数字是为了展示，即使是国王的法官们使用的羊皮纸所要求的绵羊皮也相对少量。就算在萨福克这种耕种占主导的地区，一个村庄或少于一个村庄的绵羊也足以满足一个郡的需求。英格兰大量饲养动物，尤其是饲养绵羊以获得羊毛制品，可能令羊皮纸在英格兰比在别处便宜。但这只是个猜测，因为绵羊皮有大量用途，而羊皮纸的出产地难得被详细说明。截至 1300 年，没有证据表明，各个机构认为羊皮纸是一项抑制公文生产的开支，哪怕可以找到个体书写人要节约用纸的例子。罗伊·弗兰克·哈尼赛特（Roy Frank Hunnisett）已经指出，法官卷册使用的羊皮纸在 13 世纪里有显著增加，"几乎可以肯定，对羊皮纸需求的极大增长，尤其在威斯敏斯特，必定引出更大规模和更有效率的生产与供应"[39]。从记忆到书面记录的转变可能在英格兰制造出一个新的书写材料产业。

除了羊皮纸，制作与写在蜡上的瞬时草稿截然不同之记录的最重要材料就是木头。1224 年秋季，财政部花了 5 先令购买制作计数签的木棒，而同时期花了 4 先令购买羊皮纸。[40] 计数签用于记录钱的进项或其他收到的项目，比如磨坊收到的谷物的袋数，也用于记录要支付的款项或债务。[41] 恰当的数额由计数签上宽度、深度、间隔不同的凹槽来表示（见图 8）。与正式签字文件一样，英格兰的计数签是一份双联记录。当木棒上刻出了令给出方和接收方都满意的凹槽时，这根计数签就被纵向劈成两半，于是双方都有同样的记录。紧密咬合的两半是为用于核查，防止伪造。虽说计数签上的数字是用小刀刻出来的，但当事各方的名字和业务是用墨水写的文字（见图 8）。有些计数签也像特许状那样带印章。计数签并非来自无文字过往时代的原始劫余，而是一种复杂精细且实用的数字记录。与羊皮纸相比，它们更便于保管和储存，更易于制作，也更难以伪造。它们是 12 世纪王室财政体制的基础和源头，并在 13 世纪被私人会计广泛采纳，他们详细描述过计数签应如何切割，正如菲兹尼尔在《财政部对话录》中所为。[42]

中世纪制作的几百万计数签中只有几百枚幸存下来。1834 年，在通过了废除财政部收据的法令之后，储存在威斯敏斯特的财政部计数签都被烧毁了。大火碰

126

巧蔓延到议会大厦,于是灿烂辉煌地象征了旧制度的废除和"改革"的胜利。对历史学家而言,烧毁计数签木棒还有更大的反讽意味,因为同时期,记录委员会(Record Commissioners)正在以写有伪造的拉丁文标题的奢华卷帙出版最早的中世纪羊皮纸记录,比如约翰王的档案室卷册。这个委员会不会梦想着烧毁《末日审判书》或档案室卷册,然而财政部的这些记录却被故意破坏,只因它们位于木材这种介质上,笨拙到无法令学者欣赏。1834 年的大火进入英国历史的神话中。事实上,烧掉的只有最近期的那些计数签,可能是 1800 年之后的。但当时的人们相信它们是中世纪的,因为在 19 世纪的改革者眼中,用木棒记账看着这么原始,甚至可耻。例如查尔斯·狄更斯(Charles Dickens)逼问"要拿这么破旧的、虫蛀过的朽烂旧木屑",这些曾被引入财政部的"多年以前一种保留账目的未开化模式怎么办"?[43]

　　蜡、羊皮纸和木材是中世纪英格兰最常见的记录材料。除了它们,当然也在其他材料上制作铭文,尤其是在石头、金属、骨头和纤维上。这类题刻过于多样和分散,无法于此详述。被刻在和画在纪念碑石板与石头雕像上的书写字,或者雕刻和釉饰在黄铜制品、印章、刀剑、指环、杯子和诸如此类物品上的书写字,可能是抄写员设计的。它们的使用者想必能理解这些拉丁铭文的含义,哪怕这是他们读写能力的极限。每个人都应该在教堂的法衣、神圣图像和器具上见过铭文,至少见过用作符号的字母。类似地,带着拉丁文内容概述标题[比如 HIC HAROLD REX INTERFECTUS EST(哈罗德王被杀死)]的贝叶挂毯(Bayeux Tapestry)也拥有一批受众,其中有些人能阅读。[44]它们是书写字在作为整体的大众中得以最广泛流通的媒介,因此它们的铭文是以批量生产的形式来制作的。书写字不是按照一位抄写员的设计图被单独雕刻在模具上的,而是由铸币师使用不同形状的冲压机一部分一部分地塑形。硬币是唯一未受诺曼征服的影响而保留下来的书写形式,即使一个世纪后的亨利二世当政期,古风书写字依旧可见。

127

遣词书写

　　一位书写人如何进行他的工作,这在劳曼(Lawman)于 12 世纪 90 年代或更晚用英语写的关于亚瑟王的诗歌《布吕特》(Brut)中有所描述。劳曼是塞文河(river Severn)畔阿雷利(Areley)的一位神父,也"在那里阅读书籍"。他为了写出一本自己的书而四处旅行,并且"采购那些他引为范例的高尚书籍",它们有三本,英语、拉丁文和法语各一。然后"劳曼把那些书摆开，翻开书页。他充满爱意地注视它们，愿上帝眷顾他！他将羽毛笔握在指间并笔之于羊皮纸（所用拉丁词的字面意思是'书皮'），然后一并记下更真切的词语，并将这三本书压缩成一本"[45]。这番描述把劳曼呈现为根据范本工作的抄写员—誊录员这一刻板形象。实际上，将劳曼声称使用的三本书转换为超过16 000行有学问的原创英语韵文，这过程涉及的工作肯定多过制作一份纲要。为何劳曼不希望被刻画成一位创造性的写作者，也就是现代意义上的诗人和作家？可能是他只把自己看作一个把几本书合并起来的乡村神职人员。也可能是强调了笔之于羊皮纸的那一幕，因为这对任何中世纪书写人来说都是如此困难的任务。此外，劳曼也在书写历史，他的"故事"是真实的，并且像一切有良知的历史学家一样，他提到自己的材料来源，甚至提到他在哪里没有使用它们。

与对劳曼书写程序的理想化和简单化描述迥异，实际上在用羽毛笔写在羊皮纸上之前，他可能在蜡版上写了韵文草稿。或者，他可能先对一位抄写员口述，因为这是遣词书写的最专业方法。通常结合在一起的是"阅读和口述"，而非"阅读和书写"。[46]以正确形式书写一个字母的技能是"口述的艺术"①，是修辞学的一个分支。书写区别于写作，因为笔之于羊皮纸自身就是一门艺术。即使一位作者宣称他正在书写什么，他实际上也有可能是在比喻意义上使用"书写"一词。由是，索尔兹伯里的约翰在约1159年给策勒修道院长彼得的一封信里评论道："当我正在写这个时，书记员被信开头的问候弄到大笑起来。"[47]想必是约翰的书记员把这封信写了下来，而非约翰本人；这位书记员显然不单纯是个誊录员，因为他告诉约翰，这问候很荒谬，并且针对他混用比喻给他提忠告。偶有手写本描画出该作品的作者对抄写员口述的情景。有一幅画表现出普瓦捷的彼得（Peter of Poitiers）对一位抄写员口述他的《历史纲要》（Compendium Historie），图示见本书图12。在肯定是出自英格兰的图画里，有一幅细密画（日期为约1130年）表现约瑟夫斯（Josephus）对抄写员撒母耳（Samuel）口述他的犹太人战争史，另一幅图画（归于马修·帕里斯名下）表现柏拉图对苏格拉底口述。[48]

例外于作者口述自己作品这一规则的通常是修士，他们与教区神职人员截然不同。修士们更多地书写他们自己的作品，因为他们被期望谦卑，也因为他们中有

---

① 这个术语的拉丁文原文是 ars dictaminis，是中世纪指散文写作艺术的词，本书作者将之英译为 art of dictation（口述的艺术），概因此术语同涵盖各类公文写作的 ars dictandi 密切相关，而后一个术语的字面意思可以译为"口述的艺术"。下文出现该术语也译为"口述的艺术"。——译者注

些人就在缮写室里受训练。我们已经看到圣安瑟伦在蜡版上写自己的《论说篇》的草稿，而他的传记作者厄德麦也用这种方式书写。[49] 厄德麦除了书写自己的草稿，还自己在羊皮纸上誊写清晰副本，一如最伟大的修道院历史学家奥德里克·维塔利斯、马姆斯伯里的威廉和马修·帕里斯。不过大体而言，创作者（口述人）的角色与抄写员的角色是有区别的。菲兹尼尔在《财政部对话录》里忠告，"抄写员必须小心别在卷册上写下任何他自己的东西，只能写财务主管通过口述所指示的"[50]。有些抄写员像厄德麦那样，是超级书法艺术家，想必觉得自己比通过口述而书写的创作者或文员优越，但另一些只是誊录员，他们很少能理解面前的范本。编者和抄写员之间缺少个人接触，这一点由 12 世纪早期一份手写本中的一条注记所证明，该注记对"本书的抄写员，无论你是谁！"发话。注记就间距、段落、大写字母和词语注解给出指示，结尾说"至于其他，你得看明白什么东西要被写下来"[51]。

　　字体风格取决于各种状况——抄写员的能力、他工作的区域和时期、正在书写的公文的类型以及这位抄写员是依据一个范本抄写还是依据口述书写。因此在诺曼征服之后的一代人里，能认出是诺曼人的手笔还是英格兰人的手笔，一如在 12 世纪最后几十年里能认出是罗马风格还是哥特风格。[52] 与其他艺术形式一样，英格兰的书法受到法兰西的影响。从制作记录的角度看，最重要的发展是 12 世纪出现了草书字体且它们在 13 世纪确立为书写业务公文的典型字体。当时的人和现代古文书学家一样，都在书写匀称且严谨的"书本体"（book hand）同"法庭体"（court hand）或草书体之间作区分，前者是最早的印刷书籍所使用的黑体字的前身，后者则更加自由流畅。（图 3、图 14 和图 17 示例了不同日期和类型的书本体，图 4、图 6 和图 11 示例了法庭体或草书体。）称书本体的中世纪术语是 textus，这个词更合适，因为它的字面意思是一种"织物纹理"。约 1300 年王室宝库的书籍清单描述一本抄本书籍用大号或粗重的纹理书写，而另一本用法庭体书写。[53]

　　威尔士的杰拉尔德讲了一则早一个世纪的轶事，表明类似的区分。[54] 他的圣戴维（St David）主教职位的一位竞争对手——圣道格米尔（St Dogmael）的修道院长被教廷法官代表团测试阅读。他们让这位修道院长读一封英诺森三世委任他们的书信，以此来考核他。他的法律顾问提出异议，说让他读那种类型的一份书写品来测试是不公平的，他不习惯这种书写类型，并建议用教堂的书籍替换。于是教廷法官代表拿来一本"用大号且易辨认字体写的"弥撒书，但修道院长连这个也不愿读。杰拉尔德的故事除了表明修道院长压根拒绝阅读并且想必没有能力阅读，还展示出当时的人早已明了一本弥撒书上熟悉的书本体和一封教宗书信上新颖的法庭体

129

之间的差异。

当时的人也清楚，不同的字体适合于不同种类的公文。亚历山大·奈克海姆描述了三种风格，一种用于业务公文，一种用于书籍，第三种用于词语注解和旁注。词语注解体是厚重书本体和草写法庭体的居间风格（见图 14），用于在文本周围写评注。有更多特殊字体在 13 世纪变得明显，尤其是在王室文员当中，他们发展出法庭体的多种有区别的变体，分别用于派普卷册、档案室卷册和诸如此类。因此好的抄写员不能（像现代作家那样）以书写一种有自身特色的独特风格为目标，而要掌握各种各样适合于不同功能和场合的字体。有一篇论文说："许多书写人练就一种优良且适合写一叠手稿（亦即抄写书籍）的字体，但他们不懂如何调整字体写书信（通信意义上的书信）。"[55]

牛津一份日期可以定为 14 世纪早期的手写本的各个部分由多种字体组成，这些字体适合于礼仪书的文本与乐谱。它的出版商暗示，这是一位书写老师向未来的学生赞扬自己的广告。[56]另一种情况是，该手写本可能作为一个样本，展示出抄写员的工作范围，这样他的顾客就可以选择自己要求的尺寸和字体风格。专业抄写员用这种方式证明自己的技能恐怕已经有几个世纪了。

130　　　　称职的抄写员能写出多种风格，因此基于字体风格的理由将手写本归之于特定书写人，这就格外困难，且容易闹时代错误。正如中世纪书写人通常不以绝对一致地正确拼写名字以及使用大写字母和标点符号为目标，他们也类似地变化字体。比如，给约翰王的宫廷大臣罗伯特·墨迪特（Robert Mauduit）的两份特许状都明确声明是罗金汉姆（Rockingham）的文员路易斯所写，因为他在见证人名单中他自己的名字后面加了"书写该令状的人"几个字。[57]但这两份令状的字体和书写惯例很没道理地大异其趣，只有最内行的古文书学家才会把它们归于同一位抄写员。路易斯连写他自己名字的方式都加以改变，因为独特的签名这种思想在英格兰还不常见，而一份公文的真实性取决于印章和实名见证人的话。

有些古文书学家曾尝试为字迹创建一种比授权公文更严格的归类法。早期的草书体或法庭体尤其因此遭罪，它们被描述成了"档案室体"。该术语背后的假定是，草书字体是档案室学校的书写老师们教授的。由于没有证据表明英格兰存在这种老师或学校，而且在 12 世纪最后 25 年之前，也没有足够证据表明存在有组织的档案室，因此一些古文书学家就依赖于教条式断言。例如，博德莱图书馆写本 Savile 21 的字体据称是罗伯特·格罗斯泰斯特的手笔，这已经在两本古文书学教科书上被分析过。其中一本将该字体描述为林肯大教堂档案室的主导类型[58]，而另一本说它明显是从一所档案室学校学来,只是太不清晰,因此无法让任何档案室负责人满意。[59]实际上,并不清楚格罗斯泰斯特从哪里学会了书写,这份书写品也不必然是他的手笔。[60]不过,确实存在格罗斯泰斯特手迹的真实样品,证明他与其他大学老师一样,都用一种快捷的草书字体书写。

为了解释这类草书字体的出现和相似性,匈牙利古文书学家豪伊瑙尔针对老师在档案室学校教授这一假设提出了一种替代假设。[61]他提出,书写在大教堂的学校和正在形成的大学里作为"口述的艺术"的一部分而教授。尽管该假设难于证实,但至少豪伊瑙尔解释了为何像格罗斯泰斯特这种大学老师写草书字体。豪伊瑙尔的假设也将书写特许状和业务公文的文员置于一个新视角下,因为它暗示,文员中有许多都是大学毕业生或至少上过一年课程的"行游学者"。根据口述书写拉丁文是桩难事,它要求的技巧不同于依据一个范本从事抄写的修道院抄写员的技巧。大学生肯定已经习得这种技巧,哪怕不是被特地教授的,因为他们要写下他们听到的课堂演讲。大学毕业生以当书记员而开始职业生涯,这样的例子有可能找到,比如托马斯·贝克特,但关于英格兰书写人在一间档案室受训的例子还有待求证。人们通常认为,《末日审判书》的主要卷帙是用不同于温彻斯特王家书写处字体的"法庭"字体书写的,但恐怕并非如此。[62]

对英格兰草书字体起源最悉心的研究是毕夏普对 12 世纪王室特许状和令状的分析。他表明,这些公文并非写以一种明确的王家档案室体,因为一位抄写员可能使用各种形式,反过来,同样的字体在王家档案室以外也被使用。[63]他提出,早在 12 世纪就出现的各种草书形式"只不过是经过调适的小写字母形式,出于每个抄写员各不相同的习惯,为了写得更快……草书是被许可的结果,不是被训练的结果;它不是共同培训的证据,而是某种更简单也更具历史意义的东西——一种来自紧迫业务的共有压力"[64]。毕夏普由此拒绝了书写老师进行指导的必要性,不管是在档案室还是在大学,转而力主草书是因公文激增而导致的自发式发展。(图 2 和图 4 示例了草书体在亨利一世和斯蒂芬王的抄写员当中的发展。)

若接受毕夏普的分析,则草书只不过是一种更快速的书写方式,因此在任何速度很重要的场合都被使用。为此它变成那些生产最多公文的书写处(比如王家档案室)的专长。草书被当时的人恰当地称为"法庭体",乃因法庭的书写速度最快,非是在法庭或档案室教这个。它更多的是一种完成业务的务实方法,而谈不上是一位官员的独特标记。相应地,人们发现草书字体自 13 世纪后半叶开始被用于写书(见图 16),这既毋庸惊诧,亦非自相矛盾。它更快,因此就较便宜,并且对于平信徒和那些看业务公文多过读礼仪书的神职人员而言就更熟悉。有些草书特征甚至见于早期书籍，最突出的是在日期定为约 1200 年的中世纪英语手写本《恶习与美德》(*Vices and Virtues*) 中。[65] 因此，草书字体是从记忆向书面记录转变的一个产物——人们要求的主要不再是被精心复制的修道院书籍，而是以经济但易辨认的方式书写的公文。节约抄写员的时间是最重要的考虑，因为劳动力成本在一份手写本的价格中是主要因素。不过，用书本体书写的上等手写本继续被生产，直到 16 世纪，它们在印刷术和修道院制度被毁的联合攻击下被压垮。

132

　　草书字体不是中世纪的发明。它在古代世界就被使用，并坚持到晚期罗马文化，直到引入加洛林小写字母。但晚期罗马实践与 12 世纪文艺复兴的草书有一个显著区别。中世纪抄写员以现代读者熟悉的方式将一行之内的每个单词间隔开，而更早的拉丁文书写员不这么做。罗马草书字体抛弃了铭文中用于将一个词与下一个词区分开的圆点，所有的字母一气呵成，仿佛间隔单词没有意义。这种实践令人难忘的图示见阿曼多·彼得鲁奇（Armando Petrucci）和弗兰卡·纳尔代利·彼得鲁奇（Franca Nardelli Petrucci）对来自 8 世纪卢卡的特许状的放大复制件：当到了一行结尾时，就连短单词也被武断地一分为二。[66] 间隔单词是爱尔兰和盎格鲁-撒克逊的修士们发展出来的，推测是因为他们不熟悉拉丁文，所以将圣经的单词一个个区分开对他们而言极其重要。[67]

　　与草书字体这种主要革新相比，在缩写、加标点、进行变更或改正这些惯例方面，12 世纪的抄写员只做了细微修订。大量注意力被投入于核查手写本的错误。有些读者在阅读文本时会修订文本。[68] 在大教堂，改正他们所负责的书籍的错误，这是档案室负责人和领唱人这类官员的职责；索尔兹伯里指定拨付 1 威尔格（virgate）①土地的收入用于这一特别目的。[69] 在财政部，错误不折不扣意味着钱，因此菲兹尼尔描述了确立准确文本的详尽条款。[70] 类似地，王家档案室的资深文员应该是要在令状盖印前加以核查，涉及它们的形式、字体、用词和拼写。[71] 尽管有这些核查，公文里的错误还是很常见（迥异于书籍），尤其在王室陈情状卷册里。即使在地名拼写这个多样性可被容忍的问题上也有规则。剑桥郡 1286 年的法官巡查中，一位被告对原告的令状有异议，因为它将哈斯顿（Harston）村的名字拼写为"Hardlestone，明显加了'd'"[72]，为此原告不得不获取另一份令状，里面没有违反常规的"d"。

---

① 英格兰土地面积单位。——译者注

中世纪笔迹中一个尚未被系统研究过的重要方面是糟糕的书写品。尤其是，133 不合格的书面令状在 12 世纪很常见，在 13 世纪依然可见（见图 6）。杰弗里·巴勒克拉夫（Geoffrey Barraclough）的柴郡特许状的复制件提供了好例子。[73] 约 1146 年给波尔顿（Poulton）修道院的一份特许状写在一张形状不规则的羊皮纸上，出自一只无法让字行保持平直的颤巍巍的手。最后的那位见证人——他的名字显眼地写在公文中央——被称为"威勒姆斯·斯普恩斯·门德西姆"（Willelmus Spuens Mendacium）。从这名字的位置来判断，这位"假装呕吐威廉"①大概是书写人；该名字的意思纯属个人猜测。日期定为 30 年后的班伯里（Bunbury）领主汉弗莱（Humfrey）的令状也类似，以一种特别的字体书写，还包含常见拉丁词语的异写，比如把"效忠"拼写为 humagium，把"可耕种"拼写为 harabilis，把"见证人"拼写为 testebus 而非 testibus。同样令人震惊的奇德尔的乔丹的令状，由专职神父罗杰书写，他似乎用笔有困难，并且在第二行决定加大字体的尺寸。这份特许状在描述一块与"一棵已经被连根拔起的特定橡树"有关的土地的边界时，也包含幼稚的草稿错误。

与特许状的情形截然不同，书写反常的书籍极其罕见，因为一本书的抄写员不是只临时书写一页。外观看来奇怪的书籍是《奥姆书》，这是以中世纪英语韵文写的关于福音书中基督生平的一系列训诫。此书可能是奥古斯丁派修士（Augustinian canon）②奥姆（Orm）本人在 1170 年前后的一个较长时期里编纂并书写的。他在形状不规则有时还质地粗糙的羊皮纸上用格外大和粗的笔迹书写。[74] 趋于书的结尾时，字体变得密密麻麻，偶尔还从一栏跑到另一栏，还有垂直加入的额外词语，仿佛书写人全力以赴要节约羊皮纸。奥姆的书虽然外观不专业，但它显然不是一位没有读写能力的人的作品。他用英语书写，因此没什么范本可以效法，可能也不觉得外观有多重要。他的书可以反映出奥古斯丁派修士关于以简朴和贫困的精神教导福音的理想。

异写的和业余的公文引出的问题是，它们的书写人受过什么类型的训练、有什么类型的实践。人们常常假定，在乡村，书写由一位是专家的本地的修士或神职人员从事。但是在大约 1200 年之前，修士或教区神职人员在书写或任何其他东西上没有什么共同培训。像坎特伯雷基督会那样有大型缮写室的修道院是例外。12 世

---

① 前面那个名字的字面意思。——译者注

② 中世纪遵从圣奥古斯丁规章的修会成员分两大类，一类是有不同的修会名号，但都遵从圣奥古斯丁规章并且过半隐修生活；另一类是托钵会士，冥想和神职共行，这类中最大的一个团体是 1244 年成立的奥古斯丁会（OSM）。本书涉及的都是前一类，因此译为奥古斯丁派修士。——译者注

纪也没有很多神职人员具备上过大教堂学校或大学的经验，或具备在有组织的书写处工作过的经验。另一方面，到了 13 世纪，书写的平均标准提高了，大概因为更多神职人员正在获得一种恰当的教育。起初，修士和教区神职人员应当不熟悉特许状这种业务公文，哪怕他们对书籍略知一二。假如奥姆写过一份特许状，那么无疑他会让它看起来仿佛出自一位半文盲，但若说它出自半文盲，这就是错误推论。书写糟糕的公文也许主要就是清楚地指示出书写的困难，同时也强调了多数书籍和特许状的专业标准。与解释乡村教堂如何被设计和建造得宛如宏伟大教堂的缩微版相比，怎么解释地方公文中的多数如何能达到如此雅致和稳定，这依然是未决问题，或许也是解决不了的问题。

布局与版式

一位业余书写人的最常见标志是糟糕的布局（见图 1、图 6），因为布局能加强或掩盖字体所传达之信息的清晰度。[75] 上述那些书写不过关的特许状都有着不规则的布局。可想而知，12 世纪和更早的一些特许状抄写员更习惯书写书籍。这不仅由他们的书本体透露出，也由他们的布局透露出。忏悔者爱德华给威斯敏斯特修道院的特许状之一写于诺曼征服前夕，它看起来是早前画过线的一页羊皮纸的靠下部分，这张羊皮纸大概打算用于写书。[76] 类似地，日期定为 1120—1130 年的亨利·德·波尔图（Henry de Portu）的一份特许状写在一张书籍尺寸、双栏排格式的对开页上。[77] 书写人显然对这个布局没把握，因此让文本跨过中间位置，双栏排的用处就是让字行更容易写直。理查德·菲兹尼尔在《财政部对话录》中关心良好布局不亚于关心办公室程序的其他细节。他显然有志于把布局当作一种艺术形式，因为他描述了一本声称是他本人书写的历史书，名叫"三栏排"（Tricolumnis），就因它安排为三栏，分别处理教会业务、王室业务和杂项业务。[78] 分栏目的表格——用以区分不同类型主题的事务——在当时是新奇事物。为此，另一位同时代人（可能是坎特伯雷的杰维斯）仔细解释了他为自己的《世界地图》（Mappa Mundi）设计的三栏布局，此书不是对地表的呈现，而是一本修道院方志：

> 注意，我们的页面被分割成仿佛是三栏。第一栏包含尊贵的地名，亦即大主教辖区、主教辖区、修道院管区和小修道院。第二栏列出地方的名字和教堂所供

奉的圣徒。第三栏表现人员们属于哪个修会和哪种服色，属于哪座母堂。[79]

给修道院列一份详尽名单的这一首次尝试，是修道院数量新近增长加上制作书面　135
调查表和备忘录的风尚日盛的一个后果。

　　菲兹尼尔描述了财政部派普卷册的正确布局，给出了关于如何用尺画线和如
何空出页眉的细节（从现存卷册上可以验证）。[80]当菲兹尼尔描述每个郡治安官的
名字应当以大写字母登记在开头时，他使用了表示"描画"而非"书写"的术语。这
个术语所暗示的与绘画的关联是恰当的，因为越是用作标题的字母越是精心撰写，
而且在一些手写本中被用红色突出，亦即红字标题。使用颜色既体现功能，也作为
装饰，因为如各手写本的前言指出的，这有助于读者找到他的位置。拉姆塞修道院
那本《施主书》的作者解释说，他插入红字标题"以让读者注意"[81]。《末日审判书》
这个大型卷帙最好地示范了红字标题的功能性用途以及作为整体之标题和段落的
雅致布局。在手写本中一如在总体而言的中世纪艺术中，功能与用途携手前行。

　　最费心的布局见于注释法学家关于圣经、罗马法和教会法的作品；图14将埃德
温书写的带词语注解的《诗篇》作为布局范例展示。[82]词语注解的明确形态形成于
12世纪，且萌生自讲师和学生在他们所学习之文本的周边空白区域写解释性笔记
的实践。瓦卡莱斯大师（Master Vacarius）在为英格兰学生写的罗马法教科书中（可
能写于他为约克大主教罗杰效力期间，1154—1181年）描述了他如何先把特定篇章
排序构成本文，然后"通过将其他篇章点缀到空白处作为注释"而完善这本书。[83]
他宣称，通过这种方式能达致简洁，结果就是"一本以最低价格出版且在短时间内
也能读的书"。除了那些作为它们目标读者的老师和学生，将高度缩写的字母"点
缀"在页面上的词语注解书可能令中世纪读者一头雾水，一如它们令今天的我们摸
不着头脑。梅伦的罗伯特（瓦卡莱斯的一位同时代英格兰人）评论说："'词语注解
的大师们'——这就是他们现在获得的名字——对他们的词语注解和对本文一样
缺乏理解，哪怕他们能辨认出词语注解，并能通过标点记号把它们一个个分开，还
能逐一把它们同所服务的本文对应上。"[84]关于这些标点记号如何发挥交叉引用
的功能，博瑟姆的赫伯特大师（Master Herbert of Bosham）在他12世纪70年代为　136
彼得·隆巴德关于《诗篇》的《词语大注解》（Great Gloss）制作豪华版时设计的布局
中加以解释。[85]隆巴德曾是赫伯特在巴黎上学时的老师；赫伯特的版本令《词语大
注解》成为坎特伯雷的珍藏品。[86]

　　一条词语注解有时写在本文的行与行之间（行间注），也写在页面边缘。到13
世纪，有些手写本的外缘上注释叠注释。正如已经提过的，一种节约空间且书写快

捷的特殊字体类型有时被用于写词语注解。围绕一段中央本文次第书写的、宛如树轮的注解系列展示出经过几代学者之后书面记录的增长。词语注解的经院伴侣"大全"以从海量词语中抄近路以达原始内核为目标，词语注解则相反，因为评注淹没了主要本文。不过，中世纪的词语注解书作为精确又精心制作的书法无可匹敌。它们展示出书写的技艺在 12 世纪如何被锤炼以契合新需要。

从成品书写品的布局转入版式，则手写本的尺寸和形状都发生了变化。概而言之，公文和书籍的平均尺寸都变小了。这一概括并未暗示说不再生产大号特许状和书籍，只是它们不再是典型产品。使用更紧凑的字体并写在较薄羊皮纸上的较小尺寸的书籍在 13 世纪后半叶变得相对普通。一册这样的书包含的文本可以是前一个世纪三册或四册书籍的文本量。与圣经有关的书、学生的教科书和其他手册（例如英格兰议会法规汇编）都用小到能装在口袋里（15 厘米×12 厘米或更小）的版式制作（见图 16）。[87]有人提出，托钵会士（friars）是更多便携式书籍这一需求的背后推动力，因为他们必须从一个地方去另一个地方，而他们也被期望要善于阅读，尤其是多明我会士（Dominicans）。[88]学生也类似要求相对便宜且易携带的书籍。不过便携性和经济性不是对小开本书籍的完整解释，因为其中一些被精心装饰；装饰华丽的圣经位列最频繁生产的袖珍尺寸版式之列，日课书也是。英格兰存世的最早日课书，约 1240 年由威廉·德·布雷勒装饰的精致手写本是本不折不扣的手册，它的尺寸相当于一个成年人摊开的双手，因此，以祈祷姿态画在书上的那位淑女不费力就能翻阅它。[89]

137　　　关于书籍变小的基本解释是，它们正逐渐改变功能。传统的大开本书籍旨在被放在诵经台上，或供展示，或供修道院团体大声朗读。新的小开本书籍则设计来供个人研习（若它们是学院书籍）或冥想（若它们是宗教书籍）。虽说到 1300 年时已经发展出制作小书的技术，但这一变化的程度不应被夸大。个人拥有的任何尺寸的书籍都仍然很少，且大声朗读的习惯依旧。无论如何，作为从记忆到书面记录之转变的一部分，产品的重心到 1300 年时已经从大开本礼仪书移向小开本可读懂的手册。

公文的形状问题与书籍迥异，有更大数量都同样在平均尺寸上有所削减，标准化程度则在增长。这在主教辖区特许状上最明显，截至 1200 年时，抄写员几乎一成不变地沿着一张长方形羊皮纸较长的一边书写，然而 12 世纪前半叶时许多特许状还都沿着较短的一边书写。克里斯托弗·罗伯特·切尼（Christopher Robert Cheney）总结了这些变化："在 1100 年之后的一个世纪里，我们将看到一场稳步的运动,从一种练达的粗糙变为一种精巧类型,从空间大且浪费的版式变为版面小且节约的版式,从标准的书本体变为一种有效率又有特色的特许状体。"[90] 12 世纪是业务公文的许多形式"成形"的时期,此时确立的外形将保留到 16 世纪及更晚。

卷册还是书籍?

就王室公文的版式而言,影响最深远的是使用卷册而非书籍。[91] 卷册对于任何在国家档案馆工作过的中世纪史家都是如此熟悉,以致它们的存在倾向于被认为理所当然。然而没有迹象表明王家政府在 12 世纪之前制作过卷册,而且这些卷册采用的形式是英格兰独有的。自教廷以下的欧陆政府都以书籍形式而非卷册形式保管最重要的记录。因此,当征服者威廉开展对所征服土地的"调查"时,相应结果被编辑成《末日审判书》这一合订书籍传之后世,不是用卷册。虽说《末日审判书》的一些原始草稿可能被缝合连缀成卷册,但它们被含糊不清地描绘为"简报"或"纸"而非卷册。[92] 指卷册版式之记录的一个特别拉丁词语最早于 12 世纪开始流行,那就是 rotulus。

这个词似乎是因菲兹尼尔的《财政部对话录》而开始被普遍使用。他描述各种类型的卷册——"国库卷册"或"年度账目大卷册"(指派普卷册)、"档案室卷册"、"收入卷册"、"巡查法官较小卷册"和其他。[93] 对于 12 世纪 70 年代在财政部工作的菲兹尼尔及其同事,卷册显然司空见惯。不过,在菲兹尼尔将财政部的秘密清楚展示给他的读者之前,一般公众恐怕对这个名字和这种东西都不甚了了。他在前言中解释说,"尽管发明新术语也是可以的",但他的目的是用日常语言披露隐藏的宝藏或宝库(拉丁词语 thesaurus 既指宝藏也指宝库)。[94] 菲兹尼尔或许不知道 rotulus 是个新术语,因为从他父亲担任亨利一世财务主管而他还是个孩子时,该词可能就是财政部行话的一部分。那时肯定已经开始制作卷册,因为菲兹尼尔提到"那位国王的旧年度卷册",此外,截止于 1130 年米迦勒节的那个会计年度的派普卷册大部分仍存世。[95]

财政部以外,卷册在 12 世纪是新奇事物,该词语五花八门的拼写形式暗示了这一点。菲兹尼尔用的形式——rotulus——确立为标准名词要花些时间。一张日期署为亨利二世当政第八年(1162 年)的证实解除支付丹麦税赋的证书声明,此次免税被财政部写在"卷册里"(in rollo)。[96] 这则声明可以与存世派普卷册相核对,且此次免税是卡昂的拉尔夫（Ralf of Caen）获得的一系列书面特权之一，拉尔夫被亨利二世描述为"我的文员"，因此 rollus①这个拼写形式在 12 世纪 60 年代的官员圈子里肯定是可接受的。另一方面，布雷克隆德的约瑟林于 13 世纪早期使用一种阴性形式 rolla 来描述执行官的卷册以及"温彻斯特的大卷册"[97]。后一个描述很奇怪，因为上下文显示这个"大卷册"是《末日审判书》。可能约瑟林不知道《末日审判书》是书籍形式，另一种可能是，rolla 大概在他眼里指任何种类的正式记录。早些时候的 12 世纪 80 年代，坎特伯雷基督会会长艾伦类似地也提到"温彻斯特的卷册"，用了另一个变体 rotula。尽管语境模糊，但这里所指的可能也是《末日审判书》，因为艾伦正在力陈，如果他们不得不与"那个卷册"（rotulam illam）保持一致，则整个英格兰教会的不动产所有权状和特权都将被破坏。[98]另一种可能性是，艾伦在指一份派普卷册或保存于温彻斯特的财政部记录的某种其他形式。

这些罕见又分散的文献暗示，直到 13 世纪，书写员对于该如何用拉丁文描述"卷册"仍莫衷一是，其中有些人可能对卷册在王室官僚机构的观念中究系何物都没有头绪。当时的公众无法获得王室记录以供查验，与现在的公众一样。一位在财政部答话的郡治安官肯定曾见过文员们把东西写下来，但他不必然理解卷册是如何编辑的，直到菲兹尼尔在他的书中披露了这些"神妙之事"[99]。菲兹尼尔进一步暗示，财政部本身也存在卷册命名法的混乱，因为他在某处评论说"号称压榨卷册"的也被称为"强权简报"。[100]"简报"（breve，最初与表示"缩写"的 abbreviation 有关联）一词在 12 世纪也开始指一份令状或一封短信，迥异于卷册。列出郡治安官的农场的"压榨卷册"有可能是财政部使用的最古老书面记录，并且在"卷册"一词开始流行之前被称为"简报"。11 世纪后期和 12 世纪早期的隐修院执事卷册有时也类似地被描述为"简报"（brevia，breves）。[101]

"卷册"一词直到菲兹尼尔的时代才被普遍使用，此定则的一个显著例外是亨利一世的一份令状，所定日期早至 1110 年。该令状指示理查德·德·蒙特（Richard de Monte）给威斯敏斯特修道院长拨付 10 先令作为王室救济款，"如我的卷册所写"（in rotulis meis）。[102]假如该令状完全真实，则它将暗示，rotulus 一词和用该词指称王室卷册的习惯早在 12 世纪第二个十年里就确立了。然而这份令状的文本因为若干理由而可疑。首先，它有利于威斯敏斯特修道院这个伪造中心。其次，文本有一句附言说，"这个也每年"拨付，而一份真实令状理当将这项特许权作

---

① 上文的 rollo 是 rollus 的变格。——译者注

为主文本的组成部分。出于同样原因，"如我的卷册所写"这一措辞也可能是后来补入的。卡昂的拉尔夫那份可相参较的免税证书声称，此次免税被写在"卷册里"（in rollo），这是说写在一个特定年份的卷册里，不是写在通指意义的卷册上（in rotulis）。将"如我的卷册所写"这一措辞及那句附言插入亨利一世一份真实令状的文本中，这对一位誊录员应当富有诱惑力，且这份威斯敏斯特令状只存在一份副本。威斯敏斯特修道院的窘境很可能是，亨利一世确曾给出这项授予，但在后续国王的当政期里，这种类型的令状应当要求从派普卷册中获得支持证据。由此，一位威斯敏斯特修士通过插入一句模糊的"我的卷册"而尽其所能地提供了这一证据，虽说在令状颁发时期，亨利一世可能没有任何卷册。雷金纳德·莱恩·普尔（Reginald Lane Poole）把这份威斯敏斯特令状当作证据，证明从 12 世纪第二个十年起就存在派普卷册，但它也完全可以用来支持相反的论点。[103]

迄今为止的论点总结起来就是，财政部的派普卷册——由亨利一世的政府在我们不知道的某个时间创立——似乎是英格兰卷册形式王室记录的原型。它们是始于 1100—1110 年间（如威斯敏斯特令状暗示的，假如它真实），还是始于 1120—1130 年间（如存世的关于 1130 年的卷册可能暗示的），这是无法解决的问题。在两种情况下，都没有亨利一世当政前存在卷册形式王室记录的证据。此外，无论财政部卷册始于哪个时间，我们都不应假定，在菲兹尼尔披露亨利二世当政期财政部的"神妙之事"以前，它们的形式和目的已被普遍了解。

无论如何，卷册形式的记录在 1100 年之前的英格兰并非完全不为人知。现存最早的卷册始于 1088 年之前的十年，它记录了副主教们对坎特伯雷大主教发的服从誓愿。[104]类似还有另一份坎特伯雷卷册，向大主教通报各主教辖区的选举情况，其中包含一些来自 11 世纪 90 年代的膜皮。[105]由于上述卷册中前一份的日期定为兰弗朗克大主教任期内，因此它可能来源于他对改革书籍和记录的兴趣。像坎特伯雷卷册那样的卷册在经年累月变长之前，都不会被视为令人吃惊的革新。卷起一张膜皮或羊皮纸是储存它的最容易和最明显的方式。此外，卷册也有古代起源，因为它曾是希腊—罗马世界的常见书写版式。但是古代卷册和中世纪卷册的布局与材质都有差异，因为古代卷册上的文本是沿着纸草较长的方向一列一列纵向书写，而中世纪卷册是从羊皮纸的顶端横向书写直到末端。

卷册也是在羊皮纸上传递信息或书信的最方便版式。当一位修道院院长去世时，修道院习惯于在各修道院之间派遣信使，收集累加系列讣告做成卷册。这种类型的一份长卷册是纪念征服者威廉在卡昂的女修道院的第一位院长玛蒂尔达（Ma-

140

tilda)的，在她 1113 年去世后不久，它就被带着踏上一段在英格兰的广阔旅程。[106]
虽说这份卷册在法国大革命时消失了，但萨维尼的维塔利斯（Vitalis of Savigny，
1122 年卒）院长的讣告卷册幸存下来，上面有超过 70 篇来自英格兰各修道院的题
141 写。[107]讣告卷册可能是圣邓斯坦（St Dunstan）的传记作者一个世纪前想到的那种
卷册的同等类型，他描述说这位圣徒有一个预示埃德加王之死的异象，他在这个异
象中看到一个人带着一份非常长的纸卷（prolixe cartula rotella），上面写满了字
母。[108]这是"卷册"一词在英格兰被使用的最早例子（这里写作 rotella）。但这个例
子也暗示这位传记作者的读者不熟悉该词，因为他解释说，"卷册"是"很长的纸"，
prolixe cartule 的字面意思是"一卷冗长的小特许状"。假如卷册用于书写已经很常
见，就无需补充说，它是像一份特许状那样写满了字母的。

　　虽说修道院讣告使用卷册，但针对卷册有一种偏见，因此卷册被采用作为最重
要王室记录的版式，这很令人吃惊。自古代以来，羊皮纸卷就是用于记录犹太会堂
所宣读之犹太法律的副本的版式。在 12 世纪英格兰的法律程序中，犹太人"按着他
的卷册"[109]发誓，而基督徒按着福音书发誓，这一事实将犹太人同基督徒区别开。
类似地，《旧约》中的先知们在绘画和雕刻中被刻画为手执卷册。[110]这并非无关紧
要的区分，因为自基督教历史的开端起，圣经就被写成一本书的形式，这恐怕是有
意为之，以将之同犹太人和异教徒的卷册作品区分开。[111]中世纪手写本中有几个
罕见的例子，刻画基督手执一份卷册而非一本书，这种情况下通常要让他代表《旧
约》中的上帝。这样，《温彻斯特圣经》中的细密画表现有着哥特式帝王之尊的基督
左手持一份卷起来的长卷，右手持一份打开的长卷，这就是在刻画上帝呼召先知以
赛亚（Isaiah）；以赛亚通过帽子和长卷而被恰当地表现为一个犹太人。[112]类似地，
《伯里圣埃德蒙兹圣经》刻画坐在宝座上的基督拿着一本书，而位于他脚边的以西
结（Ezechiel）持一个长卷，由此区分开以西结在异象中看到的新天命和旧天
命。[113]卷册是旧法而书籍是新法。

　　忠信之人一去教堂就会想起坐在宝座上的基督拿着末日审判之书的形象，因
为那是罗马风格艺术中最常见的刻画基督的方式。征服者威廉的书被恰当地称为
"末日审判"，因为它让人们想起世界的末日审判。[114]假如《末日审判书》是卷册形
式，它应该不能如此易于同神圣令状相提并论。不过也不应夸大这个意见，因为在
12 世纪结束之前，王室卷册本身就与圣经相提并论。菲兹尼尔解释说，一旦他们的
卷册被递送给财务主管，即使国王的裁断也不能改变这些卷册，这让人回想起福音
142 书中关于律法的分毫都不会消失的警告。[115]财政部可能具有在英格兰将卷册版

式神圣化的奇特影响力。

制作派普卷册的想法恐怕不是直接源自犹太人，哪怕有这种可能，而是源自那些熟悉阿拉伯人实践的见多识广的算术家们。一种意见认为，将阿拉伯人的天文学和几何学作品引入西方的巴思的阿德拉德（Adelard of Bath）可能是亨利一世财政部的一位官员。[116]另一位候选人是王室文员瑟丘尔（Thurkil），他从 1101 年起甚或更早就认得埃塞克斯郡治安官休·德·博克兰（Hugh de Bocland）。[117]瑟丘尔关于算盘的论著献给他的同事西蒙·德·罗托尔（Simon de Rotol）。[118]Rotol 一词可以被扩展为 Rotolanda，意为"拉特兰的"（of Rutland），也可以被扩展为 Roto-lis，意为"卷册的"。假如后一种扩展可接受，则西蒙可能是派普卷册的第一位制作人或保管人。瑟丘尔和西蒙有一位共同老师，只被描述为吉尔艾尔姆斯·R.（Guillelmus R.），当世最伟大的算术家；他可能是西西里锡拉库扎（Syracuse）的主教威廉，该地刚刚才被从阿拉伯人手里夺回来。[119]这些七零八碎的信息无法令人满意地解释派普卷册的起源，但它们与派普卷册的版式是非基督徒风格的假设相符。

起源问题还有进一步的复杂性，因为派普卷册是一种独一无二的版式。rotulus 这个术语不描述羊皮纸膜皮制作的连续系列，这种系列是头尾缝合起来形成 4 米或更长的卷册，像档案室卷册那样。相反，一份财政部 rotulus 只由两张膜皮组成，缝合起来形成长度不超过 2 米的一份卷册。[120]每份 rotulus 包含对一个不同的郡或执行官辖区的报告。当这一年所有的报告都写好之后，不同的 rotuli 被一张摞一张地叠放，并把叠摞的头部用绳子扎牢。由于尾端是开放的，从正面到背面翻查一份特定的 rotulus 就比翻查一份连续卷册容易。尽管财政部就此采用了一种比一份连续卷册易于查阅的记录形式，但它的风格没有成为标准。12 世纪 90 年代，法庭采用该风格的简化形式制作陈情状卷册，即每份 rotulus 使用一张膜皮而非两张，但档案室在接下来的十年里没有采取这种形式。此外，当收入卷册于亨利二世当政期被引入财政部时，它们最初被制成连续卷册，这从 1185 年秋季卷册的存世残片可以明显看出。[121]这些无计划发展的后果是，13 世纪，王家政府用两种主要版式制作卷册——财政部风格（膜皮一张张叠摞起来）和档案室风格（膜皮头尾相续缝合起来形成一个连续长度）。

这些技术性细节暗示，中世纪欧洲独独英格兰主导性地用卷册保存记录的原因依旧大体是迷。便利性并非好解释，因为连续卷册不方便查阅。折成一叠的羊皮纸——正是中世纪书籍的基本元件——的便利性不逊于任何卷册形式。节约羊皮纸也不是充分解释，因为制作派普卷册的纸张是异常尺寸。节约装订成本倒有

143

可能，但是为卷册制作保护套的成本会抵消这点节约。卷册有短期优势，这可能令它们一开始有吸引力，亦即组成卷册的各张单独膜皮的尺寸可以有轻微差异，且它们可以被不同的文员单独编辑，然后以恰当的顺序缝合在一起，而一本书的抄写员不得不从他那一叠纸的一张前进到下一张。约翰王时期王家政府各个部门使用版式各异的卷册，因此习惯和先例似乎是最具普遍性的解释，尽管它们也不能解释为何一开始会做出某种决定。这些独特的版式一经确立，官僚机构就会确保它们几个世纪保持不变。

13 世纪，其他当局在用卷册保存记录方面追随王家政府的带领（见图 9、图 10 和图 11）。有时他们明显不确定要效仿哪种形式的王室卷册。于是在自治城镇记录中，最早的行会卷册——莱斯特的卷册（始于 1196 年）——用档案室风格制作，而第二早的什鲁斯伯里的卷册（始于 1209 年）是财政部风格[122]；埃克塞特的惯例汇编（日期定为 13 世纪 30 年代）则结合了两种风格。[123]类似地，第一本主教登记簿（始于 1214—1217 年间）——林肯主教威尔斯的休的登记簿——的最早部分是档案室风格，但其后的一部分是财政部风格，《古代书》（*Liber Antiquus*）则是书籍版式。当时的人恐怕不认为这些形形色色的记录正在形成一本登记簿。[124]到这个世纪将尽时，书籍版式成为主教登记簿的惯用版式，可能是为了让它们与欧陆和教廷的实践接轨。类似地，王家政府自身在 13 世纪似乎也承认，卷册不必然是保存记录的最佳方式。卷册上的材料被复制到书籍上以便更容易地查阅，例如财政部的记忆之书。[125]此外，新的记录类型也做成了书籍而非卷册，最佳例子是爱德华一世的内阁书，里面包含的财务细节应当是接续亨利一世当政期的派普卷册。[126]

144　　　在账目和诉讼备忘录之外，卷册版式也用于其他类型的记录。有少量修道院和平信徒的房地产契据册是卷册，有些修道院的编年纪和叙述也是。[127]此种实践可以理解，因为这类公文与记录同类。同样可以理解的是那些用卷册版式比用书籍版式更合适的文本。例如英格兰国王的历史在 13 世纪用长卷册制作。它们可能是为读写能力受限的平信徒制作的，因为它们把国王画在一系列圆形饰章里，每幅图旁边加一条简短评注（见图 13）。[128]当这个卷册被完全展开时，从特洛伊人奠基的神话直到爱德华一世当政期的整部英格兰历史以连贯的一条线展示出来。在卷册上进行图画叙事，这方面最令人叹为观止的例子是克罗兰的圣顾斯拉克（St Guthlac）的生平（见图 20），这位圣徒的生平被画在一系列圆形饰章里，没有一条评注；该卷册的确切意图未知。

偶尔也有寻常文本以卷册版式出现。[129]英格兰的一部图绘历史的背面是益格鲁-诺曼语传奇《阿玛迪斯与伊豆茵》(*Amadas et Ydoine*)。[130]这种组合并不当真怪异,因为在平信徒读者心目中,历史与传奇密切关联。更奇异的是连续卷册形式的法律教科书和管理教科书,哈佛大学法学院有一份 13 世纪中叶的格兰维尔的文本,长 293 厘米,剑桥大学圣约翰学院(St John's College, Cambridge)则有一份亨利镇的沃尔特的《农政》(*Husbandry*),长 223 厘米。[131]恐怕还是因为平信徒地主们对记录比对传统书籍更熟悉,所以不觉得拥有这种形式的文本有什么奇怪或不便。于是毕斯沃思的沃尔特的押韵法语词汇表——旨在供上流社会提高法语之用——的一份副本是长 268 厘米的卷册式样。[132]它窄得不一般(宽 10 厘米),且末端被楔入一段充当缠绕轴的木头中,木头两头都有把手。这份卷册被紧紧卷起来后可以单手握住。

　　一份更小也更早的卷册(宽不到 8 厘米,长 56 厘米)一面写着法语的《男爵之歌》(*The Song of the Barons*,约 1263 年编纂),另一面用英语写着存世最古老的世俗剧本《克莱里科与蒲艾拉间奏曲》(*Interludium de Clerico et Puella*)。[133]该卷册做得这么小,很可能是为了能让一位四处漫游的吟游诗人当作保留剧目的一部分装在小袋子里带着走。它的偶然幸存(保存到 1971 年,然后从大英博物馆丢失)提醒我们,曾有数以千计的内含各种类型备忘录的小型羊皮纸卷册,为更加正式的书籍提供材料。有别于修士和神职人员,对处于读写能力临界点上的骑士和吟游诗人而言,包含短小的本地语言文本的卷册形式书写品,起初可能比厚重的拉丁文书籍形式更熟悉也更有吸引力。一个小卷册上的内容可以一眼就看明白,也容易抓在手上,传统的礼仪书则存放在诵经台上或锁在修道院的圣器收藏室里。

　　在斯宾塞(Spenser)的《仙后》(*Faery Queen*)中,拥有无穷记忆的贤哲优姆奈斯特斯(Eumnestes)住在一个荒废的房间,里面

> ……到处挂着卷册,
> 与来自古代的古老记录,
> 有些做成书籍,有些做成长长的羊皮纸卷轴
> 它们都被虫蛀咬,也满是溃烂的孔洞。[134]

斯宾塞写作之时,正当中世纪刚刚开始变得哥特化并被弄得宛如图画。对伊丽莎白一世时代的人来说,卷册与书籍这两种英格兰羊皮纸公文的孪生版式似乎就与时间本身一样古旧。其实这些记录 12 世纪才有了明确形态。一位学究气的历史学家或档案学家可能也会评论说,总体而言,中世纪英格兰真实记录的保存条件要比

145

优姆奈斯特斯对他那些记录的保存条件强。

有些中世纪记录遭到害虫袭击，更多的则丢失或因遗忘而被毁坏，然而羊皮纸已经证明自己是一种非常经久耐用的材料。它的这一独特特征自一开始就经过中世纪抄写员的检验，他们制作的装饰华丽的手写本，比如《凯尔斯经》（Book of Kells)和《林迪斯法恩福音书》，在黑暗时代①里都变成了基督教持久存在的护身符。将字母施之羊皮纸的初始困难与时代环境相结合，令书写在盎格鲁—撒克逊英格兰成为修士们的特殊艺术，与在西欧他处一样。诺曼征服之后开始出现规模前所未有的对公文的需求，这时修道院抄写员的技能就被调适和扩展以契合这些新需要。

传统的书写方式和材料制作方式都表现出既有弹性又经久耐用，尤其是羊皮纸，这恐怕令人吃惊。结果证明，人们能够相对便宜地生产质量各异的羊皮纸，也能将它切割、缝合并折叠成各种形状，从巨大的《温彻斯特圣经》和派普卷册，到供法律专家和布道人使用的袖珍尺寸的手册，再到不超过一个人小手指粗细的紧紧卷起的王室令状。类似地，对那些不得不根据口述快速书写的世俗文员有本质重要性的草书字体是对传统书本体的调适，不是有意识的发明。与有计划革新成鲜明对照，调适的代价是形形色色的书写风格和公文版式，当它们在官僚机构的例行程序中固定下来之后就变成永久性存在。国家档案馆保存的公文体现出了风格混杂，这现象指示历史多过指示逻辑。

146   另一方面，调适既有实践的一个优势是，中世纪记录制作人通过羊皮纸而有了一种比古代世界的黏土砖和石板更适合写长文本的书写介质，同时比纸草更结实。此外，自《末日审判书》以降的新的世俗公文继承了很多修道院传统下与礼仪书相称的那种尊敬之情乃至敬畏之情。起初有些特许状被像福音书的页面那样铺展开，最上乘的世俗法律文本和文学文本在外观上依旧与其他装饰华丽的手写本无异。从修道院缮写室成长起来的新的书写分支和书写风格可能是公文对平信徒而言变得可接受的主要原因，而读写能力的未来扩展依赖这种接受。

假定若在 1100 年就可轻易获得纸张或印刷术，则将自动比羊皮纸更快地促进读写能力的成长，这就是一个轻率的推测。初始任务及最困难的任务是让以乡村骑士为典型的平信徒习惯于书写。传统上，这些人尊敬修士，并在弥留之际或处于祸乱当中把土地给修士，但他们并不渴望像修士一样。也是出于传统，修士们把这

---

①   Dark Ages，在 19—20 世纪开始被严格限定为指中世纪早期，即约 5—10 世纪。——译者注

些赠品与写有福音的书籍一起符号化,并用特许状将之记录下来。当 12 世纪国王的政府制作的公文开始激增时,这些公文也被接受,因为它们大体上使用了传统材料和传统技能。12 世纪和 13 世纪书写技艺方面发生的变化在很大程度上不被当时的人察觉。那是些细微变化和技术性变化,已经在关于羊皮纸、字体、布局和诸如此类事物的这一章里做了必要讨论。但既然已知的书写方法被调适和拓展,而非被彻底改变,那么基础性变化在人类技能这个最保守的领域里就已经启动。书写记录的技术倾向于保守,这是因为保守是书写记录的主要意图。

【注释】

［ 1 ］概述性介绍见 A. Gaur, *A History of Writing*, 2nd edn(1987),中世纪的见 M. B. Parkes, *Their Hands Before Our Eyes: a Closer Look at Scribes*(2008)。

［ 2 ］T. A. Heslop, "Eadwine and his Portrait", in *The Eadwine Psalter*, ed. M. Gibson, T. A. Heslop, and R. W. Pfaff(1992), p.180.

［ 3 ］T. S. R. Boase, *English Art 1100—1216*(1953), plate 53a. *The English Library before 1700*, ed. F. Wormald and C. E. Wright, plate 6b; *English Romanesque Art 1066—1200*, ed. G. Zarnecki et al., p.118, no.58.

［ 4 ］C. H. Haskins, *Studies in the History of Medieval Science*(1924), p.361.比较 *A Volume of Vocabularies*, ed. T. Wright(1857), I, pp.116—117。对抄写员装备的描述汇集在 W. Wattenbach, *Das Schriftwesen im Mittelalter*, 3rd edition(1896), pp.207—261。也见 U. T. Holmes, *Daily Living in the Twelfth Century*(1952), pp.68—71, 278—279,及 T. Hunt, *Teaching and Learning Latin in Thirteenth-Century England*, vol.I, pp.188—189。

［ 5 ］Orderic Vitalis, *Historia Ecclesiastica*, Bk. IV, vol.II, pp.360—361.

［ 6 ］W. Wattenbach, *Das Schriftwesen im Mittelalter*, p.495.

［ 7 ］R. A. B. Mynors, *Durham Cathedral Manuscripts*(1939), p.9.对可相比拟的比喻性描述的引用见 W. Wattenbach, *Das Schriftwesen im Mittelalter*, pp.208—209 及 E. R. Curtius, *European Literature and the Latin Middle Ages*, trans. W. R. Trask(1953), pp.318—319。对 13 世纪及以后实际书写工具的分析见 N. L. Ramsay in *Age of Chivalry: Art in Plantagenet England 1200—1400*, ed. J. Alexander and P. Binski, pp.382—385。对削笔小刀的讨论见 A. d'Haenens, *Mélanges offerts à J. Stiennon*(1982), pp.129—141。

［ 8 ］Thomas Walsingham, *Gesta Abbatum Monasterii Sancti Albani*, I, pp.57—58; R. M. Thomson, *Manuscripts from St Albans Abbey 1066—1235*, I, p.13.

［ 9 ］*Chronicon Monasterii de Abingdon*, Rolls Series II(1858), II, p.289.

［10］*Matthaei Parisiensis Chronica Majora*, ed. H. R. Luard, V, p.374.

［11］C. de Hamel, *A History of Illuminated Manuscripts*, p.88.

［12］P. R. Robinson, "The Booklet", *Codicologica* III(1980), pp.46—69.

［13］*The English Library before 1700*, pp.38—39, plate 7.

［14］H. M. Nixon in *Winchester in the Early Middle Ages*, ed. M. Biddle(1976), pp.526—540, plates iv, v; M. Foot in *English Romanesque Art 1066—1200*, pp.342—349.

［15］C. de Hamel，*A History of Illuminated Manuscripts*，p.105，plate 102. 13 世纪装订的图示见 *Age of Chivalry：Art in Plantagenet England 1200—1400*，p.435；C. Donovan，*The de Brailes Hours*，p.31；R. M. Thomson，*Catalogue of the Manuscripts in Lincoln Cathedral Library*，plate 2。

［16］S. G. Hall，"In the Beginning was the Book"，in *The Church and the Book*，ed. R. N. Swanson (2004)，pp.1—10.

［17］C. M. Kauffmann，*Romanesque Manuscripts 1066—1190*(1975)，illustration nos 136，138.关于书写板的参考汇集于 W. Wattenbach，*Das Schriftwesen im Mittelalter*，pp.51—89；Hughes in *Archaeologia* LV(1897)，pp.257—282；Lalou in *Bibliothèque de l'École des Chartes* CXVII(1989)，pp.123—140；R. H. and M. A. Rouse in *Vocabulaire du livre*，ed. O. Weijers(1989)，pp.220—230。仍保留蜡和字迹的书写板的图示见 J. Glenisson，*Le Livre au Moyen Age*(1988)，p.30。M. P. Brown，"The Role of the Wax Tablet in Medieval Literacy"，*British Library Journal* XX(1994)，pp.1—15。

［18］早期尖笔的图示见 *The Making of England：Anglo-Saxon Art and Culture A.D. 600—900*，pp.86，90，100，140，142，231。

［19］Orderic Vitalis，*Historia Ecclesiastica*，Bk. VI，ch.3，vol.III，p.218；*The Life of St Anselm by Eadmer*，ed. R. W. Southern(1962)，pp.30—31；M. J. Carruthers，*The Book of Memory*，2nd edition(2008)，p.211.

［20］*The Life of Christina of Markyate*，ed. C. H. Talbot(1959)，p.114.

［21］*The Life of St Hugh of Lincoln*，ed. D. L. Douie and H. Farmer，II，p.209.

［22］Z. E. Rokéah，"Drawings of Jewish Interest"，*Scriptorium* XXVI(1972)，pp.57，60.这种类型的蜡版现存于巴黎国家档案馆，图示见 J. Glenisson，*Le Livre au Moyen Age*，plate 22。

［23］C. T. Flower，*Introduction to the Curia Regis Rolls*，Selden Society Series LXII(1943)，pp.9，271.

［24］R. W. Hunt，"The Library of Robert Grosseteste"，p.127；R. W. Southern，*Robert Grosseteste* (1986)，pp.37—38.

［25］R. W. Kaeuper，*Bankers to the Crown*(1973)，pp.71—73.

［26］G. S. Ivy，"The Bibliography of the Manuscript Book"，in *The English Library before* 1700，p.36.

［27］*Calendar of Early Mayor's Court Rolls*，ed. A. H. Thomas(1924)，pp.87，163，170；*Chronicles of Edward I and Edward II*，ed. W. Stubbs，Rolls Series LXXVI(1882)，I，p.86.

［28］*Memorials of St Edmunds Abbey*，ed. T. Arnold，Rolls Series XCVI(1890)，II，p. 290；C. de Hamel，*A History of Illuminated Manuscripts*，p.88，plate 80；*English Romanesque Art 1066— 1200*，p. 108，no.44.

［29］W. Oakeshott，*The Two Winchester Bibles*(1981)，p.3.

［30］*Dialogus de Scaccario*(1950)，p.31.

［31］羊皮纸的制作见 C. de Hamel，*A History of Illuminated Manuscripts*，pp.84—88，及 R. Reed，*Ancient Skins*，*Parchments and Leathers*(1972)。

［32］*The Life of St Hugh of Lincoln*，I，p.85；C. de Hamel，*A History of Illuminated Manuscripts*，p.84.

［33］下面的数据来自 *Calendar of Liberate Rolls：Henry III*(1917—64)，VI，appendix i，pp.240— 284，及 *Dialogus de Scaccario*(1950)，pp.12—13，31。

［34］*Calendar of Liberate Rolls：Henry III*，VI，no.2163；*Pipe Roll 5 Henry III*，ed. D. Crook (1990)，p.xxv.

［35］*Dialogus de Scaccario*(1950)，p.12；*Calendar of Liberate Rolls：Henry III*，VI，nos 2169，2259。对墨水配方的讨论见 M. Zerdoun Bat-Yehouda，*Les Encres noires au Moyen Age*(1983)。

［36］*Calendar of Liberate Rolls：Henry III*，VI，no.2180.

［37］H. W. Saunders，*An Introduction to the Obedientiary and Manor Rolls of Norwich Cathedral Priory*，pp.107，180. 3英镑6先令10便士的数额可能是高估了，因为这笔钱中还包括杂项。

［38］M. M. Postan, *Essays in Medieval Agriculture*(1973)，pp.227，229.

［39］R. F. Hunnisett, "What is a Plea Roll?", *Journal of the Society of Archivists* IX(1988)，p.110.也见 D. Crook, *Records of the General Eyre*，pp.30—33。

［40］*Calendar of Liberate Rolls*：*Henry III*，VI，no.2169.5 先令是惯常费用，见 *Dialogus de Scaccario* (1950)，p.12.1224 年还有购买给计数签归档所需之皮革(9 便士)和保存它们的"一只大口袋"(14 便士)的成本。

［41］下面的叙述依据 H. Jenkinson, "Exchequer Tallies", *Archaeologia* LXII(1911)，pp.367—380 及其 "Medieval Tallies, Public and Private", pp.289—353; M. M. Postan, *Medieval Trade and Finance* (1973)，pp.32—33; F. Pollock and F. W. Maitland, *The History of English Law before the Time of Edward I*，II，p.215。概述见 W. T. Baxter, "Early Accounting：the Tally and the Checkerboard", *The Accounting Historians Journal* X(1989)，pp.43—83。

［42］*Walter of Henley and Other Treatises on Estate Management and Accounting*，ed. D. Oschinsky, pp.222—224，460—461; *Dialogus de Scaccario*(1950)，pp.22—24.

［43］Charles Dickens, *Speeches*，ed. Fielding(1960)，pp.204—205.

［44］硬币见展览目录 *English Romanesque Art 1066—1200*，pp.320—341 及 *Age of Chivalry*：*Art in Plantagenet England 1200—1400*，pp.313—315。

［45］Lawman, *Brut*，ed. G. L. Brook and R. F. Leslie, Early English Text Society Series CCL(1963)，p.1.这一段的另一种翻译见 W. R. J. Barron and S. C. Weinberg eds., *Layamon's Arthur*，revised edn(2001)，p.xi，及 R. Allen, *Lawman*, Brut(1992)，p.1。

［46］Orderic Vitalis, *Historia Ecclesiastica*，Bk. III，vol.II，p.2.也见本书第八章注释［3］。

［47］*The Letters of John of Salisbury*，ed. W. J. Millor et al.，I，p.183.

［48］C. M. Kauffmann, *Romanesque Manuscripts 1066—1190*，plate 118; *Age of Chivalry*：*Art in Plantagenet England 1200—1400*，p.331，no.315.

［49］见本章注释［19］。

［50］*Dialogus de Scaccario*(1950)，p.31.

［51］R. M. Thomson, *Manuscripts from St Albans Abbey 1066—1235*，p.103，no.44，plate 92.

［52］N. R. Ker, *English Manuscripts in the Century after the Norman Conquest*，pp.22—27(诺曼的与英格兰的)，2—3(罗马的与哥特的)。

［53］P. Chaplais, *English Royal Documents*：*King John—Henry VI*，p.50.13 世纪英语手写字体的图示见 M. P. Brown, *A Guide to Western Historical Scripts*(1990)，plates 31—35。textus 是用于指一本福音书的术语，见 C. R. Cheney, "Service-Books and Records", *Bulletin of the Institute of Historical Research* LVI(1983)，pp.9—10。

［54］*Giraldi Cambrensis Opera*，ed. J. S. Brewer et al.，III，p.234,杰拉尔德在同书第 68—69 页给出了英诺森三世书信的文本。对杰拉尔德可靠性的讨论见本书第七章注释［104］。

［55］Conrad of Mure, "Summade Arte Prosandi", in *Briefsteller und Formelbücher*，ed. L. Rockinger (1863)，I，p.439; W. Wattenbach, *Das Schriftwesen im Mittelalter*，p.297.

［56］S. J. P. van Dijk, "An Advertisement of an Early Fourteenth-Century Writing Master at Oxford", *Scriptorium* X(1956)，pp.47—64. *Age of Chivalry*：*Art in Plantagenet England 1200—1400*，p.385，no.429.

［57］*Facsimiles of Early Charters from Northamptonshire Collections*，ed. F. M. Stenton, plates viii，x. E. Mason ed.，*The Beauchamp Cartulary Charters 1100—1268*(1980)，p.243 罗列了对罗金汉姆的文员路易斯的其他指涉。

［58］N. Denholm-Young, *Handwriting in England and Wales*(1954)，plate 11.

［59］S. Harrison Thomson, *Latin Bookhands of the Later Middle Ages*(1969)，plate 89.

［60］R. W. Hunt, "The Library of Robert Grosseteste", pp.133—134; R. W. Southern, *Robert Grosseteste*，pp.75—78 and 107，n.35.

［61］*L'Enseignement de l'écriture aux universités médiévales*，ed. L. Mezey.

［62］A. R. Rumble in *Domesday Studies*，ed. J. C. Holt，p.96，n.76(引加尔布雷斯)。也见 P. Chaplais in *Domesday Studies*，pp.65—77；F. and C. Thorn，"The Writing of Great Domesday Book"，pp.37—72，pp.200—203 的注释。

［63］T. A. M. Bishop，*Scriptores Regis*，plate v(抄写员 13 的各种笔迹)，pp.9，14(林肯特许状)。C. R. Cheney，*English Bishops' Chanceries*，*1100—1250*，p.54 提出类似暗示。

［64］T. A. M. Bishop，*Scriptores Regis*，p.13，比较 pp. 6—7。

［65］C. E. Wright，*English Vernacular Hands*(1960)，plate 3.概述见 M. B. Parkes，*English Cursive Book Hands*(1969)；M. B. Parkes，"The Literacy of the Laity"，p.563。

［66］A. Petrucci & F. N. Petrucci，*Chartae Latinae Antiquiores*，XXXI(1989).来自英格兰的罗马时代草书字体图示见 A. K. Bowman and J. D. Thomas，*Vindolanda：The Latin Writing Tablets*。

［67］M. B. Parkes，"The Contribution of Insular Scribes to the Grammar of Legibility"，in M. B. Parkes，*Scribes*，*Scripts and Readers*，pp.1—18；K. O'B. O'Keeffe，*Visible Song：Transitional Literacy in Old English Verse*；P. Saenger，*Space Between the Words：the Origins of Silent Reading*(1997)。

［68］对改正抄写错误的指涉汇集于 W. Wattenbach，*Das Schriftwesen im Mittelalter*，pp.317—344。也见 N. R. Ker in *Manuscripts at Oxford：An Exhibition in Memory of R. W. Hunt*，ed. A. C. de la Mare and B. C. Barker-Benfield，pp.30—32。

［69］*Lincoln Cathedral Statutes*，ed. H. Bradshaw and C. Wordsworth(1892)，I，pp.284—285；*Register of St Osmund*，ed. W. H. Rich-Jones，Rolls Series LXXVIII(1883)，I，p.224.

［70］*Dialogus de Scaccario*(1950)，pp.18，28—29，31，74，126.

［71］*Fleta*，Bk II，ch.13，125.

［72］*Liber Memorandorum Ecclesie de Bernewelle*，ed. J. W. Clark(1907)，pp.155—156.

［73］*Facsimiles of Early Cheshire Charters*，ed. G. Barraclough，nos 1，4(1)，14.

［74］M. B. Parkes，"On the Presumed Date and Possible Origin of the Manuscript of the *Ormulum*"，in M. B. Parkes，*Scribes*，*Scripts and Readers*，pp.187—200.

［75］概述见 H.-J. Martin and J. Vezin eds.，*Mise en page et mise en texte du livre manuscrit*(1990)，及 M. B. Parkes，"*Ordinatio* and *Compilatio*"，in M. B. Parkes，*Scribes*，*Scripts and Readers*，pp.35—70。

［76］*Facsimiles of English Royal Writs Presented to V. H. Galbraith*，ed. T. A. M. Bishop and P. Chaplais(1957)，plate xxiiib.

［77］*Facsimiles of Early Charters in Oxford Muniment Rooms*，ed. H. E. Salter(1929)，no.14.

［78］*Dialogus de Scaccario*(1950)，p.27.这本历史书可能是菲兹尼尔的梦想而非实际作品。

［79］*The Historical Works of Gervase of Canterbury*，ed. W. Stubbs，II，pp.417—418.

［80］*Dialogus de Scaccario*(1950)，p.29，cf. pp.104—105. 12 世纪派普卷册的复制件(关于 1130 年、1156 年、1167 年各年)，见 C. Johnson and H. Jenkinson，*English Court Hand*，II，plates iva，vb，viii。

［81］*Chronicon Abbatiae Rameseiensis*，ed. W. D. Macray，p.65；*Liber Memorandorum Ecclesie de Bernewelle*，p.20.

［82］词语注解文本的彩色图示见 C. de Hamel，*A History of Illuminated Manuscripts*，plates 78，98，106。也见 C. de Hamel，*Glossed Books of the Bible*(1984)，ch.4，及 M. J. Carruthers，*The Book of Memory*(1990)，pp.215—217。

［83］*Liber Pauperum*，Selden Society Series XLIV(1927)，p.1.

［84］引自 C. J. Mews，"Orality, Literacy and Authority in the Twelfth-Century Schools"，p.498，n.54。

［85］R. H. and M. A. Rouse，"Statim Invenire"，in *Renaissance and Renewal*，ed. R. L. Benson and G. Constable(1982)，pp.208—209.

［86］B. Smalley，*The Becket Conflict and the Schools*(1973)，pp.82—83；C. de Hamel，"Manuscripts of Herbert of Bosham", in *Manuscripts at Oxford：An Exhibition in Memory of R. W. Hunt*，pp.38—41.

［87］哈佛大学法学院图书馆有一份关于早期袖珍本英格兰法规的良好收藏：MSS 56—59，173—175。

［88］C. H. Talbot, "The Universities and the Medieval Library", in *The English Library before 1700*，pp.76—77. D. L. d'Avray, "Portable 'Vademecum' Books", in *Manuscripts at Oxford：An Exhibition in Memory of R. W. Hunt*，pp.60—64.

［89］D. Diringer, *The Illuminated Book*, 2nd edn(1967), p.267.一本多明我会士的袖珍本圣经的图示见上引 D. L. d'Avray, "Portable 'Vademecum' Books", n.88；C. Donovan, *The de Brailes Hours*，colour plates 2，3。

［90］C. R. Cheney, *English Bishops' Chanceries*, *1100—1250*, p.51. 12 世纪前半叶长型特许状的图示见 *Charters of Norwich Cathedral Priory*，ed. B. Dodwell, Pipe Role Society publications new series XL(1974)，plate iii.

［91］概述见 W. Wattenbach, *Das Schriftwesen im Mittelalter*，pp.105—174；J. Glenisson, *Le Livre au Moyen Age*，ch.1；R. H. Rouse, "Roll and Codex", in *Paläographie* 1981, ed. G. Silagi(1982)，pp.108—123。

［92］关于《末日审判书》的草稿，见红脸威廉的令状，*Regesta Regum Anglo-Normannorum 1066—1154*，ed. H. W. C. Davis et al., I, no.468。V. H. Galbraith, *Domesday Book*, p.103.

［93］*Dialogus de Scaccario*(1950)，pp.17，62，70.

［94］*Ibid.*，pp.5，6.

［95］*Ibid.*，p.42；*Magnum Rotulum Scaccarii de Anno 31 Henry I*，ed. J. Hunter, Record Commissioners' Publications(1835).

［96］*The Registrum Antiquissimum of the Cathedral Church of Lincoln*，ed. C. W. Foster, Lincoln Record Society Series XXVI(1931)，I, p.73, no.120.

［97］*The Chronicle of Jocelin of Brakelond*，ed. H. E. Butler, pp.101，46.

［98］*Alani Prioris Cantuariensis Postea Abbatis Tewkesberiensis*，ed. I. A. Giles(1846)，p.42，给罗伯特·德·哈瑞斯(Robert de Hardres)的书信。这可能是指坎特伯雷和林肯之间的一场争端，因为罗伯特在 1184—1186 年间林肯主教职务空缺期间担任管理人(*Pipe Roll 31 Henry II*，p.125；*32 Henry II*，p.83；*33 Henry II*，p.77)，或者另一种可能是指哈瑞斯家族与基督会之间的一场争端，如 W. Urry, *Canterbury under the Angevin Kings*，p.61 暗示的。亨利二世称艾伦是"第二个教宗"，因为他是 1184 年教会权益争夺的获胜者，见 *The Historical Works of Gervase of Canterbury*，I, p.313。

［99］菲兹尼尔也将"卷册的编纂"包括在财政部的"神妙之事"当中，*Dialogus de Scaccario*(1950)，p.26,比较 p. 126。

［100］*Ibid.*，p.62.解释"关于农场"之记录的目的，见 *ibid.*，p.125 及 R. L. Poole, *The Exchequer in the Twelfth Century*(1912)，p.131。

［101］*Dictionary of Medieval Latin from British Sources*，ed. R. E. Latham(1975)，I, p.216.

［102］J. Armitage Robinson, *Gilbert Crispin*, *Abbot of Westminster*，p.149, no.32. *Regesta Regum Anglo-Normannorum 1066—1154*，II(1956)，p.116, no.1053.

［103］R. L. Poole, *The Exchequer in the Twelfth Century*，pp.37—38.

［104］Canterbury Dean and Chapter Archives, Chartae Antiquae C.117(坎特伯雷分堂主管神父与分堂档案,古代特许状 C.117)，描述见 M. Richter, *Canterbury Professions*，Canterbury and York Society Series LXVII(1973)，pp.xxvi—xxvii,也见 N. R. Ker, *English Manuscripts in the Century after the Norman Conquest*，p.17, plate 6a。

［105］British Library manuscript Harley Roll A.3,描述见 N. R. Ker, *English Manuscripts in the Century after the Norman Conquest*，p.17, plate 6b。

［106］*Rouleaux des Morts*，ed. L. Delisle, Société de l'Histoire de france CXXXV(1866)，pp.177—279.如德利勒(L. Delisle)声明的，这位玛蒂尔达不是征服者威廉的女儿。

[107] 复制件见德利勒编辑本（1909）；*English Romanesque Art 1066—1200*，no.29。

[108] *Memorials of St Dunstan*，ed. W. Stubbs, Rolls Series LXIII(1874)，p.46.

[109] 例如 W. Stubbs ed.，*Select Charters*，p.256。

[110] 例如 C. M. Kauffmann，*Romanesque Manuscripts 1066—1190*，plates 275—276，279—280，285。

[111] C. H. Roberts，"Books in the Graeco-Roman World"，in *The Cambridge History of the Bible*，ed. P. R. Ackroyd and C. F. Evans(1970)，I，pp.57ff.也见本书第 120 页。

[112] Winchester Bible, fo. 131. C. M. Kauffmann，*Romanesque Manuscripts 1066—1190*，plate 238.

[113] C. M. Kauffmann，*Romanesque Manuscripts 1066—1190*，plate 153. T. S. R. Boase，*English Art 1100—1216*，plate 54b.

[114] 见本书第一章注释[11]。

[115] *Dialogus de Scaccario*(1950)，p.77；Matthew 5；18.

[116] R. L. Poole，*The Exchequer in the Twelfth Century*，pp.56—57；C. H. Haskins，*Studies in the History of Medieval Science*，pp.34—35；J. A. Green，*The Government of England under Henry I*，p.41.

[117] C. H. Haskins，*Studies in the History of Medieval Science*，pp.328—329.

[118] *Ibid.*，p.327.

[119] *Ibid.*，p.329.

[120] *Dialogus de Scaccario*(1950)，p.29.

[121] 见本书第三章注释[45]。

[122] G. H. Martin，"The English Borough in the Thirteenth Century"，pp.132，135.莱斯特的卷册比档案室卷册开始得早,但它们可能到 1200 年之后才被汇总成一个卷册。

[123] *The Anglo-Norman Custumal of Exeter*，ed. J. W. Schopp.

[124] *Rotuli Hugonis de Welles*，ed. W. P. W. Phillimore, Canterbury and York Society Series I(1909) 或 Lincoln Record Society Series III(1912)，I，p.iii。

[125] *The Book of Fees Commonly called Testa de Nevill*，I，p.20.

[126] 存世最早的内阁书日期定为 1285—1286 年,B. F. and C. R. Byerly ed.，*Records of the Wardrobe and Household*，Her Majesty's Stationery Office(1977)，pp.1—116。一份 1300 年的存货清单列出 18 本这样的书,见 *Book of Prests*，ed. E. B. Fryde(1962)，p.228。

[127] G. R. C. Davis，*Medieval Cartularies of Great Britain*,例如 no 407(Flaxley abbey 弗拉克斯利修道院)与 no 1188A(拉尔夫·巴西特)。一份与桑顿修道院(Thornton abbey)有关系的编年纪(始于 1289 年?)写在卷册上,见 T. Wright ed.，*Feudal Manuals of English History*(1872)，pp.88—124,达勒姆大教堂小修道院关于它针对安东尼·拜克(Anthony Bek)主教之诉讼的报告也写在卷册上,见 R. K. Richardson ed.，"Gesta Dunelmensia, A.D. MCCC：Edited from a Manuscript in the Treasurey of the Dean and Chapter of Durham"，*Camden Miscellany* XIII, Camden Society 3rd series XXXIV(1924)，pp.1—58。

[128] T. Wright ed.，*Feudal Manuals of English History*，pp.ixff；S. Lewis，*The Art of Matthew Paris in the "Chronica Majora"*，pp.140—142，168—169.

[129] 概述见 R. H. Rouse，"Roll and Codex"，pp.108—123。

[130] T. Wright ed.，*Feudal Manuals of English History*，p.xv.

[131] Harvard Law Library MS 180；St John's College MS N.13,比较 *Walter of Henley and Other Treatises on Estate Management and Accounting*，pp.37—38。

[132] British Library manuscript Sloan 809.关于毕斯沃思的沃尔特,见本书第 199—202 页。

[133] British Library manuscript Additional 23986；A. Taylor，"The Myth of the Minstrel Manuscript"，*Speculum* LXVI(1991)，pp.68—69.

[134] Edmund Spenser，*Faery Queen*，Bk. II，canto IX，verse 57.

第五章　公文的保存与使用

公文不会自动变成记录。书写品可能只是出于瞬时目的而制作，不含任何永
久保存公文的意图。现代社会里，由于大众读写能力是常态，所以多数书写品都是
出于即刻交流或短期管理便利的目的而制作；当信息已经收到或义务已经解除，记
录信息的那张纸一般会被丢弃。有电子来源的书写品——以电子邮件、手机短信
和其他数字媒体的形式——也类似被当作瞬时信息，除非它被打印出来。现代社
会几乎每个人都能读写，至少有访问数据的能力，但是被长久保存的公文却相对少
量。中世纪的情形正是现代社会的反面——有读写能力的人很少，然而他们的书
写品中有较大比例打算保存下来传之后世。

中世纪的书写材料本身就令抄写员具有时间意识。他面前不是蜡媒介就是
羊皮纸媒介，因此他一开始就要选择瞬时或是永久。写在蜡版上的笔迹难免短
暂，而羊皮纸上的清晰副本显然经久耐用。因此，写在羊皮纸上就是制作一份持
久记忆，如恩舍姆的亚当在他为林肯的圣休所著传记的前言中所说，将"裸露和短
暂的话语"托付给有着"牢固的字母"的书写脚本。[1]另一方面，既用于做笔记也
用于写清晰副本且不断被扔掉的现代纸张却不会让写作者感觉到，他正在生产一
份持久记录。即使印刷术让一份现代作品具有了可与羊皮纸手写本媲美的物理
永久性，现代写作者也更关心凭借印刷术的能力触及当下的广大受众，而不那么
关心以一个如中世纪手写本那样的独特副本将他的作品传之后世。羊皮纸手写
本在 11 世纪既罕见又特殊，因此它们在某方面具有的价值是现代任何有读写能
力的人都无法充分赏识的。

传之后世的修道院公文

公文主要是要传递给后世的记录，此种前提假设不仅取决于羊皮纸作为一种材料的经久性，还取决于同隐修制度如此密切关联的书写技能。在诺曼征服之前以及征服后的一个世纪里，书写人（就 writer 这个词的各种意义而言）中的多数都是修士。修道院里的抄写员不那么关心把他们的技能用于日常业务即尘世事务，而关心制作用于敬拜的礼仪书，也关心在特许状和编年纪中保留一份关于上帝天意运行的记录给未来的一代代修士们，这天意在赠品和预兆中透露出来。公文更常奉献给上帝或对后人发话，较少对同时代的个体发话。隐修制度令书写人在考虑后人时是谦卑还是自大，取决于一个人的观点。他们对时间旅程的敏锐觉知在大量编年纪中表达出来。奥德里克·维塔利斯说："书籍的损失令古代的事迹渐渐被遗忘……随着世界的变化，如同融于一条敏捷河流的水中的冰雹或雪片，被水流扫荡一空，永不返回。"[2] 尽管在与编年纪作者"自白书"相契合的主题中，这些措辞属于变奏，但它们可能表达出一种既被深刻感觉到又为人熟知的观点。

大多数早期特许状都涉及给修道院的赠品，因此它们由修士们以相仿的术语起草，有时颇为详细，就如威廉·德·布劳斯（William de Braose）在 12 世纪中叶授予希利（Sele）小修道院土地时的通告所说，"因为记忆很脆弱，且如贤哲所言'人从一开始便走向衰老'，所以有必要用书面证据来巩固说过或做过的事，如此，时间的长度或后人的机巧都不能模糊对过往事件的通告"[3]。一个世纪后，特许状已经足够平常到让法学家布莱克顿能够更简明扼要地表达同样的思想，"为了被永久回忆，赠品有时通过书写品给出，即通过特许状，既因人的生命短暂，也为这份赠品能更易于被证明"[4]。

多数修道院的特许状和编年纪都仅仅考虑财产所有权和尘世事务，此事实并不令它们的制作人怀有宗教目的这一规则失效。就连马修·帕里斯也认为他的编年纪是神圣天意的一个工具，而马修·帕里斯的工作可是把对英格兰及欧洲政治的广泛又深沉的兴趣同扩张他的修道院与修会这一狭窄又饥渴的关切结合为一体。1250 年，他决定停止书写，因为自从道成肉身以来已经过去了 25 个 50 年。因此他为《大编年》写下最后一段，这段典型地结合了对后人的关心与对上帝及他的圣徒们的奉献："圣奥尔本斯的修士马修·帕里斯兄弟的编年纪到此为止，他受托撰写此书供以后各代使用，为了上帝的爱和英格兰第一位殉道者圣奥尔本(St Alban)的荣誉，以免年龄或遗忘摧毁对现代事件的记忆。"[5]虽然马修几乎立刻就恢复书写，但没有理由认为他1250年的意图终结是不真诚的。他像其他编年纪作者一样，当着上帝的面书写，而且，让受圣奥尔本庇护的自己及修会同僚在事件的神圣展开中有一席之地，这个心愿也激励着他。

修士们如此入世，乃因他们认为他们自身和修道院的财产都属于上帝，上帝将在他们与"尘世"的战斗中支持他们，这个"尘世"由所有其他人组成。书写品充当关于他们的胜利的纪念品，或者是关于他们的困难的警示，"人的记忆肯定脆弱，因此把一些东西写下来是有价值的劳动，这对我们的教诲有益和有用，如此则我们现在和未来的弟兄们就能在困难时通过查阅这本小书而得到帮助"[6]。这段解说来自巴恩韦尔(Barnwell)小修道院《备忘书》(*Liber Memorandorum*)的前言，该书编纂于13世纪90年代，充当诉讼时的先例书。再没哪本修道院书籍比这本更入世。但他的作者一如马修·帕里斯，声明了自己在时间中的位置——太阳正垂落西山，尘世正老迈衰弱，仁爱变得冰冷，他还提议要在上帝的仆人们——他指的是巴恩韦尔的会士们——反对邻人的斗争中帮助他们。对修士而言，书写有一个隐秘动机；它是天意的一种工具，而非仅仅是交流的便捷形式。

修士们不会理解现代对大众读写能力的需求。给那些永远不会有任何东西值得托付给永久字迹的人教授书写毫无意义。什么东西被写下来要经过仔细挑选。一部修道院编年纪忠告，年代纪作者应当写下"他认为最真实且最宜于传递给后人周知的东西"[7]。类似地，坎特伯雷的杰维斯区分难忘的事件和值得记忆的事件，只有真正值得记忆的事件才应被记录。[8]修道院写作者的目标是使用记录向后人传达一个被审慎创建和严格挑选的事件版本，这同倡导大规模制造有读写能力之人或公文相去甚远。因此，厄德麦在他的圣安瑟伦传记中有意省略了许多业务书信，只因他认为它们不值一提，厄德麦相信"将我们时代的事件托付给文字的记忆供未来的学生使用，这是一件伟大的事情"[9]。同样，安瑟伦本人也没有把他所有书信的副本都交给负责收集这些书信的坎特伯雷基督会修士西奥多里克(Theodoric)，"因为我不认为保存它们是有用的"[10]。关于后人的意识使得修士们同时是书写品的毁灭者与保存者。

关注后人之心也导致伪造或更改公文。假如一所修道院在一桩法律诉讼中获得过一份书写品支持它的某项财产所有权，那么就将创建一份恰当的特许状。今天的一位历史学家会说，这样一份特许状是伪造品；它的确是伪造品，但是它的制作人可能觉得，写它就像写他们其他那些证明上帝对人类之方式为正当的特许状和编年纪一样。因为上帝和主保圣徒希望这所特定的修道院繁荣，他们也希望提供手段以尘世的武器同尘世斗争。结果，厄德麦就是伪造支持坎特伯雷关于级别高于约克之要求的那批教宗诏书的从犯。[11]厄德麦解释说，坎特伯雷的修士们对来自约克的挑战万分焦虑，因此他们托付给上帝，并通过神圣启示在一些古代的福音书书籍（它们自身就是神圣物品）中发现了一打日期从7世纪到10世纪的、支持他们的理由的教宗诏书。厄德麦一字不差地引述了这些诏书，因为在教会档案中发现的东西很值得推荐给后人的记忆。他补充说，也发现了一些日期更古老的公文，但因为其中一些是纸草制品，且或因年深日久而变得难以辨认，或写以一种他无法理解的字迹，所以他心不甘情不愿地不去引述它们。厄德麦可能没有亲自伪造这些教宗诏书，但他补充了这些令故事可信的佐证细节。

修道院既经历了公文的幸运获得，也经历了公文的幸运损失。归于修道院院长英格尔夫（Ingulf）名下的克罗兰编年纪（这编年纪本身就是事实和伪造构成的复杂组织）记载，1091年的一场大火摧毁了该修道院的盎格鲁-撒克逊王室特许状和其他不动产所有权状，总共接近400份公文。[12]不过幸运的是，为了指导年轻修士学古英语，英格尔夫在早几年已经将这些特许状的一些复制件转移。这些复制件就此被保存下来，克罗兰也依据它们为自己的要求打下基础。这是个巧妙的故事，因为1091年克罗兰确实发生了一场火灾，毁掉了许多书（如奥德里克·维塔利斯当时证实的）[13]，而且克罗兰也有可能像其他主要修道院一样，在诺曼征服之后还努力让古英语保持生机。此外，克罗兰修道院没有宣称这些特许状是原件，而说是复151 制件，这就能解说其中的任何缺陷。类似地，坎特伯雷在同约克的争端中宣称，对于一些文件，它只留有复制件，因为古代的教宗诏书已经在1067年的大火中被毁。[14]

关于一份公文如何消失的最不可信故事来自马修·帕里斯。[15]他报告说，在厄德麦任修道院院长的时代（约1012年），于圣奥尔本斯修道院一些罗马时代地基中的一道墙的墙洞里，发现了一份由书籍和卷册组成的窖藏，写着一种不熟悉的语言。幸运的是，找到一位名叫安瓦纳（Unwona）的老神父，他认得这种古代不列颠语言。所有文本中除了一份，都包含对异教神祇比如福波斯（Phoebus）和墨丘里（Mercury）的祈祷，因此它们都被烧了。剩下的那一份被证明是关于圣奥尔本的故事，老神父为了厄德麦及其弟兄们而把它从不列颠语言翻译为拉丁文。可是，一旦拉丁译文被记录下来，"说来也怪，那份原来的且原始的范本突然就无可挽回地化为尘埃、碎为齑粉"。圣奥尔本斯能找到罗马时代的残余,这完全可信,甚至公文被保存在一个墙洞里也有可能。但若说找到一位独一无二具有一种失落语言知识的老神父,且发现品暴露于空气之初还能幸存,这就过分滥用人们的轻信了。这故事可能一开始说的是发现一些罗马残余物,它们一暴露于空气就分崩离析了。

修士们有伪造习性,这并不暗示说他们的所有声明都是不可靠的,只是说那些与他们主保圣徒的荣誉或与他们修道院的地位格外有关的声明不可靠。他们决定在存疑之处为后人确立真相。他们借助关于过往的真相来表达实际理应发生过的。一所修道院有一种符合天意的真实性,这高于那些随机事实,而一位现代历史学家只受尘世好奇心驱使,试图把这些随机事实拼凑起来显示过往曾发生什么。坎特伯雷的厄德麦或马修·帕里斯对后人的宗教关切同他们准备就绪担任伪造从犯,这两者之间本质上并无矛盾。伪造公文的问题将在第九章更充分地讨论。在当前语境下,此事实阐明,对修士而言,书写的主要目的是告知后人或错误地告知后人。于是修道院的记录方式举棋不定,公文被创建和仔细保管,好让后人能知道过往,但却不必然允许记录随着时间因自然积聚而累加,也不必然允许记录自己说话,因为真相如此重要,以致不能任由机遇决定。

日常使用的世俗公文

诸如税收记录或给官员的正式命令这类公文,制作时的主要目的是用于行政管理,而非指向后人,因此它们与修道院书写品明显功能有异。中世纪英格兰此类公文的最早发展难以追踪,部分是因为书写已经在修道院传统中以一种如此不同的方式被运用。行政公文可能在被保管之前早已在流通,因为它们应该不被认为值得像修道院特许状那样保存。另一种可能是,行政公文的发展可能极其困难,因为书写不被认为是区区俗世瞬息的恰当媒介。修道院抄写员的技能与传统不能被自动转让去打造一个官僚机构,虽说它们在我们的时代已经被成功调适和扩展。就现代为日常交流使用书写的意义而言,诺曼征服时代的修士和平信徒都不具备读写能力。

盎格鲁—撒克逊政府是否在日常业务中使用公文,这是历史学家们有争议的问题,因为证据稀少。五个多世纪里在拉丁文之外使用书面英语作为政府语言,这必定鼓励了本地语言的读写能力在大大小小的地主当中传播。[16]诺曼人于占领之后第一代塑形期里关于此事的难题是，他们从未把古英语当作一种法律诉讼语言和记录语言来掌握。因此，他们为了控制这个国家而创建了一套新的行政体系，该体系例行公事地把地方法庭的口头英语证词转化为一致的拉丁文，专供他们使用。《末日审判书》是这一政策胜利的产物与象征。此书与国王的印玺及财政部的派普卷册一起被保管在王室国库里，它是"审判之书"（按照《财政部对话录》的描述），不能背离它。[17]

然而《末日审判书》的实际制作透露出，关于什么种类的记录应当被传递给后人存在意见分歧。现在称为"小末日审判书"的那本只涉及三个郡（埃塞克斯、诺福克和萨福克），而被称为"大末日审判书"的那本涉及 31 个郡。[18]但是《小末日审判书》的条目比《大末日审判书》的条目详细得多，尤其是它们详细说明村庄里家畜数量的方式。兹举一例，（诺福克的）科蒂斯顿（Kerdiston）被描述有四匹一组的马1 086 组、10 头牛、40 只猪、50 只绵羊、28 只山羊和两窝蜜蜂。[19]《盎格鲁-撒克逊编年纪》抱怨说，征服者威廉把调查弄到这么细致，"没有一头公牛、一头母牛或一只猪被漏掉和不被写在他的书写品上，且所有这些书写品（古英语写作 gewrita）事后都要交给他"[20]。这段描述澄清了明显的一点，《末日审判书》不是直接根据乡153 村的口头证词编辑成的，而是根据行政官员制作的书面笔记编辑的。这些初步笔记可能被编成未装订的羊皮纸集合体，且其中一些在被双语文员为他们的诺曼主人转化成拉丁文之前可能写以古英语。《小末日审判书》更充分的细节代表着证据处理中一个过渡阶段，《大末日审判书》则构成进一步的标准化阶段，之前收集起来的一些信息到这时被当作无关信息而废弃。尽管《末日审判书》在财政部被尊奉为记录制作的楷模，但就连理查德·菲兹尼尔也承认，关于一些存疑之处，它不必然包含裁定。[21]

对菲兹尼尔和他的同僚而言，标志着他们所理解和定期查阅之公文档案的开端的不是末日审判调查，而是亨利一世的派普卷册。菲兹尼尔的一则故事展示，亨利一世的一份派普卷册被用来否决亨利二世的一份令状，从亨利一世的"旧年度卷册"中常常能找到什么的另一则评论则暗示，菲兹尼尔的时代仍有一些早期派普卷册存世。[22]《财政部对话录》的整个语气加上它对先例和正确形式一丝不苟的注意，都展示出到了 12 世纪 70 年代财政部如何被官僚机构的常规所支配。不过财政部出产的书写品仍未被系统化地当作记录保管，因为菲兹尼尔提到的许多类型的公文今天都已不存，且在 13 世纪已经无迹可寻。亨利一世的派普卷册除了关于1130 年的，也都丢失了。此外，幸存的那个卷册证明，每年要为诸如授权支出这类瞬时目的颁发几百份令状,对于它们都没有记录保存。[23]可获得证据稀少,这暗示行政公文首先是在亨利一世的财政部开始被例行使用,而非在末日审判调查时期或更早。把这类公文转变为给后人的记录,这一发展花的时间更长,且在菲兹尼尔的时代还远未彻底。

如第二章讨论的,让作为整体的王家政府而非仅仅财政部开始保管记录和颁发公文,这一变化似乎要由休伯特·沃尔特负主要责任。他为累加式档案记忆打下基础,先是他担任首席大法官期间(1193—1198 年)在法庭上(以土地转让协议档案副本和陈情状卷册的形式),继而是他担任档案室大臣期间(1199—1205 年)在档案室里(以关于发出信件的各类卷册形式)。自此以后,几乎每年的档案室卷册都存世。类似地,土地转让协议档案副本从一开始就成功地保存于国库,虽说陈情状卷册被证明较难从法官那里追回,因为他们为了参考而把它们当作私人财产。例如,为了编辑布莱克顿的《论法律》(*De Legibus*),13 世纪 20 年代和 30 年代的法官与他们的文员(可能布莱克顿本人作为下级也参与其事)从他们的陈情状卷册和案件笔记本中做摘要。[24]不过到了 13 世纪后半叶,陈情状卷册也被移交国库以供保存,如存世的爱德华一世当政期堪称完整的系列所证明的。

爱德华一世当政时,休伯特·沃尔特的时代开始被承认是记录保管史上的一个转折点。1275 年和 1293 年的法令规定理查一世加冕日(1198 年 9 月 3 日)被固定为记忆的法定限制点。[25]这意味着,在证明一项要求时,一位诉讼当事人回溯往昔到那个日期即可,不需再往前回溯。为基于先例的要求固定一个专断的限制点,这不是新策略,因为理查一世的加冕日替换了亨利二世的加冕日,而亨利二世的加冕日又替换了亨利一世的驾崩日。直到爱德华一世当政期似乎都假定,记忆最多回溯一个世纪,亦即到最老的活人能够记得的最早时间;早于那个时间的任何时期都被认为是"被忘却的时光"。把理查一世加冕日定为新的法定限制点,此举的新奇之处直到爱德华一世当政期结束时才变得明显,那时这个日期被保留而非被更新。回想起来,1189 年 9 月 3 日这个在中世纪剩余时光都持续生效的固定限制点标志着人工记忆时代的正式开端。反复更新不再是紧迫要求,因为诉讼当事人的记忆现在主要依赖书面证明而非人类的记忆。尽管起初只是碰巧,但承认理查一世当政期是可以合理要求令人信服之证据的时间起始点,这是恰当的,因为休伯特·沃尔特的改革令此类证据成为可能。

尽管休伯特·沃尔特已经为广泛建立王室档案打下基础,但又过了一个世纪,它的潜能才得到测试。1291 年,爱德华一世要求能支持他对苏格兰君主权位要求

154

的历史证据，但他起初并没尝试使用王室记录。相反，各修道院接到临时通知，被命令搜索他们的"编年纪、登记簿和其他档案，古代和现代的，不管什么形状或什么日期的"[26]。靠这种方法得出的证据被证明不连贯也不令人满意。比如，从一份修道院编年纪中引述了 1174 年的《法莱斯条约》（the treaty of Falaise，苏格兰国王狮子威廉以这份条约向亨利二世表示服从），然而更准确的抄本却在财政部的《红皮书》和《小黑皮书》中双双找到。[27]

1291 年夏季稍晚，当修道院已经提交了他们的证据之后，爱德华一世匆匆自苏格兰写信来，命令把位于新坦普尔（New Temple）的一箱档案室卷册打开并对其进行搜索。[28] 亨利三世的两份卷册被从这只箱子里取出来并送到国王那里，它们是关于 1254—1255 年的专利书卷册和关于 1237—1238 年的特许状卷册。爱德华期望从这些卷册里找到什么，这并未详细说明。不过它们今天仍然存世，因此历史学家能够指出，前一份卷册里有亨利三世与苏格兰的亚历山大三世（Alexander III of Scotland）1255 年所订条约的细节，后一份卷册有亨利与苏格兰的亚历山大二世（Alexander II of Scotland）1237 年的条约。[29] 这两份条约都无助于爱德华的案子，故而此次出于历史目的使用档案的初步尝试可能暂时劝阻了进一步调查。

然而一个先例已经确立，因此当 1300 年又要求有证据在教宗波尼法爵八世和国际舆论面前证明英格兰案子的合法性时，王室记录被命令与修道院资料一起搜索。指示不明确但涉及广泛——搜索所有关于苏格兰事务的纪念品，同时还有另一道类似命令，关于国王的森林使用权，"搜索所有卷册和纪念品"，包括财政部和档案室的所有卷册。[30] 不管是谁下令要搜索所有卷册，"片甲不留地搜索"，此人都对卷册有多少或它们的储存和归档有多不完善无甚概念。这次搜索似乎没有带来新消息，大概因为到头来证明不可能在这么短期内接获通知的情况下卓有成效地搜索档案。尽管搜索行动本质上失效，但爱德华一世对苏格兰的王位要求和将之记录下来的需要最终令政府意识到，它已经积累起庞大的历史档案。陈情状卷册和其他法律记录也类似在 13 世纪 90 年代开始被系统化地详细登记，这恐怕不是巧合。[31] 1302 年有一次类似尝试，要把内阁档案归到一起，"如此我们就能在我们想要的任何时间就所有事务得到忠告，且这些书籍和卷册要保留在内阁作永久纪念"[32]。把公文保存下来作为永久纪念，这是几个世纪来档案的目的；新颖之处在于，记录应当"在任何时间"可以轻易获得这一需求。

令王室档案可供参考，此目标由爱德华一世在他最后的几年里发起，于 1320 年斯德普勒顿（Stapledon）主教对记录的大调查中臻于成熟。给斯德普勒顿的委任状的前言对记录被从一个地方带到另一个地方、从一个人转给另一个人的方法表示痛惜,这过程常发生遗失,而人类状况的脆弱性要求王侯和统治者的法案要被压缩成书写品及备忘录,好让国王能公正地统治臣民。[33]尽管斯德普勒顿对记录的广泛调查没给政府行为带来什么立竿见影的效果,但他的委任状标志着,从此刻开始,王权正式承认它的行政公文是给后人的记录。国王的书写品是对抗人类脆弱性的一个堡垒,也是对他们后继者的一个警示或鼓励,正如他们的事迹被载入修道院编年纪时所具有的功能。为后人特别制作的记录同为了俗务而使用的世俗公文,这两者间的鸿沟已被架通。一个相应结果是,英格兰政府在制作中世纪欧洲最庞大的存世档案这条道路上准备就绪。

156

　　总而言之,行政公文自亨利一世当政期开始被例行使用,自休伯特·沃尔特1200 年前后的改革起被广泛保管,现在到了14 世纪头十年,政府让它们经受全面检查。公文在能被视作一份具有历史用途的档案之前,大概先要积累到可观的数量。在《末日审判书》中搜索证据证明土地是否王族的古代私有土地,这也遵循类似模式;虽说可以使用《末日审判书》已经有两个世纪,但搜索活动始于13 世纪50年代,且直到爱德华一世当政期或更迟才被确立为常规。[34]为了行政使用而制作公文,把它们作为记录保留,再度使用它们作为参考,这些是三个各不相同的发展阶段,并非自动和立刻前后衔接。

档案馆与图书室

　　到此为止,本章已经考虑了何时及为何开始保留和使用记录,但对于何处及如何储存它们的问题还只是顺带回答。尽可能确切地回答这类问题是有价值的,因为保存公文的物理条件表明了当时对它们的态度,也有助于解释为何有些类型的公文比其他类型的更好地幸存。将档案馆与图书室一起考虑也是恰当的,因为尽管中世纪对各类书写品有各种区分,但套用现代的书籍与记录的两重划分就是年代误植。

　　诺曼征服时代,公文与书籍在珍贵物品中亦即珍宝和圣徒遗物构成的宝库中有一席之地,宝库中都是一位统治者或一位修道院院长打算传递给接班人的东西。公文、书籍、圣徒遗物和珠宝通常不会保管在各不相同的地方,因为它们经常在物理上结合在一起,书写品同其他珍贵物品并不具有现代有读写能力者眼中那么明显的区别。与圣经有关的书籍——用金箔和珍贵的绘画华丽地装饰，装订时镶嵌着宝石乃至圣徒遗物——明显是天国和俗世的宝藏，而非阅读物品。例如，像《林迪斯法恩福音书》那么特别的一本书本身就是一件圣徒遗物和一个圣髑龛，因其年龄和据称与圣卡斯伯特的关联而被神圣化。像特许状这种单页公文有时为了安全起见被装订进或抄写进这类礼仪书中。此种实践早已由厄德麦那则故事——在福音书中找到古代教宗诏书支持坎特伯雷关于级别高于约克的要求——所阐明。虽然这些诏书是伪造的，但在书籍中保存公文的实践显然司空见惯，因此足以取信厄德麦的读者。舍伯恩 12 世纪中叶的房地产契据册是由礼仪文本和特许状（可能是伪造的）做成的一本完整的书。"可以说，所有世俗部分都被置于此书神圣内容及其与祭台之连接的保护下。假如以后任何人会不明智到就这些公文中任何一份的有效性提出质疑，就将唤起上天的保护与盛怒。"[35]切尼也类似力主，坎坷伯雷基督会大量记录 12 世纪不同时间之地产公文的、号称"修士的末日审判"（Domesday Monachorum）的各张孤立页面，最初构成一本"大福音书"的一部分，如此未来的违禁者就会遭受"上帝和坎特伯雷教堂里诸位圣徒的诅咒"（休伯特·沃尔特大主教的话）。[36]

如同家庭圣经在后世，礼仪书在中世纪是最明显的用来记录重要项目的地方，因为它们用最经久的材料制成，并且有可能被庄重地一代又一代传递。在书写材料罕见之处，礼仪书也是最容易到手的文本。大约 1200 年，一位犹太人用他祈祷书的最后几页撮要记下了一份备忘录（用希伯来字母拼写的阿拉伯语），关于"自从我在英格兰以来所拥有的一切"；他的清单包含对埃克塞特、巴思和温彻斯特诸位主教的应收债务，对一位不具名伯爵的应收债务，还有对一些较低级的神职人员和骑士的应收债务。他或他们发生了什么不得而知，因为只有他这本神圣书籍幸存下来。[37]在礼仪书中记录项目，这被约 1217 年的索尔兹伯里主教教区法令变成一项规则，本堂神父被命令"在弥撒书和其他书籍里写下教堂的房地产和租金，也写下书籍、法衣和家具的清单"[38]。这在让本堂神父变成他们乡村的登记员的漫长进程中迈出了第一步。

既然出于安全考虑，一些特许状被放置在神圣书籍中，那么在圣髑龛中发现另外一些特许状就毋庸惊诧。这种实践最出名的例子是把盎格鲁-撒克逊的王家圣所当作存放特许状的一个地方。[39]这个圣所可能是与王家小教堂联系在一起的圣所。于是，拉姆塞的一份特许状（日期定为 11 世纪 50 年代）"遵照国王的命令"被放置在"他的小教堂，与他放在那里的圣徒遗物一起"。[40]这间小教堂大概是一座石头建筑,而非一座轻便祭台;倘若如此,它最可能位于威斯敏斯特修道院,或位于温彻斯特的西撒克逊(West Saxon)国王古代宫殿。有人力主,自 9 世纪起,特许状就 158 被系统归档并保管在温彻斯特。[41]无论这个圣所位于何方,它都是供后人使用之神圣公文的存放地,不是行政档案的存放地。

教堂和圣物箱明显是保存公文的地方,不仅因为它们相对安全,既被石头和铁保护,也被教会的咒逐保护,还因为特许状本身就是往昔赠品的遗物。此外,由于给修道院的赠品经常是给予教堂的主保圣徒而非给修士们,因此将记录着赠品的特许状尽可能挨着它们所属之圣徒的遗物放置,这是恰当的。把特许状供在祭台上是常见行为,所以顾斯拉克卷册上画着克罗兰修道院的施主们正把他们的特许状递到圣顾斯拉克圣髑龛前(见图 20)。类似地,伯里圣埃德蒙兹修道院的一枚印章从圣埃德蒙的圣髑龛上挂下来,大概那里是个安全地方,因为这印章属于圣埃德蒙私人所有。[42]

与神圣书籍和圣徒遗物一起,公文开始与杯子、指环、木制手杖、小刀和其他一切依旧是过往事件之记忆的象征物品混在一起。例如 1096 年,塔维斯托克修道院在圣鲁蒙(St Rumon)的圣髑龛里放置了红脸威廉将一处采邑的依法占有权给予修道院院长时所用的象牙匕首(上面刻有一则题记);类似地,斯波尔丁(Spalding)小修道院于 50 年后将莫尔顿的托马斯(Thomas of Moulton)的小刀放进它的档案馆或圣器收藏室。[43]只要用一件摆放在祭台上的物品象征一次让与行为的习俗还保留着,就自然会把这类无论何种形状的物品与圣器和礼仪书一起保管,圣器和礼仪书类也与祭台有关联。在现代人眼里,中世纪档案馆看上去应该更像一只喜鹊窝,而不像一个公文归档系统。但不管这些物品乍看之下可能多么奇异,圣器管理员却无疑都能说出每件物品作为一个纪念品的意义。现代可与之相比拟的大概是一位老小姐的手袋,里面也类似地包括象征性指环、珠宝、杂项纪念品、一些书信和纸张。

每份公文或书籍都有一个特别地方供其安全存放,并与其关联性和功能相称,但并非所有公文或书籍都保管在同一个地方。礼仪书常常存放于教堂,因为它们在那里被使用,而其他书籍被保管在修道院餐厅供大声朗读,或被存放于修道院的一只箱子或橱柜里供个人研习。[44]13 世纪的林肯大教堂,档案室负责人①管理经院书籍和圣徒传记,领唱人保管音乐书,财务主管负责其他礼仪书如每日祈祷书和

---

① 在本章中,archive/archives 指机构时翻译为"档案馆","档案室"则指之前反复出现的制作公文的机构 Chancery,相应地,"档案室负责人"/"档案室大臣"是指 chancellor,不是 archivist。——译者注

159 弥撒书，分堂总负责人①照管特许状和不动产所有权状。[45]这样安排自有道理，因为档案室负责人与学校有关联，领唱人与唱诗班有关联，财务主管与守护圣器有关联，分堂总负责人则与分堂主管神父同分堂的通信有关联。只有当书籍或公文的数量增长到难以处理的地步时，对一所集中化图书馆或档案馆的需要才变得明显。

此外，公文的离散是基于原则，不是单单由于疏忽。盎格鲁—撒克逊将协议的两份或三份副本放在不同地方以求更加安全，该实践在诺曼征服之后继续进行。例如，亨利二世遗嘱的盖印副本于 1182 年分别存放在坎特伯雷、温彻斯特的国库和他的保险箱里；类似地，威尔士的杰拉尔德 1202 年提议，将他关于圣戴维主教职位的证明的副本分别存放于教宗的、坎特伯雷大主教的和圣戴维主教的档案馆。[46]1221 年规定，一次裁判庭要求有一位以上法官，理由类似，即每位法官自行保管一份陈情状卷册副本，而单独一份卷册不足以确保为一份记录。[47]王权从传统观念——以数量上的安全作为保存其法律记录之一种方法——移向在国库建一间中央档案馆的思想，这只能逐渐发生。

总之，诺曼征服时期的传统是，公文和书籍与其他珍贵物品一起保管。书写品数量太少，且其功能和物理版式也太多样，以致无法被作为一个特殊纪念品类别对待。书籍和公文没有被忽视，而是被以一种难于查阅的方式保管，而且它们散布在各异的储藏室里，这意味着书籍属于一个通常在整体上不被视为图书室的机构，公文就更不被看成档案了。

12 世纪和 13 世纪，随着书写品数量增长，对于保管它们渐渐制定了更多明确和统一的规章。此运动的积极性似乎来自教会而非出自王家政府。诺曼征服促使修道院审视它们的遗产，以便在征服者面前证明它们自身和它们的圣徒的正当存在。此外，兰弗朗克大主教任命的从事改革的高位教士们以让他们的教会同欧陆实践接轨为目标，这意味着评估及更新他们的书籍和不动产所有权状。拉丁词 archiva（中性复数）的意思有点像现代意义上的"档案馆"，即一个存放公文的既安全又秘密的地方，该词于 11 世纪 70 年代早期被兰弗朗克首次在英格兰使用，当时他下令，与奥克尼群岛的主教有关的一些书信要存放在伍斯特和切斯特的教堂的"档案馆里"（in archivis），作为一份备忘录存之后世。[48]修道院评估自家不动产所有权

---

① 这里的 provost 和下文的 dean 的区别可比照大学里一个学院的负责人和系主任的区别。provost 指大教堂一所分堂的 head，dean 的直接释义与 provost 相同，但具体而言侧重于神职方面，是副主教辖区一个分支里一群神职人员的督导人；provost 想必主管行政事务。为此，将 provost 译为"分堂总负责人"，将 dean 译为"分堂主管神父"。——译者注

状的例子汗牛充栋,并且与制作房地产契据册的开端相关联,这点已经讨论过。[49] 160
加尔布雷斯指出,完成了第一本房地产契据册的海明也有权成为最早的英格兰档
案保管员,因为他给伍斯特放不动产所有权状的箱子加了一把新锁,还修复了被撕
裂或损坏的原始公文。[50]修复特许状同替换它们关系密切,因此就与伪造关系密
切。在修道院团体内,档案保管员和造伪之人享有一个共同目标——记录下修道
院的财产所有权。

档案馆和档案保管员不因公正的历史研究的要求而产生,却因制造公文(哪怕
在本无公文之处制造)的直接必要性产生。修道院这场评估记录并使记录现代化
的运动于 12 世纪和 13 世纪一直持续。因此拉姆塞修道院《施主书》的编辑人于约
1170 年描述了"我们在我们的档案馆里发现的""非常古老"的特许状和正式签字文
件,他宣称这些已经被从"野蛮的"盎格鲁-撒克逊语言翻译成了拉丁文。[51]约十年
之后,圣保罗(St Paul)大教堂分堂主管神父拉尔夫·德·迪塞特就大教堂拥有的
教堂进行了一次调查,并将此与对这些教堂的特许状的审查结合起来;他通过使用
特殊的识别符号而在他的调查表和特许状之间设计了一个交互参考系统。[52]

对制作清单和调查表的全神贯注源出于对修道院地产的描述(如萨姆森修道
院长的"日历"),这也制造出 12 世纪第一本修道院图书目录。严格来讲,关于特定
修道院所拥有书籍的清单不应被描述为图书目录,因为它们大多只是财产目录,并
不对使用者指明能在哪里找到一本特定的书。这类清单无论如何也不打算给读者
使用。尽管如此,在存世的六本左右最早的英格兰图书清单中有一份来自坎特伯
雷基督会(日期定为约 1170 年),里面有一系列小写字母和符号,与每本书第一页上
的符号相匹配。[53]这位图书管理员就这样用一种同拉尔夫·德·迪塞特标记圣保
罗特许状的方法一样的方法标记了他的书籍。此种标记没指明书籍或特许状放在
哪里,但它们至少展示出,一份清单上的某段描述同一只橱柜或箱子里的某份公文
相匹配。

早期书籍清单的一个好例子是圣奥古斯丁一本书的书皮底纸上的详细目录,
1202 年制作于罗契斯特大教堂。不寻常的是,它以确切的日期和描述开篇,"主历
1202 年在我们的图书室进行这次调查"[54]。用了"调查"一词,暗示目标是一次详
尽评估。书籍一部分按照作者姓名[奥古斯丁、格里高利、安布罗斯(Ambrose)、哲 161
罗姆(Jerome)、比德]列举,但姓名不按字母排序;一部分按特定书籍放置的地方列
举,比如"在领唱人箱子里"的那些;又有一部分按照特殊藏品列举,这些藏品由来
自具名个体的赠品或购并品组成。(按照编辑过的文本)这份清单包含 241 个条目,

并且明显比一份更早的清单残片更加完备，那份清单写在 12 世纪《罗契斯特书》的书皮底纸上。[55]

　　林肯大教堂图书室在圣伯纳德布道书的一份副本的书皮底纸上写了借阅人名单（有别于详细目录或图书目录），日期定为约 1220 年。[56]这些条目匆匆写以非正式字体，没有用尺画的线，与文本中的正规书本体形成反差。例如，主教的外甥阿瓦隆的威廉（William of Avallon）被记下借了比德对路克福音的评注、"教会法定书信集"和一本《世界地图》。这些下面又有一条用颜色较浅的墨水写着"& *Ysidor*"，亦即塞维利亚的伊西多尔（Isidore of Seville）的一本书，可能是他的《词源》（*Etymologies*）。这张书皮底纸上记的 14 个条目里，无一记录被借阅人归还。为避免丢失，林肯的有些书籍用黑体字写上了"圣玛利亚的林肯的一本书"[57]。圣奥尔本斯修道院的一些书籍还保留着关于所有权的更强硬题记："这是圣奥尔本斯的一本书，任何人用任何种类的艺术、诡计或小聪明拿走它、销毁标题或让它远离教堂，都会受到教会咒逐。"[58]这些题写让人想起主保圣徒的诅咒，这个机构里的一切东西都被认为在私人意义上属于这位圣徒。"圣玛利亚"的书有很多仍旧存于林肯大教堂图书室，但圣奥尔本斯的那些书籍随着各个修道院的解散而散布各处。圣奥尔本斯的书籍还因它们在物理上接近圣徒而享有额外保护。因此西蒙院长（任职期为 1167—1183 年）命令，他制作的上好书籍应当保存"在面朝着（或对着）隐士圣罗杰坟墓的有绘画的箱子里"[59]。

　　现代图书馆其实始于托钵会士。亨伯特·德·罗马尼斯（Humbert de Romanis）的多明我会规章（日期定为约 1260 年）设立了属于一位现代图书管理员的所有基本职责。[60]图书管理员应当为图书室选择良好地点，安全、防水且通风良好；书橱里应当有足够的排架，各书架应指定不同主题，并写上解说通告；应当有一份书籍目录，书脊上应写有标题，每本书里面应有一条题记声明书籍所属的住院①及谁赠予此书；应当通过替换旧书和卖掉多余副本而让库存跟上时代；图书管理员应当有图书室的钥匙，并在规定的时间打开图书室。共同使用的书籍如圣经、教宗的教令集、布道辑录和编年纪应当保管在一个用链条划出的区域，而较少使用的书籍在书面登记了借出记录的情况下可以被读者借阅。一年要有一到两次对图书室进行全面检查。

---

①　house，对于隐修院修会可直接译为修道院，对于托钵修会和更晚的新型修会（如耶稣会），作为一处共同住所的 house 也是这个修会的最基层单位，可以译为"住院"。——译者注

把多明我会士的这些管理规则同两个世纪之前兰弗朗克大主教为坎特伯雷基督会制定的会规中的管理规则相比,则书籍使用方面的变化令人震惊。[61]兰弗朗克的会规里要求一位图书管理员,且他保留一份借出书籍的书面记录,与他的多明我会同行一样;但相似性到此为止,因为兰弗朗克的图书管理员的主要职责是,一年一度在大斋期首个星期一监督书籍借出。书籍被铺放在一块地毯上,每位修士发一本书,给一年时间去阅读。早期教父的许多书籍当然又长又难读,比如,一位修士在一年里认真阅读圣奥古斯丁的《上帝之城》并理解每个词,就取得了巨大成绩。尽管如此,兰弗朗克的会规指示出不同于多明我会规章的阅读路径。

多明我会士像现代专业学者一样,为了构建一种宽幅论证而要求有巨大的文库,他们可以在里面快速浏览一系列书籍,其中许多是非常近期的作品。图书室的目的是确保“托钵会士团体能准备好处理他们要求的不管什么作品”[62]。另一方面,兰弗朗克的修士被期望对指定给他们的那篇文本反复玩味,把这当作一项神圣任务。对本笃会传统下的修士们来说,有着珍贵的且装饰灿烂的字词的书籍是形象,它们制造出一种充满神秘冥想与神秘领悟的状态。兰弗朗克的本笃会士和亨伯特的多明我会士接触书写品的路径差异如此重要,因此用“读写能力”这同一个术语来描述他们会造成误导。此种差异与对记录之态度变化有显而易见的平行关系,在诺曼征服时代,公文是特殊物品,被放在圣髑龛里当宝贝;而到1300年,爱德华一世像托钵会士那样,期望公文统统可以在他需要的时候拿来仔细检查和比较。

不过,无论与一所普通本笃会修院相比,还是与托钵会士相比,国王的书籍和记录实际上在很长时期都管理不善。约翰是诺曼征服以来第一位能表明拥有并使用书籍的国王。这令人吃惊,因为亨利一世是个有学问的人,而亨利二世是那个时代受教育最好的国王,他的宫廷“每天都是学校”[63]。谈及约翰的书籍的证据来自公开记录中的偶然指涉。1203年的派普卷册中有一条记录了供应“箱子和二轮货运马车把国王的书籍带到海外”的成本,这暗示约翰有一间图书室,与任何修道院的图书室一样大。[64]至于这间图书室的内容或它安置于何处,只有最零散的信息。1205年,这位国王让他的一位总管把“一本关于英格兰历史的传奇”带给在温莎(Windsor)的他。[65]1208年,“我们那本叫‘普林尼’(普林尼的一篇拉丁文本)的书”被从雷丁(Reading)修道院带给他,出于安全它被存放在雷丁修道院。早些日子他从雷丁修道院得到一本《旧约》、圣维克多的休(Hugh of St Victor)的一本作品、彼得·隆巴德的判例集和一些其他经院文本。[66]最后一条指涉是关于约翰使用书籍

163

的最有意义的证据，因为他那个时代所有受过教育的平信徒都爱在"传奇"（换而言之就是本地语言写的故事或诗歌）里读历史，而大多数有学问的人都阅读较易懂的拉丁经典，如普林尼的作品；但约翰王是欧洲第一位对 12 世纪"现代"经院学者的神学作品有兴趣的国王。不过也可能他是出于特殊目的而要求这些书籍，即他与斯蒂芬·兰顿（Stephen Langton）关于神职人员特权的争执；此外，这些经院文本可能属于雷丁修道院而非国王本人。[67]

这个插曲表明，国王的政府要求一间参考图书室，尤其是为了教会事务。然而约翰的继承人亨利三世所仅有的书籍是礼仪文本和一些传奇故事。亨利是艺术家和工匠的赞助人，而非书写人的赞助人，他让人为他和王后在英格兰上上下下的众多小教堂制作弥撒书。[68]埃莉诺王后（Queen Eleanor）1250 年也使用一本法语的"大书"，"书里包括安条克（Antioch）和国王们的事迹"，此书由圣殿骑士团保管，可能属于王家内阁的财产。[69]这恐怕就是 1237 年提到的亨利那本装饰着银质扣子和钉子的"大传奇故事书"[70]。此类书籍明显是珍藏物品，而非一份提供信息的书籍收藏，因此由圣器管理员或圣殿骑士团保管是恰当的。

类似地，也没有证据表明爱德华一世有图书室。他于 1291 年希望证明他对苏格兰君主权位的要求合法时，不得不让修道院查阅他们的编年纪（如我们已经见到的），大概因为他没有自己的历史书，甚至也不被允许迅速访问威斯敏斯特修道院的图书室。1320 年斯德普勒顿主教在公文调查中只找到少量书籍。几个文本与一些印章一起存放在一只箱子里，其中有一本用红色皮革装订的书《论王权统治》（*De Regimine Principum*）、一本关于圣殿骑士团规章的"小书"、一叠（亦即一本未装订书籍的一部分）圣帕特里克（St Patrick）传记，"写以一种未知语言"（威尔士语）的另一叠，还有一本托莱多的罗德里克大主教（Roderick archbishop of Toledo）的编年纪。[71]这些书可能属于爱德华一世。但即便的确是，它们也有着驳杂赠品和购并品的气息，而非一间图书室或一份个人收藏的基础。既没有图书室也没留下什么拥有书籍的证据，在这方面英格兰国王们与其他同时代的统治者无异。此时期第一位可以表明有一间图书室的教宗是爱德华一世的同时代人波尼法爵八世，且在他死后这份图书收藏就风流云散。[72]图书室缺乏的首要原因与其说是国王们是无知的平信徒，对打仗和狩猎的兴趣大过对学习的兴趣，毋宁说政府——无论教会政府还是世俗政府——的业务是逐步才开始与书本知识和书面先例产生联系的。

王家档案馆

王家档案馆在诺曼征服之后的发展需要专门讨论,因为它不连贯也令人费解。12世纪开始的公文激增与国王们在海峡两岸来来去去的游荡相结合,导致记录被分散,也频频四处移动,而它们在11世纪原本被更安全地保存着。从分散到集中并无清晰的发展线。如我们早已看到,在诺曼征服之前充当所有权契据的一些特许状被放置在国王的圣所,该圣所可能在威斯敏斯特或温彻斯特有一个永久场所。[73]红脸威廉当政时,末日审判调查的回馈也类似地保管在温彻斯特"我的国库"中。[74]红脸威廉的这个"宝藏"或"国库"与西撒克逊国王的圣所是否为同一处,这只能推测。温彻斯特的国库肯定在12世纪正发展成一所永久政府档案馆,可能因为温彻斯特对盎格鲁-诺曼统治而言是个建都的好地方,它是通向南安普敦(Southanpton)的入口。亨利一世的加冕特许状在他的命令下放置在温彻斯特。[75]类似地,按威尔士的杰拉尔德所说,亨利二世1155年下令,将哈德良四世(Adrian IV)许以他爱尔兰司法权的教宗诏书,及教宗当作授权仪式象征物送来的黄金绿宝石指环,一起放置在"温彻斯特的档案里"[76]。将教宗诏书和指环带给亨利的索尔兹伯里的约翰肯定了这则故事,他评论说,出于安全,指环被放置在公共档案馆(cimiliarchio publico)里。[77]cimiliarchium曾是查士丁尼(Justinian)描述帝国档案馆的术语。因此约翰有可能是因为他对罗马法和历史的兴趣而获得公共档案馆的思想,不是因为英格兰的实况。无论如何,他至少是一位有影响的英格兰人,且他认为,12世纪中叶的英格兰有一间位于一个固定地方的公共档案馆。

然而后来亨利二世当政时,随着政府扩张,温彻斯特那个固定国库和档案馆的用途被废弃了。取而代之,宝藏箱子在温彻斯特、伦敦、其他王家宫殿、狩猎行宫及堡垒之间来来去去不停移动。[78]人们频频假定,温彻斯特的国库只不过被一个位于威斯敏斯特的同样固定和集中的国库替代了,但证据与该假定相左。菲兹尼尔的《财政部对话录》指明,官方到12世纪70年代对于固定一个地方当国库的态度模棱两可,对一间固定档案馆也是态度暧昧。书中的学生催促老师描述国王的印章和《末日审判书》,"如果我记忆正确,前者保存在国库里,也没拿出来"[79]。老师回答说,印章、《末日审判书》和许多其他东西都没拿出来。他在扩充这一声明之前先对学生解释说,thesaurus(国库)这个词有歧义,既指"宝藏"(如硬币、金、银和法

165

171

衣），也指"宝库"（一个放置宝藏的地方）。在回答学生言下之问"宝库在哪里？"时，老师引了《马太福音》6∶21，"你的财宝在哪里，你的心也在哪里"[80]。

菲兹尼尔通过这位老师说话，拒绝给出国库的一个地理位置，因为国王的宝藏分散放置在若干地方，其中一些宝藏则被他带着旅行。[81]用书中老师的话就是，"有些东西存放在四处移动的国库存储箱里"[82]。一旦理解了 12 世纪后期所说的 thesaurus 通常指存放在便携式箱子里的宝藏，而非指一个政府部门或一个固定场所，那么就能明白亨利二世当政期或更早时期为何只有少量王室记录得以成功保存。约翰王也类似地没有存放宝藏的单一地点。[83]人们知道，1215 年他的一些宝藏箱被存放于雷丁修道院，因为他从那里取回了珠宝、圣徒遗物和"我们内阁的所有卷册，以及我们的印章和我们财政部的卷册"[84]。存于 thesauro 的档案明显正

166 被"带着四处走"，正如它们在一代以前菲兹尼尔的时代一样。除了约翰王提到的关于王室家用和财政部的记录之外，档案室卷册也类似地被"档案室卷册的当差（portejoye）"从一个地方运送到另一个地方。[85]13 世纪中叶及以后，一些西多会（Cistercian）修道院被要求轮流提供一匹骏马运载档案室的卷册和书籍。[86]

由于王室档案没有永久家园，因此它们的安全保管最初取决于档案保管员的可靠性，而非存放场所。最早在录的此类官员有威廉·屈居埃尔（William Cucuel），他于 1215 年负责封印私信卷册（国王机密书信的副本）[87]，韦特切斯特的罗杰（Roger of Whitchester），他于 1246 年被任命为法官裁判庭卷册与令状的保管员，年薪 10 英镑[88]，还有约翰·柯比（John Kirkby），他于 1265 年任职"档案室卷册办公室"，年薪 20 马克，且随后被描述为"保管员"。[89]"档案室卷册的当差"可能只是个搬运工，这些人则不同，是受过教育和有地位的王室文员。就他们负责公文"源头"的意义而言，他们是档案保管员，但他们的档案馆是便携式箱子，不是永久存放地。

不过，一旦公文聚沙成塔，显然就要建造永久存放地。当一份系列记录如财政部卷册或档案室卷册已经堆了 50 年或更久，再把它们装在箱子里用马车四处运载就变得既不切实际也不必要。较老的王室记录在 13 世纪保存于何处，这还没有被充分阐明。亨利三世当政时，伦敦和威斯敏斯特代替温彻斯特成为储存王室宝藏的中心，但贮藏室是分散的。从后来的迹象判断，伦敦塔、伦敦的新坦普尔以及威斯敏斯特修道院隐修地旁边的各间仓库是主要贮藏室。新坦普尔和威斯敏斯特修道院这两个地点暗示，宗教场所仍被认为是保管公文的合适地点。1257 年有一道命令，将陈情状卷册和正式签字文件放"在国王的国库"，这样的命令完全没透露这个档案馆位于何处，虽说在这个例子里很可能是威斯敏斯特修道院，因为法律记录

随后就被保管于它的礼堂。[90]

爱德华一世当政期,王国内最大的档案馆可能是伦敦的新坦普尔。[91]1279 年, 167
裁判庭①的首席大法官西顿的罗杰(Roger of Seaton)在那里保管他的陈情状卷
册[92],其他备忘录显示,档案室卷册也保管于此。1289 年,一份向国王授予土地的
特许状被描述为"在一只位于箱子里的盒子里,箱子里是保管于新坦普尔的档案室
卷册"[93]。如我们早已看到的,1291 年夏季,爱德华一世命令打开新坦普尔的一只
箱子,取出亨利三世的一份特许状卷册和一份专利书卷册。[94]新坦普尔也是内阁
的书籍与公文的贮藏室,比如埃莉诺王后的"大书"1250 年被从那里带来,虽说 1300
年,内阁许多更近期的书籍和卷册被存放在约克的圣莱纳德(St Leonard)医院。[95]

圣殿骑士团因 1312 年教宗法令而解散,这可能成为评估王室档案的辅助理由,
因为此举剥夺了国王的主要公文保管员。肯定是在这一年,伦敦塔里安装了保管
较早记录的新橱柜。[96]当斯德普勒顿主教 1320 年开始他的记录调查时,伦敦塔里
的白色小教堂被选来作为中央贮藏室,所有记录都被带来这里。拥有一间地点固
定的、在国王直接控制下的王家档案馆,这种思想终于被认识到,但政府让机会溜
走了,许多记录又返回它们之前的贮藏室。直到 1838 年《公共记录法案》(Public
Records Act)出台之前,记录再不曾被置于单一保管之下。

理想的情况是,国王的政府既需要位于各地的多间档案馆,又需要有一个中央
贮藏室。盎格鲁-撒克逊英格兰时期,大教堂和修道院处于国王的特别保护之下,因
此它们担任国王那些包括公文在内的有价值物品的保管员。修士们之所以保存王
室特许状,乃因他们常常是特许状受益人,也常常是它们的书写人。例如阿尔弗雷
德当政期,坎特伯雷的修士们写下的不仅仅是"与大主教和团体有利益关系的公
文,还有王室授予土地给平信徒贵族的证书、平信徒之间的私人协议书以及王家顾
问团的郑重决议"[97]。诺曼征服之后,这些实践断断续续地继续开展。因此,按照
后来的编年纪证据,亨利一世的加冕特许状的副本被放置在每个郡的修道院里,也
被放在温彻斯特的国库里。[98]重新颁发的《大宪章》的一个早期副本被威尔特郡的
骑士们存放在拉考克(Lacock)修道院,大概是为了安全起见。[99]不过在《大宪章》
的时代,郡治安官都自行保管卷册,因此必定开始发展他们自己的档案馆。这方面
最早的证据出自一些公文被放错的异常例子。1212 年,格洛斯特郡治安官的一位 168

① 文中只提到他任职的机构是 Bench,这个词大写可能指 King's Bench(王座法院),但罗杰任职机构的
具体名称是 Court of Common Pleas(普通诉讼法庭),所以对 Bench 的翻译就按一般义项译为"裁判
庭"。——译者注

文员对国王的法官们解释说，他不得不为了郡里的事务去伦敦，并且把郡治安官的卷册留给"城堡的神父理查德"；当他返回时，发现卷册的文本被更改了。[100] 在这个例子里，神父理查德显然表现得是郡治安官城堡中一个不正式且无效率的或不诚实的档案保管员。以往由郡治安官照管的公文有丢失情况，恐怕就是这种经验导致男爵们 1258 年坚持，亨利三世许诺要服从男爵理事会的那封书信的副本应当于每个郡的"公库中留存"[101]。同样，公布了亨利三世与男爵们议和条款的 1265 年书信也被送到每个郡，附带一道命令，由专门挑选出来的值得信赖的人负责妥善保管此信及其附属公文，作为"此事的一个纪念"[102]。

休伯特·沃尔特 1194 年关于妥善保管犹太人债券的法令为规范地方档案馆并任命行政官员督导档案馆开设先例。这类债券有可能在该项法令之前已经被保管于主要教堂的箱子里；1190 年约克的反犹暴乱中，暴徒闯入约克修道院附属教堂，夺走犹太人存放在那里的"债务契据"，并在教堂中央烧了"这些体现世俗贪婪的工具"。[103] 根据 1194 年的这条法令，债券此后要存放在位于一间公共档案馆或公库的指定中心，上三道锁。[104] 钥匙分别由两位犹太人、两位基督徒和王室行政官员的一位文员保管。持有钥匙的犹太人和基督徒是英格兰率先被记录为地方公共档案保管员的人，并且被称为"抄录员"。在 13 世纪可以轻易找到例子，表明任命了犹太人抄录员和基督徒抄录员，并且把钥匙派发给他们。一位抄录员通常由一个陪审团挑选，当着犹太人法官们的面被任命，并要宣誓尽忠职守。[105] 作为一项额外的保险措施，这些档案的内容要时不时被审视和登记。[106]

鉴于英格兰主要城镇在亨利三世当政期就已经如此这般设立了公共王家档案馆和官方档案保管员及书写人，因此，还没有对它们加以更普遍的运用，这现象乍看令人吃惊。1227—1228 年来自牛津的一个异常例子表明，施洗圣约翰（St John the Baptist）医院同杰弗里·马林（Geoffrey Malin）及其妻子签的一份协议书的第三副本被存放"在国王位于牛津的档案馆"[107]。这里的档案馆大概指存放犹太人债券的箱子，然而当事人都不是犹太人，这桩事务也不涉及借钱，而是土地让与事务。1195 年起，当着王家法官面制作的协议书的第三副本（土地转让协议档案副本）被存放在王室"国库"[108]。类似地，至晚从 1205 年起，犹太人债券的第三副本被存放于地方"源头"[109]。有可能 1227—1228 年这份协议的书写人、牛津市的文员威廉也是犹太人档案的保管员之一，因此把他的档案馆当作一个安全地方推荐来保存这次让与的第三副本。

假如这次牛津让与采用的程序变得普遍，那么英格兰主要城镇的档案馆就应该发展成在官方书写人和档案保管员监督下登记财产让与的中心。因此地方王家档案馆有潜能成为意大利模式下帝国城市里那些公证中心。[110] 然而这种潜能没有变现，可能因为"源头"与犹太人和高利贷关系太密切。在基督徒眼里，将一份基督徒特许状放置在一间犹太人档案馆里，同将它放置在一位圣徒的圣髑龛里效果相反，因为特许状将被它周围那些"体现世俗贪婪的工具"所玷污。不仅如此，地方"源头"可能也被认为不够安全，哪怕它们受到公共监督。犹太人档案在暴动时期被烧毁，1190 年在约克发生过，亨利三世与男爵内战期间在贝德福德也发生过。[111]

以上讨论集中于王家档案馆的各种形式，因为国王的政府难题最大，也因为尽管证据零散，却足够辨认出发展轮廓。对教会要人或平信徒显贵而言，可获细节更少，且大多是偶然的或轶事类型的。国王以下，就属主教们被期望在积累业务档案方面最快。不过，正如主教们在制作登记簿方面比国王慢，他们的记录也比国王的记录经受更多次携带，每个教区也没有一个单一存放地。据报告，14 世纪的罗契斯特"从没任何确定安全的地方被指定作为不动产所有权状的贮藏室，它们被乱放，有时放在主教座堂或黑林（Hailing）的采邑"[112]。一些平信徒领主追随国王的引领，把公文存放在圣殿骑士团或威斯敏斯特修道院。[113] 特许状也会被移交给其他的宗教人士、宗教机构或乡村神父。[114]

有一些土地所有人偏爱自行保管不动产所有权状，这种情况下，它们有时被弄丢或偷走。在王家法官面前签订的最早的正式签字文件之一（签于 1182 年）涉及怀俄的拉尔夫（Ralf of Wye）之子威廉给罗契斯特大教堂小修道院的一份特许状的丢失问题。[115] 关于偷窃特许状的一则最惊人的故事来自 1201 年萨默塞特（Somerset）的巴宾顿（Babington）。[116] 一位不具名的领主据称在住所被一伙八个人的阴谋者袭击，他们拉出他的舌头，破开他的胸腔，取走亨利二世、理查一世和一位坎特伯雷大主教的特许状，在他脸上烧了这些特许状，然后砍了他的头。不过这则传言是否完全属实尚且存疑，因为这些被指控的人获准和解，国王也没有起诉。

如早已论证的，制作公文，在档案馆保管公文，随后再为了参考而使用公文，这些是三个各不相同的发展阶段。[117] 即使当公文被成功保存且保管在既安全又可接近的地方，在一本书或一份卷册里找到一条特定的信息条目可能依然被证明有困难。已经讲过一个例子，亨利三世 1272 年对教宗坚称，坎特伯雷基督会会长在罗马法庭出示的他颁发的那些专利证书是伪造的，因为在他的登记簿里找不到。[118] 其实这些证书于 1265 年登记在专利书卷册里，但档案室的文员找不到，因为他们以为这些证书是 1270 年颁发的。若没有一份按字母排序的名称索引，文员们就不能

170

彻底搜索他们的记录。

只有当记录是最近制作的且它的颁发日期已知，才通常能成功在卷册中搜索到特定公文。例如一位强盗沃尔特·布鲁伯姆（Walter Bloweberme）1249 年在温彻斯特经过争论而在审判中获胜，之后他洗手不干，但是 1250 年，因为参考关于 1249 年的汉普郡陈情状卷册中有关他的判决的记录，他被重新抓捕和重新判决。[119] 又如在 1276 年伦敦法官巡查中，阿尔德盖特（Aldgate）圣三一修道院（Holy Trinity）的副院长宣称，根据“档案室卷册的记录”，他曾被亨利三世授权封闭一条道路；经过充分搜索各卷册，找到了这条记录。[120] 虽说当确切条件已知时，有可能在卷册中找到特定的案件或特许状，但王室记录无法以更普遍的方法被有效搜索。1300 年爱德华一世试图搜索所有卷册，找到关于苏格兰的信息，结果没带出新信息，这是因为王室记录没有索引。类似地，男爵委员会 1259 年的开创性尝试——根据财政部的记录评估亨利三世当政期的佃户税敛了多少钱——也没得出明确结论，尽管可能收集到一些信息。[121]

171　　　政府没有能力使用自己的档案作为制定政策决议时的一般指导或先例，这意味着长远来看，政府的记录对被统治者的益处大过对王权的益处。一位个体财产所有人或一所修道院的负责人若拥有一份王室特许状或国王法庭的诉讼案抄本，就能使用档案室卷册和陈情状卷册，通过援引一条特定的登记条目证明他的权利。国王的文员这方，由于没有对记录的系统化指南，他们无法找出是否存在其他王室公文能修正甚至反驳这种要求。

国王因为坚持书面证据而被他自己的官僚机构网络套住，这方面的一个好例子出现在爱德华一世的权利开示令状诉讼程序中。1282 年设立规则，规定王室官员享有的在特许权（“返回令状”特许权①）范围内免于执行令状的特权，仅当有一份明确提及此项特权的王室特许状时才获支持。[122] 这条规则被 1285 年的一条法令巩固，该法令提议，财务主管应当制作一份卷册记录有权享有“返回令状”的那些（地方/人）；自此以往，任何郡治安官对一项未登记的“返回令状”特许权实行返回，则将视同被剥夺王权继承资格的人加以惩罚。[123] 政府对书面记录特权的坚持在这场争端中得到示范，既在于提出要求的人必须有一份王室特许状，也在于制作一

———————————

① “返回令状”特许权是中世纪英格兰的一项权利，于在议土地之内授予特定的自由或特许权来执行王室令状。其结果意味着绕过通常由郡治安官把持的权威，而郡治安官原是国王在地方上的代表。对照这个背景，文中的法令讨论的是，国王任命的官员（主要是郡治安官）有无权力不对一些地方执行国王令状而任其自由决定，亦即王权是否可以根据地方特权的需要被架空。——译者注

份关于特许权持有方的官方国库名录。然而与爱德华一世的法律顾问及档案室文员的理论世界形成反差的是,在政治实务的现实世界中,这些规则威胁到绝大多数要人显贵,因为他们的特权依赖口头的赞同与习俗,而不依赖王室特许状或国库名录。因此记录有权享有"返回令状"的那些(地方/人)的卷册从未被制作过。

不过故事没有就此结束,因为一小部分教会人士比平信徒要人显贵更关心确保他们的特权以书面准确表达,而他们获得了新的特许状。其中有彻特西(Chertsey)的修道院院长,他似乎很快遵从新规则,1285 年让档案室检查理查一世为他的前任授予的"返回令状"特许权,并登记在特许状卷册上。[124] 但是档案室文员们没注意到,这份特许状是大胆的伪造,因为它是把理查一世给彻特西的两份真实特许状合并后再篡入其他加以补充的产物。今天可以通过在 1939 年出版的《旧特许状》卷册编辑印本的索引中检视各份彻特西特许状而轻易证明此事实。[125] 这些卷册的日期定为理查一世当政期,1285 年的国王文员们理当知道它们。但即使人们知道它们,没有字母排序索引的情况下也很难搜索它们。彻特西的修道院长大概冒了一个精打细算的险,赌文员们不会或不能为了一项早于约翰王档案室卷册的授予书而搜索王室档案。

彻特西的例子阐明,强有力的个体或机构有办法成功地利用国王官僚机构的设施惠及自身而损害王权。像彻特西这种古老修道院传统上就在需要书面所有权契据时伪造特许状。现在既然国王正在他的档案室卷册里保存特许状副本,那么修道院院长们就要确保他们伪造的公文通过在档案室接受检查并被登记在王室记录中而被巩固。以防止欺诈为目标的档案室卷册就这样变成了令伪造品成为正式品的一个手段。一旦彻特西的修道院院长让那份伪造的理查一世特许状于 1285 年被登记在册,他的权利就依赖于登记而非《旧特许状》卷册或他的理查一世原始特许状,那些原件大概在造伪的过程中被销毁了。1256 年彻特西做过类似事情,当时一份伪造的忏悔者爱德华的特许状被登记在亨利三世的特许状卷册上;修道院为这次"确认"支付了 100 马克。[126]

从可能性上讲,记录了历任国王各项法案的档案应该是对抗人类健忘的一座堡垒,也是公正且有效的政府的一种保证,正如斯德普勒顿主教的委任状所声明的。假如有一个有效的归档系统和各种索引,王室文员就能够对欺诈要求加以核查。然而实际上,截至爱德华一世当政期,国王的记录都如此难于处理,以致它们构成一块地图上大体未标明的领土。特定修道院为了自己的利益而利用它们,支付规费让公文被登录,与现代的公司在报纸上买广告差不多。修道院常常仔细保管有关这些登

172

记的记录，因此它们对王室档案中与它们有关的那些部分有更好的"地图"，比任何王室官员对整个档案的"地图"要好。例如，伯里圣埃德蒙兹修道院 1281 年支付 1 000 马克给爱德华一世，并赠送王后一件黄金礼物，同时让一份新的王室特许状被登记，以此解决了财产在修道院院长和会众之间的分割。伯里的编年纪注明这次登记在"关于（爱德华一世）第九年的特许状卷册的结尾处"可以如期找到。[127]

自王室记录于 13 世纪初期开始扩充以来，修道院的编年纪制作人与房地产契据册制作人就密切注视着它们。许多编年纪作者引用官方公文，最好的例子是马修·帕里斯，他通过财政部的亚历山大·斯沃福德（Alexander Swereford）获取记录的抄本，或许也通过档案室的约翰·曼瑟尔（John Mansel）。[128] 其中一些公文可能是由这些官员"泄露"给马修的，好让他更广泛地流通它们并为了后世记录它们。在某种意义上，像马修·帕里斯的编年纪那样的一部修道院编年纪是一份对王权 173 有用的官方记录。[129] 有些修道院宣称，它们有权从王室记录中摘取关涉它们的内容。因此，邓斯特布尔小修道院 1276 年提出，其副院长有权与裁判庭的王家法官同起同坐，且副院长的"登记文员"有权同法官的文员坐在一起，好复制陈情状。[130]

最值得注意的王室记录摘要汇编是巴恩韦尔小修道院的《备忘书》，13 世纪 90 年代编纂，这是系统化编辑公文的最恰当时间，因为爱德华一世刚开始做这件事。此书包含近 90 份官方公文的文本，内容从对《末日审判书》的引用到约翰当政期的派普卷册，再到爱德华一世的令状与陈情状卷册。编者在摘录存于剑桥城堡的一份郡治安官卷册时清楚阐明了自己的目的，"未来不必去城堡看这份郡治安官卷册，倒可以从这本书里看到并获悉事实"[131]。这本书是关于其他机构涉及巴恩韦尔之记录的一种登记簿。编者在引用 1288 年一份裁判庭卷册时注明："此记录可以在一份特定卷册中找到，位于该卷册结尾处的白色部分（即在羊皮纸的最上面），画了一个符号。"[132] 这符号是一只伸出食指的手，确实能在国家档案馆中所说的这个卷册中找到。[133] 在这个例子中，巴恩韦尔小修道院显然获准自行在官方卷册上做记号，并且获得该卷册的一个抄本。巴恩韦尔的这本书包括这么多王室记录的摘要，这是例外，但典型之处在于，为了维持修士们以往获得的特权，它渴望与王室官僚机构保持同步并掌握官僚机构的方法。在国王的文员们登场之前，修士们是书面记录的专家。虽说他们到 1300 年已经丧失了这份主动权，但他们像水蛭一般抓紧了王室记录，并从中摘取信息，以维系他们的特权。

在一份公文中使用符号标记一个特定条目，像巴恩韦尔那个伸出食指的手的符号，这是令恢复信息更为便利的简单方法。此类符号与红字标题、大写字母、短标题、提示段落的花饰以及中世纪手写本中常用的其他阅读辅助手段没有本质区别。自《末日审判书》和派普卷册以降的王室记录格外注意布局的清晰和有序。位于边缘的缩写和象征符号被系统使用,以便从一份卷册中摘录应给王权的支付款,并将一个郡或一个司法管辖区的业务同另一个相区别。在一份王室公文的膜皮或页面上通常易于确定一个特定条目。中世纪档案管理员的难题在于不晓得一开始要搜索哪个页面或哪个卷册。

记忆的方法

中世纪的书写人很擅长布局,因为他们被教导,在页面上安排事物直接关系到 174 在心灵中安排事物。

> 要在记忆中锁定什么东西,那么非常有价值的做法就是阅读书籍时要不辞劳苦通过想象力在记忆中刻上记号,不仅记书籍的诗节或章节的序号与顺序,还要同时记字母的颜色、形状、位置和配置:我们在哪里看到这个和那个被写下来;我们看到它被放置在(书的)哪个部分和(页面的)什么位置——在顶端、中间还是靠近底端;我们靠哪种颜色认出羊皮纸表面的一个特定字母或装饰的形状。我认为,有效地令记忆兴奋,无过于细致地注意事物的周围环境,注意那些可能意外出现和在外表上出现的特征。[134]

12 世纪巴黎最有影响的圣经研究老师——圣维克多的休大师(1142 年卒)于此解释,如何通过将一篇文本置于心灵之眼中并将其抽象内容联系到某些可视且具体详细的东西上来记住文本。在此过程中,他解释了为何经院书籍可以像礼仪书一样被苦心修饰和装饰;页面上颜色和形状独特的词语帮助读者回想起它们出现在书的何处。休称他的记忆技巧是初级的(他的原话是"稚气的"),且他宣称它们没有原创性,因为源自希腊人和罗马人的实践。[135]尽管休和他的同时代人认为训练记忆司空见惯,但这不会降低它的重要性,因为它构造了中世纪书写人开始陈述思想的道路。

圣维克多的休说:"我的孩子,知识是份宝藏,你的心是它的保险箱。"[136]这正与《财政部对话录》中的老师对学生解释"宝藏/宝库"的含义时所推荐的喻像及圣经参考(《马太福音》6:21,"你的财宝在哪里,你的心也在哪里")相同。[137]因为心是珍贵信息的一座宝库，记忆就是通过回想一个特定项目在心灵档案馆中的"颜色、形状、位置和配置"而从这座宝库中提取它的过程。按照休的方法用心学习，不是指口头重复措辞直到它们听起来变成一段录音，而是用视觉扫视一页，直到它的形象如相片般被刻印在心灵之眼中。中世纪的学者在印刷术的机械化流程发明之前就"印"书，通过扫视文本并"通过想象力"访问刻印在他们心灵中的页面。

175

记忆过程通过将词语同它们"意外出现和在外表上出现"的具体环境联系起来而进行，因此中世纪记录并归档信息的系统乍看上去可能任意且奇怪。玛丽·J.卡拉瑟斯（Mary J. Carruthers）在《记忆之书：对中世纪文化中记忆的研究》（*The Book of Memory：a Study of Memory in Medieval Culture*）中阐明，一篇圣奥古斯丁文本中的一些边缘标记引起人们对特定段落的注意，诸如"标记人类的仁慈！"和"标记最有用和最简洁的声明！"。[138]读者的注意力之所以会被第一个标记吸引，是因为它被一幅彩色墨水画的图环绕，画面是一只猎犬的头和一只野兔的头连起来形成的一个卡环。第二个标记类似地被一个龙形图案环绕，龙用自己弯曲的尾巴将词语环住。包含这些标记的这本书是为霍尔姆考垂姆（Holme Cultram）的西多会修道院制作的，大约是 12 世纪晚期。标记上的装饰看起来没有形成一个连贯的图像序列，它也不阐释或响应文本。这些霍尔姆考垂姆旁注就像中世纪手写本上的多数装饰，除了娱乐之外仿佛别无目的。

至少按照圣伯纳德所说，西多会的修士不会特意看神秘野兽的图像，比如霍尔姆考垂姆的那条龙，也不仰慕野兔与猎犬逐猎的运动。当时的修士和此后的艺术史家一直奋力调解圣伯纳德的苛评与实际活动。[139]圣维克多的休是圣伯纳德的同时代人，且他也是个修士，但他是奥古斯丁派修士，苦行程度逊于西多会士。休关于记忆训练的评论为圣伯纳德提供了一个答案：修道院手写本上的图像"发挥所有页面装饰的功能，让每一页可以记忆"；"它们也用于提醒读者书籍作为一个整体的目的——它们包含着留在记忆保险箱中供日后使用的东西"。[140]霍尔姆考垂姆的旁注这个例子里，装饰帮助强调标记和给它们加标签，这样读者可以更容易在心中的档案馆里为之归档。

霍尔姆考垂姆的旁注是"符号"，拉丁文写作 signa。它们可能与中世纪的纹章发挥差不多的功能，或者与现代社会广告符号的功能相仿佛。此种类型的象征符号不必然阐释被它突出的主题事物，因为它的最重要特性是易记难忘。这个象征符号一定在心灵中留下了它的记号。纹章学中，骑士盾牌上的一个金环或一条凶悍的龙被证明令人难忘，主要因为它是神秘的和醒目的。现代广告使用可相媲美

的技巧在心灵之眼中刻下壳牌燃油（Shell Oil）的象征性贝壳或埃索石油公司
（Esso）的老虎。象征图像自身就难忘，因此它给记忆提供暗示，然后记忆回想起所 176
需的关于特定骑士或特定燃油品牌的信息。这就是圣维克多的休所描述的"令记
忆兴奋"的过程。[141]

将象征符号理性化——把骑士想成富有黄金、脾气凶残，或把燃油想成从海底
涌出或火光灿灿——可以帮助巩固图像，但这没有本质意义。符号的有效性在于
无论它们是否令心灵联系到它们的那个主题有意义，都易记难忘。在霍尔姆考垂
姆旁注中，猎犬和野兔的头交缠在一起可能象征着在文本中穷追猛打直至获得什
么东西的过程，因为这个隐喻自亚里士多德时代就被用来进行回忆。[142]但即使中
世纪读者知道这一点，这个图像的难忘之处也主要取决于它的怪异，因为事实上野
兔和猎犬不会自交缠中探出头来。龙的图像也通过一点类似的奇想起作用，因为
它那弯曲的尾巴正是简洁的反面（与它环绕的"声明"形成反差）且没人见过真的
龙。正是霍尔姆考垂姆图像的奇特性才令它们有效地成为符号。中世纪纹章和手
写本细密画的图像今天在英格兰仍然被认为起着符号作用，它们在小旅馆的招牌
诸如"野兔和猎犬"或"绿龙"上给记忆提暗示。

12世纪末期起，人们就尝试将视觉符号的使用转化为给主题分类的体系。用
符号标记特许状的圣保罗分堂主管神父拉尔夫·德·迪塞特似乎是这种体系的先
驱。他对在自己编年纪中使用之符号的详尽解释暗示，他自己发明了它们，并希望
它们被赏识。他警告读者说："你会发现某些符号安置在边缘。不要急着下结论说
这不管怎样都是多余的，因为它们在那里是为了更容易地触发记忆，并且非常便
捷。"[143]然后他解释说，由于制作一部编年纪"总是无限地继续下去"，因此读者需
要一些关于其内容的指南。为此他设计了12个象征符号（有些是图形，有些使用字
母表中的字母）指示不同的主题，比如一把剑指关于诺曼底的信息，"PS"指对教会
的迫害。[144]拉尔夫表达"触动记忆"时用的措辞是"令记忆兴奋"（ad memoriam ex-
citandum），与圣维克多的休用的术语相同。此外，拉尔夫在他的编年纪中一字不差
地引了休关于记忆的论文的开头，他也在圣保罗大教堂章程的前言中引了休。[145]
拉尔夫曾在巴黎学习，他可能"亲自聆听过圣维克多的休的教诲，它直接或间接地
令他印象如此深刻"[146]。休关于"通过想象力在记忆中刻上记号"（per imaginatio- 177
nem，即通过图像建造）的忠告被拉尔夫转化成一个视觉系统。他写道："历史的图
像（ymagines historiarum）就此开始，伦敦的分堂主管神父拉尔夫·德·迪塞特把它
们安排就绪。"[147]

拉尔夫作品的一个手写本展示出他的 12 个用金、银和彩色突出的符号，还被圣奥尔本斯的编年纪作者马修·帕里斯加了注解和图画。他把拉尔夫的"初级系统"发展成"一个复杂的序列，有着彩色叙事性图画、盾形绘图和象形文字符号"[148]。例如，马修在编年纪的边缘用颠倒的盾形表明骑士之死，用颠倒的主教法冠表明主教之死。对马修而言，这些符号本身变成一种艺术策略，于是威廉·马士（William Marsh）颠倒和破损的盾徽、断裂的剑与破碎旗帜便成为他不名誉死亡的缩影，他于 1242 年因叛国罪被处死。[149]

马修·帕里斯明白，符号之所以易记难忘，乃因它们扎根于感觉而非逻辑。他借助图画的敏感性把纹章变成一种表达情感的视觉语言。与威廉·马士破碎的徽章同样引人注目的是马修 1241 年为吉尔伯特·马歇尔（Gilbert the Marshal）和 1250 年为腓特烈二世皇帝（Emperor Frederick II）写的讣告。马歇尔在一场骑士比武大会上死于意外。马修用画在文本边缘的马歇尔的长矛作为他画在页脚的图画的指示器，这幅图表现全副武装的马歇尔因为被他的马拖拉而致脖子折断的那一刻。[150]为了纪念腓特烈二世"这位地球上最伟大的王侯和世间的奇迹"不祥的死亡，马修展示了位于一枚颠倒盾徽上的黑色双头帝国雄鹰猛冲下页面，而一个脆弱的指针构成一个交互参考，指向记录腓特烈遗嘱的"附录"部分。[151]

拉尔夫·德·迪塞特和马修·帕里斯的编年纪中的象形文字索引，分享了圣维克多学校教学中的一个共同灵感。在拉尔夫身上，这一点在他引用休关于记忆的论文时已经很明白；在马修身上，证据只能靠推测。与巴黎的一个联系包含在马修的姓氏中，姓氏表明他是"巴黎人"。另一个联系是马修提到巴黎的学校时用的不寻常数字。[152]在巴黎上学也有助于解释马修的作品与他同时代人——皮卡第（Picardy）建筑师维拉尔·德·奥内库尔（Villard de Honnecourt）的素描簿在意象和书法上的共同特征。[153]这两人都可能在圣维克多学校上过学，素描画、油画和书法在这所学校里是课程不可或缺的部分。圣维克多的休教过几何绘图和形象绘图以及用色，因为他相信，训练外在的眼睛能发展灵性洞察力。[154]学生们通过一丝不苟的绘图术而非抽象地诉诸理性，把事物的含义刻印在他们的记忆中。

178

休的一位继任者——圣维克多的理查德副院长宣称，"思考不费力也无成果"：理解来自沉思时的直接洞察力。[155]圣维克多的休在给学生训练这种能力时解释说："教会是基督的身体，为了让你们清楚这个概念，我把基督整个人画成可见的形状，即画出头和身体各部分。"[156]马修·帕里斯珍视这种精神，并为自己制作了以人类形状表现基督的写实图画。马修在"附录"中插入辅理修士威廉的全页基督图画;他在另一部手写本中画了戴着王冠的基督,他也是一幅震撼的基督圣像(圣颜巾)的画师。[157]对马修而言,一如对圣维克多的休而言,艺术图像、记忆图像和灵性图像是向着理解前进的一个完整的连续统一体。

马修·帕里斯的智性关怀和灵性关怀与他广泛的语言才能及艺术才能同等程度地在圣奥尔本斯示范了圣维克多学校的教导,正如拉尔夫·德·迪塞特在伦敦的圣保罗示范了那种教导。众所周知,圣奥尔本斯修道院送修士们去圣维克多学校,并且煞费苦心地获取休的全部作品,包括一个用一幅全页肖像纪念休教导一些修士的手写本(现藏博德莱图书馆)。[158]理查德担任圣维克多副院长期间(1162—1173 年)记录了这些接触,但涉及的时期可能早于马修的生活时期(马修卒于 1259 年,年龄不详)。即使如此,两座修道院之间的接触可能持续得足够长久,让马修能受到维克多的教育。他记录到,1217 年他在圣奥尔本斯穿上修会服色。那年他多大,他与这座修道院产生联系有多久,他生于何处,他为何被称为"巴黎人",这些关于他的生平细节他都未曾提供。[159]

有迹象表明,13 世纪 90 年代以来一个类似于拉尔夫和马修设计的那些符号的符号系统被用于王室档案,标记特定的存储箱或特定卷册。1294—1295 年间完成的财政部的《A 书》用一个佩戴长矛和阔剑的人的图形符号指示位于保险箱 T 中、标题为"苏格兰"的材料。[160]类似地,1296 年装文件和宝藏的箱子被爱德华一世从苏格兰送到伦敦时,箱子上有识别符号[161];1298 年,关于埃塞克斯一份服役土地占有权占有期的记录据说"包含在《奈维尔证词》(*Teste de Nevill*)卷册中"[162]。这是记录供养骑士之土地的卷册用"奈维尔头"识别的最早例子,"奈维尔头"可能是画在放这些卷册的箱子上的符号。因为没有 13 世纪 90 年代之前在王室档案上使用这类图画符号的证据,所以很可能爱德华一世对苏格兰君主权位的要求最终让政府意识到需要这种系统,于是才引入。鉴于国王的文员们翻阅了关于苏格兰事务的各种编年纪,因此他们可能直接从拉尔夫·德·迪塞特和马修·帕里斯那里借用了此种思想。

编索引的方法

为什么受教育程度如拉尔夫·德·迪塞特和马修·帕里斯这样的学者,或者处理重要事务的爱德华一世的文员们,会使用这种奇怪又笨拙的方法来回忆信息

179

呢？为何不采用按字母排序的索引配合文本中编了号的章节？沃尔特·J.翁（Walter J. Ong）在《口头表达与读写能力：词语的技术化》（*Orality and Literacy：the Technologizing of the Word*）的讨论中对此提供了一些答案。"索引"（index）一词是 index locorum 的缩写形式。[163] 在这类索引中，loci（地方）是"反复出现的东西"或标题，一位思想者在标题下面把各个主题组织起来供回忆。这些"地方"位于心灵之眼中，而不位于正被阅读的书中。在心灵之眼中通过索引记忆信息，这在西塞罗式修辞中众所周知，"若我们想记住大量条目，我们应给自己配备大量地方，如此我们方能用这些地方定位大量图像"[164]。例如，忆往师想象出一处风景，或一块棋盘或其他什么图案，然后他把指代不同主题的不同形象放置在特定方块里，很像在地图上根据经纬度安置一个个点。[165]

圣维克多的休建议，要学会《诗篇》中全部 150 首赞美诗，就要制作一个有 150 个区间的脑力格栅。他解释说，这是学校的人学会引用赞美诗中任何部分的方法：

> 你肯定不会认为，当他们想根据编号引一首赞美诗时，就从头开始翻动页面并数数，直到认出他们想要的那首吧？以这种方法着手此事太费劲了。相反，他们有一个烂熟于心的索引方案，当他们掌握了个别项目的编号和顺序时，这个方案就留在记忆里。[166]

180　脑力索引除了比用拇指翻书页快，还能克服手写本书籍的页码编号可能在一个副本中与在另一个副本中不同的难题。熟记《诗篇》的学者可以把这种他早已学会的索引方案运用于他遇到的任何一个副本。通过这种方法，他可以在一个不熟悉的手写本中轻易找到他的位置，或在一次口头辩论中轻易引用一首赞美诗而无需去查找。马修·帕里斯描述了圣奥尔本斯修道院院长约翰（任职期为 1195—1214 年）像巴黎学校的一位老师那么娴熟，能够向前或向后以任何顺序背诵赞美诗，这是圣维克多的休推荐的一种练习。[167]

由于读者们在心灵中给文本编索引，因此中世纪被最广泛学习的书籍的副本经常在书前和书后都没有内容目录，页眉也没有关键词或章节编号。中世纪手写本中那一大团哥特体的文本，仅凭彩色装饰和从硕大到细小的各种尺寸的字号相区别，这会让一个现代人感到无所适从并注意力分散。一位没经验的研究者通过对照一个加了索引的现代编辑版印本来核查他能辨认出的篇章，以此找到自己的位置。而一位中世纪读者回忆一个恰当的索引方案，亦即他的"公告板"，然后就通过将他心灵之眼中的图像联系到面前这个页面上书写字和装饰构成的纹理，以此找到自己的位置。这样一位读者面对没有颜色、装饰和不同字号的典型现代印刷页面时,同样会觉得无所适从,因为它不能给他的记忆提供暗示。

13 世纪出现了一个变化,索引方案从其创造者的心灵和头脑中——按圣维克多的休的术语就是从它们的"源头"——走向了书籍和公文的页面。拉尔夫·德·迪塞特和马修·帕里斯的符号是这种变化的例子。这些作者并非一开始就使用符号,因为脑力索引是常规,他们这样做是为了让他们的方案对读者可见。拉尔夫和马修给存在于他们想象力中的形状、他们的"历史图像"一个栖居地和一个名字。理查德·亨特·劳斯(Richard Hunter Rouse)和 玛丽·艾姆丝·劳斯(Mary Ames Rouse)评论说,索引工具"在西方出现得非常突然,以致人们会说,这种工具可能在1220 年之前不存在,在 1190 年之前肯定不存在;而 13 世纪 80 年代以后,这种辅助学习之工具的传播与创制都司空见惯"[168]。本质而言,这是媒介的变化,而非信息的变化。索引工具在 1190 年之前已经存在,如圣维克多的休的作品所证明的,但它们存留在心灵之眼中。13 世纪,符号迈出了从记忆到书面记录的步伐。

出自政府和学校的各种类型的书写品都增长了,这使得仅仅依靠脑力索引来识别材料不那么有效。赞美诗可以被熟记于心,但不断积累的关于赞美诗的大量词语注解却没法熟记于心。类似地,没有哪个档案保管员能在王室派普卷册、陈情状卷册或备忘录卷册的几百张膜皮中找到出路。罗伯特·格罗斯泰斯特 1230 年左右为了帮助自己在牛津阅读哲学书而设计了一个约含 400 个象征符号的系统,他把它们放在文本边缘以指示不同的主题。例如,一个向上翘的"V"指示着关于"上帝智慧"的参考资料,而一个指向左边的新月指示"人类的尊严"。[169]与拉尔夫·德·迪塞特和马修·帕里斯使用的牧杖、主教法冠及其他图示性象征符号不同,格罗斯泰斯特的符号是抽象形状的:交叉的线、圆点组成的图案以及诸如此类。这些符号与石匠的标记和其他商人的符号外观相仿。[170]不过在西塞罗式记忆技巧中,格罗斯泰斯特的符号同拉尔夫和马修的符号都是"图像",格罗斯泰斯特把它们放置在他所阅读的页面上,帮他画出一条通过经院文本丛林的道路。

在外观和日期上与格罗斯泰斯特的符号可相媲美的是理查德·侯陶特的地产书中使用的符号(见图 15)。它们的古文书学含义仍有待完全破解。有三点值得注意:侯陶特这个有读写能力的平信徒可能自己写下了这些符号;它们的形状可能直接衍生自格罗斯泰斯特的符号;侯陶特的符号在页面上充当事实上的脚注,格罗斯泰斯特的则不然。侯陶特这个北安普敦郡的小地主可能从牛津大学名誉校长兼林肯主教罗伯特·格罗斯泰斯特那里借用了一套经院程序,此事不像看上去那么令人吃惊。[171]理查德·威廉·萨瑟恩爵士在重构格罗斯泰斯特的教育环境时曾描述过，侯陶特属于地位中等并拥有独立资源的那些家族之一。理查德·侯陶特的兄长是彼得伯勒的修道院长。他们的父亲托马斯是有读写能力的人；理查德作为家中幼子，可能接受过成为神职人员的教育，并与格罗斯泰斯特有私交。国王法庭的陈情状卷册中很频繁地提到理查德的名字，因此他可能以当律师谋生。[172]假如那样，书面记录就是他非常熟悉的东西，同样为他所熟悉的还有陈情状卷册文员在边缘写注解和制作交互参考条目的实践。

这些各异的符号系统很有独创性，但问题是，为何不制作一个按字母排序的索引呢？中世纪的符号无论留存于心里还是画在页面上，都不可避免是特异性的，因为每个人的想象力不同，正如圣维克多的休认识到的。字母表却提供了一个整齐划一并现成的注释序列。使用字母表来归类词语以供参考，这条原则非常古老。早在 8 世纪，古英语单词与拉丁文对应词相对照的手写本目录就以字母排序。[173]

182 中世纪最常见的字母排序产物是圣哲罗姆的希伯来文名字辞典，它附在各个圣经文本后面。[174]在一本日期定为约 1120 年的罗契斯特手写本中，字母排序的索引和基础教学之间的关联一清二楚，圣哲罗姆辞典的起始字母"A"中画了一个人狂暴地试图给一头表演中的熊教 ABC，用一根棍子打熊，让它喊出"A"。[175]在 13 世纪的英格兰圣经中，希伯来名字的目录直到一个单词的第三或第四个字母都严格按照字母排序。[176]

爱德华一世当政末期，字母排序的索引被引入国会法规集和其他法律书中。图 18 示例了这种索引一个页面的一部分。布局气度不凡，字母顺序严谨，参考制作精心（它们使用了罗马数字和阿拉伯数字与字母表的字母相结合的系统）。然而这份索引不能正常运转，尽管用罗马数字标的一条临时参考偶然与书中一页的页号相符。这份索引似乎是为另一份内容相似但页码不同的手写本制作的。那个费心地将这份索引附在一本它不能准确指示的书的后面的人可能不理解，索引若真想起作用，就需要在每个细节上都确切。这样看来，即使当按字母排序和数字序列编索引的原则已经确立，将它们广泛运用于实践中却仍然很难，因为普通读者不指望把一本中世纪手写本当作现成的参考资料。图 18 示例的那本法律书的拥有者——可能是伍斯特大教堂的小修道院——大概很乐意索引就是这个样子。[177]对伍斯特的修士们而言，一件物品的价值在于它的美丽与神秘，而不在其实用性。[178]中世纪的知识分子对字母排序态度暧昧，因为它会对他们的等级制意识产生不利影响。一本日期定为约 1270 年的方济各会士书籍《布道人使用范例书》（*Book of*

Examples for the Use of Preachers）以字母排序列举了人类的麻烦，始于accidia（怠惰），然而它关于天国存在体（基督、圣母、天使、圣徒）的章节是按等级安排的。[179]裴彻姆的彼得对一份特许状的诙谐改编文与此书日期相近，该文涉及一份与恶魔的契约，列举见证这份契据的诸恶灵的名字时按字母排序，除了"别西卜"（Beelzebub）被列在开头。[180]

国王的政府若不从传统的修士那里及其编年纪中借用主要为图示的归类系统，而是去咨询托钵会士，就会做得更好，因为如我们已见，托钵会士们有成功誊写他们的图书室所需之大量书籍的最新经验。托钵会士是最近成立的宗教修会，所以他们面对文献和公文激增所提出的难题时，是最跟得上时代的专家。早在1239年，巴黎的多明我会士就编辑了一部字母排序的圣经重要用字索引，是这类作品中的嚆矢。在题名"安立甘重要用字索引"（*Concordancie Anglicane*）的辞典中，一群英格兰多明我会士阐明，他们每个人都负责字母表中的一个字母。[181]他们之中可能有达灵顿的约翰（John of Darlington），他在13世纪50年代担任约翰三世的告解神父兼顾问。爱德华一世的首位坎特伯雷大主教是另一位多明我会士罗伯特·基尔伍德拜（Robert Kilwardby，任职期为1273—1278年），他在牛津教书时曾编辑了一份有字母排序索引的早期教父作品摘要。[182]到了13世纪末，英格兰的方济各会士正在构造一份关于180多间教会图书室藏书的联合书籍目录。[183]每个机构都被分派了一个由阿拉伯数字表示的参考数字，比如坎特伯雷基督会是1，圣奥尔本斯修道院是15。这份目录按作者姓名编排，在每部作品的标题下面是系列参考数字，这些数字指示哪些英格兰图书馆拥有那部作品。为了制作这份目录，方济各会士们获准进入最排外和最古老的大教堂图书室及修道院图书室，并把他们在这些图书室找到的书当作信息单元来处理。旧本笃会会规要求花一年时间对一本书字斟句酌，托钵会士则要求在书中获得直接信息，这两者的反差一清二楚。

多明我会士和方济各会士由此展示出，他们拥有为特定公文构建字母排序索引所需的经验，以及给散布于诸多贮藏室的作品列表所需的经验。此外，这些系统的一些作者们与亨利三世及爱德华一世有私交。若问为何这些国王在此种专长摆在面前时却未加利用，那就是对从记忆到书面记录的转变速度预期过高了。托钵会士们为古代作品如圣经和早期教父的作品设计了新指南。国王政府中唯一可与古代经籍相当的公文就是《末日审判书》，且它在爱德华一世当政时被定期地和系统地查阅；它一开始就已经被优化设计，以致索引不是必要之物。另一方面，12世纪和13世纪的王室记录时间太近，又过于庞大和驳杂到无法被视为一个整体。它

183

们的潜能在爱德华当政的最后几年里才获赏识，当时关于苏格兰的争端迫使国王从历史角度考虑事情。即使那时，他也主要依赖修道院编年纪里的证据，偏爱它们多过王室记录。查阅他自己的记录有困难，这固然是对此种过程的一个充分解释，但是其中可能也包含政治智慧。如果修道院被要求提供编年纪里的证据——编年184 纪是他们面对上帝编辑的，那么国王的案子就能被这个公开咨询程序强化，仅出自王室档案的证据则可能被说成是一面之词和不够光明正大。

专业历史学家注定要用年代误植的方法接触中世纪档案。他们的工作是在公文中搜索信息，然后依赖找到的证据构建一种论证。历史学家太容易假定他们的中世纪先驱们也是这样做事的。但是在 13 世纪的政治世界里，读写模式相对新奇，书面记录对政府价值有限。在爱德华一世的最后时光里，波尼法爵八世 1303 年于阿纳尼（Anagni）遇袭，相当于把一则可怕的警告呈现给欧洲，警示那些信任成文法和先例的人会遭遇什么。这位教宗在一场唇枪舌剑的战役中试图巩固他对法兰西的菲利普四世的君主权位要求。从传统教会法的角度看，波尼法爵八世的各道诏书，尤其是《至一至圣》（Unam Sanctam），都理由充足。然而在作为对抗宣传品编纂的《一位神职人员和一位骑士的争论》（*Dispute between a Cleric and a Knight*）中，这位骑士说：

> 我听到波尼法爵八世大人刚刚颁令说，他正是且应当要高于所有政府和王国，我不由大笑起来。用那种方式他可以轻易为自己获得对无论什么东西的权利，因为他需要做的一切就是写，而一旦他写下来，每件东西就将是他的。[184]

这位骑士暗示，教宗无法在他的档案室及法庭的理论同权力现实之间做区分。在现实中，权威取决于像他这样保卫家园的骑士们，他们不相信把每样东西写下来这个信条。爱德华一世在针对要人显贵的权利开示令状诉讼程序中，恐怕也在他对苏格兰君主权位的要求中，展示出他偶尔也会被搞学术的法律专家们欺骗，这些法律专家对书面先例信心满怀，不过爱德华一世总体而言更依赖剑而非笔。

不信任公文的不仅仅是骑士和平信徒。12 世纪 80 年代，正要前往罗马的法庭提出诉讼的几个巴黎神职人员被里昂（Lyons）大主教忠告："不要信赖你们的教令集，因为不管教宗决定支持你们还是反对你们，人们都会说他做出了公正决定。"[185] 这是一条现实忠告，因为教宗路爵三世（Lucius III）于 1184 年亲口承认："因为有这么多事务被交付给宗座，我们都不可能记得我们的书信和其他决议的大意。为此之故,我们可能会被欺骗而抵触我们早前写下的东西。"[186] 如此质朴又诚实地披露面对大量记录、"那教令书信构成的错综复杂丛林"[187] 时的无助之况, 185 爱德华一世的文员们面对他们的书信时无疑也有同感,只要他们敢于坦承这种无能为力。1279 年,西顿的罗杰就英格兰的官方记录发表了一则差相仿佛的声明,尽管语气是厌倦和冷嘲热讽,而非质朴。罗杰当时刚从裁判庭首席大法官的职位上退下,当被问及他的陈情状卷册的下落时,他回复说它们被存放在新坦普尔,但他又补充说:"但是出于若干原因我不能为它们担保,因为做的是一件事而文员在卷册上写下来的或多或少是其他什么东西,他们一贯不能正确理解诉讼当事人和辩论。"[188] 于是在西顿看来,陈情状卷册这种国王法庭中最正规也最庄严的记录从根本上就不可靠,因为写它们的文员太蠢或太粗心,以致不能理解法庭上的事务。

转了一圈又回来了。记录首先是修道院当作一种敬拜活动和为了向后人传递挑选过的历史征兆而制作。然后在 12 世纪,国王的政府开始在日常业务中使用公文;这些公文间歇性地积累成一份包含潜在书面先例的档案。它们是一份宝藏,宛如王冠上的珠宝。爱德华一世当政的最后十年,做出了野心勃勃但很大程度上未成功的尝试——在王室记录中搜索先例。"搜索约克的财政部的《末日审判书》和财政部与档案室的所有其他卷册,片甲不留地搜索,然后去伦敦搜索那里的所有其他卷册。"[189] 现实中,爱德华一世或其他任何国王的权威,都是依赖军队和堡垒多过依赖档案。在制作记录中所投入的难以估量的时间与技能可能对国王的政府并无效益。或者毋宁说,关于债务和类似东西的清单在一两年里明显有用,但此后它们的唯一意义就是历史意义。政府需要公文,但它不必然要求记录。"事实上,13 世纪 90 年代早期文献突然增长,这似乎在很大程度上是累赘。"[190]

记录最初不是出于能用成本-效益关系衡量的实用目的而制作。准确来讲,它们是对后人的许诺,也是对上帝天意左右下的制度连续性的保证。经过多个世纪以后,中世纪王室档案已经有了与修道院记录相同的特性,它们变成给后人的纪念碑,纪念那位坚持制作和保管它们的国王的权力与组织。它们在 12 世纪和 13 世纪是否有利可图,这是个只有专业历史学家才会问的问题。在一个满是侍臣和军队、城堡和宫殿的时代,与羊皮纸相比,无疑黄金与丝绸才更有力量和更直接地彰显王室的财富与权力。然而等到国王的人马化为尘土,他的建筑倾圮荒废,他的宝藏散佚四方,幸存下来的成千上万公文就成为对伟大往昔的最好纪念。讽刺的是,英格兰君主在试图为了日常使用和实际用途制作一份档案时,却创造了有史以来最伟大的历史丰碑之一。

【注释】

［1］ *The Life of St Hugh of Lincoln*, vol.I, ed. D. L. Douie and H. Farmer(1961), p.1；M. T. Clanchy, "Archives and Memory", *Archivaria* XI(1981), pp.115—125.

［2］ Orderic Vitalis, *Historia Ecclesiastica*, Bk. VI, ch.9, vol.III, p.284.

［3］ *Facsimiles of Early Charters in Oxford Muniment Rooms*, ed. H. E. Salter, no.11.比较本书第九章注释[1]和 V. H. Galbraith, *Studies in the Public Records*, p.29 引的类似开场白。

［4］ Henry de Bracton, *De Legibus et Consuetudinibus Angliae*(1968—77), fo. 33b, vol.II, p.108.

［5］ *Matthaei Parisiensis Chronica Majora*, ed. H. R. Luard, V, p.197；R. Vaughan, *Matthew Paris*, pp.52—59. S. Lewis, *The Art of Matthew Paris in the "Chronica Majora"*, pp.104—106.

［6］ *Liber Memorandorum Ecclesie de Bernewelle*, ed. J. W. Clark, p.37；见后文第 173 页。

［7］ *Annales Monastici*, ed. H. R. Luard, IV, p.355.

［8］ *The Historical Works of Gervase of Canterbury*, ed. W. Stubbs, I, p.89.

［9］ *Eadmeri Historia Novorum in Anglia*, ed. M. Rule, Rolls Series LXXXI(1884), p.1. *The Life of St Anselm by Eadmer*, ed. R. W. Southern, p.32. R. W. Southern, *St Anselm*(1990), pp.394—403, 458—481 讨论了安瑟伦的书信。

［10］ N. F. Cantor, *Church*, *Kingship and Lay Investiture in England*(1958), p.169.

［11］ *Eadmeri Historia Novorum in Anglia*, pp.261—276；S. E. Kelly, in *Fälschungen im Mittelalter*, Monumenta Germaniae Historica：Schriften XXXIII(1988), IV, pp.347—369；R. W. Southern, *St Anselm*, pp.359—361.

［12］ *Ingulph's Chronicle*, trans. H. T. Riley(1854), p.201.

［13］ Orderic Vitalis, *Historia Ecclesiastica*, Bk. IV, vol.II, p.346,此书编者齐布纳尔(M. Chibnall)在该书 Bk. IV, vol.II, pp.xxv—vi 讨论了《英格尔夫的编年纪》(*Ingulph's Chronicle*)的真实性。

［14］ *Eadmeri Historia Novorum in Anglia*, p.296.

［15］ Thomas Walsingham, *Gesta Abbatum Monasterii Sancti Albani*, I, pp.26—27.

［16］ 盎格鲁-撒克逊的读写能力见第一章注释[1]、[2]、[32]、[37]—[43]。

［17］ *Dialogus de Scaccario*(1950), p.64. *Dialogus de Scaccario*(2007), p.98.

［18］ 《末日审判书》的制作见 E. Hallam and D. Bates eds., *Domesday Book* 及 D. Roffe, *Decoding Domesday*(2007)。

［19］ Little Domesday, fo. 247v[拉尔夫·贝纳德(Ralph Baynard)的土地]。

［20］ *The Anglo-Saxon Chronicle*：*A Revised Translation*, pp.161—162.

［21］ *Dialogus de Scaccario*(1950), p.64. *Dialogus de Scaccario*(2007), p.98.

［22］ *Dialogus de Scaccario*(1950), pp.58, 42. *Dialogus de Scaccario*(2007), pp.88—89, 64—65.

［23］ 见前文第二章注释[52]。Judith A. Green, *The Government of England under Henry I*, pp.220—225 分析了关于 1130 年的卷册。

［24］ 见索恩写给 Henry de Bracton, *De Legibus et Consuetudinibus Angliae*, vol.III 的导论。对陈情状卷册保存情况的调查见 D. Crook, *Records of the General Eyre*, pp.12—30。

［25］ T. F. T. Plucknett, *A Concise History of the Common Law*, 5th edn(1956), p.719；D. W. Sutherland, *Quo Warranto Proceedings in the Reign of Edward I*, pp.226—268.

［26］ *Documents Illustrative of the History of Scotland*, ed. J. Stevenson(1870), I, p.222(给切斯特的副院长的令状)。比较 E. L. G. Stones and G. G. Simpson, *Edward I and the Throne of Scotland*(1978), pp.138ff.

［27］ *Anglo-Scottish Relations*：*Some Selected Documents*, ed. E. L. G. Stones, p.1.

［28］ *Foedera etc. or T. Rymer's Foedera*, ed. A. Clark et al., I, part II, p.757；*Calendar of Close Rolls*：*Edward I*(1900—8), 1288—96, pp.245—246.

［29］ *Calendar of Patent Rolls*, 1247—58, pp.421, 426；*Calendar of Charter Rolls*(1903—27), 1226—

57，p.236；*Anglo-Scottish Relations：Some Selected Documents*，pp.30，38.

［30］*Calendar of Chancery Warrants*，Her Majesty's Stationery Office（1927），I，p.120.比较本章注释［189］。

［31］*Select Cases in the Court of King's Bench under Edward I*，ed. G. O. Sayles，I，pp.cxxi—cxxii.

［32］*Book of Prests*，ed. E. B. Fryde，pp.229—230.

［33］*The Antient Kalendars and Inventories of the Exchequer*，ed. F. Palgrave(1836)，I，pp.1—3.

［34］E. Hallam，*Domesday Book Through Nine Centuries*(1986)，pp.50—73，183—186，199—210.

［35］F. Wormald，"The Sherborne Chartulary"，in *Fritz Saxl Memorial Essays*，ed. D. J. Gordon(1957)，p.109；*English Romanesque Art 1066—1200*，ed. G. Zarnecki et al.，no.46.

［36］C. R. Cheney，"Service-Books and Records"，pp.7—15.

［37］M. Beit-Arié and Z. E. Rokeah，*The Only Dated Medieval Hebrew Manuscript Written in England (1189 CE) and the Problem of Pre-Expulsion Anglo-Hebrew Manuscripts*(1985)，pp.33—56，plates 6 and 7.

［38］F. M. Powicke and C. R. Cheney，*Councils and Synods*，II(1964)，p.82，no.67.

［39］V. H. Galbraith，*Studies in the Public Records*，pp.40—41.

［40］*Chronicon Abbatiae Rameseiensis*，ed. W. D. Macray，p.172.

［41］C. Hart，"*The Codex Wintoniensis* and the King's *Haligdom*"，*Agricultural History Review* XVIII(1970) supplement(*Essays Presented to H. P. R. Finberg*)，pp.18—19，20—23.对立的评论见 N. Brooks in *Anglo-Saxon England*，ed. P. Clemoes(1974)，III，p.228，及 S. Keynes，*Diplomas of King Aethelred*(1980)，pp.148—149。

［42］*The Chronicle of Jocelin of Brakelond*，ed. H. E. Butler，p.2.

［43］见本书第一章注释［69］。W. Dugdale，*Monasticon Anglicanum*，II，p.497，no.v；III，p.217，no.x.

［44］F. Wormald，"The Monastic Library"，in *The English Library before 1700*，ed. F. Wormald and C. E. Wright，pp.16—18.

［45］K. Edwards，*The English Secular Cathedrals in the Middle Ages*，2nd edn(1967)，p.211.

［46］*The Historical Works of Gervase of Canterbury*，I，p.300；*Giraldi Cambrensis Opera*，ed. J. S. Brewer et al.，III，pp.230—231.

［47］*Rotuli Litterarum Clausarum 1204—27*，ed. T. D. Hardy(1833—44)，I，p.451.

［48］Lanfranc，*Letters*，ed. H. Clover and M. Gibson(1979)，p.82.埃尔弗里克在 11 世纪更早些时候曾使用单数词语 archivum 翻译英语词 boochord，见 *Dictionary of Medieval Latin from British Sources*，ed. R. E. Latham，I，p.120。

［49］见本书第三章注释［89］—［93］。

［50］V. H. Galbraith，*Historical Research in Medieval England*(1951)，p.37.

［51］*Chronicon Abbatiae Rameseiensis*，pp.4，65，176.比较本书第九章注释［101］。

［52］*The Domesday of St Paul's*，ed. W. H. Hale，Camden Society Series LXIX(1857)，p.110；A. Gransden，*Historical Writing in England c.550—1307*，p.234.比较本章注释［143］。

［53］F. Wormald，"The Monastic Library"，p.23. 12 世纪图书清单的图示见 C. de Hamel，*A History of Illuminated Manuscripts*，p.78，plate 73(雷丁修道院)，及 R. M. Thomson，*Catalogue of the Manuscripts in Lincoln Cathedral Chapter Library*，plate 3。

［54］W. B. Rye ed.，*Archaeologia Cantiana* III，pp.54—61.

［55］R. P. Coates ed.，*Archaeologia Cantiana* VI(1866)，pp.122—128.

［56］R. M. Thomson，*Catalogue of the Manuscripts in Lincoln Cathedral Chapter Library*，plate 5.

［57］*Ibid.*，plate 4.

［58］R. M. Thomson，*Manuscripts from St Albans Abbey 1066—1235*，II，plate 258.此书中图 171、172、236、237 示例的书上有类似题记。

［59］Thomas Walsingham，*Gesta Abbatum Monasterii Sancti Albani*，I，p.184；R. M. Thomson，*Manu-*

scripts from St Albans Abbey 1066—1235，pp.13，52.

[60] K. W. Humphreys, The Book Provisions of the Medieval Friars(1964)，pp.32，135—136.

[61] Oxford Medieval Texts：The Monastic Constitutions of Lanfranc，ed. M. D. Knowles(1951)，p.91. 兰弗朗克的会规衍生自《圣本笃规章》(Rule of St Benedict)第 48 章。

[62] K. W. Humphreys, The Book Provisions of the Medieval Friars，p.136.

[63] 见本书第七章注释[46]。

[64] Pipe Roll 5 John，Pipe Role Society new series XVI(1938)，p.139；W. L. Warren，King John (1961)，p.157.关于机构或个人拥有的书籍数量，见本书第三章注释[109]—[111]。

[65] Rotuli Litterarum Clausarum 1204—27，I，p.29.

[66] Ibid.，I，p.108. A. Coates, English Medieval Books：the Reading Abbey Collections(1999)，p.119.

[67] F. M. Powicke, Stephen Langton(1928)，p.99.

[68] 这些小教堂位于赫里福德(Calendar of Liberate Rolls：Henry III，1240—5，pp.29，296)、诺丁汉 (Ibid.，1251—60，p.11)、温彻斯特(Ibid.，1226—40，p.419)和温莎(Close Rolls：Henry III (1902—38)，1247—51，p.162)。

[69] Close Rolls：Henry III，1247—51，p.283.

[70] Calendar of Liberate Rolls：Henry III，1226—40，p.288.

[71] The Antient Kalendars and Inventories of the Exchequer，I，p.106.

[72] M. Faucon, La Librairie des Papes d'Avignon，Bibliothèque des écoles françaises d'Athènes et de Rome XLIII(1886)，I，pp.3—4.

[73] Regesta Regum Anglo-Normannorum 1066—1154，I，no.468.

[74] 见本章注释[18]。

[75] 依赫克瑟姆(Hexham)的副院长理查德之言(约写于 1140 年)，Chronicles of the Reigns of Stephen，Henry II.，and Richard I，ed. R. Howlett，III(1886)，p.142。

[76] Giraldi Cambrensis Opera，V，p.316.

[77] John of Salisbury, Metalogicon，Bk. IV，ch.42，ed. C. C. J. Webb，p.218.

[78] V. H. Galbraith, Studies in the Public Records，p.47；R. L. Poole, The Exchequer in the Twelfth Century，p.72.

[79] Dialogus de Scaccario(1950)，p.61(译文出自笔者)。

[80] Ibid.，p.61. Dialogus de Scaccario(2007)，pp.94—95.

[81] R. A. Brown, "The Treasury of the Later Twelfth Century", in Studies Presented to Sir H. Jenkinson，ed. J. Conway Davies(1957)，pp.35—49.

[82] Dialogus de Scaccario(2007)，pp.94—95.这里更正了 Dialogus de Scaccario(1950)，p.62 的译文。

[83] J. E. A. Jolliffe, Angevin Kingship，2nd edn(1963)，pp.250—251,此书第 251 页注释 9 提到保管在考尔夫(Corfe)城堡的"arcana regni"(王国秘藏)，我一直没能调查出这是什么。

[84] Rotuli Litterarum Patentium 1201—16，ed. T. D. Hardy，I，p.145.

[85] H. C. Maxwell-Lyte, Historical Notes on the Use of the Great Seal(1926)，p.293；Calendar of Patent Rolls，1258—66，p.195;比较第 239、242 页。

[86] H. C. Maxwell-Lyte, Historical Notes on the Use of the Great Seal，p.294.

[87] V. H. Galbraith, Studies in the Public Records，p.80；Rotuli Litterarum Clausarum 1204—27，I，p.196；Rotuli Litterarum Patentium 1201—16，I，pp.137，199.

[88] C. A. F. Meekings, "Roger of Whitchester", Archaeologia Aeliana 4th series XXXV(1957)，p.106；F. Pegues, "The Clericus in the Legal Administration of Thirteenth-Century England", English Historical Review LXXXI(1956)，pp.546—547.

[89] Calendar of Liberate Rolls：Henry III，1260—7，p.169；Calendar of Patent Rolls，1266—72，p.475.

[90] Close Rolls：Henry III，1256—9，p.281；Select Cases in the Court of King's Bench under Edward I，I，pp.cxxiii—cxxiv.类似地，内阁宝藏 1291 年被抢劫时也放在大教堂礼堂的地下室，见 H. Har-

rod，"On the Crypt of the Chapter House"，*Archaeologia* XLIV(1873)，pp.375—376.

［91］A. Sandys，"The Financial and Administrative Importance of the London Temple"，in *Essays in Medieval History Presented to T. F. Tout*，ed. A. G. Little and F. M. Powicke(1925)，pp.147—162.

［92］*Select Cases in the Court of King's Bench under Edward I*，I，p.clxviii.

［93］*Calendar of Close Rolls*：*Edward I*，1288—96，p.56.

［94］见本章注释[28]。

［95］*Book of Prests*，pp.228—229.

［96］V. H. Galbraith，"The Tower as an Exchequer Record Office"，in *Essays in Medieval History Presented to T. F. Tout*，p.232.比较 *Select Cases in the Court of King's Bench under Edward I*，I，p.cxxiv。

［97］N. Brooks，*The Early History of the Church of Canterbury*(1984)，p.168.

［98］R. L. Poole，"The Publication of Great Charters by the English Kings"，*English Historical Review* XXVIII(1913)，p.445.

［99］Ibid.，pp.451—452.

［100］*Curia Regis Rolls*，VI，p.230.

［101］*Documents of the Baronial Movement of Reform and Rebellion 1258—67*，ed. R. F. Treharne and I. J. Sanders(1973)，p 116.

［102］*Ibid.*，p.312.

［103］*Chronicles of the Reigns of Stephen，Henry II.，and Richard I*，I(1884)，p.322.①

［104］W. Stubbs ed.，*Select Charters*，p.256.也见本书第 73 页。

［105］*Calendar of the Plea Rolls of the Exchequer of the Jews*，ed. J. M. Rigg(1905)，I，p.153(Robert le Bret)，p.135(Jacob Copin).

［106］*Select Pleas，Starrs and Other Records of the Exchequer of the Jews*，ed. J. M. Rigg，Selden Society Series XV(1901)，p.50；Simon Passelewe went "a enrouler partye de Huches de Engleterre"(西蒙·帕西尔留去"英格兰的卷册箱子")。

［107］*Cartulary of the Hospital of St John Baptist*，ed. H. E. Salter，Oxford Historical Society Series LXVI(1914)，I，p.364，plate iii.

［108］见本书第二章注释[84]。

［109］H. G. Richardson，*The English Jewry under Angevin Kings*，pp.147，264—267.

［110］本书第九章注释[15]—[16]、[46]—[50]讨论公证实践。

［111］*Select Pleas，Starrs and Other Records of the Exchequer of the Jews*，p.49.

［112］C. R. Cheney，*English Bishops' Chanceries*，*1100—1250*，p.135.主教的登记簿见本书第76—78 页。

［113］A. Sandys，"The Financial and Administrative Importance of the London Temple"，p.148，n.6；*Curia Regis Rolls*，XIII，p.253，no.1152(威斯敏斯特修道院)。

［114］*Curia Regis Rolls*，XIII，p.304，no.1415[波提沙姆(Bottisham)的女隐士]；*Curia Regis Rolls*，XI，p.495，no.2499[萨瑟克(Southwark)医院]；*Curia Regis Rolls*，XII，p.72，no.382[克勒肯维尔(Clerkenwell)医院]；*The Roll and Writ File of the Berkshire Eyre of 1248*，ed. M. T. Clanchy，no.304[英克本(Inkpen)的乡村神父]。

［115］*Facsimiles of Royal and Other Charters in the British Museum*，no.63.

［116］*Curia Regis Rolls*，I，p.395.

［117］见本书第 156 页。

---

① 这个编辑本的第一卷和第二卷部分内容是纽伯格的威廉的历史书。——译者注

[118] 见本书第二章注释[92]、[93]。

[119] *Medieval Legal Records Edited in Memory of C. A. F. Meekings*，ed. R. F. Hunnisett and J. B. Post(1978)，p.31.

[120] *The London Eyre of 1276*，ed. M. Weinbaum, London Record Society Series XII(1976)，p.91，no.345.

[121] *Documents of the Baronial Movement of Reform and Rebellion 1258—67*，p.152，no.15.一年后的一份令状声称，国王"本人肯定知道"佃户税征得太多了，*Close Rolls：Henry III*，1259—61，p.135。

[122] M. T. Clanchy, "The Franchise of Return of Writs", *Transactions of the Royal Historical Society* 5th series XVII(1967)，p.71；比较 R. C. Palmer, *The County Courts of Medieval England*，pp.263—281。

[123] M. T. Clanchy, "The Franchise of Return of Writs", pp.73—74.

[124] Ibid.，pp.76—77；*Calendar of Charter Rolls*，1257—1300，pp.305—306.

[125] *Cartae Antiquae*，ed. L. Landon, pp.65—66，nos 118, 119.比较 S. Painter, *Feudalism and Liberty* (1961)，pp.178—184。

[126] M. T. Clanchy, "The Franchise of Return of Writs", p.77.

[127] *The Chronicle of Bury St Edmunds*，ed. A. Gransden(1964)，p.73.

[128] R. Vaughan, *Matthew Paris*，pp.14, 17—18.

[129] 见本书第三章注释[87]。

[130] *Annales Monastici*，III，p.272；F. Pegues, "The *Clericus* in the Legal Administration of Thirteenth-Century England", p.554.

[131] *Liber Memorandorum Ecclesie de Bernewelle*，p.23.比较本书第 149 页。

[132] *Ibid.*，p.114.

[133] The National Archives(Common Pleas) CP 40/73，m.96.

[134] W. M. Green ed.，"Liber Magistri Hugonis Sancti Victoris", *Speculum* XVIII(1943)，p.490，lines 19—27.我的译文基于卡拉瑟斯和齐恩(G. A. Zinn)的译文，M. J. Carruthers, *The Book of Memory*(1990)，p.264,G. A. Zinn, in *Viator* V(1974)，pp.211—234。卡拉瑟斯译文的第一版(1990, pp.261—266)重印于 M. J. Carruthers and J. M. Ziolkowski eds.，*The Medieval Craft of Memory*(2002)，pp.33—40,第二版见 M. J. Carruthers, *The Book of Memory*(2008)，pp.339—344。

[135] W. M. Green ed.，"Liber Magistri Hugonis Sancti Victoris", p.490，line 30；M. J. Carruthers, *The Book of Memory*，p.95.

[136] W. M. Green ed.，"Liber Magistri Hugonis Sancti Victoris", p.488，line 5；M. J. Carruthers, *The Book of Memory*，p.261.

[137] *Dialogus de Scaccario*(1950)，p.61.也见本章注释[80]。

[138] M. J. Carruthers, *The Book of Memory*(1990)，plates 18, 19，pp.243—245 的评论；M. J. Carruthers, *The Book of Memory*，(2008)，pp.310—313。

[139] 关于圣伯纳德，见 C. Rudolph, *The "Things of Greater Importance"*(1990)。

[140] M. J. Carruthers, *The Book of Memory*(1990)，p.247；M. J. Carruthers, *The Book of Memory* (2008)，p.323.

[141] W. M. Green ed.，"Liber Magistri Hugonis Sancti Victoris", p.490，line 25.

[142] M. J. Carruthers, *The Book of Memory*(1990)，p.247；M. J. Carruthers, *The Book of Memory* (2008)，pp.323—324.

[143] *Radulphi de Diceto Opera Historica*，ed. W. Stubbs, Rolls Series LXVIII(1876)，I，p.13.比较本章注释[52]。

[144] 拉尔夫符号的图示见 A. Gransden, *Historical Writing in England c. 550—1307*，plate vii；S.

Lewis, *The Art of Matthew Paris in the "Chronica Majora"*, p.44; B. Smalley, *Historians in the Middle Ages*(1974), p.118。

[145] *Radulphi de Diceto Opera Historica*, I, p.xxxi[编者斯塔布斯(Stubbs)的序言]。

[146] *Ibid.*; B. Smalley, *The Becket Conflict and the Schools*, p.232.

[147] *Radulphi de Diceto Opera Historica*, I, p.291. Imaginatio 的含义见 R. W. Southern, *Robert Grosseteste*, pp.40—45; M. J. Carruthers, *The Book of Memory*(1990), pp.51—60; M. J. Carruthers, *The Book of Memory*(2008), pp.62—68。

[148] S. Lewis, *The Art of Matthew Paris in the "Chronica Majora"*, p.45.

[149] *Matthaei Parisiensis Chronica Majora*, IV, p.196; A. Gransden, *Historical Writing in England c.550—1307*, plate ixf.

[150] S. Lewis, *The Art of Matthew Paris in the "Chronica Majora"*, p.237.

[151] *Ibid.*, p.268.

[152] *Ibid.*, p.3; p.68, n.33.

[153] *Ibid.*, p.3, n.7(在第 474 页); pp.32, 214, 228, 240—241, 471。

[154] B. Smalley, *The Study of the Bible in the Middle Ages*, 2nd edition(1952), pp.95—96. M. J. Carruthers, *The Book of Memory*(1990), pp.231—239; M. J. Carruthers, *The Book of Memory*(2008), pp.293—302.

[155] Richard of St. Victor, "Benjamin Major", *Patrologiae* CXCVI, p.66; G. A. Zinn, *Richard of St Victor*(1979), p.155.

[156] Hugh of St. Victor, "De Arca Morali", *Patrologiae* CLXXVI, p.622(笔者翻译); B. Smalley, *The Study of the Bible in the Middle Ages*, p.96; H. de Lubac, *Exégèse médièvale*, part II, vol.I (1961), p.325。

[157] S. Lewis, *The Art of Matthew Paris in the "Chronica Majora"*, pp.64—65, 138—139, 128, colour plate v(第 290 页和第 291 页之间)。

[158] R. M. Thomson, *Manuscripts from St Albans Abbey 1066—1235*, pp.64—65, colour plate G.

[159] R. Vaughan, *Matthew Paris*, p.1; S. Lewis, *The Art of Matthew Paris in the "Chronica Majora"*, p.3.

[160] 图示见 E. L. G. Stones, "The Appeal to History in Anglo-Scottish Relations", 对着第 11 页的图。

[161] *Anglo-Scottish Relations: Some Selected Documents*, p.75, no.25.

[162] *The Book of Fees Commonly called Testa de Nevill*, I, p.xv.

[163] W. J. Ong, *Orality and Literacy: the Technologizing of the Word*(1982), p.125.

[164] *Rhetorica ad Herennium*, ed. H. Caplan, Loeb Classical Library CDIII(1954), p.208.这个文本不是西塞罗编纂的,但中世纪学者们信以为是。

[165] 方格里有各种动物图像的一块棋盘的图示见 A. Piltz, *The World of Medieval Learning*(1981), p.224。也见 F. Yates, *The Art of Memory*(1966)的插图。

[166] W. M. Green ed., "Liber Magistri Hugonis Sancti Victoris", p.489, lines 42—46,笔者翻译。

[167] Thomas Walsingham, *Gesta Abbatum Monasterii Sancti Albani*, I, pp.232, 217; W. M. Green ed., "Liber Magistri Hugonis Sancti Victoris", p.489, line 37.

[168] R. H. and M. A. Rouse, *Preachers, Florilegia and Sermons*(1979), p.4; M. J. Carruthers, *The Book of Memory*(1990), p.101; M. J. Carruthers, *The Book of Memory*(2008), p.129.

[169] R. W. Southern, *Robert Grosseteste*, pp.188—189; M. J. Carruthers, *The Book of Memory*, pp.117—119.

[170] Nigel Ramsay, "Craftsmen's and Merchants' Marks", in *English Medieval Industries*, ed. J. Blair and N. Ramsay(1991), pp.xxv—xxvii.

[171] E. King, "Estate Management and the Reform Movement", in *England in the Thirteenth Century*, ed. W. M. Ormrod(1991), pp.3—4, plates 1—2. R. W. Southern, *Robert Grosseteste*, p.55.

［172］P. Brand，*The Origins of the English Legal Profession*(1992)，pp.56—57，181—182.

［173］*A Second Volume of Vocabularies*，ed. T. Wright(1873).概论见 L. W. Daly，*Contributions to a History of Alphabetization in Antiquity and the Middle Ages*(1967)。

［174］M. J. Carruthers，*The Book of Memory*(1990)，pp.115—116；M. J. Carruthers，*The Book of Memory*(2008)，pp.145—146.

［175］M. Camille，"Seeing and Reading：Some Visual Implications of Medieval Literacy and Illiteracy"，*Art History* VIII(1985)，pp.29—30，plate 2；*English Romanesque Art 1066—1200*，p.107，no.42.

［176］例如哈佛大学写本 Typ 446(来自伯里圣埃德蒙兹的一个文本)或大英图书馆王室写本 1.D.l[德文的威廉(William of Devon)写]。

［177］对这个手写本的描述见 S. de Ricci，*Census of Medieval and Renaissance Manuscripts in the USA and Canada*(1935)，p.1022。

［178］W. J. Ong，*Orality and Literacy：the Technologizing of the Word*，p.124.

［179］*Book of Examples for the Use of Preachers*，ed. A. G. Little，British Society of Franciscan Studies(1908).

［180］见本书第三章注释［14］。

［181］R. H. and M. A. Rouse，*Preachers*，*Florilegia and Sermons*，p.10.

［182］*Ibid*.，p.19.

［183］R. H. and M. A. Rouse，in *Manuscripts at Oxford：An Exhibition in Memory of R. W. Hunt*，ed. A. C. de la Mare and B. C. Barker-Benfield，pp.54—55，及其收入 *Corpus of British Medieval Library Catalogues*(1991)的另一个版本。

［184］B. Tierney，*The Crisis of Church and State*(1964)，p.201.

［185］J. W. Baldwin，*Masters*，*Princes and Merchants*(1970)，I，p.332.

［186］M. Bloch，"The Suit of the Serfs of Rosny-Sous-Bois"，in *Change in Medieval Society*，ed. S Thrupp(1964)，p.4.

［187］C. Duggan，*Twelfth-Century Decretal Collections and their Importance in English History*，p.26［引图尔奈的斯蒂芬(Stephen of Tournai)之语］。

［188］*Select Cases in the Court of King's Bench under Edward I*，I，p.clxviii.

［189］*Calendar of Chancery Warrants*，I，p.120.比较前文注释［30］。

［190］W. M. Ormrod ed.，*England in the Thirteenth Century*，Harlaxton Medieval Studies I(1991)，pp.24—25。

下卷　有读写能力者的心态

187　　　在能渗透智力并建构智力的技术当中，读写能力独树一帜，这让学者们难于重构读写能力带来的心智变化，因为学者们的技能正是由读写能力塑造的。梅特兰常常注意到这个难题，也最明白地提出这个难题，并且格外提及中世纪英格兰：

> 在欧洲北部和西部，给所有重要事情保存一些书面记录的习惯是一个现代习惯。但是它如此普及且与我们的日常习惯关系如此密切，以致我们差不多忘记了，世界上有多少事务无需书面记录就能开展，哪怕是在无论如何也谈不上野蛮的社区里。[1]

本书上卷已经描述过，"给所有重要事情保存一些书面记录的习惯"是如何及何时成长起来的，因此接下来的各章分析读写思考方式的发展。读写习惯的形成在英格兰相对缓慢，故而来自不同时期的公文可用来准确描述此发展中的各个方面。其中一些方面是中世纪英格兰所特有的，其他一些方面则是经历过从记忆到书面记录之转变的各个社会所共有的。虽说很难根据历史文献重构前读写思考方式，但在1066—1307年这两个半世纪里有充足证据供辨认主要轮廓。最明显的是，当读写能力能够在神职书写人这个小阶层之外成长或传播之前，构成有读写能力者心态的那些读写习惯与对读写的假定，必须扎根于形形色色的社会群体和活动领域。

188　　　中世纪的英格兰，当读写模式变得可被各类统治者接受之前，尤其是被郡里的骑士们接受之前（因为进一步变化取决于骑士们的带领），先得克服各式各样的难题与偏见。比如，不是写下被说出的那种语言那么简单的事，因为有多种语言和方言被使用，且拉丁文享有作为传统读写语言的特殊地位。成为一个有学问的人意味着懂拉丁文，但不特指拥有阅读和书写的能力。平信徒的读写能力是中世纪读写能力中被最频繁讨论的面向，但若不先在中世纪语境下界定术语，就无法理解平信徒的读写能力。

　　　上述难题是中世纪独有的难题。在此之上还要加上凭着听而学习和凭着看稿本学习的心理差异。由于坚持朗读的习惯和偏爱听一份声明多过审读稿本上的声明，哪怕受过教育的人也如此，因此中世纪的书写对无读写能力者是种居间状态。书写可作为证据的性质有最深远的影响，因为它看似比口头语言更经久也更可靠。另一方面，那些珍视本社区忆往师传统智慧的人有理由不信任书写。至少在英格兰，涉及法律证据时达成了妥协，这有助于使书面模式的接受度更高。读写能力的成长不是提供更多文员和更好的学校教育那么简单的问题，因为它渗透了心灵，并要求人们——从个体到社会集体——在明确表达思想的方式上做出改变。

突出"有读写能力者的心态"这个术语,不是为了预先判断读写能力是否当真在心理学意义上重构了思想这个问题,也不是为了预先判断一种"心态"是否能在哲学意义上作为一个独立实体而存在。[2]历史学家们为了避免一种历史学家的技术语言,而使用共用的一般化术语作为便利的描述标签。关于中世纪往昔的记录已经胡填乱塞了难懂的专用名词,无需历史学家再加上自己的一套术语。在后文中,使用"有读写能力者的心态"时仅仅是描述中世纪英格兰有读写能力的人共享的一组态度,且这些态度在存世记录中以各种方式表达出来。一旦这些态度被识别出并集中起来,则各种科学领域的专家们都可以处理"有读写能力者的心态"是否作为一个整体存在的问题。不能过于强调说,本书下卷讨论的"有读写能力者的心态"是因上卷《记录的制作》而生的话题。上卷谈论"有读写能力者的心态"不比下卷少,因为它聚焦于前读写时代的集体记忆(第一章)、官僚机构(第二章)、文献记录的类型学和技术(第三章和第四章)以及回想和归类数据的方法(第五章)。

为了补偿"有读写能力者的心态"这个术语的不准确,本书下卷像上卷一样,通过明确的例子,哪怕是轶闻性质的例子而展开,以便展示从记忆到书面记录之转变涉及了什么东西。这是一场发生在许多个体的想象和设想中的文化转变。这些各式各样的经验——或毋宁说那些以某种形式记录下来的经验——那无法量化的总和构成了或能被描述为中世纪"有读写能力者的心态"的东西。在雅克·勒高夫(Jacques Le Goff)的带领下,历史学家们已经审视了《中世纪的想象力》(*The Medieval Imagination*)[3]的各个方面。审视1066—1307年间英格兰"有读写能力者的心态"是一项可相媲美的努力。就像中世纪布道人的证道故事,轶闻性质的证据能阐明并巩固一般概括,哪怕当数据无法查证或是虚构之物时。人类的信念与错误想法同实质事实一样是历史学家的领域,因为若无信念给事实提供本质,事实就无足轻重。

勒高夫描述了在中世纪"天堂和人间有着不间断的人来人往。警醒的天使唱诗班被组建起来遏制一大群恶魔,恶魔们俯冲向那些被自身罪愆大声召唤的人。雅各的梯子搭建在天堂与人世之间,天国的生物沿着梯子的两侧扶手不停地爬上爬下"[4]。雅克·德·维特里(Jacques de Vitry,1240年卒)在一篇布道词里讲了一个故事,唱诗班里一位神职人员看到一个魔鬼费力地背着一只口袋。[5]魔鬼解释说,袋子里满是"音节和含糊不清的发音吐字以及赞美诗中的诗节",这些趁着神职人员们以不正确的发音念祈祷词时从上帝那里偷来的。从英格兰、法兰西到日耳曼的布道词里都描述这个魔鬼,他有时被叫做"图提维鲁斯"(Tutivillus)。牛津的

189

老师兼方济各会士威尔士的约翰(John of Wales)于13世纪80年代描述了图提维鲁斯如何出现在唱诗班,收集"赞美诗的细节和点滴"[6]。从这个魔鬼关心唱诗班的正确措辞来判断,他是12世纪和更早的修道院文化的产物。虽然他对拉丁文的音节长短值有着苛刻的听力,但他的技能是口头技能而非读写技能;他仅仅把他收集到的声音塞进他的口袋,工作越努力,自己就被压得越重。

除了这个背着口袋的魔鬼(或者还有他的变形体),还有另一个专门从事书面记录的恶魔出现在13世纪。他像那个背口袋的家伙一样坐镇教堂,但他配备着笔和羊皮纸,倒不是用来记录神职人员的话语,而是记录平信徒,尤其是长舌妇的话语。罗伯特·曼宁(Robert Manning)在《处理罪愆》(*Handlyng Synne*)中描述这个恶魔隐身坐在两个女人当中,"手持笔和羊皮纸"写下她们说的每句话。[7]维罗妮卡·喜库勒斯(Veronica Sekules)公布过的斯利福德(Sleaford)教堂中殿的一件雕刻品刻画了这一幕:在两个女人头顶上方蹲坐着一个蝙蝠模样的恶魔,正在一卷羊皮纸上专心书写。[8]斯利福德距离林肯郡的伯恩(Bourne)不到15英里,罗伯特·曼宁就来自伯恩,且这件雕刻品与他同时代(他声称1303年开始写作)。迈克尔·卡米尔(Michael Camille)讨论过这位小抄写员,在《蓝贝斯启示录》(Lambeth Apocalypse,1281年之前绘)①中,坐在恶魔王宝座的脚下。[9]他像个神职人员那样剃了发,在一张长方形羊皮纸上用无法理解的魔鬼字书写,那张羊皮纸的形状如一份王室令状。在同时代一幅表现爱德华一世主持公道的画中,三个剃了发的小神职人员坐在他宝座的脚边,其中两个被表现为正在书写。[10]《蓝贝斯启示录》中的抄写员所见证的场景是提阿非罗(Theophilus)——中世纪的浮士德博士(Dr Faustus)——与恶魔之王握手并将用自己鲜血写成的封印特许状交付恶魔之王的那一刻。

《蓝贝斯启示录》展示出恶魔之王宫廷所使用的书面记录的两种类型:有提阿非罗递交的特许状,也有魔鬼字写成的令状。这里的倍增式记录保管是对亨利三世或爱德华一世的英格兰王家法庭的准确反映,诉讼当事人递给法庭的特许状可能由一位王室文员复制到一份陈情状卷册中或一份档案室记录中。因此,这个魔鬼在13世纪不但是有读写能力的,还建立了一个地狱官僚机构,可媲美国王或教宗的官僚机构。那个写下闲言碎语的蝙蝠模样的恶魔假如不是出现在与宗教裁判所同时代的中世纪的艺术和文学之光中,大约看起来不会像恶魔之王的抄写员那么

---

① 这是一部装饰华丽的手稿,含78幅半页细密画,得名于其存放地——蓝贝斯宫的坎特伯雷大主教图书室,蓝贝斯宫是坎特伯雷大主教官邸。——译者注

凶恶。教会的宗教裁判官的工作是证明道德罪愆,他们依赖有关人们谈话内容的书面证词。[11]虽然针对异端的罗马宗教裁判所在英格兰是被禁的,但认真尽责的主教们如格罗斯泰斯特仍会在他们的法庭上调查平信徒的罪愆(尤其是通奸)。[12]

《蓝贝斯启示录》中关于恶魔之王宫廷上制作记录的场景最可能是为埃莉诺·德·昆西(Eleanor de Quincy)夫人画的,因为在与此画同时出现的另一幅画中,她跪在圣母脚边。[13]在提阿非罗的故事中,正是圣母从地狱救出他和他的特许状。比《蓝贝斯启示录》早30年左右的那本由威廉·德·布雷勒装饰的日课书中,展示出圣母正从一个魔鬼那里抢夺提阿非罗的特许状,这个魔鬼双手攥紧特许状的封印标签。[14]圣母用她变大的拳头给魔鬼额头一击,从而令特许状复归提阿非罗。在这个场景旁边的一则法语题记"tout la chartre"(整个特许状)确认了圣母成功地取回完整公文。《蓝贝斯启示录》也类似地展示出,圣母正从一个魔鬼攥紧的手中夺取特许状,这次有一位天使襄助,天使用长矛刺穿魔鬼的喉咙。《蓝贝斯启示录》和德·布雷勒日课书是为淑女们制作的,事实上英格兰最早的带插图《启示录》和日课书大多是为淑女们制作的。[15]她们应该喜欢提阿非罗的故事,因为它展现出圣母胜过了披着魔鬼伪装的包括她们的丈夫和父亲在内的男人们。这则故事中涉及书面记录的部分也应该会打动人,尤其打动那些淑女们,因为她们的幸福取决于书面契约的强制执行或取消。[16]德·布雷勒日课书的场景中,提阿非罗确实对魔鬼效忠了,他的特许状贴上了"提阿非罗特许状"的标签,强调其重要性;这幅细密画的题记用法语重申这是一份"书面特许状"[17]。

《蓝贝斯启示录》、德·布雷勒日课书和其他此类书籍都一样,页面上混用拉丁文和法语,这提出了关于它们的淑女用户们懂什么语言的问题。插图题记使用法语的实践回溯到12世纪的修道院书籍,这是个展示惯例,谈不上是对赞助人语言敏锐度的评注。[18]题记写以法语是为表明,它们不是拉丁文圣经文本的内在组成。[在马修·帕里斯指导下为伊莎贝尔·德·瓦伦内(Isabel de Warenne)制作的。]贝克特故事书的文本是法语,图画的题记写以拉丁文。[19]德·布雷勒日课书中,题记用红色和较小号的非正式字迹书写,以进一步同哥特黑体拉丁文文本相区别。在大多数日课书和《启示录》中,主文本(无论法语的还是拉丁文的)都是最容易阅读的部分,因为字号大,且各段落都是大体为人熟悉的祈祷文或礼仪书文本。就算没有哪位拥有祈祷书的淑女有可能在一所语法学校学会拉丁文(因为12世纪及更早,学校变成男性的禁脔),持续的重复和朗读也会令圣经文本的内容耳熟能详。此外,女性可能在家中接受一些正规指导,因为贵妇人的大家庭里有专职神父、书籍

191

和私人房间。

埃莉诺·德·昆西夫人的困难恐怕不在于阅读（从读出声或清晰发音的意义上讲）她书中的拉丁文文本或法语题记，而在于理解图画。《蓝贝斯启示录》包含神秘事物。像埃莉诺这样通过拥有神圣书籍来效仿专职神父的淑女们不得不像神职人员那样学会在四个意义层次上阅读圣经：历史的、寓言的、比喻的和灵性阐释的层次。[20] 对拉丁文的字面解析给读者带来的不外乎文本的"历史"意义或上下文意义，这只是第一步。中世纪读者很明白"字句是叫人死，圣灵是叫人活"（《哥林多后书》3：6）。中世纪书籍中，圣经的字句被华丽装饰和润色，就是要给它们以更大的意义和让它们更难忘。从润色首字母和页面边缘到像埃莉诺书中那样用半页乃至整页呈现图画，这只跨了相当小的一步。从最早的罗马帝国基督教书籍和爱尔兰书籍开始，就有制作图画页面的先例。

在一部像《蓝贝斯启示录》这样的豪华书籍中，图画的华丽无可置辩；它们因为金箔和昂贵颜料而闪闪发光。同时它们也有功能，因为它们逐页阐明圣经文本。此外，对《蓝贝斯启示录》这种书的虔诚用户而言，在装饰和插图之外还有着诱人的沉思王国，读者在这个王国寻找灵视力意义，它超越了文本的字面阐释和插图的表现。《启示录》格外适合此类阅读，正如它的第一章宣告的：

> 念这书上预言的，和那些听见又遵守其中所记载的，都是有福的。因为日期近了。

《旧约》中的先知们成了死火山，而基督已经来临，《启示录》依旧坚持一些人厄运临头而另一些人得到拯救的许诺。从《启示录》的意象在罗马艺术中的使用来判断，《启示录》在 11 世纪、12 世纪被大量求助。13 世纪的新动态是平信徒人群，尤其是淑女们获得《启示录》供私人使用。[21] 书中的图画栩栩如生地绘出作者描述的场景：地震与大屠杀、七头龙、野兽、大淫妇等。就它们的煽情效果而言，这些"末日审判书"相当于现代的通俗小报。埃莉诺·德·昆西是温彻斯特伯爵夫人，而当今英国的名媛仕女们仍然热衷于日报上的同类阅读材料，多数是图画材料。

阅读意味着什么？

教宗大格里高利曾经证明在敬拜中使用图像为正当，力陈图画令不识字的人

"通过观看教堂的墙壁而阅读他们无法从书中读到的东西"[22]。这种思想很快变得习以为常，使得有读写能力的神职人员以高人一等的姿态对待平信徒，并且证明圣像崇拜为正当，虽说教宗大格里高利通过使用"阅读"图画一语而在暗示某种关于图像与书写品之关系的更深刻东西。在比《蓝贝斯启示录》早一个多世纪的另一本为英格兰淑女马克耶特的克里斯蒂娜制作的豪华书籍中，作为陈腔滥调的格里高利的话重新出现。克里斯蒂娜的诗篇集除了 200 多个图画首字母，还有 40 幅全页画，展示出从基督徒被赶出伊甸园到圣灵降临节的进展。接着这些图画的一页引了教宗格里高利关于图像正当性的话语，同时写以拉丁文和法语。[23]克里斯蒂娜这本诗篇集的编者们认为，此书的抄写员要对这个引用负责，但是，提供这么多图画页面并用教宗的权威证明使用它们合法，该决定恐怕出自教阶体制中更为尊贵的人。最可能的候选人是圣奥尔本斯的修道院院长杰弗里（任职期为 1119—1146 年），他既是书籍制作的主事人，也是克里斯蒂娜的保护人。[24]克里斯蒂娜是个有灵视力的人，一如她的同时代人宾根的希尔德加德（Hildegard of Bingen），她大概是通过沉思图画而"阅读"它们。将教宗格里高利的话译成法语，暗示克里斯蒂娜阅读法语而非拉丁文，尽管她的传记作者对她的读写能力或语言能力只字未提。（希尔德加德于 1141 年 43 岁时因神圣灵感而开始理解拉丁文。[25]）克里斯蒂娜生在亨廷顿（Huntingdon）的盎格鲁-丹麦贵族社会，英语大概是她的母语。

克里斯蒂娜的诗篇集中那幅全页圣母领报图明确地把圣母表现为一个对着文本沉思冥想的读者，这是此种表现手法中最早的。[26]圣母所读文本的语言不明确，因为页面空白，但是中世纪晚期表现圣母时毫不含糊地展示她拿着拉丁文文本或本地语言文本。13 世纪之前的圣母领报场景中，圣母通常被展示为在纺织，画面中看不到书，而 14 世纪和 15 世纪，她常常被刻画成一位虔心阅读一篇演讲辞的读者，同时有多达半打书籍在侧。[27]与从记忆到书面记录的转变一致，神职人员把圣母变成一位体现他们自身形象的读者，非常像他们把魔鬼变成书写人的做法。这两种思想都通过布道词散播给平信徒。里沃兹（Rievaulx）的修道院院长艾尔雷德（Ailred，任职期为 1147—1167 年）描述了在圣母领报的那一刻，圣母如何手中抓着《以赛亚书》并阅读诗句"必有童女怀孕生子"[28]。这恐怕就是克里斯蒂娜的诗篇集中的圣母正在做的事：书在她膝头摊开，她从书中抬起眼睛，看着门口的天使加百列（Gabriel），仿佛她的阅读被打断了。把圣母表现为全神贯注于学习，这给克里斯蒂娜本人提供了一个楷模，因为她坐在她忙碌的隐居之地［挨着华特林古道（Watling Street）伦敦路路段］，被她自己的异象和经过的访客打扰。圣奥尔本斯的杰弗里院长在当修士以前是学校老师，可能是他设计了这个圣母好学的图像给克里斯蒂娜。在中世纪后来时光的日课书里，该图像变成圣母圣像中最受欢迎的一个。

教宗格里高利的"通过观看……而阅读"在 14 世纪早期的一部《启示录》的前言中被译为英语，这篇前言写给"所有阅读这本形象化之书的人"[29]。《蓝贝斯启示录》中有一幅全页图用许多法语题记明确说明它应当被如何"阅读"。[30]该页的左下角有一位淑女——是埃莉诺·德·昆西的年轻可爱版——坐在一把木椅上，椅子上精雕细刻着一尊宝座或主教法座。她头顶的一则题记解释说"这位淑女代表悔罪者"。她的椅背的尖顶饰上停着一只象征圣灵的鸽子，它对淑女讲解圣经。这位淑女用信仰之盾护住身前，盾的三个角上各有一个球形突出物，它们清楚说出了三位一体的三个位格，并交汇在一个标记为"上帝"的位于中央的球形凸出物上。她的盾指向一个魔鬼，魔鬼向着她射出邪恶建议之箭；魔鬼的外表如同一本书中那些欺骗提阿非罗的恶魔。这位淑女头部上方盘旋着巨大的蓝色苍蝇，代表那些当悔罪者祈祷时干扰她的空洞思想。这幅悔罪淑女图中的许多其他特征都类似由题记加以解说，《蓝贝斯启示录》中的其他对开页上也有图画，附带堪称详尽的解说。在眼下的语境里，它们的意义在于提出了关于中世纪有读写能力者之心态的问题。

别称"悔罪淑女"的埃莉诺·德·昆西夫人有读写能力吗？《蓝贝斯启示录》中，她被刻画为手执此书或其他祈祷书，当她对圣母和圣婴祈祷时书页是打开的。一位淑女用拉丁文或法语背诵每日祈祷文的能力算是读写能力吗？没有迹象表明埃莉诺夫人或马克耶特的克里斯蒂娜能书写，也没有哪个圣母领报场景中描画圣母正在为天使加百列的信息做一条笔记，虽说在圣母圣婴图中，圣婴有时被展示为正在书写。圣母被期望把天使的信息纳入心底而记住它，"玛利亚却把这一切的事存在心里，反复思想"（《路加福音》2：19）。圣维克多的休在论记忆的论著中解释了知识如何是份宝藏而"你的心是它的保险箱"[31]。他推荐要记住一个人读的东西，而非依赖书面文本。这在手写本文化中是审慎建议，那时没有两本书是完全相同的，且书籍毕竟难于获得。不过，休强调记忆的优先性时，他的关注点恐怕在于宗教和意识形态方面，非在实用方面。

如苏格拉底所言，书写带来的危险是，它在灵魂中植入了健忘，阻止人们从自己的内心回想起真相。把任何东西写下来就令其外化了，并且在此过程中改变了这个东西，也在某种程度上窜改了它。如沃尔特·J.翁所言，"书写重构意识"[32]。整个 12 世纪，欧洲的特许状和所有权契据都常常被身为书写专家的修士们伪造。他们基于自己讲解和抄写圣经的经验而非常明白，一份声明了某种不真实或无法

195

核实东西的公文将继续声明它，并且让它看上去真实和可证，只要那份公文还在。在所有社会里，有读写能力的人都面临着书写品是真是假的难题。现代西方文化中，"书写人／作家"一词的第一义项是虚构作品的创作人。12 世纪的读者不习惯现代小说中的虚构旁白者惯例，因此他们不能确定蒙默斯的杰弗里或沃尔特·马普是个历史学家还是个骗子。书写本身就不值得信任，此外，使用书写还暗示着书写人这方表现出的不信任，哪怕不是欺骗。一个诚实的人信守自己的话语，也不会要求书面证据。魔鬼变成个书写人，正是恰如其分。做记录的恶魔挥霍羊皮纸卷册记录下人们的罪愆，并且按照布道人所说，因为试图用牙齿拉扯羊皮纸好容纳他的冗长文章而让自己变得荒谬。[33]（皮子在制作羊皮纸的过程中要被拉扯，但成品羊皮纸没什么延展性。）同样，《蓝贝斯启示录》中那个坐在恶魔之王宝座的脚边写着魔鬼文字的丑陋小文员，不比国王档案室的代笔人或威斯敏斯特大厅的法律文员更受贵人们仰慕。

书写是一项非常必要的活动，但它不是贵妇人们如圣母、马克耶特的克里斯蒂娜和埃莉诺·德·昆西该做的事。她们是它的受益人，不是它的制作人。她们明白书写的意义，也享用书写的成果，以她们那些灿烂书籍和那些赋予她们物质特权的公文（无论真的还是假的）的形式。中世纪那些装饰华丽又被覆宝石的书籍确实是为了上帝及其圣徒的荣耀而制作，但它们也同样是为了炫耀性展示而设计，很像任何首饰制品。它们与凯尔特世界流行了一千年的、贵族将自己同社会低等人区别开的巨大的彩饰领针和黄金领圈是同类。圣奥尔本斯的杰弗里修道院长领导着中世纪英格兰最富有也最排外的企业之一；他打着虔敬和学习的名义，以一本诗篇集的形式将该企业的财富勋章授予了马克耶特的克里斯蒂娜。她的诗篇集和《蓝贝斯启示录》展示出，淑女读者们可以同时享用天国的奖赏和人间的奖赏。

这些淑女们的阅读能力不能与现代阅读等量齐观。它在很多方面都要求更高。只阅读母语还不够。理想而言，12 世纪和 13 世纪英格兰的淑女们（及绅士们）应当至少能阅读三种语言：拉丁文、法语和英语。在宗教祈祷中她们也得"读形象化之书"，亦即通过刻苦冥想而理解神圣启示的形式与符号。《蓝贝斯启示录》中有一幅图阐述了一则故事，修士如此成功地将圣母的面目保留在他的心灵之眼中，以致圣母看起来像真的，而圣婴对他打着手势。[34]这是埃莉诺夫人在研习此书时应当达到的专心程度的一个示范。成功做到这一点并具有了灵视力的人，比如马克耶特的克里斯蒂娜，就能赢得声望与财富。克里斯蒂娜的诗篇集是 12 世纪英格兰制作的最昂贵人工制品之一。另一本非常昂贵的手写本是源出圣奥尔本斯并被认

196

为就是《温彻斯特圣经》的那本，它被亨利二世专断地给了林肯的休；国王相信，当他横渡英吉利海峡时，是休的祈祷力量在海难中救了他。[35]

因此，读写能力的收益——既有天国的好处也有人间的好处——最好在宗教读物中寻求。书写的技能（与阅读是分开教授的）对于那些在富裕修道院和专业画室工作的抄写员有益，比如"书写王子"埃德温，但这种人是例外。大多数书写都涉及重复性手工劳动，正是做记录的恶魔和国王的文员干的那种类型。在居家环境中，阅读和书写的材料都非唾手可得。由此，家中相当少的那几本书——其中克里斯蒂娜的诗篇集和埃莉诺的《启示录》是不同凡响的例子（大体上只有最上乘的手写本才能保存下来）——就被它们的主人在几年乃至几十年里密集且重复地研习，以求找出它们更深的意义层次。这涉及五花八门的阅读策略：听着被朗读的文本，同时看着页面上的文字和图像；与一位或多位同伴大声重复文本，直到它烂熟于心；私下默默地分析文本所用语言的语法和词汇；大声或不出声地将文本翻译或转置为拉丁文、法语或英语；审视图画及其题记，以及装饰华丽的字母，作为阅读视觉语言的前奏。[36]

197 阅读的终极阶段是沉思，这时读者就像《启示录》的作者圣约翰（St John）那样"用他的心看到"隐藏事物的真相。在此阶段，文本和图像同读者自身的洞察和感觉相结合，带来启迪。圣维克多的副院长理查德与马克耶特的克里斯蒂娜同时代，并与圣奥尔本斯有接触，他描述了为何"沉思不费力地持续但有成果"，而思考本身没有成果。[37]这种非功利性阅读路径对现代西方文化而言是异质的。放在今天，圣维克多的理查德在一个佛教团体中应该比在他的故乡苏格兰或巴黎大学感觉更亲切。类似的阅读策略也适用于世俗传奇和其他形式的本地语言文学，它们自 13世纪以来被转化为上等手写本。它们常常与宗教文本放在一起被装订成书籍。对许多中世纪读者而言，亚瑟王或亚历山大大帝的故事在结构和内容上与大卫王和耶稣基督的故事并无本质差异。

中世纪文本被设计来用多种方法阅读——出声读或默读，一个人读或一群人读——并且考虑到词语和图像以及形形色色的语域，还在不同的意义层次上阅读。即使普通的法律令状这种最世俗的业务公文也被加以装饰，上面带着国王的国玺，国玺上有一个两面图像分别代表法律（在宝座上的威严国王）和武器（如骑士般骑着马的国王）。最特别的是一份 1291 年为皮尔金顿的罗杰（Roger of Pilkington）授予狩猎权的爱德华一世特许状，其文本的四面都环绕着色彩鲜艳的动物、鸟类和树木的图画，仿佛将它所授予之特权具象化。[38]该特许状以此种形式授予，可能是为表征王室宠眷,因为对鸟类的写实描画尤其是与爱德华一世家族有联系之最上乘盛饰手写本的典型特征,如《阿丰索诗篇集》(Alphonso Psalter)和阿什里奇(Ashridge)小修道院的《学术史》(Historia Scholastica)。[39]中世纪的书籍使用者非常明白,图画和书写彼此联结。"书写构成图画的基础,一如图画同样构成书写的基础。"[40]

　　用导言的方式展示中世纪对读写能力的态度在各个方面都异于我们自己的时代,这已经说得够多了。我们现代有读写能力者的心态使我们难以理解他们的。中世纪读者既理想主义又恪守传统,他们关心自己读写能力的质量而非数量。类似标准也适用于书写。15世纪印刷术发明后不久,斯傍海姆(Sponheim)的修道院院长轻蔑地评论说,纸书只能存续几个世纪,而羊皮纸手写本做的能保存千年。[41]中世纪的书籍拥有人如马克耶特的克里斯蒂娜和埃莉诺·德·昆西可能不懂书写,但她们的确懂好的书写品应该是什么样——应该气度不凡和令人敬畏。这些淑女在多大程度上对她们所拥有之书籍的设计负责,这无从知晓。不过任何中世纪书籍拥有人同其书籍的私人关系都强过现代一个有读写能力的、在一家书店购买批量生产出的单品的人。我们西方的读写能力形式并非不变的准则,它与中世纪手写本读写能力一样受文化制约并被可获得的技术(最明显的是电脑)塑造。将中世纪准则与现代准则相比较才能正确看待眼下这些与读写能力有关的问题。理解现代西方有读写能力者心态的最佳途径是看看它来自何方。

198

【注释】

[1] F. Pollock and F. W. Maitland, *The History of English Law before the Time of Edward I*, I, p.25.

[2] G. E. R. Lloyd, *Demystifying Mentalities*(1990); D. R. Olson, *The World on Paper: the Conceptual and Cognitive Implications of Writing and Reading*.

[3] Jacques Le Goff, *The Medieval Imagination*, Trans. A. Goldhammer (1988).

[4] Jacques Le Goff, *Medieval Civilization*, trans. J. Barrow (1988), p.163.

[5] *The Exempla or illustrative Stories from the Sermones Vulgares of Jacques de Vitry*, ed. T. F. Crane(1890), p.6; M. Jennings, "Tutivillus: The Literary Career of the Recording Demon", *Studies in Philology* LXXIV(1977), no.5, p.11.

[6] M. Jennings, "Tutivillus: The Literary Career of the Recording Demon", p.16.

[7] Robert Manning, *Handlyng Synne*, ed. F. J. Furnivall, Early English Text Society Series CIX—CXXIII(1901—3), p.291, line 9280; M. Jennings, "Tutivillus: The Literary Career of the Recording Demon", pp.27, 42.

［8］V. Sekules，"Women and Art in the 13th and 14th Centuries"，in *Age of Chivalry：Art in Plantagenet England 1200—1400*，ed. J. Alexander and P. Binski，p.41，并比较该书 nos 557，561 同 G. R. Owst，*Preaching in Medieval England*（1926），p.177 图示的伊里教堂可折叠座椅的折叠板。

［9］M. Camille，"The Devil's Writing：Diabolic Literacy in Medieval Art"，*World Art*（Acts of the 26th Annual Congress of the History of Art），ed. I. Levin（1989），p.360，figure 4；N. J. Morgan，*Early Gothic Manuscripts II：1250—85*，ill. 139；N. J. Morgan，*The Lambeth Apocalypse*，p.55，fo. 46.

［10］British Library manuscript Cotton Vespasian XIII，fo. 6v；L. F. Sandler，*Gothic Manuscripts 1285—1385*，no.9.

［11］使用宗教裁判所的记录还原对话见 E. Le Roy Ladurie，*Montaillou*，trans. B. Bray（1978）。

［12］M. T. Clanchy，*England and its Rulers 1066—1272*，pp.224—226.

［13］这位赞助人身份的讨论见 N. J. Morgan，*Lambeth Apocalypse*，pp.72—82。N. J. Morgan，*Early Gothic Manuscripts II：1250—85* 对着第 16 页的图是关于她的彩色插图。J. Wogan-Browne ed.，*Language and Culture in Medieval Britain：the French of England c. 1100—c. 1500*（2009），pp.240—245 也讨论了她。

［14］Donovan，*de Brailes*（1991），p. 75，figure 44；M. Camille，"Seeing and Reading：Some Visual Implications of Medieval Literacy and Illiteracy"，p.40. N. J. Morgan，*Lambeth Apocalypse*，p.56，n.35 汇集了关于提阿非罗的讨论。

［15］见本书第三章注释［137］；M. Camille，"Seeing and Reading：Some Visual Implications of Medieval Literacy and Illiteracy"，pp.41—42。

［16］F. Pollock and F. W. Maitland，*The History of English Law before the Time of Edward I*，II，p.395.

［17］Donovan，*de Brailes*，p.71；M. Camille，"Seeing and Reading：Some Visual Implications of Medieval Literacy and Illiteracy"，p.40.

［18］British Library manuscript Cotton Nero C. IV 中的法语题记被列在 K. E. Haney，*The Winchester Psalter：An Iconographic Study*（1986），但未加讨论。

［19］J. Backhouse and C. de Hamel，*The Becket Leaves*（1988）.

［20］J. Pelikan，*The Growth of Medieval Theology 600—1300*（1978），p.40.

［21］N. J. Morgan，*Lambeth Apocalypse*，pp.271—272 罗列了英格兰各种插图《启示录》并有一份概要参考书目。也见 M. Camille，"The Book of Signs"，*Word and Image* I（1985），pp.133—134。

［22］C. M. Chazelle，"Pictures，Books，and the Illiterate：Pope Gregory I's Letters to Serenus of Marseilles"，*Word and Image* VI（1990），p.139；M. J. Carruthers，*The Book of Memory*，p.222.

［23］O. Pächt，C. R. Dodwell and F. Wormald，*The St Albans Psalter*（1960），plate 37.

［24］R. M. Thomson，*Manuscripts from St Albans Abbey*，I，pp.21—27.对马克耶特的克里斯蒂娜的最佳介绍见 S. Fanous and H. Leyser eds.，*Christina of Markyate*（2005）。

［25］A. Führkötter & A. Carlevaris eds.，*Hildegardis Scivias*，Corpus Christianorum（1978），p.3.概述见 B. Newman，*Sister of Wisdom：St Hildegard's Theology of the Feminine*（1987）。

［26］O. Pächt，C. R. Dodwell and F. Wormald，*The St Albans Psalter*，pp.63—67，plates 15，116，117，118.加洛林时代和盎格鲁-撒克逊时代有图画表现圣母与一本诵经台上翻开的书一起领报，11 世纪则有图画表现她与一本合起来放在膝盖上的书一起领报。克里斯蒂娜的诗篇集的图画首次将翻开的书同膝盖结合，亦即在一个居家场景中表现圣母。

［27］M. T. Clanchy，"Images of Ladies with Prayer Books：What Do They Signify?" in *The Church and the Book*，ed. R. N. Swanson（2004），pp.111—115.

［28］O. Pächt，C. R. Dodwell and F. Wormald，*The St Albans Psalter*，p.64.也见该书第 66 页克卢尼的奥迪罗（Odilo of Cluny）的布道词。

［29］R. H. Robbins ed.，*Secular Lyrics of the 14th and 15th Centuries*，2nd edn（1955），p.93，no.100；S. Lewis，"The English Gothic Illuminated Apocalypse"，*Word and Image* VII（1991），p.1.

［30］N. J. Morgan，*Early Gothic Manuscripts II：1250—85*，ill. 141；N. J. Morgan，*Lambeth Apocalypse*，pp.258—259，fo. 53.

［31］见本书第五章注释［136］；M. J. Carruthers，*The Book of Memory*，p.261。

［32］W. J. Ong，*Orality and Literacy：the Technologizing of the Word*，pp.78—80.也见 M. J. Carruthers，*The Book of Memory*，pp.30—31。

［33］M. Jennings，"Tutivillus：The Literary Career of the Recording Demon"，pp.25，27—28，44—45.

［34］S. Lewis，"English Gothic Illuminated Apocalypse"，pp.7，10.

［35］*Life of St Hugh of Lincoln*，ed. D. L. Douie and H. Farmer，2nd edn(1985)，p.86.

［36］R. Muir Wright，"Sound in Pictured Silence：The Significance of Writing in the Illustration of the Douce Apocalypse"，*Word and Image* VII(1991)，pp.239—274.

［37］Richard of St. Victor，"Benjamin Major"，*Patrologiae* CXCVI，pp.66—67.也见本书第五章注释［155］，及 S. Lewis，"English Gothic Illuminated Apocalypse"，p.5 引的理查德对《启示录》的评论。

［38］见本书第八章注释［181］。

［39］B. Yapp，*Birds in Medieval Manuscripts*(1981)，colour plates 1，21，22，23，35.

［40］Roy Harris，*The Origin of Writing*，p.156.

［41］*De Laude Scriptorum*，ch.7，ed. K. Arnold(1974)，p.63；M. T. Clanchy，"Looking Back from the Invention of Printing"，in *Literacy in Historical Perspective*，ed. D. P. Resnick(1983)，p.10.

第六章 用于记录的语言

在分析读写习惯形成之前,先得描述口头或书面使用的语言,因为语言必然优先于读写能力。诺曼征服之后,英格兰使用的语言变得格外复杂,主要因为法语作为口语被引入,而古英语作为书面语言衰落了。随后的两个世纪正是开始普遍使用公文的时期,于是拉丁文、法语和英语不得不互相竞争以确立自己的书面语言地位。读写能力的成长是受到这种竞争阻碍抑或被竞争所激励,这很难证实,但读写能力肯定不能独善其身。此外,随着犹太人在 12 世纪来到英格兰,希伯来文被他们用作记录语言。语言的多样性及书面语同口语的差异,这些方面的难题将在本章处理,首先提供一个特别的书本例子,该书声称要帮助英格兰上流人士提高他们的法语。

毕斯沃思的沃尔特的论著

li ppe the hare

Vous avez la levere et le leverer.(你有嘴唇和野兔。)

The pount book

La livere et le liv(e)re,(磅与书,)

La levere c'est ke enclost les dens,(包围牙齿的嘴唇,)

Le levere ki boys se tent dedeins,(藏在林间的野兔,)

La livere sert de marchaundie,(贸易所用的磅,)

Le livere nousaprent clergie.（把我们教成神职人员的书。）[1]

这几行出自毕斯沃思的沃尔特的押韵法语词汇表，其中偶然夹杂英语行间书。沃尔特是一个来自埃塞克斯的骑士［在赫特福德郡（Hertfordshire）有些许利益］，于13 世纪 50 年代和 60 年代参与郡里的事务并为亨利三世效劳。[2]他为"戴娥尼丝·德·孟辰西（Dyonise de Mountechensi）夫人"写了这本书。[3]13 世纪有若干淑女都叫丹尼丝·德·孟辰西（Denise de Montchensy），沃尔特最可能认得的一位丹尼丝夫人是瓦林·德·孟辰西（Warin de Montchensy）的妻子和遗孀（1255 年后）。[4]沃尔特解释说，他写这本书是让丹尼丝能给自己的孩子们教有关"农政和管理"的词汇，他们成年后会用到这些词汇。[5]

上面那段沃尔特书中的摘录引出了关于中世纪英格兰语言使用的主要难题。沃尔特首先假定，丹尼丝夫人既能读英语也能读法语。他解释说，他不是在教"每个人都知道如何说"的基础法语，而是一些"不那么常见的"。[6]这段摘录中区分了法语发音类似但在英语中意思不同的几个词［la levere＝the lip（嘴唇），le leverer＝the hare（野兔），la livere＝the pound（磅），le livere＝the book（书籍）］，沃尔特强调在"每个人都知道"的白话法语之外还需要准确的阅读与语法。他的目标是教优质法语，是亨利三世宫廷中的国王的法语，不是马尔伯勒（Marlborough）的法语或斯特拉特福德艾特堡（Stratford-atte-Bow）的法语。[7]沃尔特和英格兰其他法语作家的语言中存在"盎格鲁—诺曼"特征，这并不意味着他们认为他们的法语是不同于法兰西法语的另一种语言。

虽然丹尼丝夫人像沃尔特心目中她这个阶层的所有人那样，早就会说法语，但沃尔特的作品清楚展示，英语是她的母语，也是他的母语。丹尼丝是赫特福德郡的尼古拉斯·安斯蒂（Nicholas Ansty）的女儿，大约 1235 年嫁给瓦林·德·孟辰西时是沃尔特·兰顿（Walter Langton）的遗孀，因此很可能她不是生来就说法语的人。[8]区别 levere 和 livere 的阳性含义与阴性含义的英语行间书只对英语好过法语的某些人才有帮助。这些行间书是沃尔特设计的，是他作品的有机组成——他说"你将先找到法语，然后找到它上面的英语"[9]，旨在帮助那些不能完全通过他的直接方法来提高法语的人。沃尔特使用单个英语词语作为打造法语词汇表之开端，该举动出色地阐明了他和他的读者们用英语思考的方式。他如此举例：一位英俊的骑士，头发是红的（法语是 rous），马是红的（法语是 sor），盾牌是红的（法语是 goules），长矛是红的（法语是 rouge），等等。[10]

对沃尔特和他的受众而言，英语被假定是母语，但他们也需要懂得优质法语，

201

因为法语是上流社会的语言、谦谦君子（按沃尔特的称呼）的语言和国王宫廷的语言。"除非一个人懂法语，否则他就被看轻"，这是沃尔特另一位同时代人的断言。[11]在沃尔特的时代，法语正好开始被当作一种书面语言普遍使用，因此英格兰胸怀大志的男男女女们要拥有比 12 世纪所必需的更准确的法语知识。沃尔特投其所好，为那些希望在社会上出人头地的人提供了一份实用词汇表，就如我们的摘录所示，包含身体各部分（"包围牙齿的嘴唇"）、狩猎（"藏在林间的野兔"）、度量衡（"贸易所用的磅"）和学习（"把我们教成神职人员的书"）。

沃尔特在最后一条——把我们教成"神职人员"的书——提醒受众，他们可能早就学了一些"神职人员"的语言拉丁文，就像学了英语和法语一样。对沃尔特而言，学习法语和学习拉丁文的差异在于，法语起先是通过听而口头学习，然后通过使用他的论著来提高，拉丁文则主要是也本质上是书本学习。把我们教成"神职人员"的书是拉丁文启蒙读本，沃尔特假定包括丹尼丝夫人在内的他的读者都是从童年起就熟悉这种书。拉丁文由导师系统化教授，以语法为基础，法语则更常以非正规方式学到。不过就在沃尔特撰书的同时，也有人在编纂从语法上处理法语并从拉丁文出发来学习法语的其他作品。[12]这些书大概是为满足低位教士这个少数群体的需要，他们在成长过程中不曾接触过法语。

沃尔特假定自学法语是有可能的，但自学拉丁文不行。尽管能找到未受正规指导而学会拉丁文的例子，但那都是异常例子，且都证明了拉丁文难学这个准则。威尔士的杰拉尔德有一则关于他约 1193 年在怀河（river Wye）附近遇到的隐士威治留（Wecheleu）的故事，这位隐士在朝圣耶稣撒冷期间奇迹般地学到了拉丁文。他只使用不定式和名词/代名词，对杰拉尔德解释说："给了我拉丁语言的上帝不是通过语法和情境的方式给我，只是让我能被人理解和理解他人。"[13]威尔士的语言难题当然比英格兰更复杂，像杰拉尔德这样一个人既要懂一些威尔士语，也要懂拉丁文、法语和英语。

沃尔特对他那个时代英格兰上流社会的男男女女期望的语言知识是：对拉丁文和神职人员的书本学习有所了解，有口头法语的知识但需要拓展和锤炼，对作为母语的英语驾轻就熟。沃尔特的作品突出了构成 13 世纪英格兰文化特征的一些概括。在他的时代，上流人士通常不是文盲，反倒是理所当然认为他们要有阅读能力，懂点拉丁文也是理所当然。他们中的许多人也不是生来说法语的。沃尔特和像他那样的人是英格兰人，他们学习法语乃因法语是欧洲最有影响力的语言，因为它是他们的金雀花王朝（Plantagenet）国王们说的语言，也是圣路易说的语言。此外,一些与沃尔特这类骑士迥异的英格兰要人显贵是生来就说法语的,沃尔特时代最出名的例子是西蒙·德·蒙特福特。因此,社会压力与政治压力相结合,既促使丹尼丝夫人及其子女,也促使沃尔特这种骑士掌握多种语言。

毕斯沃思的沃尔特是一个相对无名但拥有优质书面法语和口语法语知识的骑士,他并非这方面的孤例。与他可相媲美的是他的同名人——亨利镇的沃尔特,此人于一代以后对另一位爵位遗孀伊莎贝尔·德·福茨(Isabel de Forz)提忠告,并用法语写下他关于农场管理的论著《农政》。[14]两位沃尔特都是每个郡里担任王室产业和男爵产业总管及经理的那些受过教育之绅士的典型。毕斯沃思的沃尔特被1254年一份王室令状描述为埃塞克斯的"谨慎骑士"[15]。尽管这类人通常本质上是英格兰人,但他们懂法语,因为法语是管理语言和有贵族身份者的语言,他们也熟悉拉丁文,因为拉丁文是学者的语言和王室行政管理中旧部门的语言。

语言的多样性

英语、法语和拉丁文在12世纪和13世纪的英格兰履行各不相同的社会功能与智识功能。[16]没有哪一种语言能满足人们所要求的形形色色的全部目的,因为它们之间争取主导权的斗争仍然悬而未决。在诺曼征服之后的那个世纪里,英语似乎将政府标准书面语言的地位让与了拉丁文。但正如拉丁文重新振作的气势于12世纪后半叶横扫天下,到了索尔兹伯里的约翰和理查德·菲兹尼尔的时代,法语开始作为一种文学语言勃兴。一个世纪后爱德华一世当政时,法语看起来有望取代拉丁文变成英格兰最普及的书面语言。然而从1066年到1307年这整个时期里,英语依然是最普及的口语,而且它经过转变与强化之后于14世纪落座主要文学语言且最终成为记录语言,原因恐怕就在于此。

除了英语、法语和拉丁文,也有希伯来文书写品存世。英格兰现存的第一批希伯来文书写品是关于放债人债券的便条。这类债券中最早的写以拉丁文,但附加了以公文表面的背书或附件形式出现的希伯来文便条。于是,最早的犹太人债券之一存于林肯的艾伦(Aaron of Lincoln)的一份拉丁文专利证书中,声明巴顿(Barton)的人们已于1182年米迦勒节支付了10英镑10先令。这份专利证书附加了一份艾伦的代理人写的希伯来文收据,可以翻译如下:

> 这是我的签名,证明我已于埃克尔143(Eckel 143)从巴顿税收中收到10

英镑 10 便士（正确来说是 10 先令）。而且在下面签名的我代表堂·R.约瑟夫（Dom R. Joseph）之子堂·R.艾萨克（Dom R. Isaac）收取了一半。我将我收到什么写下来并签名：R.伊利亚胡（R. Eliahu）之子贝瑞齐亚（Berechia）。[17]

日期"埃克尔 143"中，"埃克尔"指米迦勒节（Michaelmas 字面翻译为希伯来文就是 Eckel），"143"指 4800 年的世界基础寿命加 143 年，相当于公元 1182 年。[18]犹太人通常用自己的签名认证此类公文，虽说有时也使用印章。日期定为 1238—1239 年的一份拉丁文特许状附了一份艾伦之子雅各（Jacob son of Aaron）的希伯来文债务清偿通知，写在羊皮纸标签上，有他的印章。[19]

　　大约半打 12 世纪 80 年代以来的附在拉丁文公文上的希伯来文书写品幸存下来，包括两份收据和一些杂项便条，记着债券内容或一些在他们负责的产业中获利的犹太人的名字。[20]那些便条可能是为了让一个犹太人易于用自己的语言看到，他需要那些储存在箱子里的债券中的哪一份。此类拉丁文-希伯来文双语公文的数量于 13 世纪（截至 1290 年驱逐犹太人）都在增长。此外，从 13 世纪 60 年代起，出现了以法语和希伯来文起草的类似双语公文，因为法语那时与拉丁文角逐所有权契据语言的地位。[21]除了写在羊皮纸上，希伯来文也用于财政部和其他会计师保管的木制计数签上。[22]

　　犹太人彼此之间订立书面协议时同与基督徒订书面契约时迥异，全文使用希伯来文，而非将希伯来文同拉丁文或法语混用。存世最早的完全写以希伯来文的英格兰公文出自 13 世纪 30 年代。[23]这类公文中最能唤起人们感情的是：三位儿子 1251 年于诺威奇订的关于他们的母亲和姐妹之福祉的协议；同时期拉比大卫（Rabbi David）与诺丁汉（Nottingham）犹太人执行官之间的书信往来；1271 年于林肯订的一份订婚合约。[24]林肯的婚约中，未来新娘给未来新郎的礼物中有一部分是一本珍贵的《马索拉圣经》（Massoretic Bible）。英格兰犹太人的男性和女性都有希伯来文的读写能力，这显然是正常的。需与基督徒处理业务的男人及为数不少的女人都得同时懂拉丁文、法语和英语。虽说犹太人的总数很小，且他们主要聚居于城镇，但一切大型产业的所有人，尤其是平信徒男爵和主要修道院，想必都在借钱时见过希伯来文书写品，哪怕他们看不懂。13 世纪一些负债的要人显贵说不定接触的希伯来文书写品要多过英语书写品。

　　关于希伯来文的上述讨论限于法律公文，因为它们以原件存世，并能确切判定日期。但是，若由此得出结论说中世纪英格兰的犹太人只关心放债，或他们使用希伯来文主要是为了这个目的，那就是错误推论。12 世纪有一场希伯来文的文艺复

204

兴,正如当时有一场拉丁文的文艺复兴。罗特(C. Roth)力主,1200年前后,有杰出的犹太人宗教作者在英格兰工作,也有伦敦人撰写关于希伯来文语法和标点的原创研究作品。[25]倘若后一类作品可以被鉴别为出自在英格兰王室记录中留名的犹太人,那么推测说这类作品的产生受公文激增的刺激,也受1194年休伯特·沃尔特强加到犹太人抄写员头上的严格规范刺激,这就不是太离谱。受基督徒作品影响的犹太人多过受犹太人作品影响的基督徒,因为许多犹太人都讲法语或英语并阅读拉丁文,但只有少量基督徒圣经学者懂希伯来文,虽说像博瑟姆的赫伯特(Herbert of Bosham)和罗杰·培根(Roger Bacon)这样的英格兰人是个中翘楚。[26]

附带提及希伯来文的使用是为强调,没有一种语言能满足所有目的,因为不同语言与特定个体和功能相联系。试图将一种语言鉴定为总人口的普遍语言,这是年代误植。但若转而假定存在英语和法语的全面双语现象,这也解决不了难题。[27]特别是那些用法语写作的诗人提出一些声明,声称他们的作品用法语表达,因此"不论贵贱"的每个人都能理解,对这种声明不能过于当真。[28]这类声明不意味着所有阶层都懂法语,毋宁说它们是法语作品的作者们为自己不用拉丁文写作加以辩解的典型理由。反过来,休·德·罗特兰德约1180年的一段评论并非证明拉丁文知识稀罕的充分证据,他在传奇故事《艾坡梅顿》(*Ipomedon*)的开场白中说:"如果拉丁文不被翻译,那几乎没有哪个人能懂。"[29]像休这样的传奇故事作者声称,他们的作品以古代拉丁文作品为基础,这是他们惯用的客套话,否则此类虚构故事不会被接受。关于法语或拉丁文在多大范围内可懂,作者们的这类解释说不出所以然,但它们的确展示出,法语作为文学语言的地位尚未牢固确立。

三种主要语言(拉丁文、法语和英语)的相对尊贵度和地位是当时作家当中的热门辩论话题,在现代学者当中亦然。[30]人们力主拉丁文比对手们有更大权重。为此布洛瓦的彼得(Peter of Blois)为一篇布道词致歉,说它缺乏"雄辩的尊严",因为它是从一种"通俗"语言翻译过来的,这种俗语偏爱简洁。[31]此处所说的"通俗"语言可能是彼得的母语法语,但也可能是英语,因为他在别处承认他理解英语有困难。[32]类似地,13世纪一位译者将一篇论敌基督的拉丁文布道词译为法语的押韵对句,他对听众们保证说,这"在拉丁文中是件非常伟大的事",虽然在法语中看起来这么不重要。[33]

关于竞争性的语言这一主题的一个最为人熟知的变奏是沃尔特·马普在一篇前言中的评论,他说,没有像《埃涅阿斯纪》(*Aeneid*)这种歌颂古代英雄的拉丁文史诗,"只有讲着押韵俗语的轻浮伶人"为他的同时代人歌颂查理大帝(Charlemagnes)

205

和丕平(Pepins)的成就。[34]沃尔特在 12 世纪最后 20 年里写作，当时《罗兰之歌》和
其他关乎"法兰西事务"的作品都耳熟能详。他打算忽视他自己时代的作家们，尤
其是那些非拉丁文作家，因为他问读者们："有人胆敢在一页纸上写下现在正发生
的事吗？或者还署上我们的名字？如果任何新奇的正字法要被利用来记录'亨利'
或'沃尔特'，甚或你自己的名字，你肯定会讥讽它和嘲笑它。"[35]沃尔特把本地语
言作家称为"伶人"，暗示他们是粗俗哑剧的表演者，他对本地语言字体在书写上的
成功革新也不予考虑，他这是通过忽视本地语言文学的存在来压制它的声音。

　　不过沃尔特可能是在戏弄他的拉丁文读者，或者是对他自己的前后不一致浑
然不觉。他那个"有人胆敢在一页纸上写下现在正发生的事吗？"的提问可以通过
引用同时代的法语作品而轻易回答。就在沃尔特写作的时间，乔丹·范塔斯密编
纂了关于 1173—1174 年英格兰与苏格兰战争的韵文编年纪。[36]与沃尔特那些有
学问的读者相仿，乔丹是巴黎的毕业生，是一位主教的文员，也是(位于温彻斯特
的)学校的一位老师，但他选择用法语而非拉丁文书写。也是在沃尔特的时代，沃
斯(Wace)依傍蒙默斯的杰弗里(用法语)写了一部英格兰历史《布吕特传奇》
(Roman de Brut)，还受亨利二世委托写了一部诺曼底历史《鲁的传奇》(Roman de
Rou)。[37]此外，正如沃尔特可能清楚知道的，其他受过教育的神职人员也在用英语
书写。12 世纪 90 年代或更晚，伍斯特郡的神父劳曼采购了英语的、法语的和拉丁
文的书籍，以便撰写他的英语版《布吕特》故事。[38]出自这时期的英语文学作品中
有一个杰出例子是辩论诗《猫头鹰与夜莺》(The Owl and the Nightingale)，但是它
的确切日期和出处难于确定。它可能是吉尔福德的尼古拉斯大师(Master Nicholas
of Guildford)早在亨利二世当政期创作的，但更可能晚一个世纪。[39]

　　沃尔特·马普在问谁敢写非拉丁文文学时，正在以一种特具诙谐性和模棱两
可性的方式为语言的相对地位之辩添砖加瓦。威尔士的杰拉尔德报告称，沃尔特
告诉他说，本地语言说出来的东西比拉丁文写下来的东西更有益，因为拉丁文的知
识正在衰落。[40]因此沃尔特很清楚，拉丁文专家若想同那些忙着用"押韵俗语"创
作中世纪最伟大文学的轻浮"伶人"竞争，就不得不发动意志坚定的进攻。他自己
的《侍臣琐事》是为了让当代拉丁文文学有吸引力而进行的一次卖弄型尝试。[41]但
尽管有沃尔特，古典学者却早被最伟大的"押韵俗语"的创作者克雷蒂安·德·特
鲁瓦迅速解雇了：

　　　　　Car de Grezois ne de Romains

　　　　　Ne dit an mes ne plus ne mains,

D'ax est la paroleremese

Ee estainte le vive brese.[42]

（对于希腊人和罗马人，如今没人多说或少说；再没关于他们的话，他们发热的余烬已熄灭。）

沃尔特的另一位同时代人布雷克隆德的约瑟林在他关于赫伯特 1200 年被选为伯里圣埃德蒙兹副院长的报告中，也类似地对语言之辩乐在其中，并幽默地对待这种辩论。[43]赫伯特提出异议说，他的拉丁文才疏学浅，不足以在修道院的分堂布道。萨姆森院长在答复"有读写能力者（即拉丁文专家）的偏见"时，谴责了修辞性修饰，并告诉赫伯特，他布道可以"用法语或仍用英语更好"。"没有读写能力的"修士们兴高采烈，并用双关语戏弄他们那些"有读写能力的"弟兄们，比如"他们常常给 musa、muse 变格①，结果他们都糊涂了（bemused）"。萨姆森本人格外重视在学习和行动之间持守中间道路，也格外拒斥语言的传统等级划分，这种等级制把拉丁文放在最高处，把法语放在中间，把英语放在底部。对他而言，它们各自的优点并不互斥。按照约瑟林所说，萨姆森是巴黎的毕业生，并且"有法语和拉丁文的口才"。他还知道"如何用最优美的方式朗读英语写的文学，并且他习惯用英语对群众讲道，不过是用他生长于斯的诺福克的口音"[44]。

约瑟林在这一段里强调了英语的双重地位：有一种口头使用的大众英语（包含它的各种方言），萨姆森用它给群众讲道；还有一种书面英语，他用最优美的方式朗读它。约瑟林由此理所当然地认为，英语是受过教育之人的语言，其表达的典雅已获赏识。萨姆森以如此优美的方式朗读的文学大概是盎格鲁—撒克逊文学，比如埃尔弗里克的《圣埃德蒙的激情》（*Passion of St Edmund*）可能是适合伯里的一位修道院院长大声朗读的文本。[45]萨姆森可能也享受 12 世纪的英语训诫文学，甚至《猫头鹰与夜莺》这种诙谐法律辩论（尽管此书的南方措辞可能令他把它当小说时备受打击），因为他是郡法庭的优秀辩手。[46]萨姆森掌握拉丁文、法语和英语三种语言的能力可能是 1200 年经营英格兰的许多精力充沛的人所共享的，但它在整体人口中不会是典型。半个世纪后，罗杰·培根评论"我们说英语、法语和拉丁文"时，他所指的"我们"是他那些受过教育的读者，不是大众。[47]双语能力恐怕也不占绝大多数，因为英语是他们的母语。

---

① musa 是 muse（缪斯）的复数。——译者注

口语和书面语

　　语言在中世纪英格兰的使用方式可能难以理解，因为在现代被视为标准的英语中，口语词和书面词之间的裂隙或脱节通常不明显。学术演讲可以一字不差地照本宣科，或者反过来，谈话可以用一种非正式风格进行书面呈现，这种风格能让人想起它们被说时的语域。虽然中世纪的本地语言文学文本经常反映出口头用语，但作为对照，在业务公文中，当把口语词转化为书面词时，不仅风格和语域会改变，就连语言本身都会改变。例如，法庭上发布的一则英语或法语声明可能被用拉丁文写下来，或相反，一份拉丁文特许状可能用英语和法语大声朗读。像萨姆森修道院院长这样的人显然能轻松在各种语言间切换，根据场合使用适当的那一种。一份声明被用一种特定语言记录下来，此事实不意味着它最初是用那种语言发布的。在一个多语言的且以口述为主的社会，拉丁文传统上是读写能力的共同媒介。13 世纪给一位郡治安官的一则王室信息可能是国王用法语说出来的，然后用拉丁文写下来，接着用英语读给收信人。由于只有记录语言幸存下来，所以这个猜想不能得到令人信服的证明，但是有一些清晰证据表明，到 13 世纪末开始出现语言的这种互换性。

　　一个好例子是记录 1292 年约翰·巴利奥尔（John Balliol）作为苏格兰人的王向爱德华一世效忠之举的公证凭据。[48]约翰“亲口用法语”说出表示效忠的话，但为了让它们有完全法律效力，它们被爱德华的公证员卡昂的约翰（John of Caen）“逐字”记录下来。这不意味着巴利奥尔的话被一字不差地誊录，而是说它们被翻译成拉丁文再记录。按照公证凭据，巴利奥尔说：“我成为你的忠实臣下。”作为对照，在记录 1296 年罗伯特·布鲁斯（Robert Bruces）和其他人类似效忠举动的庄严度稍逊的专利证书中，同样的话“我成为你的忠实臣下”是用法语写下来的。[49]这两次实际上说出来的效忠誓言应该没差别，但公证凭据要求把苏格兰国王的话用拉丁文写下来，而伯爵和男爵们的专利证书略不正式地用法语表达。记录的语言取决于相关人物的地位和公文的性质，不取决于当时实际讲述的语言。

　　阐明法语和英语的互换性而非法语和拉丁文的互换性的另一个例子出自 1313—1314 年肯特法官巡查中记录陪审团“真话”的程序。陪审员在法庭上为了答复法官们的提问而给的回答或“真话”被写在一个卷册上，而且当法官到达时，王座首席文员"开始用法语读已著录于卷册的第一陈述"[50]。然后陪审员被要求在法庭的律师席上再用英语口头表达一遍同样的回答。假如法语版本和英语版本之间有任何出入,陪审员就有可能入狱。在这场语言变换中,拉丁文同法语和英语一样被卷入其中,因为早期的"真话"(关于肯特的最早日期定为 1279 年)是拉丁文的,且对该程序的最早报告(日期定为约 1240 年)确切描述了如何把它们用拉丁文写下来。[51]

假如详细审视陪审员的程序,能看到既然涉及拉丁文,就会发生下文的语言变换。首先,对陪审员出示的法官提问(专用名词是"巡回法院条款")是拉丁文或法语写下来的。他们口头回答,可能用英语,但他们的回答被一位登记文员用拉丁文写下来成为"真话"。当法官来到法庭,首席文员用法语读出已著录的陈述或"真话",边读边在脑子里把它们从拉丁文译为法语。在陪审员这方,他们的陪审团主席或发言人在律师席上用英语陈述同样的回答。一旦这些陈述的法语和英语口述版被法庭接受,它们就被用拉丁文登记在法官的陈情状卷册上。因此,从一开始出示法官的书面问题给陪审员到陈情状卷册这个最终记录,所使用的语言至少变换了五次,尽管它始于拉丁文书写又终于拉丁文书写。

老生常谈的程序被详细分析,乃因它的意义影响深远。显然陪审员的发言人需要能读法语且最好也能读拉丁文,就算不要求他的同僚们也会。假如他在律师席陈述的口头英语声明在任何细节上同书面声明有偏差,陪审员们就面临牢狱之灾。发言人可能也要把他在律师席的这番声明用英语写下来,以确保其中没有偏差,虽然很有可能他一字不差地记下来了。他被要求具备很高的语言能力。为每个陪审团找到这样一个领导人,肯定有时候有困难。不过这也可能并非一个无法克服的难题,因为每个郡都有自己的一群"谨慎且法定的骑士",像毕斯沃思的沃尔特,他们是语言的主人并对这种类型的业务轻车熟路。

虽然到了 1300 年,律师手册通常以法语书写,但法语并未随即变成法庭上的口语,正如布莱克顿在 13 世纪 50 年代的《论法律》中使用拉丁文谈话并不暗示着那时的法庭上正在讲拉丁语。[52] 13 世纪法庭的口语可能没有明显变化。确实有变化的是记录语言。从 13 世纪中叶起,法语在英格兰和法兰西都开始被作为法律语言而接受。因此 1247 年给圣路易的最早请愿书用拉丁文写,但 20 年后就用法语写了。[53] 英格兰的法律记录受到相同的语言发展的影响。因此开启了男爵革命的 1258 年《牛津条例》(Provisions of Oxford)以拉丁文和法语混用的新鲜方式记录。[54] 解释这些现象时,不能说 13 世纪 50 年代讲法语的律师突然涌入,取代了讲

210

拉丁语的人，也不能说男爵们一夜之间学会了写法语。真正发生的是，法语最终取得了法律角度的读写地位。

其后一百年，令状、特许状、请愿书、备忘录和律师教科书都日渐以法语书写，虽说拉丁文也在继续。从 13 世纪中叶起，英格兰有更多法语被写下来，此事实不意味着法语被讲得更多。拉丁文、法语和英语的存世公文的相对数量是读写能力运用的一个指示器，但它与当时每种语言被说出来的词语数量没有关系。假如以公文来衡量说话，那么我们将被迫得出结论说，在征服者威廉和红脸威廉当政期内英格兰压根没人讲法语，而两个世纪后爱德华一世当政时，法语已经变得非常普及，但这个结论是荒谬的。

有人恐怕会提出异议说，鉴于法语的律师手册以对话形式报告了法庭诉讼，那么说它们的作者以对话发生时的语言来陈述它们，这肯定是能接受的。乍看上去，这种对话似乎有说服力。例如在 13 世纪 70 年代的一份手册中，休被约翰指控偷窃一匹马：

> 法官说："休，你听到了约翰针对你讲了什么？"
>
> "是的，先生。"
>
> "那么按照你认为合适的回答他。"
>
> "先生，上帝知道，我是个简单的人，差不多从没有依据这块土地（的法律）做过抗辩……"[55]

211 到这一刻读者可能开始怀疑。休是个"简单的人"，然而他说法语和懂法语。要么我们接受贫穷的村民懂法语这个不太可能的命题，要么我们选择更简单的替代选项，认为这篇论著的作者用法语详细复述了对话，正如一位像马修·帕里斯那样的修道院编年纪作者用拉丁文详述它。甚至不能明显看出法官也当真在说法语。他的目标是通过反复盘问诱使休自行认罪，而用休自己的语言来从事此事可能应该最有效。即使在亨利三世当政期，法官们也是土生土长的英格兰人，而且有充足证据表明，英语是他们的母语。[56]这本手册像大多数文本一样是写给读者们的。它的语言——供英格兰学生学习用的法语——是为了迎合他们而不是法庭上的真实主角。

这个例子不意味着法语从未在英格兰法庭上被真正讲述，但是它突出了法语记录也像拉丁文记录一样，在口语和书面语之间有同样的裂隙或脱节。爱德华一世当政时的正式起诉书肯定用法语，因为一份律师手册描述它们正被"陈述人用罗曼词语说出,且不是拉丁词语"[57]。无论如何,正式起诉书的语言不必是反复盘问和法律对话的语言。德罗赫达的威廉(William of Drogheda)提到在教会法庭上使用法语和英语,且1271年的坎特伯雷法庭上,拉丁文是记录语言,但法语和英语都被口头使用。[58]国王的法庭可能也类似。尽管《年鉴》(始于爱德华一世当政期的法律报告)用法语记录所有法庭对话,但不能证明法语是实际上被讲述的语言。在有些例子里,当一个"简单的人"被反复盘问时,人们会出于常识反对用法语。此外,关于一位法官进行反复盘问之实际报告的最早一份(出自1244年伦敦法官巡查)——同与休发生的那种假想对话迥异——是用拉丁文报告的,因为拉丁文在13世纪40年代是恰当的记录语言。[59]

学者们不会直接从该例子跳到法庭上实际上讲拉丁语这一结论,因为从其标准化形式能轻易认出拉丁文是一种脚本语言而非口头语言。另一方面,许多早期法语手写本透露出正字法和句法如此多样,以致它们给人的表面印象是,它们是幼稚的半文盲写的,他们的目标仅仅是尽可能忠实地还原口语词。由于19世纪以来小说会使用方言来表明确切的原话,因此我们倾向于假定,中世纪作家们也类似地使用方言。但实际上,中世纪方言写作的产生主要是因为一种本地语言缺乏被普遍接受的标准,而非因为试图如此这般一丝不苟地记录讲话内容。

一些12世纪的本地语言作家在寻求标准的过程中,根据自己的方言设计出一以贯之且个人化的正字法系统,其他作品则透露出各种地区说话模式的混用。用一以贯之的方言书写的例子有《奥姆书》,它可能是其作者用自己的措辞亲自编纂和写下来的,还有《女隐士指南》(*Ancrene Wisse*),它使用标准化拼写,尽管有若干不同抄写员把它写下来。[60]另一方面,透露出多种地区说话模式的一个好例子是托马斯大师(Master Thomas)的盎格鲁-诺曼语《号角传奇》(*Romance of Horn*)。该书编者力主,它的语言多样性是托马斯丰富经历的产物,人们假定他是来自卢瓦尔(Loire)河谷的移民的孩子,在英格兰以及普瓦捷的多所学校受教育。[61]然而在这个例子里,不应假定像托马斯这样一位传奇故事的编纂者有意图或有能力像奥姆在他东拉西扯的《奥姆书》中仿佛着意为那般,在稿本中还原他自己讲话中的每个细微差别。

一位专业的中世纪作家——托马斯看来就是这样的人——不必然用他的母语创作,而是用适合他的主题和受众的无论哪种语言。托马斯很可能既是生来讲英语的,又是生来讲法语的,因为《号角传奇》最初是英语或斯堪的纳维亚语。但从他有"大师"这个前缀来判断,他也是拉丁文专家和学者,像他的同时代人——《猫头

212

鹰与夜莺》的推定作者吉尔福德的尼古拉斯大师，后者用英语创作。从 13 世纪的神职人员中可以引出许多同时用拉丁文和法语创作的例子，像马修·帕里斯和罗伯特·格罗斯泰斯特，而且至少有一个三语作者例子，即方济各会士黑尔斯的托马斯（Thomas of Hales），他用拉丁文、法语和英语写作。[62]

托马斯在《号角传奇》开篇对他的读者致辞：“大人们，你们已经听到了羊皮纸字行。”[63]托马斯在编纂他的“羊皮纸字行”时，目标应是以一种被他的领主读者普遍接受的方式写作，而非还原他自己的说话措辞风格。对《号角传奇》语言的复合性特征的充分解释是，西部法语、西南部法语和盎格鲁-诺曼法语的混用，体现了托马斯、最初的抄写员（他可能对这位抄写员口述作品）和他潜在读者各自说话特质的结合。对安茹英格兰的领主们而言，托马斯为他们准备的混合语言恐怕被他们当作自己所知的最好的法语来接纳。他们期望他们的吟游诗人和艺人有语言天赋。“抄写实践当然不能这么直接地反映出任何语言环境，因为它是各种限制条件折中妥协的体现。”[64]口语和书面语的关系在任何语言社区里都很复杂，在后征服时代的英格兰则格外复杂，因为读写能力中含多种语言和各式试验性运用。

年代发展

诺曼征服时代的英格兰使用的语言相对容易鉴定，至少是用于书写的语言。那就是拉丁文和盎格鲁-撒克逊语或古英语。两者都是背后有几个世纪发展史的文学语言。尽管《盎格鲁-撒克逊编年纪》和王室令状使用的古英语形式来自西撒克逊，但它不是口语方言，而是一种标准文学语言，英格兰国王的权威拓展到哪里，它就覆盖到哪里。[65]（接下来的讨论中，古英语的这种标准形式将被称为“盎格鲁-撒克逊语”，以区别于其他形式。）正如拉丁文在欧洲大陆，盎格鲁-撒克逊语同隐修院制度和王室权力密切关联。任何标准化的语言若想维持其一致性，都需要一个强大的权威撑腰——无论政治权威还是文化权威。标准化书面古英语的存在不意味着口语古英语也是统一的。中世纪英语地区方言的前身在 1066 年早已存在，虽说它们还很少被投入书写。书面盎格鲁-撒克逊语——如拉丁文一样是王室语言和神职人员语言——在英格兰一些区域的当地人眼里可能差不多像外国语言和古代语言一样。1066 年时的盎格鲁-撒克逊语不能被描述为与拉丁文形成反差的通俗本地语言，因为两者都是文学语言。

213

1066 年之后的一些年里,盎格鲁-撒克逊语继续用于王室令状(假定这些令状是真实的)。此外,一份日期定为 11 世纪 70 年代的双语通告标志着业务公文从盎格鲁-撒克逊语向拉丁文的过渡,此通告由征服者威廉的同母异父弟弟——巴约(Bayeux)主教兼肯特伯爵奥多(Odo)发给兰弗朗克大主教和肯特郡治安官。[66]这份通告可能是受益方(坎特伯雷基督会)的一位抄写员书写,上方是拉丁文文本,下方是盎格鲁-撒克逊语文本。奥多想用拉丁文,恐怕是因为对兰弗朗克说一种他们两人都不懂的语言显得荒谬,但基督会的抄写员偏爱盎格鲁-撒克逊语,因为它是英格兰令状的传统语言。虽然坎特伯雷在 12 世纪制作了其他可相比拟的双语令状(见图 3),但王室文员很快就只用拉丁文了。书面语的这一变化并不意味着在郡法庭上王室令状不再用英语宣读,只是不再提供盎格鲁-撒克逊语的文本。法庭的文员大概有本事将拉丁文翻译成恰当的地区方言,正如他有本事让他当地的人完全理解盎格鲁-撒克逊语。对统治目的而言,书写的语言不需要同口说的语言一样。

11 世纪 70 年代之后,虽然盎格鲁-撒克逊语不再被国王的政府使用,也不再被作为整体的神职人员使用,但它在修道院古物爱好者的守旧中找到捍卫者,这些古物爱好者当着诺曼征服者的面维护英格兰的方式。诸如伍斯特和罗契斯特这些修道院是制作第一批房地产契据册的修道院,也属于最关心保存盎格鲁-撒克逊语知识的修道院。诺曼征服一个世纪以后,盎格鲁-撒克逊语文本依旧被抄写,且一些作品只有 12 世纪制作的复制件存世。[67]如我们在巴约的奥多的通告中所见,坎特伯雷的反应采取的形式是制作拉丁文和盎格鲁-撒克逊语的双语公文,《盎格鲁-撒克逊编年纪》的一个手写本和若干在基督会由抄写员书写的王室令状也是这种形式(见图 3)。[68]

坎特伯雷这场运动最醒目的成果是 12 世纪中叶在埃德温指导下书写的三语诗篇集。在书写优美并带插图的文本中,诗篇集三个有差异的拉丁文版本被并列呈现,同时还有拉丁文、古英语和法语的解说性词语注解(见图 14)。法语词语注解是现存最早的诗篇集的法语版本,并写以优质散文,而古英语的词语注解是一个可回溯到 10 世纪的陈旧并有错误的文本。在该手写本结尾处那幅著名的全页埃德温肖像画中,他被描述为声名永不消亡的"书写王子"[69]。他有充分理由对这部诗篇集的书法和布局感到骄傲,但无法对古英语词语注解感到骄傲,假如那也是他的手笔。古英语和法语的词语注解在字行间穿插进行,这种方式可能暗示它们是稍后附加上的,虽然对它们的安排更可能表明了埃德温心目中三种语言的相对地位:拉

214

丁文是神圣令状的真正语言，英语和法语只能当次级帮手。[70]

确保英语作为一种书面语言之未来的，不是像坎特伯雷修士那样试图令古英语永垂不朽的抄写员，而是不那么保守的作家们，他们逐渐将口语英语的各种形式提升到文学语言的行列。古英语作为政府语言的地位被取代，导致书面英语多样化，发展为各种地区方言，也简化了名词词尾，很像罗马权力的崩溃加速了各种罗曼语言脱离拉丁语。书面英语的多样化可以在一个例子中确切追踪并判定日期，215 这就是彼得伯勒修道院不断扩容的《盎格鲁-撒克逊编年纪》。[71] 这份手写本截至并包括 1121 年的内容都是用盎格鲁-撒克逊语写的。1122 年的年鉴是同一位抄写员书写，但因为他不再有范本供抄写，他的书写开始显出东米德兰（east Midlands）形式。30 年后，另一位抄写员写下关于 1132—1154 年的年鉴，使用的拼写和字体同 1122 年之前年鉴中的盎格鲁-撒克逊语标准相去更远。作为此种发展的一则附记，这份彼得伯勒手写本结尾处的对开页上有一篇法语写的粗糙的押韵编年纪，以一条词语注解的形式写在关于 12 世纪的文本的周围。这似乎是在爱德华一世当政期所为，作者或许是一位大概不能理解原始英语的修士，或许是一位认为该手写本太过时，除了当空白羊皮纸再也派不上用场的修士。这份彼得伯勒手写本阐明了让英语优先于拉丁文当书面语言时存在的固有困难。如果盎格鲁-撒克逊语得以一直存在，那么文本变得古旧，而其有着层出不穷用法的白话形式对于后来的世代可能也无法理解。

12 世纪如何写英语这方面的深刻变化不意味着英语口语也同样急剧变化。真正的变化是白话英语现在影响到书面语言，因为不再有一个公共权威来维持旧标准。用于文学目的的英语数量相对减少，这无论如何也不意味着它正停止作为口头谈话的日常语言。没有明确证据表明，诺曼征服导致法语在人民大众当中替代英语成为母语。大量源出法语的词语最终进入英语，法语的人名和地名变得相对普及，但这些变化源自法语变成统治者的语言，而非因为它变成人民的语言。法语在两个多世纪里都保持为国王身边那个有影响力群体的语言，因为每位"新来的法兰西人王后都带来一大群新的法兰西人"[72]。这些后来的移民不常常是诺曼人；1154 年亨利二世登基后的一个世纪里，他们倾向于来自法兰西西部和南部，他们是安茹人、利穆赞人（Limousins）、普瓦图人、普罗旺斯人（Provençals），等等。从没人有说服力地展示出"盎格鲁-法语"——被现代学者出于便利称为"盎格鲁-诺曼语"——被诺曼底方言决定性地塑造。就词典定义的成为一国语言或方言的意义而言，"盎格鲁-诺曼语"不是一种本地语言，因为"盎格鲁-诺曼底"从未作为一个同质化国家存在过，而且随着约翰王 1204 年丧失了诺曼底，它干脆就没了。不过直到大约 50 年后，法语才在英格兰变成一种常用书面语言。

除了国王宫廷之外，各个社会层次里那些生来讲法语的人似乎都被快速和反复融合到本地人口中。此规则的唯一例外是犹太人，他们保持独立是因为他们有不同的宗教和经文语言，不是因为他们的法兰西出身。理查德·菲兹尼尔评论说，到他的时代（约 1179 年），英格兰人和诺曼人通婚如此频繁，以致他们浑然一体了——这个评论被经常地和正确地引用。[73] 同样意义重大的还有一个世纪前奥德里克·维塔利斯的证词。[74] 他于 1075 年生于什鲁斯伯里附近，是一位来自奥尔良 (Orléans) 的神父和一位英格兰母亲的长子。① 虽然奥德里克的父亲是诺曼要人显贵蒙哥马利的罗杰二代 (Roger II of Montgomery) 的顾问之一，但他没从家里学法语，却只学了母亲的语言。他似乎也没在英格兰听过别人讲法语，因为他评论说，当他 10 岁被送到诺曼底当修士时，他感觉自己是个流放者，像约瑟在埃及那样，因为他听到一种他无法理解的语言。然而奥德里克的父亲对他的教育很上心，他让一位神父希沃德 (Siward) 负责教育奥德里克，希沃德在他 5 岁时就开始教他 ABC 和拉丁文。从中得出的结论是，奥德里克时代的基础教育不包括法语，不像两个世纪后毕斯沃思的沃尔特的时代那样，因为法语还没有随着生来讲法语的人获得足够声望。对诺曼征服者而言，体现领主身份和用于管理的必不可少的语言是拉丁文，并非法语。使法语日渐变成英格兰记录用书面语言的，主要不是诺曼征服，而是法语作为国际文学语言和文化语言的进步，尤其是在 13 世纪的进步。

对那些国王宫廷以外的人而言，法语绝无可能同英语竞争母语地位，它一开始也无法同拉丁文竞争书面语言地位。这时期拉丁文最强势。当理查德·菲兹尼尔的学生约 1179 年敦促他不要写一本冗长啰嗦的书而是用"普通词语"解释财政部的工作时，他们两人心目中的日常语言都是拉丁文，既非法语，亦非英语；菲兹尼尔描述说，拉丁文的《末日审判书》也类似是用"普通词语"写就。[75] 多亏 11 世纪和 12 世纪的拉丁文复兴——起先作为诺曼征服的一个间接后果随着兰弗朗克大主教和安瑟伦大主教来到英格兰——拉丁文才能够服务于多种目的。有修道院编年纪作者那种简单的叙事性拉丁文，有索尔兹伯里的约翰那类修辞学家的华丽且古雅的

---

① 天主教会对神职人员的禁欲要求在教会早期和中世纪前期都执行不严，10 世纪据说是神职人员结婚的高峰期。而英格兰与诺曼底的神父不仅在中世纪大多数时间都可以结婚，还习惯于让自己的孩子走上神职道路。天主教会于 11 世纪后期开始要求神父保持禁欲，更于 1139 年严格申明神父结婚不仅违禁也无效。——译者注

风格，有行游学者们富于表现力的赞美诗和歌谣，还有《末日审判书》或《大宪章》那种精确的法律语言。12 世纪的拉丁文是阿伯拉尔和伯纳德的语言，是格兰西和"大诗人"（Archpoet）①的语言；它非但没有正在死去，还在创造新形式。

不过这种新的拉丁文同曾经是罗马-基督教遗产传递者的修士和高位教士关系不甚密切，而是与学校里的世俗"现代性"关系更密。学者们，亦即先是巴黎和博洛尼亚然后又是牛津的"大师们"是 12 世纪的一个新鲜现象。无论他们是法律专家、专业学者还是王室官员，拉丁文都是他们的基本语言。他们负责确保拉丁文能处理对之提出的新要求，这些要求来自 12 世纪开始形成并以前所未有的数量生产公文的学校、城市最小行政区、宗教修会和王室统治。尽管在这场拉丁文复兴中，英格兰仅处于边缘，但其效果足以抑制英语或法语在 12 世纪作为一种书面语言被广泛使用。

吊诡的是，学者和神职人员既是拉丁文大师，也是用本地语言书写的先驱。吉尔福德的尼古拉大师同用英语书写《猫头鹰与夜莺》有关联。托马斯大师在法语《号角传奇》上自署为作者。乔丹·范塔斯密在他的法语韵文编年纪上署这个名字，而他被认定与乔丹·范塔斯密大师是一个人。奥古斯丁派修士奥姆在其《奥姆书》中引领了中世纪英语韵文，一如劳曼神父在其《布吕特》故事中。修士本尼迪克特（Benedict）和神职人员菲利普·德·塔昂（Philip de Thaon）为亨利一世的王后鲁汶的阿德丽萨（Adeliza of Louvain）写法语作品。13 世纪，马修·帕里斯（他可能是巴黎学校的一个成果）为淑女们创作了法语韵文的圣徒传记，他也用拉丁文散文写编年纪。在这个悖论中并无真正的矛盾，因为学校的基本训练是语言的使用，在那里学到的技能可以运用于拉丁文，也可以运用于在书写本地语言中创造风格这种更困难的任务。试用本地语言的可能常常是最老练的作者而非最初级的作者。我们不应被本地语言作品中的开场致歉或它们不寻常的正字法误导，认为它们是受教育较少的人编纂的。

写下来的法语

诺曼征服是否帮助法语发展成一种书面语言，这是一个根本性问题。[76] 12

---

① 这个名字是人们对 12 世纪一个不知名拉丁文诗歌作者的称呼。——译者注

世纪之前作为文学的法语的唯一幸存形式是一件奥克西唐语[Occitan,朗格多克(Languedoc)地区的南部法语]的作品,归入吟游诗人——亚奎丹公爵威廉九世(Duke William IX of Aquitaine, 1071—1127 年)名下。《罗兰之歌》(写以北部法语)肯定截至这个日期已经被创作出来,因为它的某种形式在 1066 年黑斯廷斯之战中被歌唱,以鼓舞诺曼骑士们追随罗兰的榜样,在一块外国土地上面临几无胜算的境况时奋起战斗。马姆斯伯里的威廉在这个语境下描述了它,称它的名字是"罗兰之歌"。[77]作为胜利的一个结果,诺曼人开始接触到罗马基督教世界里唯一拥有书面本地语言英雄诗歌的文化,从《贝奥武夫》(*Beowulf*)到《马尔登之战》,已经存续了几个世纪。与盎格鲁—撒克逊文学的这场遭遇可能激发了诺曼征服者们把《罗兰之歌》写下来,好纪念他们在黑斯廷斯的胜利并展示"法兰西人"(《盎格鲁-撒克逊编年纪》对诺曼人的称呼)的语言有某种好处。这仅仅是个猜想,但它有利于解释,为何《罗兰之歌》最早的手写本(日期定为 12 世纪)被保存在英格兰且可能源出于彼。[78]

格外早的法语文学同亨利一世的英格兰宫廷有联系,且尤其同他的几位王后伊迪丝或玛蒂尔达(1118 年卒)及鲁汶的阿德丽萨(他 1121 年娶了她)有关联。在伊迪丝可能早于 1106 年的"命令"下(根据可靠手写本,后来又在阿德丽萨的委托下),修士本尼迪克特把《圣布兰登航行纪》(*Voyage of St Brendan*)的拉丁文文本翻译为法语押韵对句。本尼迪克特的身份不清,他的作品虽然被证明流行,却相当乏味。但无论如何,它开启了中世纪法语传奇文学的三个典型特征:它由一位贵妇人委托创作,大概为了在她的宫廷里大声朗读;它的主题是一场追寻或旅程,主人公在此过程中经受一系列冒险的考验;它的灵感和故事场景都是凯尔特式的,如 12 世纪次第产生的亚瑟王传奇和圣杯传奇。本尼迪克特描述他的任务是把圣布兰登的故事"用文字和罗曼语形式""记下来"的过程。[79]本尼迪克特不能简单说"我正在用法语书写这个",因为他不认为这种语言是"法语",且"书写"本质上意味着把某种东西用拉丁文记下来。因此他说他正用拉丁字母表的文字把他的文本记下来,尽管这些词语是"罗曼语形式"。

使用"罗曼语"(romance)这个术语就清楚表明本尼迪克特和他的同时代人对书面拉丁文和它的各种口语形式有所区别,这些口语形式被认为是"古罗马语"(Roman)或至少是"罗曼语的"(Romanic)。由于直到意大利文艺复兴之前,不存在同古代罗马相分离的感觉,因此 12 世纪那些从拉丁语派生出的语言的使用者们可能对于他们说着罗马人的语言这一点深信不疑,正如他们公认日耳曼皇帝是罗马

218

人的王。拉丁文是一种被统一规定的语言，以其语法和通过学校教育习得而独树一帜，而"古罗马语"或"罗曼语"的措辞与生活中的口头表达一样，形式多样且异彩纷呈。因此，把任何东西用白话"古罗马语/罗曼语"形式写下来既新奇又困难。12世纪以前的许多作者肯定也觉得这么做不必要，因为拉丁文足以用来书写。不过，写下来的法兰西"罗曼语"文学如此成功和流行，以致"romance"这个描述被用来指这类文学的内容（传奇故事），一如用来指表达这些内容的那种语言（罗曼语）。一旦此现象于12世纪出现，就需要找一个新词语来区别语言和内容。最终获胜的那个词语当然就是"法语"，但它要花一个世纪或更久才被接受。

219

使用"法语"而非"罗曼语"描述该种语言之书面形式的最早例子之一来自英格兰，这恐怕不是巧合。盎格鲁-撒克逊人把他们的诺曼征服者称为"法兰西人"，这个通指性术语也一样可以用于他们的语言，这样在英格兰就能立刻将之与盎格鲁-撒克逊语和拉丁文双双区别开。另一方面，在法兰西本土，"法语"和其他本地语言的差异不太明晰，因为从南方派生自拉丁语的形式到北方的日耳曼语形式，说话有太多种变体形式。隔绝与分离再混入诺曼征服的作用，使得英格兰的语言更容易归类。菲利普·德·塔昂为亨利一世的王后阿德丽萨将拉丁文《动物寓言集》（*Bestiary*，关于神话动物和真实动物的标准书籍）压缩成法语押韵对句。他描述此过程是把《动物寓言集》"用法语""撷取出来"：en franceise raisun，字面意思是"用法语推理"或"论述"。[80] 菲利普也同样把拉丁文看作一种语言或"论述"，而不单是讲话的书面形式。[81]

对于把某种东西用法语写下来这一过程的这些不成熟也令人困惑的描述透露出，它们的作者们在从记忆向书面记录转变方面有困难。截至12世纪末期，在英格兰为自亨利一世王后阿德丽萨以下的赞助人们用法语创作和写下的押韵对句已经有几千行。从诗歌角度来评判，将写于英格兰的这些早期法语同《罗兰之歌》或克雷蒂安·德·特鲁瓦在法兰西创作的作品相比较，则它们对品质不上心，对现代批评家也没吸引力。然而在记录制作史上（迥异于文学史），英格兰的早期法语作品非同小可，尤其是菲利普·德·塔昂的《动物寓言集》。阿德丽萨王后究竟为何想让他把它写下来？如果她想要有解说的《动物寓言集》，她可以轻松派人弄来一个副本，并交给她的专职神父或其他神职人员，让他们口头翻译拉丁文，而她可以同时看着所描述的动物的图画。也许是她如此仰慕菲利普·德·塔昂在这样一个场合的即兴法语翻译，以致她委托他用韵文写下来以便让他的成就不朽？正是因为这样，菲利普才不用散文撰写，因为散文要求更准确的翻译，抑或菲利普写韵文就是因为除了《罗兰之歌》这种韵文作品,再没有书写法语的范本(与口语法语的情况迥异)?

阿德丽萨王后想让《动物寓言集》用法语写下来,这是因为她不能阅读拉丁文?但既然那样,她应该也不能阅读法语版本。或者相反,她是个熟练的读者,注意到拉丁文和英语都有文学,而她的母语法语却没有,因此她委托她的神职人员开个头?或许她希望用更精致的法语谈吐风格来指导她的英格兰侍臣们(有男有女,有神职人员也有平信徒)。再不然,阿德丽萨的法语程度不高,她来自佛兰德斯(Flanders)的鲁汶,她的母语可能是日耳曼语而非法语。倘若如此,她委托菲利普和其他作家书写押韵对句可能是为了提高她的法语,她可以大声朗读这些对句来完善发音和扩大词汇。这样就能解释为何她委托创作一部从文学品质角度而言缺乏想象力的作品。对诸如此类的问题没有令人满意的答案。但毕竟值得提出问题,因为它们展示出,关于欧洲写下来的本地语言的开端还有多少内容仍流于推测。最难以确切回答的问题是,为何 12 世纪数量日增的赞助人和作家不再满意于以拉丁文为书写媒介,转而尝试"罗曼语"和"法语"。

在现代人眼里,菲利普·德·塔昂用法语押韵对句写的作品中最奇怪的莫过于《计算》(Comput),这恐怕是他最早的作品。[82]这是一首根据拉丁文材料构思的诗,关于如何计算支配礼仪年的不固定节日的日期。菲利普声称,此诗歌令神父们守住教会法律。乡村神父们可能手边没有据以计算日期的拉丁文文本,比如比德的书①。但另一方面,英格兰的乡村神父不可能觉得法语比拉丁文易读。菲利普的《动物寓言集》也有个难题:既然散文能更好地表达此类专门问题,他为何要用押韵的方式写?菲利普将《计算》题献给他的叔父汉弗莱·德·塔昂(Humfrey de Thaon),他是英格兰一个可确定身份之人——亨利一世的总管尤多(Eudo)——的专职神父。玛丽·多米尼加·莱格(Mary Dominica Legge)因此提出,《计算》不是为英格兰乡村神父写的,而是为国王大家庭里讲法语的神职人员写的。他们在总管的指导下安排国王的日程和供应,因此他们的确需要成为计算日期和数字的专家。[83]这个提议有深远的意义。《计算》可能早在 1113 年就写好了。假如书面法语这么早就在王室大家庭里被使用,为何它不能取代拉丁文成为国王行政管理的官方语言(拉丁文 11 世纪 70 年代取代了盎格鲁-撒克逊语的这种地位)?《威廉法

---

① 应该指比德的 *On the Reckoning of Time*(*De temporum ratione*),此书给出了计算复活节日期的指导,还有关于太阳和月亮在黄道带位置的计算,以及其他许多涉及历法的计算。——译者注

律》一书证明，早在 12 世纪上半叶就有可能用法语写行政公文。[84]这是关于所谓征服者威廉法律的文本，是一份杂纂兼非正式法令汇编，这些法令可能确实来自征服者威廉。与拉丁文版本相比，该法语文本能反映出这些法令的较早状态；换而言之，这些法令可能在译为拉丁文之前是用法语起草的。最早的法语特许状是日期定为约 1140 年的给医院骑士团（Knights Hospitaller）授予土地的一份特许状，它被复制到医院骑士团的房地产契据册中，大概是根据同样用法语写的原件复制

221 的。[85]存世的最早法语行政公文原件出自亨利二世 1170 年聆讯郡治安官时期。这份法语公文是对聆讯的答复，用不利索的半草书字体写在一张形状不规则的羊皮纸片上，没有印章的痕迹。[86]这大概是份草稿，因为差错而代替拉丁文清晰副本被反馈上去。它的偶然存世暗示，曾经存在数千份此类不正式公文，当完成使命后就被丢弃了。

类似地，乔丹·范塔斯密描述过幼王亨利（亨利二世的长子）用法语编写了一封信，并用指环给它盖印。[87]乔丹提供了这封信的内容，是将诺森伯兰郡和威斯特摩兰郡（Westmorland）给苏格兰的狮子威廉；但乔丹并未刻意提供一份真实公文，因为他用韵文复述它，作为他叙述的一部分。[88]最早被登记在王室记录中的法语书信（迥异于对《聆讯郡治安官》的答复那样偶然保留下来的）是 1215 年大主教斯蒂芬·兰顿的一份特许状。[89]不过这封书信未被赋予与拉丁文王室书信同等的地位，因为它写在特许状卷册的背面而非正面。这个例子不说明政府在尝试用法语，而是说明一个重要人物被允许使用王室记录来担保他的私人契据。已知有少数几个法语写的《大宪章》副本，还有一封写给汉普郡治安官的解释性王室书信，落款为约翰当政第 17 年（即 1215 年）6 月 27 日于（汉普郡的）奥迪厄姆（Odiham）。[90]这是存世的真正署了日期的最古老的法语王室书信。《大宪章》和这封书信的副本可能同时有法语副本和拉丁文副本送给各郡的治安官。这些文本没有记录在哪份英格兰资料中；它们来自诺曼底蓬奥代梅（Pont-Audemer）麻风病医院的房地产契据册。

所有这些写以法语的行政公文的例子最好被阐释为例外，证明了一条定则——法语还不是英格兰王家政府的记录语言。法语作为文学语言快速发展和它作为记录语言缓慢被接受，这两者之间并无真正矛盾。可能早在征服者威廉当政时，法语已被用于起草公文。但是清晰副本要翻译为拉丁文，因为拉丁文在诺曼政府眼里是"书信/文字"的本质。另一方面，文学法语也在这个时期被用清晰副本写下来，以便记录诗句和歌谣的格律与节奏，格律和节奏无法通过翻译为拉丁文而保

存。将对《聆讯郡治安官》的一条答复从法语翻译为拉丁文没什么损失(除了对语文学家和古物研究者),因为它是散文体。实际上还赚到一些,因为就法律意图而言,拉丁文被认为保护效力更强。韵文必须要被翻译成某种类似其原始措辞和原始语言的东西,而这对散文就不必然合适。不同于韵文,法语散文作品直到 12 世纪末才获得属于它的尊严和权威。[91]这解释了为何有那么多(现代批评家眼中)不恰当的主题被写成韵文,如菲利普·德·塔昂的《计算》。同样重要的是,这也解释了为何遍布 12 世纪及以后的法语散文写的公文草稿被丢弃,取而代之的是用拉丁文写的清晰副本。

拉丁文、法语和英语的王室公文

拉丁文、法语和英语的书面形式在非收敛的线上各自发展。拉丁文非常古老,因此有固定的正字法和学习规则。法语是新语言,以各种形式且主要是韵文形式蓬勃发展。英语很特别,它像拉丁文那样曾经是政府事务的标准语言,并拥有几个世纪的文学历史,但是诺曼征服者拒绝它。为此,它从法语吸收了大量词语并发展出多种独特的地方形式(在中世纪英语框架下)。它不再履行固定记录语言(盎格鲁-撒克逊语)的功能。如今不存在可与法语版本匹敌的英语版的《大宪章》文本或王室令状文本。但这不是说 1215 年没有用英语写下来的《大宪章》。(在一封给国王所有的郡治安官、守林人、猎场看守人、船工和其他执行官的书信中)《大宪章》被命令公开大声朗读,因此必定曾存在大量副本。[92]为了要达成男爵们想要的效果,这些公开朗读恐怕是用本地语言。可以肯定,该世纪更晚时期是用"故乡的语言"朗读,意指用英语和法语。[93]这种程序在 1215 年可能被视为理所当然。前不列颠帝国在非洲或印度的政府要对自己的官员详细说明,政府规则需以每种当地语言宣布,与此比照,王室记录的情况也不言自明。正如英语是不列颠帝国的官方语言,拉丁文是约翰王时代英格兰的政府语言和记录语言。他的郡治安官和其他官员不需要被书面提醒,拉丁文不是他们自己或他们人民的口语。

一位想为了后人而记录《大宪章》的英格兰修道院抄写员应该认为,用严肃性逊于拉丁文的任何形式复制它不是恰当举措,而真实文本正是以拉丁文书写和盖印。如果他听到或碰到一位街头公告员的法语或英语版本,他的可能反应应当是拒绝它而偏好拉丁文文本。他没打算为了现代语文学家着想而记录鄙俗的法语或英语形式，却是要为这份宪章最具法律效力的形式制作一个清晰副本。那么为何蓬奥代梅的诺曼抄写员要用法语记录《大宪章》？该副本似乎是偶然植入房地产契据册的，在13世纪20年代早期插入。对身处诺曼底——此时在法兰西王权统治下——的这位抄写员和他的同僚而言，这份宪章只有奇巧物品的价值，因此用一种缺乏充分法律权威的形式来表达它也无关紧要。于是这位诺曼抄写员不经意地保存了一份对后世而言，比英格兰修道院房地产契据册中大量一模一样的《大宪章》拉丁文副本更有意义的文本。遗憾的是，1215年还没有哪个抄写员对英格兰的法律足够无知，以致认为一份宪章的英语版本值得被复制下来。英格兰人书写员可能在这方面受教育太好，不会这么做。[94]

虽然《大宪章》官方颁行时只用拉丁文，但在接下来1258年的男爵叛乱中，法语和英语的[按波顿（Burton）的年表作者之言也有拉丁文的]专利证书被以国王的名义送到每个郡。有两批书信，日期分别署为10月18日和20日。前一批是亨利三世承诺遵守他的新晋男爵委员会的裁决；后一批是《郡治安官条例》，提出要调查他们的失当行为。[95]这些书信为何用拉丁文以外的语言颁发，对此没有令人满意的来自当时的解释，但是可以推论，这一前所未有举动的理由是，不能指望亨利的郡治安官和其他官员像往常一样公开朗读这些书信，因为这些书信对他们的行为有明确批评。与约翰1215年的书信不同，亨利1258年的书信没有对郡治安官致辞，而是写给国王的所有臣民。波顿和邓斯特布尔的年表作者暗示这些书信发寄给郡治安官，这是错的，因为官方文本否认此种说法，自由卷册的一条笔记也同样否认，该笔记记录这些书信"正被送往我们各个郡的全境"[96]。

这条笔记也记录了英语书信和法语书信的编纂人和书写人是富勒姆的罗伯特（Robert of Fulham），他获得50先令报酬，因为这不是他的本职工作。他是财政部的治安官（收账员），随后是财政部的忆往师和犹太人的法官。因此这些非拉丁文书信的书写人不是男爵从行政体系外部提名的，而是一位内战前就为国王效劳且内战后依然如此的文员。[97]罗伯特是这时期英格兰行政管理人员具备多语能力的最好例子，因为他为了履行日常职责肯定也得懂拉丁文，而且既然他是犹太人的法官，他可能也懂一点希伯来文。他编纂和书写英语和法语的书信，此事实清楚证明他掌握这两种语言。至于他的起点是拉丁文、法语还是英语，只能任人猜测了。

早于1258年的时期，亨利三世曾就五花八门的主题发布了大量公告，假如要让它们生效，就不能用档案室卷册用的或马修·帕里斯总结它们时用的那种拉丁文形式发布公告。[98]它们大概是由街头公告员用不管哪种恰当的本地语言宣布的。[99]这种街头公告员是根据拉丁文文本口头翻译，还是像吟游诗人那般给自己准备了"舞台脚本"，只好推测。[100]1258 年，男爵们显然不信任郡治安官，也不信任他们的街头公告员，因此转而诉诸用拉丁文之外的语言精确写下他们想说的话。异常环境暂时导致英语和法语被当作记录语言对待。

男爵的行动暗含着对口语词的不信任和对精确书写的偏爱。10 月 18 日和 20 日的非拉丁文书信主要不是公告，虽然它们被历史学家们反复描述为公告。它们是被著录在档案室卷册里并打算在各郡充当永久记录的专利证书，不是瞬态口语词。10 月 18 日的书信要在每个郡的"宝库里留存"，虽说只有牛津郡把它的副本保留到今天。[101]（致亨廷顿郡的那个幸存副本并非该郡的实际副本，而是专利书卷册里登记下来供参考的样本。）这封信对书面记录的关切度因为它"都用完全一样的词语"被送往每个郡而被进一步强调。由于幸存的副本这么少，我们不能肯定这个措辞是否指，每个郡的副本都采用统一的正字法，虽然这是显而易见的推论。假如到处都使用统一的正字法，那么 1258 年 10 月 18 日的这封王室书信——富勒姆的罗伯特的这件作品，就标志着伦敦英语作为新的书面标准的早熟开端。[102]10 月 20 日的那封信（《郡治安官条例》）也类似地主要指向读者，因为它致"郡里所有将看到这些书信的人民"，而不致那些听到它们被宣读的人。[103]这些书信伸到郡治安官及郡法庭传统上的无读写程序之外，触及郡里新的阅读公众。此类公众由毕斯沃思的沃尔特那种骑士们构成，他们书写书面英语和书面法语，但觉得拉丁文或"神职人员"相当难。

1258 年由富勒姆的罗伯特"遵照我们委员会的要人们的条例"[104]写的英语和法语书信展示出，这两种语言之一或它们的结合此后可以作为政府语言和记录语言使用。但是男爵的这场革新只不过是临时变通之策。当他们在刘易斯之战后获得全面行政控制权时，拉丁文从前作为读写媒介的尊贵地位便得以恢复。叛乱者们需要给他们的胜利赋予尽可能多的合法性，而这意味着使用拉丁文而非法语或英语做记录。1265 年 3 月 14 日的专利证书发表了亨利三世与男爵们保持和平的誓言，它们的目的与 1258 年 10 月 18 日那些可相媲美。1265 年的这些书信也像1258 年的那些，明确表明对郡治安官的不信任仍未褪尽。但这次，书信只用拉丁文颁发，并被命令在各个郡法庭"公开"。[105]公开的形式大概是传统形式，由街头公告员在没有非拉丁文正式文本的情况下用本地语言宣读。

亨利三世 1258 年的非拉丁文书信的历史为这场讨论带来一个恰当结论。它阐明了书面语言通常不直接源自大多数人民讲话的语言，而源自传统、政治权威和社

225

会地位。普通谈话使用的母语一般与脚本语言截然不同。那些阅读或书写的人必须要掌握多种语言。他们从英语转到法语或拉丁文，有些人还要转到希伯来文，经常不在话下也不费气力。对这些语言或它们的变体的知识与熟悉度取决于每个人的社会地位、年龄、定居地、个人抱负以及生活经历。诸如 1200 年每个人都会说英语和法语，或只有神职人员懂拉丁文，这类概括之言都是没有针对性和有误导性的，不消说还是无法证明的。虽然不可能在细节上重构处于社会中间阶层之人——比如毕斯沃思的沃尔特和富勒姆的罗伯特——的价值观与知识，但可获得的证据暗示，为了管理他们的英格兰同胞，他们想必要在说话和脚本上都成为语言的"主人"。

【注释】

[1] *Le Traité de Walter de Bibbesworth*, ed. A. Owen(Paris, 1929), pp.50—51, lines 61—66. W. Rothwell in *The Modern Language Review* LXXVII(1982), pp.282—293 列出了该版本中的错误。也见 T. Hunt, *Teaching and Learning Latin in Thirteenth-Century England*, vol.I, p.12。

[2] T. Hunt, "Bibbesworth, Walter of", in *Oxford Dictionary of National Biography*, V, p.639.

[3] *Le Traité de Walter de Bibbesworth*, p.43.

[4] G. E. Cokayne, *The Complete Peerage*, 2nd edn, IX(1936), pp.421—422(Munchensy).

[5] *Le Traité de Walter de Bibbesworth*, p.43.

[6] *Ibid.*, pp.52—53, lines 82, 86.

[7] 关于这些有贬义的术语，见 G. E. Woodbine, "The Language of English Law", *Speculum* XVIII (1943), p.413。

[8] G. E. Cokayne, *The Complete Peerage*, IX, p.421.

[9] *Le Traité de Walter de Bibbesworth*, p.44.

[10] *Ibid.*, p.75, 引自 W. Rothwell, "The Role of French in Thirteenth-Century England", *Bulletin of the John Rylands Library* LVIII(1976), p.464。

[11] *Metrical Chronicle of Robert of Gloucester*, ed. W. A. Wright, Rolls Series LXXXVI(1887), II, p.544, line 7542.

[12] W. Rothwell, "The Role of French in Thirteenth-Century England", pp.458ff.

[13] *Giraldi Cambrensis Opera*, ed. J. S. Brewer et al., I, p.91. M. Richter, *Sprache und Gesselschaft im Mittelalter*(1979), p.79.

[14] *Walter of Henley and Other Treatise on Estate Management and Accounting*, ed. D. Oschinsky, pp.147—148.

[15] *Close Rolls：Henry III*(1902—38), 1253—4, p.42.

[16] 概述见 F. Pollock and F. W. Maitland, *The History of English Law before the Time of Edward I*, I, pp.80—87; R. M. Wilson, "English and French in England", *History* XXVIII(1943), pp.37—60; Ian Short, "Language and Literature", in *A Companion to the Anglo-Norman World*, ed. C. Harper-Bill and E. van Houts(2003), pp.191—213。

[17] *Starrs and Jewish Charters Preserved in the British Museum*，ed. I. Abrahams et al.(1930)，I，p.117.这不是存世的最早放债人债券，因为佛兰芒人(Fleming)威廉·凯德的那些债券的日期定为 12 世纪 60 年代。

[18] *Ibid.*，pp.xxii—xxiii.

[19] *Ibid.*，对着第 81 页的 plate iii。

[20] *Ibid.*，p.119；*Shetaroth*：*Hebrew Deeds of English Jews before 1290*，ed. M. D. Davis，Publications of the Anglo-Jewish Historical Exhibition II(1888)，p.289；H. G. Richardson，*The English Jewry under Angevin Kings*，p.256；*Facsimiles of Early Charters in Oxford Muniment Rooms*，ed. H. E. Salter，no.85；*Facsimiles of Early Charters from Northamptonshire Collections*，ed. F. M. Stenton，p.120，plate xlv.

[21] *Starrs and Jewish Charters Preserved in the British Museum*，pp.12—13，124—125.

[22] H. Jenkinson，"Exchequer Tallies"，p.378，plate li.

[23] *Shetaroth*：*Hebrew Deeds of English Jews before* 1290，pp.222—225(诺丁汉 1233 年)，pp.312—315(坎特伯雷 1230 年)。

[24] *Ibid.*，pp.43—46(诺威奇)，pp.275—277(诺丁汉)，pp.298—302(林肯)。

[25] C. Roth，*A History of the Jews in England*，3rd edn(1964)，pp.126—127. M. Beit-Arié and Z. E. Rokéah，*The Only Dated Medieval Hebrew Manuscript Written in England*(*1189 CE*) *and the Problem of Pre-Expulsion Anglo-Hebrew Manuscripts*，pp.1—9 对英格兰有人写希伯来文作品存疑。

[26] B. Smalley，*The Study of the Bible in the Middle Ages*，pp.186ff，329ff.

[27] Ian Short，"On Bilingualism in Anglo-Norman England"，*Romance Philology* XXXIII(1980)，pp.467—479 汇集了对这一假定的异议。

[28] W. Rothwell，"The Role of French in Thirteenth-Century England"，p.453[引丹尼斯·皮拉姆斯(Denis Piramus)，line 3270]。

[29] Ibid，p.450(引 *Ipomedon*，lines 28—29)。

[30] R. Wright ed.，*Latin and the Romance Languages in the Early Middle Ages*；W. Rothwell，"Language and Government in Medieval England"，*Zeitschrift für Franzöische Sprache und Literatur* XCIII(1983)，pp.258—270；J. Frankis，"The Social Context of Vernacular[English] Writing"，in *Thirteenth-Century England* I，ed. P. R. Coss and S. D. Lloyd(1986)，pp.175—184.

[31] *Patrologiae* CCVII(1855)，col 751；M. Richter，*Sprache und Gesselschaft im Mittelalter*，p.63，n.33.

[32] M. Richter，*Ibid.*，p.67，n.44.

[33] M. D. Legge，*Anglo-Norman Literature and its Background*，p.235.

[34] Walter Map，*De Nugis Curialium*，Bk. V，ch.1，p.404.

[35] *Ibid.*，pp.404—406.

[36] *Jordan Fantosme's Chronicle*，ed. R. C. Johnston(1981).

[37] A. Gransden，*Historical Writing in England c.550—1307*，pp.202，219.

[38] 见第四章注释[45]。对劳曼《布吕特》的讨论见 L. Johnson in *Leeds Studies in English* XXII (1991)，pp.139—165，及 R. Allen，*Lawman*，Brut(译本)。

[39] N. Cartlidge ed.，*The Owl and the Nightingale*(2001)，p.xv.

[40] *Giraldi Cambrensis Opera*，V，pp.410—411.也见本书第八章注释[55]—[56]。

[41] K. Bate in *Cahiers de civilisation médiévale* XXXIV(1991)，pp.15—21 质疑《侍臣琐事》是否独著作品。

[42] Chrétien de Troyes，*Cligés*，lines 39—42，ed. A. Micha(Paris，1957).克雷蒂安的《亚瑟王传奇》(*Arthurian Romances*)由欧文(D. D. R. Owen)翻译(1987)。

[43] *The Chronicle of Jocelin of Brakelond*，ed. H. E. Butler，pp.128—130.

[44] *Ibid.*，p.40. M. Richter，*Sprache und Gesselschaft im Mittelalter*，p.63.

[45] *Lives of Three English Saints*，ed. G. I. Needham(1966).

[46] *The Chronicle of Jocelin of Brakelond*，p.34.

[47] *Rogeri Bacon Opera*，ed. J. S. Brewer，Rolls Series XV(1859)，p.433.

[48] *Anglo-Scottish Relations：Some Selected Documents*，ed. E. L. G. Stones，p.63.

[49] *Ibid.*，p.63.

[50] *The Eyre of Kent*，ed. F.W. Maitland et al.，Selden Society Series XXIV(1909)，pp.20—21.

[51] R. E. Latham and C. A. F. Meekings in *Collectanea*，ed. N. J. Williams et al.，Wiltshire Record Society Series XII(1956)，p.52，n.1 列举了早期的"真话"。对约 1240 年的程序的描述见 *Select Cases of Procedure without Writ under Henry III*，ed. H. G. Richardson and G. O. Sayles，Selden Society Series LX(1941)，p.cciii。比较 Henry de Bracton，*De Legibus et Consuetudinibus Angliae*，fo. 116，vol.II，p.329。

[52] G. E. Woodbine，"The Language of English Law"，p.429，n.2. J. H. Baker，*Manual of Law French*，2nd edn(1990)，pp.2—3.

[53] A. Harding，"Plaints and Bills in the History of English Law"，*Legal History Studies 1972*，ed. D. Jenkins(1975)，pp.74—75.

[54] *Documents of the Baronial Movement of Reform and Rebellion 1258—67*，ed. R. F. Treharne and I. J. Sanders，pp.96—112.

[55] *Placita Corone*，ed. J. M. Kaye，Selden Society supplementary series IV(1966)，pp.16—17.休和约翰的名字在这个文本中混淆了。*The Court Baron*，ed. F. W. Maitland and W. P. Baildon 中一段可相比拟的对话见本书第八章注释[113]。

[56] G. E. Woodbine，"The Language of English Law"，p.431.

[57] 见本书第八章注释[98]。

[58] H. G. Richardson and G. O. Sayles，*The Governance of Medieval England from the Conquest to Magna Carta*(1963)，p.278，n.2；R. H. Helmholz，*Marriage Litigation in England*(1974)，p.119，n.18.

[59] 见本书第三章注释[77]。

[60] 关于《奥姆书》见本书第四章注释[74]和 G. Jack，"Orm"，in *Oxford Dictionary of National Biography*，LVI，pp.936—937. 关于《女隐士指南》，见 *Passiun of St Juliene*，ed. S. R. T. O. d'Ardenne，Early English Text Society Series CCXLVIII(1961)，p.xxix。

[61] Master Thomas，*The Romance of Horn*，vol.II，ed. M. K. Pope，Anglo-Norman Society Series XII—XIII(1964)，p.122.

[62] M. D. Legge，*Anglo-Norman Literature and its Background*，pp.227—228.比较 R. M. Wilson，"English and French in England"，p.59.

[63] Master Thomas，*The Romance of Horn*，vol.I，ed. M. K. Pope，Anglo-Norman Society Series IX—X(1955)，p.1.

[64] C. Clark，"People and Languages in Post-Conquest Canterbury"，*Journal of Medieval History* II(1976)，p.24(评论了三语《埃德温诗篇集》，见本书图 14)。

[65] D. G. Scragg，*A History of English Spelling*(1974)；W. Hofstetter，"Winchester and the Standardization of Old English Vocabulary"，*Anglo-Saxon England* XVII(1988)，p.161.

[66] *Regesta Regum Anglo-Normannorum：the Acta of William I*，ed. D. Bates，no.74，pp.332—333 及 p.50 的评论。

[67] C. E. Wright，*English Vernacular Hands*，pp.x—xi.

[68] *Ibid.*，p.x.亨利一世和亨利二世给坎特伯雷的双语特许状(写于 1107—1155 年间)的列举，见 T. A. M. Bishop，*Scriptores Regis*，nos 95，97，101，103—105，107，335，344，390—391，399—402，406。

［69］见图 19。

［70］G. Shepherd, "English Versions of the Scriptures before Wyclif", in *The Cambridge History of the Bible*, ed. G. W. H. Lampe(1969), II, p.370.

［71］*The Peterborough Chronicle 1070—1154*, ed. C. Clark, 2nd edn(1970)；复制件见 D. Whitelock ed., *Early English Manuscripts in Facsimile* IV：*The Peterborough chronicle*（Copenhagen, 1954)；R. N. Bailey, "The Development of English", in *The Medieval World*, ed. D. Daiches and A. Thorlby(1973), pp.148—149。

［72］F. Pollock and F. W. Maitland, *The History of English Law before the Time of Edward I*, I, p.83.

［73］*Dialogus de Scaccario*(1950), p.53.

［74］对奥德里克早年生活的讨论见 Orderic Vitalis, *Historia Ecclesiastica*, pp.xiii—xiv(齐布纳尔的编者导言)；M. Chibnall, *The World of Orderic Vitalis：Norman Monks and Norman Knights* (1984), ch.1.

［75］*Dialogus de Scaccario*(1950), pp.6, 63.

［76］D. R. Howlett, *The English Origins of Old French Literature*(1996)；Ian Short, "Patrons and Polyglots：French Literature in Twelfth-Century England", pp.229—249.

［77］William of Malmesbury, *Gesta Regum Anglorum*, *Oxford Medieval Texts*, Vol. II：*General Introduction & Commentary*, ed. R. M. Thomson et al.(1999), p.302；C. Morton and H. Muntz eds., *The Carmen de Hastingae Proelio*(1972), pp.82—83.

［78］彩色复制页面见 P. Wolff, *Western Languages A.D. 100—1500*(1971), p.153。H. E. Keller, *Autour de Roland*(1989)从不同角度但同样激进地讨论了这个手写本。也见 M. B. Parkes, *Scribes, Scripts and Readers*, pp.86—89。

［79］*The Anglo-Norman Voyage of St Brendan*, ed. Ian Short and B. Merrilees(1979), line 11.

［80］*Le Bestiaire*, ed. E. Walberg(1900), lines 2, 4.

［81］*Ibid.*, line 2015.

［82］Philip de Thaon, *Comput*, ed. Ian Short, Anglo-Norman Text Society(1984).

［83］M. D. Legge, *Anglo-Norman Literature and its Background*, pp.21—22.

［84］F. Pollock and F. W. Maitland, *The History of English Law before the Time of Edward I*, I, pp.102—103. Ian Short, "Patrons and Polyglots：French Literature in Twelfth-Century England"为《威廉法律》提供了更新。

［85］*Cartulary*, ed. M. Gervers(1982), pp.169—170, no.272.感谢伊恩·肖特(Ian Short)教授提供这条参考。

［86］H. Suggett, "A Twelfth-Century Anglo-Norman Charter", *Bulletin of the John Rylands Library* XXIV(1940), 对着第 168 页的图, 及 H. Suggett, "An Anglo-Norman Return to the Inquest of Sheriffs", pp.179—181。见前文第二章注释［70］。

［87］*Jordan Fantosme's Chronicle*, p.18, line 245；V. H. Galbraith, "The Literacy of the Medieval English Kings", p.221.

［88］*Ibid.*, p.20, lines 254—270.

［89］*Rotuli Chartarum*, p.209, p.xli 的图；F. M. Powicke, *Stephen Langton*, p.215。

［90］J. C. Holt, "A Vernacular-French Text of Magna Carta", *English Historical Review* LXXXIX (1974), pp.346—364,重印于 J. C. Holt, *Magna Carta and Medieval Government*(1985),给汉普郡治安官的书信在第 257 页。也见 Ian Short in *Semasia* IV(1977), pp.53—63。

［91］J. Wogan-Browne ed., *Language and Culture in Medieval Britain：the French of England c.1100—c.1500*.

［92］J. C. Holt, *Magna Carta*(1965), p.345.

［93］见本书第八章注释［51］、［54］。

［94］J. C. Holt，*Magna Carta*，2nd edn(1992)，p.477，nn.12—13 质疑 1215 年是否可能存在英语版的《大宪章》。

［95］*Documents of the Baronial Movement of Reform and Rebellion 1258—67*，pp.116—123；*English Historical Documents* III *1189—1327*，ed. H. Rothwell(1975)，pp.367—370.

［96］*Annales Monastici*，ed. H. R. Luard，I，p.453；III，p.210. *Calendar of Liberate Rolls*：*Henry III*，*1251—60*，p.440；R. F. Treharne，*The Baronial Plan of Reform*(1932)，p.120，n.1.

［97］罗伯特的职业履历可以在 *Calendar of Liberate Rolls*：*Henry III*，*1251—72*，*Close Rolls*：*Henry III*，*1254—68* 及 *Calendar of Patent Rolls*，*1247—72* 中指向他的索引条目中追踪。

［98］见本书第八章注释［37］—［41］。

［99］关于街头公告员没有良好的文献记载，因为他们的艺术是口头艺术，不过 1248 年提到了他们（见本书第八章注释［88］），并且提到他们的称号"Crier"，见 B. Thuresson，*Middle English Occupation Terms*(Lund，1950)，p.153.

［100］E. Auerbach，*Literary Language and its Public in Late Antiquity and in the Middle Ages*(1965)，p.288.

［101］*Royal Letters Addressed to Oxford*，ed. O. Ogle(1892)，p.12.比较 T. W. Machan，*English in the Middle Ages*(2003)，p.22 的复制件，也见该书第 23—69 页的讨论（与笔者的不同）。

［102］M. Corrie，"Middle English—Dialects and Diversity"，in *The Oxford History of English*，ed. L. Mugglestone(2006)，p.104.

［103］*Documents of the Baronial Movement of Reform and Rebellion 1258—67*，p.118.

［104］*Calendar of Liberate Rolls*：*Henry III*，*1251—60*，p.440.

［105］*Documents of the Baronial Movement of Reform and Rebellion 1258—67*，pp.312—315.

第七章　有读写能力的人与目不识丁的人

1297 年夏季,一些来自诺福克的陪审员来到王座法院,见证罗伯特·德·托尼 226
(Robert de Tony)因年满 21 岁而有资格终止被监护状态。通过宣誓作证来证明领
地继承人的年龄是当时的例行程序,每个陪审员于此过程中都力图回忆一些与在
议儿童出生时间相符的值得纪念的事情。例如,陪审员可能回想起给他们本人或
他们邻居的特别礼物,或发生在他们头上的公共事件或意外。[1]于是 1304 年在约
克郡斯基普顿(Skipton)的一件案子里,41 岁的罗伯特·巴克(Robert Buck)回忆了
在克里瑟罗(Clitheroe)上学时曾被暴打一顿,导致他逃跑了,那是 21 年以前的
事。[2]之所以要有这么麻烦的制度,乃因出生还很少被记录在登记簿上。通过集体
的口头证词来确定个体年龄,这一习用方法是关于中世纪依赖记忆多过依赖书面
记录的好例子。

1297 年诺福克这件案子是例外,因为此次证据主要取决于对罗伯特·德·托
尼出生日期(1276 年 4 月 4 日)的一份记录,而非通常的个人回忆,该日期被写在威
斯特艾克(West Acre)小修道院的编年纪上。[3]罗伯特生在苏格兰,因此这条记录
并非他出生时写下,而是一年后或更晚当他被母亲带到威斯特艾克小修道院时才
写下,德·托尼家族是这所修道院的创始人。罗伯特的母亲似乎在为儿子寻求修 227
道院的保护,并让人把他的出生日期写下来,以确立他是合法的德·托尼继承人。
诺福克的陪审员无法按照习惯方式从个人经验获知罗伯特出生时的情况,故此不
得不求助于威斯特艾克的编年纪。

于是,首席陪审员斯沃弗姆的威廉·德·拉塞尔(William de la Sale of Swaff-
ham)提供了他曾见过并读过这份编年纪的证据,因此能肯定罗伯特的年龄。六位

其他陪审员无一例外也无附议地赞同威廉，亦即，他们也声称读过这份编年纪并理解它的意义。另外三位同样赞同，并且补充了辅助回忆：罗伯特·考尔卢（Robert Corlu）说，他现年21岁的弟弟生在同一年；约翰·肯佩（John Kempe）说，他父亲在罗伯特被从苏格兰带来五年之后去世。第十一位陪审员约翰·劳伦斯（John Laurence）赞同威廉，"除了他没读过前述的编年纪，因为他是平信徒"。第十二位陪审员克雷斯顿的罗杰（Roger of Creston）做出同样证明。第十三位陪审员（没解释为何要找13个人而非12个人提取证据）维森汉姆的托马斯（Thomas of Weasenham）说，他既没见过也没读过这份编年纪，但是他从副院长那里获悉了它的内容。托马斯不一定像约翰和罗杰那样无法阅读。他用这种形式提交他的证据，可能仅仅因为他的陪审员同僚看到编年纪的那天，他不在场。

这样，所审视的13个人里面，10个发誓他们能读编年纪里的条目，第十一个或许有能力阅读，有两个不能阅读。这两个不能阅读的人被描述为"平信徒"，大概因为他们在阅读拉丁文知识的意义上没有"神职"。我们早已见过，13世纪50年代或60年代亦即这些诺福克陪审员正在长大的时期，毕斯沃思的沃尔特顺理成章地认为，上流人士从童年时就体验过"把我们教成神职人员的书"[4]。在现代关于非专家的意义上，当时没有这种知识的人就是"平信徒"。其他陪审员只在懂点拉丁文的意义上是"神职人员"。威廉·德·拉塞尔和他的同僚不是教会人士。他们是左近的骑士和自由民，且如陪审团审判程序所要求的，大致与在议继承人社会地位相当。

由此这件案子展示出，从13世纪末期诺福克13位绅士组成的一个随机样本来看，10人能阅读一份编年纪中的一个条目，两人不能，一人的能力无记录。那些发誓他们曾读过编年纪的人估计是在说实话，因为他们冒着在王座法院被反复盘问的风险，而且既然他们没有要求获取神职人员的好处，他们就没有作伪证的明显动机。两位陪审员声明没有能力阅读，加上维森汉姆的托马斯那条未特指阅读能力的证词，更为其他人那些对比鲜明的证词增添了可信度。虽说有关年龄的证据有时是假的，但也没有理由拒绝这份证词中的本质事实。显然，无法从一个独特的案例中得出对读写能力水平的一般概括。另一方面，对这件案子中的证据——绝大多数被审视的陪审员能够阅读一份编年纪中一行拉丁文——亦无需诧异。我们早已看过在王家法庭给出陪审团裁定的程序，它依赖书面拉丁文文件，可能也有书面法语和英语文件，那种情况下对陪审员读写能力的要求比上述案件的要求高得多。[5]截至1279年，两个连这种初级水平的文件都不能阅读的人要比十个能阅读

228

的人更令人吃惊。

"神职界"与"文学界"的含义

上述诺福克绅士中的多数能够阅读,这看上去只同"平信徒目不识丁而反过来神职人员会读写"这一中世纪格言有冲突。使用神职人员与平信徒、有读写能力与目不识丁这类术语的方法仅在表面上保持这些基本格言完好无损,却承认在日常经验的现实情况中,有些神职人员是无知的,而有些骑士对书本比对英勇事迹知晓更多。传统角色已经开始混淆,正如坎特伯雷的奈杰尔·德·隆尚(Nigel de Longchamp of Canterbury)约 1192 年带着遗憾之情评论的:"今日教会里有不通文字的神职人员,正如有许多骑士对武器的技能和实践一窍不通,为此被其他人称为'圣母的骑士'。"[6]理论和实践、文学和生活间的这种脱节当然不意味着理想会改变自身以适应实际。相反,关于博学神职人员和勇武骑士的这些理想被作为梦想加以巩固,它们已经在文学和学术论著中有三四个世纪的蓬勃生命。

关于平信徒目不识丁及其相反情况的格言起源于把两个迥然有别的对比句结合在一起:

> clericus：laicus(神职界：平信徒界)
>
> litteratus：illitteratus(文学界：文盲界)

后一个对比句衍生自古典拉丁文,其中的 litteratus 的意思有点像现代意义上的"有读写能力的",也描述一个有"文学"意义上的"文字知识"的人(这是西塞罗的最经典用法)。[7]前一个对比句衍生自希腊文 kleros,意指"命运的一次拣选",故此继指基督教救赎方面的上帝的"选民",而 laos 指"人民"或人群。[8]渐渐地,在改宗基督教的过程中,那些被特别祝圣去服务上帝的 clerici 或"神职人员"开始与人民大众 laici 或"平信徒"泾渭分明。因此"神职界：平信徒界"这个对比句是中世纪的创造,而"文学界：文盲界"是罗马出身。500—1000 年这 500 年间,在基督教通过令蛮族人改宗而扩张的同时,西方有学问人士的数量也在减少。结果之一是神职人员开始与"受过教育的人"(litterati)产生联系,尽管这两个概念起初没有任何共同点。思想上的此种联系折射出一个事实:在地中海地区以外,几乎所有拉丁文专家都是教会中人,且多数是修士。随着学术标准衰落,原本对西塞罗而言意指"通文学"或

229

"有学问"的"文学界"(litteratus)一词开始更多地指拥有最低拉丁文阅读能力意义上的"读写能力"(literate)。与绝大多数人相比,这样一种"受过教育的人"仍然是有学问的,大多数人压根没有拉丁文知识或书本知识。

这些最初的神职界"受过教育的人"通过将非拉丁文专家贬低为"平信徒"这类无知群氓而为他们自己在社会上确立了特权地位,然而他们的零散知识与古代罗马或 12 世纪文艺复兴时期的拉丁文学者都鲜有共性。实际上,"神职人员"对他们的地位有不确定感,因为欧洲不是由他们支配,而是由一群具有无关读写能力之价值意识的战士们支配。查理大帝和阿尔弗雷德是例外,他们想让贵族成为更好的拉丁文专家;神职人员把他们当作榜样赞美,以鼓励其他人。中世纪早期的欧洲在创建一个神父精英群体方面远远未到独步天下的程度,这个精英群体垄断了书写,但他们不断意识到自己同居于主导地位的军阀们当头对面时无能为力。神职人员与平信徒间、选民与该死的人间那道推测中的鸿沟对神职人员是某种补偿,尽管就连教宗格里高利七世也不能令这道鸿沟在尘世成为长久现实。[9]

于是,"神职界:平信徒界"和"文学界:文盲界"这两个对比句通过不断重申而在心灵中结合起来。每个对比句中的术语变得可以互换,最终变成同义词。截至12 世纪,神职界意味着文学界,而平信徒界意味着文盲界,反之亦然。诺福克的案子早已阐明,"平信徒"一词被用于指文盲。反向用法(神职界意味着文学界)在 12世纪 70 年代被哈文特的菲利普(Philip of Harvengt)详细讨论过,他评论说一个人若非"充满文字气息",就不能被称为一个神职人员,因此,

> 说话时的一种用法被固定下来,从而当我们看到某个文学界人士时,立刻就称他为神职界人士。因为他扮演属于神职人员的角色,所以我们按照职务分配给他那个名称。这样,假如某人将一个属于文学界的骑士同一个无知的神父相比较,他就会满怀信心地惊呼并以誓言肯定,这位骑士比那位神父是更好的神职界人士……这种不恰当的用法已经变得如此流行,以致无论谁留心于神职气的文字,就被称为神职界人士。[10]

230　菲利普像奈杰尔·德·隆尚和其他地位列神职人员的作家一样,对真正的骑士和神职人员不再符合分配给他们的传统角色这种局面痛心疾首。在当前情况下,更重要的是,他观察到一位博学的骑士将被称为一个神职界人士,因为这暗含着在一份公文中被描述为神职界人士的某人不必然是神职人员的一员。如此之人很有可能是个受过教育的平信徒。

在英格兰,马修·帕里斯为波林·佩弗尔(或派普)(Paulin Peyver/Piper)——亨利三世的一位总管,1251 年去世——写的讣文最好地阐明了哈文特的菲利普的评论。他被描述为"一位文学界骑士或骑士般的神职人员"[11]。马修由此强调了在波林的例子里,这些术语可以互换。波林只在有学问的意义上是神职人员,因为他有大量供养他的土地和一位妻子以及合法的孩子们。类似地,生于 1269 年并撰写了自己的房地产契据册的北安普敦郡骑士亨利·德·布雷记下,他的外祖父哈里斯通领主理查德(Richard lord of Harlestone)"被称为神职界的理查德,因为他是文学界人士"[12]。这种用法最为人熟知的例子是亨利一世的绰号"神职人员"或"漂亮神职人员"。亨利一世真正有多少学问是另一个问题,也是有争议的问题;但可以肯定,他被奥德里克·维塔利斯描述为文学界人士且"被自然科学和神学科学滋养"[13]。因此在普通用法中,一个"神职界"人士就是一个有些学术造诣的人,无论他是否为教会中人。早在 12 世纪的第三个十年,一篇关于英格兰起源的、评论了众多男老师的辩论文章就用词讲究地问道:"这世上不是每个地方的艺术大师们都被称为神职人员吗?"[14]吟唱人彼得(Peter the Chanter)总结了 1200 年前后的情况:"有两类神职人员,他们之中都是有好有坏,亦即有神职的神职人员和是学者的神职人员。"[15]

"神职界"和"文学界"作为可以互换的术语使用,都指"有学问的"或"学术的",这一点在布雷克隆德的约瑟林关于伯里圣埃德蒙兹修道院内部两场辩论的描述中最清楚,一次是 1182 年为了修道院院长萨姆森的当选而辩论,另一次是 1200 年为了赫伯特副院长的当选而辩论。更讲究学术的修士们在这两次辩论中都力主,他们应当由一位受过教育的人领导,而不是由无知之徒领导。他们的反对者们用一条新连祷嘲笑他们:"上帝啊,从好神职人员手里拯救我们吧!"(A bonis clericis, libera nos, Domine!)[16]还用关于学拉丁文语法的双关语嘲笑他们:"我们的好神职人员在修院里常常变格(declined),现在他们自己都变衰(declined)。"[17]"神职界"是个相对性术语。约瑟林曾借一位修士之口说:"那位弟兄在某种意义上是个神职人员,尽管许多学问并没让他疯掉。"[18]另一次,约瑟林讲了坎特伯雷大主教休伯特·沃尔特如何不得不承认萨姆森院长是比他更好的神职界人士,意思是萨姆森是更好的学者。[19]约瑟林对"神职界"的用法得到哈文特的菲利普的解释,后者评论说,当我们遇到一位人道又宽厚的修士时,

> 我们问他是不是一位神职界人士。我们不想知道他是否被按立以执行关乎祭台的职务,只想知道他是不是一位文学界人士。为此,这位修士答复说,假如

> 他是个文学界人士，他就是个神职界人士，或者反过来，假如他是文盲界的，那他就是平信徒界的。[20]

或许可以补充说，假如一位修士追求基督徒的谦卑，那他就不会自称为"文学界"的，哪怕他有着学者式倾向。因此，恩舍姆的亚当在他关于林肯的圣休的传记中声称，不知如何令受过教育的人满意，他们会对他的风格和简朴叙述吹毛求疵。[21]亚当在此使用了圣徒传作者的共同策略，通过表现得质朴让他的故事看起来更真实。

既然"神职界"和"文学界"都指有学问的，继之而来的则是，一个没有重要书本学识的人就是"平信徒界"的，哪怕他是个修士或神父。为此，休伯特·沃尔特大主教被坎特伯雷圣奥古斯丁修道院的编年纪作者描述为"平信徒界兼文盲界"人士。[22]休伯特当然不是神职意义上的平信徒，他也不是任何现代意义上的文盲，因为他是首席大法官和档案室大臣，在创建王室档案方面做得比其他任何个人都多。圣奥古斯丁修道院的编年纪作者把"平信徒界"和"文盲界"当作骂人的话来用，他也称休伯特是"法盲"[23]，不过他对这些术语的使用并非不准确。休伯特是哈文特的菲利普意义上的"平信徒界"人士，也是约瑟林意义上的"文盲界"人士，因为他缺少博洛尼亚或巴黎的学院学习经历。那位在学术上自命不凡的威尔士的杰拉尔德曾指控休伯特的拉丁文不牢靠，他唯一的学校就是财政部。[24]

"文学界"与"神职界"类似，也是个相对性术语。一个特定个体被描述为一个"文学界"人士是否恰当，这是观点问题，因为本质上该词指"有学问"。同一个人可能被某人评价为"文学界"人士而被另一人评价为"文盲界"人士。因此亨利三世的档案室大臣兼奇切斯特主教拉尔夫·内维尔1214年当选利奇菲尔德的分堂主管神父时，被一位教廷使节证明是"文学界"人士，但1231年被另一位教廷顾问证明是"文盲界"人士，当时他的坎特伯雷大主教候选人资格被驳回。[25]认真负责的教会人士认为拉尔夫是个尘世行政官员。他与休伯特·沃尔特一样，不是理想意义上的"神职"或"文学界"人士，既非上帝的选民又非学者。1231年这回，胜出的坎特伯雷大主教候选人——阿宾顿的圣埃德蒙则两者皆是。休伯特和拉尔夫不是仅有的被描述为"文盲界"人士的杰出教会中人兼行政官员。跟他们作伴的还有索尔兹伯里主教兼亨利一世的首席大法官罗杰，以及伯里圣埃德蒙兹那位有争议的奥丁（Ording）院长。[26]在追求西塞罗式标准的索尔兹伯里的约翰的高尚眼光下，所有那些对拉丁诗人、历史学家、演说家和数学家一无所知的人都应该被称为"文盲"，"哪怕他们识字"。[27]

约翰的看法在沃尔特·马普看来天经地义，后者描述他认得的一个男孩是个优等生,"在我们当中受我们的教育";然而"他不是文学界的,对此我感到遗憾,尽管他知道如何誊写无论什么内容的任何系列的书信"。[28]沃尔特本来很想把这个男孩描述为"文学界"的,因为男孩是他的亲属,但是他不得不承认,优秀的书法不能代替学术。他补充说,这个男孩离开了英格兰,成为佛兰德斯的菲利普(Philip of Flanders,在位期为 1168—1191 年)的一位骑士。在菲利普的博学宫廷里,"平信徒阶层"里有许多人懂得"文字"(按哈文特的菲利普之言),因此这个男孩大概不会被算作"受过教育的骑士"的一员。[29]书写的能力充分包含了艺术家的专门技能,但不是文字科学的整体组成。令哈文特的菲利普笔下那位"文学界"骑士被描述为"神职界"人士的各项技能中并不包括书写。按照菲利普的意见,本质能力是用拉丁语言阅读、理解、凭口述创作、写韵文并表达自己。[30]因此,中世纪"文学界骑士"是一位受过古典教育的绅士,他是欧洲文化中反复出现的一个理想范型的具象。

之所以详细讨论"神职界"和"文学界"两个词的用法,乃因此种例子证明,当这两个词被用到一个人身上时,都不能用其现代对应词准确翻译。一个"神职界"人士不必然是神职人员(cleric 或 clerk),尽管他是某个有着博学名声的人。类似地,一个被描述为"文学界"人士的人远不止是现代意义上的"受过教育的人"。清点被称为"神职界"人士的个体的数量,或者列举被描述为"文学界"人士的骑士,能提供关于中世纪思考方法之固着性与特征的例子,但对于这种人——无论根据教会法被认定为神职人员或是平信徒——是否现代意义上的"受过教育/有读写能力"的人则无所澄清。[31]

关于平信徒读写能力的问题

讨论中世纪读写能力时,一直因为难以区分现代"受过教育的"和中世纪"文学 233
界"的而备受折磨。当一份中世纪资料将一位骑士描述为"文学界"人士时,通常提及他异乎寻常的博学,却不提他的阅读和书写能力。这种骑士很罕见;事实上,优质拉丁文学者在英格兰的乡村上流人士和政府官员中一贯罕见。但即使这个时期也存在个把。因此诺曼征服后不久,一位名叫罗伯特的诺曼人,"那个文学界骑士",将一笔收入捐赠给圣奥尔本斯修道院供教堂置备书籍。[32]他对书籍的兴趣恐怕大过多数修士。大约一个世纪后,威尔士的杰拉尔德讲述了一位"文学界骑士"如何鬼魂显灵,要求同一位有学问的老师玩一局拉丁文诗句接龙,因为那是他生前的"社会消遣"。[33]类似地，马修·帕里斯把莱克星敦的约翰(John of Lexington)描述为"有教养的、雄辩的和文学界的骑士"时，或者把罗杰·德·瑟寇比(Roger de Thurkelby)描述为"骑士兼文学界人士"时，他记录下来的是他对学问的仰慕之情，而非仰慕他们的基础学校教育。[34]约翰是国玺保管员，马修 1257 年为他写了讣文，罗杰是王家法官中少数拥有马修心目中之法律智慧的一位。

　　历史学家讨论平信徒读写能力的初始困难在于避免年代误植。中世纪关于读写能力的思想与今天的如此不同，以致一些现代问题毫无意义。去问"平信徒是目不识丁的吗"是同义反复，"平信徒"当然是"文盲"，因为这两个术语是同义词。而一个中世纪学者若面对反过来的问题，"平信徒是识文断字的人吗?"，他可能觉得自己正被要求进行一场初级辩证法练习。问平信徒是否识文断字，就仿佛问"恶是善的吗"或"黑是白的吗"。每个艺术学士都懂，这类格言的有效性不因有道德缺陷的个案或这个不完美世界里的灰暗而受影响。"神职界"是"文学界"这条格言及其反题属于同样的思考规则。当时之人如哈文特的菲利普或布雷克隆德的约瑟林通过日常经验而知道大量例外，但他们通过把博学的骑士称为"神职界"人士、把无知修士称为"平信徒界"的而维护了规则的外表。这些规则不能与现代历史学家的概括等量齐观，那些概括产生于对大量个案的评估。经院格言的有效性不从个体经验中衍生，而从普遍规则中衍生，普遍规则比特殊个案高级和优先，因为它们是事物神圣秩序的一部分。解释中世纪的思考方式时，说所有平信徒都被认为目不识丁，这是对的，但若由该命题得出结论说，在任何特定时间和地点，所有非教会中人都不能阅读和书写，这就错了。经院格言不同于现实案例。

234　　另一个年代误植是，假定阅读和书写的能力是简单又恒定的衡器，可轻易适用于中世纪案例。将阅读和书写自动配对，将读写能力同一个人讲的语言密切联系起来，这些不是普遍准则，而是现代欧洲文化的产物。[35]这种现代意义上的读写能力从童年起就在每个现代学者身上深深植入，以致很难将自己从这种先入之见中解脱出来，或者很难避免把它想成进步的自动衡器。过去两个世纪里，中世纪史学家痛苦地学会了在讨论封建社会或经院哲学时克服年代误植。然而当他们触及基础教育和读写技能时，他们又倾向于假定，可以通过将现代的标准和经验适用于中世纪往昔而轻易理解这些难题。[36]在用现代术语讲说过去的思想之前，必须先用过去的术语分析这些思想。

　　正如对沃尔特·马普和哈文特的菲利普的引用所阐明的，阅读和书写在 12 世纪末期时并不自动配对，且执行读写活动所需的最低能力也不被描述为读写能力。

书写是一种与阅读迥异的技能,因为使用羊皮纸和羽毛笔令其不易。类似地,传统上对口语词的强调导致阅读更常与大声朗读而非与盯着字迹看相配对。尽管普通中世纪读者可能被教过用一支尖笔在一块书写板上写字母表中的字母,但他不必然感觉有信心在羊皮纸上用笔写一封书信或一份特许状。学者和官员雇佣抄写员,尤其雇他们起草正式法律公文,正如今天雇佣打字员和使用文字处理软件。这条规则有例外,其中最令人叹为观止的是西蒙·德·蒙特福特书写优美的遗嘱,遗嘱文本声明,它是他的长子亨利的手笔。[37]遗嘱是不寻常的个人公文,与家庭圈子密切联系,因为它们的主要目的是确保立遗嘱人临死时处于体面状态,而非确保对他财产的俗世化处置;因此亨利在书写他父亲的遗嘱时,正上演着孝心奉献的特别一幕。

中世纪和现代处理读写能力时的另一个基本区别是,中世纪的评估集中在最高能力的案例上,如最博学的学者(文学界)和最文雅的抄写员的技能,现代评估人却衡量最低技能在大众当中的传播。因此,现代对读写能力的评估主要关心个人签自己名字的最低能力,也关心把这种能力当作基本教育技能来教授的小学的发展。12世纪和13世纪的英格兰,签名也类似地被认为是重要的,但它不直接与书写或学校相联系。手写的个人签名或个人符号本身不被当作一份公文真实性的合法象征而接受,除非签名的人是犹太人。基督徒被要求或者用十字符签名,表明他在受难基督的眼前做出一项许诺,或者更常见的是给这份公文附加上印章形式的符号。[38]

在中世纪英格兰拥有一枚刻着所有者名字的印章,这最接近于现代把写自己名字的能力作为读写能力试金石的标准。尽管一枚印章的所有者未必有能力书写,但他/她是一个熟悉公文的人,并有权参与公文之使用。一份公文上的中世纪印章或现代手写签名都不表明该签名在读写技能的最低胜任度之外还有其他含义。这样一个人不必是中世纪意义上的"文学界"人士,也不必是现代意义上的"受过教育的人"。假如拥有一枚印章被视为现代手写签名的中世纪等价物,可以衡量最低读写能力,那么就大致能够评估(现代意义上的)读写能力的成长。1100年,除了统治者们和主教们,几乎没别人有印章,而到1300年时,所有自由民乃至一些农奴大概都有印章。因此1285年的埃克塞特法令期望"男性奴隶"在认证书面证据时使用印章。[39]该法令的期望在多大程度上折射出实际实践,这只能推测,虽说可以轻易援引例子表明早在13世纪30年代就有应事劳务的小农和佃农在特许状上印上他们的私人印章。[40]此种意义上的最低读写能力截至1300年在农民当中的分

235

布范围被低估了，因为历史学家们连把这种能力适用于上流人士都嫌勉强。

什么构成读写能力？现代观念和中世纪观念对此的分歧比双方最低要求间的差异更深。中世纪英格兰用以表达口头思想和书面思想的语言的多样化，令任何阅读和书写的能力都成为一项智识成就。此种多样性也阻碍了读写能力的快速发展，这个读写能力指现代意义上的人口大多数所要求的阅读和书写他们所说语言的最低能力。阅读和书写方面的初级指导始于拉丁文，因为拉丁文在传统上是读写语言和神圣经文的语言。那些用本地语言，无论中世纪英语还是法语书写的人，都在拉丁文的基础上打造新奇和复杂的结构。哪怕1300年之后，中世纪英语和法语也还未充分标准化，或都还不足以确立为一种读写语言，以致可以成为阅读和书写初级指导的基础。假如爱德华一世当政时或更早时期的一个人学会了阅读英语或法语，却不会阅读拉丁文，他绝不会变成"文学界"人士，也不会理解他生活时代里流通的大多数书写品，因为那些都是拉丁文写的。用英语和法语传授读写技能开始变得实际可行或被人渴求之前，它们不得不先变成普通业务语言和文学语言。

236　　　无论如何，截至1300年，拉丁文的霸权以及支撑这种霸权的神职人员和受过教育的人的特权正日益遭受挑战，既有本地语言书写品的挑战，也有反教权主义的挑战。波尼法爵八世在他主要指向爱德华一世和法兰西菲利普四世（Philip IV）的1296年诏书《神职人员平信徒》（*Clericis Laicos*）中用挑衅的话语开场："平信徒敌视神职人员众所周知，古已讲述此话，近期经验昭然证之。"[41]不过，与法兰西的非教会人士相比，英格兰的非教会人士在放弃拉丁文作为读写技能基础方面比较慢，大概因为英语和法语在竞相争当替代性文学语言。总体而言，从约1300年开始，法律专家和政府官员偏爱法语，而有创造性的作家偏爱英语。此外，在中世纪后来的时期里，对英格兰人而言，初级拉丁文阅读知识变成生死攸关的事情。任何一个被控有重罪的人，倘能阅读诗篇集中指定的一句，就在理论上享有神职人员的好处，由此能逃脱死刑。[42]既然中间阶层的平信徒正开始自我声张，他们就接收了"神职界"与"文学界"的古老联系，并将之转变为自己的优势，以拯救他们逃脱绞刑。"文学界"一词就这样从指一个博学的人压缩成指一个有最低阅读能力的人，尽管读的是拉丁文。一个"神职界"人士依旧是个"文学界"人士，但是他现在既非教会中人也非学者，他是随便哪个具备最低意义上的读写能力的人。截至15世纪中叶，伦敦的商人们也被描述为"受过教育的人。"[43]相应地，1300年之后，有读写能力的人已经变得相对普遍。然而变化的不必然是总人口中掌握阅读和书写的人的比例，而是这些词语的含义。一个"神职界"人士现在是个普通文员，而一个"文学界"人士现在是具有最低读写能力的人。平信徒读写能力的达成可能不怎么通过老师们的努力和神秘的进步力量（如有时所声称的那样），而更多是通过《爱丽丝漫游奇境记》（*Through the Looking-Glass*）中蛋头先生对爱丽丝解释的那样："当我使用一个词，它的意思就是我决定它所指的意思，不多也不少……问题在于哪个是主要的——就这样了。"至少在口头上，平信徒已经掌握了神职人员和受过教育的人（的能力），而且从这种掌握出发，现代的读写能力概念——意指最低程度的阅读能力——诞生了。

非教会人士的拉丁文知识

为避免问题产生歧义，"平信徒是识文断字的人吗？"这个问题需要重新设计。由于拉丁文是这时期英格兰读写能力的基础，因此更富成效的问题是："非教会人士懂点拉丁文吗？"这个问题自 20 世纪前半叶以来已经日渐得到学者们的肯定性答复。历史学家们从社会阶层的顶端开始，已证明至少泛泛认识拉丁文的能力在 237 1100—1300 年的两个世纪里日益广泛。

英国的加尔布雷斯和加利福尼亚的汤普森（J. W. Thompson）在 20 世纪 30 年代各自独立地证明，自亨利一世以降的英格兰国王们都受过拉丁文指导，亨利一世和亨利二世甚至被当时一些人认为是"受过教育的人"[44]。更重要的是，亨利二世在一系列涉及修道院特许状的审判中——1155 年关于圣奥尔本斯、1157 年和 1175 年关于战役修道院、1187 年关于伯里圣埃德蒙兹——表现出他掌握了书面凭据。[45] 他显然享受在他宫中主持修道院院长和主教之间的法律争讼，因为这给了他机会仔细查看他们的特许状，并证明他在智识和法律智慧上也是他们的主人，一如在物质权力上是他们的主人。布洛瓦的彼得宣称，亨利最普通的休闲形式包括与一群"神职界"人士私下阅读和工作，以解开一些棘手问题——他的宫廷里"每天都是学校"，这个声明恐怕并非夸大其辞。[46] 彼得使用"学校"一词并不指初级学校，而指博学学者们讨论问题的一个圈子，一如他们在巴黎或牛津所为。自约翰王当政以来，拉丁文的基础指导被视为天经地义，"自此以往，我们所有的国王都在年幼时受文字教导，且他们那迥异于他们文化的读写能力并非特别重要"[47]。

国王们设立的榜样不可避免地让贵族和上流人士们有了学点拉丁文的动机，既为了避免在（每天都是学校）宫中被看成傻瓜，也为了能充分理解用拉丁文表达的书面命令，这些命令开始从王室的档案室和财政部倾泻而出。出于这些原因，亨利·杰拉尔德·理查森（Henry Gerald Richardson）和乔治·奥斯本·塞尔斯（George Osborne Sayles）1963 年扩宽了具备"有限拉丁文知识（任何聪慧的年轻人都可以轻易和快速获得的这种知识）"的人的范围，从国王扩宽到 12 世纪英格兰的贵族和上流人士。[48] 他们关于贵族的结论是审慎且无懈可击的："没有轻率地从大约能被称为少量的案例中进行概括，公平地说，他们创建了一个推论，即一个贵族出身的人在年轻时应该拥有学一些拉丁文文字的机会。"[49] 理查森和塞尔斯也暗示，就连一些地位较低的骑士也能阅读和书写拉丁文。这个暗示基于对亨利二世 1166 年聆讯供养骑士之土地的书面答复以及对他 1170 年《聆讯郡治安官》的书面

238　答复。具体论点是，"更多非正式公文，那些不含体现文员式技能的标记的"都是骑士们自己写的。[50] 尽管关于这类人想要或能够在羊皮纸上书写的假定有争议，但退一步的猜测——许多骑士自己阅读王室令状并起草自己的答复——是有可能的。[51]

　　支持理查森和塞尔斯关于对拉丁文的泛泛认识相对广泛这一论述的最强有力的论据是，诸如郡治安官和法官这样的王室官员——他们多数不是教会人士——必须有对拉丁文的应用知识，因为他们履行职责时"要求使用书面凭据"[52]。虽说这类官员通常雇佣文员从事书写和给他们朗读书信，但他们必须理解足够多的拉丁文，才能精通手头的业务而不会被他们的文员或诉讼当事人的律师误导。亨利二世的平信徒郡治安官中至少有一位——汉普郡治安官理查德——拉丁文的书写和阅读都很好，因为他有一份关于欠威廉·凯德钱的亲笔债务确认书存世。[53]

　　官员懂点拉丁文的推论截至 1200 年适用于中央政府官员，到了 1300 年则扩展到采邑和乡村的总管、执行官、小吏和地方行政官。[54] 基于此证据，马尔科姆·贝克威思·帕克斯（Malcolm Beckwith Parkes）在他论平信徒读写能力问题的文章中力主，历史学家应当考虑到"农民中有一定程度的实用读写能力"[55]。早已讨论过的农民使用印章和特许状的一些例子加强了他的论点。帕克斯援引沃尔特·马普之言，后者理所当然地认为"我们称为农民的农奴们急于让他们不光彩又堕落的孩子们受到（自由）艺术教育"[56]。沃尔特谴责这现象，因为自由教育仅对自由民才恰当。产生此问题是因为某天他与首席大法官拉努夫·德·格兰维尔讨论，为何亨利二世的神职人员法官比平信徒法官更严厉。沃尔特的解释是，神职人员不像绅士们那样行事，因为他们出身农奴。虽然沃尔特只是在表达个人意见，且他的意见常常是不合常情和讽刺的（沃尔特本人就是神职人员法官），但他的评论有点事

实基础。

研究中世纪读写能力的历史学家们自社会等级顶端的国王开始,经男爵和骑士下行,已经触及了位于底层的农民,并提出即使一些农民也熟悉拉丁文。奥姆(N. Orme)在他关于中世纪学校的研究的导论中考察了从社会顶层到社会底层的读写能力(主要在中世纪晚后时期)。[57]他把人们分成七类——神职人员、国王与王侯、贵族与上流人士、行政官员与法律专家、商人、工匠、艺术家、佃农、女人。对12世纪和13世纪而言,四分法——国王与王侯、贵族或男爵、上流人士或骑士、(自由或不自由的)农民——更恰当。神职人员和女人都不是单独的社会阶层,因为他们通过自己的家庭获得社会地位。行政官员和法律专家也不是明显的阶层,因为(熟练意义上的)法律专业到13世纪晚期才出现。

人们可能觉得商人值得被作为一个群体区分出来,因为他们的家庭在佛兰德斯和意大利北部的城邦里处于教育前沿。然而在英格兰,商人王朝(如伦敦的那些)披着有土地的上流人士的社会光环,不管怎样在13世纪并非一个鲜明的"资产阶级"。骑士般的商人与其他骑士一样有教养。至于地位较低的商人,拉丁文读写能力是否仍属基本技能,这是有疑问的,因为他们根据记忆和计数签工作。只有当地位较低的商人停止带着他们的货物旅行而改为坐在办公室里时,书本学习和书籍保存才对他们变得至关重要。以英格兰而论,整体而言那是14世纪的发展,非是12世纪的发展。圣戈德里克(St Godric)未经任何正规教育而掌握了"商人的功课",这恐怕是11世纪乃至12世纪的典型经验。[58]另一方面,像伦敦的奥斯伯特·八便士(Osbert Huitdeniers)这种金融家(他曾雇佣年轻的托马斯·贝克特当文员和会计)需要的拉丁文知识就像法官处理自己业务所要求的拉丁文那么多。[59]但是金融家不是能够成为一个社会阶层的充分同质化的群体,因为他们之中许多都是犹太人,这些犹太人熟稔希伯来文,经常也同样熟稔拉丁文。

位于社会金字塔底层的(自由和不自由的)农民的知识仍有待讨论。当考虑教会在乡村生活中之角色时,有些农民对拉丁文有泛泛认识的提议就并非难以置信。理论上,在英格兰至少每个成年人应当懂点拉丁文,因为在礼拜仪式中使用拉丁文。西方教会对拉丁文的态度是矛盾的。将"神职界"等同为"文学界"暗示只有拉丁文专家才是上帝的选民,但是这种等同被福音书反复出现的信息所抵消,福音书坚持基督教教义应当传达给每个人,因此就要传达给平信徒群众。于是有各种将祈祷文、经文和教会说教翻译为本地语言的尝试。阿尔弗雷德和埃弗里克是前征服时代英格兰此类尝试的明显例子。

到了 11 世纪，似乎达到一种不稳定的折中局面，由此对普通人民而言，不可再压缩的最低限度的基督教教义——主祷文和信经——要用拉丁文背诵，而布道词、训诫词之类的东西用本地语言表达。因此克努特的一条法律吩咐每个基督徒自行努力，直到他至少能"正确理解并学会主祷文和信经"[60]。虽然这条法律不意味着

240 每个人要阅读拉丁文，但他们要背诵这两段拉丁文文本直至记牢。因此，伴随这条法律的词语注解中有一条补充说，基督本人率先背诵主祷文。这条法律说的是拉丁文文本而非英语译本，此点通过使用"主祷文"和"信经"的拉丁文名字（Pater Noster 和 Credo）暗示出来，也通过描述没能学会它们要受什么处罚的词语注解暗示出来。假如这些文本是本地语言的，那想必学会它们不该有困难。

事实上，多数人可能不觉得掌握这点最少量的拉丁文有着无法克服的困难，因为他们已经习惯于用耳朵学习，此外他们每次去教堂时就能听到有人背诵这些文本。假定人口的多数对他们的宗教义务都有着最低程度的自觉心，我们就能得出结论说，多数人民能背诵一点拉丁文。如此他们就向读写能力迈出第一步，但吊诡的是，他们已能文雅地说话。那些能稍微获得更大能力的人，亦即那些理解他们背诵的东西，或许也能认得字母表中字母的人，假如被要求用印章在拉丁文特许状上签自己的名字，就压根不会茫然无措。

涉及中世纪人民大众教育程度的此类推测不可能加以证实，因为关于基础指导的任何种类的证据都很罕见，关于普通人民的尤其罕见。圣徒传记有时提供他们童年的片言只语，而对这时期确定出身农民的英格兰圣徒的唯一详细描述是圣戈德里克的生平，根据他自己的回忆而写（有各种版本）。[61]圣戈德里克是因经商而发家的迪克·惠灵顿（Dick Whittington）①类型的第一个英格兰范例，因此在大量社会史中都很突出，不过他的故事值得从他获得何种教育的角度再次审视。

戈德里克约 1065 年生在诺福克，父母是好人，但贫穷又无知。他不愿继续当农民，而想锻炼心灵，因此他鞭策自己学习。[62]他努力学会当一个商人（商人的功课），先在本地卖东西，然后加入流动商贩行列，最终变成一个国际船员。[63]身为带着货物旅行的商人，他掌握了航海术和实用航海天文学。[64]商业同宗教良好结合，因为他航行到林迪斯法恩和圣安德鲁斯（St Andrews）的圣髑龛，并超出不列颠岛去了罗马、圣地亚哥（Santiago）和耶路撒冷。[65]过了一阵子，他返回诺福克，变成某位

---

① 迪克·惠灵顿是英格兰民间传说中的人物，童年贫穷，因为将猫卖给一个有鼠害的乡村而发了财，后来成为富有商人，又成为伦敦市长。——译者注

富人的总管和总经理人。[66]戈德里克是个虔诚之士,但不是个书呆子,虽然他"在 241
摇篮里"就知道主祷文和信经并且常常在旅途中仔细思量它们。[67]大约 40 岁那
年,卡莱尔(Carlisle)的一位亲戚给了他一本诗篇集,他如饥似渴地从中学习赞美
诗,把它们记在心里。[68]这是一本缩编本诗篇集,通常称为"圣哲罗姆诗篇集"。这
本书必定非常大,戈德里克因为到处带着它甚至睡觉也拿着它而导致小手指永久
变形。[69]他经过更多旅行后来到达勒姆,在那里学了更多的赞美诗,"且后来他学
会了整部诗篇集"[70]。达勒姆的圣母玛利亚教堂是"男孩们学习文字初阶"的地
方,他停留在这附近,坚韧不拔地凭记忆"听、读和诵唱",因此在礼拜仪式中变得
"坚决和肯定"。[71]最后他在达勒姆附近的芬寇(Finchale)安顿下来,当一个隐士。

　　戈德里克是自学成才,故此达勒姆的魔鬼和修士们都以高人一等的姿态对待
他。12 世纪的魔鬼分享了沃尔特·马普对那些在尘世中上进的农奴的意见,称戈
德里克是"臭烘烘的老农民"[72],而他的主要传记作者达勒姆的雷金纳德(Reginald
of Durham)常常并无恶意地把他描述为"平信徒"、"文盲界"人士和"乡下人"。[73]
严格来讲,雷金纳德是对的,因为戈德里克不是"神职界"和"文学界"人士。不管怎
样,当雷金纳德认为,戈德里克尽管母语是英语却理解"法语或罗曼语",这是个奇
迹时,透露出雷金纳德自己对旅行之于聪慧人士的影响一无所知。[74]雷金纳德也
同样认为,令戈德里克能理解达勒姆四位修士谈话的是圣灵,而非他天生的才智,
这四位修士被派来对他仔细盘问。[75]通过这些方式,戈德里克得以(用英语)就圣
经对他们做出令人钦佩的阐述,"仿佛他是个杰出的文学界人士"[76]。戈德里克的
各位传记作者提供的关于他的知识的信息并非为了突出知识而记录,而是以此作
为证据,证明他的宗教奉献和那些奇迹力量,后者是身为圣徒不可或缺的标志。无
论如何,关于他生平的各种版本已经足够详尽和连贯地提供了一份关于一个人自
学成才和从草根崛起的历史记录。

　　戈德里克的生平故事给假定学校是教育的起点与终点的现代倾向提供了大量
纠正。他"在摇篮里"接受了主祷文和信经指导,这大概意味着从父母那里接受指
导。如此他是基督徒法律被运用于实践的一个例子,因为教自己的孩子主祷文和 242
信经是每个父母的义务。[77]自此以后戈德里克就是自学。他凭经验学会了计算能
力和航海术,即"商人的功课"。读写能力显然提出更大难题。戈德里克可能从未
学会书写,他的拉丁文知识主要依赖听和记。虽然他绝不可能通过这种方法变成
"文学界"人士,但他显然能应付教会圈子里拉丁文的常规使用。威尔士的杰拉尔
德给出另一个隐士兼旅行者威治留的例子,他同样奇迹般地凭耳朵学会了拉丁

253

文。[78]然而这种知识被认为是奇迹，这暗示着人们认为没有正式语法指导就难以学习拉丁文。不过就算是拉丁文，在初级阶段也主要是一种口语，教会的礼拜仪式和家中的祈祷文向儿童们介绍的正是这种口语形式。

　　尽管一个像戈德里克那样的人——一个记住了全套礼拜仪式的人，无法被受教育的人表决通过是拉丁文专家，但他或许能像一些神职人员一样好地展示拉丁文。只有当他想被接受当一个勤勤恳恳的教会人士和修士时，他自学的拉丁文才成为问题。在平信徒社会，戈德里克缺少正规教育并不妨碍他掌握商人的功课，也不妨碍他变成一个富人的总管。在后面这种能力中，计数签和受过训练的记忆比羊皮纸更管用，虽说假如戈德里克晚活一个世纪，他将发现没有书写会更难开展业务，但是在决定戈德里克一个世纪后不能胜任之前，值得回想一下，中世纪所有总管和商业经理人中最伟大的一位——休伯特·沃尔特——也同样被描述为"平信徒界兼文盲界"人士。[79]假如威尔士的杰拉尔德可信，则休伯特·沃尔特与戈德里克一样，只受过很少或没受过正规学校教育，并对基础拉丁文语法无知。一点点拉丁文知识，就像较近期时代里的一点点读写能力，可以让一个人在日常业务上走得很远，这在学者眼里真是可叹。

神职教育的获取

　　戈德里克的生平展示出，一个未受过任何正规学校教育的下定决心的农民可以获得一点拉丁文知识，以及更广阔意义上的理解并掌握自身环境方面的大量教育。不管怎样，沃尔特·马普所挂怀的那些变成王家法官的农奴的孩子可能通过童年的某种神职训练才能崛起，因为自学拉丁文只能学会皮毛。这种指导的普及性可能被低估了，卷入其中的儿童的数量和这些儿童所属的社会阶层都被低估了。12 世纪早期的一位护教者曾力主，有大量神职人员，正如有大量王室收税员和官员，因为"不仅在城市和自治城镇，甚至在小乡村"都有高度专家化的男老师。[80]不过就算这不是夸大其辞，一个农奴家庭也有支付指导费用和让相关儿童脱产学习的难题。

　　这些难题的一个解决之道就是教会，教会通过神父在乡村散播免费指导的角色可能被低估，正如它通过礼拜仪式让人们熟悉拉丁文的角色被低估。自 11 世纪以来，随着堂区教堂网络逐渐取代传教时期集中化的大教堂，乡村神父变得日益普

243

遍。自此以后,神父和他们的书籍更广泛也更持久地散布在乡村地区。"截至 1154
年,初级教育的存在被视为理所当然,亦即每个想要基础教育并能够支付它的人都
可以获得基础教育;穷人家的聪明孩子常常得到免费教育。"[81]1066 年之后,诺曼
化高位教士同盎格鲁-撒克逊低级神职人员之间的疏离令乡村间的隔绝和本地招
募现象发生复合作用,可能在短期内导致一些神父的教育标准退化。不管怎样,多
数学者赞同,截至 13 世纪(这时有足够丰富的信息可供概括),本堂神父常常是农民
出身,甚至是奴隶出身,同时神职学习的标准总体上相当高。[82]后一个概括争议性
更大,因为有少量关于神父无知的例子被作为反证反复引用。引用最频繁的是关
于 1222 年索尔兹伯里分堂主管神父视察桑宁(Sonning)的报告,桑宁教区代牧的一
些专职神父对拉丁文语法的无知被暴露出来。[83]不过这个案例并不暗示此种无知
是常态,因为此次视察的一个后果是,不称职的专职神父被暂令停职或开除。

　　神父无知的案例被详细记录在主教的登记簿上,这表明的不是神父们普遍无
知,而是改革者们要求更高的标准。因此,根据最早的主教登记簿即威尔斯的休的
登记簿计算出,就最大的主教辖区林肯教区而言,大约 25 年间(1209—1235 年),在
1958 个有圣俸的机构里,只有 101 个候选人被记为学识不足,且这些案例中的大多
数候选人都还没有完成学业;只有四位有缺陷的候选人已经是神父。[84]如果大多
数本堂神父都是农民出身,且假如截至 1230 年有许多人已得到充分指导,那么由此
而来的结论是,即使在 12 世纪,许多着眼于成为神父的农民出身之人已经受过拉丁
文的有效指导。

　　对农民的最初指导是如何达成的? 大概不常常通过城镇的学校,因为要么旅
费昂贵,要么住宿昂贵。将要成为神职人员的人在已经展示出有足够能力学会阅
读和基础拉丁语法后,肯定寄宿在城镇,但对他们最初的指导和挑选必定发生在他
们自己的乡村里。正如已经力陈的,假如本堂神父自己足以指导他人,他们就能履
行该职能。其实教会法的确要求他们这么做,在大量手写本中都重复过这条。9 世
纪奥尔良主教狄奥多尔夫(Theodulf)的条款"神父应当在所有乡村开学校并无偿教
授儿童",被译为英语并誊录到 11 世纪的教会选辑中。[85]重复此类条规当然意味
着有些神父没能遵守。此外,典型的乡村神父自身相对贫穷和无知,无法同时指导
许多儿童,也不能在 ABC 和拉丁文基本阅读要素之外教更多。许多神父大约至少
在最低水平上履行这些义务,因为可以找到一些对他们的附带提及。在归于玛
丽·德·法兰西(Marie de France)名下的寓言书中有一本(可能原本是英语的),画
着一位神父正在给一头狼教 ABC。[86]这幅画中的罕见元素是狼而不是神父。赫尔

244

曼（Hermann）约 1095 年记录下来的关于圣埃德蒙的奇迹中，有一则是治愈一个重病之人，此人病重到名叫高定（Goding）的本堂神父立刻"带着他的门生们赶来"，匆匆给他举行最后的礼仪。[87] 神父们的基础教授义务如此司空见惯，以致似乎只在如上述这般例外环境下才被提及。

即使一位本堂神父平均一年只教一个贫穷男孩，比如在祭台给他做事的那个男孩，且假如这种男孩中十个有一个超过 ABC 阶段继续进步，那么乡村里就有九个农民的儿子获得对文字的一点熟悉度，有一个则前进到神职人员的最低行列。这些男孩中能上升为本堂神父的也许十里挑一，变成"文学界"人士的则可能百里挑一，因为课程渐渐变得更加困难。此种推测（它们也只不过是推测）暗示，每个青史留名的出身寒门的高位教士和"文学界"人士（罗伯特·格罗斯泰斯特是个显著例子）都是千里挑一达成目标之人。[88] 虽说由此可见一个贫穷男孩通过教会上升很

245 困难，但有些人成功了，而且困难确保许多对自己的期望灰心的人至少学会了ABC。出身寒门的著名高位教士站在一座深深扎入乡村的农民教育金字塔的可见顶点。

不过，关于农民的儿子通过神职教育而上升，要找到更明确的信息很困难，因为童年罕被描述，且特定人物的社会出身也常常流于主观判断。贫寒或文雅都可能被希望证明自己的传主神圣或成功的传记作者加以误导性报告。自传类信息更加罕见，也更不易获取。因此，索尔兹伯里的约翰——他可能曾是农民，因为他的双亲信息非常模糊——评论说他从一位神父那里学到赞美诗，而且他大概是第一位被用这种方式教会阅读的人。[89] 然而这个例子并不表明约翰对此种指导信心满怀，因为他提到这点只是因为该神父也力图教给他巫术。关于乡下男孩上升为"文学界"人士的一个更清晰的例子是约瑟林报告的修道院萨姆森院长，尽管这个例子也阐明了评估社会阶层的困难。萨姆森甚至可能是沃尔特·马普评论亨利二世那些奴隶出身的神职人员法官比平信徒法官更严厉时的原型，因为按照约瑟林所说，他"把正义提到仁慈之上"[90]。

约瑟林报告称，尽管他曾听萨姆森说他有贵族血统的亲戚，但是"他没有三代以内的亲戚，或至少不曾假装有"[91]。萨姆森的沉默寡言有可能隐藏了奴隶出身。他似乎由母亲抚养，她在他 9 岁时为他介绍了圣埃德蒙的圣髑龛。[92] 作为替代，萨姆森报答那些"当他是个修道院穷修士时像亲戚般对待他的人"。因此他将圣俸给那些值得他给予教会捐赠的"出身不高"之人的子弟，给予那位卖圣水以维持在巴黎的学业的专职神父，也给予迪斯的威廉大师（Master William of Diss）的儿子，威

廉大师曾出于纯粹善心而让萨姆森进入他的学校。[93]无论萨姆森是什么出身,他肯定都是个榜样:一个有前途的乡村男孩,被选中训练为"神职界"一员,并主要靠教会的慈善才赢得上升。

萨姆森的生涯也阐明了神职教育中另一个重要方面。他曾经对约瑟林吐露,假如他有足够的钱继续待在学校里,他绝不会变成修士。[94]因此,令他确定履行教会天职的只不过是偶然。有些神职人员放弃了教会生活并在尘世凭本事吃饭,甚至变成了骑士。这是读写教育如何融入平信徒社会的另一种方式。关于圣戈德里克的奇迹中,有一则是他识别出布尔默的伯特伦(Bertram of Bulmer,在12世纪中叶)的家庭骑士中有一位是"神职界"和"文学界"人士,尽管这位骑士已经留了长发遮住削发的秃顶。[95]这位年轻的骑士为了主人的业务在一个礼拜日被派去戈德里克那里。戈德里克迫使他在弥撒礼中读日课,他读起来"完全不像个平信徒,倒很像个文学界人士",由此暴露出他的神职教养。因此戈德里克与他促膝长谈,告诉他,没有继续当神父是在对他的教育大材小用。一个世纪后,加迪斯敦的约翰(John of Gaddesden)——一个曾任王后总管的享有众多圣俸的神职人员,以更具仪式性的方式放弃了他的教会地位。他于1244年圣诞节当天被亨利三世赐予骑士腰带并与一位贵妇人的女儿结婚。[96]马修·帕里斯报告称,此举带来人们嫉妒的闲言碎语,而他认为这些是乱嚼舌根,因为约翰已经志愿放弃他所有的圣俸。在马修眼里更可耻的大概是那些没承认自己的平信徒身份却用圣俸养着配偶和私生子女的神职人员。

神职人员禁欲的规则长久以来就是教会的理想,11世纪被格里高利改革派注入新力量,截至13世纪接近于成为较高级神职人员的准则。[97]讽刺的是,这条规则可能成为神职人员的读写技能扩散到各阶层平信徒的主要原因。假如格里高利改革派不曾介入,那么神职人员-受教育的人可能变成一个世袭的排他性社会团体,就像某些文化中的祭司学者。那么拉丁文的知识就将被限定在一个自我延续的精英层里。相反,神职人员禁欲驱使不能接受该规则的受过训练的男人回到平信徒社会,于是传播了读写技能,也使未来神职人员的产生首先和主要依赖平信徒社会。神父们发现把自己的圣俸传给儿子们日益困难,因为这些儿子们被视为不合法。由此非神职人员家庭获得神职训练的机会增加了。

一份现今仅存于英格兰但与阿伯拉尔学派有关联的12世纪中叶的文本评论说,不同于犹太人家庭,基督徒家庭只让一个儿子受教育,"不是为了上帝,而是为了收益,这一个兄弟假如是个神职人员,就能帮助他的父亲和母亲及其他的兄弟";

246

一个神职人员没有继承人，因此任何所获都将回馈于家族。[98] 威尔士的杰拉尔德的童年暗示出，此种选择性态度在 12 世纪很普遍，在贵族当中亦然。杰拉尔德（约生于 1147 年）是四兄弟中最小的一个，很小的时候在海边建造沙子教堂和修道院，而他的哥哥们建造沙子城堡，由此展示出他适合从事神职。[99] 他的父亲感到高兴并称这个男孩是他的"主教"。这样，杰拉尔德就被交给叔父大卫负责，大卫是货真价实的圣戴维主教。在适当的时候，杰拉尔德两度成为圣戴维主教职位的候选人，尽管他的当选被宣布无效。杰拉尔德的家族对圣戴维主教职位享有世袭利益。神

247 职人员禁欲现在至少确保该职位从叔父传给侄子而不是从父亲传给儿子，因此最初的招募依赖像杰拉尔德的父亲那样的平信徒。

在格里高利的改革取得成效之前，许多未来的神职人员都必须通过自己的父母接触拉丁文和正规教育。奥德里克·维塔利斯的父亲是个神父，他知道拉丁文应当幼年就开始学习，因此从奥德里克 5 岁起就让另一位神父指导他。[100] 随着世袭神父变得罕见，负责让儿童开始学习拉丁文就成为父母的义务，这些父母在严格意义上是平信徒和文盲。他们就这样变得熟悉学习的难题，哪怕他们自己依旧未受指导。社会各个层次都需要神职人员，神职人员的范围从杰拉尔德的叔父那样的尊贵主教到农民本堂神父，因此越来越多的家庭开始拥有教育经验。禁欲制度令神职人员和平信徒通过最紧密的亲属关系结为一体，而非彼此分离。当一位年幼的兄弟因为没有财产可继承而被迫获取读写能力时，读写能力就不再是高高在上的晦涩奥秘。

贵族当中，那些阅读诗篇集和圣徒传记的虔诚母亲们可能经常在教育孩子方面发挥积极作用，如独一无二有记载的诺让的吉贝尔（Guilbert of Nogent）的案例所示。[101] 英格兰一个较低微社会层次的例子则可能是萨姆森的母亲，当她在圣埃德蒙圣髑龛对 9 岁的早慧儿子炫耀时，就安排了他的学校教育。一个世纪以后，毕斯沃思的沃尔特假定，提升孩子们法语水平的应当是母亲丹尼丝·德·孟辰西（Denise de Moutchensy），尽管她是个寡妇。[102] 在一首与毕斯沃思的沃尔特有联系的英语诗歌中（日期定为约 1300 年），"女人拿书本教孩子"是作为一个要求获得普遍赞同的声明而提出的。[103] 沃尔特进一步假定，母亲和孩子都熟悉拉丁文识字课本，即"把我们教成神职人员的书"，因为截至 13 世纪，至少在贵族当中，儿童们无论男女都通常被教一点正规拉丁文并因此获准加入"神职人员"。一点"神职"有益于让儿童们的选择保持开放状态。设若男孩或女孩有了拉丁文基础和一些地方影响力，则他们随后可以出于倾向或必要而加入"宗教生活"。此外，14 世纪起，一点拉

丁文即"神职人员的好处"也能保证一个人免于被绞死。于是截至1300年,各个社会阶层尽职尽责或志向远大的父母们都有强烈动机看到自己的孩子是这种新的最低水平意义上的"神职人员"和"受过教育的人",也就是能够读圣经里的一节。

真正"受过教育的人"亦即旧意义上的"学者"当然依旧稀罕。那些彻底无知的人,亦即那些无法通过一场拉丁文阅读测试的人,可能也同样罕见。一个把被详细描述的读不出来的案例被认为好笑,尤其让专业学者感到好笑,因此就被反复引用。重复造成了虚假的印象,让人以为这种案例典型又常见。威尔士的杰拉尔德对圣道格米尔的修道院长没法读一封教宗书信乃至一本弥撒书的详细描述早已被引述。[104] 但是很难从杰拉尔德关于神职人员无知的大量生动描述中加以概括,因为他甚至指控休伯特·沃尔特对基础语法无知。有可能如此,但这也不能妨碍休伯特掌控王室档案。杰拉尔德的轶事就像关于教会人士目不识丁的其他详细报告一样,暗示出标准期望相当高。

截至1300年,骑士当中完全没有阅读能力的人也同样是例外情况,并非定则。这种骑士的例子很难找,一如他们的反面"受过教育的骑士"也很难找。当然有一些,比如德·托尼的案子中有两位陪审员被描述为"平信徒",但是"平信徒"一词在这个语境下的用法暗示着"神职人员"现在是常态。关于一个真正无知且粗鄙的骑士的例子是某个叫休的骑士,他于1293年被控强奸。[105] 他恳求享有神职人员的好处,而当这个恳求被驳回时,他希望对一些陪审员的出庭提出反对,这么做要求读出他们的名字。那一刻他不得不承认自己不会读。但是休的窘况不暗示他这种没有阅读能力的是典型。相反,这个例子强调了截至1300年,一个麻烦缠身的人有足够的"神职人员"能力对于帮助他摆脱麻烦有多重要。即使早一个世纪的1198年,牛津郡一位目不识丁的地主艾伦·菲兹罗兰(Alan Fitz Roland)发现,当他没能对一份他的农奴们带到他自己法庭上的针对他的令状做出反应时,他在国王的法官们面前被提控;艾伦的借口是,他没有文员能读这份公文。[106] 因此,一位地主,不管多小的地主,到1200年时有时需要、到1300年时一贯需要足够的"神职人员"能力来评估(就算不是完全理解)施加于他的书面要求,这种"神职人员"能力指个人的拉丁文知识。

受过教育的骑士

能够阅读一点拉丁文,足够掌握王室令状的要旨或理解圣经中或一部编年纪中的一行，这样的骑士就是有读写能力的，有点像现代最低意义上的读写能力。本章力主，截至 1300 年，这种能力在上流人士当中已经普及，在农民当中可能也不罕见。但是，根据最低读写能力的这类拓展做结论就更成问题。现代世界里，一点点读写能力让一个人开始应付大量的书面指示和官僚机构的要求，这些是日常经验中司空见惯的东西。更进一步的能力则为私人读者开启了数以千计写以他自己语言的可获得文本，他出于消遣或自我提升而阅读。因此，一个不能阅读和书写的人在掌控日常生活方面就处于不利地位，也被排除在依赖书面词语的那些文化领域之外。在此陈述这个自明之理，只因它们在中世纪并不具备同等适用力度。一位

249 在童年学会了拉丁文雏形的 11 世纪的骑士，在日常生活中不会发现这项技能有很多应用机会，它也不会向他敞开他的人民的文化遗产，因为拉丁文是一种外来语言，且书籍并非普遍可得。

到了 1300 年，局面改观，虽然并不剧烈。官僚机构的拉丁文要求现在足够常见，因此理解拉丁文对地主们变得有用。"实用"读写能力就此变得平常了，这种读写能力是帕克斯定义的"一个人在处理任何业务的过程中不得不用到的阅读或书写能力"[107]。用于消遣或自我提升的读写能力亦即"有修养的读者"的读写能力依然不是很有用，尽管随着更多东西正被用本地语言写下来，这方面也开始改观。沃里克伯爵 1306 年给博德斯利修道院的书籍，或者 13 世纪后期各种包含会计学和庄园管理论著的手写本，都表明截至 1300 年，在一位贵族的大家庭里甚或一位绅士的大家庭里能找到哪类文献。不过总体而言，私下阅读肯定仍是奢侈行为，很大程度上只限于孤僻的淑女和学者们。书籍是稀缺品，因此在一群人当中以朗读方式分享书籍的内容，这是一般的礼貌行为。

1066—1307 年间能够在最低程度上阅读的人数增长，这是"实用"要求的一个后果，而非"有修养的"读者的要求所致。为此本书才从记录制作来触及读写能力，而不是从通常的文化和教育发展的立场出发。"公文一定优先于读写能力的扩大。……直到公文可以接触也必须接触时，上流人士才开始学习阅读。"[108]虽然到了毕斯沃思的沃尔特的时代，一点点拉丁文已经变成业务的必需和绅士教育中的平常事物，但它对传统骑士文化依旧是种异质东西，甚至是骑士文化的反面。因此骑士才从"把我们教成神职人员的书"中学习拉丁文。13 世纪一位有追求的骑士没有因着成为一位读者——如今当读者是必要的——而从根本上变成一个有修养的绅士。他不得不掌握格斗、狩猎、带鹰出猎和下棋等技能，还要懂得本地语言、法律、传统的口头"文学"以及他的人民的音乐。这种知识主要不在拉丁文书籍中找

到,而是在说话、姿态和记忆中找到。

威廉·马歇尔(1219 年以高龄去世)的传记是绝无仅有的关于这时期骑士生活的回忆。它不是以拉丁文写的,而是以法语押韵对句写的(现存手写本有 19 254 行),因此马歇尔的家人和扈从能轻易理解和记忆。他的资深骑士厄利的约翰(John of Earley)补充了信息,他可能也是韵文的编纂人之一。这部传记对马歇尔的读写能力只字未提。"他的拉丁文造诣恐怕不超过对一位平信徒的基本要求:主祷文、圣母经和信经,他可能应从母亲或专职神父那里学会这些。"[109]无论如何从马歇尔的特许状可以看出,他像其他重要人物一样,有三人或更多人组成的文员参谋团来记账或写信,还有专职神父照料他的移动小教堂和包括各种祈祷书在内的教堂陈设。[110]约翰王驾崩后马歇尔成为英格兰摄政,带领一个官僚行政机构,它与他当伯爵和朝臣时使用的机构只有规模上的差异而无实质差异。令马歇尔这种骑士的生活如此富于挑战的,不是阅读和书写——他有自己的文员,却是他的平信徒同辈人的不可预测性,尤其是安茹王室。从马歇尔的传记判断,理解一匹马及其骑手在压力下可能怎么做,这是比"神职人员"的知识更宝贵的知识形式。

神职人员和受过教育的人可以宣称,书本学习是唯一的智性追求和崇高追求。但稍微考虑一下一位英格兰骑士需要懂的语言,抑或纹章学或带鹰出猎这种知识的微妙性,都暗示出骑士教育同样有智力要求,虽说是以不同的方式。不过这个暗示不能被无可辩驳地证明,因为 14 世纪之前的骑士文化因其主要是口头的而大体都失传了。缺少书面记录当然不令骑士文化对当时之人显得不够真实或要求不够高。其实它可能比后来的读写文化更加生动,因为骑士文化依赖说话的即时性。从传奇故事判断,智力和机智是骑士们珍视之物。一位受过高级口头教育的骑士被期望对他同伴们的知识和娱乐有所助益,而不是当一个被动和沉默的书本知识的接收者。神职人员可以宣称是上帝的选民,但骑士或战士是同样强大和受尊敬的精英。在中世纪读写能力的扩展中,神职人员没有将他们的文化强加到无知和被动的平信徒身上。不如说,神职技能在有用的范围内被逐渐吸收,且在数代的读写思考习惯和前读写思考习惯上形成一个混合体。

为了给可能显得影影绰绰和被浪漫化的概括总结提供点实质内容,现在来看一眼布雷克隆德的约瑟林记载的关于骑士的两个小事件,作为本章收尾。萨姆森 1182 年就任修道院长后的首个举动是拒绝除了一个人之外的所有献殷勤的人。这人是个骑士(约瑟林没记他的名字),"雄辩且是法律专家",留下他是因为萨姆森没有处理世俗法庭业务的经验。[111]一段时间后,萨姆森开始掌握世俗法,一如他已

250

掌握了教会法，这位骑士的服务彼时大概变得不那么必要。按照约瑟林所说，每个人都对萨姆森的新专长惊叹不已，代理郡治安官奥斯伯特·菲兹赫维（Osbert Fitz Hervey）还说："这位修道院长是个辩手；假如他善始善终，他会令我们所有人、我们每个人眼花缭乱。"[112]很快，"已在案件中证明过自己之后"，萨姆森被任命为巡回法院的王家法官，表明他在世俗法上的能力得到官方认可。[113]

251

在这两个事件中（第一个是萨姆森对一位无名骑士的最初任命，第二个是奥斯伯特·菲兹赫维对萨姆森的进步的评论），约瑟林将他的主人公和他的读者领向一个未知的智识世界，使萨姆森成为"神职界"和"文学界"人士的训练并未为他明确地预备好这个世界。结果，萨姆森适时掌握了这个世俗法律的世界，正如在约瑟林心目中他掌握了每个人和每件事。而这是个可以称奇的理由。菲兹赫维显然没设想过，萨姆森的神职教育会令他成为郡法庭上的好辩手。如菲兹赫维这般掌握着郡里事务的骑士通过经年累月出席法庭而已经学会了他们的技能，这些技能主要是口头的，他们的学习先是听后是说。大约30年前在同一个郡法庭上（又是一个与伯里圣埃德蒙兹有关的案例），它的"可信又审慎的人士"之一赫维·德·格兰维尔（Hervey de Glanvill）回忆了自己在50多年里如何出席郡法庭和区法庭，先是跟随他的父亲，后来作为凭自己本事当上的一家之主。[114]他的古老智慧在那个场合得到了应有的重视。

国王的法官和郡治安官多数是从像奥斯伯特·菲兹赫维那样口头学会自己业务的骑士当中挑选的，诉讼当事人则从这群人中挑选他们的辩护人。按照布莱克顿所说，此类专家骑士是"郡里的要人，他们被称为 buzones①，其他人的意见取决于他们点头"[115]。1212 年一个案子记录了"审判 buzones"给出裁决。[116]萨姆森不是唯一从骑士那里采纳法律建议的修道院院长。1201 年，克罗兰的修道院院长在与斯波尔丁的副院长的诉讼中依赖"睿智又谨慎的骑士——姓德·阿尔真托（de Argento）的雷纳德（Reynold）"的忠告。[117]雷纳德在 12 世纪 90 年代曾担任的各种职务包括郡治安官、巡回法院的法官和伊利主教的辩护律师。[118]奥斯伯特·菲兹赫维本人于理查一世当政时曾任巡回法院法官，也曾于 1192—1206 年间任威斯敏斯特的裁判庭法官。[119]他作为法官的成就格外醒目，因为《格兰维尔》的手稿中只提到七位法官（包括三位首席大法官）关于法律问题的意见，他是其中之一。[120]

---

① Buzones 是个只见于布莱克顿书中的词，它的语源和含义现在仍是个学术议题，本书作者也没提供任何解说。译者看到的一些解释分别说它是由法语中"秃鹫""鹞子""传播消息的人"等词演变而来。——译者注

尽管菲兹赫维这样的骑士是法律专家，但他们的专长不是书本学习，而是口头辩护。法庭上的娴熟抗辩亦即对口语词的掌握在很多无读写社会里都受景仰，在中世纪欧洲的最佳范例则来自中世纪文化地理上的两极——出产萨迦的冰岛和十字军的耶路撒冷王国。冰岛最为人熟知的例子是《尼亚尔萨迦》(Njal's Saga)中的故事，关于巩纳尔(Gunnar)如何欺骗专家赫鲁特(Hrut)传唤他自己。[121]耶路撒冷王国那些骑士出身的法学家[提比里亚的拉尔夫(Ralf of Tiberias)、贝鲁特的约翰(John of Beirut)和西顿的巴里安(Balian of Sidon)]则是奥斯伯特·菲兹赫维和雷纳德·德·阿尔真托的同时代人。虽说他们的意见后来被写入王国的法律书中，但无疑他们本人通过本地实践而学会他们的艺术，不是通过教会的拉丁文学校，一如英格兰郡法庭的法学家们。[122]

认为骑士出身的法学家是业余人士，而神职人员法学家是专业人士，这是错误的。骑士和神职人员都贡献了构成法律专业的技能。抗辩被骑士们作为私人战争的替代品发展起来，既是尊荣的专业，也是种智力消遣。当幼王亨利和他的伴从们1175年在英格兰于骑士精神的典范威廉·马歇尔的监护下度过一整年时，他们"除了抗辩、狩猎和在骑士比武大会中格斗之外"什么都没做。[123]神职人员通过学校的辩论，以一种可相比拟的智力战争的形式被训练，尽管更加以书本为中心。经院老师的原型彼得·阿伯拉尔在自传中从与其他老师的战争的角度看待他的整个人生。巴黎的学校可能教会修道院萨姆森院长比奥斯伯特·菲兹赫维更能意识到如何成为一个辩论者。当读写思考方式和前读写思考方式于12世纪开始彼此渗透和互相影响时，同时吸收两种传统的强大又新颖的体系形成了。英格兰习惯法受益于如萨姆森这般经院哲学家的神职训练，也受益于如奥斯伯特这般骑士的口头知识。王家法官无论严格来讲是神职人员还是平信徒，似乎在他们的专业能力上都不受双方出身的影响，尽管沃尔特·马普认为这影响了他们的严厉度。一旦司法人员在约翰当政期被充分地用文献记录，就能看出约翰的15位常任法官(亦即服务10年或更久的法官)中，只有4人是神职人员。[124]类似地，亨利三世当政时，有些法官是神职人员，如布莱克顿，而另一些当时同样出众的法官是骑士，如瑟寇比。

英格兰郡法庭的骑士们就像全欧洲的骑士们，不管是否有读写能力，都是受过教育的和有文化的人。或许截至1200年，但肯定截至1300年，他们通常都学会了足够的拉丁文以处理来到他们面前的公文。但是这种有局限的读写知识是实用性的便利，而非对他们智力教育的积极贡献。在帝制罗马和基督教罗马的文化中，从一个相对无知的神父那里学来的一点点拉丁文都不会教育一个人，因此也就不会让他成为传统意义上的"文学界"人士。只有当书写品用本地语言记录了非教会人士自身遗产的实质部分时，读写能力才对他们变成某种更积极的东西。这是中世纪晚后时期的发展，不是 1066—1307 年间的发展。

不过 12 世纪和 13 世纪格外重要，因为这些年是神职人员和平信徒、有读写能力的人和目不识丁的人这类传统划分瓦解的时期。渐渐地，最低拉丁文或神职人员能力意义上的一点点读写能力在各类场合都变得司空见惯，直到"神职人员的好处"开始意味着阅读一些拉丁文词语的能力。由于读写能力被等同为拉丁文已经有一千年，因此平信徒首先得以这种神职人员的、异质的形式学习读写能力。在读写能力能变成不足为奇的本地习惯之前，神职人员-受过教育的人同平信徒-文盲这对旧的竞争对手不得不达成妥协并吸收对方的思考过程。因此，读写能力的扩展在中世纪是个复杂的社会难题，不是提供更多教育设施的简单事务。骑士吸收神职人员的文化，神职人员则与骑士共处。威尔士的杰拉尔德这位原型般的"神职界"人士讲述了他的侄子威廉·德·巴里（William de Barri）如何在 1188 年 12 岁时被托付给杰拉尔德负责教育。这符合贵族男孩在自己家之外的一个大家庭接受教育的习俗。这个男孩被安排在坎特伯雷大主教鲍德温的扈从当中"不断骑马"，鲍德温当时正在杰拉尔德陪伴下于威尔士和英格兰为第三次十字军布道。①威廉长大后变成一名骑士而非一位神职人员，一名在杰拉尔德指导下既获得书本知识（"教义"）又学会"礼让谦恭"的骑士。[125]

本章未提出的一个基本问题是女性在中世纪读写能力动态系统中的角色。[126]这是一个很大也很复杂的难题，无法在本章收尾处讨论。该主题也要求一种不同的路径，既要使用书写资料，还要使用图像证据，因为对女性读写能力的明确指涉很罕见。记载最多的有读写能力的女性是修女和女隐士，比如马克耶特的克里斯蒂娜，但在考虑女性读写能力时，她们是次重要的，因为她们的生活准则和生活方式都取范于男性隐修制度。在读写能力史上更重要的是，淑女们通过获取供自己使用的各类祈祷书以及委托制作或拥有其他作品而令神职人员的习惯与价值观被吸收到贵族大家庭里的方式。本书早已展示过，13 世纪开始为平信徒制作日课书形式的礼仪书，且英格兰最早的这类样本是为女性而非为男性制作的。

254

---

① 亨利二世 1188 年 1 月加入第三次十字军计划，1189 年 7 月驾崩，理查一世加冕后就派鲍德温前去巴勒斯坦，所以鲍德温为第三次十字军布道和募钱的旅行发生于 1188 年至 1189 年上半年，威廉被托付给杰拉尔德时便刚好赶上这趟历练。——译者注

那些有着自己的大家庭和起居室的淑女可以像男性神职人员群体那样行事：背诵祈祷文、默读、浏览和听读她们自己的书籍（甚或书写自己的书籍），无论是宗教书籍还是世俗书籍。在这种女性大家庭里，儿童们也早早就熟悉书籍，读写习惯就这样从一代传到下一代。通过这些方式，读写技能扩展到神职人员这个排他性社会团体以外。贵妇人对教会书籍的"驯化"加上各个社会阶层的母亲们都对孩子们怀有期望，这些是 14 世纪、15 世纪欧洲读写能力的发展得以构建的基础。读写能力的焦点从修道院团体转移到贵族大家庭，这一文化变化的意义恐怕不逊于从记忆到书面记录的转变，只是它超出了本书讨论的范围与时期。[127]

【注释】

［1］S. S. Walker, "Proof of Age of Feudal Heirs in Medieval England", *Medieval Studies* (Toronto) XXXV(1973), pp.316—320.

［2］*Calendar of Inquisitions Post Mortem*, IV, pp.171—172, no.239.

［3］*Placitorum Abbreviatio*, Record Commissioners' publications(1811), p.293(不完整文本)；*Coram Rege Roll for Trinity Term 1297*, ed. W. P. W. Phillmore, British Record Society Index Library XIX(1897), pp.241—243；G. E. Cokayne, *The Complete Peerage*, 2nd edn, XII, part I(1953), p.773。威斯特艾克小修道院的编年纪已经不存。

［4］见本书第六章注释［1］。

［5］见本书第六章注释［51］—［52］。

［6］Nigellus de Longchamp dit Wireker, *Tractatus Contra Curiales et Officiales Clericos*, ed. A Boutemy(1959), I, p.204. A. G. Rigg, "Canterbury, Nigel of", in *Oxford Dictionary of National Biography*, IX, pp.946—947.

［7］H. Grundmann, "*Litteratus—Illitteratus*", *Archiv für Kulturgeschichte* XL(1958), p.17.

［8］*Dictionaire du droit canonique*, ed. R. Nax(1935—65), III, col.828；VI, col.328.

［9］概述见 L. Prosdocimi and Y. Congar in *I laici nella societas Christiana dei secoli XI e XII*, ed. G. Lazzati and C. D. Fonseca(1968), pp.56—117。

［10］Philip of Harvengt, "De Institutione Clericorum", Bk. IV, ch.110, *Patrologiae* CCIII(1855), col. 816；比较下文注释［30］的 P. Riché, "Recherches sur l'instruction des laïcs du IX au XII siècle", *Cahiers de civilisation médiévale* V(1962), p.181。

［11］*Matthaei Parisiensis Chronica Majora*, ed. H. R. Luard, V, p.242；N. Denholm-Young, *History and Heraldry*(1965), pp.32—34.

［12］*The Estate Book of Henry de Bray*, ed. D. Willis, p.79.

［13］J. W. Thompson, *The Literacy of the Laity in the Middle Ages*, University of California Publications in Education IX(1939), p.170, n.40.相反的观点见 V. H. Galbraith, "The Literacy of the Medieval English Kings", pp.201—202, 211—212。

［14］R. W. Southern, "Master Vacarius and the Beginning of an English Academic Tradition", in *Medieval Learning and Literature*: *Essays Presented to R. W. Hunt*(1976), p.268, n.1,引 *Studia Anselmia* XLI(1957), p.65。比较 H. G. Richardson and G. O. Sayles, *The Governance of Medieval*

England from the Conquest to Magna Carta，p.270，n.4。

[15] J. W. Baldwin, *Masters*，*Princes and Merchants*，II，p.51，n.57。

[16] *The Chronicle of Jocelin of Brakelond*，ed. H. E. Butler，p.12。

[17] *Ibid.*，p.130。

[18] *Ibid.*，p.12. Acts 26:24。

[19] *The Chronicle of Jocelin of Brakelond*，p.84。

[20] Philip of Harvengt，"De Institutione Clericorum"，col.816。

[21] *The Life of St Hugh of Lincoln*，ed. D. L. Douie and H. Farmer，vol.I，p.43。

[22] *Historiae Anglicanae Scriptores Decem*，ed. R. Twysden(1652)，col.1841。

[23] *Ibid.*，col.1841。

[24] 见本书第二章注释[103]—[105]。

[25] *The Great Register of Lichfield Cathedral*，ed. H. E. Savage，The William Salt Archaeological Society(1924)，p.341，no.713；*Matthaei Parisiensis Chronica Majora*，III，p.207[引文多弗的罗杰 (Roger of Wendover)的话]。感谢珍妮·斯通斯(Jeanne Stones)博士提供这些参考。

[26] William of Newburgh，*Chronicles*，ed. R. Howlett，Rolls Series LXXXII(1884)，I，p.36；*The Chronicle of Jocelin of Brakelond*，p.11。

[27] John of Salisbury，*Policraticus*，Bk. VII，ch.9，ed. C. C. J. Webb(1909)，II，p.126.比较 H. Grundmann，"*Litteratus—Illitteratus*"，p.52 及 P. Riché，"Recherches sur l'instruction des laïcs du IX au XII siècle"，pp.180—181。

[28] Walter Map，*De Nugis Curialium*，Bk. IV，ch.1，p.278。

[29] Philip of Harvengt，"De Institutione Clericorum"，cols 148—149；J. W. Thompson，*The Literacy of the Laity in the Middle Ages*，pp.139—141。

[30] Philip of Harvengt，ibid.，col.816.比较本章注释[10]。

[31] 概述见 J. Dunbabin，"From Clerk to Knight：Changing Orders"，in *The Ideals and Practice of Medieval Knighthood II*，ed. C. Harper-Bill and R. Harvey(1988)，pp.26—39。

[32] Thomas Walsingham，*Gesta Abbatum Monasterii Sancti Albani*，I，p.57；R. M. Thomson，*Manuscripts from St Albans Abbey 1066—1235*，I，p.13。

[33] *Giraldi Cambrensis Opera*，ed. J. S. Brewer et al.，VIII，p.310；H. G. Richardson and G. O. Sayles，*The Governance of Medieval England from the Conquest to Magna Carta*，p.273，n.8。

[34] *Matthaei Parisiensis Chronica Majora*，V，pp.610，317。

[35] H. J. Graff，*The Legacies of Literacy*，pp.373 ff。

[36] 对这些假定的讨论见 K. O'B. O'Keeffe，*Visible Song：Transitional Literacy in Old English Verse*，pp.9—10。

[37] 复制件，见 C. Bémont ed.，*Simon de Montfort*，trans. E. F. Jacob(1930)，pp.276—278(遗嘱为法语 且写于 1258 年)；M. M. Sheehan，*The Will in Medieval England*，Pontifical Institute of Medieval Studies：Studies & Texts VI(1963)，pp.260—261，nn. 128，131。

[38] 印章和十字的象征意义见本书第九章注释[53]—[90]的讨论。

[39] *Statutes of the Realm*，ed. A. Luders et al.，p.211.见本书第二章注释[24]。

[40] 见本书第二章注释[21]—[22]。

[41] P. Dupuy，*Historie du differand d'entre le Pape Boniface VIII et Philippe le Bel*(1655)，p.14；G. de Lagarde，*La Naissance de l'esprit laïque au déclin du Moyen Age*(1948)，I，ch.12。

[42] L. C. Gabel，*Benefit of Clergy in England in the Later Middle Ages*(1928—9)，pp.68—78. J. H. Baker，*Reports of Sir John Spelman*，II，Selden Society Series XCIV(1978)，pp.327—331。

[43] L. C. Gabel，ibid.，pp.82—84。

[44] V. H. Galbraith，"The Literacy of the Medieval English Kings"，pp.201—238；J. W. Thompson，*The Literacy of the Laity in the Middle Ages*，ch.7.前者是加尔布雷斯给英国国家学术院（British

Academy)的演讲,文章发表于1936年;汤普森的书1936年完稿,但1939年才出版。

[45] Thomas Walsingham, *Gesta Abbatum Monasterii Sancti Albani*, I, pp.150—154; *The Chronicle of Battle Abbey*, ed. E. Searle, pp.154—156, 280; *The Chronicle of Jocelin of Brakelond*, p.51.比较 V. H. Galbraith, "The Literacy of the Medieval English Kings", p.222, n.46。

[46] *Patrologiae* CCVII(1855), col.198; *Materials for the History of Thomas Becket*, ed. J. C. Robertson and J. B. Sheppard, VII, p.573.

[47] V. H. Galbraith, "The Literacy of the Medieval English Kings", p.215.

[48] H. G. Richardson and G. O. Sayles, *The Governance of Medieval England from the Conquest to Magna Carta*, p.278,(更概括的见) pp.269—283。

[49] *Ibid.*, p.273.

[50] *Ibid.*, p.275.

[51] W. L. Warren, *Henry II*(1973), pp.276—277.

[52] H. G. Richardson and G. O. Sayles, *The Governance of Medieval England from the Conquest to Magna Carta*, p.274.

[53] M. B. Parkes, "The Literacy of the Laity", p.558, n.20.

[54] 见本书第46—47页注释[3]—[9]。

[55] M. B. Parkes, "The Literacy of the Laity", p.560.

[56] Walter Map, *De Nugis Curialium*, Bk. I, ch.10, p.12.

[57] N. Orme, *English Schools in the Middle Ages*(1973), ch.1.

[58] 见本章注释[63]。

[59] M. T. Clanchy, "*Moderni* in Medieval Education and Government in England", p.681; *Materials for the History of Thomas Becket*, II, p.361. F. Barlow, *Thomas Becket*(1986), pp.26—27.

[60] I Canute 22, in *The Laws of the Kings of England from Edmund to Henry I*, ed. A. J. Robertson (1925), p.170.比较下文注释[77]。

[61] *Libellus de Vita et Miraculis S. Godrici*, ed. J. Stevenson, Surtees Society(1845); V. Tudor, "Godric of Finchale", in *Oxford Dictionary of National Biography*, XXII, pp. 601—602. M. Richter, *Sprache und Gesellschaft im Mittelalter*, pp.80—86.

[62] *Libellus de Vita et Miraculis S. Godrici*, ch.2, p.25.

[63] *Ibid.*, ch.2, p.25.

[64] *Ibid.*, ch.4, p.30.

[65] *Ibid.*, ch.6, pp.34, 36.

[66] *Ibid.*, ch.6, p.35.

[67] *Ibid.*, ch.4, p.28.

[68] *Ibid.*, ch.9, pp.41—42.

[69] *Ibid.*, ch.92, pp.200—201.

[70] *Ibid.*, ch.16, p.59.

[71] *Ibid.*, pp.59—60.

[72] *Ibid.*, ch.38, p.93.

[73] *Ibid.*, ch.38, p.94; ch.47, p.110; ch.87, p.192; ch.161, p.306.

[74] *Ibid.*, ch.94, pp.203—204; ch.96, p.206.

[75] *Ibid.*, ch.79, pp.179—180.

[76] *Ibid.*, p.179.

[77] *Wulfstan's Canons of Edgar*, ed. R. Fowler, Early English Text Society Series CCLXVI(1972), pp. 6—7.比较本章注释[60]。

[78] 见本书第六章注释[13]。

[79] 见本章注释[22]及本书第二章注释[103]—[105]。

［80］理查德·威廉·萨瑟恩爵士引，见本章注释［14］。①

［81］F. Barlow, *The English Church 1066—1154* (1979), p.229.

［82］Gabel, *Benefit of Clergy*, p.75 给出了奴隶出身的神父的例子。缺位的教区神父应当区别于代他们履行职责的贫穷神父，见 G. C. Homans, *English Villagers of the Thirteenth Century*, pp.388—390。J. R. H. Moorman, *Church Life in England in the Thirteenth Century* (1945), p.93 指出，神父是否应当足够博学，这取决于个人的观点。

［83］*The Register of St Osmund*, ed. W. H. Rich Jones, Rolls Series LXXVIII (1883), I, pp.304ff.最先发表于 G. G. Coulton, *Life in the Middle Ages*, 2nd edn (1928), II, 21, pp.39—41。

［84］N. Orme, *English Schools in the Middle Ages*, p.17.

［85］*Patrologiae* CV (1864), col.196; *Ancient Laws and Institutes of England*, ed. B. Thorpe, Record Commissioners' publications (1840), p.475, ch.20.

［86］U. T. Holmes, *Daily Living in the Twelfth Century*, p.230.

［87］*Memorials of St Edmunds Abbey*, ed. T. Arnold, I, p.81.

［88］R. W. Southern, *Robert Grosseteste*, p.63 提出，中世纪圣徒传作者可能对格罗斯泰斯特的卑微出身有所夸大。

［89］John of Salisbury, *Policraticus*, Bk. II, ch.28, vol.II, p.164.

［90］*The Chronicle of Jocelin of Brakelond*, p.34.

［91］*Ibid.*, p.43.

［92］*Ibid.*, p.37.

［93］*Ibid.*, pp.43—44.

［94］*Ibid.*, p.36.

［95］*Libellus de Vita et Miraculis S. Godrici*, ch.109, pp.226—228.

［96］*Matthaei Parisiensis Chronica Majora*, IV, p.403; F. Pegues, "The *Clericus* in the Legal Administration of Thirteenth-Century England", pp.556—557.

［97］C. N. L. Brooke, "Gregorian Reform in Action: Clerical Marriage in England", in C. N. L. Brooke, *Medieval Church and Society* (1971), pp.69—99.

［98］*Commentarius Cantabrigiensis*, ed. A. Landgraf, 引自 B. Smalley, *The Study of the Bible in the Middle Ages*, p.78。

［99］*Giraldi Cambrensis Opera*, I, p.21; R. Bartlett, *Gerald of Wales*, pp.27—28.

［100］见本书第六章注释［74］。

［101］*Self and Society in Medieval France*, ed. J. F. Benton (1970).

［102］见本书第六章注释［1］—［5］。

［103］N. Orme, *From Childhood to Chivalry* (1984), p.16, n.80.

［104］*Giraldi Cambrensis Opera*, III, p.234; 见本书第四章注释［54］。

［105］见本书第八章注释［103］。

［106］*Curia Regis Rolls*, I, p.46; 比较该书 I, p.203。

［107］M. B. Parkes, "The Literacy of the Laity", p.555.

［108］见本书第二章第 79—80 页。

［109］D. Crouch, *William Marshal* (1990), p.23, 比较第 3 页。

［110］*Ibid.*, pp.142—145. A. Gransden, *Historical Writing in England c.550—1307*, pp.345—355 提供了对威廉·马歇尔生平的优秀介绍。

［111］*The Chronicle of Jocelin of Brakelond*, p.24.

［112］*Ibid.*, p.34.

---

① 萨瑟恩发表作品时名字使用 R. W. Southern 形式。——译者注

［113］ *Ibid.*，p.34.比较本章注释［90］。

［114］ *English Lawsuits from William I to Richard I*，ed. R. C. van Caenegem，I，p.290；M. T. Clanchy，"Remembering the Past and the Good Old Law"，*History* LV(1970)，p.174. J. C. Russell in *Speculum* XLV(1970)，p.71 提出,赫维可能是大法官拉努夫·德·格兰维尔的父亲。

［115］ Henry de Bracton，*De Legibus et Consuetudinibus Angliae*，fo. 115b，vol.II，p.326.

［116］ *Curia Regis Rolls*，VI，p.231；G. Lapsley，"Buzones"，*English Historical Review* XLVII(1932)，pp.179ff；H. G. Richardson and G. O. Sayles，*The Governance of Medieval England from the Conquest to Magna Carta*，p.94，n.1；p.183，n.10.

［117］ F. M. Stenton，*English Justice between the Norman Conquest and the Great Charter*，p.192.

［118］ *Pleas before the King or his Justices*，ed. D. M. Stenton，Selden Society Series LXXXIII(1966)，III，pp.ccxcvi—ccxcvii.

［119］ *Ibid.*，p.cccxxx("Osbert Fitz Hervey"索引条目)。

［120］ *The Treatise on the Laws and Customs of the Realm of England Commonly Called Glanvill*，ed. G. D. G. Hall，pp.xliv—xlv.

［121］ 见本书第八章注释［96］。

［122］ J. Riley-Smith，*The Feudal Nobility and the Kingdom of Jerusalem*(1973)，pp.123ff.

［123］ *History of William Marshall*，ed. A. J. Holden，S. Gregory，and D. Crouch，3 vols(2002—2006)，I，p.122，lines 2393—4. "pleidier"可能也指一场较小的骑士比武,见该书 III，p.64 编者针对 line 1308 的注解。

［124］ R. V. Turner，"The Judges of King John：their Background and Training"，*Speculum* LI(1976)，p.454.

［125］ *Speculum Duorum*，ed. Y. Lefèvre and R. B. C. Huygens(1974)，p.52.骑士的读写能力也见 R. V. Turner，"The *Miles Litteratus* in Twelfth and Thirteenth-Century England：How Rare a Phenomenon?" *American Historical Review* LXXXIII(1978)，pp.928—945；F. H. Baüml，"Varieties and Consequences of Medieval Literacy and Illiteracy"，*Speculum* LV(1980)，pp.237—265；D. H. Green，"Orality and Reading：The State of Research in Medieval Studies"，*Speculum* LXV(1990)，pp.267—280。

［126］ D. H. Green，*Women Readers in the Middle Ages*(2007).

［127］ M. T. Clanchy，"Images of Ladies with Prayer-Books：What Do They Signify?"，pp.106—122. M. T. Clanchy，"Did Mothers Teach Their Children to Read?"，pp.129—153.

第八章　听与看

255　　"从根本上讲,文字是指示声音的形状。因此它们再现了自己通过眼睛之窗带给心灵的东西。它们常常无声地说着不在场者的言语。"[1]索尔兹伯里的约翰《论逻辑》(*Metalogicon*)中的这些对比法努力解决口语词与书面词关系中的基本难题。声音或嗓音同事物或现实之间的差异对他而言很复杂,他从事写作的 12 世纪中叶正是唯名论者(Nominalists)与唯实论者(Realists)相争的时期,前者力主共相仅是名称,后者宣称共相是实在事物。这场哲学争议不是此处的关注点。约翰的评论之所以相关,乃因它们就如《论逻辑》的多数内容,好像既反映了他本人担任秘书和书信起草人的经验,也示例了最近的经院思想。

　　12 世纪的大量特许状都致"所有那些在未来和在眼下看着和听着这些书信的人",或者致"所有将要听着和看着这份特许状的人";这两个例子来自罗杰·德·莫布雷的特许状,他死于 1188 年。[2]另一份特许状的授予人理查德·德·罗勒斯(Richard de Rollos)实际上在对他的受众慷慨陈词:"啊! 应当听到和看到这个的你们所有人呐!"[3]早期特许状如出一辙地常常以"再见"结尾,仿佛给予人刚刚结束256对听众的讲话。[4]公文令授予人有可能像对同时代人致辞那般对后人致辞("所有将要听到和看到……的人")。温什科姆(Winchcombe)修道院房地产契据册的开场白写着:"当声音已随斯人而逝,书写依旧启迪后人。"[5]书写将聚光灯从见证一次让与的临时演员身上转移到记录该次让与的永久羊皮纸上。截至 13 世纪,土地所有人对特许状已经更加熟悉,这时让与人不再像理查德·德·罗勒斯那样对他们的读者发话,也类似地不再以"再见"结尾。一旦人们明白特许状指向后人,那么对还没出生的人说"再见"想必显得傻气。13 世纪的特许状在原本写这类口语措辞的位置上变得更加千篇一律，它们常常以无涉个人的形式致辞，如"让现在与未来的所有人都知道，我，×××已经将××及其附属物给予了×××"[6]。

可相比较的一场变化发生在遗嘱上。直到13世纪，遗嘱仍本质上是口头行动，哪怕它被书面记录下来。现场的人见证遗嘱人"亲口"分配遗产；他们"当时在场看到也听到"这场交易。[7]到了13世纪末期，一个人的最终遗嘱通常不再意味着他在临终之际说出来的心愿，而意味着一份封口和盖印的公文。见证人不再听到他说，而是看到他的印章被印在公文上。当遗嘱最初被登记时（如1258年起在伦敦那样），遗嘱认证程式依旧把重点放在看到和听到的见证人身上。但是一代以后，到了13世纪90年代，伦敦卷册常常省略见证人的名字，大概因为书面遗嘱是首选证据。[8]现在，遗嘱的有效性主要取决于它以正确的书面形式存在，不取决于见证人的口头保证。这是1100年至1300年间从记忆到书面记录转变的又一例证。盎格鲁—撒克逊人已经用书面形式制作遗嘱，但现在的新颖之处在于它们是封口并盖印的公文。

象征物品与公文

在以公文从事让与之前，见证人"听到"给予人说出授予的词语，并"看到"他用一件象征物品，比如一把小刀和土地上的一块草皮进行转让。征服者威廉更胜一筹，把象征小刀飞快地穿过接收方修道院院长的手并说"土地就该这样给"，以这种方式开玩笑地威胁要让一位受让人"感觉"到让与。[9]此种姿态旨在让所有现场见证人对该事件印象深刻。假如随后发生争端，解决手段就是这些见证人的回忆。257 类似规则也适用于法庭的口头"记录"，这些记录（至少在理论上）保留在当时在场之人的记忆里。例如，假如对郡法庭的记录有争议，权利受到伤害的诉讼当事人就带两位证人前来，他们各自就他们曾经听到和看到的给出证据。1212年的这样一件案子里，（赫特福德郡）韦尔的副院长自我辩解时说"一个人听着且另一个人懂了"，这两人即韦尔的乔丹（Jordan of Warew）和克洛普敦的罗伯特（Robert of Clopton）；罗伯特也提出以决斗来证明副院长的指控，"因为他当时在场并听到这个"[10]。这件案子对两位证人的知识做出了明显区别：比起罗伯特，乔丹听到的或至少听懂的要少一点。类似地，1220年在（赫特福德郡）切森特（Cheshunt）的一个领主法庭上，一位诉讼当事人凭借"一个人听着且另一个人看着"来挑战记录。[11]并不清楚此例中，听到的人和看到的人的证词，哪个被认为更可取。以上两个案例暗示，通过"听与看"制作记录这种法律上的老生常谈不单纯是一个因为重复而变得空洞的程序。

公文改变了靠听着和看着的法律程序来承载证据的重要性，因为书面证据可以通过大声朗读公文而被听着，或通过检查公文而被看着。在索尔兹伯里的约翰的定义下，文字"指示声音"并且"通过眼睛之窗"带给心灵东西。一旦特许状被用于让与活动，"听"便适用于所有听着该特许状在任何时间被大声朗读的人，不再仅指原始让与行为的见证人。由此出发，用"阅读"代替"看"就为期不远了，正如罗杰·德·莫布雷的一份令状所为，它致"所有他自己的人和其他读着或听着这些文字/书信的人"[12]。该措辞也在玩弄 letters 一词的模糊性，它在拉丁文里（在英语里也）既指字母符号，也指书信。

给蒙默斯的圣母玛利亚小修道院的一次奇怪的言词授予不是对接收方发话，而是对让与人理查德·德·柯尔梅斯（Richard de Cormeilles）[13]和他的妻子比阿特丽丝（Beatrice）发话。这份特许状给理查德和比阿特丽丝回报以神圣赐福，因为他们将诺顿—吉法德（Norton-Giffard）的十一税给了圣母玛利亚。尽管公文本身大概是圣母玛利亚小修道院的一位修士所写，但圣母是表面上的授予人，小修道院则是人间的受益方。书写人的拉丁文稀奇古怪，比如他将 uxor（妻子）拼写为 hucxor，但通过表达方式能认出来。他使用了"在讲说当前书写品时"（sicut presens breve loquitur）的措辞，而一般用法是在他使用"讲说"（loquitur）的地方使用"说明"（dicitur）或"证明"（testatur）。书写人也清楚说明，提及名字的见证人是"后来的"，他们"看到和听到这份赠品被祭台上的书籍郑重地展示"，因此他们对书面证据而言是次要的。这位质朴的书写人在制作书面"讲话"和把前读写时代借助看和听的见证礼仪安排为辅助角色时，便示例了索尔兹伯里的约翰关于文字"无声地说着不在场者的言语"的经院定义（该定义与这份特许状同时代），此例中的不在场者是授予人——圣母玛利亚。

一旦财产通过书写品让与，则特许状取代小刀或草皮这类从前被用于见证仪式的象征物品看似就顺理成章。如对蒙默斯小修道院的授予所示，那件物品有时就是一份书写品——一本在祭台上被郑重展示的书。传统上，用作象征物品的书籍是福音书的文本。例如1153 年给苏塞克斯郡希利的圣彼得小修道院赠送一块盐田时，"通过圣彼得祭台上的神圣福音书的文本"进行，"许多人听着和看着"。使用福音书是因为按惯例能通过它巩固誓言（法庭上依然有此实践），因此在爱德华一世的内阁里保存着"一本书,被称为 textus①,要人显贵都习惯按着它起誓"[14]。在让与行为中用一纸特许状代替一本福音书,这在表面上是相当小的改变(只不过是用一份公文替换另一份),但本质上却是重大改变。特许状的文本实际上用一份经久的记录"再现"(按索尔兹伯里的约翰的定义)让与的情形,而福音书仅仅象征着所见证之场合的严肃性。蒙默斯小修道院的特许状区分开书面授予(breve)和象征书籍(liber),前者对着听众"讲说",后者对着观众"展示"。无论如何,虽说免除象征物品并全面利用书写品的潜能看似合情合理,但当时之人在特许状已经普及很久之后依旧继续他们的前读写习惯。在让与看似只凭书面公文进行的罕见例子中,我们或许应该假定,公文正在执行一件象征物品的古老职能,而非依现代读写习惯那样主要考虑其内容。

也有例子表明让与公文如福音书那般被陈列在祭台上。格拉斯顿伯里的修道院院长在 1193 年的一份特许状里声明:"当前这份特许状被我当作一件供品放在圣母玛利亚的祭台上,同一个堂区[萨默塞特的斯特里特(Street)]的神职人员和人民站在周围。"马修·帕里斯在《圣奥尔本生平》(*Life of St Alban*)中描绘麦西亚(Mercia)的奥发王(King Offa)单膝跪倒在这位圣徒的祭台前,将他作为赠礼的特许状递给一位修士,修士站在他面前行弥撒礼,而一位仆人敲响修道院教堂的各口大钟。[15]虽然马修在他的图画中表现出圣奥尔本斯的一些古代特征,比如罗马时代的砖块和半圆拱,但是他画的奥发的特许状和钟都是年代误植。特许状明显有用尺画的线,且印章看上去像国玺(11 世纪才引入国玺)。不过这些年代误植可能是有意为之,因为马修的目的不是教考古学,而是为他 1250 年的同时代人指点这家修道院获得的资助。克罗兰修道院主保圣徒圣顾斯拉克祭台上的圆形饰章描画该院主要施主(见图 20)时也含有多时间框架。位于前排的麦西亚的艾瑟尔鲍德王(King Ethelbald)是 8 世纪的,位于中央的修道院院长瑟尔凯透(Thurketel)是 10 世纪的,其他一些施主是 11 世纪或更晚的。每个人都抓着一个敞开的卷轴,上面用简短的拉丁文记录着他的赠品。因此最左边那个胡子拉碴的人的卷轴上写着:"我,艾伦·德·克劳恩(Alan de Croun)将弗莱斯敦小修道院及其附属物给予你,顾斯拉克教父。"[16]使用卷轴是为了以图像化方式指示说话。克罗兰的这位艺术家宛如一位描绘《旧约》先知的艺术家,将说话行为转化成经文:每位施主都争先恐后把自己的卷轴放在圣顾斯拉克的祭台上,仿佛这卷轴是一份特许状。这个圆形饰章

259

---

① 该词用法见第四章注释[53]。——译者注

既是件艺术品，也是个诡计，为克罗兰修道院那些没有足够书面证据的赠品提供了书面形式。施主的卷轴是"无声地说着不在场者的言语"的文字。

用特许状进行让与的一个明确例子是约 1200 年阿瑟尔的威廉（William of Astle）给医院骑士团的一件赠品。最后的见证人是伊沃（Ivo），他是斯塔福德（Stafford）的神职人员，代表骑士团的骑士们，"我，威廉，用这份特许状依法占有爱德利（Alderly）教堂"[17]。一般规则是让与不能仅由一纸公文进行，还依赖接收方已经"依法占有"（意指实际拥有这份财产）。不管怎样，阿瑟尔的威廉的特许状例外于此规则，这可能仅仅证明了该规则，因为在人们手中传递的特许状是通常用于象征交易之物的替代品。一份书写品主要被阐释为一件象征物品，而非作为一份书面证据，这种（令我们）陌生的思想在写字的物品不是羊皮纸却是其他某物时最为明白。圣奥尔本斯修道院找到的一把象牙制鞭柄上有一则题记，声明"这是吉尔伯特·德·诺沃卡斯特罗（Gilbert de Novo Castello）赠予的四匹母马"[18]。鞭子这件物品恰当地象征了马匹这种赠品，书写则是辅助的。1266 年对白金汉郡伯恩伍德（Bernwood）的森林的一场调查证实，约翰·菲兹奈杰尔（John Fitz Nigel）"通过充当关于上述森林之一份特许状的一只号角"经国王许可而持有该森林。[19]此例中，一只狩猎号角作为一件恰当的象征物品被允许充当书面证据的等价物，因为这份土地保有权始于诺曼征服之前，通过一件据称是忏悔者爱德华给他的猎人奈杰尔的赠品。白金汉郡记录处的"野猪栏号角"现在的底座上写着日期定为 15 世纪，但可能就是 1266 年调查中提到的同一只号角。

260　　　　最值得注意的是保存在达勒姆的一把小刀（见图 5），它象征着布尔默的斯蒂芬（Stephen of Bulmer）与圣岛林迪斯法恩的修士们就洛伊克（Lowick）圣堂订的协议（12 世纪后半叶订）。它的把手上有题字，使之可与圣奥尔本斯的鞭柄以及其他已不存世的题字把手相提并论。[20]其他小刀的把手是象牙制品，斯蒂芬这把却是硬角制品（可能是一只鹿角），且题字人很难在上面刻很深。他恐怕不是个有经验的雕刻师，而是个抄写员，或许是林迪斯法恩的一位修士，手边现成的只有一把削笔小刀。虽说题记上的文字歪歪扭扭、参差不齐，但它是用黑体修道院字体写就的。小刀把手的一侧写着"Signum de capella de lowic"（洛伊克圣堂之符），另一侧写着"de capella de lowic & de decimis de lowic totius curie & totius ville"（为了洛伊克圣堂和来自整个法庭与整个堂区的洛伊克十一税）。与把手的题记一起还附加了一张羊皮纸标签（写以类似的黑体修道院字体），就这份协议提供更全面的细节。这张标签不能被描述为一份特许状，因为它形状不规则，且两面都写字。它背面的一则声明有助于解释这把小刀的意图。该声明记载,布尔默的斯蒂芬没有亲自来圣岛签这份协议,而是派了塞西莉夫人(Lady Cecily)和总管阿西汀(Aschetin)代替他前来。阿西汀恐怕是把这把小刀当作象征斯蒂芬之许可的物品带来的。刻字小刀也很可能是斯蒂芬本人的物品,因为把手很重,表现出使用的痕迹,且尽管刀刃近顶部破损,小刀的残留部分依旧长 13.5 厘米。因此这小刀就是让一位总管带来当作经久又实质之证据的合适物品,证明他当真代表主人,这位总管或许在他领主的桌子上刻了这把刀柄。①

在笔和羊皮纸能更有效地做同样工作时,为何还要费劲试图在一把小刀上写字? 寻常书写材料显然是可得的,因为斯蒂芬的小刀附有同样写了题记的羊皮纸标签。可能的解释是,协议当事双方对小刀这个证据比对书写品更有信心。小刀是传统的让与象征,或许能回溯到发现金属的时代,由印章认证的特许状却是新奇物品(尽管印章本身也很古老)。格外让人有兴趣但又令人费解的是,在让与仪式中折断小刀象征什么。一份日期定为亨利一世当政早期的特许状记录了威廉·菲兹巴德隆(William Fitz Baderon)给圣佛洛伦特(St. Florent)的修士们位于蒙默斯的圣母玛利亚小修道院的赠品。特许状写着,赠品"由一把小刀给出",但晦气的是,国王的专职神父伯纳德"不能用自己的双手折断这把小刀",于是不得不转而"踩在他脚下折断它"。[21]特许状记下这晦气的一幕,大概因为用双手折断小刀是让与过程的一个本质组成,在此例中却无法遵行。国王的专任神父伯纳德是赫里福德主教教区的管理人,蒙默斯位于赫里福德。不清楚为何折断小刀是他的责任,因为他既非土地的给予人,又非其接收方。可能他是主教权威或国王权威的人格化。假如能理解小刀的象征含义,那么对于欧洲前读写时代的财产法就能弄清楚更多。一如传统做法,当时一些人可能也认为,一把小刀比羊皮纸和印蜡更经久,因此就比它们更合适。的确,只有最零星的让与细节能被雕刻在一把小刀或一支鞭子的把手上,但传统是,一场交易的真实情形刻在见证人的心中和脑中,且不能被任何形式的、无论多详细的书写品完全记录。无论象征小刀上面是否写了任何东西,它都理应保留,因为它保存着关于让与的记忆。

只有能够阐释"指示声音的形状"(用索尔兹伯里的约翰对文字的定义)的识文断字之人才会相信,书写品优于象征物品。象征物品是目不识丁者的记录,因此被

---

① 原文只说 carved,无宾语,因上文已猜测是一位修士在刀柄上刻字,故此处的"刻"有可能指把鹿角加工为刀柄。——译者注

与公文一起保存。另一个例子是莫尔顿的托马斯把林肯郡威斯顿（Weston）的教堂给予斯波尔丁小修道院时用的小刀，按照确认这份赠品的那份特许状所说，小刀存放在斯波尔丁的档案馆。[22] 这把小刀已经不存于世。对后来的档案保管员而言，小刀和其他古代遗迹若没有与它们关联的题记，就一无是处；这类东西被当作中世纪的垃圾丢弃，因为它们表达的记忆语言对识文断字的人没有意义。

附在特许状上的有拉丁文符号的印章有可能被当时许多人用类似方式看待，因为它题写了"符号"。对今天的古文献研究者来说，印章是验证公文的一种方法，它早于手写符号或书面签名。对中世纪的人而言，毋宁说印章可能看起来是可见和有形的物品，象征着让与人的心愿。即使没有公文，印章也意义重大。与印章所属的书写品相比，早期印章（亦即 12 世纪的）倾向于大得不成比例（见图 1）。索尔兹伯里的约翰代表坎特伯雷的西奥波尔德大主教撰写关于印章保管的文字时说："通过一个单一印记做出的标记，所有教宗的嘴都是张开或紧闭的。"[23] 正如文字"无声地说着不在场者的言语"，印章管束那些言语。重心依旧在口语词。

附着于公文的"符号"无论其形式是刻字的小刀、有印记的蜡乃至见证人用墨水画的十字，都有助于架通记录交易的传统方式和读写方式间的鸿沟。即便使用262 公文，前读写时代的习俗和仪式也持续存在。关于占有转移的信条——接收方必须让财产被恰当地移交给他并进入对它的占有状态（即依法占有）这一规则——变成习惯法的一条基本原则；但是有例外，比如上文已经讨论过的阿瑟尔的威廉给医院骑士团的特许状。归于布莱克顿名下的那部论著（于 13 世纪前半叶）坚持，"除非随之有让渡行为，否则一份赠品无效；因为所给予之物品的移交既不通过效忠，亦不通过起草特许状和文据，哪怕它们被当众背诵"。如此，若无物理象征物，则书面词语彻底不够，连口语词亦不充分，"假如让渡由一所房屋本身构成，或由一所连带地产的家宅构成，则应当通过门和它的门扣或门环进行，由此可以明了，受赠人拥有该地界内的整个东西"。接着又说，一份赠品"可以生效，哪怕未曾制作特许状……反过来，当特许状真实有效时，赠品给予可能未完结"。[24] 物理象征物——在布莱克顿的例子里是门扣或门环——继续担当整个赠品的缩影，强过任何公文。

同理，涉及给予行为的特许状应当使用过去式，这条起草规则变得普遍，要写"告知，我，×××已经给予"，而非简单写"我给予"。这强调了仪式性让与是关键交易，而特许状仅仅是对它的事后确认。这条规则直到 13 世纪才牢固确立。大量12 世纪的特许状都偏离它，大概因为它们那些较业余的起草人未领会书面记录同时间流逝间的关系。布莱克顿之后差不多过了一两代，普通人对占有转移规则的需求看似并不明显。德比郡（Derbyshire）的一些陪审员于 1304 年推定，在没有占有转移的情况下，一份特许状可能就足够了，结果他们被第二组陪审员描述为"不了解英格兰法律和习俗的简单的人"[25]。依法占有信条一度是不证自明的常识性规则，随着读写能力的传播而变成了习惯法中富含的技术奥秘之一。

口语词对阵书面词

公文的使用日增，在旧方法和新方法之间造成张力。例如，看一张羊皮纸和听一个人说话，何者是更好的证据？假如一方同另一方冲突，如何评价这一方？厄德麦关于坎特伯雷大主教圣安瑟伦同亨利一世的授职仪式争议的报告是关于此特殊困境的好例子。[26] 安瑟伦和国王都向教宗巴斯加二世派出使节，安瑟伦派了两位坎特伯雷的修士，国王派了约克大主教和另两位主教。使节们于 1101 年 9 月带着教宗致国王和安瑟伦的信返回英格兰，信中禁止王室对教会行授职仪式，并劝诫抵制此种行为。教宗给安瑟伦的信被当众朗读，亨利的使节却反对这么做。他们宣称巴斯加给他们的纯粹是口头消息，说他将在俗世授职问题上宽待国王，也不会绝罚①他；教宗还补充说，他不希望这项让步被写成书面形式，因为其他统治者会利用它来当作先例。安瑟伦的使节答复说，教宗没有给出同他的书信有任何冲突的口头消息。对此，亨利的主教们答称，巴斯加当面一套背后一套。安瑟伦的首席使节贝克的鲍德温（Baldwin of Bec）对这一无端指控感到愤怒，说这是对圣座的诽谤。

听众们由此产生纠纷。赞同安瑟伦的人坚持，应当信任"有教宗印章签署的公文"而不能信任"不确定的单纯话语"。国王一方的人答复说，他们偏向于信赖三位主教的话语，而非"用墨水染黑又用一小块铅块重压过的阉公羊的皮子"。他们又为这论据增加了更多恶意，指控修士们哪方面都不可靠，因为他们就不应该卷入俗世事务。厄德麦用对话形式表现这场争议：

> 安瑟伦的修士们："那么书信证据该当如何？"
>
> 亨利的主教们："既然我们不接受修士们针对主教们的证据，我们又何须接受一块羊皮的证据？"

---

① excommunicate/excommunicated/excommunication，革除教门，逐出教会，是中世纪对天主教徒最严厉的惩罚。——译者注

安瑟伦的修士们："你们真可耻！难道福音书不是写在羊皮上吗？"

这场冲突显然不能快速解决。1102 年的大斋期，安瑟伦启程赴罗马并在路上打开来自教宗的另一封信，巴斯加在信中否认他曾给主教们任何有矛盾的口头指示，或者曾说过他对于用书写品设置先例感到勉强。[27]当然不可能决断谁在说真话。巴斯加正在力图调解并通过外交手段平息授职仪式争议。他可能确实对主教们说了些非正式的话，而他们有可能对之大力渲染。教宗一如所有政治家，当这类秘密谈判被公开后，不得不对之加以正式否认。

该故事的实质不是我们此处的关注点，但它披露出对书面证据的态度。以铅封盖印并有教廷官员们的符号和字母徽章的教宗书信是中世纪欧洲出产的最令人难忘的公文，它们唯一的匹敌者是拜占庭的帝国书信。然而在厄德麦的故事中，教宗诏书被贬低为墨水弄黑的黏了一点铅的一块羊皮，这是一份公文仅被当作一件物品对待而无视其内容的一个极端例子。安瑟伦的支持者们有权利反击说，福音
264　书也写在羊皮纸上，因为换句话说，基督教本质上是关于一本书的宗教。1022 年的奥尔良，一群异端分子因为贬低反复盘问他们的神职人员的书本知识而被烧死，这些异端分子称书本知识是"写在动物皮子上的"人类的编造，而他们信仰"圣灵写于人的内在的法律"。[28]由此异端分子们力主，真正的书面法律不是教会法也不是查士丁尼的法典，而是只保留于心灵中的启示；真正的书写不是人在动物皮纸上写的字迹。这种思想有充分理由自圣经衍生，最可能源自圣保罗给哥林多人（Corinthians）的第二封书信，"不是凭着墨水书写，乃是凭着上帝的圣灵。因为那字句是叫人死，圣灵是叫人活"[29]。圣方济（St Francis）将在 13 世纪早期拾起这个主题，作为对某些修士性灵空洞的书本知识进行反抗的一部分，"那些不愿追随神圣文字之精神、只渴望知道字词并为了其他人而阐释它们的修士们已经被文字杀死"[30]。圣方济的作品常常以他自己的洞见将正统观点和异端观点折中糅合。读写能力本身不是美德。与写在羊皮纸上的文字形成对照，强调以灵性方式在人的心灵上题写的词句，这在基督教要旨中依旧保有力量，一如它在世俗让与仪式中仍有力量。

亨利一世的使节们认为自己的言语是比教宗诏书更好的证据，此种论证其实不会在同时代人中显得离谱或令人惊讶，正如厄德麦在他关于该争议的报告中对安瑟伦所暗示的。"口头证据比书面证据更值得信任"，此原则是法律常谈。例如，坎特伯雷大主教休伯特·沃尔特 1200 年致英诺森三世的一封信中引了它，此信否决了威尔士的杰拉尔德书面证据充分的对自己当选圣戴维主教的宣称。[31]杰拉尔德在答复教宗时承认失败，但补充说他既带了公文也带了证人。在该原则背后有

一个正确的假定,即自《君士坦丁御赐教产谕》(Donation of Constantine)以降的于法律主张中使用的大量公文都是伪造品。并非所有依赖对口语词之传统使用而不依赖羊皮纸的人都必然是保守的反启蒙主义者。书面记录的技术还没进步到足够有效或可靠。其结果之一是,公文和口语词频频以一种在现代有读写能力的人看来是多余的方式同时使用。制作一份记录常常意味着记下口头证据,而非生产一份公文。例如,斯蒂芬当政期的内战中,格洛斯特伯爵罗伯特与赫里福德伯爵迈尔斯订了一份书面的友好条约,是封印书信的形式;然而这份公文的当事双方也都叫了见证人,他们"必要时在法庭上就此协议提供法律记录"[32]。 265

如同依法占有比一份特许状优越的规则,口头证据比公文更受偏爱的规则展示出书面证据以多么谨慎的方式被接受——恐怕是勉强被接受。更重要的业务继续通过口头言语进行。递送书信的人经常带着需口头传达的指示,或者因为此举方便且传统,或者因为信息过于机密,不宜写下来。例如,1229 年 3 月,亨利三世两度派遣信使去图卢兹(Toulouse)伯爵处。国王写道,将要更完整地透露给伯爵的事务被他放在他们嘴里了,因为基于路上的危险,该业务[大概涉及与路易九世(Louis IX)的休战协定]不能托付给书写。[33]类似地,在男爵叛乱期间,亨利于 1260 年在法兰西时给格洛斯特伯爵写信,指示他通过国王的军士吉尔伯特·菲兹休(Gilbert Fitz Hugh)就王国局势做报告,后者将更完整地口头告诉伯爵有关国王的情形。[34]在此类谈判中,书信本身不传达实质性信息,但就像现代大使的国书,书信是一件象征物品,代替了信使指环或其他信物,这些信物从前用于鉴定信使为其主人之机密代理人。

口头消息也用于提供那些往后几代会被写下来的指示。例如,1234 年约翰·勒·弗朗塞斯(John le Franceis)和约翰·曼瑟尔得到王室信任状,授权他们在某些郡开展关于犹太人的系统调查并口头给相应郡治安官发布指示。[35]一个饶富趣味但并非英语的口头传递例子是传递诗歌,身在吉伦特(Gironde)的布拉伊(Blaye)领主——抒情诗人雅弗伊·鲁德尔(Jaufre Rudel)约 1150 年"不用羊皮纸公文"而凭吟游诗人费劳(Filhol)之口给孔德·德·马尔什(Comte de Marche)递送了一首诗。[36]因此这位吟游诗人被当作一种活书信。不过所有这些证据中存在一个悖论,因为历史学家只能通过存世的书面证据知道各种口头传递消息方式的幸存。雅弗伊·鲁德尔的诗歌曾经是无字寄送的,但依然被写了下来。

许多业务依旧通过口语词进行,理由很明显,在印刷术令公文可能自动复制之前,公文注定相对罕见。发布新的法律和规章的通行方法是发公告。亨利三世档案室记录中关于 1234 年的下述例子很典型。[37] 8 月 28 日，诺森伯兰的郡治安官和其他一些人被命令公告，陈情状都要压后到巡查法官前来。8 月 29 日，所有郡治安官要公告与 1234 年《大宪章》之修订相配合的对区法庭的监督规章。9 月 1 日，诺福克兼萨福克郡治安官要在两个郡全境公告，国王私有领地境内犹太人不得借钱给任何基督徒。[38] 马修·帕里斯暗示，亨利三世追求一项通过公告进行立法的政策，因为 1248 年，人民被英格兰各个城市里各种"通过街头公告员的嗓音"发布的训令搞到不胜其烦；比如，国王以这种方式在威斯敏斯特设立一个新集市。[39] 马修最为关注的公告也同样出现在 1248 年，当时国王"命令通过一位街头公告员的嗓音宣布其为法律"，令此后没有男人可以因为通奸而阉割另一个男人，除了一位丈夫在涉及他妻子的奸夫的问题上。[40] 出台这条规定的原因是约翰·勒·布雷顿（John le Bretun）因为诺福克骑士戈弗雷·德·米勒斯（Godfrey de Millers）睡了他女儿而把戈弗雷阉割了。

这种类型的公告有多广泛和多频繁不得而知。在如伦敦这般人口密集的城市，公告是一个快速又有效的信息传达方式，但在乡村显然就不够实际。对公告的大多数指涉都涉及城市。例如 1252 年，亨利三世命人在全伦敦宣布，没人应借钱给威斯敏斯特的修道院院长；又如上一年进行了一次公告，在伦敦和国王的法庭反对王家法官巴思的亨利（Henry of Bath）。[41] 这给研究亨利三世政府使用口语词立法的历史学家造成的一个后果是，关于这方面的所有线索都丧失了，除非某位编年纪作者碰巧把它记下来，或档案室卷册偶然提及它。爱德华一世之所以被认为是个伟大立法者，部分因为他当政时的法律都在法规卷册中保存着。亨利三世当政期写下来的较少，尽管可能发生了数量相当多的立法活动。

《大宪章》成为把立法纳入书写品的伟大先例。但就算它也没有被正式登记在王室档案中，虽说它被广泛和反复地公告。约翰王批准《大宪章》后的几天内，书信就被送给他所有的郡治安官、守林人、猎场看守人、船工和其他执行官，就国王和男爵之间的协议通知他们，"正如你们能从我们已经就此制作的宪章中听到和看到的"，宪章被命令在他们的管辖区域里当众朗读。[42] 其结果之一是，至少理论上英格兰每个人应该都听到了《大宪章》被朗读，尽管不大可能获得足够数量的《大宪章》副本。[43] 类似地，当 1265 年男爵再度占上风时，他们下令，亨利三世关于与他们保持和平的誓言中的条款每年至少两次在郡合议庭上公布，复活节和米迦勒节各一次。[44] 1300 年，《大宪章》和《森林宪章》（Charter of the Forest）的抄本被递送给每个郡治安官，要求"在人们面前"一年朗读四次，圣诞节、夏至日以及复活节和

266

267

米迦勒节各一次。[45]然而截至 1300 年有了一个显著变化,当时相当大的重心被放在看公文上,不亚于听它。《大宪章》的盖印抄本被送给所有法官、郡治安官和市政官员,也被送到所有主教座堂。[46]后一种举措的一个先例是 1279 年,大主教裴彻姆位于雷丁的委员会命令在每座大教堂和学院教堂的公开位置张贴《大宪章》的副本,"如此它可以被每个进来的人的眼睛清楚看到";每年春季,旧副本被取下来,替换成一个新的清晰副本。[47]王家政府足够警觉,此后不久就令裴彻姆把所有这些副本都从教堂大门上取下来。[48]

截至 1300 年应当存有几百份《大宪章》副本,有些被抄写进法规书里,另一些以单行本流通。并非所有看到它们的人都能读拉丁文,但他们可以借助口头解释确保获得《大宪章》的主旨,他们也能确定该公文是存在的。现代社会也类似,只有律师明白完整的法律文本;识文断字的公众通常满足于新闻广播和新闻摘要。自 13 世纪幸存下来的《大宪章》各副本的文本内容并不完全一样,哪怕是属于同一校订本的,但假若它们像现代法规那样被印刷或影印,就会一样。抄写员不仅会犯粗心的错误,还会插入依他们的判断令文本更明了的校订内容。例如,他们在《大宪章》第 34 条插入词语"in capite"(尤其是)以更新它,尽管这么做没有文本依据。"大多数抄写员都不是非常关心准确效仿他们的范本。宪章固然重要,但对法规书的编者和编年纪的作者来说重要的是它的要旨,不是它的准确词语。"[49]手写本文化把重心放在一切文本的当下展示,而非其考古正确性。这是因为,大声朗读迫使读的人和听的人都要立即把握文本意思。对绝对书面准确性的坚持是印刷术的一个后果,再加上影印和电脑处理的复合作用。如沃尔特·J.翁指出的,文字形态的机械化令词语同说话及鲜活思想彻底解绑;书写在排字空间上呈现出独立存在。[50]印刷工人和影印员能完全不经他们的头脑生产文本,这在手写本文化中绝无可能。

当众朗读公文既用本地语言也用拉丁文,并可能由此触及更广的听众。于是 268 按照编年纪作者瑞尚格尔(Rishanger)的说法,1300 年《大宪章》在威斯敏斯特被朗读时"先用拉丁文,然后用本地语"[51]。类似地,早一年时教宗波尼法爵八世关于英格兰与法兰西合约的书信在议会被朗读,"用拉丁文读给识文断字的人,用本地语读给文盲"[52]。按照伍斯特年鉴,也是 1299 年,关于对森林进行新一轮巡视的王室书信"用母语在伍斯特城里公告"[53]。"父系"或"母系"语言可能指英语或法语。因此 1254 年,教宗对《大宪章》侵权人的绝罚令被命令在恰当的时间和地点"用英语和法语"公布。[54]此例中使用英语和法语恐怕是重复既有实践,而非革新,正如 1215 年《大宪章》就既用英语也用法语在全国公告。

上引例子中编年纪作者们希望强调的区别点是读写语言（拉丁文）和口语的区别，他们不那么关心用了哪种本地语言。对迂腐的拉丁文专家而言，本地语言仅仅意味着口语。威尔士的杰拉尔德希望有人能把他的作品译成法语，并宣称沃尔特·马普曾对他讲，杰拉尔德写了很多，而沃尔特说了很多。[55]尽管杰拉尔德的作品比沃尔特的讲话更值得赞扬也更经久，但沃尔特获益更大，因为他的讲话以常用习语表达，故而平易近人，而杰拉尔德的作品仅被衰落中的少数懂拉丁文的人赏识。事实上，杰拉尔德在此标出的他和沃尔特·马普的区别是误导，因为沃尔特也是个早慧的拉丁文专家。大概杰拉尔德觉得，沃尔特与他相比，是个使用本地语言的更成功的布道人和讲故事的人。从我们的角度出发，无论该故事是真是假，它的要点是杰拉尔德感觉到说话用的本地语言比书面拉丁文带来了更大声望。

倾听词语

无论何种语言[56]，亦无论记录是唯独存在于承载人的记忆中还是被托付给羊皮纸，中世纪的接收方都准备好倾听一段说话，而非像一个现代有读写能力者预备好的那样用视觉仔细阅读一份公文。这要归结于不同的思维习惯，并非因为接收方是任何意义上的文盲。威尔士的杰拉尔德在关于宣称自己为圣戴维当选主教的报告中描述了1200年在英诺森三世房间里对教宗的一场私人觐见，当时教宗在看一本列举了基督教世界所有省属教区的登记簿，并浏览红字标题，直到他找到了威尔士。[57]而在随后一场私人觐见中，杰拉尔德向教宗出示了他在另一本教宗登记簿中找到的安日纳三世一封书信的抄本，英诺森将这份抄本递给乌格里诺（Ugolino）枢机并让他朗读，"当它被朗读也被悉心倾听后，教宗答复说他对之十分满意"[58]。杰拉尔德关于前一场觐见的报告刻画了教宗像一个现代有读写能力的人会做的那样在浏览一本参考书，而在下一场觐见中，教宗需要仔细吸收一封信的细节，于是他让人朗读它而非自己审读它。此例中的朗读不是为了让在场每个人都能获悉书信内容，因为这场私人觐见中仅有的人就是英诺森、杰拉尔德和支持杰拉尔德的乌格里诺。然而教宗显然觉得倾听时比观看时更易于集中注意力，读主要仍是口头朗读而非视觉阅读。

同一种思维习惯的表征也出现在"审计"货币账目中。伯里圣埃德蒙兹的萨姆森院长"听审"关于他花销的每周账目，而显然他本可以查阅这样一份公文（假如账目终究有书面形式的），因为他的传记作者约瑟林说他几乎每天都检查他的"日历"（关于租金和诸如此类的登记簿），"仿佛他把它当作镜子，在里面沉思他自己廉洁正直的面貌"[59]。现代的"审计"（audit）①一词来自一个习惯于倾听而非查看账目的时代。埃克勒斯顿的托马斯（Thomas of Eccleston）在描述方济各会士 1224 年抵达英格兰时记道，当会长听到伦敦托钵会士的第一份年度账目并意识到他们不得不为这种奢侈花费表现得如此细致时，他扔掉所有计数签和卷册并喊道"我被困住了"，而"自此以后他绝不想听一份账目"。[60]这个例子中，书面账目是存在的，既有木制计数签的形式，也有羊皮纸卷册的形式，但是会长仍然"听到"它们。不过，查特指出，对像这样一个例子中的口语讲话必须小心。例如，现代英语使用"我有段时间没听到他了"这种措辞指"我没收到信"。[61]

　　类似地，在法庭上，"检查"一份公文可能指听着它被大声朗读。1219 年林肯郡一次关于特许状担保的法律诉讼中，据陈情状卷册报告，被告人韦尔的威廉（William of Well）"前来并要求听取他父亲的特许状"，而它也适时被听到了。[62]一 270代以后的 1248 年在伯克郡的一桩类似法律诉讼中，被告人伯利厄（Beaulieu）的修道院院长要求，原告应向他"出示"那份本应由他对她（原告）担保的特许状。[63]在这些只相隔 30 年的类似要求中，重心分别在听着和看着，此种反差可能表明，普遍的态度变化在这期间发展起来，就算只在负责登记的文员心里发展着；或者更可能的是，这两件案子展示出一位骑士（韦尔的威廉）和一位修士（伯利厄的修道院院长）对公文的不同取径。

　　至于文学作品，尤其是本地语言的文学作品，作者常常明确对一干听众致辞，而非对读者们。因此，巴金（Barking）的修女约 1163 年将艾尔雷德的忏悔者爱德华传记译为法语时，要求"所有听或将会听她这个传奇故事的人"不要因为译本出自一个女人就轻视它。[64]托马斯大师的《号角传奇》中，作者以对听众的致辞开篇，"大人们，你们已经听到了羊皮纸字行"[65]。此处的羊皮纸显然被想成是吟游诗人的直接替代；它说话并且被听到，正如理查德·德·柯尔梅斯给蒙默斯的圣母玛利亚小修道院的特许状。[66]类似地，《瓦尔代夫历史》（Estoire de Waldef，日期定为约 1190 年）的作者提及《布吕特》故事时说：

　　　　假如谁想知道这段历史
　　　　让他读《布吕特》，他将从中听到它[67]

---

① 　audit 出自拉丁文 audire（听）。——译者注

现代一位有读写能力的人不会说"他将从中听到它"，而是说"他将找到它"或"从中看到它"。这类作品中对听的强调不必然意味着它们的内容直接源自口述传统，而是说继续在听的条件下而非在看的条件下设想"读"。在便宜的印刷可以给每位"读者"提供他自己的书之前，对听的强调都是可以理解的。

拉丁文作品一般也旨在被大声朗读，为此修道院编年纪中才有演讲和对戏剧性对话的频繁使用。厄德麦在《圣安瑟伦传》（*Life of St Anselm*）的第一卷用一句类似戏剧中场休息时的用语做总结："现在，我们将在此书进行第一次停顿，以免我们粗粝的讲话令我们的读者或听者在过长的拖拉中疲倦。"[68] 传统的修道院阅读同现代有读写能力者接触一本书的方式尤少关联。lectio（阅读）"更多是个沉思过程而非阅读过程，指向玩味一本书里的神圣智慧，而非从中寻找新思想或新奇信息"[69]。圣安瑟伦在《沉思人类的救赎》（*Meditation on Human Redemption*）中较好地阐明了此过程："品味你的救赎者的善……咀嚼他话语的蜂巢，吸吮它们那甜于蜜糖的风味，吞咽它们健康的甜蜜。在思考中咀嚼，在理解中吸吮，在爱和欢欣中吞咽。"[70] 阅读是一种身体练习，不仅要求用眼，还要用舌头、嘴巴与喉咙。书写是类似的耐力行为，要求三根手指握笔，两只眼睛看字词，一条舌头说出字词，整个身体都劳作。[71] 出于这些理由，有些修士力主，在缮写室的工作足够代替手工劳动。

拉丁文作品中对词语加标点及缩写词语的体系也同样主要旨在帮助某人大声朗读，而非让一个人默默审读页面。科尔引了一个手写本的例子，其中的拉丁文单词 neque（既不）被写全了，但却被全文修正为 neq；他提出，把 neque 写全很可能误导一位口头朗读者强调第二个音节；把这个单词写全是抄写员的错误，因此被适时改正。[72] 最早的印刷书籍《古滕堡圣经》（Gutenberg Bible）重现了中世纪的标准缩写，仿佛这些缩写是拉丁文字母表的附加字母，而它们的确曾经是。手写本偶尔在特定音节上加重音符号，以帮助一位朗读者对拉丁文正确发音。由于中世纪拉丁文是一种没有任何母语人士的人造语言，因此一种被一致认可的正确发音以及正确标点有助于令朗读者和听者都把握它的意思。[73] 罗杰·培根 1267 年讨论了圣经中词语的正确发音，尤其是那些有希伯来语词根或希腊语词根的词。他把重音符号和标点符号置于"音乐"类目下，"所有这些东西都由嗓音的提高和降低构成，因此就像某种吟诵，显然对所有这些东西的解释都关系到音乐"[74]。培根是对的，因为经院音乐艺术集中于对声音的数学分析。但他刺耳的语气暗示出他也很明白，标点符号对一则声明之意义的明确表达不亚于对声音的表达，因此它既属于语法艺术，又属于音乐。索尔兹伯里的约翰追随塞维利亚的伊西多尔（比培根早一个世纪），在"语法"类目下讨论过标点。对他而言，标点符号指明说话时不同的呼吸停顿，也区分一个句子的从句。[75] 　272

　　理想上，一位"读者"被期望既看文本也听文本，但这是例外，不是定则。在《苏格兰的圣玛格丽特传》（*Life of St Margaret of Scotland*）中，作者认为值得一提的是，玛格丽特的女儿玛蒂尔达（亨利一世的王后）对于她母亲的传记"不仅渴望听，还渴望不断查看文字的印迹"[76]。一份晚于我们讨论的时期的非英语学校手册以一段对话总结了中世纪"读"（lectio）的含义：

> "你是个学者？你读什么？"
>
> "我不读，我听。"
>
> "你听什么？"
>
> "多纳图斯或亚历山大，要么逻辑或音乐。"[77]

多纳图斯（Donatus）的《次要艺术》（*Ars Minor*）和维尔迪厄的亚历山大（Alexander of Villedieu）的《学说》（*Doctrinale*）是拉丁文教科书。牛津和剑桥还保存着"读"一个科目这种术语，且一些大学生认为，"读"意味着研究书籍，而非听演讲；中世纪的学生则主要把"读"理解为老师朗读而他们倾听。全部书籍都通过被大声朗读来发表。威尔士的杰拉尔德说，他于约 1188 年以这种方式发表了他的《爱尔兰地形学》（*Topography of Ireland*），接连三天在牛津对不同听众朗读它。但杰拉尔德的行为并不典型，因为他炫耀说"眼下这个时代不曾见过，过去的时代也不曾记录过在英格兰有类似之举"[78]。传播学术著作的常规方式有别于通俗传奇的传播方式，是通过流通副本这种现代方法进行的。例如，博瑟姆的赫伯特在他的贝克特传记中假定，他的读者们将能研究贝克特的通信，他出于简洁考虑而略去通信[79]，"因为许多人和许多教堂早已拥有关于书信的书"。若说贝克特格外受欢迎而应被视为太不寻常，那么厄德麦在《圣安瑟伦传》附录中提到，他打算来个新开端，因为《圣安瑟伦传》早已"被许多人抄写并分发到各个教堂"[80]。分发副本当然不会排斥当众朗读；相反，由于更多书籍变得可得，当众朗读的实践可能更普遍。

　　正如在中世纪心灵中，读同听而非同看相联系，写（指现代意义上的创作活动）也与口述而非与操弄笔杆相联系。读和写并非像今天那样不可分离地彼此结合。一个人或许有能力书写，但却不被认为能识文断字。沃尔特·马普提到一个男孩　273
"不是文学界的，尽管他知道如何誊写无论什么内容的任何系列的书信。"读写能力涉及有拉丁文的学问，而书写是在羊皮纸上制作一份清晰副本的过程，是抄写员的艺术。有些作者自己书写（特别是伟大的修道院历史学家奥德里克·维塔利斯、马姆斯伯里的威廉和马修·帕里斯）[81]，但他们是例外，并且他们把这种活动同创作区别开。

厄德麦挺好地阐释了中世纪的各种区别。他解释说，他不得不对圣安瑟伦隐瞒自己正在"书写"他的传记。当他已开始这项工作"并且早已将我在蜡上创作的很大一部分誊写到羊皮纸上时"，安瑟伦问"我在创作什么和抄写什么"。[82]在蜡版上的创作过程被拉丁文 dictitare（字面意思是"口述"）描述，尽管厄德麦的情况是他自己对自己口述。"书写"（拉丁文为 scriptitare）一词的使用限定为在羊皮纸上制作清晰副本。类似地，当奥德里克·维塔利斯希望表达，在征服者威廉的时代以前，诺曼人在战争上的注意力多过在阅读和书写上，这时他用的措辞是 legere vel dictare（阅读与口述），不是 legere vel scribere（阅读与抄写）。可以给出大量其他例子表明，在现代有读写能力者会使用"书写"的地方，中世纪的人使用"口述"一词。[83]口述是文学创作的通常形式，"口述的艺术"被当作修辞学的一部分在学校里教授，是对口述加以规范的技能。因此，文字书写是使用嘴多过使用手的一种智力技能。布洛瓦的彼得是个像索尔兹伯里的约翰那样忙碌的国务大臣，他夸口说，坎特伯雷大主教曾见过他对三位不同抄写员口述各异的主题，而他自己还同时口述并书写第四封信。[84]

大声朗读和口述使得没有读写能力的人能参与公文的使用，默读和书写则把文盲排除在外。当使用嗓音时，文员或抄写员就不过是说话人或听话人同公文之间的一个媒介。一本书的听者或一封信的口述人都无需亲自掌握抄写员技艺的所有细节，正如现代经理人不被要求在电脑上打字或给电脑编程。假如经理人理解这些事情是如何进行的并对之有些经验，这显然有帮助，但这种经验并非不可或缺。出于上述原因，中世纪的国王及其官员们（如各郡的郡治安官）不需要成为现代意义上的有读写能力的人。缺乏读写能力不意味着他们在处理业务方面无知或无能；他们具备任务所要求具备的读写能力。随着公文数量增长且用视觉默读的习惯变得更普遍，（现代意义上的）读写能力的水平大概也上升了；但没有迹象表明有一个决定性时刻突然要求大量的识文断字者。由于前读写时代对口语词的强调继续存在，因此从口头模式向书面模式的变化只能缓慢发生，并且在许多世代里几乎难以察觉。

索尔兹伯里的约翰在《政治家之书》中的引语"一个文盲国王就像一头戴着王

冠的驴子",这段文本通常被引来表明中世纪对读写能力的态度类似于现代。[85]约翰在此段落中主要关注的是王侯应当有智慧,智慧通过每天阅读上帝的法律而获得。为此原因,而非为了行政管理的要求,王侯需要文字技能。约翰退了一大步说,王侯成为"文学界"人士并非绝对必要,只要他采纳受过教育之人的忠告,受过教育之人便是如同《旧约》先知般的会就上帝的法律提醒王侯的神父们。"因此王侯的心思可以从神父的语言中读出。因为神父的生命和语言就像人民面前的生命之书。"[86]显然,约翰在此考虑的是阅读的灵性价值而非尘世价值。他的讨论强调文盲王侯可凭作为媒介的神父的嗓音而分享智慧。这样的王侯身为文盲也不会被排除在外,"他忠实聆听其他人读给他的东西,则即使他自己不能读,也压根不会缺乏阅读"。约翰由此展示,在他的时代,没有读写能力的人可以参与到读写文化中;他没有力主统治者成为识文断字者的绝对必要性,无论是中世纪意义上的有拉丁文的学问,还是现代意义上的有最低阅读及书写能力。讽刺的是,这时期的英格兰国王亨利二世是"读写能力"一词各种意义上的有读写能力者,然而按照约翰的定义,他不是个好国王,因为他拒绝聆听神父的演讲并在贝克特被谋杀一事上有责任。

法律程序中的口语词

尽管公文的使用在增长,但口语词依然被强调,此点在法律程序的演化中得到最好的阐释。公文引入后,适合纯口头程序的形式被维持并变得僵化。13世纪之前,当事各方被告知,不因一份令状送达他们而出庭,当对他们口头传唤时才出庭。菲兹尼尔描述了"由街头公告员的嗓音"传唤去郡法庭,格兰维尔详细解释了郡治安官要怎么确保传唤员在一个公共场合得到指示且传唤令要被当众公告。[87]伯克郡1248年法官巡查中幸存的一份传唤员和陪审员名录中,一对传唤员被恰当但例外地称为"街头公告员"[88],他们的职能是用规定的方式说出口头传唤。在伦敦城和其他人口集中的地方,人们不是被一个人的嗓音而是被钟声传唤到集议庭。假如有人声称他没有被适时传唤,"除了圣保罗大教堂为了市群众集会而敲响的大钟,小吏没有其他证人,也不必有"[89]。因此,重点依旧是听到一个声音,而非看到一份公文,无论传唤是由一口钟发出,还是由街头公告员的嗓音发出。

无论如何,一旦亨利二世当政期确立了规矩——"在没有一份王室令状的情况下,没人需要在他领主的法庭上对他的不动产所有权作答"[90],则一份公文(一份

275

王室令状)而非一个嗓音就变成所有重要土地交易之法律程序的基础,在领主法庭和在王家法庭皆然。至晚到爱德华一世当政期,已变成常规的做法是,郡治安官执行一份王室令状的第一步不是像 12 世纪的实践那样口头指示传唤员,而是发送一份书面指令给恰当的地方执行官,命令后者去执行令状。实际存世的最早郡治安官指令的日期定为 13 世纪 40 年代和 50 年代。[91]不过口头传唤员被要求继续保留;到了中世纪晚后时期,他们已经变成虚构人物"约翰·多"(John Do)和"理查德·罗"(Richard Ro)以及诸如此类,因为他们的古老职能已经被书写品替代了。

正如传唤员在其有用性已经消失很久之后依然存在,当事各方必须出庭这一曾经的习惯法程序也同样取范于非读写时代的实践。在经过认证的公文发展起来以前,法庭极度不情愿让诉讼当事人被缺席代理。复杂详尽的规章被发展出来规范"缺席理由"或不露面而由第三方代理的借口。其中的假定是,只要有可能,一位诉讼当事人就必须代表他自己在法庭说话,因为只有出自他自己口中的话语才是真实的。[92]自阿尔弗雷德当政期以降确实能找到诉讼当事人有辩护人(advocate)的一些指涉,辩护人在盎格鲁-撒克逊公文中被描述为 forespeca,在拉丁文的《亨利一世的法律》(*Leges Henrici Primi*)中被描述为 perorator。[93]但就如《亨利一世的法律》清楚规定的,辩护人不是诉讼当事人的真实代表,因为辩护人可能被当事人纠正。设立一位辩护人的目的是考虑到口头抗辩时的错误,"因为时常发生一个人对自己的案件比对另外某人的案件看得少的事,且一般也有可能通过另一个人的口来修正在他自己口中可能不会被修正的东西"[94]。因此辩护人是个可有可无的代言人。他的职能是以规定的形式发布诉讼当事人的正式声明,即他的"故事"(tale,古英语写作 talu)。[95]盎格鲁-撒克逊人显然对在他们的法律程序中正确发音吐字予以相当的强调。他们甚至能与冰岛人一较高下,冰岛人(至少在理论上)坚持一字不差的准确度,如《尼亚尔萨迦》中关于缺少经验的诉讼当事人巩纳尔通过假装仰慕专家赫鲁特的口头专长而哄骗赫鲁特传唤自己的段落阐明的。[96]

13 世纪的公文中出现了与"辩护人"(forespeca/perorator)类似的一个人,拉丁文称为 narrator(叙事人),盎格鲁-诺曼语称为 conteur。前后两组词缺乏直接关联,但由于它们所指的人都执行类似职能,因此推测其中有连续性不无道理。叙事人(narrator/conteur)代表诉讼当事人发布正式声明或答辩状。一如在古英语中的说法,答辩状被称为一个"故事"(拉丁文写为 narratio,法语写为 conte)。13 世纪中叶的习惯法答辩状最早的书面汇编《公共法庭简报》(*Brevia Placitata*)称它们是"用罗曼语讲的故事"[97]。另一份早期小册子(日期约为 1285 年)记载,答辩状"由叙

276

事人用罗曼词语而非用拉丁词语说出"[98]。叙事人因此是个"传奇故事作者"①，一个本地语言故事的专业讲述人，但他的"故事"是法律答辩状，不是现代意义上的传奇故事。不过，法律叙事人的技艺在源头上恐怕与米尔曼·帕里（Milman Parry）和洛德（A. B. Lord）研究过的其同名人"唱故事的人"的技艺相仿。[99]一个叙事人，无论是普通法律答辩状的叙事人，还是史诗和传奇故事的叙事人，起初都要以基于一些被牢记之公式的规定形式重构他的故事。他是个专业忆往师，在法律和文学被托付给书写之前非常有存在的必要。

令人感兴趣的问题是，当公文已经普及，叙事人在英格兰诉讼程序中为何继续兴旺。到爱德华一世当政时，一位诉讼当事人要求既有一位叙事人，又有一位法律代理。叙事人是平信徒，对口头抗辩在行，而法律代理常常是神职人员并且是书写方面的专家。这两项职能依旧泾渭分明：从叙事人衍生出高级律师（serjeants-at-law）和大律师（barristers），他们在法律专业中占优势地位，而法律代理（attorneys）则与较低级的事务律师（solicitors）相联系。[100]叙事人和法律代理都是必要的，因为叙事人不能代表诉讼当事人；代表诉讼当事人是法律代理的职能，因为他被任命去"赢或输"。叙事人就像盎格鲁-撒克逊的辩护人，于诉讼当事人在场时代表当事人说话，他的话语对诉讼当事人没有约束力，后者可以"否认"它们。叙事人没有能力成为一个真正的代表，这背后是诉讼当事人必须代表自己说话这一古老的假定。事实上，叙事人为当事人说话，但至少理论上，叙事人依旧不过是个代言人，是诉讼当事人说话能力的扩展。

诉讼当事人必须为自己说话的一个后果是，聋哑人士在 13 世纪似乎没有法律权利。不清楚他们是否如在罗马法中那样被认为精神错乱。1210 年一件案子里的 277 原告之一艾格尼丝（Agnes）是聋哑人，于是被告威廉·德·斯盖格堂（William de Schegetun）提出异议说，艾格尼丝不能承担任何有约束力的事，因为她不能说话。原告们的法律代理问法官席，艾格尼丝是否只因为是个哑巴就得丧失她的权利，王家法官们裁决，她必须退出这件案子。[101]1224 年，当一些骑士被派到生病的威廉·毛福（William Maufre）那里听听，他希望任命谁当他的法律代理，这时他们发现他因为麻痹症而无法清楚说话，"但就他力所能及说出的，他任命了儿子雷纳德（Reynold）当他的法律代理"[102]。然而雷纳德未被法庭接纳，因为他的父亲不能

---

① 此处要明白"罗曼语"和"传奇故事"是同一个词，见第六章原书页码第 218—219 页的辨析。——译者注

说话，且被告知，他必须将他父亲本人带来。

书写将检验真相的重心从说话转移到文件，且有时令诉讼当事人必须代表自己说话这一古老规则看起来相当荒谬。1293 年，某位叫休的人被控强奸。[103]他首先要求享有神职人员的好处。当这要求被法官以休与一位寡妇结婚为由驳回时，休声称，他是个骑士，应当由与他平级的人组成的陪审团来审判。这个要求被接受，但休接着想反对一些陪审员出庭，因为他们对他有偏见。法官也同意了，然后要求把被反对出庭者的名字读出来。至此，休承认他不懂怎么读，并求助辩护律师（counsel）。当该要求被驳回时，休对法官说："你有被反对出庭者（的名字），你可以读。"法官回答："不行，因为他们的名字必须由你的嘴提出。"休又说："我不会读。"法官告诉他，假如他不能读，他之前就不该要求享有神职人员的好处。休一言不发又困惑不解地站着，而法官告诉他，别那么不自在，现在是说话的时间。法官又转向休的辩护律师莱斯特的尼古拉斯（Nicholas of Leicester）问道："你希望读出休阁下反对出庭者的名字吗？"尼古拉斯回道："是的，我的大人，假如我有他握在手里的那份名单。"获准拿到这份名单后，尼古拉斯又问："我的大人，这里提到的被反对出庭者针对许多人，你希望我当众读它们？"法官说："不，不是！你要把它们悄悄读给犯人，因为它们必须从他的嘴里说出来。"休在辩护律师提示下适时提出了他的反对出庭意见并被无罪开释。这出法庭闹剧展示出，截至 1290 年，关于反对陪审员出庭的口头程序已经实际上变成了一个书面程序。休不得不根据一份名单读，而不能简单地宣布他反对的人的名字。另一方面，口头程序继续存活就要求他亲自用嗓音说出被反对者的名字，而为此他现在不得不有阅读能力。在这件案子里，书写令休无法说话，并令他的辩护律师的嗓音降低为耳语。

长远来看，使用公文注定要挑战抗辩的旧方法。叙事人在整个中世纪都继续
278 存活，但"诉因陈述"到 15 世纪时就不再口头进行而在纸上陈述。便宜的纸张完成了书于羊皮纸所开启的革新。17 世纪时罗杰·诺思（Roger North）痛惜道："然而，现在，答辩状都在纸上控诉了。"[104]诺思说，无读写能力的抗辩人通过聆听学会而最有文化的人通过阅读学会的那些形式，现在"通过书写得到更好的理解和掌握"。无论如何，诺思记载了旧时诉因陈述的一项遗迹依旧存在："当被认为是真实的讼案开始，并要求诉因陈述，也要求在法庭抗辩，那么就走过场，且难以理解；而无论高级律师嘟囔些什么，都是在照本宣科。"使用公文最终把古老的抗辩艺术压缩成一段无法理解的嘟囔。

渐渐地，正式讲话开始通过研习书本而掌握，不再通过聆听他人的话语。13 世

纪中叶在英格兰开始出现以此为目的的手册。一本约编纂于1265年的盎格鲁—诺曼语手册《法庭男爵》通过给出一系列对话来指导一位领主的总管"应当如何讲话",此书就像现代用于学外语的对话式初级读本。[105]在罗伯特·格罗斯泰斯特13世纪40年代为林肯伯爵夫人写的关于地产管理的《条例》(*Rules*)中,这位夫人类似地被指导如何对她的总管发话,"亲爱的先生,你明白地看到我从事这些调查和登记是为清楚显现我的权利……",以及诸如此类的说辞。[106]如格罗斯泰斯特这样的一位学者,大约是从大学里教的"口述的艺术"中获得写假设讲话的想法,这门课向学生展示,如何在一切场合下以此种方式写字。[107]英格兰大多数此类法律论著都包含誓言文本——一位证人发誓讲的是真话,一位封臣发誓效忠领主,一位执行官发誓诚实行事,等等。这些例子取自牛津的约翰约1272年编纂的《如何坚持抗辩和保持吸引注意力》(*How to Hold Pleas and Courts*)。[108]约翰可能在牛津教采邑行政管理和基础法律诉讼。[109]一个世纪前由父亲口耳传递给儿子的知识,或者从法庭上的睿智者旧那里学来的知识,现在成为学院课程的一部分。

同样,编年纪作者从前被迫自行发明或从罗马历史学家那里借用的讲话稿,现在有时也付之书写。于是,爱德华一世1294年派往法兰西的使节被给予如下指示(原文是法语):"我们的信使应对法兰西国王说:'我们的主人英格兰国王、爱尔兰之主及亚奎丹公爵,在……条件下对你致敬。'"诸如此类。[110]一年前,苏格兰国王约翰·巴利奥尔就爱德华一世的君主权位要求亲自对后者提出抗议,这时约翰给国王和他的委员会递送了一篇他(用法语)在一份日程表上做成书面形式的讲话稿文本,可能是他本人手笔。[111]迄今为止,爱德华一世当政期幸存下来的最大规模的讲话与对话汇编是年鉴,它们旨在记录诉讼当事人、其辩护律师以及王家法庭的法官们的实际话语(翻译成法语或拉丁文)。[112]已经引述过的不能读出反对出庭者名字的休的例子,是关于一本年鉴中对话品质的单薄例子。

年鉴的制作人看似记录了实际讲话,而关于如何在法庭讲话的手册的作者们如在一幕戏剧中那样设置了假想对话。《法庭男爵》在"关于王权的陈述现在开始"(Ici commence le play de la coroune)标题下呈现了一位总管与其执行官之间的一场对话。[113](法语原话使用 play 一词是巧合,与英语的"戏剧"没有关联。)

总管先说:

"执行官!"

"先生!"

"带上犯人。"

279

"乐意效劳，先生。看他们在这儿。"

"此人为何被捕？"

"先生，为了他用不该用的方式从田里领走的一匹母马。"

总管进而审问犯人，对话生动地制造出一个法庭场景。有些主人公甚至被给予明星角色，比如质朴的偷猎者沃尔特·德·拉莫尔（Walter de la More）以如下解释开场（由梅特兰优美地翻译）：

> 先生，看在上帝的份上，假如我告诉您真相，别生我的气，另一个傍晚我沿着这个池塘的堤岸走，看那些在水里嬉戏的鱼，这么美丽又明亮，我太渴望拥有一条鲤鱼了，于是我躺倒在堤岸上，非常简单地就用我的手，没用别的任何装置，我抓到那条鲤鱼并带走了它……[114]

然后这位偷猎者试着讲了一个不幸的故事，关于他的妻子如何病倒，一个月不进水米，但非常渴望吃一条鲤鱼。这显然是再现这位偷猎者声明时任意发挥想象的产物；别的都不说，一位贫穷的农民应该讲英语，不讲这篇讲话写下来时用的法语。

如《法庭男爵》这类法律书籍不是写来供人消遣的，但是在使用对话这方面同传奇故事及英格兰最早的法语戏剧都有相似处。[115]每个主人公都有一个一字不差写下来的安排好的部分，他必须忠实于这个脚本，这种思想对没有读写能力的人是陌生的，且无论在法庭上还是在教堂以外的舞台背景下都给演员带来普遍难题。日期定为 12 世纪中叶的一出宗教剧《亚当之戏》（*Play of Adam*）仔细描述了词语该怎么说出来。玛丽·多米尼加·莱格提出，书写安排好的部分可能是新做法，为此演员们才被指示不要增加或省略任何东西，要清楚地说话，并且按照正确顺序说出字行。[116]

将法律专家的年鉴和手册看作与吟游诗人的"舞台脚本"——被认为最早以本地语言书面记录传奇故事的东西——有某种共性，这应该很有诱惑力。[117]无论是供吟游诗人还是供法律专家的脚本都令"一个年轻人看到他应当如何说出有细微差别的话"，也"清楚地看到举止方式"（按照《法庭男爵》之说）。[118]现在，一个学生通过阅读、通过在一本书中观看"指示声音的形状"（按照索尔兹伯里的约翰的措辞）学会当众讲话的入门知识，而不是通过聆听老师的话语。但我们不应夸大这一发展的速度；只要书写还仅仅依赖手写本，那么从口头模式改变为读写模式就是渐进的。尽管读写能力已经成长，但法律、文学和中世纪文化的方方面面都继续保持对象征性姿态和口语词的依赖。

280

作为艺术品的书写品

书写具有通过感官改变词语之感知方式的力量，因为它将语言交流的重心从听转移到看。脚本的语言可以在默读中"通过眼睛之窗"接收，或者可以通过用手塑造文字而被"无声"地传递，哪怕对尚未出生之人。在非读写文化中，眼睛和手的技能主要同手工艺和视觉艺术联系在一起，而依赖声音传递的语言的技能被等同于嘴与耳。尽管书写通过令语言既可视又可听而在中世纪英格兰及他处都具有改变对语言之感知的潜能，但本章早已力陈，当公文变得普及之后，前读写时代的思维习惯仍长久保持。书籍和书信依旧被大声朗读和被倾听，而非用眼睛默默审读，且作者们继续在口述条件下而非在操弄笔杆的条件下想着创作。因此，阅读和书写的技能依旧分离，阅读是掌握说话的一部分，书写则是手工艺术和视觉艺术的一种。

早期中世纪文明与世界上其他古代文化共享对待书写的一种非功利主义方式。抄写员的技能主要不是致力于用经济和直接的方式传递尘世信息，而是致力于制作装饰华丽的手写本，这种手写本是书法、绘画、珠宝和金属制品构成的杰作。在《凯尔斯经》和《林迪斯法恩福音书》这类作品中，文本是次重要的。它在那里是为了让唱弥撒的神父想起礼拜仪式中熟悉的短语（假如他没立即想起它们的话），也是为了让自己成为一项敬拜行为，通过在神圣字迹中捕捉上帝的话语并在展示柜中彩蝶般的页面上展示它们。书写更常常瞄准上帝之眼，而较少着眼于对人类同胞交流信息。为此，书籍保存于祭台上或圣器收藏室中，不在图书室里。装饰华丽的手写本像图画一样，主要诉诸眼睛，故而无读写能力的人几乎能和有读写能力的人一样好地理解它们。领会它们更精致的要点需要专家，但所需要的知识是艺术家和工匠的知识，而非语言学教育的知识。如我们所见，沃尔特·马普将"知道如何誊写无论什么内容的任何系列的书信"的优质抄写员同"文学界"人士区分开。抄写员是书法专家，而"文学界"人士是拉丁文专家。

阅读技能和书写技能的分离继续存在，直到印刷术发明，并且没有被 12 世纪和 13 世纪的公文增长立即影响到。印刷术的发明者古滕堡（Gutenberg）没打算取代装饰华丽的书籍，而是旨在改进它且令之更易获得。从他的印刷机上最早下来的书籍——那本 42 行的圣经第一眼看去同一本装饰华丽的手写本没有区别。同样，

281

由卡克斯顿(Caxton)印刷的第一本署日期(1477 年 11 月 18 日)的书籍《哲学家的指示与格言》(*The Dictes and Sayengs of the Philosophers*)为了献给爱德华四世(Edward IV)及其一家而被根据印本手工抄写和装饰,大概是印本被认为质量差到羞于呈现给宫廷。卡克斯顿骄傲地声明,此书"以这种方式定型和印刷,如你在这本书中可以看到的",但是国王对于一项未经实践检验的、出产低级货品的技术可能不会感到有多满意。[119] 无论如何,他和他那类人都不会从批量生产中获益。只要书写品还是手工生产,就继续作为艺术作品,以形形色色的方式装饰。中世纪抄写员不管是个多么卑微的代笔人,他都是个独立艺术家,他不得不规训自己做到隐姓埋名和整齐划一,印刷术则自动强加了整齐划一,并且将装饰排除在外,除非已经预先特地计划好加装饰。

就在公文开始以更大的数量运用于业务目的的当口,亦即 12 世纪中叶时,一些书写最优美且装饰华丽的手写本也被生产出来。最醒目的是圣经的词语注解文本,诸如题写着"约翰为罗杰制作了我"的诗篇集、有双重词语注解的圣保罗书信集以及《埃德温诗篇集》。[120] 埃德温的作品(见图 14)显然属于旧传统,强调书写的形式多过强调文字含义,因为雅致的图案优先于文本的准确度。他的盎格鲁-撒克逊文本错得格外厉害,他的拉丁文本有不必要的错误。不过抄写员和"文学界"人士并非一成不变地扞格不入,因为(与埃德温的诗篇集同时代的)《温彻斯特圣经》既有优质文本,也有出色的书法和装饰。在圣休所属的加尔都西会士那不寻常的纯粹主义者的眼光下,该书文本的正确性是书的最佳特征。[121] 对艺术手写本和实用手写本做硬性区分经常不可能,因为美丽与功能的综合是中世纪艺术的一般特征,正如教堂和城堡充分证明的。

就连最商业类的手写本也要求一些红字标题形式和扩大的首字母形式的装饰,以令用户在书中找到自己的位置。为此,《末日审判书》这部浩大卷帙有三类迥异的涂红色的红字标题——关于郡的名字和其他标题的首字母以红字书写;每段的首字母和特定缩写加红色阴影;地名和佃户名字加红色下划线。[122] 红字标题令《末日审判书》成为具有功能性布局的杰作,功能性布局本身就是一种抽象艺术形式。然而接下来,当根据《末日审判书》制作了彩色副本时——12 世纪的一本(《赫里福德郡末日审判》)和 13 世纪的一本(《财政部摘记》),"末日审判"的文本在装饰方面就更进一步。[123] 这些手写本展示出,《末日审判书》已经获得了受尊敬文本的地位,值得像一本福音书那样被美化和装饰。"末日审判"一词让人想起《启示录》,这名字早就将它同神圣令状联系起来。

　　大多数手写本书籍都类似地将图画性和功能性混合。一套有代表性的小型藏品是一打英格兰法律专家手册,包含议会法令和其他供方便参考的文本(日期定为1300年前后的十年左右),现存于哈佛大学法学院。[124]人们可能预期法律专家的教科书要在版式上极尽务实和经济。有些确实如此,突出的是哈佛藏品 MS 36,它节俭地使用红字标题,以快速的商务体着实凌乱地一挥而就,如同一份陈情状卷册。与它对照鲜明的是 MS 173,除了常见的红字标题,首字母还用蓝色、绿色和金箔装饰;MS 12 页边距宽阔,有图画般的首字母,还有其他图画例证相关主题的法令,例如配合《森林宪章》的文本画了一头野猪和一头鹿在林间,一个人正用一柄长弓射一头鹿(见图17)。早一个世纪的供英格兰教会法专家使用的教令书类似地展示出朴素的工作用副本同装饰华丽的精美副本之间的反差,前者大约供法律实践者和教师使用,后者旨在当礼物或供展示。[125]

　　旨在凭华丽装饰吸引上帝之眼的书写品和旨在供尘世咨询之用的书写品是对立两极,它们分别是礼仪手写本和公共记录(尤其是法律公文和财政公文)。不过也能找到一些例外。12世纪中叶的舍伯恩房地产契据册将王室特许状与装饰华丽的礼仪文本整合成一本打算放在祭台的书。[126]反之,最世俗的公共记录也偶有装饰。关于1233年的一份财政部收入卷册的抬头有一幅精心制作的图画,以漫画手法表现诺威奇的重要犹太人,关于1249年的一份陈情状卷册描摹了决斗审判和吊死输家。[127]所有王室记录中更为常见的是出自业余手笔的叶形首字母与头像漫画,似乎是登记登到厌倦的文员们的涂鸦之作。一份出自1249年的陈情状卷册中,一页膜皮底部有一个面目友善的恶魔,而文员公开承认了自己的厌倦之情,因为他删除了一则登记,换上了可能出自一首法语流行歌曲的句子:"只有我的小爱情啊,给我欢快和乐趣。"[128]传统的抄写习惯导致难以强制推行严格的正式性及完全不掺个人装饰。私人业务公文中的小装饰甚至更常见,因为抄写员更少受到官僚机构标准的约束。例如,克罗兰修道院的最早账目(日期定为1258—1259年)装饰着叶形和动物头,还有看上去是滑稽肖像的小图画。[129]在一个现代人看来,这种业余装饰损害了一份公文的庄重性,然而哪怕是一份账目卷册的修道院书写人可能都觉得必须要给自己的作品一些装饰,好让它看起来有权威感。

　　尽管业务公文的数量日益增长(制作公文的材料和用时在13世纪变得更统一和更经济),但对书写品视觉层面的持续强调有助于弥合无读写能力者和有读写能力者之间的裂隙,正如坚持大声朗读与聆听的效果。在书写变得普及之前,人们习惯于用小刀乃至福音书作为象征物品,它们可以在见证人在场的情况下作为财产

283

284

已经被恰当让与的标志而进行移交。如本章早些时候提出的，以特许状进行让与，此举可能因为附于特许状的印章才被无读写能力者接受。印章一如镶嵌着珍贵石头和遗迹的装饰华丽的手写本，也是给予人心愿的可见及有形标志。[130] 神职人员和平信徒都不会信任或尊敬只有书写而没有装饰的公文，因为它们不足以作为一个人心愿的标志。不过，现代人关于中世纪书籍千篇一律都被装饰得富丽堂皇的这一信念的确是错误认识，产生此种认识是因为通常只有最奢华的手写本才被展览或复制。

骑士们处于 12 世纪读写能力的分水岭上，书写品可能是作为另一个符号体系才对他们产生吸引力。纹章学的发展展示出他们设计并理解一个复杂图形符号体系的能力，纹章学的发展与从记忆到书面记录的转变同时期。第一批记录下来的盾徽卷册是在 13 世纪中叶用纹章术语阐释和书写的，虽说纹章学在此前一个多世纪已经以视觉和口头的方式发展着。[131] 记录下来的纹章学的成长和同时期读写能力在骑士当中的传播，这两者是巧合式发展还是关联式发展，全凭推测。借助有图形的手写本和如印章这类视觉符号开始进入读写式思考方式，此点可能导致骑士们用纹章学创建了一个由"表明声音的图形"构成的替代体系。传统上，"文字"是神职人员表明他们优越地位的象征方式，因为一个"神职界"人士就是一个"文学界"人士。纹章学作为替代性符号语言而滥觞。在祭台上根据盛饰的手写本吟咏着拉丁文祷告文的神职人员们身着刺绣着神圣场景和标记——圣十字架、上帝的羔羊、阿尔法和欧米茄等等——的法衣。骑士们是神职人员们精神上和事实上的兄弟，他们以自己的礼仪及习得语言加以唱和。他们的丝质盾徽以格式固定的走兽、鸟类、植物和几何图形的形式展示出他们的使命和家族。[132]

在英格兰发现的最早的盾形纹章被画在一本诗篇集的系列页面上，这本诗篇集的日期可能是 13 世纪 30 年代，并包含彩饰员威廉·德·布雷勒的作品。[133] 盾徽可能是根据委托制作此书的骑士家族的指示而被纳入其中。马修·帕里斯编年纪的"附录"中首次见到不同盾徽被集合在一个页面上，以便把相关人物分级列等，宛如用一枚纹章进行记录。[134] 这些盾徽中的纹章图画的风格同马修编年纪页缘的那些盾徽很相似，那些盾徽是马修设计来当查找系统的。[135] 因此，叛国者威廉·马士破碎的盾徽和腓特烈二世颠倒的帝国雄鹰位于他们死亡通报旁边那页的边缘。马修是 13 世纪修道院传统下最伟大的全能作家。他在所有的作品中都展示出，在书写品中将视觉和智力综合一体的理想依旧鲜活，因为他创作作品并亲自写下来，用线条画、地图、图表和较正式的绘画图解它们。他也没忽视对准确文本

285

的需要,哪怕他也像其他抄写员艺术家那般认为自己有资格做出自己的变动和装饰。马修·帕里斯的多才多艺难得一见,但是他处理自己艺术品的路径并不罕见,这路径就是把书写当作一种与图示价值观不可分离的视觉技能。

词语和图像

马修·帕里斯大约1236年用法语押韵对句的形式为王后写了忏悔者爱德华的历史,他为此书提供了插图(用他的术语是"肖像图")。他解释说:"因为我渴望并希望,眼睛也能看到耳朵听到的东西。"[136]用法语为贵族平信徒书写,马修在这点上跟随流行时尚。与马修同时代的另一位学者理查德·德·富尔尼瓦(Richard de Fournival)在法兰西北部写了一部大众作品,他起名为"关于爱的动物寓言集"(*Li Bestiare d'Amours*)。动物寓言集描述真实的和想象的动物,是为平信徒介绍自然史与神话的喜闻乐见的图画书体裁。最早的法语动物寓言集包括菲利普·德·塔昂的作品,12世纪20年代为亨利一世的王后阿德丽萨创作。[137]

理查德·德·富尔尼瓦为他的动物寓言集设计的图画中有一幅是"记忆夫人"的形象,她像尊圣徒雕像般立在一个壁龛里,右侧是一只空洞的巨眼,左侧是一只耳朵。他如此解释其中的象征意味:"记忆有两扇门,视力与听力";通达这两扇门的道路是图像和说话;图像服务眼睛而说话服务耳朵。[138]他补充说:"当我不在场时,这份书写品将——通过它的图像和说话——把我带回你的记忆,宛如我曾在场。"[139]中世纪心理学的老生常谈就这样用戏剧化的形式被呈现给一般被认为无知的本地语言读者。理查德·德·富尔尼瓦与马修·帕里斯一样,认为文本(他的"书写品")主要通过耳朵进入智力。他评论说:"所有书写品被写下都是为了表示说话,这样一个人才能读它;当一个人读它时,它就复原成作为图像的本质。"[140]因此,典型的中世纪读者通过拼读——在脑中默读或大声念出来——把他眼前的字迹重构为说话。不过理查德的确承认书写不是纯粹的听觉活动,它也有图像的品质,"因为一个字母当被人画下时才存在"[141]。

中世纪作者们的这类评论暗示,他们质疑书写的价值,他们和他们的读者都不把书写的重要意义视为天经地义。书写是独立于说话存在的吗? 它是被听的还是被看的? 它是一份记录抑或一幅图画?《埃德温诗篇集》中的"书写王子"这幅坎特伯雷的埃德温的肖像(见图19)指明了书写的吊诡。这幅肖像可能是12世纪60年

286

代作为给他的一则讣告而绘制的。[142]环绕像框的题记采取了"书写人"和"文字"之间的拉丁韵文对话形式。"书写人"先说："啊，我的文字，宣告我是谁。""文字"回答："画出的图像展示了你，你的书写宣布（你）是埃德温，因你经得起岁月的名誉而活着。"题记中的"文字"大声说出来，用理查德·德·富尔尼瓦的术语来说，它复原了自己作为图像的本质。然而"文字"不是通过读出题记的词语来鉴定埃德温身份的，而是通过看着他的"书写"。书写的风格"宣布"他是埃德温，一如肖像上"画出的图像"。埃德温的书写中有图像，与他肖像画中的一样多。为了强调听与看的密切关系，这则题记使用了 dico（我说）的派生词来描述"文字"认识到的——埃德温的字迹"宣布"（predicat）他是谁，同样，"此书之美证明（indicat）他的天才"。[这则讣告具有克里斯托弗·雷恩（Christopher Wren）墓志铭的精神，"若你寻找他的丰碑，看看你的周围①。]

拉丁字母是说话的提示，不是说话的替代。当人们说着本地语言却写拉丁文时，说话与脚本之间的这种脱节便显而易见。此外，如沃尔特·J.翁指出的：

> 书面词孤立于口语词由已产生的更完整的语境……口语中，一个词必须有这种那种语调或声音的音调——活泼的、兴奋的、平静的、愤怒的、认命的或不管什么。完全不带语调地口头说一个词是不可能的……演员们会花费几个小时确定实际上要如何说出他们面前这个文本上的词语。[143]

中世纪的读者试探地读出或大声读出他面前的文本，以便听到它的意义，"平静的、愤怒的、认命的或不管什么"。现代读者在阅读一个剧本的特殊环境下可能还会被
287 教导这么做。剧本的文本可能以括注形式包含关于特定声明之语调（兴奋的、平静的或不管什么）的直接指示，这与现代小说截然不同，小说让读者自行推断页面上对话的语调。先进的现代读者去"观看"被上演的剧本，尤其是像莎士比亚剧作这样的经典，哪怕他们能自己阅读这些文本。维多利亚时代的听众们济济一堂地听狄更斯大声朗读他的小说片段，哪怕他们能在家中围炉阅读时听到这些文本。演员或作者的语调和肢体语言为观众加强了文本的意义与权威性。倘若没有明确表达它的嗓音与姿态，则一篇莎士比亚的文本对大多数现代有读写能力的人依旧是不解之谜。

在现代英语社会中适用于莎士比亚的东西在中世纪时适用于所有文本。中世

---

① 克里斯托弗·雷恩是17—18世纪的英国建筑师，史上最受推崇的英国建筑师，长眠于他的杰作圣保罗大教堂的地下墓室。这则墓志铭是他的长子所写。——译者注

纪的文本对它们的读者而言比莎士比亚之于现代读者难得多,因为大多数文本都用拉丁文这种古风语言表达,拉丁文超过 1 000 岁了,它的结构对于说像英语这类日耳曼语言的人来说格格不入。因此,听人以表演的形式大声朗读文本(哪怕唯一的表演者就是读者本人)是定则而非例外。这或许能同音乐素养加以类比。现代人口中只有少数能读乐谱,且那些识谱的人也同样会听音乐会、听唱片或演奏乐器。音乐的纸面文本不被认为是演奏音乐的替代品,哪怕一位专家读者能在他头脑中听到音乐。中世纪的文字脚本就像乐谱,被理解为是对需要聆听的声音的再现。

这就是索尔兹伯里的约翰把文字称为"声音的指示器"的原因。[144]在这方面,他修改了塞维利亚的伊西多尔的定义(事物的指示器),伊西多尔是在 600 年前罗马的读写传统还很强势时如此定义的。[145]中世纪读者喜爱在感受到一个词所指的"事物"之前听到这个词的"声音";用理查德·德·富尔尼瓦的术语,就是他将词语在页面上的图像同他耳中的说话结合起来,以便开启他的心灵之门。索尔兹伯里的约翰的同时代人中那些高级神职人员"旁听"文本而非默默审读他们,这种方式表明约翰不仅仅是在理论上说说。中世纪书信中那些在现代读者看来是缺心眼的喋喋不休的东西,其实是为身为聆听者的收信人设计的。在教廷档案室里

> 对聆听书面词语的强调鼓励使用固定词组和固定格式。当使用惯用语时,心灵得以放松。这必定令特别信息显得更突出和更吸引人,且无疑公文的精髓就能更容易地留在记忆中。[146]

索尔兹伯里的约翰在他的诗歌《插编》(*Entheticus*)中祈祷他的"小书"在走向公众的旅程中能在"口舌和心灵"中被好好指引。[147]

索尔兹伯里的约翰在《论逻辑》中把标点符号和重音作为他对正确语法之坚持的一部分来讨论,评论说古人使用特定的"标记"区分书写的"模式"(或"语气"),"如此就能掌握,其中的哪部分是清晰的,哪部分是含糊的,哪部分是肯定的,哪部分是存疑的,以及许多其他诸如此类的东西"[148]。既然约翰在这一章单独称赞塞维利亚的伊西多尔,那么他心里可能记着伊西多尔关于语法条件的描述。伊西多尔说,最有名望的古典作者使用诸如星标和剑标这些符号指示一篇文本中省略、破损的文本或其他编辑困难。[149]伊西多尔的详细讨论中哪里都没描述将清晰与含糊或肯定与存疑区别开的标记。不过索尔兹伯里的约翰被这种思想所激荡,因此严厉责备他的前人们允许这种"注记艺术"消亡。他补充说:"歌唱音乐家能用小小的音

符表明嗓音高高低低的许多变化，那么小小标记有如此力量就毫不奇怪。"[150]（约翰在此提到的可能是音高标记。）11世纪和12世纪的礼仪手写本包含以上标和旁注方式出现的圣歌的"小小标记"，这肯定了约翰描述的准确性。[151]他接着提出一种思想，称正如音符是音乐的钥匙，因此知识的伟大钥匙曾经存在于已丧失的"注记艺术"中。约翰补充说，塞内卡（Seneca）和西塞罗着手传授这种知识，但他们没能成功。[152]

中世纪乐谱的历史已经在控制的累积增长条件下被看待，"控制，亦即与演出者带到演出现场的习惯和约束相对比"[153]。最终，控制的数量增长到一个点，它们在此"如此密切和如此连贯地操作，以致记谱法实际上变成一个直接再现的系统，而非控制系统"[154]。12世纪的乐谱和拉丁文文字都不被看作直接再现的系统。索尔兹伯里的约翰可能认为，他所描述的圣歌中的"小小标记"比文字更准确地再现声音，因为它们能"无声地"说话。正如索尔兹伯里的约翰和塞维利亚的伊西多尔以及罗马修辞传统下的其他中世纪评论者认识到的，拉丁文字（就"文字/字母"的所有意义而言）的语法因为是个统一的控制系统而受重视，外在于个体读者或作者带入其作品中的习惯与约束。为此它才是自由艺术的基础。索尔兹伯里的约翰在养成期里（始于1135年）通过圣维克多的休、彼得·阿伯拉尔、孔什的威廉（William of Conches）和法兰西学校中其他老师的教导，很可能受到引导而希望仍存在有待从古代恢复的知识之钥，乃至能将清晰从含糊中解锁、将肯定从存疑中解锁的钥匙。他关于钥匙的比喻在《新约》如下警告中被铭记："你们律法师有祸了，因为你们把知识的钥匙夺了去。"（《路加福音》11：52）约翰担任语言逻辑教师和坎特伯雷大主教机密文员的双重专业经历的结合，令书写的含义对他成为一个重大问题。

一种拼音文字，尤其是用于如拉丁文这般古老的语言中的，在字母之外还拥有一种作为支持的标记体系可能确实有益，能在话语中恢复一些被书写消除的语调和意象。不过有可能约翰所考虑的是某种比他的"注记艺术"抱负小一些的东西。他那个时代的法律书与圣经的词语注解人早就使用注释来评论文本中那些含糊或存疑的东西。大约就在约翰写作的时期（他的《论逻辑》于1159年完稿），坎特伯雷的《埃德温诗篇集》正要完工。这是一本在读者眼前呈现出文本多样性之一斑的词语注解书（见图14），通过书写文字的字号、字体和位置，也通过给文字上色（比如用红字）而按重要性分级划等。在书籍很难到手的手写本文化中，把各个文本并置在一个页面上是个明智举措，它也同样符合圣经应当在不同的意义层次上阅读的说教。《埃德温诗篇集》一次呈现了七个文本：赞美诗的三个拉丁文版本、一个英语版本、一个法语版本、一个拉丁文行间注本和一个更全面的拉丁文旁注本。这些文本的书写文字字号各异，按照从 1 到 11 的比例从最大到最小。

无论一个娴熟如埃德温这般的抄写员能在单一页面上安上一篇文本的多少解说和版本，让一个最内行的读者对书写表态也依旧有困难。书写就像所有语言，有误导的能力，或者是无意的（读者发生误解），或者是被作者的安排误导。此外，即使作者表态时的语调可以确定，他的资料也可核实，依然存有怀疑。书写对艺术家来说是个如此有吸引力的媒介，恰恰是因为它与说话分离。作者（现代意义上的小说创作者）令想象中的声音听起来是真的，他从"它自然的、口头的生活环境"（用翁的比喻）中提取词语，又在他孤独的研究中让它发出声音。[155] 索尔兹伯里的约翰意义上的"注记艺术"从来不能在他同时代人（如蒙默斯的杰弗里和沃尔特·马普）的书写品中将肯定与存疑相区分。它们令那时的读者分裂和着迷，一如它们令现 代的中世纪史家困惑。[156] 索尔兹伯里的约翰在他自己的书写品中制造疑问和模棱两可，在一位现代批评家看来是故意"编造假古董"[157]。就连他描述遗失的"注记艺术"时的口气都难以估摸，一如他对塞内卡和西塞罗的引用是有瑕疵的。约翰错引古典文本是因为他不能得到这些文本更好的副本，或是他有意为之？这依旧是见仁见智的问题。在意大利文艺复兴之前，即使博学如约翰这样的学者，对文本也缺少遵从纸面的态度。如沃尔特·马普所言（可能在开玩笑），他们不会让"古人的生产"埋葬他们自己的创造。[158]

威斯敏斯特的吉尔伯特·克里斯宾（Gilbert Crispin）修道院长（任职期为约 1085—约 1117 年）早在索尔兹伯里的约翰之前就采用了同一个"标记"主题（跟约翰一样利用了塞维利亚的伊西多尔的《词源》），为了力陈"正如文字某种程度上是词语的形象与标记，图画也作为书面事物的相似物和标记而存在"[159]。吉尔伯特没说这是放之四海皆准的，而是在他讨论的特定语境下适用此点，他讨论的是有关基督教敬拜中形象问题的争议。这一段出现在吉尔伯特的《一个犹太人同一个基督徒的争辩》（*Dispute of a Jew with a Christian*）中，书中的基督徒力陈，坐在宝座上的基督被四位福音书作者的符号环绕（这是罗马式艺术中反复出现的主题），这样一尊雕像是正当的，因为此形象也出现在《旧约》中。"因此，以赛亚所见、所说和所写之事，以西结所见、所说和所写之事，可以在他们之后被用一些图形标记说出、写下和指代。"[160] 吉尔伯特追溯一条从看到说再到写的连贯线条，因为中世纪的圣经读者相信，圣经的神圣页面不折不扣就是先知本人写下的东西。一如吉尔伯特在上述段落中的解说，在处理以赛亚或以西结时有三个阶段：首先是"说"（即大声朗读文本），其次是"写"（如同在一间修道院缮写室中写下神圣页面），最后是图形化"指代"（通过给所涉及的文本画图，否则就是给出可见形状）。由于以赛亚或以西结的出发点是一个异象，不是一篇文本，因此读者的最终目标必须是重构那个异象。

但是吉尔伯特在使诈，因为他不可能没注意到，神圣手写本和教堂里的大量罗

291 马式艺术图像并不明确指代或阐明圣经中的事物。吉尔伯特可能会答复说，阐述圣经秘义的最佳方式是通过象征意义含蓄为之，而非明确阐述。在他给出的关于以西结预言中四位福音书作者之符号的例子里，读者必须要知道，以西结异象中的人脸预示着福音书作者马太，狮子预示马可，公牛预示路加，鹰预示约翰。例如，鹰的形象因此就能读成福音书作者约翰的名字，像读一个无字母脚本中的象形符号。这与教宗大格里高利对"通过观看而阅读"的辩护相符，也符合吉尔伯特将图画描述为"标记"，一如文字是"标记"。[161]一旦理解了这种象征体系，则福音书作者路加手执笔和羊皮纸坐着回头望向一头公牛，或者马可拿着一个便携式书写架坐着，却顶着一个狮子头，这些怪异形象就讲得通了（这些例子出自吉尔伯特时代的英格兰书籍）。[162]由于象征意象从大量基督教和异教来源中提取，因此在一位有时对其含义一无所知的现代读者眼中，手写本中的装饰搞得过于骇人，倒不是因为其制作人缺乏宗教热忱。"中世纪思维中令现代西方世界如此陌生的，除了郑重其事地采用象征体系的冲动，也别无他习。"[163]

13 世纪中叶开始为以贵族淑女为主的平信徒制作祈祷书时，这些祈祷书也常常有看起来骇人的装饰。当怪异的人物被抽离于文本并可谓开始在页面的条形边框和边缘享受自己的生命时，这看上去尤其反宗教。此种类型的英格兰书籍中最早也最好的一个例子是《拉特兰诗篇集》(Rutland Psalter)。它记录了林肯伯爵埃德蒙·德·雷西(Edmund de Lacy)的死期——1258 年 5 月，因此它可能是为他的妻子或母亲制作的，且大概不早于这个日期。书页边界处醒目地画着一整套精彩的怪异形象，是那类在接下来 100 年里为贵族制作的祈祷书中会反复出现并有所变化的形象，以《勒特雷尔诗篇集》(Luttrell Psalter)中的最出名。[164]奈杰尔·J.摩根(Nigel J. Morgan)分析相关艺术家时，对其中一些形象做了总结性描述，就《拉特兰诗篇集》中的怪异形象像什么传递出一些概念。例如"艺术家 A"制造了如下系列形象："混种生物音乐家，半裸男舞者，有鹤嘴锄的东方奇观，带着狗的牧羊人，风景画中的兔子，给孩子哺乳的女马人，抓着一个男人头的狮鹫兽，猫正接近一束麦子上

的老鼠,男人指着一个背着恶魔爬行的女人。"[165]在古代神话或中世纪民间故事中能找到这些主题其中一些的解释,它们或许也能联系到基督教象征体系上。但即使如此,也很难展示出它们同每页的赞美诗文本有何种相关性。 292

手写本页缘的怪异形象有如一切标记形式,提供了对其文本的某种评注,哪怕它们所做的不过就是让读者分心。身为"书面事物的相似物",它们有可能被像阅读词语注解那样阅读。但它们指代什么是令人困惑的难题,对此没有单一答案。就我们关心的听与看的关系问题看,怪异形象是理查德·德·富尔尼瓦术语中的图像,虽然它们不必然符合马修·帕里斯所希望的"眼睛也能看到耳朵听到的东西"[166]。出自《埃杰顿日课书》(Egerton Hours)的一个例子很好地阐明了阐释它们的困难,这是一本为一位不知名淑女制作的小祈祷书(与《拉特兰诗篇集》同时代)。这位淑女被画在一幅细密画中,跪在宝座上的圣母和圣婴脚下。[167]她双手抓着她的祈祷书,这样就能读文本(这是个镜像:一本打开的书在一本打开的书中)。但她的祈祷可能被一只带着吉坦琴的猴子和一只后腿站立、配备一支笛子的野兔干扰了。这对形象连带野兔抓的一只手铃,出现在稍靠近圣母头部左侧的条形边界处。尽管细密画中画的这位淑女从圣母宝座脚下无法看到它们,它们对《埃杰顿日课书》的实际使用者却是令人抓狂地可见。它们可能有助于此页上陈列的祈祷文,"我的口将宣告赞扬"(圣母晨祷中的开场回应语),因为当猴子准备歌唱时,野兔在吹笛子。沿着这个条形边界更靠里的位置是一只鹤或鹳正给一个狗身人脸的混种生物喂食某物(一个颇常见的主题)。晨祷的祈祷文开篇是"上帝,打开我的唇",而这恰恰是鹤正鼓励混种生物去做的事。

如此这般的怪异形象出现在为经院学者制作的书籍的页缘,同样出现在为平信徒制作的祈祷书上。[168]此风尚起源于巴黎,可能是在学校里,在英格兰的首度露面同牛津有联系。页缘是"外文本领域,艺术家和读者都在这里寻求能引起共鸣的逃离,逃离令人厌倦的对逻各斯及其阐述的系统编纂"[169]。如卡拉瑟斯证明的,怪异形象也充当记忆形象,无论是画在心灵上还是画在页面上。[170]经院读者在页面边缘、页眉和页脚使用怪异形象,以便在书中找到自己的位置。牛津哲学家托马斯·布拉德沃丁(Thomas Bradwardine)描述了比手写本页面上的所有东西都更怪异的供记忆的图像,比如一头亮红色的公牛睾丸滴血并肿胀,正面对一个子宫被撕开的分娩女人。[171]布拉德沃丁不是要表现淫秽或酷虐,而是创造无法忘记的图像供记忆之用,令他的学生能由此联系到抽象命题。就算经院文本中的怪异形象被解释成帮助放松或记忆的东西,它们在祈祷书中的出现依旧令人分心。《埃杰 293

顿日课书》中的猴子和野兔，乃至鹤与混种生物，或许都尽其所能地对文本表达敬意。然而这些生物在中世纪象征体系中与好色关联。猴子和野兔可能打算开始发出不和谐音调，令细密画中的那位淑女不能听到自己的祈祷。

在这种阐释中，怪异形象是对文本搞怪的小丑。它们确实提供一种评注，因为它们通过自己的古怪姿态证明页面边缘处的混沌同中心的稳定有差别。当怪异形象穿透到文本中（它们经常这么做），它们又挑战了书写作为一个控制体系的功能。用索尔兹伯里的约翰或塞维利亚的伊西多尔的术语来说，它们暗中破坏拉丁文字的语法。怪异形象偶尔明确嘲讽书写，比如一部法语手写本中的猴群，它们通过模仿抄写员的姿势来调笑他。[172]通过将读者的眼睛从文本主体转移到环绕书法的图形上，怪异形象提醒读者，文字自身不是真相。文字与怪异形象相仿，主要是"形状"[索尔兹伯里的约翰称它们是 figure（图形/人物/角色）]；它们是"声音的指示器"，不是真实的声音。[173]既然那样，怪异形象指示了什么？简短回答是：含糊其辞。约翰希望有一种艺术将清晰同含糊区分、将确定同存疑区分，混种生物尤其令此希望落空。[174]许多怪异形象装饰存在的现实使模棱两可的问题更为复杂。《埃杰顿日课书》中后腿站立的野兔音乐家是个栩栩如生的角色（尽管是微型的），一如坦尼尔（Tenniel）为《爱丽丝漫游奇境记》画的三月兔。这位不管是画师还是书写人的抄写员艺术家通过娴熟的书法在页面上创造了"虚构不虚"的幻象。[175]跪倒在《埃杰顿日课书》中的这位淑女与爱丽丝一样在奇境中：文字蜕变成神秘生物，动物变换了尺寸并像人类一样举止，神圣词语变成含糊其辞之人和渎神之人的玩物。

来自这时期英格兰手写本中关于虚构现实主义的最佳例子是《阿丰索诗篇集》（开始制作是为爱德华一世的儿子阿丰索，他死于 1284 年）中页缘的小鸟图。[176] 294 亚普（B. Yapp）评论："从鸟类学的角度看，我不认为这么好的图画在 19 世纪之前出现过第二次。"[177]在亚普看来，这种图画是根据实际物种画的，不是根据图样书。[178]一代人以前，马修·帕里斯几乎肯定画过国王大象的写生图。[179]鸟类的写实主义细密画主要出现在出处为王室或东安格利亚的手写本中。一个关联人物是皮尔金顿的罗杰，他是劳斯的威廉大师（Master William of Louth）的侍从、内阁的财务主管以及伊里的主教。[180]身为（管理王室家用的）内阁的官员，罗杰和他的老师可能参与了《阿丰索诗篇集》的委托制作。1291 年，罗杰被授予一份王室特许状，它最不寻常的是四面都装饰着走兽、鸟类和树木。[181]其中的鸟类同《阿丰索诗篇集》中那些鸟相似，虽说不是由同样好的一位艺术家绘制。这个装饰是说明性的，因为它展示出当罗杰享用这份特许状授予的狩猎权利时会遇到的植物群和动物群。这件写实性的艺术作品增强了该公文的权威性。真实的走兽和鸟类框住了特许状的词语,因此真实的权利由其文本传达出来。画师和书写人都是操弄形状的幻觉师,经过图像和说话的迂曲道路到达特许状读者的心灵。

　　手写本被做成灿烂辉煌的视觉物品而非尘世的交流工具,这种方法确保了当公文在 12 世纪和 13 世纪开始被更加广泛地使用时,书写人和非书写人之间没有无法弥合的割裂。许多手写本继续有奢华装饰,所有手写本都被大声朗读,如此那些没有读写能力的人就能参与它们的使用。不存在整合有读写能力者和无读写能力者的有意识企图或深思熟虑的企图(其实神职人员想保持做一个与众不同的阶层),而是变化缓慢到足以令逐渐适应成为可能。只要所有书写品都是手写本,亦即只要它们都只由手工制作,那么旧的思维习惯就继续存在。整个中世纪,书写人都依旧是视觉艺术家,读者则是口语词的专家。在印刷术发明以前,中世纪的阅读主要是某种被听到的东西而非被看到的东西,书写则常常因其书法而非其文本准确性被继续仰慕。通过确保读写尽可能少地改变旧有的听和看的方式,平信徒被逐渐诱使走向读写。

【注释】

[1] John of Salisbury, *Metalogicon*, Bk. I, ch.13, ed. J. B. Hall and K. S. B. Keats-Rohan(1991), p.32.

[2] *Charters of the Honour of Mowbray*, ed. D. E. Greenway, nos 92, 347.比较本书第三章注释[11]、[12]。

[3] F. M. Stenton, *The First Century of English Feudalism 1066—1166*, pp.111, 273, no.27.

[4] 例如 *Facsimiles of Early Charters in Oxford Muniment Rooms*, ed. H. E. Salter, nos 7, 38, 54, 56, 60, 62, 72, 74.

[5] *Landboc sive Registrum de Winchelcumba*, ed. D. Royce(1892), I, p.17.

[6] C. A. F. Meekings, *Fitznell's Cartulary*, Surrey Record Society Series XXVI(1968), pp.cxliff 分析了让与的形式。

[7] M. M. Sheehan, *The Will in Medieval England*, pp.186—187.

[8] *Ibid.*, pp.192; 188, n.90.

[9] 见本书第一章注释[57]。F. Pollock and F. W. Maitland, *The History of English Law before the Time of Edward I*, II, p.87, n.4.概述见 J. Le Goff, *Time, Work and Culture in the Middle Ages*, pp.244—248, 354—360。

[10] *Curia Regis Rolls*, VI, p.230.也见 *Curia Regis Rolls*, XIII, p.405, no.1926,及本书第二章注释[124]、[125]。

[11] *Select Pleas of the Crown*, ed. F. W. Maitland, pp.124—125, no.192.

[12] *Charters of the Honour of Mowbray*, no.98.

[13] *Facsimile of Royal and Other Charters in the British Museum*，ed. G. F. Warner and H. G. Ellis，I，no.16.

[14] *Facsimiles of Early Charters in Oxford Muniment Rooms*，no.9；P. Chaplais，*English Royal Documents*：*King John-Henry VI*，p.50，n.2. C. R. Cheney，"Service-Books and Records"，pp.9—10 讨论了 textus 的含义。

[15] C. R. Cheney，*Notaries Public in England*(1972)，p.7，n.4；S. Lewis，*The Art of Matthew Paris in the "Chronica Majora"*，p.113.

[16] 关于这件赠品见 William Dugdale，*Monasticon anglicanum*，IV p.125。关于卷轴见 F. Garnier，*Le Langage de l'image au Moyen Age*，vol.II(1989)，pp.229—244，394—400。

[17] *Facsimiles of Early Cheshire Charters*，ed. G. Barraclough，no.13(2).

[18] Sir Henry Ellis，"Observations on Some Ancient Methods of Conveyance in England"，p.313.我还没能找到这只鞭柄的线索。

[19] *The Boarstall Cartulary*，ed. H. E. Salter，Oxford Historical Society Series LXXXVIII(1930)，p.170，no.562；*Patent Rolls*，1266—72，p.15；J. Cherry，"Medieval Horns of Tenure"，*The Antiquaries Journal* LXIX(1989)，p.113，plate xix.

[20] Sir Henry Ellis，"Observations on Some Ancient Methods of Conveyance in England"，pp.313，315—316 提供了刻字小刀的例子。布尔默的小刀的图示见本书图 5。

[21] J. H. Round，*Calendar of Documents Preserved in France*(1899)，p.409，no.1138.拉丁文本的编辑本见 P. Marchegay in *Bibliothèque de l'École des Chartes* XL(1879)，p.179，no.16(感谢朱莉娅·巴罗博士提供这条参考)。"专职神父伯纳德"与"国王的抄写员伯纳德"不是一个人。对折断小刀的讨论见 J. Le Goff，*Time*，*Work and Culture in the Middle Ages*，p.360。

[22] William Dugdale，*Monasticon anglicanum*，III，p.217，no.x.也见本书第五章注释[43]。

[23] *The Letters of John of Salisbury*，ed. W. J. Millor et al.，I，p.109.

[24] Henry de Bracton，*De Legibus et Consuetudinibus Angliae*，fos 39b—40，vol.II，pp.124—125；fo.11b，p.50.

[25] *Calendarium Genealogicum*，Record Commissioners' publications(1865)，II，p.659；F. Pollock and F. W. Maitland，*The History of English Law before the Time of Edward I*，II，p.89.

[26] *Eadmeri Historia Novorum in Anglia*，ed. M. Rule，pp.132—140.

[27] *Ibid.*，pp.149—151. R. W. Southern，*St Anselm*，p.295，n.17.

[28] *Recueil des historiens des Gaules*，ed. L. Delisle(1869—94)，X，p.539；R. I. Moore，*The Birth of Popular Heresy*(1975)，pp.10—15.对这篇报告作者的讨论见 B. Stock，*The Implications of Literacy*(1983)，pp.107—115。

[29] 2 *Corinthians*，III，3；6.比较 B. Smalley，*The Study of the Bible in the Middle Ages*，ch.1("The Letter and the Spirit")。

[30] R. B. Brooke，*The Coming of the Friars*(1975)，p.126.

[31] *Giraldi Cambrensis Opera*，ed. J. S. Brewer et al.，III，pp.14，21；H. E. Butler，*The Autobiography of Giraldus Cambrensis*(1937)，pp.168，175—176.

[32] 见本书第二章注释[124]。

[33] *Close Rolls*：*Henry III*，1227—31，p.233.

[34] *Ibid.*，1259—61，p.281.

[35] *Ibid.*，1231—4，p.586.

[36] A. E. van Vleck，*Memory and Re-Creation in Troubadour Lyric*(1991)，p.41.

[37] *Close Rolls*：*Henry III*，1231—4，pp.592—593.

[38] *Ibid.*，1231—4，p.592；C. Roth，*A History of the Jews in England*(1941)，p.53.

[39] *Matthaei Parisiensis Chronica Majora*，ed. H. R. Luard，V，pp.18，29.

[40] *Ibid.*，V，p.35；*Close Rolls*：*Henry III*，1247—51，pp.139，394；*Calendar of Patent Rolls*，

1247—58，p.387.

[41] *Matthaei Parisiensis Chronica Majora*，V，pp.305，223；*Calendar of Patent Rolls*，1247—58，p.101.

[42] J. C. Holt，*Magna Carta*，p.345.

[43] F. Thompson，*The First Century of Magna Carta*(1925)，p.94.

[44] *Documents of the Baronial Movement of Reform and Rebellion 1258—67*，ed. R. F. Treharne and I. J. Sanders，pp.312—315.

[45] *Statutes of the Realm*，ed. A. Luders et al.，p.136.

[46] *Chronicle of Bury St Edmunds*，ed. A. Gransden，p.154；W. Stubbs ed.，*Select Charters*，pp.490—491.

[47] D. L. Douie，*Archbishop Pecham*(1952)，p.113，n.2；M. Prestwich，*Edward I*，pp.250—251.

[48] *Close Rolls：Henry III*，1272—9，p.582.

[49] S. Reynolds，"Magna Carta 1297 and the Legal Use of Literacy"，*Bulletin of the Institute of Historical Research* LXII(1989)，p.241.

[50] W. J. Ong，*Orality and Literacy：the Technologizing of the Word*，ch.5("Print，Space，and Closure").

[51] *Willelmi Rishanger Chronica*，ed. H. T. Riley，Rolls Series XXVIII(1865)，p.405.

[52] *Ibid.*，p.389.

[53] *Annales Monastici*，ed. H. R. Luard，IV，p.541.关于"母系语言"的含义，见 C. Clark，"Women's Names in Post-Conquest England"，*Speculum* LIII(1978)，pp.224—225。

[54] *Annales Monastici*，I(Burton，Annals)，p.322.

[55] *Giraldi Cambrensis Opera*，V，pp.410—411.

[56] 概述见 P. Zumthor，*La Poésie et la voix dans la civilisation médiévale*(1984)。

[57] *Giraldi Cambrensis Opera*，III，p.165. R. L. Poole，*Lectures on the Papal Chancery*(1915)，pp.150—151，194—196.

[58] R. L. Poole，*Ibid.*，p.182.

[59] 见第三章注释[55]。

[60] *Monumenta Franciscana*，ed. J. S. Brewer，Rolls Series IV(1858)，I，p.8.

[61] H. J. Chaytor，*From Script to Print*(1945)，p.145.

[62] *Rolls of the Justices in Eyre for Lincolnshire and Worcestershire*，ed. D. M. Stenton，p.300，no.630.

[63] *The Roll and Writ File of the Berkshire Eyre of 1248*，ed. M. T. Clanchy，p.150，no.354.

[64] M. D. Legge，*Anglo-Norman Literature and its Background*，p.65.其他例子见 H. J. Chaytor，*From Script to Print*，pp.11—12，144—147。概述见 R. Crosby，"Oral Delivery in the Middle Ages"，*Speculum* XI(1936)，pp.90—102。

[65] 见本书第六章注释[63]。

[66] 见本章注释[13]。

[67] M. D. Legge，*Anglo-Norman Literature and its Background*，p.143.

[68] *The Life of St Anselm by Eadmer*，p.62.

[69] C. J. Holdsworth，"John of Ford and English Cistercian Writing"，*Transactions of the Royal Historical Society* 5th series XI(1961)，p.124.

[70] S. *Anselmi Cantuariensis Archiepiscopi Opera Omnia*，ed. F. S. Schmitt(1938—61)，III，p.84.

[71] 这种描写被各式抄写员重复，但起源于 8 世纪，见 W. Wattenbach，*Das Schriftwesen im Mittelalter*，3rd edition，p.495。

[72] N. R. Ker，*English Manuscripts in the Century after the Norman Conquest*，p.51.

[73] R. W. Southern，*The Life of St Anselm by Eadmer*，pp.xxv—xxxiv 解释了标点体系。概述见 M. B.

Parkes, *Pause and Effect*: *an Introduction to the History of Punctuation in the West* (1992)。

［74］ "Opus Tertium", ch.62, *Fratris Rogeri Bacon Opera*, ed. J. S. Brewer, Rolls Series XV(1859), p.256.培根在第 60 章中讨论了圣经词语的发音。

［75］ John of Salisbury, *Metalogicon* Bk. I, ch.20, p.46.

［76］ J. W. Thompson, *The Literacy of the Laity in the Middle Ages*, p.171, n.46.

［77］ F. M. Powicke, *The Christian Life in the Middle Ages* (1935), p.88; C. H. Haskins, *Studies in Medieval Culture* (1929), p.83.

［78］ *Giraldi Cambrensis Opera*, I, pp.72—73.

［79］ *Materials for the History of Thomas Becket*, ed. J. C. Robertson and J. B. Sheppard, III, p.396.

［80］ *The Life of St Anselm by Eadmer*, p.153.

［81］ 他们亲笔文件的图示见 A. Gransden, *Historical Writing in England c.550—1307*, plates iv, v, x。

［82］ *The Life of St Anselm by Eadmer*, p.150; M. J. Carruthers, *The Book of Memory*, p.195.

［83］ Orderic Vitalis, *Historia Ecclesiastica*, Bk. III, vol.II, p.2. C. R. Cheney, *Medieval Texts and Studies*, pp.246—247 提供了来自英格兰人普雷蒙特雷的修道院院长杰维斯（Gervase abbot of Prémontré）一封书信的出色例子，杰维斯死于 1228 年。

［84］ R. W. Southern, *Medieval Humanism and Other Studies*, p.119.

［85］ John of Salisbury, *Policraticus*, Bk. IV, ch.6, ed. C. J. Webb, I, p.255; V. H. Galbraith, "The Literacy of the Medieval English Kings", pp.212—213.

［86］ *Ibid.*, p.255.

［87］ *Dialogus de Scaccario* (1950), p.116; *The Treatise on the Laws and Customs of the Realm of England Commonly Called Glanvill*, ed. G. D. G. Hall, Bk. I, ch.30, pp.17—19.

［88］ *The Roll and Writ File of the Berkshire Eyre of 1248*, p.474, no.a175.

［89］ W. Stubbs ed., *Select Charters*, p.313.

［90］ *The Treatise on the Laws and Customs of the Realm of England Commonly Called Glanvill*, Bk. XII, ch.25, p.148.

［91］ *The Roll and Writ File of the Berkshire Eyre of 1248*, pp.cv—cvii.

［92］ F. Pollock and F. W. Maitland, *The History of English Law before the Time of Edward I*, I, pp.211—212.

［93］ 来自阿尔弗雷德当政期（关于诉讼当事人海姆斯坦）的例子刊印于 F. E. Harmer, *Select English Historical Documents* (1914), pp. 30—32。后来的例子见 D. Whitelock, *Anglo-Saxon Wills* (1939), 索引条目" advocate "下。

［94］ *Leges Henrici Primi*, ch.46, ed. L. J. Downer(1972), p.156.

［95］ A. J. Robertson, *Anglo-Saxon Charters*, 2nd edn(1956), pp.366—367 解释了 talu。

［96］ *Njal's Saga*, trans. C. F. Bayerschmidt and L. E. Hollander(1955), p.59. W. I. Miller, *Bloodtaking and Peacemaking* (1990), pp.247—257 讨论了冰岛的法律。

［97］ *Brevia Placitata*, ed. G. J. Turner, Selden Society Series LXVI(1947), pp.xxxv, 153.

［98］ *Four Thirteenth-Century Law Tracts*, ed. G. E. Woodbine(1910), p.162.

［99］ Milman Parry & A. B. Lord, *The Singer of Tales* (1960); M. T. Clanchy, "Remembering the Past and the Good Old Law", p.175; R. Finnegan, *Oral Poetry* (1977)及其 *Literacy and Orality* (1988)持不同观点。

［100］ 概述见 P. Brand, *The Origins of the English Legal Profession*。

［101］ *Curia Regis Rolls*, VI, p.13.比较 *Curia Regis Rolls*, XIV, p.31, no.161 记 1230 年的类似案例。

［102］ *Ibid.*, XI, p.557, no.2768.

［103］ *Year Books of 30—31 Edward I*, ed. A. J. Horwood, Rolls Series XXXI(1863), pp.530—532. British Library manuscript Add. MS 31826, ff. 206—207; JUST/1/1098, mm.76—77.感谢萨默森

博士提供关于这些手稿的信息。

[104] Roger North，*The Lives of the Norths*（1826），I，p.30.比较 *Novae Narrationes*，ed. S. F. C. Milsom，Selden Society Series LXXX（1963），p.xxvi。

[105] *The Court Baron*，ed. F. W. Maitland and W. P. Baildon，p.49.

[106] *Walter of Henley and Other Treatise on Estate Management and Accounting*，ed. D. Oschinsky，p.390.

[107] C. H. Haskins，*Studies in Medieval Culture*，chs 1，9.

[108] *The Court Baron*，pp.77—78.

[109] M. T. Clanchy，"*Moderni* in Medieval Education and Government in England"，p.686.

[110] P. Chaplais，"English Diplomatic Documents"，p.35.

[111] *Anglo-Scottish Relations：Some Selected Documents*，ed. E. L. G. Stones，p.66.

[112] 见本书第三章注释[75]。

[113] *The Court Baron*，p.62.

[114] *Ibid.*，pp.54—55.

[115] 对话的例子见 M. D. Legge，*Anglo-Norman Literature and its Background*，pp.92[拉特兰的休（Hue of Roteland）]，256[巴恩韦尔的威廉（William of Barnwell）]，戏剧见同书 pp. 311—331。

[116] *Ibid.*，pp.318—319；R. Axton，*European Drama of the Early Middle Ages*（1974），p.115.

[117] E. Auerbach，*Literary Language and its Public in Late Antiquity and in the Middle Ages*，p.288.

[118] *The Court Baron*，pp.49，20.

[119] L. Hellinga，*Caxton in Focus*（1982），p.77，colour plates i，iii.概述见 M. T. Clanchy，"Looking Back from the Invention of Printing"，pp.7—22。

[120] 这三份手写本的图示见 C. de Hamel，*A History of Illuminated Manuscripts*，pp.83，103，77。

[121] 见本书第三章注释[9]。

[122] V. H. Galbraith，*Domesday Book*，彩色扉页。M. Gullick，"The Great and Little Domesday Manuscripts"，in *Domesday Book Studies*，ed. R. W. H. Erskine and A. Williams，pp.93—97 讨论了《末日审判书》的设计。

[123] 这些手写本的图示见 E. M. Hallam，*Domesday Book Through Nine Centuries*，pp.41—47。

[124] Harvard Law Library MSS 12，33，36，39，49，56—59，173—175.概述见 A. Bennett，"Anthony Bek's Copy of Statuta Anglicana"，in *England in the Fourteenth Century：Proceedings of the 1985 Harlaxton Symposium*，ed. W. M. Ormrod（1986），pp.1—14，figures 1—15。

[125] C. Duggan，*Twelfth-Century Decretals Collections and their Importance in English History*，pp.81—82，plate ii.

[126] 见本书第五章注释[35]。

[127] 关于 1233 年的卷册的图示见 V. D. Lipman，*The Jews of Medieval Norwich*（1967），p.33。Z. E. Rokéah，"Drawings of Jewish Interest"，pp.55—62 收集了财政部卷册的其他漫画。关于 1249 年的卷册的图示见 R. F. Hunnisett and J. B. Post，*Medieval Legal Records Edited in Memory of C. A. F. Meekings*（1978），扉页，评论在第 32—34 页；S. Lewis，*The Art of Matthew Paris in the "Chronica Majora"*，p.34 也有图示。

[128] *Crown Pleas of the Wiltshire Eyre*，ed. C. A. F. Meekings，Wiltshire Record Society Series XVI（1961），p.25.

[129] F. Page，*The Estates of Crowland Abbey*（1934），plate v.

[130] 见本书第九章第 509—517 页。

[131] G. J. Brault，*Early Blazon*（1972），p.8.概述见 A. Ailes，"Heraldry in Twelfth-Century England：The Evidence"，in *England in the Twelfth Century：Proceedings of the 1988 Harlaxton Symposium*，ed. D. Williams（1990），pp.1—16；J. Cherry，"Heraldry as Decoration in the Thirteenth Century"，in *Proceedings of the 1989 Harlaxton Symposium*，ed. W. M. Ormrod（1991），pp.123—

134。

[132] K. Staniland, *Embroiderers*, British Museum Medieval Craftsmen(1991)讨论了教会刺绣品和刺绣纹章。

[133] N. J. Morgan, *Early Gothic Manuscripts I：1190—1250*, p.114.

[134] *The Matthew Paris Shields*, ed. T. D. Tremlett, *Aspilogia* II(1967).其中一页的彩色复制件见 M. Keen, *Chivalry*(1984), plate 32,及 S. Lewis, *The Art of Matthew Paris in the "Chronica Majora"*,对着第 291 页的图。

[135] 见本书第五章注释[148]—[151]。

[136] *Lives of Edward the Confessor*, ed. H. R. Luard, Rolls Series III(1858), p.136.关于马修的著作权见 D. A. Carpenter, "King Henry III and St Edward the Confessor", *English Historical Review* CXXII(2007), pp.885—886, nn.109, 110。

[137] 见本书第六章注释[80]。

[138] 图示见 V. A. Kolve, *Chaucer and the Imagery of Narrative*(1984), p.25; H. Solterer in *Word and Image* V(1989), p.142; S. Lewis, "The English Gothic Illuminated Apocalypse", p.17。

[139] M. J. Carruthers, *The Book of Memory*, pp.223—224, 341, n.12.

[140] *Ibid.*, pp.223, 341, n.11.

[141] *Ibid.*, pp.223, 341, n.11.

[142] *The Eadwine Psalter*, ed. M. Gibson, T. A. Heslop, and R. W. Pfaff(1992), p.180.

[143] W. J. Ong, *Orality and Literacy：the Technologizing of the Word*, pp.101—102.也见本章注释[155]。

[144] John of Salisbury, *Metalogicon* Bk. I, ch.13;见本章注释[1]。

[145] *Isidore of Seville：Etymologies(or Origins)*, Bk. I, ch.3, ed. W. M. Lindsay(1911), line 7.

[146] J. E. Sayers, *Papal Government and England during the Pontificate of Honorius III*, p.97.也见本章注释[57]、[58]。

[147] *Patrologiae* CXCIX, pp.965—966; R. M. Thomson, "What is the *Entheticus*?" in *The World of John of Salisbury*, ed. M. Wilks(1984), p.293.

[148] John of Salisbury, *Metalogicon*, Bk. I, ch.20, p.47.

[149] *Isidore of Seville：Etymologies(or Origins)*, Bk. I, ch.21.

[150] John of Salisbury, *Metalogicon*, Bk. I, ch.20, p.47. M. J. Carruthers, *The Book of Memory*, p.113.

[151] 关于英格兰的乐谱,见 I. Fenlon ed., *Cambridge Music Manuscripts 900—1700*(1982); S. Rankin, "From Memory to Record", *Anglo-Saxon England* XIII(1984), pp.97—112, plates ix, x, xi。

[152] John of Salisbury, *Metalogicon*, Bk. I, ch.20, p.47.

[153] L. Treitler, *With Voice and Pen*(2003), p.248.

[154] *Ibid.*, p.249.

[155] W. J. Ong, *Orality and Literacy：the Technologizing of the Word*, p.101.

[156] J. Gillingham, "The Context and Purposes of Geoffrey of Monmouth's 'History of the Kings of Britain'", *Anglo-Norman Studies* XIII(1990), ed. M. Chibnall, pp.99—118; R. Levine, "How to Read Walter Map", *Mittellateinisches Jahrbuch* XXIII(1988), pp.91—105.

[157] J. Martin, "John of Salisbury as a Classical Scholar", in *The World of John of Salisbury*, ed. M. Wilks(1984), p.194.

[158] Walter Map, *De Nugis Curialium*, Bk. V, ch.1, p.404.

[159] *The Works of Gilbert Crispin Abbot of Westminster*, ed. A. S. Abulafia and G. R. Evans(1986), p.52; M. Camille, "The Book of Signs", p.135.

[160] *The Works of Gilbert Crispin Abbot of Westminster*, p.52.吉尔伯特心中可能想着威斯敏斯特的一尊特定雕像,见 C. N. L. Brooke and G. Keir, *London 800—1216*(1975), p.305。

［161］大格里高利的话见 C. M. Chazelle，"Pictures，Books，and the Illiterate：Pope Gregory I's Letters to Serenus of Marseilles"，p.139，及本书第 192—193 页。吉尔伯特见本章注释［159］。

［162］C. M. Kauffmann，*Romanesque Manuscripts 1066—1190*，illustration nos 58，76.

［163］T. A. Heslop，"Brief in Words but Heavy in the Weight of its Mysteries"，*Art History* IX(1986)，p.2.

［164］M. Camille，*Mirror in Parchment：the Luttrell Psalter*(1998). M. P. Brown，*The Luttrell Psalter：a Facsimile*(2006).

［165］"The Artists of the Rutland Psalter"，*British Library Journal* XIII(1987)，pp.176—177.也见 N. J. Morgan，*Early Gothic Manuscripts II：1250—1285*，pp.78—82，no.112。

［166］见本章注释［136］。

［167］C. Donovan，*The de Brailes Hours*，pp.133—134，186—187；N. J. Morgan，*Early Gothic Manuscripts II：1250—1285*，illustration no.304，catalogue no.161.这位淑女所有人的另一幅图像见 *Age of Chivalry：Art in Plantagenet England 1200—1400*，ed. J. Alexander and P. Binski，p.217，no.41。

［168］N. J. Morgan，*Early Gothic Manuscripts II：1250—1285*，no.145(Aristotle).

［169］M. Camille，"The Book of Signs"，p.142.概述见 M. Camille，*Image on the Edge：The Margins of Medieval Art*(1992)。

［170］M. J. Carruthers，*The Book of Memory*(1990)，pp.245—247，2nd edn(2008)，pp.315—318.

［171］M. J. Carruthers ed.，"Thomas Bradwardine，'De memoria artificiale adquirenda'"，*Journal of Medieval Latin* II(1992)，p.37.英译本见 M. J. Carruthers and J. M. Ziolkowski eds.，*The Medieval Craft of Memory*，pp.209—210。

［172］M. Camille，"The Book of Signs"，p.143；M. Camille，*Image on the Edge：The Margins of Medieval Art*，p.25.

［173］见本章注释［1］、［144］。

［174］见本章注释［148］—［150］。L. M. C. Randall，*Images in the Margins of Gothic Manuscripts*(1966)，pp.111—128 罗列了大量混种生物。

［175］F. H. Bäuml，"Varieties and Consequences of Medieval Literacy and Illiteracy"，p.262.

［176］L. F. Sandler，*Gothic Manuscripts 1285—1385*，no. 1；*Age of Chivalry：Art in Plantagenet England 1200—1400*，p.355.

［177］B. Yapp，*Birds in Medieval Manuscripts*，p.80，colour plates 1，21，22，23.

［178］*Ibid.*，pp.73—78.

［179］S. Lewis，*The Art of Matthew Paris in the "Chronica Majora"*，pp.212—216.

［180］*Records of the Wardrobe and Household 1285—6*，ed. B. F. and C. R. Byerly(1977)，nos 100，115；*Records of the Wardrobe and Household 1286—89*，ed. B. F. and C. R. Byerly(1986)，nos 1234，2324.

［181］彩色图示见 M. Camille，*Image on the Edge*，p.121。也见 C. Clay in *Antiquaries Journal* XI(1931)，pp.129—132；G. E. Hutchinson in *Isis* LXV(1974)，pp.14—15；L. F. Sandler，*Gothic Manuscripts 1285—1385*，plate 43。

第九章　信任书写

　　　公文不会立刻激发出信任。与其他技术革新一样,生产公文的方法发展到被证明对传统主义者和读写专家都可接受之前,还有一段漫长又复杂的演化时期,尤其是在 12 世纪的英格兰。从记忆到书面记录的进步没有直接和简单的路线。人们必须被劝说相信,书面证据对既有方法而言是充分的改进,值得为之付出额外的花费并掌握它所要求的新奇技艺,而这种劝说很困难。

　　现代一位有读写能力的人倾向于假定,书面声明,尤其是印刷声明比口头话语更可靠。此假定是从小在阅读和书写方面接受学校教育的结果,也是持续使用公文的结果,比如在最微小的交易中也使用账单。对现代一个有读写能力者而言,书面证据的明显优势是它不像一个人的话语那样善变和易变。但书写的这种优势在中世纪英格兰不那么明显,因为就连识文断字之人也不把公文当作能确保其作为证据之有效性的东西来用。12 世纪的大多数特许状既不署日期也无亲笔签名,更没有复制到登记簿中供未来参考。最早的私人特许状的起草人和抄写员给人的印象是,他们没有分享起草文据的共同训练,却是各自在做着私人性、个别性且必定是业余性的努力,努力首次掌握书面证据的复杂性。

　　圣奥杜恩的拉尔夫(Ralf of St Audoen)用一份特许状将一块盐田给了苏塞克斯的希利小修道院,该特许状尽管很不寻常地属了日期(主历 1153 年)并有亲笔签名,
却很好地示例了业余起草人的工作。[1]这位起草人或抄写员可能是希利的一位修士,开篇先辩解书面记录的正当性:"让这个能被许多人注意到是恰当的,因此出于顾念将来的慎重考虑,将它托付给文字构成的契据,以免在时间流逝中,它被毁灭一切的遗忘所摧毁。"这份赠品本身不是由该特许状公开象征,而是由一份形式更

神圣的书写品——一份放置在施主祭台上的福音书公开象征。希利的修士们似乎已决心用尽可能多的方式表达对这份赠品的批准,既用传统方式,也用新颖方式。拉尔夫的领主——威廉·德·布劳斯在特许状上两度亲笔签上十字符号,一次是在小修道院,再一次是当公文在位于布兰博城堡的他的法庭上被展示并批准时。威廉也在特许状上盖了印章。这样,那些信任十字符号的人和那些钟爱更现代的蜡印的人都感到满意,蜡印的图案是一位马背上的骑士,这是领主权的象征。(见图1,图中那份特许状以类似方式认证。)对那些对两者都不信任的人,则详细列举了在小修道院和法庭从事这两项交易时的见证人名单。正如斯丹顿对日期相近的一份林肯郡特许状的评论:"这项交易复杂得非同一般,不过对当事各方而言,以书面形式表达合法授予有可能常常不及仪式性操演活动重要,特许状本身不记载这种操演活动。"[2]书写品是次重要的,还被回环往复的条款所限制,因为给予它的信任度小于给予誓言和公开仪式的,后者传统上就是用来批准让与的。例如,一位在特许状上画了十字符号的签名人也会做一个横贯他身体的仪式性十字符号,即用他的右手依次接触前额、心脏、左肩和右肩。

　　起初,每份特许状都倾向于让自己的措辞不同,因为每份公文都被视为是在特定的时间和地点处理人际关系的一项个人化的肯定。人们对这种稳定性是否可能或恰当有怀疑,这可以解释为何早期的特许状起草人都经常不情愿声明书写的时间和地点,以及为何它们如此频繁地呼唤上帝及其圣徒的帮助。实践的此种多样性对当时的财产所有人无益,但有益于今天的历史学家,因为它像考古分层那样提供了一份记录,表明读写心态如何逐代发展。古文献研究者积累起来的旨在确定特许状日期并鉴别伪造品的信息可以用来阐明,对书写的态度如何历经12世纪和13世纪而改变。通用形式的演化并非平淡无奇,因为它标志着处理业务的读写方式被逐渐接纳的各个阶段。

记忆与书写

　　在使用公文之前,一个事件或一项交易的真实性通过负责人或见证人的个人声明来确立,通常是誓言形式的声明。如果事件发生在很久以前的过去,无法求助活人的誓言,那么就问最年长和最睿智的人对此还记得什么。对于来自记忆的集体口头证词可以举出大量例子,尤其是在涉及领地继承人年龄证据的案子里。下

297

面的例子阐明了对一个较不常规问题的回答方法。1127 年，亨利一世的一份令状命令从多佛和桑威奇（Sandwich）各挑 12 个人组成一个陪审团，解决坎特伯雷的圣奥古斯丁修道院和基督会关于桑威奇港口海关规费的争议。陪审员们被描述成是"24 个成熟又睿智的年高望重人士，有着良好证词"[3]。每个人依次当众按着一本福音书发誓说通行费属于基督会，称"我从我的祖先们那里得到这个说法，而且从年轻时直至今日我都看到和听到了，因此，上帝和这些神圣福音帮助我吧"。

在诸如上述的情势下，无从确定陪审员们是否说出了历史真相，因为在议的过去事件仅仅记录在人们的鲜活记忆中。既然陪审员当众按着福音书发誓他们在讲真话，那就没法多说了，除非对他们身为基督徒的原则表示怀疑。如此，确立什么能被作为真相是简单和个人化的事，无需公文，因为它取决于一个人的同伴们的好话。记忆中的真相也是灵活的和最新的，因为没有什么古老习俗能被证明老于活人中年纪最大的智者的记忆。过去与现在没有冲突，古代先例和当下实践没有冲突。习俗法"静静地跨过泯然湮灭也安详辞世的过时法律，但法律本身依旧年轻，还总是相信它很古老"[4]。另一方面，书面记录不会安详辞世，因为它们在档案馆里保留了半条命，也能被复活，给未来的世代传递信息，令他们叹为观止或让他们困惑不解。

识文断字之人偏爱书面的人造记忆而不偏爱有年纪有经验的智者说出的鲜活记忆，对这类读写之士持有异议的中世纪时人属于一个古老传统（假如他们知道的话），这种异议可以回溯到有关发明书写的神话。据苏格拉底说，发明了书写的神祇曾被埃及国王塔穆兹（Thamuzz）①斥责，他说：

> 假如人类学会这个，就将在他们的灵魂中植入遗忘：他们会停止运用记忆，因为他们依赖写下来的东西，不再从他们的内心呼唤事物加以记忆，而是通过外在标记来记；你所发明的不是供记忆的秘诀，而是供提醒的秘诀。[5]

对无知的文盲和见多识广的柏拉图主义者，书面记录都是可疑的赠礼，因为它看似要杀死鲜活的口才，并信任和代之以一片羊皮纸形式的一个木乃伊般的外壳。在与安瑟伦的争执中，亨利一世的坚定支持者们曾经称一份教宗诏书是"用墨水染黑又用一小块铅块重压过的"一块羊皮，他们在力争三位主教现身证词的优越性，主教们运用了记忆，高于一份书写品单纯的"外在标记"。[6]那些回想起圣保罗的警告"那字句是叫人死，圣灵是叫人活"的中世纪基督徒属于一个类似的长期传统。[7]瓦

---

① 此处表述不准确。塔穆兹即阿蒙神，是众神之王，不是人类国王。——译者注

伦内伯爵据称对爱德华一世的法官们出示了他祖先"古老的锈剑",这时他恐怕同样在诉诸一个比任何文字都优越的符号,因为这个符号活在人的记忆中。瓦伦内的锈剑对中世纪知识分子的吸引力可能与对普通人的吸引力一样大,因为学者们受训在记忆中让物理实体创造出图示形象,他们将自己的抽象思想附于记忆中。圣维克多的休教导说"有效地令记忆兴奋,无过于细致地注意事物的周围环境"[8]。

书面记录的异议者们在实质上和在感情上有同样强大的理由,因为大量中世纪特许状都是伪造的,且真正特许状的真实性很难证实。种类多得令人眼花缭乱的"外在标记"被用在证明特许状真实性的稀奇古怪的尝试中,这令书面记录高度可疑。有几千份真实特许状没有颁发日期和颁发地点,其中一些是看似此前从未用过笔的抄写员所写(见图1和图6)。[9]尽管大多数英格兰特许状都附有印章,但还有少许特许状被墨水画的十字认证(有些是亲笔画的,有些则不是),或者由标志着给予人心愿的其他象征物品如指环或小刀认证。几乎所有特许状都列举了交易见证人的名单,见证人数量从国王独一人("证人,我自己")到1176年肯特一份协议中指名道姓的123个人。[10]一个抄写员在见证人名单中包含诸如"还有其他许多人,无法一一列举"[11]的措辞,这是常见之举,此种描述虽然记录了当时这个场合的宏大气象,但对未来的鉴定毫无用处。牛津特许状的抄写员用"为免于单调乏味,我们不写下他们的名字"[12]一语抹除了这份契据的见证人。反正见证人很快就会死去,而有些见证人也许从未在见证时活着,就像约1200年见证一份基督会特许状的圣徒们。[13]有时候,特许状的抄写员把自己等同为最后的见证人,表示愿意进行真实性检测,不过更多时候他不这么做。

在这些状况下,有没有读写能力的人都有权利不信任特许状,因为实践五花八门乃至古里古怪。看似真实的公文很可能是伪造的,反过来,宛如业余人士涂鸦之作的可能被证明是真实的。除了不一致和缺乏统一的抄写训练,主要困难在于,传统上是书写专家的修士们也是最大的造伪者。修道院越有势力越古老,它的公文就越有可能以专业方式被伪造。关于坎特伯雷基督会使用的印章,总执事西蒙·兰顿(Simon Langton)于1238年致信格里高利九世(Gregory IX)称:"圣父,没有哪种类型的伪造是坎特伯雷的修会没干过的。他们用黄金、铅、蜡和各种金属伪造。"[14]当然,对较早时期的教宗法庭也可以这样评价,它曾使用《君士坦丁御赐教产谕》和其他伪造的教令。

不过至少在理论上,英格兰的中世纪书写人本可以相对容易地制作真实性通常能被证实的公文。尽管没有能覆盖所有案例的保障系统,但绝大多数肯定能被保证。需要做的只不过是遵循罗马法律实践中的基础原则,这些原则在 12 世纪的意大利和毗邻地中海的整个成文法区域都耳熟能详,它们确保每份公文都要准确署明日期并由一位经授权的抄写员或公证员书写。此外,理想情况下,公证员需要将公文的一份副本登记到由公共权威保管的记录中。但是众所周知,这些基础原则在中世纪英格兰未被遵从,在欧洲北部其他地方起初也未被遵从。尽管 13 世纪英格兰有一些公证人在活动,但他们的活动通常限于少数类型的教会业务。类似地,到 1200 年时英格兰已经存在关于某些类型财产交易的公共登记簿,存在于休伯特·沃尔特确立的犹太人的"源头"与王室土地转让协议档案副本中,但却没有详赡的登记制度。[15]有时候国王的政府连自己的公文都无法追索,遑论其他人的。

英格兰没有根据罗马范型发展出一套公证制度,其中理由一般被认为浅显易见,即"习俗法胜出"[16]。这个解释正确但不充分,因为习俗法在官僚机构活动的其他领域并未胜出,诺曼征服和安茹王室的先后影响导致 12 世纪的英格兰对意大利影响和其他欧洲影响不加限制。理查德·菲兹尼尔约 1179 年撰写《财政部对话录》时,认为财政部的会计制度在很大程度上是古老习俗的产物,然而它实际上是亨利一世当政时由法兰西(甚至还可能是阿拉伯)算术专家创建的。正如亨利二世的令状明确表达的,习惯法本身从深思熟虑的立法思想中比从习俗中受益更多。自 12 世纪后半叶起,英格兰王室官员就受到博洛尼亚教会法学派和民法学派的充分影响,从而知道习俗本身不充分。当菲兹尼尔认为决计把"被征服的人民带入成文法的统治之下"[17]是征服者威廉的功劳时,他本人就引用了罗马法。虽说菲兹尼尔的评论用于征服者威廉时有年代误植的因素,但它反映出亨利二世当政期与菲兹尼尔同时代的行政官员的假定,即罗马的成文法可以适用于英格兰。

因此,英格兰受到欧陆其他官僚机构程序的影响,却保持大体不受罗马公证制度影响,个中原因是个值得深入求索的问题,因为它触及无读写能力者对证据的书面模式缺乏理解且继之缺乏信任的根源。没有公文时,记忆得自本地社区活人的智慧,而书写这个"死手"①——修士和神职人员的"永久产业"——通过其跨越时间与空间的"外在标记"界定并拓展了边界。

给公文署日期

12 世纪英格兰书写人给公文属日期时形形色色的方法——从一些人干脆省略

---

① 该词意指不能变卖的不动产。——译者注

日期到另一些人在同一份公文上使用一种以上计算系统——很好地阐明,他们在面临觉得新奇的问题时体会到什么样的困难。在一封信的抬头写下日期对现代一个有读写能力的人而言是个基本规则,对一位受过训练的中世纪公证员同样相当简单。因此帝国公证员阿斯蒂的亨利(Henry of Asti)在一份于伦敦起草的文据上写了如下日期:"基督降生后 1268 年,第十一次诏示,1 月进入第 18 天的水星日,教廷主人克莱芒四世第三年。"[18]对 1268 年 1 月 18 日星期三这个日期的这种表达方式是现代欧洲人熟悉的,只是教宗年(克莱芒四世第三年)和提及第十一次诏示①是罗马公证制度的细微改良,现在看来属多余之举。对于有些交易,人们期望公证员不仅记录日期,还要记录钟点。1228 年来自林肯的一份主教公证明确提及发信和收信的钟点,还有核验寄信人印章的钟点。[19]就连一位习惯法法官西顿的罗杰都在 1279 年遵从公证实践,他告知"在大约 9 点钟"收到一封来自档案室的书信,"天黑之后片刻"收到另一封。[20]他是教会法律专家出身,这能解释他保存记录时的精确度。上述时间大约无法更精确了,因为西顿是根据日头估计钟点,不是凭借钟表。[21]

　　准确记录一份公文被颁发或被接收的年、月、日乃至钟点,是为了通过核查时间来解决关于其真实性的后续争端。亨利三世 1272 年对格里高利十世保证,在教宗法庭展示的有些王室专利证书是伪造品,因为"那一年的那一天我们不在坎特伯雷";事实上亨利搞错了,但那是另一个故事。[22]颁发的日期和地点有附加益处,能把公文和它们的制作人放在时间和地理视角中,而假如使用了基督教的历法年系统主历纪年,就能拓展数个世纪。

　　尽管声明公文颁发的日期有好处,但多数 12 世纪的特许状不这么做。佛兰芒人金融家威廉·凯德的八份存世债券(这个类型中最早的)在这方面意味深长,因为人们期望有关债务的记录应当尽可能准确地起草。[23]然而这些债券无一有颁发日期,其中三份(第二份、第五份、第八份)甚至都没有明确债务应被偿付的年份,只提到与教会节日有关的某天。其他五份虽然明确了年份,但表达方式不得当,时间久了就会发生歧义:

　　1. 在英格兰国王的儿子亨利与法兰西国王的女儿共结连理之后(1160 年);

　　3. 在英格兰国王的儿子与国王的女儿的婚礼之后;

---

① 古罗马每隔 15 年有一次财产评估公告,因此 15 年一诏示成为一个纪年单位,中世纪一些国家也沿用。——译者注

4. 在国王和佛兰德斯的提耶里（Thierry）公爵于公爵启程赴耶路撒冷之前在多佛共商之后（1157 年）；

6. 在国王于伦敦召开大议事会之后（1163 年）；

7. 在吉尔伯特·福利奥特被接受担任伦敦主教之后（1163 年）。

凯德显然不期望他的债务长期不结，因此基于当前事件的日期规定偿付日期是恰当之举。

更准确的日期签署形式于 12 世纪最后十年开始。自理查一世 1189 年登基起，王室书信便统一署有日期（颁发地点、颁发在某月某日和国王当政某年）。[24] 英格兰主教们受王室实践的影响多过受教廷实践的影响，从 12 世纪末期开始常规性地在他们郑重其事的公共事件登记簿上署日期，虽说直到 13 世纪末期，他们的世俗授地公文和行政训令都继续不署日期。[25] 书籍和类似的抄写员作品也同样，通常不署日期亦无亲笔签名，虽说有一些醒目的例外，比如马修·帕里斯的编年纪或《末日审判书》；这些例外卷帙中的一本声称"这份调查"于主历 1086 年进行。[26]《末日审判书》之外，英格兰现存最早的有抄写员署日期的书籍是圣奥古斯丁的一篇文本，声称于主历 1167 年在比尔德沃斯（Buildwas）的西多会修道院写下；另一本来自比尔德沃斯的书也类似署着主历 1176 年。[27]

为何不总是给一份公文署上准确且形式统一的日期呢，就算只是作为例行的预防措施？对此能提出一些各不相同的解释。其中一种不时被提及的解释称，特许状被看作仅仅是早已发生之交易的确认，因此在上面署日期没意义。这种解释的难点在于，即使一份特许状写于事件发生之后，假如起草人当真考虑他在开场白中宣告的后世之人，那么在文本上明确交易发生的日期并将之同书写特许状的日期区别开，这依旧是谨慎之举。详细说明这两类日期是良好的公证做法。关于省略日期的另一个可能解释称，没有印刷好的日记本就很难计算日期。坎特伯雷的杰维斯对这些难题有所描述：耶稣受难究竟是哪年（主历 32 年、33 年还是 34 年）？一年应当始于哪一天，是领报日（3 月 25 日）、受难期（一个变动性的节日）①、圣诞节或割礼日（1 月 1 日）？[28] 不过这些困难是能够克服的，因为大多数早期特许状都由修士书写，他们是年代学专家，因此他们不写日期的原因依然成谜。

不在公文上署日期的其他理由更加深刻。直到在公文上写日期变成一项无需

---

① Passion，包含耶稣生平的最后一段时光，天主教会以圣周（Holy Week）来纪念，含四个阶段或纪念日。——译者注

多想的常规之前,署日期都要求抄写员对于他在时间中的位置表达一种见解。计算出来的日期与哪些普通人或神圣的人有关系,或者时间跨度为多长?一位犹太人可能在他的债券上署明"从创世起"并且考虑"从时间起始直到世界尽头"的跨度,因为时间顺序不间断地向前。[29]另一方面,对教宗而言,以基督诞生为一个新时代的开始并在书信上署明主历是恰当的,因为教宗是自圣彼得起便相沿不断的基督的代牧。一位主教或一位修道院编年纪作者同样会用基督教历法年计算,因为主教们也是使徒们的继承人,而修士们在基督徒天命中有公认的位置。然而教会人士并不在他们所有的公文上署日期,授地公文和训令通常不署日期。这种例子中,日期的省略可能不是因为疏忽,而是出于良心。将尘世业务同基督道成肉身的时间联系起来,这大概被认为是冒昧的乃至亵渎的。正如圣奥古斯丁在《上帝之城》中阐明的,在一份公文上署主历年就是在关于过去、现在及未来的基督教救赎编年史上给了它一个位置。吊诡的是,修士们在 12 世纪或更早的公文上署日期如此难得一见,乃因他们对时间的意义和他们在后人中的有太强的自觉意识。

作为对照,非宗教人士对时间只有如此个人化和短暂的观点,结果他们起初也发现在一份公文上明确用数字标注年份有困难。每个人都知道当前这一年是指哪一年,如果存疑,那么可以提及一些突出事件。前文的例子已经说明,威廉·凯德在债券上署日期时就是基于这种思维框架。难忘的事件最丰富多样的一份早期记录当属莱斯特的行会卷册(这种类型中最早的),覆盖的日期为 1196—1232 年。[30]第一年明确为莱斯特伯爵在法兰西被俘后的获释之年(1196 年),第二年是"日耳曼皇帝驾崩后"(亨利六世 1197 年驾崩)。自此以后,国内或国际上的重大事件与莱斯特当地的事件穿梭出现,前者如约翰当政期教宗的禁罚令或(都发生于 1219 年的)威廉·马歇尔之死和十字军夺取杜姆亚特(Damietta),后者如圣尼古拉斯(St Nicholas)教堂的落成典礼(1221 年?)和城镇知名人士如市参议员的死亡或停止担任公职。只有三次提到英格兰君主在位年,主历年压根没用过。显然,莱斯特的文员不确定给他们的卷册署日期时该采用哪种标准。这些卷册因着各式各样的实践而指示出本地社区如何看待莱斯特和更远地方的事件。

存世最早的在王家法官面前签订的最终协议也同样没有用数字标注的年份属日期,而是署"国王在约克接受苏格兰男爵效忠后"的彼得和保罗节(6 月 29 日)。[31]这个事件指狮子威廉王被亨利二世击败以后于 1175 年 8 月在约克大教堂对亨利二世的效忠仪式。这份协议不直接关注盎格鲁-苏格兰政治,它关涉牛津的一桩法律讼案,发生在奥斯内(Osney)分堂神父们同一位寡妇及其女儿们之间。不

303

过它显然假定，至少在牛津这桩诉讼案之解决被记得的时期里，亨利二世正式对苏格兰人展示其优越性的时间能被人记得。此协议的起草人是认为他们的公文只能持续一代人左右的时间，还是相反，认为亨利二世在约克大教堂的得胜典礼将被记住几个世纪？这一点不可能确定。或许这两种方式都不是他们考虑的。他们给协议署日期不是着眼于延伸几个世纪的文献时间持续期，而是如一个没有读写能力的人可能做的那样，着眼于近期的著名事件。尽管中世纪书写人着眼于后人，但他们似乎认为很难想象他们的作品能幸存几个世纪，也很难想象有朝一日，只有一位专业历史学家才知道"国王在约克接受苏格兰男爵效忠"发生在何时。

304 　　即使一份公文上给出了主历年，有时也同样要明确提及一件难忘的事件，仿佛基督教历法年过于异类（除了对专业宗教人士），以致不能激发个人信赖。罗杰·德·莫布雷的妻子给芳汀兹（Fountains）修道院的一份赠品署主历 1176 年，"瑟斯克（Thirsk）和科比马尔泽德［(Kirby) Malzeard］的堡垒被夷平的那年"[32]。此事件同样涉及亨利二世击败狮子威廉，因为罗杰·德·莫布雷是叛军的一员，他们的城堡都被摧毁了。莫布雷家的人在此回想起他们个人因亨利二世遭受的屈辱，而非约克大教堂发生的更大范围的投降。在威廉·德·费雷尔（William de Ferrers）的法庭订的一份协议也类似根据本地领主的福祉署日期——"主历 1192 年，亦即威廉·德·费雷尔伯爵娶切斯特伯爵拉努夫的妹妹安妮丝（Anneis）①为妻之年"[33]。至此已经充分展示出，在文件记载能被恰当理解之前，传统上对时间的衡量与各种各样的人物和事件有关联，而不与一种外在标准关联。

　　拉尔夫·德·迪塞特调查圣保罗大教堂各采邑后给出的复杂到不必要的圣职候选人资格审查报告，最好地总结了给公文署日期的新奇性以及署日期时可以用的繁多方法。他为自己的编年纪和圣保罗的特许状发明的独特标记暗示出，他对书面证据的模式格外敏感。因此他对自己从事调查的年份不打算留下任何疑问。它这样写年份：

> 　　主历 1181 年，教宗亚历山大三世第 21 年，英格兰亨利二世国王当政第 27 年，国王之子幼王亨利当政第 11 年，吉尔伯特·福利奥特主教自赫里福德调任伦敦已过去 18 年，伦敦的分堂主管神父拉尔夫·德·迪塞特在他担任此职的第一年进行本次聆讯。[34]

---

① 　其他资料显示的名字为 Agnes(Alice)。——译者注

这样,拉尔夫用六种不同的系统来计算年份,他按照等级序列安排这些系统,主历纪年在先,中经教宗和国王的纪年,直到用他自己担任圣保罗大教堂分堂主管神父的第一个活力充沛的年份垫底。

在 13 世纪,几万份特许状都被写了出来,署日期的方法开始较少刻意也更加统一。一份法语写的对圣职候选人资格审查报告的诙谐改编文[声称写在一封给尊贵的德西雷夫人(Lady Desire)的信中]道出了最常见的规则:"英格兰四海之内有鉴,值亨利王之子爱德华王当政第 27 年的施洗圣约翰日前夕。"[35]施洗圣约翰日前夕是 6 月 23 日(仲夏前夜),爱德华一世当政第 27 年是 1299 年。在记录年份的各种可能方法中,英格兰采用的最常见的纪年、纪月和纪日程序是把一年内的某天联系到教会的一个节日,年份以国王在位之年表达。拒绝(主教档案室使用的)主历年和(王家档案室使用的)罗马月历,而如此这般将教会与国家糅合折中,此做法看起来可能是对骑士土地所有人最适合的。他们信任国王在位年超过信任主历年,因为国王加冕是公众都记得的事件,是更直接的参考点。以国王在位年署日期,而不是用较私人的事件或小领主的政权署日期,这一做法的兴起也暗示出国王正日益被承认是英格兰社区的领袖。此外,有些骑士正开始通过依次列出各位国王的插图卷册来学习他们的国王的当政期限(见图 13)。[36]

虽说 1300 年之后许多私人特许状依旧没有日期,但署日期的形式已经牢固确立,也变成寻常事物。总体而言,经过许多初始的犹豫之后,书写人已经得到了时间的衡器。不过,署日期是在读写习惯变得可被接受的那种缓慢步调中演进的,非是由罗马法任意强加的,所以英格兰给公文署日期的方法依旧复杂和不连贯。用历史眼光看,方法的多样性是关于同时反映出封建思考方式和基督教思考方式的读写习惯成形的一份备忘录。给公文署日期的演化是对署日期的公文作为记录之有用性的信心日益增长的一个衡器。

给公文签名

每个人都同意,像特许状这种法律公文一定要签名;但什么才构成有一个有效签名,对此的观点林林总总,一如对什么才令一个日期恰当的观点。正如署日期的问题,这种多样性暗示出人们在寻求能够对无读写能力的传统主义者和对记录专家们都证明可行的方法。大体来说,在地中海欧洲,公证员的实践在认证公文和署日期方面更受青睐。一位公证员通常以亲手书写公文并在公文结尾附上他的名字和他亲笔画的个人符号而提供了针对伪造的预防措施。假如发生争议，这位公证员可以被反复盘问，而假如他死了，可以用他签署的其他公文做参考，或参考一份登记簿，登记簿上录有他的字体和符号的样本。

自13世纪后半叶以降，英格兰能找到经公证认证的羊皮纸例子，虽说不充裕，通常是在教会公文中。[37]最特殊的是，爱德华一世曾公证过13世纪90年代起草的羊皮纸，当时他不得不依照国际法理学的标准而非英格兰的习惯法为自己在苏格兰的行动辩解。为此原因，约翰·巴利奥尔1292年的效忠、他1296年宣告效忠无效以及他1298年成为爱德华囚徒时的声明都被一位公证员卡昂的约翰作为记录写下来。巴利奥尔1296年宣告效忠无效的书信被这样认证：

> 我，卡昂的约翰·阿瑟，宗座授权的公共公证员，在英格兰国王的命令与要求之下，写下一份忠实的副本，逐字逐句，顺序一如我找到的该信文本，并在这份公共文据的表格上画下我的符号标记，作为前述事务的更完整证据。[38]

这个公式示例了一份公证文据中关于真实性的主要因素。公证员声明自己的名字与权威性，声明他亲笔写下这份公文，声明他用一个独特的符号进一步认证它。一份公文由一位公证员签名，此事实不意味着公文上的声明本身是真实的，只意味着它们具有法律真实性。苏格兰案公文中的一份被制作了几年之后，卡昂的约翰更改了它。墨迹现在只有轻微褪色，因此他擦除并替换的位置可以轻易看出。[39]据称，针对约翰·巴利奥尔的整个诉讼程序中最重要的一点被排除了，那就是苏格兰国王曾承认英格兰国王的"指引之手"未来应当被置于苏格兰王国。我们不可能得知巴利奥尔是否曾正式做出如此承认。身为一位官方认可的书写人，卡昂的约翰免除的不是一项历史事实，而是一项法律证据。他通过将这份公文更改为"在英格兰国王的掌管之下"，也通过在他记录的别处以不利于苏格兰案的方式书写，而为爱德华一世提供了后者所要求的国际法证据。卡昂的约翰就像爱德华一世的宫廷雇来在《阿丰索诗篇集》上画写实鸟类的匠人师傅，通过他的公证艺术在页面上创造了"虚构不虚"的幻象。[40]

罗马的授权公证员制度是中世纪处理认证公文难题时一个相对简单也通常有效的方法。不能指望一份公文的每一方都能像在现代西方文化中那样用他自己独特的书写签名亲自签署，哪怕他有阅读能力，因为在羊皮纸上书写是专家的一项业务。将签名限定于专业抄写员还有其他好处，这在公文生产上强加了统一标准，并

306

将信任状可加核实的书写人的数量限定在可控范围。一位公证员用自己的符号签署公文,这很像一位石匠师傅在他切割的石头被建造成一个永久性构造物之前给它们做标记。尽管有如许好处,合格的公证员在英格兰仍没什么用武之地。

英格兰特许状的抄写员们只在少数案例中确定自己的身份,且他们自我识别时层出不穷的方式暗示出,在这些身份识别背后没有统一目的或统一训练。[41] 不 307 过,有些书写人明白,他们的名字充当一种额外的证词形式,正如下面来自 12 世纪莫布雷特许状的两个例子所示:

> 证人,堂·萨姆森·窦比尼(Dom Samson d'Aubigny),本作品出自他的手;

> 而且我,专职神父约翰写下了这份令状,因为我在场。[42]

另一份 12 世纪特许状中宣明的"制作人"专职神父沃尔特在他的证词后附加了一条诅咒:要"永远挫败任何希望破坏"这份特许状的人。[43]另一方面,来自 12 世纪中叶的另一份特许状的抄写员,"令人满意地写下这个的文员赫伯特",就像坎特伯雷的埃德温的肖像,是在吸引别人注意他作为抄写艺术家的能力,而不是他作为一个见证人的重要性,假如"令人满意地"(bene)这个词不是"一份令状"(breve)一词的抄写错误。[44]就连王室令状的书写人通常也不确定自己的身份,直到 13 世纪后半叶,档案室才开始有了抄写员在公文的一角写下自己姓氏的实践。[45]而在中世纪英格兰的私人特许状中,书写人必须确定自己的身份这一条从未变成定则。

有些抄写员似乎有效法公证员实践的抱负,但因为既无统一的训练也无规章,他们的努力都是率性而为。例如,1277 年牛津的一份特许状中,最后的见证人是某位"公证员"菲利普,且这份特许状结尾处的结构式被润色得仿佛是为了成为他的个人符号。[46]不过菲利普没有一以贯之地在他写的所有特许状上署自己的名字,且尽管他通常以"公证员"知名(如他的家庭特许状所证明),但他的地位恐怕无异于当时牛津的另一位专业特许状书写人——艾皮威勒的理查德(Richard of Eppewelle)。[47]菲利普或理查德恐怕都不是任何罗马意义上的公证员。类似地,早一个世纪的一份切斯特特许状看似被其最后见证人威廉·勒加特(William Legat)"签了名",因为他的姓氏用大写字母写了出来,他的名字也完整写出来,与其他见证人的姓名不同。[48]但是威廉的做法没有一以贯之,在另一份特许状中,他的"签名"较不突出,虽说依旧清楚;而在第三份特许状中,他的姓名被以无异于其他见证人的 308 方式写出来。[49]另一位书写人罗伯特·卡彭特(Robert Carpenter)根本不是专业抄写员，而是一位有追求的怀特岛(Isle of Wight)自由民，在汉普郡的法律事务中很活跃，但是当他给出他的作品细节时，却遵循公证员实践：

> 以下页面于约翰王之子亨利王当政的第 49 年也是主历 1265 年的圣灵降临主日，写于威斯敏斯特的圣爱德华小教堂，并由野兔水道(Hareslade)的罗伯特·卡彭特的手从编年纪中摘取，录入一个小卷册，也是他写下本段话。[50]

罗伯特只需补一个符号就能在精确度上匹敌一位专业公证员，比如阿斯蒂的亨利或卡昂的约翰。

这些例子暗示，英格兰的书写人有知识也有能力，有些人甚至希望像公证员那样起草文据，虽说他们没有得到政府当局的正式认可。英格兰习惯法为何没有发展公共公证员，这是个复杂问题，它反映出读写模式的发展之路。一俟公文开始激增，英格兰的商业人士就与意大利商人一样，需要可靠的书面文据形式。休伯特·沃尔特 1194 年的法令首次表明此需求获王家政府承认，此法令在指定的中心提供关于犹太放债人债券的官方书写品。由此法令确立的抄录员的职能很像公证员。例如，在 1218 年犹太人科尔切斯特的艾伦之子撒母耳(Samuel son of Aaron of Colchester)和基督徒威廉·德·斯宾特之子修奥(Sewal son of William de Spineto)之间关于修奥父亲所制一份债券的争端中，修奥否认正式签字文件上的印章是他父亲的。撒母耳坚持这份正式签字文件是真品，并同时诉诸基督徒和犹太人中"那些认得债券制作时担任抄录员的那个文员笔迹的人"的证词。[51]撒母耳由此力主，债券的笔迹可以归于个体抄写员，他们的字体是比一枚印章更好的真实性标记，因为，如撒母耳也力主的，一位骑士可能有一枚以上印章。尽管这桩案子被押后，也没有关于决议的记录，但它展示出公证员原则已被理解，至少被那些有读写能力并偏爱用亲笔签名而非用印章正式签署公文的犹太人理解。撒母耳的私下意见可能是，印章只不过是蜡块，使用它典型地表现了基督徒的无知和欺诈。

1285 年的《商人法》为设立认证债券的标准做了一次更有雄心的努力。[52]该法令要求(除犹太人以外的)所有商人在伦敦市长面前或其他城市与市镇类似的指定机构面前将自己的债务记录下来。检验独特笔迹之举得到公认，因为债券要"由(市里)一位知名文员的手"登记入册，且每份债券同样要由一位指定的文员书写。然而该法令没要求这位文员像一位公证员那样把自己的名字或他的抄写员签名写在债券上。截至 1285 年，英格兰的法律实践恐怕对印章太过习惯，以致不能用公证员的符号代替印章。无论如何，该法令认识到有伪造印章的可能性，因为王室的各

309

种印章都制成两个紧密咬合的部分,一部分由市长保管,另一部分由获得授权的文员保管。因此,《商人法》走向了公证员实践的本质,但回避了公证员名头:债券要由被授权的书写人写下,被登记在官方登记簿上,并由书写人保管的一个(特殊印章形式的)符号认证。假如这些规章确曾实施并从货币债券扩展到一切所有权的书面让与,则英格兰就应当拥有了规模大于欧洲任何地方的官方书写人和官方登记处。

印章与十字的象征意义

英格兰之所以没有发展出统一的抄写制度供认证公文,个中原因似乎集中于印章的使用上。尽管中世纪印章的尺寸、材质和图案相当多样,但它们有两个典型要素:中心是一个图案或图形符号,比如马背上的骑士(见图1),周缘环绕着体现印章主人名字的铭文或题字。例外于此规则的一类是指环上的图章,它们没有空间刻题字,另一类是私人印章,它们可能展示格言而非所有人的名字。比如(1189—1217年间的)格洛斯特伯爵夫人伊莎贝拉(Isabella)的图章(用拉丁文)宣布“我是一只雄鹰,守护我的夫人”;或一个大约来自1300年的画有一只松鼠的印模,刻着“我砸碎甜甜的坚果”。[53]典型的印章将一个图案或符号同签字人的名字结合起来,功能很像公证员的认证形式。此外,一枚印章在某种方式上比一个公证员的手写符号更有效率,因为出自同一个印模的每个蜡印都一样。印章能重现字迹,因此它们能令人们无需付出劳动或技能就以一种可接受的形式签好自己的名字。实际上,每个拥有印章的人都可以是他自己的公证员,因为他可以用个人化的符号和名字来认证公文,哪怕他不能操弄笔杆。就像大声朗读公文的实践,印章帮助弥合有读写能力者和无读写能力者之间的裂隙。对于印章的所有人而言,撰写公文的抄写员就像大声朗读公文的文员,只不过是个媒介,是字迹的工匠。也许英格兰的抄写员没被要求鉴定自己的身份,也没被要求在他们撰写的公文上放他们的符号,因为书写人意义不大。取而代之,给予人和见证人用他们自己的现成印章形式的符号亲自认证公文。 310

一枚印章不仅在意图上,也在实践上都与印刷机所为如出一辙,它通过机械方式可靠地复制和翻倍信息,此处的信息是所有权。这份信息可以由一张图画(插图)、一个单一符号(活字版)或一段短文(雕版印刷品)构成。这里有了印刷术所有基本元素的雏形。第一枚美索不达米亚印章、第一份远东雕版印刷品同古滕堡圣经之间有长时间中断的原因，不应从缺乏创造能力方面寻求。[54]

古滕堡于15世纪发明的欧洲印刷类型依赖冶金技术——雕版、冲压、铸件、紧压，这些是从几个世纪前的铸币和铸印章中发展起来的。例如，约1232年为坎特伯雷大教堂制造了一架式样类似最早印刷机的螺旋冲压机，用于把该教堂的双面印章印到公文上。[55]每个拥有一枚大型双面印章（王家档案室和主要教堂喜爱这种式样）的人都要求有这种类型的印刷机。另一方面，小一些也更寻常的中世纪印章与设计来供个人携带的其他雕刻物品（尤其是硬币、消息棒和蜡版）多有共同点。硬币的幸存数量相对大，因为它们经久耐用也有价值，而英格兰11世纪以前的印章（指在蜡上的印记，不同于它们的印模）无一存世，且到13世纪印章才变得常见。类似地，存世的最早消息棒是13世纪财政部的计数签，存世的最早英格兰蜡版日期相仿。对于这种用于瞬时目的的易于消亡的物品，一样东西存世的最早日期无助于指示它最早被使用的日期。

　　日常中世纪书信（迥异于旨在留存后世的郑重其事的特许状）中的印章几乎全都被毁，大概是当书信开封时就被破坏了。它们甚至比19世纪开始生产邮票的头几年里已盖戳未开封的信件还稀有。英格兰最早的未开封王室"封印私信"的日期定为亨利八世当政期，但上面没有印章。爱德华八世一封封印私信上王室印章的残留部分保存于牛津大学。[56]印记能印在可锻金属比如金和银上，这比蜡印要经久得多。以教廷为榜样的一项古老实践是使用铅印记，即铅封（bulla①）。但是在蜡上盖印优于在金属上盖印的一点是，蜡可以黏在公文上，而教宗的铅封不得不用线绳绑住。因此，印蜡就像信封上的胶水一样，被用来给一封书信封口。印蜡的配方何时且自何地引入英格兰不得而知。中世纪的印蜡形式是蜂蜡和树脂的混合物，蜂蜡轻微加热就变得可锻，树脂则是溶剂和黏合剂。[57]阿尔弗雷德王有一段常被引用的评论写道："现在考虑一下，如果你的领主的书信（aerendgewrit）和印章（inse-gel）到了你面前，你是否还能说，你不能通过这种方式认出他？"[58]②阿尔弗雷德当政期的令状和印章都无存世品，因此很难知道他说的实物究竟为何。领主的 aere-

311

---

① 教宗诏书拉丁文名称是 bulla，正是由铅封得名。——译者注
② 注释中提到第一章也引了此句，但第一章引文的具体措辞与此处不同，所以译文也有别。——译者注

ndgewrit 可能采用了写在羊皮纸上的书信的形式。领主的 insegel 既可能是印在金属上的戳记，也可以由印在羊皮纸上将其封成封印私信的蜡构成。

英格兰最早的蜡制且依旧固着在它们的公文上的印章是忏悔者爱德华特许状上的那些，日期定为 11 世纪中叶（阿尔弗雷德王之后 150 年）。[59] 这些公文对于英格兰盖印和寄信的更早实践证明不了什么，因为它们是特意为之的革新，它们也不是日常信件意义上的书信。如坎特伯雷的杰维斯在他的编年纪中评论的，忏悔者爱德华是"英格兰第一个在其特许状上附加印过的蜡作为真相证词的国王"[60]。杰维斯没说爱德华是第一个使用蜡寄信的英格兰国王，而是说他是第一个将它运用于"特许状"的国王，这是新颖之举。特许状永久性地让与财产，与作为封印私信寄出的日复一日的指令截然不同。对于"作为真相证词"永久矗立的印章，有必要设计一种在特许状上保存蜡印的方法，而不是像一封封封印私信开启时发生的那样破坏蜡印。杰维斯解释说，这就是为何忏悔者爱德华，或毋宁说是后来称为"盖印人"的官员将蜡"附加"在特许状上。这个印章从羊皮纸的纸舌上挂下来（附加）或挂在线绳上，而非紧紧黏在公文上（见图 2 亨利一世令状上的印章标记）。忏悔者爱德华不是使用蜡的黏合质地向收信人展示送达他处的这份公文未开封，而是做出革新，让硬化的黏合剂本身成为王室意愿的象征。这个印章将永久黏着在特许状上，表示授予生效。自此以往，一份没有印章的特许状在国王的法庭上不被当作证据接受。

忏悔者爱德华的新印章比普通印章大许多也重许多，也模仿教宗印章和帝国印章做成双面印章；这是因为印章可以自由悬挂着，而不是黏附在公文主体上。制作这种双面印章的设备如同一台印刷机，不易携带，因为（根据坎特伯雷的一台来判断）印章按压器要求两个人抬着。国王或他的档案室大臣无法把这个新印章放在口袋里，不过反正它也不是为了让政府的日常业务容易进行。忏悔者爱德华的"国玺"不是设计来供每天使用的，它是给国王最郑重的授予赋予物理和象征分量的令人惊讶的物品。从尺寸和外观判断，这枚国玺与瓦伦内伯爵的锈剑及布尔默的斯蒂芬折断的刀柄有更多共性，与官僚机构的机制少有共性。它的蜡制印记是国王意愿的可见标志，在特许状让与仪式上可以像一把象征小刀或一根木棒那样从一只手传递到另一只手。它有优于其他象征物品的好处——更难伪造，又更易于牢靠地固着在特许状上，因为它黏附在羊皮纸上。另一个好处是它自动印出了国王的名字、头衔以及体现权威的图标，而达勒姆的修士们在布尔默的斯蒂芬的刀柄上刻字时很费劲（见图 5）。国玺也对签字程序自动操作和去人格化操作，因为它

312

顶部有个小十字,构成代表国王的十字符号,哪怕他不在场时也能代表。印章上那个国王威严坐于宝座的图标将他的权威呈现于任何有他形象的地方,有如宝座上的基督图像。

忏悔者爱德华的创新国玺具有深远影响,部分因为它的出现恰逢诺曼征服。它令那些仅由十字符号认证的盎格鲁-撒克逊特许状统统无效。结果,在怀旧的修士们的眼里,盎格鲁-撒克逊的往昔变成"质朴的古老时光",是恶意和狡诈滋生之前的时光,那时由"国王们的手画出的金光闪闪的十字"(这是马修·帕里斯的描述)认证特许状。[61]拉姆塞编年纪作者(约 1170 年撰述)把国玺描绘成表里不一的"两面派"。[62]归于克罗兰的英格尔夫院长名下的编年纪重申,盎格鲁-撒克逊的特许状有金光闪闪的十字和其他神圣符号为之增色。由于这部编年纪是 15 世纪伪造的(或根据更早的资料混合编造),因此它标志着关于盎格鲁-撒克逊高贵而原始的神话发展的一个阶段。[63]特许状是盎格鲁-撒克逊英格兰幸存下来的主要行政公文,因为它们没有被盖印,所以人们开始相信,盎格鲁-撒克逊人不拥有印章。类似地,由于他们用十字在特许状上签字(甚至不是亲笔签的),所以人们相信他们是文盲。

加尔布雷斯 1935 年于英国国家学术院的罗利讲座(Raleigh Lecture)演讲时,通过引用阿尔弗雷德王关于领主印章的评论驳斥了上述信念的前一条,他通过斯丹顿注意到这则评论。[64]但他在这篇演讲中将读写能力等同于"文明的政府",并坚持认为用十字签的特许状展示出,对生活在"黑暗文盲状态"的早于阿尔弗雷德的国王们而言,"书面词不具可理解的含义",由此巩固了盎格鲁-撒克逊高贵而原始的神话。[65]加尔布雷斯 1941 年在牛津的福特讲座(Ford Lectures)演讲时又将印章的使用视同为"相对有读写能力且不是不开化"的状态,而用十字签的特许状是不专业的和"原始的"。[66]加尔布雷斯在此任由他在国家档案馆担任官员的经历遮蔽了他的历史判断。对盎格鲁-撒克逊人而言,用十字签的特许状可能看上去比印章签的令状更真实,因为由一位神职抄写员写在见证人名字旁边的每个十字都记录着,签署了一条当着受难基督的面发下的庄重誓言。对誓言的重视在全部盎格鲁-撒克逊法典中被反复申说,特许状经常清楚说明,这种签署是基督圣十字架的符号。另一方面,印章在盎格鲁-撒克逊英格兰大概不与宗教保证或公共保证相联系。从阿尔弗雷德王的评论判断,印章足够常见,但它们的用途限定在关于领主权业务的消息。[67]在对教会的一项郑重其事的授予中使用印章,这即便算不上亵渎神明,也应当是不恰当的。如已经力陈的,忏悔者爱德华的国玺是一项非凡创新。

征服者威廉接管了国玺,因为他宣称自己是忏悔者爱德华的合法继承人。他

313

确实改良了它,把自己的马背骑士图像刻在国玺的正面(这是该图像首次现于印章),也运用印章的两面来强调他在诺曼底和英格兰的双重权威。[68]印章上题刻的拉丁文六步格诗清楚说明了它作为一个图标的功能,"用这个,认出威廉,诺曼人的守护者,而(将印章翻过来)用这符号,周知同一人,所有英格兰人的王"。早前的国王们在特许状开场白中宣明的那些过度排场的头衔现在被归入印章。尽管如此,给国玺以声望的这些努力并不足以令它立刻成为国王亲自画下的十字符的替代品。图1展示的特许状上有伊尔伯特·德·雷西(Ilbert de Lacy)及其妻子的十字,也有他们的领主红脸威廉王的十字。虽然这份特许状上附有伊尔伯特的印章,但没有迹象表明上面曾有王室印章。红脸的十字符也出现在给彼得伯勒修道院的一份特许状上。[69]这个签名与雷西特许状上的不一样,但当时可能没有就十字的确切形状的一贯性附加什么意义。彼得伯勒特许状上确有国玺,但它以法兰西风格用丝线绑住,不是直接黏在羊皮纸上。这份特许状由一位王室抄写员书写并由档案室大臣签署,因此它的不合常规之处不意味着它是非官方产品。它不寻常的形式可能反映出彼得伯勒修士们的盎格鲁-撒克逊保守主义同他们的诺曼人院长杜洛德(Turold)之间的妥协,前者要求有国王及其官员们的十字符号,后者想要某种更现代和更法兰西风味的东西以给他的对手——林肯主教罗伯特留下深刻印象。314除了丝线,这份特许状上的国玺印还拥有一只刺绣丝袋。

当特许状由十字符号和印章一起认证时,很可能它们的制作人对于单凭印章是否能象征一项神圣保证是存疑的。一份给切斯特修道院的特许状清楚说明了此点:

> 我,伯爵休,以及我的男爵们,已经于(坎特伯雷)大主教安瑟伦在场时批准了所有这些事情,不仅用我的印章,也用全能上帝的印章,那就是圣十字的符号,因此我们每个人都亲手画了一个十字符,作为给后世的证据。[70]

这份特许状为了强调十字符是上帝的"印章"而在其他签字人的十字前面代表上帝画下一个十字。以现代标准衡量,这份特许状是伪造品,因为那上面所有声称亲自画的十字可能都是在签字人死后才画的;特许状日期可以定为坎特伯雷的安瑟伦1109年去世之后50年。切斯特的修士们对十字符的真实性大概执着到这地步,以致他们自己画了上去。他们认为自己有资格代表他们的施主们,也代表上帝本尊签名,因为他们正在保护他们施主们的利益。达勒姆也有个类似案例,在一份给大教堂授予财产权利的特许状上的十字看起来像坎特伯雷的兰弗朗克及其他高位教士们一个个亲笔画的,纵使他们中有一半人早在特许状假托的颁发年 1093 年之前已然辞世（1093 年是这座大教堂奠基的年份）。与切斯特特许状一样,这份特许状的主要签字人也清楚说出了十字符的价值：

> 现在与未来任何在施舍善行上做了些好事的人,都蒙全能上帝和可敬的忏悔者圣卡斯伯特赐福,他也能成为达勒姆教堂所有利益的参与者。阿门。我,达勒姆主教威廉,是在这份特许状证词上和我的永恒记忆中第一个签下十字符号的人。[71]

达勒姆好几份 12 世纪的特许状以特殊方式看是真实的。之前已提过达勒姆保存的两只刀柄（见图 5）。达勒姆的修士们在公共行动中可能特意举止老派,因为他们是新来的人,他们不得不让诺森布里亚人相信,他们是卡斯伯特在林迪斯法恩的遗产以及比德在贾罗的遗产的守护者,而不是僭夺者。[72]

315　　　除了既由十字也由印章认证的公文,还有一份特许状像切斯特特许状那样由上帝盖印,只是在达勒姆的这个例子中,符号是蜡印的形式,不是十字符号。这份特许状（12 世纪 50 年代制作）记录了拉尔夫·德·盖齐（Ralf de Gaugy）被迫向达勒姆交出埃林厄姆（Ellingham）的教堂。[73]上面没有拉尔夫的印章,却有一个题刻着"上帝仁慈之符"（SIGNUM CLEMENCIE DEI）的印章,题字环绕着一个鸽子给诺亚（Noah）叼来橄榄枝的图像（《创世纪》8：11）。1971 年发掘贾罗时找到一个印模,形状像个吊坠,刻着与上述相同的题字和图像,只是此图案更为流畅也略小。1984 年在杰德堡（Jedburgh）发掘出另一个吊坠状印模,上有一只鸟,但没有题字,而且这鸟看起来像只鹰。[74]这些吊坠强调了印章是很私人的物品,功能就像首饰和护身符以及表示身份的徽章。印章的力量不仅从制作印模的材料中发射出来,也从它携带的信息中发射出来。贾罗的吊坠是透明琥珀制的。它的佩戴人大概希望因为将这个"上帝仁慈之符"贴近心口佩戴而获得灵性好处和物质好处。达勒姆的修士们有可能将这些吊坠给他们的信徒,正如他们将一些文本和圣卡斯伯特的遗物给了工程师理查德（Richard the Engineer）,让他挂在脖颈上,保护他别从脚手架上摔下来。[75]

拉尔夫·德·盖齐是诺森伯兰郡的一个重要土地所有人。他用"上帝仁慈之符"给这份特许状盖印不必然意味着他没有自己的印章,而是该印章是此例所要求的"符号"。达勒姆的修士们就埃林厄姆的教堂与盖齐家族开展了一场长期战斗,且他们可能觉得"上帝仁慈之符"是给他们的协定盖印的最好方式。12 世纪 70 年代,拉尔夫·德·盖齐的长子(也叫拉尔夫)再度确认了交出埃林厄姆。他的特许状也以一种不寻常的方式认证。他签了一个十字符,但墨迹未干时羊皮纸就被折叠起来盖过这个符号,于是它被弄花了。[76]印章上的字对此举提供了一个解释:"我盖住秘密。打破(我然后)读。"说自己保守秘密的印章相当常见,例如一只墨玉印模上写着"我盖住封闭的秘密";一只银质印模写着"打破。读。盖住读到的";一枚镶蓝宝石的金质图章指环写着"读盖住的。盖住读过的"。[77]这些印模的日期定为13世纪,可能属于女子。一个保守秘密的保证适合于封印一封私人书信,它对属于公开宣告行为的赠地特许状就不合适。假如拉尔夫·德·盖齐签的十字立刻被隐藏在折叠的羊皮纸下,那么这个签署的法律价值就失效。然而此举不得不为,大概因为某人觉得,一个说"我盖住秘密"的印章只有当它有秘密要覆盖时才有效。

316

德·盖齐家的两份特许状都暗示,印章传统上并非冷漠无感的法律文书,不像它们一旦被用于特许状中不带个人色彩的正式声明后变成的那样。印章的设计是供私人通信。就像现在名为"丈夫的消息"(The Husband's Message)的那首盎格鲁-撒克逊诗歌中的消息棒,一枚印章上带着其所有人的命令。[78]这就是为何它可能用第一人称说话。另一份达勒姆特许状(日期定为12世纪早期)上的印章刻着"索尔(Thor)把我寄给一位朋友"。此印附于一封给索尔"最亲爱的领主"——苏格兰的大卫伯爵(Earl David of Scotland)的信上,信中讨论了一份给圣卡斯伯特的赠品。[79]索尔颁发过一份致"所有神圣教会之子"的确认特许状,上面没有印章。[80]将索尔的消息带"给一位朋友"的印章在一份对一般公众发话的特许状上应当没有意义。历经12世纪和13世纪,土地所有人渐渐效法国王,拥有两枚印章,一枚公章用于认证公开声明,一枚个人印章或"私"印用于寄信。13世纪30年代,萨默塞特一位小地主哈普特瑞的约翰(John of Harptree)之子威廉在国王的法官们面前承认,他应当"用他的公章"给一份赠地特许状盖印,并换掉已经暂时盖上去的"私印"。[81]现实中,只有国王和贵族才能多方使用一枚公章,因为小地主和市民不颁发公共声明,也不经常制作赠品契据。

不过,一枚公章无关其是否有用,本身就是一件令人向往的物品,因为它是地位和权力的象征。忏悔者爱德华和征服者威廉的印章恰恰就是这种东西。13世纪第一个十年里为埃克塞特制作的银质印模的背面用拉丁文刻着"路加造了我";"威廉·普鲁德姆(William Prudum)把我给了埃克塞特城,上帝怜惜他的灵魂"。[82]对上帝的求助通常只刻在为祭台而做的容器上,因此这枚印章被赋予了一个神圣人格。在男爵战争中反对约翰王的"上帝之军的元帅"罗伯特·菲兹沃尔特(Robert

Fitz Walter)的公章上也能看到一条神圣指示。这只华丽的印模是银质，展示出骑着战马的罗伯特正跳上一条龙。[83] 在萨福克的丹维奇(Dunwich)找到的另一只印模尺寸是国玺大小，但形状为三角形，且是铅制，日期被定为 13 世纪第二个二十五年期。它有植物图案和一句宣告它是"烘焙师本尼迪克特之印"的拉丁文铭文。[84] 这件物品与罗伯特的印模相比很粗糙，突出了英格兰一位男爵同丹维奇一位商人之间在等级和风格上的鸿沟。烘焙师本尼迪克特用这枚印章做什么不得而知，可能涉及面包的法定标准。

对那些不熟悉公文的人，印章的吸引力可能在于它们看起来似乎比一片羊皮纸更有机会在时间的严苛下幸存。（事实上，印章和羊皮纸都被证明是有复原力的材料。）为了给在画十字符的位置使用印章提供合法理由，12 世纪的特许状开始措辞解释说，印章给了公文尊严和力量。下面的两个例子是数千例中的典型：

> 如此，我的赠品可以永久、稳固和不动摇，我认为它值得用我的印章来强化。

> 如此，我的赠品和授予以及我的特许状的批准可以持之永久，我已经用我印章的印记巩固了当前这份书写品。[85]

尽管这类措辞很快就变成常见形式，但它们的不一而足暗示出，没有象征物品从物理层面加以巩固的抽象书面证据被广泛而深刻地觉得不充分。当印章固定在一份特许状上时，印章就变成一件可以看到和触摸的遗迹，从中可以获得关于一位给予人心愿的真实知识，这种心愿是任何书写品都不能充分传达的。印章是来自过去的一则消息。许多早期印章都用希腊-罗马的宝石制作，像护身符一样被珍视，将它们的中世纪使用者同古代伟大又神秘的人们联系起来。宝石印章（凹雕玉石）非常偶然地来到盎格鲁-撒克逊环境下，有可能这也是盖印实践从罗马不列颠被带到盎格鲁-撒克逊英格兰的方式。[86] 古董印章在 12 世纪变得常见。通常把雕刻过的玉石重新组合到由珍贵材料制成的一枚指环或一只吊坠上。因此，托马斯·贝克特的私印（大概是用一枚金质或银质指环印出来的）刻着拉丁文"伦敦的托马斯之印"，而它的图案中有一个裸身戴头盔的男人。[87] 此印章的原始罗马主人可能会将这个人物描述为墨丘里或马尔斯(Mars)。贝克特或许不会如此确切地鉴定其身份。假如该图案是玄妙的，就能增加印章的吸引力。一块光玉髓上刻的人物现在被鉴定为狄奥尼索斯(Dionysus)，它的银质吊坠镶嵌底座上刻着"我知道未知的"，这也适合一位古代神祇。[88]

古董宝石被为认为有各种治疗属性和魔法属性,具体取决于石头的类型和刻 318
在上面的人物。例如,一枚红碧玉印章上有一个穿盔甲的男人,如果当吊坠佩戴,
就能消除畏惧。又如,一枚燧石印章上有一只嘴衔橄榄枝的鸽子,如果嵌在一枚银
指环中佩戴,就会带来许多晚宴邀请。[89](此图像与拉尔夫·德·盖齐的"上帝仁
慈之符"上的图像一样,但那枚印章是琥珀制品和吊坠形式。)在有些例子里,有必
要在蜡上形成印记以控制印章的力量。为了在人与人之间制造不和,一枚印章的
使用者被推荐用蜡上的印章图像触碰这些人,另一个蜡印则相反,能阻止别人说带
有蜡印之人的坏话。[90]印模通过镜像自我复制的能力不可避免地将印模同魔法和
神秘事物联系起来。四个元素结合起来赋予印模力量:制作印模的材料、刻在印模
上的图案、环绕图案的题字,以及印模被佩戴在身体上的方式(是作为吊坠、指环还
是领针)。

印章的确是拉姆塞编年纪作者所说的"两面派",但这并不是因为它特地搞欺
骗;其实伪造印章比伪造特许状上的十字符艰难。它在比喻意义上是两面派。从
读写心态之形成而论,印章可回溯到几世纪前乃至上千年前的消息棒、咒语和传统
的让与象征物如小刀与木棒。与此同时,它又前瞻到书写和政府的自动化操作。
国王的形象在盖印令状上批量生产,这是 12 世纪以降英格兰财政部和官僚机构的
习惯法体系的基础。虽说书写过程本身在印刷术发明之前都没有自动操作,但盖
印解决的难题优先于为识字公众复制书籍的难题。公众在被提供印刷书籍之前先
得被说服相信书写品自身的价值。盖印以一种令档案室和无读写能力的人都接受
的方式解决了该难题。印章是读写能力的先驱,因为这种装置甚至能把读写模式
带入偏远乡村,尤其是以财政部开出的税务令的形式——税务令用招人恨的绿蜡
盖了印。盖印是一项节约劳动力的技术,在王家档案室这般尊贵的层次和在农民
这般卑微的层次皆然,农民可以不懂书写就用印章签名。

伪造公文

虽说人们长期以来就知道,许多早期中世纪公文(尤其是修道院的特许状)是
伪造品,但伪造与读写能力成长之间的联系尚未被广泛探讨。英格兰伪造公文最
严重的时期是诺曼征服之后的一个世纪,这时黑衣修士们(本笃会士)的老修会不 319

得不令新来者相信它们有着古老的尊严和特权。"来自威斯敏斯特、伊夫舍姆、温彻斯特大教堂、彻特西和马姆斯伯里这种已证捏造品中心的公文在未经仔细审查之前不应凭其表面价值便接受。"[91]上面列举的这些修道院是斯丹顿在总结斯蒂文森(W. H. Stevenson)20 世纪初的批评性作品时引述的。现在可以给这份名单增加更多的已证捏造品中心，比如坎特伯雷的基督会与圣奥古斯丁修道院，还有格洛斯特修道院和拉姆塞修道院。诺曼征服不是此问题的根本原因，因为征服之后新建立的修会同样露骨地伪造所有权契据，特别是战役修道院。[92]克里斯托弗·纽金特·劳伦斯·布鲁克(Christopher Nugent Laurence Brooke)估计前征服时期的 30 所隐修院中有 17 所都"在相当大尺度上容忍伪造行为"，这可能还是低估了。[93]近期研究最终可能导向的结论是，诺曼征服之后一个世纪里，英格兰伪造特许状是常规而非例外。

表 9.1　忏悔者爱德华的特许状

存世总量	164	100％
真品	64	39％
真假难断	56	34％
赝品	44	27％

通过表 9.1 的数字可以大致估测伪造的程度，表中估算出存世的忏悔者爱德华（在位期为 1042—1066 年）名下的真品公文数量。[94]他的公文在最大的隐修院里格外有价值，因为征服者威廉声称是他的合法继承人。这个数字受制于各类限制条件，因为关于什么东西令一份公文真实，这方面的意见总是莫衷一是。学者们无法决断的许多成问题的特许状可能永远不会被满意解决。不过，假如接受忏悔者爱德华的令状比其他任何国王的令状伪造得更多这一限定条件和可能性，那么由此得出的结论就是，他名下大多数存世公文的真实性都可疑。中世纪的伪造品格外难于评估，因为如忏悔者爱德华的特许状这样一份公文，就写于他死后这一点而言可说是赝品，但就它记录的信息要素而言却是准确的。伪造的特许状经常以早前真实的公文或优良的口述传统为基础。伪造的目的是以伪造之时可接受的形式制造一份记录，尤其是能让法庭接受。伪造是必要的，因为当时之人没有历史意识。一个优良的口述传统或早期盎格鲁-撒克逊国王的一份真实特许状可能被法庭驳回，只因它看起来陌生，而一份伪造的特许状却会被接受，因为它符合当时关于一份古老特许状应当像什么的观念。

　　伪造者以一种可被接受的读写形式重新创造了过去。最好别把他们理解成位于法律实践边缘地带的偶然反常者，而要把他们理解为牢牢站立在 12 世纪读写文化与智识文化中心的专家们。该世纪最有影响的历史作家蒙默斯的杰弗里可能编造了《不列颠列王史》(*History of the Kings of Britain*，约写于 1136 年)的大部分，虽说对此的学术意见总是有分歧。[95]类似地，为了让亚瑟王传奇(杰弗里令其流行)看起来逼真可信，格拉斯顿伯里修道院 1191 年挖出了亚瑟王和吉娜薇(Guinevere)王后的遗体。这究竟是一场有意上演的伪造活动，还是当真发现了古代坟墓，对此学界又有分歧。[96]从当时其他一些伪造活动判断，格拉斯顿伯里的修士们肯定有能力制造出这样一场野心勃勃的骗局。伪造之所以成功，乃因最伟大的学者、高位教士和行政官员们授意伪造或容忍伪造。应当为战役修道院的伪造品负责的该修道院院长沃尔特是理查德·德·鲁西的兄弟，后者是亨利二世的首席大法官，而且沃尔特大概是在他兄弟知情的情况下行事。亨利一世书写处的前负责人罗伯特·德·西吉洛(Robert de Sigillo)在成为雷丁修道院的修士以后似乎负责为该修道院伪造了一份王室令状。[97]对伪造负有责任的学者们包括威斯敏斯特的副院长奥斯伯特·德·克莱尔(Osbert de Clare)，他在斯蒂芬当政期创作了忏悔者爱德华的各份特许状，还有吉尔伯特·福利奥特，他在担任格洛斯特修道院院长时是伪造的从犯。[98]

　　那些在他们作品的开场白中最卖力坚称讲真话很重要的修道院作者往往就是卷入捏造特许状的人。于是，厄德麦是 1121—1122 年坎特伯雷伪造品的一名从犯，而他断言"任何人，明知是假还写到神圣历史中，这是令人震惊的，因为这些假话被读到或听到一次，书写人的灵魂就被杀死一次"[99]。类似地，"对于马姆斯伯里的威廉故意将伪造材料纳入他的史书这一指控，很难为他开释"，尽管他对评估证据的关心显得早慧。[100]总之，12 世纪的作者们为了激发信任而过度声明他们的真实性。例如，拉姆塞修道院《施主书》的编纂人坚称，他的目的是把特许状从古英语翻译成拉丁文，好让诺曼人能懂它们，也为了将口头赠品的记录保留在书写的记忆中，"好让所有假的和有争议的东西能被移除"[101]。然而他引用的两份王室特许状肯定是伪造的，纵使这位编纂人有可能对此一无所知。[102]

　　事实与虚构之间的区别有时候被 12 世纪的作者勾画得如此清晰，以致不可能看不到。作者们偶尔可能误导自己，同样误导他们的读者。不仅修道院的编年纪作者，还有如蒙默斯的杰弗里这种有教养的历史学家，以及本地语言传奇故事的创作者们，都坚称他们的作品衍生自古代书籍。盎格鲁-诺曼诗人休·德·罗特兰德

321

（约 1180 年写作）对他的听众保证，他的故事《艾坡梅顿》来自一篇拉丁文文本，虽说他对"那些懂许多语言的睿智神职人员记忆中没有这篇文本"感到吃惊。[103]休的听众大概有意欣赏当他提及一篇可能不存在的拉丁文文本的权威性时包含的讽刺。同样，在《艾坡梅顿》中，休能够比一位如厄德麦这般自命虔诚的修士更坦率地为他的世俗听众描述出作者的骗术：

> 好好理解这一点吧，我的大人们，
>
> 休说了他在里面绝不讲一句谎言，
>
> 好吧，几乎不，这么说吧，不多；
>
> 没人能保持彻底不说谎。[104]

对一位现代读者来说，休·德·罗特兰德是创造性文学的创作者，是小说或传奇故事作家，因此他没必要为自己对听众讲了不真实的东西找借口。但是休自己似乎觉得需要做出一些解释，可能因为写诗这个借口或不加修饰的虚构令他的"大人们"难以接受，尤其是此时作者们刚刚要发展为依靠自己本事的作家，不再担任传统故事的朗诵人。不同于休的是，修道院的编年纪作者或特许状编纂人被一位现代读者期望着去记录字面上的真实，不仅如此，编年纪作者还常常在前言中向他的读者保证，记录字面上的真实正是他着意所为之事。不过，书写中的事实和虚构之间的区别——此区别令现代读者把战役修道院院长沃尔特或奥斯伯特·德·克莱322 尔想成造伪者而把休·德·罗特兰德想成一位有趣的传奇小说作家——对中世纪的人还不是如此明晰，虽说他们对真实和虚假的道德差异十分清醒，对伪造印章和公文带来的物质处罚和精神处罚也十分清醒。

　　根本性困难是，制作公文或批评公文的字面标准通常没有被第一时间运用。即使担当档案室程序先驱的英格兰王家政府，在理查一世当政之前也没有持之以恒地给特许状署日期，而常规性地保管特许状副本则是到约翰当政期才开始。保留公文的登记簿也不是很有用，除非它们易于查阅。我们已经看到，亨利三世的政府和爱德华一世的政府都没有简便好用的方法搜索他们自己的卷册；爱德华一世的档案室被一份伪造的理查一世特许状欺骗，哪怕真正的副本就在档案室里（见第171 页）。直到亨利二世当政时，都继续实行由受益方的抄写员写公文，再将王室印章印在公文上（见图 3），尽管此种实践逐渐变成例外而非定则。从国王的角度看，一位王室官员将王室"符号"固着在一份由受益方制作的书写品上，此程序本质上是口头的和手工的，而非读写性的。公文大概是大声读给国王或他的代表的，恐怕只以翻译过的摘要形式朗读,然后由印章的接触加以认证。这些情况下,一份获得王室接触的公文和一份未获王室接触的公文,这两者的区别很清晰,用现代标准这就是"真实"和"伪造"的区别。

为了更安全,公文经常被制作成一式两份或一式三份,受益方看来偶尔也准备好替换文本,可能希望印章能盖在更有利的那份上。这个假设似乎是对现存以斯蒂芬王名字颁发的两份平行特许状的最可信解释,两份的日期都署圣诞节(1139年)并由同一位抄写员书写,他可能是索尔兹伯里主教、首席大法官罗杰的文员。[105]由于罗杰刚刚去世,因此这两份特许状的目的大约是确保索尔兹伯里大教堂能保留他们在意的财产。两份特许状都放弃了罗杰曾给予索尔兹伯里的土地和教堂方面的王室权利,但第二份特许状补充说,斯蒂芬王也曾经从他的私有土地中给出价值 10 英镑的(土地),这块私有土地所在的地方留白。发表这两份特许状(但提供了不同解释)的克劳恩(H. A. Cronne)也让人注意到以斯蒂芬王名义颁给雷丁修道院的一份特许状,它由一位已知的王室抄写员书写,但盖着一个假印。[106]他提出,曾负责亨利一世书写处且已经成为雷丁修士的罗伯特·德·西吉洛可能是这份伪造品的幕后人物。这些例子展示出,公文哪怕由王室抄写员书写,也可能不是真实的。其实,认为王家档案室制作的令状是官方的,而盖有王室印章的其他公文是非官方的,这对截至 12 世纪最后十年而言都是年代误植。不界定有关真实性的标准,就不可能有将伪造品从真实公文中区分出来的明确标准。

就连国王的政府对自己的书面公共事件登记簿也明显漫不经心,这态度不仅仅是行政管理不力的产物,也不仅仅是斯蒂芬当政期的特殊环境——这么多伪造品似乎都在这时期制作——所致。没有遵守更严格的程序,是因为除了王室官员和老隐修院这个小圈子,书面记录本身既不为人熟悉,也是反常事物。虽说财政部在成长,令状在激增,但至少到亨利二世当政时,王家政府的重心依旧很大程度上停留于口头。亨利本人是位活力充沛的立法者,但即便是他的谕令,也没有被写成权威和正式的真正法令集。它们似乎是被口头公布,然后被编年纪作者们偶然注意到。习惯法没有编成《奥古斯都之书》(*Liber Augustalis*)。缺少一部成文法,这令《格兰维尔》(在亨利二世当政期即将结束时撰写)的作者如此烦恼,他希望能调和他关于英格兰法律和罗马法律的知识,因此他觉得有义务开篇就力陈,说到英格兰的"法律"时并不荒谬,纵使它们不是成文法,因为"令王侯愉悦之事就具有法律效力"[107]。带着对罗马原则的这番示意,作者接着希望,假如他至少将国王法庭最常见的规则付之书写,那么此举别被认为是放肆,"而是对大多数人非常有用之

323

事，并且对帮助记忆很有必要"[108]。

修道院的特许状制作人和编年纪作者像《格兰维尔》的作者一样，不得不着手对书面记录弥合缺漏和改正异常，国王们和其他过去的施主们似乎粗心大意地留下了那些。确保提供充足的公文，这是受益人的责任，不是给予人的责任。在无读写的往昔，人们已经习惯了说话和记忆的灵活性，他们也首先把类似标准运用于书面记录。倘若一份特许状没能将给予人（假如还能活着表达他的心愿）明显曾打算给的一项特权给予受益人，那这份特许状就是不准确的，应当被改正。不管有没有都不应允许取消或作废从前的虔诚赠品。由这个观点出发，则"伪造"是一个被用于表达证据更新的不恰当术语，证据更新的目的是确保一所修道院被提供了足够的特许状在面对竞争者时捍卫它的赞助人和圣徒们。即使一份现代批评者认为完全真实的特许状，也没记录给予人自己完整和准确的心愿，因为这些都通过有见证人在场的公开仪式上的誓言和象征姿势在口头和身体表达过了，不是通过任何书面形式。特许状不能记录给予人的确切话语，因为特许状是拉丁文写的，此外它还常常用过去式"知告，我，×××已经给予……"表达，这清楚表明它是书面形态的既往事实。

324 　　在这些情况下，"真实"特许状和"伪造"特许状之间的区别取决于一般认为可接受的给予和书写之间的时间间隔是多久，以及一般认为可接受的给予人表示同意的标志是什么。对一位现代批评者而言，忏悔者爱德华的一份特许状假如是奥斯伯特·德·克莱尔在国王死后 70 年或更久之后写的，并且盖了一个新印，那它就是伪造品。但对编纂了忏悔者生平传记并迫切要求承认他是一位圣徒的奥斯伯特来说，爱德华因神圣而不朽，仍然活在存放他遗骸的教堂里。奥斯伯特任职威斯敏斯特副院长期间，可能觉得以死去国王的名义写一份特许状同代表一位当世统治者书写没有区别。通过恢复爱德华赠品的证据，奥斯伯特正在实现爱德华的虔诚意图并确保他在天国的位置。布鲁克在讨论奥斯伯特的作品时评论说：

> 征服之前英格兰就有伪造品，甚至可能是偶然幸存下来的东西导致我们推测 12 世纪是伪造的黄金时代。不过，读写能力和关于土地占有之书面凭据的传播使 11 世纪和 12 世纪在一种特殊意义上成为**从口头证词向书面证词转变的时期**，这么说明显有道理。这样一个时期里的机会、诱惑和迫切的责任召唤都是很特别的。[109]

加尔布雷斯早在 20 年前就在谈及"从口头政府到书面政府的缓慢演进"时做出可相媲美的评论："书面证据仍是例外而非定则，而且它作为新鲜事物，倾向于在不经非常仔细审查的情况下就被接受。因此,发现12世纪是伪造的黄金时代就不足为奇。"[110]公文的伪造或更新本质上是从记忆向书面记录运动的一种产物,最好在这个语境下理解它。

理论上讲,剔除伪造品应该像生产统一地署日期并签名的特许状一样容易。意大利的教会法律专家已经发展出侦测伪造品的可靠标准,正如罗马法为经公证认证之文据的生产制定了规则。教会中最出色的辨伪权威人士胡古奇奥(Huguccio)的《大全》(Summa,日期定为12世纪最后一个二十五年期)在英格兰也有名。胡古奇奥推荐,当对一份教令的真实性存疑,首先应当诉诸教廷的登记簿。[111]假如在那里找不到这份公文,就要进行其他检查,考虑文本的风格与实质,羊皮纸、铅封以及系铅封的线的物理特征。简言之,这份公文应当作为一个整体从尽可能多的角度加以审视。这些是明智的规则,随后就被英诺森三世广泛颁布,英诺森三世曾是胡古奇奥在博洛尼亚的学生。[112]

然而理论和实践之间有巨大的鸿沟,因为这些规则与那些主宰着书面凭据起草的规则一样难以推行。讨论伪造时,英格兰圣典学词语注解人被迫要无视胡古奇奥关于首先诉诸登记簿的忠告,大概因为英格兰教会公文没有系统的登记簿。取而代之,他们推荐通过发誓及出示见证人这类惯常的口头方法来检查伪造品。[113]换而言之,公文的有效性主要通过前读写时代的法律赌注来评估,不是通过检查在用书写品。

同样,英诺森三世本人开始进行与设置规则截然不同的检验实践时,与其他任何人一样,轻而易举就被一份伪造的教宗诏书欺骗。伊夫舍姆的修道院院长马尔伯勒的托马斯(Thomas of Marlborough,任职期为1229—1236年)就1205年罗马法庭的一宗案件中伊夫舍姆的造伪者如何欺骗英诺森和他的枢机主教给出第一手报告。[114]托马斯当时是伊夫舍姆要求免受伍斯特主教管辖的主要倡议人。在托马斯作为证据举出的公文中,有两份是708—715年任教宗的康斯坦丁一世(Constantine I)名下的诏书。伍斯特反诉称,这些公文"就羊皮纸和字迹、线绳和铅封"而言是伪造品,并宣称康斯坦丁一世的特权在英格兰闻所未闻。[115]于是这两份诏书被递交教宗,他"用自己的双手感觉它们,并拉开铅封和羊皮纸看看他能否令铅封同线绳分离,他极为勤勉地审视它们"。然后他把它们传给周围的枢机主教们,此时托马斯承认对结果感到忐忑。然而当诏书被传回给教宗时,他举起这两份公文并充满威严地宣布:"你不知道的此类特权在我们这里众所周知,它们不能被伪造。这些是真品。"虽说托马斯可能夸大了英诺森发表意见时的直率度,但没理由怀疑该故事

325

的实质。教宗以有利于伊夫舍姆的方式作出裁断，这鼓励托马斯将康斯坦丁一世的诏书抄进他为了以后参考而写的编年纪中，这两份诏书把伊夫舍姆从伍斯特的"埃及奴役"中解脱出来。[116]抄本证明，这两份诏书毋庸置疑是伪造品，而且由于托马斯把伊夫舍姆编年纪"改进"到适合同伍斯特的争端[117]，很可能他在欺骗教宗方面扮演了主要角色。

此案暗示出，尽管到1200年时，教宗法庭已经发展出侦测近期教令之伪造品的规则，但还没有有效方法能核查宣称有几百岁的公文。英诺森三世触摸羊皮纸和拉扯线绳是在运用初级物理测试，而不是运用能揭示出诏书为伪造品的周密的文本批评规则。但若期待连英诺森三世都对教宗公文的发展展示出比他在此案中所为更加敏锐的觉知或更加深刻的理解，这就是年代误植。直到15世纪文艺复兴时期，人文主义者才首次将科学化的历史批评运用于早期教宗公文，而这披露出连教宗自己的所有权契据《君士坦丁御赐教产谕》都是伪造品。英诺森三世当然受教育程度很高，在法律方面也很博学，但是他和他的枢机主教们不习惯周密地审读公文。[118]他们在学校里的训练主要是口头性质的，导致他们偏爱触摸、说话和倾听，而非深入细致的读写学习。

此外，教宗法庭或更低级的法庭都不能凭借依据严格规则审读伪造特许状而获得任何东西。即使当事双方都出示伪造公文，也需要就案件得出决议。较高级的神职人员当中似乎有惯例，认为造伪虽然不能被公开赞同或公然承认，但至少可被容忍。假如具有历史真实性的书写品要成为权威的准绳，那么自教宗以下的每个欧洲统治者都有可疑的所有权契据。与历史批评中的一般标准相比，中世纪的特许状批评非常老于世故。蒙默斯的杰弗里和其他政治神话创造者的虚构或半真实经常被视为有历史可靠性而接受。爱德华一世1301年致波尼法爵八世的信里用了（虽然承认是事后添加）杰弗里的《不列颠列王史》，为英格兰在苏格兰的君主权位展示出回溯到先知伊莱（Eli）和撒母耳以及特洛伊陷落时的先例。[119]苏格兰人在答复中没有否认这些神话的历史真实性，但不接受英格兰人将之阐释为证据。[120]截至1300年，尽管各个政府和各位财产所有人都开始以罗马帝国灭亡以来前所未有的规模使用公文，但他们依然通过传闻和神话处理往昔。

这不是暗示说文献的读写标准寂寂无闻，而是说，它们在特定案件上不能被一致地或轻易地运用，因为以读写方式处理业务还太新颖。在一些例外案子里，对立双方力量悬殊，也没有神职人员惯例保护，这时就能系统地揭露造伪。加尔布雷斯描述了1220年财政部犹太局的一个案子，一份归给邓斯特布尔的副院长的契据以大量罪名被展示为伪造品——日期的格式罕见，拉丁文不合语法，笔迹未经授权，年代错误，加上物理状况特别（被洗过和漂白过）。[121]尽管如此，若从这件案子中得出结论说英格兰法庭在侦测伪造品方面已经变得多么熟练，这就是错的，因为上述批评要点不是法庭提出的，而是原告——邓斯特布尔的副院长理查德·德·莫兰大师（Master Richard de Morins）提出的，他是圣典学者和博洛尼亚的毕业生。[122]他仅此一次能把法律理论付诸实践，因为他的对手是个犹太人，且契据明显是生手造伪之作。假如理查德面临的对手是跟他有一样专长和地位的人，比如马尔伯勒的托马斯，那么他可能会发现，他关于造伪的指控收获的听证不会比英诺森三世在伍斯特抗辩伊夫舍姆时给伍斯特的听证更富同情。成功造伪是修士和享有"大师"头衔之人的业务；业余人士尝试此事属于没脑筋，更别提犹太人。

　　邓斯特布尔案一如那些例外的例子——以简单和一贯的方式署日期的公文或英格兰抄写员用罗马公证员的精确性认证的特许状，展示出专家们懂得优质文献程序的原则。难题在于把学院理论放在一般实践中。土地所有人，不管是神职人员还是平信徒，都倾向于把真实公文当作可疑伪造品一样的东西不予信任。就连最厉害的专家，比如英诺森三世或爱德华一世的档案室官员，在侦测伪造品方面也不可信赖。那些怀着蛮勇精神或孤注一掷之情要欺骗他们的修士必定已经获悉，造伪是最佳路线，只要做得合适。

　　与修士所为之复杂造伪截然不同的简单地用一纸公文欺骗的例子罕有记载，1258年男爵革命期间对萨里（Surrey）进行法官巡查时出现一例。彼得·勒·坦普勒（Peter le Templer）展示了沃尔特·卡顿（Walter Kardun）将一年付两先令更改为付一瓣大蒜（一笔象征性租金）。[123]沃尔特"炮制"了特许状并对彼得大声朗读了其中以两先令为租金的条款。"无知的"彼得没能在盖章前核查文本。彼得是没有能力阅读，还是仅仅对法律无知，这无从得知。他有在泰晤士河畔金斯顿镇（Kingston-on-Thames）当执行官的经历，而且他以前被卷入过诉讼。此外，他还任由沃尔特第二次欺骗他。沃尔特搞得他被位于100英里以外萨福克的教廷大使罗斯坦德大师（Master Rostand）的教会法庭传唤。骗局的形式是，沃尔特成功让金斯顿代牧告诉彼得，他不打算再起诉。但沃尔特随后就继续起诉，结果彼得因为缺席而被绝罚，并要支付沃尔特40先令。沃尔特可能是某种无赖，也是法律程序的专家，就像乔叟（Chaucer）笔下那个也偏爱大蒜并知道如何通过让一个人破财来惩罚他的传唤员。

　　在神圣的人伪造公文、虚构作家被认为讲了大实话这样一个令人困惑的世界里，书面记录终究竟能获得好名声或把自己确立为可靠的交流形式，这可能看似惊人。达致此成就恐怕不是出于现代一位有读写能力者所期待的实际理由和进步理由，而是因为书写在诺曼征服之前几个世纪里因为被修士用于礼仪书而已经获得的声望。摆在祭台上的福音书被平信徒用作让与象征物，远早于平信徒习惯特许状。尽管修士的的确确通常是造伪者，但他们也通过在字迹里灌注了神圣联系而对此做出补偿。12 世纪的所有书写人——无论是造伪者、传奇故事作者或单纯的抄写员——都利用了敬畏和信仰的丰富储备。（见图 19 埃德温的“书写王子”形象。）

328

信仰是必需品，因为大多数 12 世纪的公文，无论伪造与否，在“信任”一词的严格意义上都不值得信任，源于它们没有准确声明自己何时被书写，它们也不是出自得到授权和受过专业训练的抄写员的手笔。防止欺诈的有效预防措施未被采用，这是因为它们要求广博的专业性，也因为书写品似乎首先被认为是传统记忆程序的次要辅助而非替代品。一项新技术通常首先让自己适应一项既有技术，用旧形式伪装自己，而不是立刻实现它的潜能。截至 13 世纪，书面证据已经变得更为熟悉和常规。不过在整个中世纪，许多常见的公文形式，尤其是进行财产让与的特许状，在它们的物理格式和设定的措辞中都保留了许多提示，表明它们是在早前时期发展出来的，那时期更多信赖被倾注给活人的记忆而非羊皮纸。

【注释】

[1] *Facsimiles of Early Charters in Oxford Muniment Rooms*, ed. H. E. Salter, no.9.比较本书第五章注释[3]希利小修道院的其他开场白。

[2] *Transcripts of Charters Relating to Gilbertine Houses*, ed. F. M. Stenton, p.xxx.

[3] D. M. Stenton, *English Justice between the Norman Conquest and the Great Charter* (1965), p.118. B. O'Brien, "Forgery and the Literacy of the Early Common Law", *Albion* XXVII(1995), pp.5—6 展示出，这场争端的双方都拥有关于这些权利的盎格鲁-撒克逊特许状。

[4] F. Kern, *Kingship and Law in the Middle Ages*, trans. S. B. Chrimes(1939), p.179; M. T. Clanchy, "Remembering the Past and the Good Old Law", p.172.

[5] Plato, *Phaedrus*, pp.274—275, trans. R. Hackforth(1952).比较 E. R. Curtius, *European Literature and the Latin Middle Ages*, p.304; Jack Goody ed., *Literacy in Traditional Societies*, p.50; M. J. Carruthers, *The Book of Memory*, pp.30—31, 296—297.

[6] 见本书第八章注释[27]。

[7] 见本书第八章注释[28]—[30]。

[8] 比较本书第五章注释[134]; M. J. Carruthers, *The Book of Memory*, p.264.

[9] 见本书第四章注释[73]。

[10] *Diplomatic Documents*, ed. P. Chaplais, p.16; *Facsimile of Royal and Other Charters in the*

British Museum，ed. G. F. Warner and H. G. Ellis，I，no.57.

[11] *Charters of the Honour of Mowbray*，ed. D. E. Greenway，p.17，no.13.

[12] *The Sandford Cartulary*，II，Oxfordshire Record Society Series XXII(1941)，p.181；D. Postles，"Choosing Witnesses in Twelfth-Century England"，*The Irish Jurist* XXIII(1988)，p.344.

[13] V. H. Galbraith，"The Literacy of the Medieval English Kings"，p.222.

[14] C. R. Cheney，*Medieval Texts and Studies*，p.104.

[15] 关于这些登记簿，见本书第二章注释[84]—[98]。

[16] C. R. Cheney，*Notaries Public in England*，p.6.

[17] *Dialogus de Scaccario*(1950)，p.63，*Dialogus de Scaccario*(2007)，p.96，并见本书第27页。

[18] C. R. Cheney，*Notaries Public in England*，p.168.对署日期难题的简明介绍，见 *Handbook of Dates for Students of English History*，ed. C. R. Cheney(1945)。

[19] *Rotuli Hugonis de Welles*，ed. W. P. W. Phillimore，II，pp.145—146.

[20] *Select Cases in the Court of King's Bench under Edward I*，ed. G. O. Sayles，I，pp.clxvii(s)，clxviii(t). P. A. Brand ed.，*The Earliest English Law Reports*，I，pp.cxxv—cxxvi.

[21] 凭借机械钟表记录时间的一个早期例子是理查二世1399年在"钟表报响大约第九个小时"时逊位，C. R. Cheney，*Notaries Public in England*，p.137。

[22] 见本书第二章注释[92]—[93]。

[23] H. Jenkinson，"A Moneylender's Bonds"，in *Essays to Poole*，pp.205—210；C. N. L. Brooke and G. Keir，*London 800—1216*，对着第139页的图36。

[24] *Diplomatic Documents*，p.14.

[25] C. R. Cheney，*English Bishops' Chanceries，1100—1250*，pp.83ff.

[26] "调查"一词指作为整体的末日审判调查，而非写下来的特定书本。M. Gullick，"The Great and Little Domesday Manuscripts"，p.171.

[27] N. R. Ker，*English Manuscripts in the Century after the Norman Conquest*，p.21；C. R. Cheney，*Medieval Texts and Studies*，p.331，n.1；C. de Hamel，*A History of Illuminated Manuscripts*，p.92.

[28] *The Historical Works of Gervase of Canterbury*，ed. W. Stubbs，I，p.88.

[29] 见 F. A. Lincoln，*The Starra*(1939)，pp.30，32，57引的例子。

[30] *Records of the Borough of Leicester*，ed. M. Bateson，I(1899)，pp.12—35；G. H. Martin，"The English Borough in the Thirteenth Century"，p.133.

[31] *Facsimile of Royal and Other Charters in the British Museum*，I，no.55.

[32] *Charters of the Honour of Mowbray*，p.101，no.131.

[33] F. M. Stenton，*The First Century of English Feudalism 1066—1166*，p.54，n.3.

[34] *The Domesday of St Paul's*，ed. W. H. Hale，p.109.

[35] M. D. Legge，*Anglo-Norman Literature and its Background*，p.342.

[36] B. Smalley，*Historians in the Middle Ages*，p.178.

[37] 公证员符号的图示见 C. R. Cheney，*Notaries Public in England*，plates 1—6，及 J. S. Purvis，*Notarial Signs from the York Archiepiscopal Records*(1957)。

[38] *Anglo-Scottish Relations：Some Selected Documents*，ed. E. L. G. Stones，p.72.

[39] E. L. G. Stones and G. G. Simpson，*Edward I and the Throne of Scotland*，vol.I，pp.50—52，plate ii.

[40] 见前文第八章注释[175]。

[41] J. H. Hodson，"Medieval Charters：The Last Witness"，*Journal of the Society of Archivists* V(1974)，p.71.

[42] *Charters of the Honour of Mowbray*，p.72，no.97；p.245，no.381. No.97用的词"compositio"可以指这份"协议"本身而不指协议的"编纂"。不过 J. H. Hodson，"Medieval Charters：The Last Witness"，p.71，n.3引了另一个例子，其中特许状的"编纂人"(compositor)提到自己的名字。

[43] *Facsimiles of Early Charters from Northamptonshire Collections*, ed. F. M. Stenton, plate xviii.

[44] J. H. Hodson, "Medieval Charters: The Last Witness", p.71, n.2.

[45] *Fleta*, Bk. II. ch.13, p.126. *Diplomatic Documents*, p.52.

[46] *Cartulary of the Hospital of St John Baptist*, ed. H. E. Salter, I, plate xiv.

[47] *Ibid.*, I, nos 114, 127—136(Philip's family and property); pp.vi—vii, plates xv, xvi(Richard of Eppewelle).

[48] *Facsimiles of Early Cheshire Charters*, ed. G. Barraclough, no.9.

[49] *Ibid.*, nos 6, 2.比较 J. H. Hodson, "Medieval Charters: The Last Witness", p.74。

[50] N. Denholm-Young, "Robert Carpenter and the Provisions of Westminster", *English Historical Review* L(1935), p.22.比较 C. A. F. Meekings, "More about Robert Carpenter of Hareslade", *English Historical Review* LXXII(1957), pp.260—269。

[51] *Calendar of the Plea Rolls of the Exchequer of the Jews*, ed. J. M. Rigg, I, p.7, 比较第 14 页。

[52] *Statutes of the Realm*, ed. A. Luders et al., p.99[对 1283 年阿克顿·伯内尔(Acton Burnell)法令的修改]。

[53] 概述见 P. D. A. Harvey and A. McGuiness, *A Guide to British Medieval Seals*(1996); T. A. Heslop, "Seals", in *English Romanesque Art 1066—1200*, ed. G. Zarnecki et al., p.306, no.337; *Age of Chivalry: Art in Plantagenet England 1200—1400*, ed. J. Alexander and P. Binski, p.277, no.201。也比较 A. B. Tonnochy, *Catalogue of British Seal-Dies in the British Museum*(1952), no.754: "I krak nuts"。

[54] A. Gaur, *A History of Writing*(1984), p.194.

[55] 图示见 *Age of Chivalry: Art in Plantagenet England 1200—1400*, pp.399—400, no.460。比较 V. Scholderer, *Johann Gutenberg*(1963), plate xiv 图示的 1499 年的印刷机。

[56] *Diplomatic Documents*, plate 25, d, e.对一封"封印私信"形式的解说见本书第三章注释[39]。

[57] H. Jenkinson, *Selected Writings*(1980), pp.28, 156.

[58] S. Keynes and M. Lapidge, *Alfred the Great*, p.141,也见本书第一章注释[40]。

[59] *English Romanesque Art 1066—1200*, p.301, no.328; *Facsimiles of English Royal Writs Presented to V. H. Galbraith*, ed. T. A. M. Bishop and P. Chaplais, plates iii and xviii; F. Barlow, *Edward the Confessor*(1970), plate 5(对着第 100 页)。

[60] *Gesta Regum*, Rolls Series LXXIII(1880), vol.II, p.59.

[61] *Chronicon Abbatiae Rameseiensis*, ed. W. D. Macray, p.65; Matthew Paris, *Gesta Abbatum*, Rolls Series XXVIII(1867), I, p.151.

[62] *Chronicon Abbatiae Rameseiensis*, p.65.

[63] A. Gransden, *Historical Writing in England c.1307 to the Early Sixteenth Century*(1982), pp.490—492.也见本书第一章注释[68]。

[64] V. H. Galbraith, "The Literacy of the Medieval English Kings", p.218, n.41.比较前文注释[58]。

[65] V. H. Galbraith, ibid., p.206.

[66] V. H. Galbraith, *Studies in the Public Records*, pp.36, 32.

[67] 对盎格鲁-撒克逊印章的讨论见 S. Keynes, "Royal Government and the Written Word in Late Anglo-Saxon England", pp.246—247。印模的图示见 *The Golden Age of Anglo-Saxon Art*, 900—1066, ed. J. Backhouse et al., pp.112—114。

[68] *Diplomatic Documents*, p.2.

[69] *Facsimiles of English Royal Writs Presented to V. H. Galbraith*, plates xix, xx; E. King, *Peterborough Abbey*, p.19.

[70] *The Charters of the Anglo-Norman Earls of Chester c.1071—1237*, ed. G. Barraclough, p.7.

[71] *Durham Episcopal Charters*, ed. H. S. Offler, Surtees Society Series CLXXIX(1968), pp.58—59.

[72] A. J. Piper, "The First Generations of Durham Monks and the Cult of St Cuthbert", in *St Cuth-*

bert，ed. G. Bonner，D. Rollason and C. Stancliffe(1989)，pp.437—446.刀柄见本书第一章注释[72]—[73]及第八章注释[20]。

[73] E. Bateson，*History of Northumberland*(1895)，II，p.228；M. T. Clanchy，"Reading the Signs at Durham Cathedral"，in *Literacy and Society*，ed. K. Schousboe and M. T. Larsen(1989)，p.178.非常感谢克兰普(R. Cramp)教授向我展示了贾罗的印模。

[74] J. Higgitt，"The Jedburgh Comb"，in *Romanesque and Gothic：Essays for G. Zarnecki*(1987)，pp.120—121.

[75] 见本书第十章注释[5]。

[76] E. Bateson，*History of Northumberland*，II，pp.228—229 之间的图。

[77] *Age of Chivalry：Art in Plantagenet England 1200—1400*，p.276，no.198；p.486，no.654；A. B. Tonnochy，*Catalogue of British Seal-Dies in the British Museum*，p.145，nos 705，706.

[78] J. C. Pope，"The Husband's Message"，in *Medieval Scribes：Essays Presented to N. R. Ker*，ed. M. B. Parkes and A. G. Watson(1978)，pp.56—59.

[79] T. A. Heslop，"English Seals from the Mid Ninth Century to 1100"，*Journal of the British Archaeological Association* CXXXIII(1980)，pp.15—16；*Romanesque Art 1066—1200*，p.317，no.370；A. C. Lawrie，*Early Scottish Charters*(1905)，pp.25—26，274.

[80] A. C. Lawrie，*Early Scottish Charters*，p.19.

[81] *Curia Regis Rolls*，XIV，p.132，no.664.

[82] M. Campbell，"Gold, Silver and Precious Stones"，in *English Medieval Industries*，ed. J. Blair and N. Ramsay(1991)，p.145；*English Romanesque Art 1066—1200*，p.319，no.378.

[83] G. Henderson，"Romance and Politics on Some Medieval English Seals"，*Art History* I(1978)，pp.34—42；*Age of Chivalry：Art in Plantagenet England 1200—1400*，p.397，no.454.

[84] A. B. Tonnochy，*Catalogue of British Seal-Dies in the British Museum*，p.25，no.161.感谢艾玛·梅森(Emma Mason)博士。

[85] *Luffield Priory Charters*，ed. G. R. Elvey，p.98，no.98，p.75，no.72.

[86] *Anglo-Saxon Art and Culture*，ed. L. Webster and J. Backhouse(1991)，pp.23—24，no.5h；*Anglo-Saxon Art*，ed. Backhouse，Turner，and Webster(1984)，pp.98—99，no.90.

[87] F. Barlow，*Thomas Becket*，plate 2，pp.38—39，286.

[88] A. B. Tonnochy，*Catalogue of British Seal-Dies in the British Museum*，pp.154—155，no.765.

[89] British Library Harley MS 80 关于石头的论著，编辑本见 T. Wright in *Archaeologia* XXX(1844)，pp.451—452，nos 2，11。

[90] Ibid.，pp.452—453，nos 12，20.

[91] F. M. Stenton，*The Latin Charters of the Anglo-Saxon Period*，p.11.

[92] M. Chibnall，"Forgery in Narrative Charters"，*Fälschungen im Mittelalter*，pp.342—343；N. Vincent，"King Henry II and the Monks of Battle：the Battle Chronicle Unmasked"，pp.264—286.

[93] *Gilbert Foliot and his Letters*(1965)，pp.128—129.

[94] 数字是我根据 P. H. Sawyer，*Anglo-Saxon Charters：An Annotated List*，pp.298—343 的资料估算的。

[95] 对杰弗里的介绍见 J. Gillingham，"The Context and Purposes of Geoffrey of Monmouth's 'History of the Kings of Britain'"，pp.99—118。也见 J. C. Crick，*The Historia regum Britannie of Geoffrey of Monmouth*，IV. *Dissemination and Reception in the later Middle Ages*(1991)。

[96] A. Gransden，"The Growth of Glastonbury Traditions and Legends"，*Journal of Ecclesiastical History* XXVII(1976)，p.352 重申，这次尸体发掘是"假的，是为轻信的公众上演的公开展示"，而 L. Alcock，*Arthur's Britain*(1971)，pp.73—80 力主，这次尸体发掘有真实性。

[97] 见本章注释[106]。

[98] 关于奥斯伯特，见 P. Chaplais，"The Original Charters of Herbert and Gervase Abbots of West-

minster", pp.91—95。与奥斯伯特有关系的两份伪造品的图示见 S. Keynes ed., *Facsimiles of Anglo-Saxon Charters*, plates 38, 39, p.11 的评论。关于吉尔伯特见 A. Morey and C. N. L. Brooke, *Gilbert Foliot and his Letters*, pp.124—127。

[99] *The Life of St Anselm by Eadmer*, ed. R. W. Southern, p.149.

[100] A. Gransden, *Historical Writing in England c.550—1307*, pp.177—178.

[101] *Chronicon Abbatiae Rameseiensis*, pp.161, 243.

[102] P. H. Sawyer, *Anglo-Saxon Charters：An Annotated List*, nos 798, 1109.

[103] Hue de Rotelande, *Ipomedon*, ed. E. Köbling(Breslau, 1889), lines 21—24; M. D. Legge, *Anglo-Norman Literature and its Background*, p.95.

[104] Hue de Rotelande, *Ibid.*, lines 7173—7176; M. D. Legge, *Ibid.*, p.94.

[105] *Regesta Regum Anglo-Normannorum 1066—1154*, ed. H. W. C. Davis et al., IV(1969), p.6, plates xlviii, xlix.对多副本的讨论见 R. Mortimer, "The Charters of Henry II", pp.128—129。

[106] *Regesta Regum Anglo-Normannorum 1066—1154*, IV, pp.5—6, plate x. *Reading Abbey Cartularies*, ed. B. R. Kemp, Camden Society(1986), I, p.44, no.13.

[107] *The Treatise on the Laws and Customs of the Realm of England Commonly Called Glanvill*, ed. G. D. G. Hall, p.2.也见本书第 29 页。

[108] *The Treatise on the Laws and Customs of the Realm of England Commonly Called Glanvill*, p.3.

[109] C. N. L. Brooke, "Approaches to Medieval Forgery", *Medieval Church and Society*(1971), p.115（着重标记是笔者加）。

[110] V. H. Galbraith, *Studies in the Public Records*, pp.48—49.

[111] C. Duggan, *Twelfth-Century Decretals Collections and their Importance in English History*, p.41, n.1.

[112] C. Duggan, *Ibid.*, p.41, n.2; C. N. L. Brooke, "Approaches to Medieval Forgery", p.108, n.18.

[113] C. Duggan, *Ibid.*, p.42.

[114] *Chronicon Abbatiae de Evesham*, ed. W. D. Macray, Rolls Series XXIX(1863), pp.160—161; J. E. Sayers, "The Case of the Abbey of Evesham", *Fälschungen im Mittelalter*, pp.371—396. Thomas of Marlborough, *History of the Abbey of Evesham*, ed. J. Sayers and L. Watkins(2003), pp.298—299.

[115] *Chronicon Abbatiae de Evesham*, p.160.关于此措辞的变体，见 C. Duggan, *Twelfth-Century Decretals Collections and their Importance in English History*, p.41, n.2。

[116] *Chronicon Abbatiae de Evesham*, pp.171—173.

[117] A. Gransden, *Historical Writing in England c.550—1307*, pp.112, 519.

[118] 威尔士的杰拉尔德展示过英诺森三世在一个例外情况下审读一份登记簿的例子，见本书第八章注释[57]。

[119] *Anglo-Scottish Relations：Some Selected Documents*, pp.97ff.

[120] *Ibid.*, pp.113ff.

[121] V. H. Galbraith, *Studies in the Public Records*, pp.51—52; *Select Pleas etc. of the Exchequer of the Jews*, ed. J. M. Rigg, Selden Society Series XV(1901), pp.4—5; *Annales Monastici*, ed. H. R. Luard, III, p.66.

[122] C. R. Cheney, *Medieval Texts and Studies*, p.221.

[123] A. H. Hershey ed., *The 1258—9 Special Eyre of Surrey and Kent*, Surrey Record Society Series XXXVIII(2004), pp.72—73, no.142.

第十章　实用读写能力

　　本书的主题是出于实用目的的读写能力的成长。平信徒为了应付书面业务而变得更具读写能力,英格兰的书面业务先从王家政府要求提供信息或钱的令状开始。骑士们卷入郡里的事务,就连那些担任采邑行政官的农民也需要有能力阅读展示给他们的授权令,并自行做记录以便能做出足够的答复。按《盎格鲁-撒克逊编年纪》所言,征服者威廉在末日审判调查中制作了一份关于全国每头公牛、母牛和每只猪的清单;两个世纪后,执行官被推荐于每年秋季以书面记录每件工具、每块马蹄铁以及采邑尚存的大大小小的每样东西。尽管这些规划野心太大,也绝无可能做到将每个人、每只牲口和每件事都列入最新的详细目录中,但是从征服者威廉的《末日审判书》到爱德华一世政府从事的系列聆讯——在权利开示令状诉讼程序中达于顶峰并在这些诉讼中自行崩塌,关于此类清单的理念都是贯穿始终的抱负。

　　本书上卷《记录的制作》描述了业务公文的激增、生产公文之技能的发展以及令它们可被持久使用之档案的发展。由现存的公文判断,贯穿征服者威廉当政期到亨利二世当政期的一个世纪里,王家政府的公文产出增长了十倍以上(见统计图 2.1)。13 世纪继续保持这种几何级数式增长,王家档案室在 13 世纪 20 年代晚期每周使用 3.63 磅印蜡,而到 60 年代晚期每周使用 31.9 磅(见表 2.2)。如此增幅令一个官僚机构的创建成为必要,菲兹尼尔的《财政部对话录》(约写于 1179 年)中可看到此机构的雏形。休伯特·沃尔特主持王室行政的 1193—1205 年间,书面记录既在中央也在地方卓有成效地扩展到几乎每个政府领域。休伯特·沃尔特的成就是将理论付诸实践。档案室卷册、陈情状卷册、土地转让协议档案副本、犹太人的"源头"以及其他东西都有可能在他登上舞台之前就被想过,但他是第一个赋予它们持续生命的人。他在郡和村的记录制作上的影响力与他在中央的效能同样重要，虽说地方记录要再过一个世纪才确立为常态。到爱德华一世当政时，农奴拥有印章来签自己的名字，他们也用书写品记录自己的财产交易。因此截至14世纪头十年，那些认为《末日审判书》是"末日审判"（按照菲兹尼尔12世纪所言）的"土著"（指本地人，即佃农或农奴）都有了自己的特许状。

书写类型变得日益实用。1066年之前主导读写文化的神圣经文当然依旧傲然挺立，不过12世纪以来，它们就被学者们的词语注解和摘要所环绕和覆盖。经院学者的"大全"——"一部有实例的简明百科全书"——旨在供"许多行色匆匆的人和许多没有学识的人"用作穿越大量词语的捷径。个人的书面声明也同样在目的和格式上变得更体现直接实用性。虽然继续出产郑重其事的特许状（它们常常由修道院的受益人在让与发生后撰写），但形式不那么煞有介事但却更加精密老练的公文数量日增。盖了章的正式签字文件格外强调了合同双方的平等地位，并要求他们双方以及他们的见证人都要在书面凭据的制作中使用自己的印章（见图7）。类似地，在12世纪后期，由一个人寄送的对另一人传达机密信息的现代通信意义上的书信开始被更普遍地使用。此前的书信通常是令状专利证书，即公开声明或所有权契据（见图2、图3），或修辞学家和布道人创作的"文学"。

为未来参考而积累备忘录的思想也开始确立，首先是国王宫廷的派普卷册和陈情状卷册，然后是主教、男爵和自治城镇制作的同类公文。到了13世纪60年代，莱斯特伯爵夫人保存关于她们家庭开支的日记（见图11），其他大户人家的主妇们大概也这么做。相近的时期开始出现年鉴这种记录，旨在记录王家法庭里博学的辩护律师和法官们说过的每句话。就连说话的艺术也通过写着假想对话的书本（比如《法庭男爵》）教授给学法律和地产管理的学生。

修道院书写的传统与技艺是为了生产装饰华丽的礼仪手写本而创立，但不得不为了由世俗令状和卷册加在它们头上的功利主义需求而改编。通过省去彩色墨水并使用较薄较小的羊皮纸片，可以相对容易地实现节约材料。虽然多数业务公文继续使用大号首字母，有些还保留红字标题乃至插图（见图17），但它们的奢侈度总体上远逊福音书。而就连圣经本身也用较便宜和更平易近人的版式呈现。写了福音训诫或称《奥姆书》的奥姆可能在约1170年亲笔撰写，他似乎甚少关心此书外观的不整洁和不专业。身为一名奥古斯丁派修士，他示范了在传播福音方面力求简朴的新理想，不再像黑衣修士们那样用珍贵的手写本突出对传福音之举的珍视。装饰华丽的手写本自身也开始用更经济的版式制作，这样就能在祈祷时被放在口

331

袋里或握在手里。同样,13世纪的学生教科书和法律专家教科书也使用较小和较经济的版式(见图16)。

比节约羊皮纸和颜料这一需求更迫切的是节约抄写员时间的需求,因为使用他的技能是公文生产中最昂贵的要素。为契合该种需求,世俗抄写员学会用草书体代替传统的修道院书本体更快地书写。与早前的古文书学教导相反,草书字不是在档案室接受过特殊训练的证据,而是"一种来自紧急业务的共有压力"。因此,草书字在13世纪开始被用于写书,也被用于写令状和卷册(见图16)。草书体的王室令状和书本体的礼仪手写本之间的反差,最醒目地传达出与修道院传统下从事研究的冷静形成鲜明对照的世俗业务的新压力(比较图4和图14)。王室行政管理甚至令书写自动化,至少在生产模式化的公文(如习惯法令状)和用印章而非手写的国王符号认证公文方面。印章是印刷的先驱,因为它以重复批量生产的方式从金属模本上复制字迹。

加速公文生产比为了善加利用公文而组织档案及参考系统要容易。在宝库或圣髑龛里保存珍贵书写品不是什么新事物,新颖之处在于形成了从一本书或一份档案中寻找参考信息的习惯,这取代了寻求口头证词。《末日审判书》在成书后的那个世纪里似乎罕被查阅,只在爱德华一世当政期才开始了常规性查阅。爱德华一世的政府逐渐开始意识到,它拥有一份可以在同对手争辩时使用的档案信息。迟至1290年,国王首次要求提供关于英格兰在苏格兰之王权要求的历史信息,求助要求被发给担任传统忆往师和编年纪作者的各修道院,不是发给王家档案馆。然而一年以后,爱德华一世自苏格兰匆匆送信来,命令打开一箱档案室卷册并搜索,由此开启了对档案的系统检索。

迄今为止都没有常规性的查阅记录,个中原因不一而足。即使当官员们已经知道书面证据可以比口头证词更有用(当然并非一贯如此),也得先把档案和档案中收藏的公文安排就绪,方能令查阅可行。当装公文的箱箧散放在不一而足的贮藏室且它们的内容未经登记时,1300年爱德华一世要求"片甲不留地"搜索所有卷册和纪念品的指示是荒唐的。爱德华晚年的记录调查——以斯德普勒顿主教1320年的阵亡为顶点——标志着至此王家政府最终承认它的档案有用。档案馆变成政府的一个部门,不再是存遗物的宝库。图书室也类似,多亏了托钵会士的倡议而开始被系统化安排,使得读者能"准备好处理"书籍,正如爱德华一世想让他的档案"在任何时间"都可备索。与黑衣修士在老式本笃会传统下整年沉思一篇文本的做法相比,从大量书籍中快速摘录信息是一种不同类型的读写活动。

332

　　在将读写能力确立为一种实用便利事物的过程中，从过去继承下来的许多东西都有待克服。本书下卷《有读写能力者的心态》指明了这类难题中的一些。最根本的难题是语言本身。诺曼征服之后，书面古英语变成一种像拉丁文般的古风语言，并与拉丁文竞争了许久。英格兰人行政官员或诺曼人行政官员都不能在业务公文中使用日常说话的语言，既因为他们没有共享一种通用语言，也因为书面英语与书面法语仍处于不稳定的发展阶段。此外，这两种语言都被拉丁文的古老威严长期遮蔽和欺瞒。在这些情况下，一个地方人士进行一项实际任务时——比如一位陪审团主席或一位为郡法庭收集证词的骑士——所要求的语言技能高得不一般。13世纪里，这样一个人需要能说英语和法语并能阅读英语、法语和拉丁文。在这种多语社会里，人们恐怕常常不加说明就切换语言。以一种特定的记录语言——通常是拉丁文（或到1300年是法语）书写公文的实践不意味着拉丁文（或法语）必然是做业务的语言。总体而言，13世纪英格兰的骑士和他们的家人的语言知识可能都比一些历史学家更广阔和更深入，这些历史学家以高人一等的态度看待他们，只因他们的读写能力不高。

　　使用中的语言多种多样，令获取读写能力和定义读写能力都有困难。传统上，一个是"文学界"人士的人熟稔拉丁文学并拥有一种神职人员气质。这样一个"文学界"人士与现代普通的有读写能力者鲜有共性，后者出于实用目的学会了阅读和书写他自己的语言。在政府中身先士卒使用书写的王室官员们——索尔兹伯里主教（也是亨利一世的首席大法官）罗杰、休伯特·沃尔特（理查一世的首席大法官和约翰王的档案室大臣）以及拉尔夫·内维尔（亨利三世的档案室大臣）——都被同时代人描述为"文盲"，这恐怕不是巧合。这么称呼他们的意思是，他们是行政官员，而非好的教士或学者。至少按威尔士的杰拉尔德所说，休伯特·沃尔特的学校是财政部而非大学。

　　"平信徒是识文断字的人吗？"这个问题无法直接从当时的资料中找到答案，因为在中世纪的术语中此问题是个矛盾。一位平信徒在定义上就是不像神职人员的，而一位识文断字之人就是像神职人员的，哪怕他是个骑士。把这些经院主义的微妙放在一旁，则可能普通民众当中的一丁点拉丁文知识被低估了。一点拉丁文是广阔但浅显的基础，农民出身的人在此基础上可以上升为神职人员，它对本地语言形式的读写能力也是不可或缺的。渐渐地，"神职人员"在常见说法中开始指一点拉丁文，而不指一个教会阶层。从14世纪开始，懂一点拉丁文的人就有了"神职人员的好处"。

333

微末的拉丁文知识并不令一个人在任何意义上成为受过教育的人,但它有实际用处。它可以挽救一个被控重罪的人免于绞死,也给了一个人应付政府业务的充足知识。因此,1297 年的一桩案子里,十位陪审员能够阅读一本修道院编年纪中关于罗伯特·德·托尼生日的那一条,而两个读不了的人就被描述为"平信徒",这是指他们是不识字的人,而非指他们是更普遍意义上的"平信徒"。如此些微技能不能让一个人成为"文学界"人士,也不能让他成为传统意义上的受过教育的人。骑士们早在因文献记录增长而被要求学习一点拉丁文或"神职人员"之前,就已经在语言技能上受过教育。传统上,他们要学会相当好地说话,并给神职人员和国王提供咨询。因此,在 12 世纪和 13 世纪塑造了英格兰习惯法的法官们被一视同仁地从骑士和神职人员当中选拔。对平信徒而言,读写能力在变成一种教育之前,长期被当作一种实用便利事物。尽管圣经能教导宗教,但尘世意义上的智慧不依赖书写。

对平信徒而言,书写起初只是辅助性的帮手,故此它没有立刻将做业务的传统无读写方式一扫而空。财产让与时对象征物品和"占有转移"的依赖坚持存在。由于惯常实践是大声朗读和聆听一项声明或对一项声明进行"听审",而非审读羊皮纸上的该声明文本,所以书写被转化成口语词。文员和抄写员在给公文署日期和签名上缺乏一贯性,证明了他们对书面证据的全面潜力领悟得很慢。书写不被信任,且理由充足,因为尤其是 12 世纪的大量特许状是伪造品。吊诡的是,非功利主义的且主要是视觉形式的书写的持续存在,特别是在礼仪手写本中的存在,可能帮助说服平信徒相信读写能力是有价值的,因为它长期与神圣经文相联系。12 世纪和 13 世纪的书写人,无论他们是创作者还是文本誊录员,抑或制作业务公文的文员,都利用敬畏和信仰的丰富储备,1066 年之前的 500 年间,修士们的书写中浸透了敬畏和信仰。

作为本书主题的着眼实用目的的读写能力的成长未必是一条必经之路。对实用读写能力的强调是现代文化的常见事物,因为我们已经继承了功利主义者的价值观。19 世纪的欧洲和北美,大众读写能力在世界历史上首次由政府推动,目的是确保大众能应付日常生活中——在铁路上、工厂里、应征入伍时,等等——不断增长的书面要求。该项政府政策的反对者担心,学校会把人民成功教育到这个地步,导致学者和批评者过量,而他们可能瓦解社会等级体系。此种忧惧之情因改革者们强调基础实用读写和算术(读、写、算基本三会)而非古典传统下的自由教育而得以缓解,1900 年时,自由教育依旧像 1200 年那样在很大程度上是有教养的精英的自留地。当代假定读写能力的目的和性质主要是功利性的,这是近期历史的产物,

334

并非不变的准则。

尽管实用的或功利的读写能力在欧洲只于19世纪才变成一项大众运动，但本书力主，它的起源是12世纪和13世纪从记忆到书面记录的转变。那场变化可以被替换描述为从神圣字迹到实用读写能力的转变。在盎格鲁-撒克逊英格兰，总体上也在中世纪早期的欧洲，书写主要与隐修制度、神圣经文以及古代的自由艺术相联系。只是在12世纪，公文的数量以及理解公文的人的数量才开始在形成中的官僚机构的压力下快速增长。实用业务是这种新读写能力的基础。

"乡村旧有的读写能力与政府和政治的艺术以及手工技能的转变没有牵连……记录争端，收集乡村统计数据，将政府命令传递给村民，这些任务要求读写能力，但这是新型读写能力的一个特征。"读写能力新旧运用之间的这番对比不出自一位中世纪史家，而出自一位人类学家斯坦利·杰亚拉贾·汤比亚(Stanley Jeyaraja Tambiah)关于书写在泰国一个乡村之使用的研究。[1]乡村寺庙里的佛教僧侣自古远时期就娴熟于书写，他们与村民们也有直接接触，他们从村民里吸收成员，而许多僧侣也回归村民社区婚娶。村里的多种专家都使用书写(用三种字迹)，有僧侣、世俗官员、医师、占星师和表演民间戏剧的倡优。[2]尽管村里相当数量的人在几个世纪里都熟悉这种形式或那种形式的书写，但在泰国政府受欧洲影响开始推动"新型"或实用读写能力之前，读写技能却不被用于实用目的。

记录争端，收集乡村统计数据，将政府命令传递给乡民，这些是征服者威廉于末日审判调查中在英格兰运用读写能力时的基本用途。自此以后，他的继承者们因为是按征服传统进行统治的外国人，便用一场又一场聆讯轰炸地方官员。神职的和平信徒的地主们也起而效尤。自这个重大的新起点——"土著"的末日和如菲兹尼尔那种朝廷官员眼里罗曼人成文法的胜利——开始，公文激增并积累成档案，直到平信徒读写能力变成创造出我们当今文化的那种文化基础。

在不同的社会，书写采取多种形式并且被用于各种目的。阿善缇(Ashanti)的 335 战士在他们的风雨衣上写满咒语挡子弹。[3]同样，中世纪骑士在他们的刀剑上刻着祈祷文或神秘文字[4]；工程师理查德(可能是12世纪达勒姆大教堂的建筑师之一)随身带着大量写在羊皮纸条上的基督之名和福音书摘录，他把它们与圣卡斯伯特的一些遗物一起装在一只小丝袋里。[5]战士和建造人置身危险职业，他们需要有魔力保护的生活。技术被创造或改造以适合不同社会的需要。藏族人只为转经筒使用旋转运动，他们的僧侣使用雕版印刷在水的表面制作咒语和写祈愿，以获取功德。[6]在中世纪早期的欧洲，抄写员的技能也同样，通过生产如《林迪斯法恩福音书》这类礼仪手写本而主要运用于敬拜行为。[7]尽管基督教是关于一本书的宗教且中世纪文化是由修士塑造,但渐渐地,于羊皮纸上书写这一活动被调适并运用于政府、财产所有和商业这些尘世目的。本书的主题正是实用读写能力这番成长的一些开端,关于在日常业务中开始依赖书面记录而非鲜活记忆。

【注释】

［ 1 ］S. J. Tambiah, "Literacy in a Buddhist Village in North-East Thailand", in *Literacy in Traditional Societies*, ed. Jack Goody, p.122, cf. p.93. Jack Goody, "Restricted Literacy in Northern Ghana", in *Literacy in Traditional Societies*, pp.216ff 描述了一个类似局面。

［ 2 ］Jack Goody ed., *Literacy in Traditional Societies*, pp.128—129.

［ 3 ］*Ibid.*, p.202.

［ 4 ］R. E. Oakeshott, *The Archaeology of Weapons*(1960), plates 6d, 7b.

［ 5 ］*Reginaldi Monachi Dunelmensis Libellus*, ed. J. Raine, Surtees Society Series I(1835), ch. xlvii, pp.94—97 and ch. liv, pp.111—112.

［ 6 ］Jack Goody ed., *Literacy in Traditional Societies*, p.16[引埃克瓦尔(R. B. Ekvall)]。

［ 7 ］M. P. Brown, *The Lindisfarne Gospels and the Early Medieval World*.

作者后记

《从记忆到书面记录》成书于 1977 年,1979 年分别由爱德华·阿诺德出版有限公司在英国、哈佛大学出版社在美国出版。是书出版之际,我已在格拉斯哥大学担任中世纪史教师 15 年。我的专长是英格兰法律公文,且早已出版过两个陈情状卷册编辑本,分别关于 1249 年的威尔特郡和 1248 年的伯克郡。[1](英格兰王家法庭自 1200 年或更早起以拉丁文的陈情状卷册形式保管它们的诉讼记录。)身为手写本的编者,我对最早的陈情状卷册的准确度和连贯性着迷,它们在很大程度上依旧未公开。[2]《从记忆到书面记录》的一个目的是,通过讨论谁创建了陈情状卷册与其他中世纪英格兰法律记录以及谁曾可能使用它们,而将它们置于一个更广阔的文化语境下。我 1968 年向牛津大学出版社提交的最初提议是撰写一部《中世纪英格兰法律导论》(*Introduction to Medieval English Law*),在现代法理学及人类学的语境下讨论中世纪英格兰的法律记录。

《从记忆到书面记录》把记录本身当成研究主题,而不是把它们简单看作信息矿藏。维多利亚时代杰出的英格兰法律史家梅特兰既为编辑中世纪记录也为分析337它们设置了确切的标准。[3]《从记忆到书面记录》旨在运用可相媲美的视野准度与宽度,审视记录为何以它们走过的道路发展,它们的使用者如何与它们互动。例如,陈情状卷册与诉讼当事人的读写能力之间有何关系?《从记忆到书面记录》的源头在英格兰法律史,这解释了副标题"1066—1307 年的英格兰"的限定。梅特兰最重要的书是两卷本的《爱德华一世时代以前的英格兰法律史》(*History of English Law Before the Time of Edward I*),他在此书中宣称诺曼征服是"一场决定了英格兰法律史全部未来的灾祸"[4]。梅特兰力主,爱德华一世当政期(1272—

1307 年)的英格兰"已经显著地变成书面记录的国度。每项权利、每个法定补偿办法都必须由书写加以确定"[5]。因此我追随梅特兰的分期法,以诺曼人作为《从记忆到书面记录》的起点,并以爱德华一世的权利开示令状诉讼程序作为终点,在这些诉讼中,爱德华一世的法律专家们要求要人显贵提供书面证据证明他们的特权正当。

事后回顾,我使用梅特兰的模型存在明显问题,因为以 1066 年为开端和以 1307 年作结束都有困难,尤其因为读写能力的发展是个变动不居的过程,无法为之指派确切日期。大约 600 年到 1066 年间,盎格鲁-撒克逊英格兰已经发展出充满活力的读写文化,在所有方面都使用古英语作为书面本地语言尤显其独特。[6]我以 1066 年为起点,意味着我对上述早期发展多半弃置不顾,尤其是阿尔弗雷德当政期(871—899 年)以降的平信徒读写能力。[7]这就是为何在新版的《从记忆到书面记录》中,我重写了本书的第一章并对盎格鲁-撒克逊的读写能力多有解释。

倘若我不选择 1066 年诺曼征服这个戏剧化的开端,而代以一个较少历史包袱的日期为开端,比如能让故事从阿尔弗雷德当政期讲起的 900 年,本应更好。类似地,就读写能力而言,1307 年的截止点对于许多意图而言都嫌过早,纵使爱德华一世当政期对法律发展至关重要。假如考察时期下延到 1400 年,那么与乔叟和朗兰(Langland)相伴随的文学英语的复兴就能包括在内。但是来自 14 世纪英格兰的存世文献数量巨大,可能与此前各个世纪的存世文献总量一样大。《从记忆到书面记录》的一条潜在原则是,对记录进行直接研究,以便确保路径的准确性和直接性。倘若加以考虑的时期翻倍,从 1066—1307 年延伸到 900—1400 年,那么在单独一本书的限制下,上述原则将无法贯彻。

我也采用了类似标准将研究区域限于英格兰,而非纳入整个欧洲。英格兰王国在中世纪各国中格外轮廓分明,而若将研究区域延伸到比如不列颠岛或盎格鲁-诺曼领地,就可能导致结果过于分散。在《从记忆到书面记录》第二版的《导论》中,我将集中于"1066—1307 年的英格兰"之举比拟为一位考古学家在挖掘一条探沟,"为了估计相关主题的价值和意义,这条探沟中出来的每件东西,无论多么细小和模糊,都必须被调查,同时考古学家们也认识到,探沟的内容只是一个任意横截面"[8]。于是我不得不解释一些古怪事物,比如保存在达勒姆大教堂档案馆的两把折断的刀柄(其一的图示见图 5),还有写有毕斯沃思的沃尔特的押韵法语词汇表的小羊皮纸卷,上面依旧附有木制缠绕轴。[9]这些不寻常的记录证明了中世纪读写实

338

践的个人气质。

作为本书终篇的 20 幅图最好地示范了《从记忆到书面记录》对细节的关注。通过为每幅图提供一整页评注，我得以向读者解释要查看什么。（以往中世纪文件发表时十之八九没有足够解释。）我从毕夏普的《国王的抄写员》(Scriptores Regis，1961) 中借取了整页解释图版这个理念，他在该书中图示并描述了王室抄写员的手迹。1979 年被选作《从记忆到书面记录》图版的文件除了财政部的计数签 (图 8) 和《埃德温诗篇集》(图 14)，都是此前没有发表过的。这些图版旨在让读者面对某种宛如原生态证据的东西，就像它们在档案馆和图书馆被首次看到时那样。因此，图示沃林福德市现存最早的商人卷册的那两幅 (图 9 和图 10) 展示出，以在第二份沃林福德卷册上用大写字登记名字的杰出书法家为代理，一份记录从一年到下一年的形成过程。

《从记忆到书面记录》的概要于 1971 年首次提交给出版社时，并未纳入图片提议。加图的想法是我 1972 年在哈佛大学法学院访学时产生的。这就是为何第一版的七幅图图示了哈佛大学法学院的手写本且另外两幅 (图 12 和图 13) 展示了哈佛大学霍顿图书馆的卷册。我曾赴哈佛大学法学院与索恩教授讨论我的想法，他当时正在翻译和重新编辑归于 13 世纪法官亨利·德·布莱克顿名下的法律书。索恩 1968 年曾出版他的编辑本的前两卷。[10] 我是在哈佛大学法学院才首次写下构成《从记忆到书面记录》的各章目录草稿：《记录制作的编年发展》《记录的类型和它们的制作者》《书面记录的技艺》《读者和作者》《口头与书面的互动》以及《读写能力的后果》。直到 1975 年我才决定将书划分成现在的两卷（《记录的制作》与《有读写能力者的心态》）。这可能不是最好的决定，因为它招致读者跳过描述记录如何被制作的书的前半部，而直接去看《阅读意味着什么？》以及有读写能力者的心态的形成。另一方面，《从记忆到书面记录》一直打算发挥一本参考书的功能，可以为了回答个别的疑问而加以翻阅，也可以就与读写能力相关的中世纪文件和问题提供总体概论。

如我在第一版序言所声明的，"从记忆到书面记录"这个标题首先于 1970 年脱胎于我的文章《记住过去与旧日善法》。[11] 那篇文章为了将英格兰中世纪法律实践置于一个较广阔的语境下而涉及非洲人类学和口头创作。尤其激发我的，是非洲人类学家杰克·古迪爵士关于"读写能力的后果"的文章[与古典学家伊恩·瓦特 (Ian Watt) 合写，1963 年首刊]以及另一位非洲人类学家麦克斯·格鲁克曼的书《北罗德西亚巴罗策人的司法程序》(Judicial Process among the Barotse of Northern

339

Rhodesia,1967 年第二版)。(与公认意见相左)格鲁克曼力主,习俗法因其是非书面的而富有灵活性和创造力,同时古迪把读写能力描述为"智力的技艺"[12]。我受该思想影响而把第四章起名为"书写的技艺"。我力主,"一种特定的书写技艺规定和定义了一个区域或一种文化中读写能力的使用"[13]。

对《从记忆到书面记录》之形成的一个未被公开承认的影响是马歇尔·麦克卢汉(Marshall McLuhan)1962 年出版的《古滕堡银河》(*The Gutenberg Galaxy*)。此书主题是古滕堡发明的印刷术以及其他交流形式被拉入印刷术轨道的方式。麦克卢汉偏离了学术规范,创作出的这本书由一系列标题构成,标题链接着一条评注和出自当前学者的长篇引文。他涉及的历史从古希腊直到当下这个(引他的一条标题)"新的电子互相依赖将世界重新创造为一个地球村形象"[14]的时代;换而言之,他预见到某种像万维网般用计算机构筑网络的东西。[15]对我而言最具启发性的是他对中世纪的强调。例如,他的引文将我导向查特的《从手迹到印刷字》(1945 年)。麦克卢汉把一些中世纪"手写本文化"(他的用语)看作富有活力和创造力的;他力陈,既然长期以来的印刷文化标准正在被计算机削弱,那中世纪实践就回归自我了。[16]每个有一台计算机的人就像每个中世纪抄写员,变成他自己的清晰副本誊录员和排版师。

《从记忆到书面记录》自 1979 年出版后的几年里在学术刊物上获得一些积极评论,但直到 1987 年销路才变好,彼时英国出版社的剩余副本可以作为平装本销售。1980 年我曾计划写一本续篇,名叫《从乔叟到卡克斯顿:英格兰 1350—1500》(*From Chaucer to Caxton*:*England 1350—1500*),但我被这个主题相关文献的不平衡压倒了。用英语写的东西大多数早已被仔细分析过,因为各大学都教授中世纪英语文学;而以法语和拉丁文写的海量文献一直大体被忽视,因为对这些语言的中世纪晚期形式研究不多。也是在 1980 年,应加拿大公共档案馆(Public Archives of Canada)之邀,我为《从记忆到书面记录》写了一篇反思,名叫《"顽强的文字":中世纪的档案和记忆》("Tenacious letters":archives and memory in the Middle Ages)。[17]几乎同一时间,应美国国会图书馆书籍中心(Center for the Book in the Library of Congress)之邀,我写了《从印刷术的发明往回看》("Looking back from the invention of printing")一文。[18]

在华盛顿发表的这篇演讲站在 15 世纪的角度并回顾中世纪,看由于印刷术人们获得什么又损失了什么。(关于印刷术的历史作品通常一路向前看到现代。)主要受害者是装饰手写本的艺术,装饰华丽的手写本很快就停止生产了,哪怕印刷书

340

籍继续使用一些有装饰的首字母。我力主,装饰华丽的祈祷书(最常见的是日课书形式)曾经是中世纪平信徒贵族接受读写能力的基础。这是我对一个我有后续探讨的主题的首次研究,后续探讨尤其涉及母亲教导孩子阅读。[19]在《从记忆到书面记录》1993 年的第二版中,我提到我曾计划写一本题为"中世纪的女性与书籍"(*Woman and the Book in the Middle Ages*)的书。[20]此书旨在成为《从记忆到书面记录》的续篇,但我始终没有完稿,虽说过去 30 年左右我发表了有关女性读写能力的许多演讲。

1988 年第一版开始出平装本时,我首次考虑制作《从记忆到书面记录》的第二版。我联系了约翰·戴维,正是他 1971 年任职爱德华·阿诺德出版有限公司时约我撰写第一版。现在他是牛津布莱克维尔出版社的编辑部主任,并参与在美国设341 立布莱克维尔分社的事务。这意味着,第二版可以同步在欧洲和美国出版。由于第二版是平装本,且尤其感谢约翰·戴维,它被证明从一开始就成功了;1993 年的第一刷几个月内售罄。在之前的十年里,对中世纪书籍和读写能力的兴趣终于进入学院教学和研究的主流,恐怕主要因为个人电脑正在对交流提出各种各样的新问题。对电脑文化的一个回应就是,图书馆提议开展书籍史研究计划。[21](此前该主题被排挤成古文书学和古文献学的"辅助学科",或被作为艺术史的子学科对待。)在德国,1986 年于明斯特(Münster)开始了一项关于中世纪"实用读写能力"的范围广阔的研究计划,比如,哈根·凯勒(Hagen Keller)的学生们研究了意大利城邦的法律公文。[22]《从记忆到书面记录》本身被整合进关于读写能力的流行讨论中,因为沃尔特·J.翁在《口头表达与读写能力:词语的技术化》(1982)、杰克·古迪在《书写的逻辑与社会组织》(*The Logic of Writing and the Organization of Society*, 1986)中都考虑了本书。

第一版和第二版的区别在于体量;第二版扩容约 50%(以字数衡量)。它保留第一版的结构(两卷和十章)并增加一篇新的书目,包含自 1977 年第一版完稿以来出版的约 400 个条目。我无意在第二版中改变《从记忆到书面记录》的本质,尽管我在文本上做了大量增补。我的目的是把近期关于该主题的作品纳入考虑。例如,玛丽·J.卡拉瑟斯 1990 年出版了《记忆之书:对中世纪文化中记忆的研究》。她强调巴黎的圣维克多学校在明确表达关于记忆与书写的思想方面的重要性。因此我在第五章新增了一节《记忆的方法》,以便展示圣维克多学校如何通过伦敦圣保罗大教堂的拉尔夫·德·迪塞特和圣奥尔本斯修道院的马修·帕里斯,影响了被设计来充当书籍内部查找助手的视觉符号。第二版扩充这么多的一个风险是,它的售价可能超出作为此书目标受众的大学生的支付能力。出版社通过为第二版使用较便宜的纸克服这一点,但这么做的坏处是图版上重印的图像没有第一版清楚。在我看来,图像质量是第一版唯一优于第二版之处。

第二版触及了北美的大学生,同样触及全欧洲与中世纪话题有关的老师们,特别在斯堪的纳维亚、荷兰、德国、瑞士和奥地利。1996 年荷兰科学研究基金(Netherlands Foundation)为乌特勒支大学的马尔科·莫斯特尔授予五年资助负责一项"开拓计划",研究中世纪变得有读写能力的过程,这令《从记忆到书面记录》在欧洲大陆的影响被极大地推进。对英语学术圈非常有益的是,莫斯特尔每个夏天都带 342 他的团队参加利兹的国际中世纪大会(International Medieval Congress)。于是在利兹 1998 年的一个会期里出现了如下讨论:玛丽·加里森(Mary Garrison)关于中世纪早期的书信集,卡尔·海戴克尔(Karl Heidecker)关于克卢尼(Cluny)特许状的司法语言,安娜·阿德姆斯卡关于书写被引入中欧(波兰、匈牙利和波希米亚)。[23] 1999 年,莫斯特尔出版了《关于中世纪交流的新路径》(*New Approaches to Medieval Communication*),这是比利时帝伦豪特(Turnhout)的布里坡尔(Brepols)出版社"乌特勒支中世纪读写能力研究"书系(以下简称 USML)的第一本。书中除了这个开拓计划成员的六篇论文,还包括一份关于中世纪交流的分析性书目,含大约 1500 个条目。莫斯特尔标题中的"交流"一词至关重要,因为他采用的论据超出了读写能力,指向交流的所有面向。

与《从记忆到书面记录》不同的一条路径见于 2002 年出版的西蒙·富兰克林(Simon Franklin)的《早期罗斯的书写、社会与文化,约 950—1300 年》(*Writing, Society and Culture in Early Rus c.950—1300*)。在俄罗斯人的土地上,本地语言的书写形式既被神职人员采用也被平信徒采用,且(像盎格鲁-诺曼英格兰那样的)对中央政府之代理的强调少得多。另一部基础性研究是 2007 年出版的丹尼斯·H.格林(Dennis H. Green)的《中世纪的女性读者》(*Women Readers of the Middle Ages*)。它产生自德国学术研究,但它的焦点在一个更大的区域(日耳曼、法兰西和不列颠)。格林曾希望用《1200 年左右的性别化阅读》(*Gendered Reading Around 1200*)一书来进一步拓展该主题,但他没能在生前完成此书。1994 年他曾出版《中世纪的听与读:800—1300 年间对日耳曼文学的初步接受》(*Medieval Listening and Reading: the Primary Reception of German Literature 800—1300*),此书为他赢得一部论文集,即马克·秦卡(Mark Chinca)和克里斯托弗·杨(Christopher Young)编辑的《中世纪的口头表达与读写能力:纪念丹尼斯·H.格林的关于一种结合及其成因的论文集》(*Orality and Literacy in the Middle Ages：Essays on a Conjunction and its Causes in Honour of D. H. Green*，USML，12，2005)。此书在给格林的题献词中声明："若说中世纪读写能力除了它与口头表达的错综关系之外，现在都干脆不予考虑，那要感谢他的开拓性作品。"拉考维克(S. Rakovic)、迈尔维(L. Melve)和孟达尔(E. Mundal)合编的《沿着口头-书面连续体》(*Along the Oral-Written Continuum*，USML，20，2010)通过 20 位作者的供稿而进一步发展了这些主题。

　　中世纪读写能力的研究如今在时间、地点、主题选择方面都超出了《从记忆到书面记录》的限制。在方法上与本书最接近的是两部斯堪的纳维亚的研究——阿恩威德·奈德克维特内(Arnved Nedkvitne)的《读写能力在中世纪斯堪的纳维亚的社会影响》(*The Social Consequences of Literacy in Medieval Scandinavia*，USML，11，2004)和英格尔·拉尔森(Inger Larsson)的《实用读写能力和中世纪对本地语言的使用：瑞典的例子》(*Pragmatic Literacy and the Medieval Use of the Vernacular：the Swedish Example*，USML，16，2009)。支撑这两本书的研究开展于 20 世纪 90 年代，部分受《从记忆到书面记录》第二版的启发。两位作者都对英译者贝特西·范德尔·赫克(Betsy van der Hoek)申谢，赫克审校了奈德克维特内的英文文本(奈德克维特内是挪威人)并将拉尔森的全书从瑞典文翻译为英文。让这些书有英文本可用，意味着它们能触及国际受众。奈德克维特内的书覆盖 12 世纪到 16 世纪的整个斯堪的纳维亚，且构建了自己的分析范畴。它突出了读写能力发展中"重大组织"的重要性，特别是中世纪的天主教会和王权机构。1350 年之后，从这些"重大组织"中浮现出"一群范围宽阔的、有读写能力的精英型"平信徒人民。奈德克维特内力主，读写能力是保存规范(比如通过记录法律)和促进政治与社会凝聚力的一个强有力手段。"读写能力也逐渐变成一个区分标志和一个社会进步工具。读写能力开始既作为当局的讲道坛发挥作用，也作为个人的阶梯发挥作用。"[24]

　　拉尔森的书详细阐述了本地语言的发展。马格努斯·埃里克森王(King Magnus Eriksson)于 14 世纪 50 年代颁旨，所有公文，不管是由国王、执法者颁发，还是由一位地方官员颁发，此后都要用"瑞典语"书写。[25]说话和书写的一种瑞典形式(有别于古斯堪的纳维亚语和丹麦语)就这样被指定来给瑞典君主制的法律权威下定义及赋权。一旦读写能力以本地语言发展起来，它就能扩展到更多人。拉尔森估计，截至 15 世纪，瑞典流通中的特许状有 40 000 份左右。"书面契据作为传之后世的文件的价值在公众意识中已占有一席之地，作为教会事务而开始的东西到那时(15 世纪早期)开始确立为公共程序。"[26]这些关于斯堪的纳维亚的书展示

343

出，至少在北欧，正开始有可能获得关于公文和读写能力在中世纪之发展的详细图景。《从记忆到书面记录》不再茕茕孑立。

【注释】

[1] *Civil Pleas of the Wiltshire Eyre*, *1249*, Wiltshire Record Society Series XXVI(1971). *The Roll and Writ File of the Berkshire Eyre of 1248*, ed. M. T. Clanchy.

[2] D. Crook ed., *Records of the General Eyre*. C. A. F. Meekings and D. Crook, *King's Bench and Common Bench in the Reign of Henry III*(2010).

[3] 对梅特兰职业生涯的评价见 S. F. C. Milsom in the *Oxford Dictionary of National Biography*, XXXVI, pp.204—210。

[4] F. Pollock & F. W. Maitland, *The History of English Law before the Time of Edward I*, p.79.

[5] *Ibid.*, p.224.

[6] S. Kelly, "Anglo-Saxon Lay Society and the Written Word"及 S. Keynes, "Royal Government and the Written Word in Late Anglo-Saxon England".对我在格拉斯哥大学最亲密的同事、盎格鲁-撒克逊学家帕特里克·沃莫尔德(Patrick Wormald)的影响的讨论见 S. Foot, "Patrick Wormald as Historian", in *Early Medieval Studies in Memory of Patrick Wormald*, ed. S. Baxter et al.(2009), pp.17, 20。

[7] C. Cubitt, "As the Lawbook Teaches: Reeves, Lawbooks and Urban Life in the Anonymous Old English Legend of the Seven Sleepers"介绍了关于盎格鲁-撒克逊读写能力的流行讨论。也见 K. A. Lowe, "Lay Literacy in Anglo-Saxon England and the Development of the Chirograph", in *Anglo-Saxon Manuscripts and their Heritage*, ed. P. Pulsiano and E. M. Treharne(1998), pp.161—203。

[8] 见本书第 20 页。

[9] 见本书第 38—41、260—261、144 页。

[10] Henry de Bracton, *De Legibus et Consuetudinibus Angliae*.

[11] M. T. Clanchy, "Remembering the Past and the Good Old Law".

[12] Jack Goody ed., *Literacy in Traditional Societies*.

[13] 见本书第 116 页。

[14] M. McLuhan, *The Gutenberg Galaxy*(1962), p.31.

[15] "世界已经变成一台计算机, 一个电子大脑", *Ibid.*, p.32。

[16] *Ibid.*, p.84.

[17] 发表于 *Archivaria* XI(1980), pp.115—125。

[18] 发表于 *Literacy in Historical Perspective*, ed. D. P. Resnick(1983), pp.7—22。

[19] "An Icon of Literacy: the Depiction at Tuse of Jesus Going to School", in *Literacy in Medieval and Early Modern Scandinavian Culture*, ed. P. Hermann(2005), pp.47—73. "Did Mothers Teach Their Children to Read?", in *Motherhood*, *Religion and Society in Medieval Europe*, ed. C. Leyser and L. Smith(2011), pp.129—153.

[20] *From Memory to Written Record*, 2nd edn(1993), p.13, n.34; p.112, n.138; p.251, n.127.

[21] J. Roberts and P. Robinson eds., *The History of the Book in the West*: *400AD—1455*(2010).

[22] C. Meier, "Fourteen Years of Research at Münster into Pragmatic Literacy in the Middle Ages", in *Transforming the Medieval World*, ed. F.-J. Arlinghaus, M. Ostermann, O. Plessow, and G. Tscherpel(2006), pp.23—39.

[23] *International Medieval Congress*, *University of Leeds*, *13—16 July 1998*，session no.1520. M. Garrison，"'Send More Socks'：On Mentality and the Preservation Context of Medieval Letters"，in *New Approaches to Medieval Communication*，ed. M. Mostert(USML，1，1999)，pp.69—99. *Charters and the Use of the Written Word in Medieval Society*，ed. K. Heidecker(USML，5，2000). A. Adamska，"The Study of Medieval Literacy：Old Sources，New Ideas"，in *The Development of Literate Mentalities in East Central Europe*，ed. A. Adamska and M. Mostert(USML，9，2004)，pp.13—47.

[24] Arnved Nedkvitne，*The Social Consequences of Literacy in Medieval Scandinavia*(2004)，p.240.

[25] Inger Larsson，*Pragmatic Literacy and the Medieval Use of the Vernacular：the Swedish Example*(2009)，p.49.

[26] *Ibid.*，p.212.

深入阅读书目选录

导　论

C. F. Briggs，"Literacy，Reading and Writing in the Medieval West"，*Journal of Medieval History* XXVI（2000），pp.397—420，reprinted in J. Roberts and P. Robinson eds.，*The History of the Book in the West：400AD—1455*（2010），pp.481—504.

M. T. Clanchy，"Parchment and Paper：Manuscript Culture 1100—1500"，in S. Eliot and J. Rose eds.，*A Companion to the History of the Book*（2007），pp.194—206.

M. Mostert ed.，*New Approaches to Medieval Communication*（1999）（with an analytical bibliography of over 1500 items）.

D. R. Olson and N. Torrance eds.，*The Cambridge Handbook of Literacy*（2009）.

第一章　关于诺曼征服的记忆与神话

M. P. Brown，*The Lindisfarne Gospels and the Early Medieval World*（2011）.

J. Crick and E. vanHouts eds.，*A Social History of England*，*900—1200*（2011）contains：T. Webber and E. Treharne on "Textual Communities"；J. Crick on "Learning and Training"；N. Karn on "Information and Its Retrieval".

E. Hallam and D. Bates eds.，*Domesday Book*（explanatory essays）（2001）.

S. Keynes，"Royal Government and the Written Word in Late Anglo-Saxon England"，in R. McKitterick ed.，*The Uses of Literacy in Early Medieval Europe*

(1990)，pp.226—257.

R. M. Thomson，*Books and Learning in Twelfth-Century England：the End of "Alter Orbis"*(2006).

353

第二章　公文激增

M. Mostert，"Reading, Writing and Literacy：Communication and the History of Medieval Societies", in P. Hermann ed., *Literacy in Medieval and Early Modern Scandinavian Culture*(2005)，pp.261—285.

R. B. Patterson，*The Scriptorium of Margam Abbey and the Scribes of Early Angevin Glamorgan*(2002).

D. Postles，"Country *Clerici* and the Composition of English Twelfth and Thirteenth-Century Private Charters", in K. Heidecker ed., *Charters and the Use of the Written Word in Medieval Society*(2000)，pp.27—42.

E. Steiner，*Documentary Culture and the Making of Middle English Literature* (2003).

N. Vincent ed., *Records，Administration and Aristocratic Society in the Anglo-Norman Realm*(2009).

第三章　记录的类型

P. Chaplais，*English Royal Documents：King John to Henry VI，1199—1461* (1971).

A. Coates，*English Medieval Books：the Reading Abbey Collections from Foundation to Dispersal*(1999).

C. de Hamel，*The Book：a History of the Bible*(2001).

M. T. Flanagan and J. A. Green eds., *Charters and Charter Scholarship in Britain and Ireland*(2005).

N. J. Morgan and R. M. Thomson eds., *The Cambridge History of the Book in Britain，Volume Two，1100—1400*(2008).

第四章　书写的技艺

M. Gullick，*Pen in Hand：Medieval Scribal Portraits，Colophons and Tools*(2006).

M. B. Parkes，*Their Hands Before Our Eyes：a Closer Look at Scribes*(2008).

J. Roberts，*Guide to Scripts Used in English Writings Up To 1500*(2005).

P. Saenger，*Space Between Words：the Origins of Silent Reading*(1997).

L. Smith，*Masters of the Sacred Page：Manuscripts of Theology in the Latin West to 1274*(2001).

第五章　公文的保存与使用

M. Carruthers，*The Book of Memory*，2nd edition(2008).

K.Heidecker ed.，*Charters and the Use of the Written Word in Medieval Society*(2000).

E.Leedham-Green and T. Webber eds.，*The Cambridge History of Libraries in Britain and Ireland*，*Volume One*，to 1640(2006).

M. A. Rouse and R. H. Rouse，*Authentic Witnesses：Approaches to Medieval Texts and Manuscripts*(1991).

第六章　用于记录的语言

354

P. Brand，"The Languages of the Law in Later Medieval England"，in D. A. Trotter ed.，*Multilingualism in Later Medieval Britain*(2000)，pp.63—76.

R. Sharpe，"Latin in Everyday Life"，in F. A. C.Mantello and A. G. Rigg eds.，*Medieval Latin：An Introduction and Bibliographical Guide*(1996)，pp.315—341.

M. Swann and E. M. Treharne eds.，*Rewriting Old English in the Twelfth Century*(2000).

E. M. Tyler ed.，*Conceptualizing Multilingualism in England*，*c.800—c.1250*(2011).

J. Wogan-Browne ed.，*Language and Culture in Medieval Britain：the French of England*(2009).

第七章　有读写能力的人与目不识丁的人

M. T.Clanchy，"The ABC Primer：Was it in Latin or English?"，in E. Salter and H. Wicker eds.，*Vernacularity in England and Wales*，*c.1300—1550*(2011)，pp.17—39.

D. H. Green，*Women Readers in the Middle Ages*(2007).

N. Orme，*Medieval Children*(2001).

P. R. Robinson ed.，*Teaching Writing*，*Learning to Write*(2011).

P. Strohm，"Writing and Reading"，in R. Horrox and W. M. Ormrod eds.，*A Social History of England*，*1200—1500*(2006)，pp.454—472.

第八章　听与看

A. H. Hershey，*Drawings and Sketches in the Plea Rolls of the English Royal Courts c.1200—1300*，List and Index Society Special Series XXXI(2002).

M. Mostert and P. S. Barnwell eds.，*Medieval Legal Process：Physical，Spoken and Written Performance in the Middle Ages*(2011).

D. R. Olson，*The World on Paper：the Conceptual and Cognitive Implications of Reading and Writing*(1994).

W. J. Ong，*Orality and Literacy：the Technologizing of the Word*(1982).

M. B. Parkes，*Pause and Effect：Punctuation in the West*(1992).

第九章　信任书写

P. D. A. Harvey and A. McGuinness，*A Guide to British Medieval Seals*(1996).

S. Justice，*Writing and Rebellion：England in 1381*(1994).

P. Schulte，M. Mostert，and I. van Renswoude eds.，*Strategies of Writing：Studies on Text and Trust in the Middle Ages*(2008).

355

第十章　实用读写能力

R. Britnell，*Pragmatic Literacy，East and West 1200—1330*(1997).

I. Larsson，*Pragmatic Literacy and the Medieval Use of the Vernacular：the Swedish Example*(2009).

R. McKitterick ed.，*The Uses of Literacy in Early Medieval Europe*(1990).

B. R. O'Brien，*Reversing Babel：Translation Among the English During an Age of Conquests c.800 to c.1200*(2011).

图片及说明

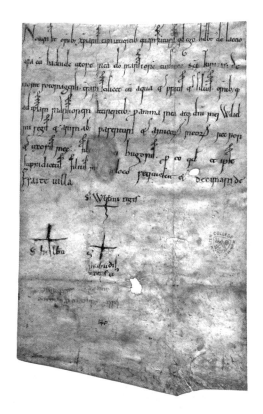

图1 伊尔伯特·德·雷西的特许状与印章

诺曼征服者之一的这份特许状记录了将白金汉郡廷治威克（Tingewick）的采邑赠予鲁昂（Rouen）圣三一山（La Sainte Trinité du Mont）修道院。它由红脸威廉王、伊尔伯特及其妻子哈怀丝（Hawise）的十字加以认证，可能都是亲笔画的。除了这些符号，特许状上过去附有伊尔伯特的印章（附在哈怀丝的十字下面那个洞处）。这枚"伊尔伯特·德·雷西之印"（SIGILLUM ILBERTI DE LACEO）印在褐色的蜡上，正面空白，是现存最早的骑士印之一。印章上的伊尔伯特看起来有个长尖角鼻子，它实际上可能是贝叶挂毯上画的那种盔甲的鼻片。比较哈维和麦克圭内斯《不列颠中世纪印章指南》（P. D. A. Harvey and A. McGuiness, *A Guide to British Medieval Seals*）第 6、23 页图示的伊尔伯特的领主巴约的奥多的印章和诺曼从前的人质苏格兰国王邓肯二世（Duncan II）的印章。特许状的书写人可能是鲁昂的一位修士，似乎不习惯制作这类公文。他的字迹的间距和大小前后不一致，拼写也古怪，比如将国王威廉写成"Wilielmi"。他写"m"和"n"时起笔向下拉很长，写"s"时写成高出许多的装饰性字体，这都很特别。结束语"及弗雷特瓦勒（Freteval）的十一税"（& decimam de Fraite villa）看起来是由另外某个人加上去的，可能是在给予人的同意之下。页面底部颠倒的书写是档案管理员的查找助手，日期大概定为 14 世纪。

来源：Winchester College Muniments 11334. 尺寸缩小。日期：约 1090 年（*Victoria History of the Counties of England Bucks*，I, p.212）。文字版见 R. Mortimer, "Anglo-Norman Lay Charters, 1066—1100", *Anglo-Norman Studies* XXV(2002), pp.157—158。评论见 W. E. Wightman, *The Lacy Family in England and Normandy*(1966), pp.11, 56—57, 60。经温彻斯特公学学监和学者委员会允准复制。

358

图 2　亨利一世的早期令状

此图展示出一份王室专利证书的典型形式，写在薄羊皮纸上，出自国王一位抄写员的可靠手笔。公文底部窄窄的纸舌用作系带，当令状折起来时缚牢它。中间位置较宽的纸舌上固定着国王的印章，可以看到热蜡的灼痕。文本整洁又节约地写在尺画的线上。它致亨廷顿郡郡法庭的官员们：林肯主教罗伯特、伯爵西蒙和郡治安官罗杰。连带收信人还有拉姆塞的伯纳德院长拥有土地之郡的所有郡治安官，因为令状授权伯纳德为了自己的利益而评估他的佃户们应提供的劳役，这些佃户被不寻常地描述为"封臣们"。伯纳德也被授权收复他那位被废黜的前任阿尔德温（Aldwin）院长曾经疏远的所有土地。虽然这份公文看上去宛若一封给收信人送消息的书信，但这不是它的真实目的。第一位收信人罗伯特主教早已知道信中说了什么，因为他也被列为第一见证人。这份书写品的意图主要不是转达信息，而是为伯纳德院长提供证据，证明国王支持他的事业。本质上，这份公文充当一份所有权契据，这就是拉姆塞修道院保管它的原因。

来源：大英图书馆董事会。British Library Add. Charter 33642.尺寸：18 厘米×6.5 厘米。日期：1103年（*Regesta Regum Anglo-Normannorum 1066—1154*, ed. H. W. C. Davis et al., II, p.33, no.650）。文字版见 *Chronicon Abbatiae Rameseiensis*, ed. W. D. Macray, p.220。关于笔迹被鉴定为抄写员1，见 T. A. M. Bishop, *Scriptores Regis*, p.52, no.316。

360

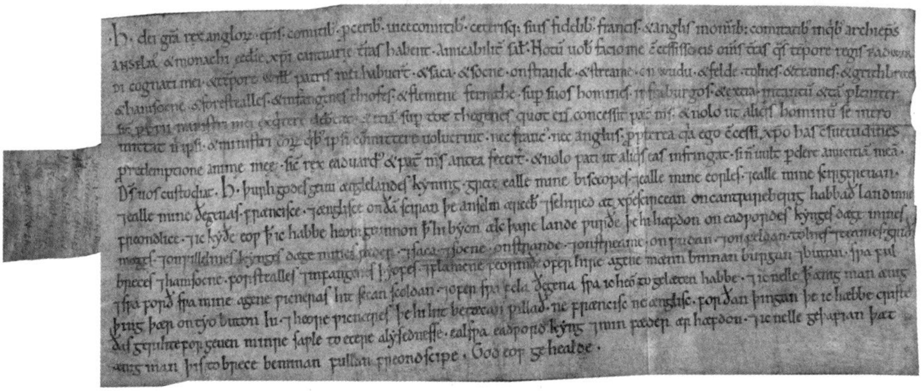

图 3 亨利一世的双语令状

此令状与图 2 的令状成鲜明对照，可能不是国王的抄写员所写，而是坎特伯雷的一位修士所写。它的表面目的是对安瑟伦大主教和基督会的修士们肯定他们关于采邑司法权、领地内的通行费和民事财产纠纷裁定权及种种的古老权利。文本既有拉丁文又有英语（英语始于第八行）。由于多数拉丁文文本都由英语口诀构成［第三行 on strande & streame, on wudu & felde（关于河滨与河流，关于树林与田野），等等］构成，所以双语形式大体是多余的。这些押韵的口诀回溯到忆往师的口头背诵。坎特伯雷的双语令状似乎是把这种表面拉丁化了的传统知识放入可被诺曼人政府接受之书面格式的一种尝试。认为这份令状不是王家档案室产物的理由包括：（现已毁坏的）印章被古怪地附于左侧（纸舌突出之处），羊皮纸太厚了，字迹风格是书本体。关于此令状另一份样本的一条评论声称，它最初做成一式四份。因此它是前征服时代实践的回流，当时主要修道院（至少偶尔会）自己以国王的名义写下所有权契据的副本，然后让它们盖上王室印章。

来源：大英图书馆董事会。British Library Campbell Charter XXIX. 5.尺寸：32 厘米×14 厘米。日期：约 1103—1109 年（*Regesta Regum Anglo-Normannorum 1066—1154*，II，p.72，no.840）。文字版见 *Journal of the British Archaeological Association* XXIX(1873)，p.242。评论见 D. A. E. Pelteret，*Catalogue of English Post-Conquest Vernacular Documents*(1990)，p.73，no.46。

362

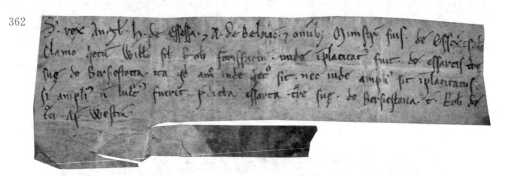

图 4　斯蒂芬王的令状

　　该令状是英格兰草书字一个不寻常的早期例子。书写收放自如且专业，但仓促写就。这暗示出业务的紧迫压力导致国王的抄写员们尽可能快地书写。由于字行保持平直且单词较为舒展，故而依旧易于辨认。毕夏普认为，这是"12 世纪档案室字体中最流畅的"(T. A. M. Bishop，*Scriptores Regis*，plate xxia)。将这里的字体同图 2 中亨利一世抄写员的字体和图 3 中的书本体相比，可以清楚看出风格的变化。然而斯蒂芬王这份令状中字母的书写方式与亨利一世抄写员的小写字母相比并无根本性偏离。差异源自快速书写之需而非源自特殊训练。这份令状致埃塞克斯的亨利（Henry of Essex）和亚当·德·博奈（Adam de Beaunay）以及国王在埃塞克斯的所有官员。它免除了对威廉·菲兹罗伯特（William Fitz Robert）没收财产。一如那份令拉姆塞的伯纳德院长受益的令状（见图 2），该令状应当是受益人威廉获取并保管，然后当万一要求提供证据证明斯蒂芬的裁断支持他，就由他出示给埃塞克斯的国王官员们。这份公文是一份专利证书的形式，有两个纸舌，让它能反复打开并合上（如图 2 所示）。

来源：大英图书馆董事会。British Library Add. Charter 28319.图中为实际尺寸。日期：1135—1141 年。文字版见 *Regesta Regum Anglo-Normannorum 1066—1154*，III，p.120，no.318。这种字体的其他复制品见 *Ibid.*，IV，plates xvii，xviii。对亚当·德·博奈的评论见 D. Crouch，*The Reign of King Stephen*(2000)，pp.23，223，339。

图 5　布尔默的斯蒂芬的象征小刀

　　此处图示的刀柄上的刻字勉强可认：洛伊克圣堂之符（Signum de capella de lowic）。羊皮纸标签澄清，它涉及圣卡斯伯特的圣岛林迪斯法恩（靠近洛伊克）的修士们同布尔默的斯蒂芬爵士及其妻子塞西莉订的关于支付十一税的协议。此处图示的这部分标签声明，"塞西莉夫人和总管阿西汀在他们领主的命令下代表他来到圣岛，向上帝和圣卡斯伯特及众修士奉上上述圣堂和十一税"。这把小刀被阿西汀供在圣卡斯伯特的祭台上，构成了他的领主同意这份赠品的证据。刀刃被有意折断，这可能象征着缔结和平。达勒姆大教堂作为圣卡斯伯特的遗产受赠方而获得这把小刀，而且可能是达勒姆的一位修士给它附上解说性的标签并试图在它坚硬的角质把手上写字(字迹风格暗示出，日期与交易日期同期)。这个尝试清楚说明，担当证据的是小刀本身而非任何第二手的书写。为何斯蒂芬用这么特殊的形式给出赠品？为何修士们接受他的小刀当证据？对这些问题没有满意回答，纵使有以这种方式使用小刀的其他例子，包括征服者威廉对此种实践的赞同(见第 38—39 页)。

来源：Durham University Library Archives and Special Collections；Cathedral Muniments 3.1. Spec.72.图中接近实际尺寸。日期：1150—1175 年。文字版见 J. Raine, *History and Antiquities of North Durham*, appendix, p.135。评论见本书第一章第 41 页和第八章第 260 页。惠蒙达勒姆大教堂分堂允准复制。

366

图 6　威廉·本尼迪克特和沃尔特·德维尔(Walter Deyville)的特许状

　　这两份小特许状的日期都定为 13 世纪前半叶，彼此对比鲜明。上面那份特许状字迹笨拙，书写不整洁[可能是第一见证人尔内姆(Irnham)的专任神父约翰所写]，而下面那份写以细小和有把握的草书体，类似于这时期王室令状上的字体。此对比可以反映出相关人物的等级差异。沃尔特·德维尔是下面那份特许状的授予人，他是考文垂斯托克的领主，而受益人考文垂的特里之子沃尔特同样来自一个有名的家族[*Warwickshire Feet of Fines*, Dugdale Society Series XI(1932)，p.17，no.83]。另一方面，上面那份特许状的授予人林肯郡巴尔比(Bulby)的威廉·本尼迪克特身份模糊,受益人豪瑟普的托马斯(Thomas of Hawthorpe)之子亨利身份也不清。亨利可能是一个地位相对低的小农,与制作《本地人特许状》的沼泽地农民相仿(见第二章注释[18]—[19])。虽有如许差异,这两份特许状涉及的都是小份财产:威廉的特许状授予一片开阔地的四条,沃尔特的特许状授予一个小农场。因此,这两份特许状都展示出书面证据在 13 世纪如何被日益使用,在涉及小份财产时和在农民之间也使用。

来源:Harvard Law Library MS 87. 2.012.4. Deed 158,2.013.8. Deed 139.两份都接近实际尺寸。印章已毁坏,故未能图示。威廉的印章是花形(适合一位农民),沃尔特的则是盾徽形。概述见 D. Postles,"County Clerici and the Composition of English Twelfth and Thirteenth-Century Charters", in *Charters and the Use of the Written Word in Medieval Society*, ed. K. Heidecker(2000),pp.27—42。Deed 158 和 Deed 139 皆藏哈佛大学法学院图书馆。哈佛大学法学院图书馆历史藏品与特殊藏品部免费提供。

图 7 科尔切斯特(Colchester)修道院与市民之间的协议

此图示例了一份有精确日期的书写品和一份正式签字文件的典型格式。日期写在第一行:约翰王之子亨利王当政第 39 年,圣埃德蒙(St Edmund)日之后的主日

（1254 年 11 月 22 日）。经正式签字达成协议后，当事方皆获得该公文的一份匹配副本，副本由对方的印章加以认证（见第三章注释[19]—[26]）。因此，该公文顶部可以看到 CYROGRAPHUM 一词被一条波浪线切割开，以匹配它的对应部分。这一份是科尔切斯特修道院的副本，因为上面有科尔切斯特 12 位市民的印章，他们的名字写在第二行和第三行（协议上有 12 个缝隙供附印章，但只有 5 个印章幸存；右侧令人费解地有第 13 个缝隙）。这份公文写以正式草书体或商务体，与图 11 和图 17 示例的草书体相仿，是科尔切斯特的一位修士或该城一位文员所写。协议涉及狩猎权：修道院拥有"在挨着哈默·德·坎姆坡（Hamo de Campo）房屋的阶梯（第五行）所指示之道路左侧的"免费养兔场，市民们则在该道路右侧"能合法狩猎野兔、狐狸和猫"（第十一行）。把这项协议付之书写显然是为了防止未来起争端，然而处置条件仅根据当前而构想，因为后人很快就会忘了哪所房子曾经是哈默·德·坎姆坡的。

来源：Harvard Law Library MS 87, 2.254. Deed 193.尺寸缩小。文字版见 *Cartularium Monasterii St Johannis Baptiste de Colecestria*，ed. S. A. Moore（1897），II，p.505。译本见 *The Red Book of Colchester*，ed. W. G. Benham（1902），pp.162—163。Deed 193 藏哈佛大学法学院图书馆。哈佛大学法学院图书馆历史藏品与特殊藏品部免费提供。

370

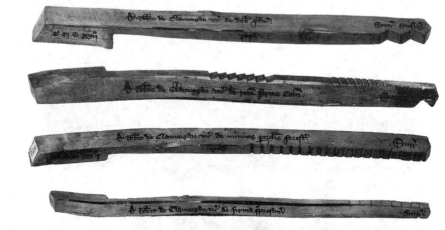

图 8　财政部的计数签

这些计数签是财政部发给萨里兼苏塞克斯郡治安官格拉摩根的罗伯特（Robert of Glamorgan）的，当作 1293—1294 财政年度国库收款的收据。一枚计数签与一份正式签字文件（见图 7）一样，是双联记录。制作好之后被纵向劈开，较大的部分（the stock，本签）作为收据发出，较小的部分（the foil，副签）由财政部保管。照片中的木棒全是本签。上面的钱数用不同深浅和不同形状的凹槽表示。因此，顶端那根木棒右端有一对深深的三角形凹槽，表示是 2×20 英镑款项的收据。下一根木棒的下面一侧有一个三角形凹槽（代表 20 英镑），上面一侧则有代表 7×1 英镑和 8×1 先令的凹槽。第三根木棒上能看到 19×1 先令的凹槽，最下面那根木棒的上面一侧有八条浅凹槽（每条代表 1 便士），下侧有代表 1 先令的一条凹槽。计数签上有用水笔和墨水写的字，以确定它们的身份。它们不是为文盲设计的，因为假如上面没有书写，就无法合法鉴定其身份。图示中的木棒全部写有郡治安官和郡的名字、国王当政年和季节、付款事由详情。这些注记在照片上并非全部可见，因为它们写在木棒的不同面上。如照片所示，计数签是复杂而耐用的记录形式，在复写术发明之前都无法被轻易取代。

来源：The National Archives Exchequer E402/3A, tray 2. 图中接近实际尺寸。图示来自 M. H. Mills，*The Pipe Roll for 1295*，Surrey Record Society Series VII(1924)，p.x。

372

图 9　沃林福德的第一份商人卷册

这份短卷册列出从事贸易的人，记录每个人该年度为在本城从事贸易该付多少钱。图示的这部分列出了手套商、布商或一般贸易商，列在左侧边缘页眉之下。其他部分列出了屠夫、木匠、袜商、铁匠、织工等。每个人名字后面输入他应付的钱数，接着是支付详情。例如，手套商名录第二个登记条目声明，呢绒商罗杰（Roger the Clothier）应付 16 便士。这个数额右边是三个不同笔迹写的分期支付收据：收到 4 便士；收到 6 便士；收到 6 便士，结清。因此，该卷册既是商人名录，又是一份发放贸易许可证的收据记录。王家财政部自亨利二世当政期便保留收据卷册，但这是首例来自一座英格兰城镇的此类记录。写它的文员们可能曾为政府工作，因为该卷册署日期时用国王当政年（亨利三世当政第 11 年，即 1226—1227 年），且沃林福德通常由一位出身王室的被提名者或王室亲戚把持。羊皮纸很薄，导致右侧能透出背面的登记条目。

来源：Berkshire Record Office W/FC 1.卷册正面的部分，标题为"*Rotulus de pactionariis in Walingeford*"（沃林福德协议人卷册）。尺寸缩小。评论见 N. M. Herbert, The Borough of Wallingford（雷丁大学未刊博士学位论文，1971）。惠蒙伯克郡档案管理员许可。

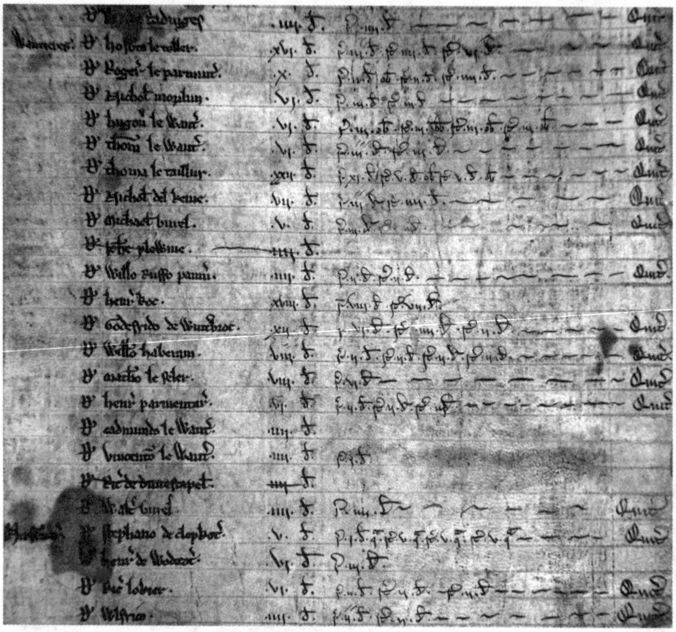

图 10　沃林福德的第二份商人卷册

　　该卷册外观与上一份反差明显（见图 9）。展示的这部分与前一个卷册一样列出手套商与布商。但名字加黑且用尺子画了线以分隔登记条目和划出竖栏。收据也同样列得更清楚，因此不会看错哪笔款项指向哪个人。该卷册顶部署日期为亨利三世当政第 14 年（即 1229—1230 年）。设计了该卷册的文员也写了上一年沃林福德的租金卷册（W/FT 1），以同样方式布局。每个条目中输入收据的笔迹不同于写名字的笔迹。应当注意的是，两份商人卷册中名字大致以同样顺序出现（见图 9），虽说第二个卷册有些人的估价不同，且手套商名录结尾处多了四个名字（其一又被划掉）。排名顺序似乎是有特定优先级或论资排辈，而非有财务意义。与前一个卷册相比，第二个卷册更加正式，这暗示出沃林福德的文员们现在正在把卷册当作永久记录考虑而非当作用于补充木制计数签上收据的临时备忘录。当一位商人看到他的名字被著录其上，宛如写在一本礼仪书中，且他的支付款在羊皮纸上从左到右累加，直到在右侧边缘处以清偿告终，他应当对书面记录的庄严铭刻于心。

来源：Berkshire Record Office W/FC 2.卷册正面的部分，尺寸缩小。惠蒙伯克郡档案管理员许可。

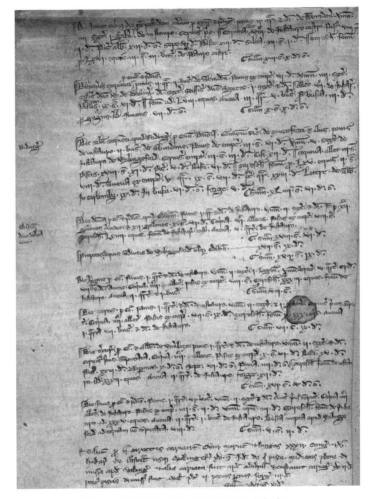

图 11　埃莉诺·德·蒙特福特的家务卷册

该卷册记录了西蒙·德·蒙特福特生命最后几个月里埃莉诺的日常开支和日程。图示的部分涉及 1265 年 2 月 19—26 日这周，当时埃莉诺从沃林福德出发向南，经雷丁去奥迪厄姆。每天都被单独登录，有时由不同的文员登记。因此，图示的头三个条目看起来都是不同笔迹。边缘处标记着"在雷丁"的星期六那条很典型。它记下在面包、葡萄酒、啤酒和杯子上的花费，接着是厨房在腓鱼、鲜鱼、豌豆和盘子上的花费。最后是这位统帅在 65 匹马的饲料干草、燕麦、睡觉用稻草、木炭

（carbonibus，可能是木炭）、大麦和铁器加工上的花费。这条记录用汇总一天的开支收尾，总计 44 先令又 6.5 便士。因此，浏览卷册右边的总数就能一眼看出每天的花费。如此这般的明细账目的创始人是国王的政府。埃莉诺是亨利三世的妹妹，因此她恐怕从孩提时代就熟悉书面账目。这些卷册之所以被保存，可能因为它们关系到西蒙·德·蒙特福特死前那几个月，西蒙于 1265 年 8 月 4 日死于伊夫舍姆之战。

来源：大英图书馆董事会。British Library Add. MS. 8877.尺寸缩小。文字版见 T. H. Turner ed., *Manners and Household Expenses of England*，Roxburghe Club LVII(1841)，pp.3—5。评论见 M. W. Labarge，*A Baronial Household of the Thirteenth Century*(1965)，pp.189—201。概述见 C. M. Woolgar，*Household Accounts from Medieval England*。

378

图 12 普瓦捷的彼得对抄写员口述

正如彼得在其《历史纲要》或《历史年表》(*Tabula Historie*)的前言（此处复制的这页）中解释的，他设计了一张时间图表，鼓励学生通过用眼睛浏览简单的图解来记忆，由此克服"神圣历史的冗长"，这些图解"借助习惯把自己托付给记忆"。中央圆形饰章中的人物是宝座上的基督形象的上帝。他脚边的圆形饰章分别是亚当和夏娃，从他们衍生出人类历史的谱系树。作者本人被画在左上角的圆形饰章中。他抓着一本打开的书，同时对右边的一位抄写员口述。正在口述的内容大概就是位于他们两人之间的前言的文本。在作者讲台上的那本书（表现为页面打开，上有用尺画的黑线）必定是彼得打算简化的冗长历史书之一。抄写员扭头朝向作者，以便听到他的话语。他扭曲着身形将鹅毛笔浸入一只大得过头的墨水壶，同时左手握着一把尺寸与墨水壶相仿的削笔小刀。（比较图 19 中抄写员埃德温的姿势。）他秃头，但没有像作者那样明显的髡发痕迹，因为一位抄写员不必然有神职身份。从他的讲台上垂挂下来的是空白羊皮纸膜皮，他即将在上面书写。彼得的文本被设计为形成一个连续卷册,展示人类从亚当到基督的逐渐展开的历史。

来源:Harvard Universtiy, Houghton Library MS. Typ 216.尺寸缩小(卷册实际尺寸为 354 厘米×
35 厘米)。日期:约 1210 年。这份写本可能出自法兰西。评论见 S. Panayotova, "Peter of Poitier's
Compendium in Genealogia Christi: the Early English Copies", in *Belief and Culture in the Middle
Ages: Studies Presented to Henry Mayr-Harting*, ed. R. Gameson and H. Leyser(2001), pp.327—341。

图 13　英格兰谱系史

正如普瓦捷的彼得用图表序列呈现圣经历史(见图 12),13 世纪中叶起,卷册版
式也可用于将英格兰历史进行图示化表达。此图展示的部分刻画了从征服者威廉
(图中写"私生子威廉")到爱德华一世的英格兰国王谱系史。威廉庄重地坐着,就
像宝座上的基督(见图 12),也像这位国王印章上的形象。左边的法语文本记录了
威廉从哈罗德手里夺取了英格兰,当政 21 年,卒于 1087 年 59 岁时,并于 1067 年
(按现代计算为 1066 年)的圣诞节被约克大主教加冕。从威廉衍生出他的九个孩
子:诺曼底公爵短袜罗伯特(Robert *Cortehuse*)、红脸威廉、理查德(约卒于 1075
年)、亨利一世、布洛瓦公爵夫人(或伯爵夫人)艾拉[Ela,或阿德拉(Adela)]、卡昂的
女修道院院长塞西莉、布列塔尼(Brittany)伯爵夫人康斯坦丝(Constance)及两个没
有名字的女儿。伯爵夫人们戴着小冠冕,女修道院院长戴着修女头巾。因此,这个
有题记的图形框架提供了一部初级但简洁的英格兰统治者编年史,还加上对彼此
关系的解说。设计引人入胜,就像普瓦捷的彼得的设计(见图 12),而且只具有限读
写能力的人也能理解。因此,一个骑士家庭若拥有一个此种类型的卷册就有了掌

握编年史的手段，而编年史迄今都是修士们的禁脔。

来源：Harvard Universtiy, Houghton Library MS Typ 11.尺寸缩小（卷册实际尺寸为 403 厘米×26 厘米）。日期：约 1300 年。评论见 O. de Laborderie, "A New Pattern for English History: the First Genealogical Rolls of the Kings of England", in *Broken Lines: Genealogical Literature in Medieval Britain and France*, ed. R. L. Radulescu and E. D. Kennedy(2009), pp.45—61。

382

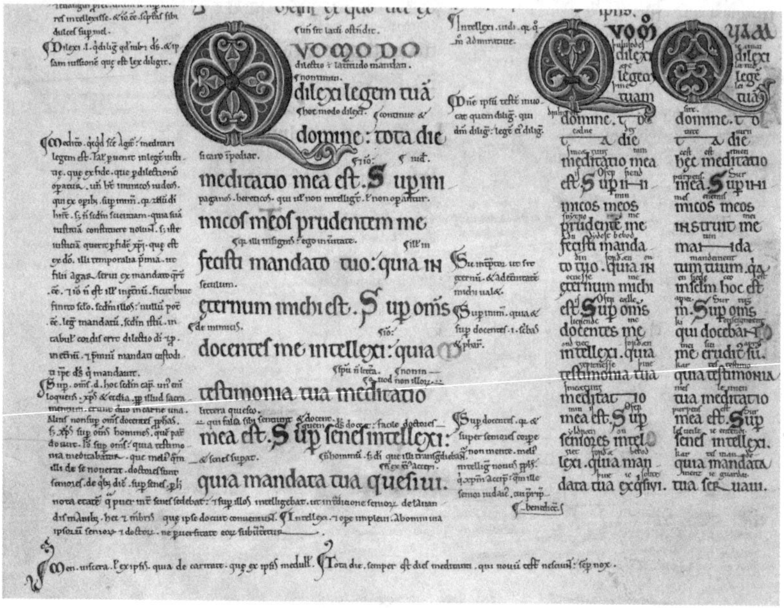

图 14　《坎特伯雷诗篇集》或《埃德温诗篇集》

　　这件书法设计的杰作可能是在坎特伯雷于"书写王子"埃德温（见图 19）的指导下完成。布局令它有可能在一个页面上以平行的竖栏并列展示圣哲罗姆拉丁文《诗篇》的三个版本，同时还有拉丁文词语注解、古英语译本和法语译本。"高卢体"主文本字号最大，位于页面偏左。它的页边词语注解和行间词语注解写以细密的缩写形式，构成一份来自早期教父的评注。例如大写 Q 左边的旁注写着"我热爱那热爱上帝命令之事的法律"。类似地，Q 的右边 dilexi（我热爱）紧上方的行间注写着"我不畏惧"。页面右边那两个较窄的竖栏展示出有差别的"罗马"文本和"希伯来"文本。"罗马"文本的各行之间是古英语译本，写以一种源自海岛小写体的字体，"希伯来"文本各行之间则是法语译本。

来源：Trinity College Cambridge MS R.17.1. fo. 219b；Psalm 118(*QUOMODO dilexi legem tuam, Domine*)靠下的部分，亦即权威版本《诗篇》的 119：97—100。全页的实际尺寸：46 厘米×33 厘米。日期：1150—1160 年。复制件编辑本见 M. R. James(1935)。评论见 *The Eadwine Psalter*, ed. M. Gibson, T. A. Heslop, and R. W. Pfaff。惠蒙剑桥大学三一学院院长与教师委员会允准复制。

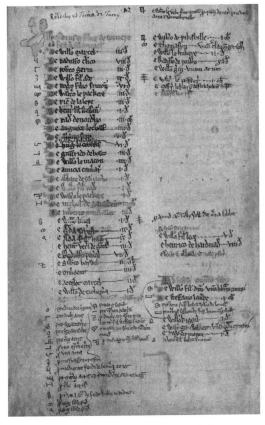

图 15 理查德·侯陶特的地产书

    理查德是 13 世纪 40 年代北安普敦郡和贝德福德郡的一位土地所有人。这本与他相联系的书包含一份家谱、他的财产详情、《大宪章》副本和《森林宪章》副本。起始的对开页慷慨地用绿色(照片中表现为较亮的色调)配合红色点缀来布局和装饰,让此书有一番田园风味。有装饰的页面左边有(绿字)标题"米迦勒节时来自特维(Turvey)的租金和农场";年份未说明。下面用两个竖栏列着佃户的名字和他们的年租金,起首是"来自威廉·马特尔(William Martel)——3 便士"。这份书写品可能出自文员,他们与大约同一时期写了沃林福德应付款名录的那些文员相仿(见图 9、图 10)。另一种可能性是理查德的父亲托马斯(卒于 1212 年?)开始制作这本书并亲笔写了其中一些;理查德也可能被教过书写,因为他的兄长是彼得伯勒的修道院院长。值得注意的特别之处是大多数名字前面都有的符号。这些符号与脚注(写以较小的更潦草的字迹)相符,虽说顺序不同,脚注详细说明了每位佃户持有土地的面积。于是威廉·马特尔名字前面的符号表明,他的租金是"半威尔格土地"的租金。从外观看,这些符号与罗伯特·格罗斯泰斯特使用的符号类似（见本书第五章注释[169]—[171]）。

来源：British Library Add. MS 54228, fo. 6b.尺寸缩小（实际尺寸：28 厘米×18 厘米）。文字版见 *A Northamptonshire Miscellany*, ed. E. King, Northamptonshire Record Society Series XXXII (1983), pp.24—25。评论见 T. Foulds, "Medieval Cartularies", *Archives* XVIII(1987), p.26 及 E. King, "Estate Management and the Reform Movement", pp.1—4。

386

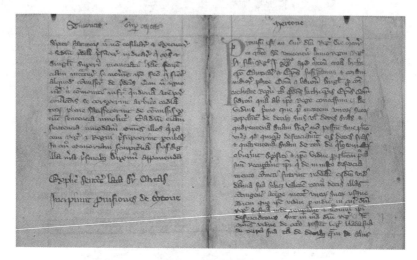

图 16　袖珍法规书

　　这是小到足以装在袍子口袋里的书的一件样品。图中展示的是它完全打开时的实际尺寸，因此可以想象把它合起来时的紧致度。爱德华一世当政期正式立法的发展——以 13 世纪 90 年代批准《大宪章》为顶点——鼓励制作关于议会法规（通常以《大宪章》为起点）的形状与尺寸各异的袖珍本。因此，这里图示的文本的右页是 1235 年莫顿法令的开篇（标题写为"Mertone"）。加红字标题的人把 Provisum est（它被提供）的首字母"p"转化成一个延伸到页面下方的展示性首字母。左页是 1297 年颁发的教会对《大宪章》侵权人的谴责令[标题写"Sentencia sup(er) cartas"]。一如手写本中常见的，左页底端用黑体字写的两句话指出一篇文本在这里结束而另一篇要开始，"对滥用宪章的判决于此结束"，而"莫顿条款于此开始"。此书恐怕写于 1297 年后不久，可能是一位专业抄写员为一位执业律师所写。像这样强调文本甚于强调抄写员装饰的手写本常常用一种独特的草书字书写，此种字体被帕克斯（M. B. Parkes, *English Cursive Book Hands*, plate 4)分析并描述为"安格利卡体"（Anglicana）。

来源：Harvard Law Library MS 175.尺寸：8.5 厘米×12 厘米。概述见 D. C. Skemer, "Reading the Law: Statute Books and the Private Transmission of Legal Knowledge", in *Learning the Law: Teaching and the Transmission of Law in England 1150—1900*, ed. J. A. Bush and A. Wijffels, pp.113—131；Nigel Ramsey, "Law", in *The Cambridge History of the Book in Britain*, *Volume Two*, *1100—1400*, ed. N. J. Morgan and R. M. Thomson, pp.280—284。哈佛大学法学院图书馆历史藏品与特殊藏品部免费提供。

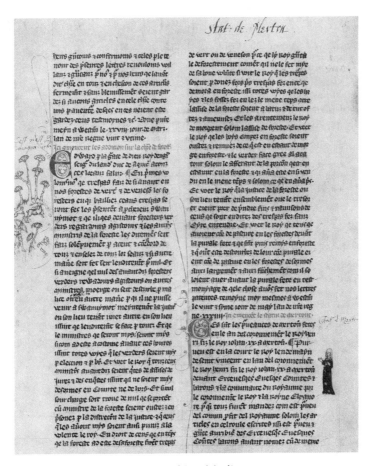

图 17　插图法规书

与上面图示的书（见图 16）不同，这本书似乎是为某个主要想要一本赏心悦目的手写本，哪怕是本法律书的人制作的。它可能是为童婚新娘艾诺的费莉帕（Philippa of Hainault）写的，供她赠送未来的丈夫兼国王爱德华三世。文本写以法语而非拉丁文。因此左边的大写字母"E"是王室头衔"爱德华，蒙上帝恩典的英格兰国王"的开端。字体流畅，但因为单词挤成一簇并分列在两个用尺子仔细画出的竖线构成的紧凑格栅里，给人一种拘谨的外观。此书最初没有标题（标题 Stat. de Merton 是后来添加的），暗示这位读者没打算飞快地翻阅它。但它确实使用了红字标题（照片上显示为较亮的色调）和有装饰的首字母（左栏的 E 和右栏的 C）引出每条法规。页边缘的线描画图示了法规的主题，这很罕见。左边那幅图展示一个人拿着一柄长弓射击一头鹿，它被放在爱德华一世 1306 年针对森林侵入者的条例旁边。类似地，右边的图画展示一位戴着头巾、穿着黑衣的寡妇指向莫顿法令的一个法语文本，这恰如其分，因为莫顿法令的第一章关心的是爵位遗孀的权益。因此，诸如此类的插图能帮助读者找到自己的位置，但在全书中并未以此种方式连贯使用它们。

来源：Harvard Law Library MS 12. 尺寸缩小（实际尺寸：34 厘米×24 厘米）。评论见 M. A. Michael，"A Manuscript Wedding Gift from Philippa of Hainault to Edward III"，*Burlington Magazine* CXXVII(1985)，pp.582—598. 哈佛大学法学院图书馆历史藏品与特殊藏品部免费提供。

390

图 18　按字母顺序的索引

这是 13 世纪 90 年代制作的一本大型法律书中一页的一部分。此书包括布莱克顿的论著、各条法规和其他一些文本。索引既指向布莱克顿之书，也指向法规［例如，左边的标题 scutagium（兵役替代税）下提到了《大宪章》］。如图中所示，这份索引安排成竖栏，有大致采用字母顺序的主题标目。因此，左边是始于 S 的主题，中间是始于 T 的主题，但各栏之内的序列不是严格按字母排序。右栏中，W［Warentu(m)，担保］、U(Utlagaria，剥夺权益）和 V［Vent(er) i(n)spiciend(us)，子宫检查］都被当作一个字母进行字母排序。跟在主题标目后面的索引信息很详尽。例如左下角的 Submersus(溺毙)后面写着"xli.（罗马数字 41）3.（阿拉伯数字 3）f.（字母 f）"。罗马数字应当指页号，阿拉伯数字指条款号或章节号，字母指小节号。然而实际上这份索引没能连贯起作用。虽说它有时指出了正确的罗马数字页号，但阿拉伯数字和字母却通篇没有对应处。该索引显然不是为这份特定手写本制作的,而是为内容相似的另一本制作。它只偶尔起作用。给了这本书一份详尽却不可靠的索引,个中原因的讨论见本书第五章注释[177]。

来源:Harvard Law Library MS 1.未编号的初始页。完整对开页实际尺寸:40 厘米×26 厘米。概述见 M. J. Carruthers,*The Book of Memory*,p.120;R. H. and M. A. Rouse,"The Development of Research Tools in the Thirteenth Century",in R. H. and M. A. Rouse,*Authentic Witnesses:Approaches to Medieval Texts and Manuscripts*(1991),pp.221—255.哈佛大学法学院图书馆历史藏品与特殊藏品部免费提供。

392

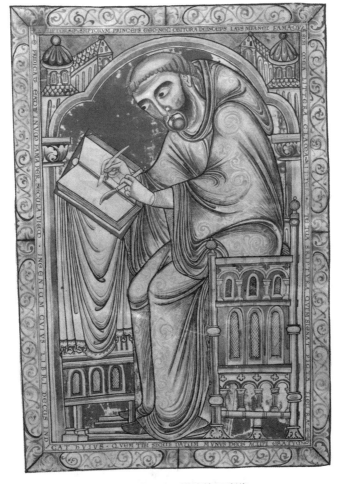

图 19　"书写王子"埃德温肖像

埃德温右手拿一支羽毛笔,左手拿一把削笔小刀,因为他准备在一本书的空白页上写字,此书放在盖着一块布的讲台上;比较图 12 中的抄写员形象。(抄写员实际上写在未装订的单张羊皮纸上,除非要在一本已装订的书中进行修改。)埃德温的姿势让人想起福音书中福音布道员的肖像，他们被表现为《新约》的实际撰写人。他被刻画成一个髡发、穿蒙头斗篷和修士袍的修士。上色方案古怪，因为他的头发是蓝色，修士袍是绿色。场景是教会场景，由柱子、圆拱和豪华座椅这些代表高水准罗马风格教堂的事项表明。总而言之，此图像囊括了关于一个身为虔诚奉献之抄写员的修士的刻板印象，不必然是真实生活中的修士。图像被一圈拉丁文韵文题记框住，始于左上角的"我是书写王子"。"你的字迹……宣布你是埃德温，你的名誉经得起岁月，此书之美证明你的天才"①。尽管有如此颂扬，人们却不清楚埃德温作为抄写员的确切贡献是什么，因为别处没有对他的文献记载。这幅图像和这则题记与本笃会会规所要求的谦卑精神反差这么大，可能是对埃德温的死后纪念，而非自画像。无论目的为何，它都展示出抄写员可能被高度尊敬。

来源：Trinity College Cambridge MS R.17.1, fo. 283b. 尺寸缩小。日期：1150—1170 年。彩色复制件见 *The Eadwine Psalter*（见上文图 14），plate 32. 文字版见 T. A. Heslop, "Eadwine and his Portrait", in *The Eadwine Psalter*, p.180. 评论见本书第四章第 117—118 页和第八章第 286 页。惠蒙剑桥大学三一学院院长与教师委员会允准复制。

394

图 20　克罗兰修道院的施主

---

① 此处的英译文与原书第 286 页的英译有出入。——译者注

这个圆形饰章是克罗兰修道院的盎格鲁-撒克逊奠基人圣顾斯拉克生平与奇迹的系列图解之一。以艾瑟尔鲍德王(716—757年)为首的修道院最重要的施主们向着圣顾斯拉克圣髑龛前的祭台前行。在圣髑龛旁边(最右端)正在进行一场神迹治疗。一位两只手腕仍被绑在一起的癫痫病患者在一次重度痉挛过程中从嘴里喷出一个魔鬼,痉挛剧烈到把他从地上弹起来并让他的头几乎戳到画框外面。他的狂暴同施主们的集体决心形成强烈对比,这些施主各自展示着一个卷轴,上面用拉丁文详细说明他的赠品。国王的卷轴开头写着,"我,艾瑟尔鲍德王捐赠了修道院及其附属建筑的用地"。这位国王一只脚站在祭台最高的台阶上,把他的卷册当作一件象征性供品横铺在祭台上。10世纪的修道院院长瑟尔凯透握着他的牧杖站着,准备步国王后尘。现藏于纽约修道院博物馆(The Cloister)的一只祭台十字架上的圆形饰章中,《旧约》中的先知也类似展示着卷轴[彩色图示见 *English Romanesque Art 1066—1200*, ed. G. Zarnecki et al., p.70;也见 B. R. Jones in Gesta XXX(1991), p.77]。克罗兰的施主们如同先知一样,是证明真理的睿智长者。这里可能也有对基督及其使徒的影射,因为表现了12位施主加一位领头的国王。就世俗层次而言,这个场景让人回想起忆往师们提供证词的法庭。此图像囊括了从记忆到书面记录的转变:克罗兰的盎格鲁—撒克逊施主们的卷轴代表他们被记住的声音,这些声音凭借在圣顾斯拉克祭台上被圣化而变成了书面记录。

来源:大英图书馆董事会。British Library Harley Roll Y6.圆形饰章的实际尺寸:直径16厘米。日期:约1200年。评论见 G. Henderson, "The Imagery of St Guthlac of Crowland", in *England in the Thirteenth Century*, ed. W. M. Ormrod(1985), p.85; *Age of Chivalry: Art in Plantagenet England 1200—1400*, ed. J. Alexander and P. Binski, p.35(by M. Camille), pp.215—216(by N. Morgan)。也见本书第八章注释[16]。

索 引①

（中世纪人物按姓前名排序，现代人物按姓氏排序）

---

① 个别页码有修正，主要是补充或更正词条首次出现的位置。页码为原书页码。——译者注

From Memory to Written Record: England 1066—1307, 3rd Edition, by Michael T. Clanchy, ISBN: 9781405157919/1405157917

Copyright © 2013 M.T.Clanchy

上海市版权局著作权合同登记号:图字 09-2022-0260

图书在版编目(CIP)数据

从记忆到书面记录:1066—1307年的英格兰:第三版/(英)迈克尔·托马斯·克兰奇著;吴莉苇译.—上海:格致出版社:上海人民出版社,2022.11
(格致人文)
ISBN 978-7-5432-3372-0

Ⅰ.①从… Ⅱ.①迈… ②吴… Ⅲ.①文化史-研究-英格兰-1066-1307 Ⅳ.①K561.03

中国版本图书馆CIP数据核字(2022)第160673号

责任编辑 顾 悦
装帧设计 路 静

格致人文

从记忆到书面记录:1066—1307年的英格兰(第三版)
[英]迈克尔·托马斯·克兰奇 著
吴莉苇 译

出　　版　格致出版社
　　　　　　上海人民出版社
　　　　　　(201101 上海市闵行区号景路159弄C座)
发　　行　上海人民出版社发行中心
印　　刷　上海颛辉印刷厂有限公司
开　　本　720×1000 1/16
印　　张　26
插　　页　3
字　　数　449,000
版　　次　2022年11月第1版
印　　次　2022年11月第1次印刷
ISBN 978-7-5432-3372-0/K·220
定　　价　108.00元

·格致人文·

《从记忆到书面记录:1066—1307年的英格兰(第三版)》
[英]迈克尔·托马斯·克兰奇/著　吴莉苇/译

《历史主义》
[意]卡洛·安东尼/著　黄艳红/译

《苏格拉底前后》
[英]弗朗西斯·麦克唐纳·康福德/著　孙艳萍/译

《奢侈品史》
[澳]彼得·麦克尼尔　[意]乔治·列洛/著　李思齐/译

《历史学的使命(第二版)》
[英]约翰·托什/著　刘江/译

《历史上的身体:从旧石器时代到未来的欧洲》
[英]约翰·罗布　奥利弗·J.T.哈里斯/主编　吴莉苇/译